西南政法大学刑法学术文库

FANZUI GOUCHENG JIHELUN

(XIUDINGBAN)

犯罪构成集合论

（修订版）

李永升\著

中国检察出版社

图书在版编目（CIP）数据

犯罪构成集合论／李永升著．—修订本．—北京：中国检察出版社，2019.10

ISBN 978-7-5102-2320-4

Ⅰ.①犯…　Ⅱ.①李…　Ⅲ.①犯罪构成-研究　Ⅳ.①D917

中国版本图书馆CIP数据核字(2019)第182310号

犯罪构成集合论（修订版）

李永升　著

出版发行：	中国检察出版社
社　　址：	北京市石景山区香山南路109号（100144）
网　　址：	中国检察出版社（www.zgjccbs.com）
编辑电话：	(010)86423749
发行电话：	(010)86423726　86423727　86423728 (010)86423730　68650016
经　　销：	新华书店
印　　刷：	北京玺诚印务有限公司
开　　本：	710 mm×960 mm　16开
印　　张：	34.25
字　　数：	570千字
版　　次：	2019年10月第一版　　2019年10月第一次印刷
书　　号：	ISBN 978-7-5102-2320-4
定　　价：	98.00元

总 序

七十载辉煌征程，七十载峥嵘岁月。当时光的脚步踏入2019年，我们迎来了新中国成立七十周年的历史性时刻。在这个洋溢着喜庆的美好日子里，全新打造的《西南政法大学刑法学术文库》（以下简称《西政刑法文库》）由中国检察出版社隆重推出，这既是庆贺新中国七十华诞和致敬新中国光辉成就的献礼，更是西南政法大学刑法学科再出发的前进号角，我们将伴随着新中国永不停息的发展脚步，迈入新征程，迎接新挑战，实现新跨越。

西南政法大学刑法学科是全国最早获得硕士学位授权的刑法学科之一，是我国西部地区第一个刑法专业博士学位授权点，早在1995年就被确定为省部级重点学科。在近七十年的发展历程中，西政刑法学人辛勤耕耘、默默奉献，以赵念非教授、伍柳村教授、黄观效教授、邓又天教授、董鑫教授、高绍先教授、赵长青教授、陈忠林教授、李培泽教授、朱启昌教授、邱兴隆教授、张绍彦教授、梅传强教授等为代表的一大批知名学者为刑法学科的建设和发展做出了重要贡献。改革开放以来，邓又天教授、赵长青教授、陈忠林教授、梅传强教授和石经海教授先后担任学科带头人（负责人）。时至今日，刑法学科的专任教师已达38人，形成了具有良好学历、职称、年龄和学缘结构的教学科研团队；拥有重庆市首批人文社科重点研究基地“毒品犯罪与对策研究中心”，与最高人民法院、国家禁毒办合作共建了“国家毒品问题治理研究中心”，此外还有“有组织犯罪研究中心”“量刑研究中心”“特殊群体权利保护与犯罪预防研究中心”“少年法学研究中心”“金融刑法研究中心”“外国与比较刑法研究中心”等研究基地。经过几代人的薪火相传和不懈努力，西南政法大学刑法学科已经成为具有雄厚学科基础和优良学术传统、在全国发挥重要影响并且具有一定国际知名度的省部级重点学科。

科学研究与人才培养是学科建设的两翼。西南政法大学刑法学科具有数量规模庞大、年龄结构合理、学历水平优化、学缘结构合理的学科团队，他们积极投身于教学科研第一线，近年来在科研项目立项、学术论文发表、科研成果获奖等方面成绩斐然，在科学研究方面取得了优异的成绩。此外，在大力加强科学研究的同时，西南政法大学刑法学科也着力于人才培养。自2001年获得博士学位授权点以来，本学科已培养了近百名博士，他们活跃在法学理论和司法实务的各个领域，他们所取得的成绩在一定意义上也是本学科所取得的成绩。为此，《西政刑法文库》将立足本学科，主要出版本学科教学科研人员的优秀著作；同时，也将选择本学科培养且已经毕业的部分博士的学位论文或其他优秀学术著作出版。为了发挥《西政刑法文库》的学术价值和社会效应，体现学术丛书的性质，将采取不定期常年出版的形式，对于拟出版的著作由编辑委员会审定同意后出版，每本著作连续编号，力争将其打造成为规模较大、质量上乘、影响广泛的学术精品。《西政刑法文库》将秉承思想交流与学术创新的基本宗旨，着力打造学术精品，展示西南政法大学刑法学人形象，献力中国刑法学术发展。

学术的生命在于争鸣，思想的火花源于碰撞。《西政刑法文库》的出版将呈现每一个作者对当下中国刑法理论与实践问题的关注和思考，为学术交流搭建一个有益的平台，用文字和思考为中国法治发展贡献自己的绵薄之力。我们期待《西政刑法文库》的出版发行能够为国内外同行了解和认识本学科提供一个窗口，也期待国内外同行能够以此为平台加强与本学科的沟通交流，国内外同行和广大读者的真知灼见将是我们进一步加强学科建设的重要力量。

将西南政法大学刑法学科发展好、建设好，是全体西政刑法学人的使命和追求。处在新时代的激流之中，在“双一流”建设的大背景下，本学科的发展也面临着诸多新的挑战，加强学科建设刻不容缓。值此《西南政法大学刑法学术文库》出版之际，诚挚欢迎学界同仁以及各界朋友一如既往地关心和支持西南政法大学刑法学科的发展建设，共同促进我国法治事业的健步前行。

《西南政法大学刑法学术文库》编辑委员会

2019 年 10 月

前 言

《犯罪构成集合论》是将数学领域的集合运用于犯罪构成理论研究的最终成果。本成果的诞生有赖于本人对数学领域中的集合所产生的浓厚兴趣。自从本人在大学期间学习刑法之后，就对刑法领域中的核心理论——犯罪构成理论与数学领域中的集合之间的共通性有了一些感悟。大学毕业后有幸考上全国著名学府——西南政法大学的研究生，在进一步研究刑法理论的过程中，我对犯罪构成与数学领域中的集合的关系有了更为深刻的理解和领悟。研究生毕业留校任教后，对这一问题的研究也有了更为清晰的思路。于是在新世纪于2000年6月本人出版的《刑法学的基本范畴研究》一书中专门设立一章就“犯罪构成集合论”作了初步的研究。虽然这一章的内容仅有区区两万字，却为本人后来的研究打下了坚实的基础。正是有了这些前沿性研究，才使得本人对这一问题的研究不断深入，于是在数年努力的基础上形成了《犯罪构成集合论》一书。随着我国刑法实践的不断发展，刑法规范也日益完善。因此，本人在《犯罪构成集合论》研究的基础上，结合近年来修正的刑事法律规范推出《犯罪构成集合论》(修订版)。

本书的特点主要是利用数学领域中的集合论对犯罪构成理论进行方法论上的大胆尝试。从我国犯罪构成理论的研究方法来看，主要有犯罪构成机械论和犯罪构成系统论两大方法。所谓犯罪构成机械论是将整个的犯罪构成视为一台机器，将其各个要件视为具体的零件来进行研究的方法。根据这一概念，我们不难看出，这一研究方法的核心是将犯罪构成依据机械构造的原理，将其分为几个基本的单元，这些单元相加所得的总和就组成了犯罪构成的整体。其结构模式可表述为：犯罪客体+犯罪客观要件+犯罪主体+犯罪主观要件=犯罪构成。机械论研究的方法作为我国犯罪构成研究的基本方法，在长期以来的研究工作中一直处于主导地位。迄今为止，这一研究方法仍然是我国很多刑法学者在研究犯罪构成理论的过程中所惯用的方法。在我国，继犯罪构成机械论之后，有些学者试图冲破传统的犯罪构成研究方法，为犯罪构成的理论研究寻找一种具有中国特色的研究模式。经过多年精心酝酿，终于推出了犯罪构成系统论研究模式。犯罪构成系统论作为我国刑法学界继机械论研究方法之后又一重要的研究模式，是运用马克思主义唯物辩证法和现代系统论的基本原理，对犯罪构成进行理论探索的又一重要的尝试。这一研究方法问世以后，虽然在刑法学界没有引起强烈的轰动，但是能够将系统论的有关原理运用于犯罪构成的研究，其本身就是一个重大的学术突破。它不仅说明了作者所具有的勇敢探索精神，同时也确实打破了传统的研究方法，为犯罪构成的理论研究开辟了一条新的途径。

虽然犯罪构成机械论和犯罪构成系统论这两大方法各有千秋，都有自己的特点，但对于初登刑法殿堂的学子来说总有一种高深莫测的感觉。本人之所以在以上两种研究方法的基础上创立犯罪构成集合论，主要是为了让初涉刑法核心理论的学子有一种快速入门的轻松感。因为将犯罪构成理论与数学中的集合联系起来，既可以使文科知识理科化，也可以使理科知识文科化，这一研究方法无论是对于学习文科出身的本科生还是学习理科出身的本科生来说，均能够帮助他们运用自己所学的知识较为迅速、快捷地掌握犯罪构成理论的精髓。

恩格斯曾经说过："科学在两门学科的交界处是最有前途的。"这些论断不仅对学科之间的交叉研究给予了充分的肯定，同时对这种研究方法给予了最高的褒奖。本人认为，方法是掌握理论的敲门砖，任何艰深的理论只要掌握了洞悉其精髓的方法，就一定会使初学者在学习新理论时感到酣畅淋漓而不是晦涩难懂。因此，学习任何一门科学，方法与理论本身同等重要。因而，要全面正确地掌握某一理论，掌握某一科学的方法就显得尤为关键。之所以如此强调方法的重要性，是因为在我们现实生活中并不是缺少各种各样的理论，而是缺少掌握理论的途径和方法。只要我们正确地掌握了学习理论的方法，就一定不会在各种各样的理论面前望而却步，相反，它会进一步促进我们向理论的大厦大踏步地迈进，从而有助于我们更有效地掌握理论的真谛。

本书内容从总体上可以分为犯罪构成集合模式研究绪论和犯罪构成集合模式研究各论两大部分。本书第一部分主要介绍了我国刑法学界目前对犯罪构成理论研究存在的三大模式、数学中集合的一般原理、将集合方法运用于犯罪构成理论研究的意义和犯罪构成集合论模式应用研究等内容。其中在犯罪构成集合论模式应用研究中着重对犯罪构成的集合与元素、犯罪构成集合的表示方法、犯罪构成集合的种类、犯罪构成集合的关系等问题作了较为细致的研究。而在犯罪构成集合的关系中又分别对犯罪构成的子集应用模式、犯罪构成的交集应用模式、犯罪构成的并集应用模式、犯罪构成的补集应用模式分别进行了较为具体的研究。在犯罪构成的并集应用模式中重点介绍了结合犯的并集与复杂的犯罪构成的并集两个方面的问题。而在复杂的犯罪构成的并集中研究了多重客体的犯罪构成的并集应用模式、多重对象的犯罪构成的并集应用模式、多重行为的犯罪构成的并集应用模式、多重罪过的犯罪构成的并集应用模式、多重行为与多重对象的犯罪构成的并集应用模式、多重客体与多重行为的犯罪构成的并集应用模式等问题。在犯罪构成的补集应用模式中又着重研究了情节犯的补集、数额犯的补集、后果犯的补集等方面的问题。本书第二部分主要是针对我国刑法分则中所规定的十大章类罪所包含的460余种具体罪名进行的具体应用研究。其主要内容涉及危害国家安全罪，危害公共安全罪，破坏社会主义市场经济秩序罪，侵犯公民人身权利、民主权利罪，侵犯财产罪，妨害社会管理秩序罪，危害国防利益罪，贪污贿赂罪，渎职罪，军人违反职责罪等十大章规定的各种具体犯罪的概念、构成特征、罪间界限以及处罚等方面的问题。

毫不夸张地说，本书所研究的内容是目前我国刑法学界中研究内容最为全面、研究模式最为新颖的专著。因为，本书所研究的具体罪名涵盖了1997年《中华人民共和国刑法》、1998年12月29日全国人大常委会通过的《关于惩治骗购外汇、逃汇和非法买卖外汇犯罪的决定》、1999年12月25日全国人大常委会通过的《中华人民共和国刑法修正案》、2001年8月31日全国人大常委会通过的《中华人民共和国刑法修正案（二）》、2001年12月29日全国人大常委会通过的《中华人民共和国刑法修正案（三）》、2002年12月28日全国人大常委会通过的《中华人民共和国刑法修正案（四）》、2005年2月28日全国人大常委会通过的《中华人民共和国刑法修正案（五）》、2006年6月29日全国人大常委会通过的《中华人民共和国刑法修正案（六）》、2009年2月28日全国人大常委会通过的《中华人民共和国刑法修正案（七）》、

2011年2月25日全国人大常委会通过的《中华人民共和国刑法修正案（八）》、2015年8月29日全国人大常委会通过的《中华人民共和国刑法修正案（九）》和2017年11月4日全国人大常委会通过的《中华人民共和国刑法修正案（十）》所规定的所有罪名。因此，本书的出版不仅对初学刑法者而言是一本登堂入室的好教材，同时对广大的刑法理论工作者和刑事司法工作者而言也是一本极好的教科书。

希望本书的出版能对刑法学界的莘莘学子迅速、快捷地掌握犯罪构成理论有所裨益，同时也希望对其他法律工作者亦有重要的参考价值。需要指出的是，由于本书的研究是对刑法学研究方法的一大创新和尝试，因此，这一方法是否有效还有待于广大学者和司法人员实践检验。但愿本书的出版给读者带来的是一种从未有过的享受和快乐，倘能如此，则本人心满意足矣！

李永升

2019年10月谨识于西政

目 录
CONTENTS

第一章 绪论

在我国的刑法理论中，如果说犯罪概念是刑法理论的核心，那么犯罪构成就是刑法理论核心的核心。犯罪构成理论作为我国刑法学体系中一颗璀璨的明珠，自20世纪50年代从苏联引进以来，已跨越近70年的风雨历程。70年以来，除了近20年的“沉寂期”之外，犯罪构成理论一直活跃在我国的刑法理论与司法实践的大舞台上。它不仅为我国刑法理论的发展与创新立下了汗马功劳，而且对我国的司法实践也起到了非常重要的指导作用。从我国的犯罪构成理论跨过的70年的发展历程来看，在其研究方法上经历了两个不同的发展阶段。这两个不同的发展阶段即为犯罪构成的机械论研究模式阶段与犯罪构成的系统论研究模式阶段。本书研究处于犯罪构成研究模式的最新阶段，不仅对于以上两种阶段的研究模式进行了较为深入的剖析，而且创造了刑法学界迄今为止无人涉猎的新的研究模式，即犯罪构成集合论模式。这一研究模式以数学当中的集合方法为基础，将犯罪构成中的各种不同的要素加以排列组合，形成了本书的独特之处。本人不揣冒昧，谨以此书献给刑法学界的前辈、同辈与后辈，希冀引起各位专家学者的注意，从而将这一研究方法加以推广应用，以不负本人30余年的大胆探索与创新。

第一节 犯罪构成的研究模式

一、犯罪构成机械论

所谓犯罪构成机械论是指将整个犯罪构成视为一台机器，将其各个要件视为具体的零件来进行研究的方法。根据这一概念，我们不难看出，这一研究方法的核心是将犯罪构成依据机械构造的原理，将其分为几个基本的单元，这些单元相加所得的总和就组成了犯罪构成的整体。其结构模式可表述为：犯罪客体+犯罪客观要件+犯罪主体+犯罪主观要件=犯罪构成。机械论研究方法作为我国犯罪构成研究的基本方法，在我国长期以来的刑法研究工作中一直处于主导地位。迄今为止，这一研究方法仍然是我国很多刑法学者在研究犯罪构成理论过程中所惯用的方法。

将机械论运用到犯罪构成理论研究之中的研究方法，将犯罪构成视为一系列主客观要件的总和。在这里，所谓“总和”，其基本语意是“全部加起来的数量或内容”。[①] 这一研究方法是随着犯罪构成理论一起从苏联引进。例如，苏联的《苏维埃刑法总论》认为：“犯罪构成就是刑事法律规定的危害社会行为，即构成要件的总和。”[②] 又如，苏联著名法学家特拉伊宁教授认为：“犯罪构成乃是苏维埃法律认为决定具体的、危害社会主义国家的作为（或不作为）为犯罪的一切客观要件和主观要件（因素）的总和。”[③] 还有，苏联法学博士契柯瓦则认为：“所谓犯罪构成，应当理解为刑事法律所确定的说明相应的犯罪行为，也就是说明危害苏维埃制度或破坏社会主义法权秩序的行为的诸客观特征和主观特征的总和。”[④] 因受苏联这一观点的影

---

① 《现代汉语词典》，商务印书馆1983年版，第1540页。

② ［苏］H.A.别利亚耶夫、M.N.科瓦廖夫：《苏维埃刑法总论》，马改秀、张广贤译，群众出版社1987年版，第78页。

③ ［苏］A.H.特拉伊宁：《犯罪构成的一般学说》，薛秉忠等译，中国人民大学出版社1958年版，第48~49页。

④ 《苏维埃刑法论文选译》（第1辑），原载《苏维埃国家和法权》，宋金波译，卢优先校，1955年第4期，法律出版社1956年版。

响，我国刑法学者在对犯罪构成进行定义时基本上都采取这一方法。如我国有的学者认为，“我国刑法中的犯罪构成，是指我国刑法规定的某种行为构成犯罪所必须具备的主观要件和客观要件的总和”。[①] 有的学者认为，“犯罪构成就是我国刑法所规定的、决定某一具体行为的社会危害性及其程度而为该行为构成犯罪所必需的一切客观和主观要件的总和”。[②] 有的学者认为，“所谓犯罪构成，就是依照刑法规定，决定行为的社会危害性，而为构成犯罪必须具备的客观和主观要件的总和”。[③] 还有的学者认为，“犯罪构成就是我国刑法规定的某种行为构成犯罪必须具备的客观方面要件和主观方面要件的总和”。[④] 有关“总和说”的观点还有很多，在此不再一一列举。“总和说”所表达的内容在我国20世纪50年代至80年代的教科书里面颇为常见，其意思与“机械论”的含义差不多，我们可以将其称为“旧机械论”。后来，由于这一主张受到一些专家学者的批评，关于“总和说”的含义才有了新的阐释。

高铭暄泰斗认为：“‘此处所谓犯罪构成是一系列主客观要件的总和’，并不是指各个要件之间互不相干，只是机械地相加在一起，而是指犯罪构成的各个要件彼此联系，相互依存，形成了犯罪构成的有机统一体。”[⑤] 另外，也有学者认为：“把犯罪构成概念说成是各个构成要素的总和是不正确的，因为按照唯物辩证法的系统观，犯罪构成应当是一个有机整体，而整体并非就等于各个组成部分之和。”[⑥] 由此可见，这些专家学者主张主客观要件是有机统一的，它意味着“判断某一行为是否能够成立犯罪，就不能只根据单个的客观要件或者单个的主观要件，而是要把复数的客观要件和复数的主观要件结合起来加以综合的分析、判断”。[⑦] 这里的“有机统一体说”较之“总和说”更加强调犯罪构成理论的有机整体性，我们可以将其称为“新机械论”。例如，我国现行刑法理论通说认为，所谓犯罪构成就是指我国刑法所规定的，决定某种行为构成犯罪所必须具备的主观要件与客观要件的有机

---

① 杨春洗：《刑法总论》，北京大学出版社1985年版，第107页。

② 高铭暄：《刑法学》，法律出版社1983年版，第97页。

③ 王作富：《中国刑法研究》，中国人民大学出版社1988年版，第71页。

④ 高格：《刑法教程》，吉林大学出版社1987年版，第52页。

⑤ 高铭暄：《刑法学原理》（第一卷），中国人民大学出版社1993年版，第445页。

⑥ 何秉松：《犯罪构成系统论》，中国法制出版社1995年版，第72页。

⑦ 马克昌：《犯罪通论》，武汉大学出版社1999年版，第72页。

整体。[1] 这就是“新机械论”的代表性观点。

“新机械论”与“旧机械论”相比，有更接近系统论的意味，从而也更加符合我国犯罪构成是一个综合性评价体系的性质。因此，“新机械论”较之“旧机械论”更为科学，受到我国刑法学界的大多数专家学者的赞许，从而居于我国刑法学界关于犯罪构成的通说地位。

二、犯罪构成系统论

在我国，继犯罪构成机械论之后，有些学者尝试改变传统的犯罪构成研究方法，为犯罪构成的理论研究寻找一种具有中国特色的研究模式，经过多年的精心酝酿，终于推出了犯罪构成系统论研究模式。这一模式的结构可以表述为：

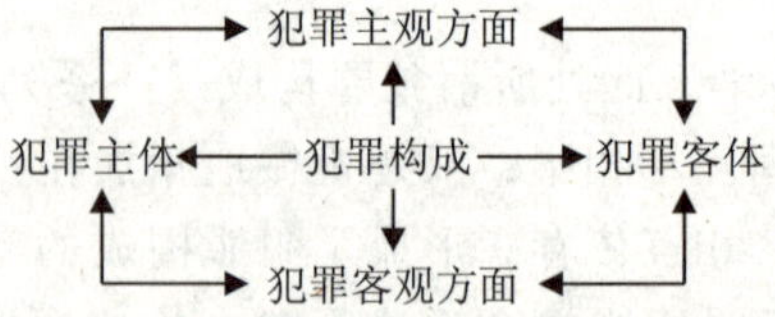

犯罪构成系统论作为我国刑法学界继机械论研究方法之后的又一重要的研究模式，是运用马克思主义唯物辩证法和现代系统论的基本原理对犯罪构成进行理论探索的又一重要尝试。这一研究方法提出以后，虽然在刑法学界没有引起强烈的轰动，但是能够将系统论的有关原理运用于犯罪构成的研究，其本身就是一个重大的学术突破。它不仅体现了作者的勇敢探索精神，还为犯罪构成的理论研究开辟了一条新途径。

根据犯罪构成系统论提出者的观点，犯罪构成系统论是具有中国特色的犯罪构成理论，它是在马克思主义指导下创立的。犯罪构成系统的主要理论基础，是被现代系统科学丰富和发展了的唯物辩证法的系统观和方法论。现代科学表明，任何事物都是作为系统而存在的，系统性是事物的根本属性。所谓系统，是指由相互联系、相互作用的诸要素按一定的方式组成的、具有特定性能的有机整体。由相互联系的诸要素组成统一体是一切系统的共同本质。因此，标志着事物整体性的系统概念属于哲学范畴。人们从哲学的角度

① 陈忠林：《刑法（总论）》，中国人民大学出版社2003年版，第81页。

对现代系统科学的特征进行概括，一般把它归结为整体性、结构性、层次性、开放性四个特征。所谓系统的整体性揭示的是系统整体与其组成要素之间的关系。系统的结构性揭示系统整体中诸要素的关系。所谓结构，是指系统内部诸要素之间相对稳定的相互联系、相互作用的方式，其中包括诸要素相互之间一定的比例、一定的秩序、一定的结构形式等。系统的层次性揭示的是系统的等级关系。所谓系统的层次性，是指系统中各种组成部分之间在依次隶属关系中所形成的等级。系统的开放性揭示的是系统与环境之间的相互关系。所谓系统的开放性是指系统与周边环境的相互联系，相互作用。既然事物是作为系统而存在，犯罪构成这一事物也是作为系统而存在。事实上，犯罪构成就是由主体—中介—客体三个基本要素相互作用的过程系统，是一个复杂的社会系统。因此，必须如实地把它作为一个系统整体来对待并且用系统的观点对它进行观察和研究。犯罪构成系统论的全部理论观点，都是运用这种方法得出的结论。

犯罪构成系统论与我国传统的犯罪构成理论以及其他国家的犯罪构成理论的最主要的区别，在于它建立在唯物辩证法的系统观和系统方法论的理论基础之上。这一理论还对各国传统的犯罪构成理论在研究方法上存在的缺陷进行了批判。它认为，各国传统犯罪构成理论的研究方法片面强调分析法的作用。这是一种把整体分解为部分，把复杂事物分解为简单要素，把历史分解为片断，或者把动态凝固为静态来研究的一种思维方法和研究方法。这种方法容易导致看待事物凝固化、割裂化、片面化、孤立化、静止化。与各国传统的犯罪构成理论不同，犯罪构成系统论的研究方法结合了分析与综合，归纳与演绎，从感性具体到抽象，又从抽象到具体的辩证思维方法。但主要是系统分析与系统综合的方法。这种现代化的系统分析综合方法本质上仍然是唯物辩证法的矛盾分析方法，只不过对矛盾过程的分析更丰富、更具体和更具有动态性，是矛盾分析方法在系统研究中的具体运用。

三、犯罪构成集合论

从我国目前刑法学界对犯罪构成的研究模式来看，犯罪构成机械论与犯罪构成系统论两大模式已经广为刑法学界所知。尤其是犯罪构成机械论研究模式可以说已经达到了炉火纯青的地步。笔者认为，以上两种研究方法就其方法本身而言，都不失为一种科学的方法。然而，就其研究方法体系性思路而言，笔者觉得，系统论研究方法较之机械论研究方法更符合犯罪构成的一次性综合评价的性质。因为系统论研究方法并没有将犯罪构成视为简单的机械构造，而是将其视为一个有机的不可分割的整体，从系统的整体功能发挥角度对犯罪构成进行研究。笔者认为，为了不断拓宽犯罪构成理论研究的视野，为犯罪构成的理论研究提供一种新的研究思路，可以引进数学之中的集合模式来对犯罪构成进行研究。笔者采取这样一种研究方法，并无否定前述两种研究模式科学性的意思，而是通过对这一研究方法的运用，试图为犯罪构成的研究寻找一条新的出路。

（一）集合的一般原理

集合是一个数学上的概念，但其本身却是一个不定义的概念。例如，人的脸就是集合的典型例证。一般地，人的脸是由人的五官组成的集合，但是要具体地给人的脸下一个定义却是一件比较困难的事情。这种不能对其内涵进行界定的概念，在数学上被称之为集合。集合虽然是一个不定义的概念，但是它却有其所叙述和表示的对象，一般地我们将这些叙述和表示的对象的全体称为集合。在集合中，我们一般将其所表示的对象称为元素。在数学当中，一般常用大写字母 A、B、C 等表示集合，小写字母 a、b、c 表示元素。如果 a 是集合 A 的元素，就记为 $a \in A$，读作 a 属于 A；如果 a 不是集合 A 的元素，就记为 $a \notin A$，读作 a 不属于 A。集合与它的元素的关系是集合包含它的每一个元素，它的每一个元素都属于这个集合。

关于集合的表示方法，常用的有列举法和描述法。所谓列举法是把集合的元素一一列举出来，写在大括号内，每个元素仅写一次，而不分次序。例如，由 A、B 、C 等元素组成的集合，可以写成 {A、B、C}。所谓描述法是指把集合中元素的共同特性描述出来，用来表示集合。例如，由一个班级的全体同学组成的集合，可以表示为 {一个班里的同学}。

集合可按它所包含的元素的个数分为有限集合、无限集合、单元素集合和空集合。有限集合是指集合中所包含的元素的个数是有限的，如 {一个班的同学}。无限集合是指集合中所包含的元素的个数是无限的，如{沙漠中的沙子}。单元素集合是指集合中只包含一个元素的集合，如{地球}{喜马拉雅山} 等。空集合，又称为空集，是指不含任何元素的集合。

关于集合，根据其元素之间存在的关系，一般可将集合分为子集、交集、并集和补集。所谓子集，是指在两个集合当中，如果一个集合的任何一个元素都是另外一个集合的元素，我们就可以将这个集合称为另外一个集合的子集。所谓交集，是指在两个集合当中，如果一个集合的元素同时又是另外一个集合的元素，那么由同时属于两个集合的元素组成的集合即属于交集。所谓并集是指将两个集合所包含的所有元素合并在一起所组成的集合。所谓补集是指在一个全集当中，除去一个子集的元素外，则余下的一切元素所组成的集合，即称之为补集。

（二）将集合方法运用于犯罪构成研究的意义

集合作为数学上一种最基本的概念，将其作为一种研究方法运用到犯罪构成的理论研究当中，具有哪些意义呢？关于这一方面的问题，可以从以下几个方面来考察：

第一，通过集合的研究模式来研究犯罪构成，可以为我国犯罪构成的研究提供一种新的研究方法与途径。集合是一个不定义的概念，它是由一系列的元素构成的，不同的元素所组成的集合也有所不同。集合的这一特性与犯罪构成的特性多有相似之处。这是因为，根据我国现有的刑法理论，通说观点认为，犯罪构成是在一般意义上来使用的，但是也有少数学者认为，只存在具体的犯罪构成要件，不存在一般的犯罪构成要件。[①] 尽管少数学者的观点在当今刑法学界没有引起足够的关注，但是，笔者认为，从集合论的角度来考察，这种观点是有其价值的。这是因为，就集合而言，它是一个不定义的概念，只有由各个元素组成的具体不同的集合，而不存在一般意义上抽象的集合。集合的这一性质正好暗合了少数学者所提出的观点。也就是说，犯罪构成从集合的角度来研究，都只能是具体的，有多少种不同的犯罪就有多少种不同的犯罪构成。因为不同的犯罪由于其不同的质所决定，它在构成的诸要件上也必然有所不同，如果有两种犯罪在构成要件上带有趋同性，那么就无法将其正确地区分开来。因此，通过对犯罪构成进行集合方法的研究，有助于我们开阔视野，从不同的角度把犯罪构成的理论研究模式推向多元化。

第二，通过集合的研究模式来研究犯罪构成，可以为犯罪构成研究的进一步深化提供科学的基础，同时也可以为司法实践的具体操作提供更加直观的操作范式。在自然科学领域中，数学是一门非常严谨的学科，由于数学所论证的问题本身都具有较强的逻辑性，因此，引进集合的方法来研

① 高铭暄：《新中国刑法学研究综述（1949—1985）》，河南人民出版社1986年版，第118页。

究犯罪的构成，可以为我们在研究社会科学的过程中使自身所研究的问题更加精密和确切，提供一个较为科学的基础。与此同时，通过对犯罪构成的集合模式的研究，可以为我们建立起一套切实可行的具体的操作范式，使我们在运用犯罪构成理论分析问题时，不显得那么晦涩难懂，而使其变得更加直观。这是因为，集合本身的性质就是由各种具体的元素的性质所决定的，不同的犯罪构成要件通过采用集合的方法加以处理后，就会形成千差万别的犯罪构成模式。而这些构成模式较之于抽象的机械论与系统论，则显得更加具体化。

第三，通过集合的研究模式来研究犯罪构成，可以在自然科学与社会科学之间架起一座互通的桥梁，从而为各门学科之间的相互渗透与综合运用找到一条新的途径。这样不仅可以使某门源学科（即作为另一门学科理论基础或者方法基础的学科）的理论产生更大的应用价值，而且有助于受源学科理论指引的学科在相互融通的过程中得到进一步的发展。将数学中的集合运用于犯罪构成的研究，不仅可以使得数学学科中的方法找到了其应用的价值，而且通过采取集合的方法来研究犯罪构成的理论，也可以使犯罪构成的理论随着方法的改变而产生重要的历史进步。随着现代科学的日益发展，学科与学科之间的相互渗透已变得越来越普遍，在注重综合素质教育的今天，尤其强调学习重在运用。在两个不同的学科之间找到其结合点，然后在此基础上作进一步的理论探索，不仅可以为本学科自身发展寻求一条新的出路，而且还有可能在此基础上创设新的边缘学科。这是笔者将数学上的集合运用于犯罪构成理论研究的初衷，同时也期望通过对这一方面的研究，为犯罪构成理论找到一个新的结合点，从而将犯罪构成理论的研究由纯社会科学性质的研究方式变成兼具社会科学与自然科学两种性质的研究方式。

第二节　犯罪构成集合论模式的应用研究

一、犯罪构成的集合与元素

我们在前面已经说过，根据少数学者的观点，犯罪构成只存在具体的犯罪构成，而不存在抽象的犯罪构成，这种观点与集合是一个不定义的概念有一定的相似之处。因此，我们在研究犯罪构成的集合模式时，其对象只能是具体的构成要件。一般地，我们可以说把这些由各个具体的构成要件组成的全体称为犯罪构成的集合。而把犯罪构成的集合中各个具体的要件叫作犯罪构成的元素。例如犯罪构成的集合是｛犯罪客体，犯罪客观要件，犯罪主体，犯罪主观要件｝。如果我们用A来表示犯罪构成的集合，用a、b、c、d来表示犯罪构成的集合的元素，即a为犯罪客体，b为犯罪客观要件，c为犯罪主体，d为犯罪主观要件。用数学表示方法可以读作a属于A，b属于A，c属于A，d属于A，a、b、c、d的每一个元素均属于A。若其中有一个集合的元素不属于A集，就不能将其称为犯罪构成的集合。又如，故意伤害罪的集合是｛客体是侵犯他人的健康权利，客观要件是非法损害他人身体健康的行为，主体是年满16周岁、具有刑事责任能力的人，主观要件是故意｝。如果我们用J来表示故意伤害罪的集合，用e、f、g、h来表示故意伤害罪的集合的元素，则e为故意伤害罪的客体，即侵犯他人的健康权利，f为故意伤害罪的客观要件，即非法损害他人身体健康的行为，g为故意伤害罪的主体，即年满16周岁、具有刑事责任能力的人，h为故意伤害罪的主观要件，即故意，那么在J的集合中就包含着e、f、g、h的每一个元素。用数学表示方法可以读作e属于J，f属于J，g属于J，h属于J，e、f、g、h的每一个元素均属于J。若其中有一个集合的元素不属于J集，就不能将其以故意伤害罪予以认定。

二、犯罪构成集合的表示方法

关于犯罪构成集合的表示方法，根据数学上的表示方法有两种，即列举法和描述法。

所谓列举法是指把某一犯罪构成的集合的元素一一列举出来，写在大括号内，每个元素仅写一次而且不分次序。例如，由抢劫罪的各要件组成的集合，可以写成｛侵犯公私财产所有权，使用暴力、威胁或者其他方法强行抢走他人财物，年满14周岁、具有刑事责任能力的人，故意｝。由盗窃罪的各个要件组成的集合，可以写成｛侵犯公私财产所有权，秘密窃取数额较大的财物，年满16周岁、具有刑事责任能力的人，故意｝，等等。

所谓描述法是指把犯罪构成集合中元素的共同特性描述出来，写在大括号内，用来表示集合。由放火罪的所有构成要件组成的集合，可以表示为{放火罪}。由破坏交通工具罪的所有要件组成的集合，可以表示为{破坏交通工具罪}，等等。

三、犯罪构成集合的种类

集合的种类可分为有限集合、无限集合、单元素集合和空集合。在犯罪构成的集合中，因为不存在无限集合、单元素集合，因此，一般地，犯罪构成的集合中只存在有限集合和空集合两种类型。所谓有限集合是指集合中所包含的元素是有限的集合，由于犯罪构成的集合所包含的元素都是有限的，因此，犯罪构成的集合均属于有限集合。例如，刑法分则所规定的460多个罪名均属于有限集合。因为从犯罪构成的角度来考察，具体的犯罪构成由于其质的差异，其构成特征是多种多样的，但是就其犯罪构成的要件来讲，都是由四个方面的要件组成的，因此，其集合属于有限集合。所谓空集合，又称空集，是指不包含任何元素的集合。在犯罪构成的集合中，也同样存在空集的情况，诸如{没有犯罪客体的犯罪}，{没有犯罪主体的犯罪}，{没有罪过的犯罪}，{没有犯罪行为的犯罪}，都属于犯罪构成的空集。因为，按照犯罪构成的一般原理，以上几个方面的犯罪，因为欠缺犯罪构成的要件，均不存在犯罪的问题。

四、犯罪构成集合的关系

犯罪构成的集合根据其表现形式，可以将其分为犯罪构成的子集、交集、并集与补集。犯罪构成集合的这些关系，被运用于具体的研究之中，可以解决犯罪构成要件中的主从关系、同异关系和互补关系。下面我们分别就这四个方面的关系作一一探讨。

（一）犯罪构成的子集应用模式

所谓子集，是指在两个集合当中，如果一个集合的任何一个元素都是另外一个集合的元素，我们就可以将这个集合称为另外一个集合的子集。犯罪构成的子集，是指在两个犯罪构成的集合当中，如果一个犯罪构成集合的任何一个元素都是另外一个犯罪构成集合的元素，我们就可以将其中一个犯罪构成的集合称为另外一个犯罪构成的子集。例如，关于犯罪构成的系统本身就是由一系列的子集组成的集合。

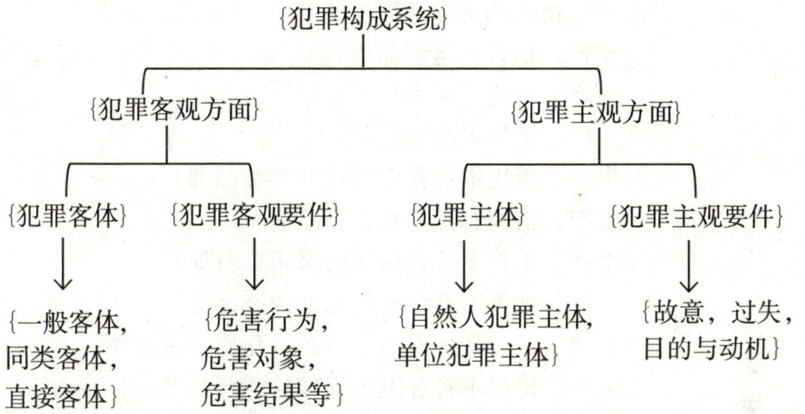

又如，刑法分则第三章破坏社会主义市场经济秩序罪的子集的构造：

{破坏社会主义市场经济秩序罪}
{生产、销售伪劣商品罪}
{走私罪}
{妨害对公司、企业的管理秩序罪}
{破坏金融管理秩序罪}
{金融诈骗罪}
{危害税收征管罪}
{侵犯知识产权罪}
{扰乱市场秩序罪}
……
{生产、销售伪劣商品罪
走私罪
妨害对公司、企业的管理秩序罪
破坏金融管理秩序罪
金融诈骗罪
危害税收征管罪
侵犯知识产权罪
扰乱市场秩序罪}

再如，刑法分则第三章破坏社会主义市场经济秩序罪第一节生产、销售伪劣商品罪的子集的构造：

{生产、销售伪劣商品罪}

{生产、销售伪劣产品罪}

{生产、销售假药罪}

{生产、销售劣药罪}

{生产、销售不符合安全标准的食品罪}

{生产、销售有毒、有害食品罪}

{生产、销售不符合标准的医用器材罪}

{生产、销售不符合安全标准的产品罪}

{生产、销售伪劣农药、兽药、化肥、种子罪}

{生产、销售不符合卫生标准的化妆品罪}

……

{生产、销售伪劣产品罪

生产、销售假药罪

生产、销售劣药罪

生产、销售不符合安全标准的食品罪

生产、销售有毒、有害食品罪

生产、销售不符合标准的医用器材罪

生产、销售不符合安全标准的产品罪

生产、销售伪劣农药、兽药、化肥、种子罪

生产、销售不符合卫生标准的化妆品罪}

关于研究犯罪构成的子集的意义在于，通过对犯罪构成子集的研究，可以将一个集合所包含的元素按其不同的组合方式得出不同的子集，这些子集由于它所包含的元素的多少有所不同，因此，它在总体的结构功能上也有所差异。一般来讲，通过对犯罪构成子集的研究，可以帮助我们从总体上认识犯罪构成的层次性，同时还可以通过对不同的元素的结合所形成的集合帮助我们认识不同的集合范式，从而感知集合变化的多样性。

（二）犯罪构成的交集应用模式

所谓交集，是指在两个集合当中，如果一个集合的元素同时又是另外一个集合的元素，那么由同时属于两个集合的元素组成的集合即属于交集。犯罪构成的交集是指在两个犯罪构成的集合当中，如果一个犯罪构成集合的元素同时又是另外一个犯罪构成集合的元素，那么由同时属于两个犯罪构成的元素所组成的集合即属于犯罪构成的交集。例如，设 A 为故意杀人罪的集合，则 A = {故意杀人罪} = {客体是侵犯他人的生命权利，客观要件是实施了非法剥夺他人生命的行为，主体是年满 14 周岁、具有刑事责任能力的人，主观要件是故意}；

设 B 为故意伤害罪的集合，则 B = {故意伤害罪} = {客体是侵犯他人的健康权利，客观要件是实施了非法损害他人健康的行为，主体是年满 14 周岁、具有刑事责任能力的人，主观要件是故意}；

设 C 为故意杀人罪与故意伤害罪相同元素的集合，则 C = A ∩ B = {故意杀人罪} ∩ {故意伤害罪} = {客体是侵犯他人的生命权利，客观要件是实施了非法剥夺他人生命的行为，主体是年满 14 周岁、具有刑事责任能力的人，主观要件是故意} ∩ {客体是侵犯他人的健康权利，客观要件是实施了非法损害他人健康的行为，主体是年满 14 周岁、具有刑事责任能力的人，主观要件是故意} = {主体是年满 14 周岁、具有刑事责任能力的人，主观方面是故意} = {主体} ∩ {主观方面} = {主体，主观方面}。

又如，设 D 为抢劫罪的集合，则 D = {抢劫罪} = {客体是侵犯公私财产所有权，客观要件是使用暴力、胁迫或者其他方法抢走财物的行为，主体是年满 14 周岁、具有刑事责任能力的人，主观要件是故意}；

设 E 为抢夺罪的集合，则 E = {抢夺罪} = {客体是侵犯公私财产所有权，客观要件是趁人不备、公然夺取他人财物的行为，主体是年满 16 周岁、具有刑事责任能力的人，主观要件是故意}；

设 F 为抢劫罪与抢夺罪相同元素的集合，则 F = D ∩ E = {抢劫罪} ∩ {抢夺罪} = {客体是侵犯公私财产所有权，客观要件是使用暴力、胁迫或者其他方法抢走财物的行为，主体是年满 14 周岁且精神正常的人，主观要件是故意} ∩ {客体是侵犯公私财产所有权，客观要件是趁人不备、公然夺取他人财物的行为，主体是年满 16 周岁且精神正常的人，主观要件是故意} = {客体是侵犯公私财产所有权，主观要件是故意，主体是年满 16 周岁且精神正常的人} = {客体} ∩ {主观要件} ∩ {主体} = {客体，主观要件，主体}。

再如，设 G 为贪污罪的集合，则 G = {贪污罪} = {客体是国家廉洁制度与公共财产所有权，客观要件是利用职务上的便利，侵吞、窃取、骗取或者以其他手段非法占有公共财物，情节严重的行为，主体是国家工作人员，主观要件是故意}；

设H为受贿罪的集合，则H＝｛受贿罪｝＝｛客体是国家廉洁制度，客观要件是利用职务上的便利，索取他人财物或者非法收受他人财物为他人谋利益的行为，主体是国家工作人员，主观要件是故意｝；

设J为贪污罪与受贿罪相同元素的集合，则J＝G∩H＝｛贪污罪｝∩｛受贿罪｝＝｛客体是国家廉洁制度与公共财产所有权，客观要件是利用职务上的便利，侵吞、窃取、骗取或者以其他手段非法占有公共财物，情节严重的行为，主体是国家工作人员，主观要件是故意｝∩｛客体是国家廉洁制度，客观要件是利用职务上的便利，索取他人财物或者非法收受他人财物为他人谋利益的行为，主体是国家工作人员，主观要件是故意｝＝｛客体是国家廉洁制度，客观要件是利用职务上的便利，主体是国家工作人员，主观要件是故意｝＝｛客体｝∩｛客观要件｝∩｛主体｝∩｛主观要件｝＝｛客体，客观要件，主体，主观要件｝。

关于研究犯罪构成交集的意义在于，通过对犯罪构成交集的研究，可以使我们更好地认识不同的犯罪构成在内容上存在的相同点与不同点。这种研究方式比刑法学上单纯地比较各种犯罪特征更具有直观性。因此，各类犯罪在犯罪方面具有哪些特征，以及相似或相近的犯罪之间的异同点何在，均可以通过犯罪构成的交集的研究方式得到很好的解释。

（三）犯罪构成的并集应用模式

所谓并集是指将两个以上的集合所包含的所有元素合并在一起所组成的集合。犯罪构成的并集是指将两个以上犯罪构成的集合所包含的所有元素合并在一起所组成的集合。这种犯罪构成的集合对于结合犯与复杂犯罪构成具有十分重要的研究意义与应用价值。

1. 结合犯的并集

所谓结合犯是指数个原本独立的犯罪行为，根据《刑法》的明文规定，结合成为一个新罪的情况。从结合犯的这一特点来考察，其犯罪构成集合的特点就在于，被结合在一起形成一个犯罪构成的集合在被结合前是两个不同的犯罪构成集合，这两个被结合在一起的犯罪构成集合在形成一个新的犯罪构成集合后，就不再包含原有的犯罪构成集合的成分。如果我们用A来代表一个犯罪构成的集合，用B来代表另一个犯罪构成的集合，那么，用C来代表这两个犯罪构成结合后的集合，那么，即可用公式A＋B＝C来表示犯罪构成的并集的结合过程。

关于结合犯，在国外的刑事立法中是一种比较常见的立法现象，它们对结合犯的规定比较多，便于司法机关定罪处罚。例如，在日本刑法中，强盗强奸罪就是一个非常典型的结合犯，如果使用犯罪构成的并集来表示，那就是：{强盗罪} + {强奸罪} = {强盗强奸罪}。

如果设A表示强盗罪的集合，则A = {客体是他人占有的他人的财物，客观上是指以暴力或者胁迫强取他人财物的行为，主观上是故意，主体是一般主体}；

设B表示强奸罪的集合，则B = {客体是妇女个人性的自由，客观上是对13岁以上的妇女进行奸淫或者对不满13岁的幼女进行奸淫的行为，主观上是故意，主体是一般主体}；

设C表示强盗强奸罪，则C = A∪B = {客体是他人占有的他人的财物，客观上是指以暴力或者胁迫强取他人财物的行为，主观上是故意，主体是一般主体} ∪ {客体是妇女个人性的自由，客观上是对13岁以上的妇女进行奸淫或者对不满13岁的幼女进行奸淫的行为，主观上是故意，主体是一般主体} = {客体是他人占有的他人的财物和妇女个人性的自由，客观上是指以暴力或者胁迫强取他人财物并对13岁以上的妇女进行奸淫或者对不满13岁的幼女进行奸淫的行为，主体是一般主体，主观上是故意} = {客体} ∪ {客观要件} ∪ {主体} ∪ {主观要件}。

在我国的刑事立法中，属于结合犯形态的犯罪类型非常稀少，不像日本刑法规定的那么多。从新中国刑事立法的内容来看，新旧刑法中均无典型结合犯的规定，而真正属于典型结合犯的例证是1991年全国人大常委会通过的《关于严惩拐卖、绑架妇女、儿童的犯罪分子的决定》中所规定的绑架勒索罪。从结合犯的角度考察，绑架勒索罪就是由非法拘禁罪和敲诈勒索罪结合以后形成的新罪。如果从犯罪构成的并集的角度来分析，对于本罪的构成可作如下分析：

设D为非法拘禁罪的集合，则D = {客体是他人的人身自由，客观上表现为采取非法拘禁他人或者以其他方法非法剥夺他人人身自由的行为，主体是一般主体，主观上是故意}；

设E为敲诈勒索罪的集合，则E = {客体是公私财产所有权，客观上表现为采取要挟或者威胁的方法强行索取他人财物的行为，主体是一般主体，主观上是故意，且以勒索财物为目的}；

设F为绑架勒索罪的集合，则F = D∪E = {客体是他人的人身自由，客观上表现为采取非法拘禁他人或者以其他方法非法剥夺他人人身自由的行为，主体是一般主体，主观上是故意｝∪｛客体是公私财产所有权，客观上表现为采取要挟或者威胁的方法强行索取他人财物的行为，主体是一般主体，主观上是故意，且以勒索财物为目的｝=｛客体是双重客体，即他人的人身自由和公私财产所有权，客观上表现为采用暴力、胁迫或者麻醉的方法绑架他人以勒索财物的行为，主体是一般主体，主观上是故意，且以勒索财物为目的｝=｛客体｝∪｛客观要件｝∪｛主体｝∪｛主观要件｝。

关于结合犯的犯罪构成的并集的研究意义在于，通过把两个不同的犯罪构成结合成一个新的犯罪构成的方法，可以在原有的犯罪构成的基础上，创制一个新的犯罪构成。犯罪构成的并集如此的创制功能，不仅对刑事立法者在进行新罪名的创立时有重要的参考价值，而且对刑法研究人员正确地把握结合犯的特征有着十分重要的意义。

2. 复杂的犯罪构成的并集

关于犯罪构成的并集，除了结合犯可以采取这种研究模式来进行研究外，对于复杂的犯罪构成的研究也可以采取并集的研究方法。在我国刑法分则中，由两个以上的犯罪客体、犯罪行为、主观罪过所组合而成的犯罪，即属于复杂的犯罪构成。关于复杂的犯罪构成研究可根据其结合方式使用并集的研究方法来进行。关于复杂的犯罪构成的并集，可以通过建立以下几种不同的研究模式来表示：

（1）多重客体的犯罪构成的并集应用模式。

例如，对抢劫罪的客体使用犯罪构成并集的研究方法可以表示如下：

设 A 为抢劫罪的客体的集合，则 A =｛抢劫罪的客体｝；

设 B1 为抢劫罪的主要客体的集合，则 B1 =｛侵犯他人的财产权利｝；

设 B2 为抢劫罪的次要客体的集合，则 B2 =｛侵犯他人的人身权利｝；

则 A = B1∪B2，即抢劫罪的客体的集合 =｛抢劫罪的客体｝=｛侵犯他人的财产权利｝∪｛侵犯他人的人身权利｝=｛侵犯他人的财产权利与侵犯他人的人身权利｝。

又如，对刑讯逼供罪的客体使用犯罪构成并集的研究方法可以表示如下：

设 C 为刑讯逼供罪的客体的集合，则 C =｛刑讯逼供罪的客体｝；

设 W1 为刑讯逼供罪的主要客体的集合，则 W1 =｛公民的人身自由权利｝；

设 W2 为刑讯逼供罪的次要客体的集合，则 W2 =｛司法机关的正常活动}；

则 C = W1∪W2，即刑讯逼供罪的客体的集合 = {刑讯逼供罪的客体} = {公民的人身自由权利} ∪ {司法机关的正常活动} = {公民的人身自由权利与司法机关的正常活动}。

（2）多重对象的犯罪构成的并集应用模式。

例如，对擅自发行股票、公司、企业债券罪的对象使用犯罪构成并集的研究方法可以表示如下：

设 D 为擅自发行股票、公司、企业债券罪的对象的集合，则 D = {擅自发行股票、公司、企业债券罪的对象}；

设 E1 为擅自发行股票、公司、企业债券罪的对象股票的集合，则 E1 = {股票}；

设 E2 为擅自发行股票、公司、企业债券罪的对象公司债券的集合，则 E2 = {公司债券}；

设 E3 为擅自发行股票、公司、企业债券罪的对象企业债券的集合，则 E3 = {企业债券}；

则 D = E1∪E2∪E3，即擅自发行股票、公司、企业债券罪的对象的集合 = {擅自发行股票、公司、企业债券罪的对象} = {股票} ∪ {公司债券} ∪ {企业债券} = {股票、公司债券以及企业债券}。

又如，对过失损坏广播电视设施、公用电信设施罪的对象使用犯罪构成的并集的研究方法可以表示如下：

设 H 为过失损坏广播电视设施、公用电信设施罪的对象的集合，则 H = {过失损坏广播电视设施、公用电信设施罪的对象}；

设 O1 为过失损坏广播电视设施、公用电信设施罪的对象广播电视设施，则 O1 = {广播电视设施}；

设 O2 为过失损坏广播电视设施、公用电信设施罪的对象公用电信设施，则 O2 = {公用电信设施}；

则 H = O1∪O2 = 即过失损坏广播电视设施、公用电信设施罪的对象的集合 = {过失损坏广播电视设施、公用电信设施罪的对象} = {广播电视设施} ∪ {公用电信设施} = {广播电视设施以及公用电信设施}。

（3）多重行为的犯罪构成的并集的应用模式。

例如，对出售、购买、运输假币罪的客观行为方式使用犯罪构成并集的研究方法可以表示如下：

设 F 为出售、购买、运输假币罪的客观行为方式的集合，则 F = {出售、购买、运输假币罪的客观行为方式}；

设 G1 为出售、购买、运输假币罪的行为方式出售的集合，则 G1 = {出售}；

设 G2 为出售、购买、运输假币罪的行为方式购买的集合，则 G2 = {购买}；

设 G3 为出售、购买、运输假币罪的行为方式运输的集合，则 G3 = {运输}；

则 F = G1∪G2∪G3，即出售、购买、运输假币罪的客观行为方式的集合 = {出售、购买、运输假币罪的客观行为方式} = {出售} ∪ {购买} ∪ {运输} = {出售、购买以及运输的行为}。

又如，对组织、领导、参加黑社会性质组织罪的客观行为方式使用犯罪构成的并集的研究方法可以表示如下：

设 J 为组织、领导、参加黑社会性质组织罪的客观行为方式的集合，则 J = {组织、领导、参加黑社会性质组织罪的客观行为方式}；

设 V1 为组织、领导、参加黑社会性质组织罪的客观行为方式的组织的集合，则 V1 = {组织}；

设 V2 为组织、领导、参加黑社会性质组织罪的客观行为方式的领导的集合，则 V2 = {领导}；

设 V3 为组织、领导、参加黑社会性质组织罪的客观行为方式的参加的集合，则 V3 = {参加}；

则 J = V1∪V2∪V3，即组织、领导、参加黑社会性质组织罪的客观行为方式的集合 = {组织、领导、参加黑社会性质组织罪的客观行为方式} = {组织} ∪ {领导} ∪ {参加} = {组织、领导以及参加的行为}。

（4）多重罪过的犯罪构成的并集的应用模式。

例如，对故意伤害致死罪的主观罪过使用犯罪构成并集的研究方法可以表示如下：

设 Q 为故意伤害致死罪的主观罪过的集合，则 Q = {故意伤害致死罪的主观罪过}；

设 L1 为故意伤害致死罪的主观罪过的故意的集合，则 L1 = {故意}；

设 L2 为故意伤害致死罪的主观罪过的过失的集合，则 L2 = {过失}；

则 Q = L1∪L2，即故意伤害致死罪的主观罪过的集合 = {故意伤害致死罪的主观罪过} = {故意} ∪ {过失} = {故意与过失}。

（5）多重行为与多重对象的犯罪构成的并集的应用模式。

例如，对非法制造、买卖、运输、邮寄、储存枪支、弹药、爆炸物罪的行为方式与对象如果使用犯罪构成并集的研究方法可以表示如下：

设K为非法制造、买卖、运输、邮寄、储存枪支、弹药、爆炸物罪的行为方式的集合，则K = {非法制造、买卖、运输、邮寄、储存枪支、弹药、爆炸物罪的行为方式}；

设X1为非法制造、买卖、运输、邮寄、储存枪支、弹药、爆炸物罪的行为方式非法制造的集合，则X1 = {非法制造}；

设X2为非法制造、买卖、运输、邮寄、储存枪支、弹药、爆炸物罪的行为方式非法买卖的集合，则X2 = {非法买卖}；

设X3为非法制造、买卖、运输、邮寄、储存枪支、弹药、爆炸物罪的行为方式非法运输的集合，则X3 = {非法运输}；

设X4为非法制造、买卖、运输、邮寄、储存枪支、弹药、爆炸物罪的行为方式非法邮寄的集合，则X4 = {非法邮寄}；

设X5为非法制造、买卖、运输、邮寄、储存枪支、弹药、爆炸物罪的行为方式非法储存的集合，则X5 = {非法储存}；

又设M为非法制造、买卖、运输、邮寄、储存枪支、弹药、爆炸物罪的对象的集合，则M = 非法制造、买卖、运输、邮寄、储存枪支、弹药、爆炸物罪的对象 = {非法制造、买卖、运输、邮寄、储存枪支、弹药、爆炸物罪的对象}；

设Y1为非法制造、买卖、运输、邮寄、储存枪支、弹药、爆炸物罪的对象枪支的集合，则Y1 = {枪支}；

设Y2为非法制造、买卖、运输、邮寄、储存枪支、弹药、爆炸物罪的对象弹药的集合，则Y2 = {弹药}；

设Y3为非法制造、买卖、运输、邮寄、储存枪支、弹药、爆炸物罪的对象爆炸物的集合，则Y3 = {爆炸物}；

则K∪M = X1∪X2∪X3∪X4∪X5∪Y1∪Y2∪Y3，即非法制造、买卖、运输、邮寄、储存枪支、弹药、爆炸物罪的行为与对象的集合 = {非法制造、买卖、运输、邮寄、储存枪支、弹药、爆炸物罪的行为与对象} = {非法制造、买卖、运输、邮寄、储存枪支、弹药、爆炸物罪的行为} ∪ {非法制造、买卖、运输、邮寄、储存枪支、弹药、爆炸物罪的对象} =

{非法制造} ∪ {非法买卖} ∪ {非法运输} ∪ {非法邮寄} ∪ {非法储存} ∪ {枪支} ∪ {弹药} ∪ {爆炸物} = {非法制造、买卖、运输、邮寄、储存枪支、弹药、爆炸物}。

（6）多重客体与多重行为的犯罪构成并集的应用模式。

例如，对抢劫罪的客体与行为方式使用犯罪构成的并集的研究模式可以表示如下：

设 S 为抢劫罪的客体的集合，则 S = {抢劫罪的客体}；

设 T1 为抢劫罪的主要客体的集合，则 T1 = {侵犯他人的财产权利}；

设 T2 为抢劫罪的次要客体的集合，则 T2 = {侵犯他人的人身权利}；

又设 P 为抢劫罪行为方式的集合，则 P = {抢劫罪的行为方式}；

设 R1 为抢劫罪行为方式暴力的集合，则 R1 = {暴力}；

设 R2 为抢劫罪行为方式胁迫的集合，则 R2 = {胁迫}；

设 R3 为抢劫罪行为方式其他方法的集合，则 R3 = {其他方法}；

则 $S \cup P = T1 \cup T2 \cup R1 \cup R2 \cup R3$，即抢劫罪的客体与行为方式的集合 = {抢劫罪的客体与行为方式} = {抢劫罪的客体} ∪ {抢劫罪的行为方式} = {侵犯他人的财产权利} ∪ {侵犯他人的人身权利} ∪ {暴力} ∪ {胁迫} ∪ {其他方法} = {采取暴力、胁迫或者其他方法侵犯他人的财产权利与人身权利}。

（四）犯罪构成的补集应用模式

所谓补集是指在一个全集当中，除去一个子集的元素外，则余下的一切元素所组成的集合，即称之为补集。所谓犯罪构成的补集是指在一个犯罪构成的全集当中，除去一个犯罪构成的子集的元素外，由余下的一切元素所组成的集合，即称之为犯罪构成的补集。换言之，将基本的犯罪构成与补充的犯罪构成结合起来所形成的犯罪构成的集合属于全集。而在基本犯罪构成之外，如果对其犯罪构成有特别要求的就需要补充的犯罪构成集合进行补充评价，这也是补集在犯罪构成中的意义。补集在我国的刑事立法中，被运用于对情节犯、数额犯、后果犯的研究，具有较高的应用价值。

1. 关于情节犯的补集

所谓情节犯是指对于某一个犯罪的构成而言，除了其基本的构成要件之外，还必须具备特定的情节才能构成犯罪的情况。例如，根据我国《刑法》第 243 条之规定可知，捏造事实诬告陷害他人，意图使他人受刑事追究，情节严重的，构成诬告陷害罪。从《刑法》对诬告陷害罪的规定来看，如果从犯罪构成的补集的角度来分析，可以如下表示：

设 J 为诬告陷害罪的全集，则 J = ｛诬告陷害罪｝；

设 A 为诬告陷害罪的基本构成要件，则 A = ｛客体是他人的人身权利与司法机关的正常活动，客观方面表现为捏造事实诬告陷害他人的行为，主体是一般主体，主观方面是故意，且意图使他人受刑事追究｝；

设 A^C 为诬告陷害罪的补充构成要件，则 A^C = ｛诬告陷害情节严重｝；

则 $A \cup A^C = J$，即｛诬告陷害罪的基本构成要件｝∪｛诬告陷害罪的补充构成要件｝=｛客体是他人的人身权利与司法机关的正常活动，客观方面表现为捏造事实诬告陷害他人的行为，主体是一般主体，主观方面是故意，且意图使他人受刑事追究｝∪｛诬告陷害情节严重｝=｛诬告陷害罪｝。

又如，根据《刑法》第 411 条的规定可知，海关工作人员徇私舞弊，放纵走私，情节严重的，构成放纵走私罪。如果从犯罪构成的补集的角度来分析，可以表示如下：

设 J 为放纵走私罪的全集，则 J = ｛放纵走私罪｝；

设 B 为放纵走私罪的基本构成要件，则 B = ｛客体是国家对海关的管理制度，客观上表现为徇私舞弊，放纵走私的行为，主体是海关工作人员，主观上是故意｝；

设 B^C 为放纵走私罪的补充构成要件，则 B^C = ｛放纵走私情节严重｝；

则 $B \cup B^C = J$，即｛放纵走私罪的基本构成要件｝∪｛放纵走私罪的补充构成要件｝=｛客体是国家对海关的管理制度，客观上表现为徇私舞弊，放纵走私的行为，主体是海关工作人员，主观上是故意｝∪｛放纵走私情节严重｝=｛放纵走私罪｝。

2. 关于数额犯的补集

所谓数额犯是指对于某一个特定的犯罪而言，除了基本的构成要件之外，还必须达到一定的犯罪数额才能构成犯罪的情况。在我国刑法分则规定的犯罪中，属于数额犯的情形比较多，例如，根据《刑法》第 264 条规定可知，盗窃公私财物，数额较大、多次盗窃、入户盗窃、携带凶器盗窃、或者扒窃的，构成盗窃罪。从《刑法》对盗窃罪的规定来看，如果从犯罪构成的补集的角度来分析，可以表示如下：

设 J 为盗窃罪的全集，则 J = ｛盗窃罪｝；

设 A 为盗窃罪的基本构成要件，则 A = ｛客体是公私财产所有权，客观方面表现为秘密窃取财物的行为，主体是一般主体，主观方面是故意，且以非法占有为目的｝；

设 A^C 为盗窃罪的补充构成要件，则 A^C ＝｛盗窃公私财物数额较大、多次盗窃、入户盗窃、携带凶器盗窃或者扒窃的行为｝；

则 $A \cup A^C = J$，即｛盗窃罪的基本构成要件｝∪｛盗窃罪的补充要件｝＝｛客体是公私财产所有权，客观方面表现为秘密窃取财物的行为，主体是一般主体，主观方面是故意，且以非法占有为目的｝∪｛盗窃公私财物数额较大、多次盗窃、入户盗窃、携带凶器盗窃或者扒窃的行为｝＝｛盗窃罪｝。

又如，根据《刑法》第 270 条规定可知，将代为保管的他人财物非法占为已有，数额较大，拒不退还的，构成侵占罪。从《刑法》对侵占罪的规定来看，如果从犯罪构成的补集的角度来分析，可以表示如下：

设 J 为侵占罪的全集，则 J＝｛侵占罪｝；

设 B 为侵占罪的基本构成要件，则 B＝｛客体是他人财物所有权，客观方面表现为将代为保管的他人财物非法占为已有、拒不退还的行为，主体是一般主体，主观方面表现为故意｝；

设 B^C 为侵占罪的补充构成要件，则 B^C ＝｛侵占公私财物数额较大｝；

则 $B \cup B^C = J$，即｛侵占罪的基本构成要件｝∪｛侵占罪的补充要件｝＝｛客体是他人财物所有权，客观方面表现为将代为保管的他人财物非法占为已有、拒不退还的行为，主体是一般主体，主观方面表现为故意｝∪｛侵占公私财物数额较大｝＝｛侵占罪｝。

3. 关于后果犯的补集

所谓后果犯是指对于某种犯罪而言，除了具备基本的犯罪构成要件之外，还必须产生一定的后果才能构成犯罪。例如，根据《刑法》第 416 条规定可知，对被拐卖、绑架的妇女、儿童负有解救职责的国家机关工作人员，接到被拐卖、绑架的妇女、儿童及其家属的解救要求或者接到其他人的举报，而对被拐卖、绑架的妇女、儿童不进行解救，造成严重后果的，构成不解救被拐卖、绑架妇女、儿童罪。本罪的构成要求行为人除了基本的构成要件之外，还必须具有造成严重后果这一补充要件。在这里，值得注意的问题是，后果犯与结果犯是两个不同的概念，切不可混为一谈。所谓结果犯是指某种犯罪的既遂形态，它要求某种犯罪的构成要达到既遂的状态，在法定的结果发生的情况下才能形成的一种犯罪形态，结果犯中的结果是否存在是划分犯罪的既遂与未遂的标志。而所谓后果犯则是指某种犯罪的成立除了具备其基本构成要件之外，还必须产生一定的后果才能构成犯罪的情况。后果犯中的后果是否产生则是划分罪与非罪的标志。

关于《刑法》第416条规定的不解救被拐卖、绑架妇女、儿童罪，如果从犯罪构成的补集的角度来分析，可以表示如下：

设J为不解救被拐卖、绑架妇女、儿童罪的全集，则J=｛不解救被拐卖、绑架妇女、儿童罪｝；

设A为不解救被拐卖、绑架妇女、儿童罪的基本构成要件，则A=｛客体是妇女、儿童的人身自由，客观上表现为行为人接到被拐卖、绑架的妇女、儿童及其家属的解救要求或者接到其他人的举报，而对被拐卖、绑架的妇女、儿童不进行解救的行为，主体是负有解救职责的国家机关工作人员，主观上是故意｝；

设A^C为不解救被拐卖、绑架妇女、儿童罪的补充构成要件，则A^C=｛不解救被拐卖、绑架妇女、儿童造成严重后果｝；

则$A \cup A^C = J$，即｛不解救被拐卖、绑架妇女、儿童罪的基本构成要件｝∪｛不解救被拐卖、绑架妇女、儿童罪的补充构成要件｝=｛客体是妇女、儿童的人身自由，客观上表现为行为人接到被拐卖、绑架的妇女、儿童及其家属的解救要求或者接到其他人的举报，而对被拐卖、绑架的妇女、儿童不进行解救的行为，主体是负有解救职责的国家机关工作人员，主观上是故意｝∪｛不解救被拐卖、绑架妇女、儿童造成严重后果｝=｛不解救被拐卖、绑架妇女、儿童罪｝。

又如，根据《刑法》第419条规定可知，国家机关工作人员严重不负责任，造成珍贵文物损毁或者流失，后果严重的，构成失职造成珍贵文物损毁、流失罪。如果从犯罪构成的补集的角度来进行分析，对本罪的集合可以表示如下：

设J为失职造成珍贵文物损毁、流失罪的全集，则J=｛失职造成珍贵文物损毁、流失罪｝；

设B为失职造成珍贵文物损毁、流失罪的基本构成要件，则B=｛客体是国家的文物管理制度，客观上表现为行为人严重不负责任，造成珍贵文物损毁或者流失的行为，主体是国家机关工作人员，主观上是过失｝；

设B^C为失职造成珍贵文物损毁、流失罪的补充构成要件，则B^C=｛失职造成珍贵文物损毁、流失后果严重｝；

则$B \cup B^C = J$，即｛失职造成珍贵文物损毁、流失罪的基本构成要件｝∪｛失职造成珍贵文物损毁、流失罪的补充构成要件｝=｛客体是国家的文物管理制度，客观上表现为行为人严重不负责任，造成珍贵文物损毁或者流失的行为，主体是国家机关工作人员，主观上是过失｝∪｛失职造成珍贵文物损毁、流失后果严重｝＝｛失职造成珍贵文物损毁、流失罪｝。

研究犯罪构成的补集的意义是通过对犯罪构成补集的研究，可以使我们在对犯罪构成的研究方面进一步增强对犯罪构成的基本要件与补充要件的认识，从而更加清楚地认识到犯罪构成的组合方面的复杂性与多样性。犯罪构成的补集对于司法实践的意义在于，它可以提示司法人员在对某种犯罪进行认定时，不仅要注意对其基本构成要件的分析，而且应当注意对其补充构成要件的分析，只有对于这两个方面的构成要件均作出全面分析的基础上，才能得出正确的结论。

第二章 危害国家安全罪

第一节 危害国家安全罪集合概述

一、危害国家安全罪的概念

危害国家安全罪是指行为人故意实施的危害中华人民共和国国家安全的行为。

二、危害国家安全罪的共同特征

根据现行刑法对危害国家安全罪所作的规定来看，构成该类犯罪必须具备以下几个方面的共同特征，其集合表现为：

设A为危害国家安全罪的集合，则A＝｛危害国家安全罪｝；

设B为危害国家安全罪的同类客体的集合，则B＝｛中华人民共和国的国家安全｝；设C为危害国家安全罪的客观方面的集合，则C＝｛行为人实施了危害中华人民共和国国家安全的行为｝；设D为危害国家安全的犯罪主体的集合，则D＝｛主体必须是达到法定年龄，具有刑事责任能力的人｝；设E为危害国家安全罪的主观方面的集合，则E＝｛故意｝；

则 $A=B\cup C\cup D\cup E$，即危害国家安全罪＝｛犯罪同类客体为中华人民共和国的国家安全｝∪｛客观方面表现为行为人实施了危害中华人民共和国国家安全的行为｝∪｛犯罪主体必须是达到法定年龄，具有刑事责任能力的人｝∪｛主观方面是故意｝＝｛犯罪同类客体为中华人民共和国的国家安全，客观方面表现为行为人实施了危害中华人民共和国国家安全的行为，犯罪主体必须是达到法定年龄、具有刑事责任能力的人，主观方面是故意}。

三、危害国家安全罪的具体罪名

根据现行刑法对危害国家安全罪所作的规定来看，本章的犯罪共有12种具体罪名，用子集的方式来表达，其构造表现为：

{危害国家安全罪}

{背叛国家罪}

{分裂国家罪}

{煽动分裂国家罪}

{武装叛乱、暴乱罪}

{颠覆国家政权罪}

{煽动颠覆国家政权罪}

{资助危害国家安全犯罪活动罪}

{投敌叛变罪}

{叛逃罪}

{间谍罪}

{为境外窃取、刺探、收买、非法提供国家秘密、情报罪}

{资敌罪}

……

{背叛国家罪
分裂国家罪
煽动分裂国家罪
武装叛乱、暴乱罪
颠覆国家政权罪
煽动颠覆国家政权罪
资助危害国家安全犯罪活动罪
投敌叛变罪
叛逃罪
间谍罪
为境外窃取、刺探、收买、非法提供国家秘密、情报罪
资敌罪}

第二节　危害国家安全罪集合分述

一、背叛国家罪

1. 背叛国家罪的概念

背叛国家罪，是指行为人勾结外国或者境外机构、组织、个人，危害中华人民共和国主权、领土完整和安全的行为。

2. 背叛国家罪的构成特征

关于背叛国家罪的构成特征，根据现行刑法的规定，主要有以下几个方面，其集合表现为：

设 A 为背叛国家罪的集合，则 A = {背叛国家罪}；

设 A1 为背叛国家罪的客体的集合，则 A1 = {中华人民共和国主权、领土完整和安全}；设 A2 为背叛国家罪的客观方面的集合，则 A2 = {行为人实施了勾结外国或者境外机构、组织、个人，危害中华人民共和国主权、领土完整和安全的行为}；设 A3 为背叛国家罪的主体的集合，则 A3 = {主体只能是具有特定身份的中国人}；设 A4 为背叛国家罪的主观方面的集合，则 A4 = {直接故意}；

则 $A = A1 \cup A2 \cup A3 \cup A4$，即背叛国家罪 = {客体是中华人民共和国主权、领土完整和安全} ∪ {客观方面实施了勾结外国或者境外机构、组织、个人，危害中华人民共和国主权、领土完整和安全的行为} ∪ {主体只能是具有特定身份的中国人} ∪ {主观方面是直接故意} = {客体是中华人民共和国主权、领土完整和安全，客观方面实施了勾结外国或者境外机构、组织、个人，危害中华人民共和国主权、领土完整和安全的行为，主体只能是具有特定身份的中国人，主观方面是直接故意}。

3. 背叛国家罪的处罚

根据《刑法》第102条、第113条、第56条第1款之规定，犯本罪的，处无期徒刑或者10年以上有期徒刑；对国家和人民危害特别严重，情节特别恶劣的，可以判处死刑。犯本罪的，应当附加剥夺政治权利，可以并处没收财产。

二、分裂国家罪

1. 分裂国家罪的概念

分裂国家罪，是指行为人组织、策划、实施各种分裂国家的活动，企图破坏我国各民族相互团结、各地区相互统一的行为。

2. 分裂国家罪的构成特征

关于分裂国家罪的构成特征，根据现行刑法的规定，主要有以下几个方面，其集合表现为：

设 B 为分裂国家罪的集合，则 B = {分裂国家罪}；

设 B1 为分裂国家罪的客体的集合，则 B1 = {国家与民族的团结与统一}；设 B2 为分裂国家罪的客观方面的集合，则 B2 = {行为人实施了组织、策划、实施各种分裂国家的活动，企图破坏我国各民族相互团结、各地区相互统一的行为}；设 B3 为分裂国家罪的主体的集合，则 B3 = {主体是年满 16 周岁、具有刑事责任能力的人}；设 B4 为分裂国家罪的主观方面的集合，则 B4 = {直接故意}；

则 $B = B1 \cup B2 \cup B3 \cup B4$，即分裂国家罪 = {客体是国家与民族的团结与统一} ∪ {客观方面实施了组织、策划、实施各种分裂国家的活动，企图破坏我国各民族相互团结、各地区相互统一的行为} ∪ {主体是年满 16 周岁、具有刑事责任能力的人} ∪ {主观方面是直接故意} = {客体是国家与民族的团结与统一，客观方面实施了组织、策划、实施各种分裂国家的活动，企图破坏我国各民族相互团结、各地区相互统一的行为，主体是年满 16 周岁、具有刑事责任能力的人，主观方面是直接故意}。

3. 分裂国家罪的处罚

根据《刑法》第 103 条第 1 款、第 113 条、第 106 条、第 56 条第 1 款之规定，犯本罪的，对首要分子或者罪行重大的，处无期徒刑或者 10 年以上有期徒刑；对积极参加的，处 3 年以上 10 年以下有期徒刑；对其他参加的，处 3 年以下有期徒刑、拘役、管制或者剥夺政治权利；对国家和人民危害特别严重，情节特别恶劣的，可以判处死刑。与境外机构、组织、个人相勾结，实施本罪的，依照前述规定从重处罚。犯本罪的，除单处剥夺政治权利者外还应当附加剥夺政治权利，并且可以并处没收财产。

三、煽动分裂国家罪

1. 煽动分裂国家罪的概念

煽动分裂国家罪，是指行为人以分裂国家为目的，煽动他人实施分裂国家、破坏国家统一的行为。

2. 煽动分裂国家罪的构成特征

关于煽动分裂国家罪的构成特征，根据现行刑法的规定，主要有以下几个方面，其集合表现为：

设 C 为煽动分裂国家罪的集合，则 C = ｛煽动分裂国家罪｝；

设 C1 为煽动分裂国家罪的客体的集合，则 C1 = ｛国家与民族的团结与统一｝；设 C2 为煽动分裂国家罪的客观方面的集合，则 C2 = ｛行为人实施了煽动分裂国家、破坏国家统一的行为｝；设 C3 为煽动分裂国家罪的主体的集合，则 C3 = ｛主体是年满 16 周岁、具有刑事责任能力的人｝；设 C4 为煽动分裂国家罪的主观方面的集合，则 C4 = ｛直接故意｝；

则 $C = C1 \cup C2 \cup C3 \cup C4$，即煽动分裂国家罪 = ｛客体是国家与民族的团结与统一｝ ∪ ｛客观方面实施了煽动分裂国家、破坏国家统一的行为｝ ∪ ｛主体是年满 16 周岁、具有刑事责任能力的人｝ ∪ ｛主观方面是直接故意｝ = ｛客体是国家与民族的团结与统一，客观方面实施了煽动分裂国家、破坏国家统一的行为，主体是年满 16 周岁、具有刑事责任能力的人，主观方面是直接故意｝。

3. 煽动分裂国家罪的处罚

根据《刑法》第 103 条第 2 款、第 106 条、第 56 条第 1 款、第 113 条第 2 款之规定，犯本罪的，处 5 年以下有期徒刑、拘役、管制或者剥夺政治权利；首要分子或者罪行重大的，处 5 年以上有期徒刑。与境外机构、组织、个人相勾结，实施本罪的，依照前述规定从重处罚。犯本罪的，除单处剥夺政治权利者外还应当附加剥夺政治权利，并且可以并处没收财产。

四、武装叛乱、暴乱罪

1. 武装叛乱、暴乱罪的概念

武装叛乱、暴乱罪，是指行为人组织、策划、实施武装叛乱或者武装暴乱，危害中华人民共和国国家安全的行为。

2. 武装叛乱、暴乱罪的构成特征

关于武装叛乱、暴乱罪的构成特征，根据现行刑法的规定，主要有以下几个方面，其集合表现为：

设 D 为武装叛乱、暴乱罪的集合，则 D = {武装叛乱、暴乱罪}；

设 D1 为武装叛乱、暴乱罪的客体的集合，则 D1 = {人民民主专政的国家政权和社会主义制度}；设 D2 为武装叛乱、暴乱罪的客观方面的集合，则 D2 = {行为人实行了组织、策划、实施武装叛乱或者武装暴乱的行为}；设 D3 为武装叛乱、暴乱罪的主体的集合，则 D3 = {主体是年满 16 周岁、具有刑事责任能力的人}；设 D4 为武装叛乱、暴乱罪的主观方面的集合，则 D4 = {直接故意}；

则 D = D1 ∪ D2 ∪ D3 ∪ D4，即武装叛乱、暴乱罪 = {客体是人民民主专政的国家政权和社会主义制度} ∪ {客观方面实行了组织、策划、实施武装叛乱或者武装暴乱的行为} ∪ {主体是年满 16 周岁、具有刑事责任能力的人} ∪ {主观方面是直接故意} = {客体是人民民主专政的国家政权和社会主义制度，客观方面实行了组织、策划、实施武装叛乱或者武装暴乱的行为，主体是年满 16 周岁、具有刑事责任能力的人，主观方面是直接故意}。

3. 武装叛乱、暴乱罪的处罚

根据《刑法》第 104 条、第 113 条、第 106 条、第 56 条第 1 款之规定，犯本罪的，对首要分子或者罪行重大的，处无期徒刑或者 10 年以上有期徒刑；对积极参加的，处 3 年以上 10 年以下有期徒刑；对其他参加的，处 3 年以下有期徒刑、拘役、管制或者剥夺政治权利；策动、胁迫、勾引、收买国家机关工作人员、武装部队、人民警察、民兵犯本罪的，依照前述规定从重处罚；对国家和人民危害特别严重，情节特别恶劣的，可以判处死刑。与境外机构、组织、个人相勾结，实施本罪的，依照前述规定从重处罚。犯本罪的，除单处剥夺政治权利者外还应当附加剥夺政治权利，并且可以并处没收财产。

五、颠覆国家政权罪

1. 颠覆国家政权罪的概念

颠覆国家政权罪，是指行为人组织、策划、实施颠覆国家政权、推翻社会主义制度的行为。

2. 颠覆国家政权罪的构成特征

关于颠覆国家政权罪的构成特征，根据现行刑法的规定，主要有以下几个方面，其集合表现为：

设 E 为颠覆国家政权罪的集合，则 E = ｛颠覆国家政权罪｝；

设 E1 为颠覆国家政权罪的客体的集合，则 E1 = ｛人民民主专政的国家政权和社会主义制度｝；设 E2 为颠覆国家政权罪的客观方面的集合，则 E2 = ｛行为人实行了组织、策划、实施颠覆国家政权、推翻社会主义制度的行为｝；设 E3 为颠覆国家政权罪的主体的集合，则 E3 = ｛主体是年满 16 周岁、具有刑事责任能力的人｝；设 E4 为颠覆国家政权罪的主观方面的集合，则 E4 = ｛直接故意｝；

则 E = E1∪E2∪E3∪E4，即颠覆国家政权罪 = ｛客体是人民民主专政的国家政权和社会主义制度｝∪｛客观方面实行了组织、策划、实施颠覆国家政权、推翻社会主义制度的行为｝∪｛主体是年满 16 周岁、具有刑事责任能力的人｝∪｛主观方面是直接故意｝ = ｛客体是人民民主专政的国家政权和社会主义制度，客观方面实行了组织、策划、实施颠覆国家政权、推翻社会主义制度的行为，主体是年满 16 周岁、具有刑事责任能力的人，主观方面是直接故意｝。

3. 颠覆国家政权罪的处罚

根据《刑法》第 105 条第 1 款、第 106 条、第 56 条第 1 款、第 113 条第 2 款之规定，犯本罪的，对首要分子或者罪行重大的，处无期徒刑或者 10 年以上有期徒刑；对积极参加的，处 3 年以上 10 年以下有期徒刑；对其他参加的，处 3 年以下有期徒刑、拘役、管制或者剥夺政治权利。与境外机构、组织、个人相勾结，实施本罪的，依照前述规定从重处罚。犯本罪的，除单处剥夺政治权利者外还应当附加剥夺政治权利，并且可以并处没收财产。

六、煽动颠覆国家政权罪

1. 煽动颠覆国家政权罪的概念

煽动颠覆国家政权罪，是指行为人以造谣、诽谤或者其他方式煽动颠覆国家政权、推翻社会主义制度的行为。

2. 煽动颠覆国家政权罪的构成特征

关于煽动颠覆国家政权罪的构成特征，根据现行刑法的规定，主要有以下几个方面，其集合表现为：

设 F 为煽动颠覆国家政权罪的集合，则 F = ｛煽动颠覆国家政权罪｝；

设 F1 为煽动颠覆国家政权罪的客体的集合，则 F1 = ｛人民民主专政的国家政权和社会主义制度｝；设 F2 为煽动颠覆国家政权罪的客观方面的集合，则 F2 = ｛行为人实施了以造谣、诽谤或者其他方式煽动颠覆国家政权、推翻社会主义制度的行为｝；设 F3 为煽动颠覆国家政权罪的主体的集合，则 F3 = ｛主体是年满 16 周岁、具有刑事责任能力的人｝；设 F4 为煽动颠覆国家政权罪的主观方面的集合，则 F4 = ｛直接故意｝；

则 F = F1 ∪ F2 ∪ F3 ∪ F4，即煽动颠覆国家政权罪 = ｛客体是人民民主专政的国家政权和社会主义制度｝ ∪ ｛客观方面实施了以造谣、诽谤或者其他方式煽动颠覆国家政权、推翻社会主义制度的行为｝ ∪ ｛主体是年满 16 周岁、具有刑事责任能力的人｝ ∪ ｛主观方面是直接故意｝ = ｛客体是人民民主专政的国家政权和社会主义制度，客观方面实施了以造谣、诽谤或者其他方式煽动颠覆国家政权、推翻社会主义制度的行为，主体是年满 16 周岁、具有刑事责任能力的人，主观方面是直接故意｝。

3. 煽动颠覆国家政权罪的处罚

根据《刑法》第 105 条第 2 款、第 106 条、第 56 条第 1 款、第 113 条第 2 款之规定，犯本罪的，处 5 年以下有期徒刑、拘役、管制或者剥夺政治权利；首要分子或者罪行重大的，处 5 年以上有期徒刑。与境外机构、组织、个人相勾结，实施本罪的，依照前述规定从重处罚。犯本罪的，除单处剥夺政治权利者外还应当附加剥夺政治权利，并且可以并处没收财产。

七、资助危害国家安全犯罪活动罪

1. 资助危害国家安全犯罪活动罪的概念

资助危害国家安全犯罪活动罪，是指境内外机构、组织或者个人资助实施背叛国家罪、分裂国家罪、煽动分裂国家罪、武装叛乱、暴乱罪、颠覆国家政权罪、煽动颠覆国家政权罪的行为。

2. 资助危害国家安全犯罪活动罪的构成特征

关于资助危害国家安全犯罪活动罪的构成特征，根据现行刑法的规定，主要有以下几个方面，其集合表现为：

设 G 为资助危害国家安全犯罪活动罪的集合，则 G = ｛资助危害国家安全犯罪活动罪｝；

设 G1 为资助危害国家安全犯罪活动罪的客体的集合，则 G1 = ｛中华人民共和国的国家安全｝；设 G2 为资助危害国家安全犯罪活动罪的客观方面的集合，则 G2 = ｛行为人资助实施了背叛国家罪、分裂国家罪、煽动分裂国家罪、武装叛乱、暴乱罪、颠覆国家政权罪、煽动颠覆国家政权罪的行为｝；设 G3 为资助危害国家安全犯罪活动罪的主体的集合，则 G3 = ｛主体是境内外的机构、组织或者个人，既包括自然人，也包括单位｝；设 G4 为资助危害国家安全犯罪活动罪的主观方面的集合，则 G4 = ｛直接故意｝；

则 G = G1∪G2∪G3∪G4，即资助危害国家安全犯罪活动罪 = ｛客体是中华人民共和国的国家安全｝ ∪ ｛客观方面资助实施了背叛国家罪、分裂国家罪、煽动分裂国家罪、武装叛乱、暴乱罪、颠覆国家政权罪、煽动颠覆国家政权罪的行为｝ ∪ ｛主体是境内外的机构、组织或者个人，既包括自然人，也包括单位｝ ∪ ｛主观方面是直接故意｝ = ｛客体是中华人民共和国的国家安全，客观方面资助实施了背叛国家罪、分裂国家罪、煽动分裂国家罪、武装叛乱、暴乱罪、颠覆国家政权罪、煽动颠覆国家政权罪的行为，主体是境内外的机构、组织或者个人，既包括自然人，也包括单位，主观方面是直接故意｝。

3. 资助危害国家安全犯罪活动罪的处罚

根据《刑法》第 107 条、第 56 条第 1 款、第 113 条第 2 款之规定，犯本罪的，对直接责任人员，处 5 年以下有期徒刑、拘役、管制或者剥夺政治权利；情节严重的，处 5 年以上有期徒刑。犯本罪的，除单处剥夺政治权利者外还应当附加剥夺政治权利，并且可以并处没收财产。

八、投敌叛变罪

1. 投敌叛变罪的概念

投敌叛变罪，是指中国公民背叛国家、投奔敌方，或者在被捕、被俘后投降敌人，进行危害国家安全活动的行为。

2. 投敌叛变罪的构成特征

关于投敌叛变罪的构成特征，根据现行刑法的规定，主要有以下几个方面，其集合表现为：

设 H 为投敌叛变罪的集合，则 H = ｛投敌叛变罪｝；

设 H1 为投敌叛变罪的客体的集合，则 H1 = ｛中华人民共和国的国家安全｝；设 H2 为投敌叛变罪的客观方面的集合，则 H2 = ｛行为人实施了背叛国家、投奔敌方，或者在被捕、被俘后投降敌人，进行危害国家安全活动的行为}；设 H3 为投敌叛变罪的主体的集合，则 H3 = {主体是年满 16 周岁、具有刑事责任能力的中国公民}；设 H4 为投敌叛变罪的主观方面的集合，则 H4 = {直接故意}；

则 H = H1∪H2∪H3∪H4，即投敌叛变罪 = {客体是中华人民共和国的国家安全} ∪ {客观方面实施了背叛国家、投奔敌方，或者在被捕、被俘后投降敌人，进行危害国家安全活动的行为} ∪ {主体是年满 16 周岁、具有刑事责任能力的中国公民} ∪ {主观方面是直接故意} = {客体是中华人民共和国的国家安全，客观方面实施了背叛国家、投奔敌方，或者在被捕、被俘后投降敌人，进行危害国家安全活动的行为，主体是年满 16 周岁、具有刑事责任能力的中国公民，主观方面是直接故意}。

3. 投敌叛变罪的处罚

根据《刑法》第108 条、第113 条、第56 条第1 款之规定，犯本罪的，处 3 年以上 10 年以下有期徒刑；情节严重或者带领武装部队人员、人民警察、民兵投敌叛变的，处 10 年以上有期徒刑或者无期徒刑；对国家和人民危害特别严重，情节特别恶劣的，可以判处死刑。犯本罪的，应当附加剥夺政治权利，并且可以并处没收财产。

九、叛逃罪

1. 叛逃罪的概念

叛逃罪，是指国家机关工作人员或者其他掌握国家秘密的国家工作人员在履行公务期间，擅离岗位，叛逃境外或者在境外叛逃的行为。

2. 叛逃罪的构成特征

关于叛逃罪的构成特征，根据现行刑法的规定，主要有以下几个方面，其集合表现为：

设 I 为叛逃罪的集合，则 I = {叛逃罪}；

设 I1 为叛逃罪的客体的集合，则 I1 = {中华人民共和国的国家安全}；设 I2 为叛逃罪的客观方面的集合，则 I2 = {行为人在履行公务期间，擅离岗位，叛逃境外或者在境外叛逃的行为}；设 I3 为叛逃罪的主体的集合，则 I3 = {主体主要是国家机关工作人员，也包括掌握国家秘密的国家工作人员}；设 I4 为叛逃罪的主观方面的集合，则 I4 = {直接故意}；

则 I = I1∪I2∪I3∪I4，即叛逃罪 = {客体是中华人民共和国的国家安全} ∪ {客观方面表现为行为人在履行公务期间，擅离岗位，叛逃境外或者在境外叛逃的行为｝∪｛主体主要是国家机关工作人员，也包括掌握国家秘密的国家工作人员｝∪｛主观方面是直接故意｝=｛客体是中华人民共和国的国家安全，客观方面表现为行为人在履行公务期间，擅离岗位，叛逃境外或者在境外叛逃的行为，主体主要是国家机关工作人员，也包括掌握国家秘密的国家工作人员，主观方面是直接故意｝。

3. 叛逃罪的处罚

根据《刑法》第109条、第113条第2款、第56条之规定，犯本罪的，处5年以下有期徒刑、拘役、管制或者剥夺政治权利；情节严重的，处5年以上10年以下有期徒刑。犯本罪的，除单处剥夺政治权利者外还应当附加剥夺政治权利，并且可以并处没收财产。掌握国家秘密的国家工作人员犯本罪的，从重处罚。

十、间谍罪

1. 间谍罪的概念

间谍罪，是指行为人参加间谍组织或者接受间谍组织及其代理人的任务以及为敌人指示轰击目标的行为。

2. 间谍罪的构成特征

关于间谍罪的构成特征，根据现行刑法的规定，主要有以下几个方面，其集合表现为：

设J为间谍罪的集合，则J=｛间谍罪｝；

设J1为间谍罪的客体的集合，则J1=｛中华人民共和国的国家安全｝；设J2为间谍罪的客观方面的集合，则J2=｛行为人参加间谍组织或者接受间谍组织及其代理人的任务以及为敌人指示轰击目标的行为｝；设J3为间谍罪的主体的集合，则J3=｛主体是年满16周岁、具有刑事责任能力的人｝；设J4为间谍罪的主观方面的集合，则J4=｛直接故意｝；

则J=J1∪J2∪J3∪J4，即间谍罪=｛客体是中华人民共和国的国家安全｝∪｛客观方面表现为行为人参加间谍组织或者接受间谍组织及其代理人的任务以及为敌人指示轰击目标的行为｝∪｛主体是年满16周岁、具有刑事责任能力的人｝∪｛主观方面是直接故意｝=｛客体是中华人民共和国的国家安全，客观方面表现为行为人参加间谍组织或者接受间谍组织及其代理人的任务以及为敌人指示轰击目标的行为，主体是年满16周岁、具有刑事责任能力的人，主观方面是直接故意｝。

3. 间谍罪的处罚

根据《刑法》第110条、第113条、第56条之规定，犯本罪的，处10年以上有期徒刑或者无期徒刑；情节较轻的，处3年以上10年以下有期徒刑；对国家和人民危害特别严重，情节特别恶劣的，可以判处死刑。犯本罪的，应当附加剥夺政治权利，可以并处没收财产。

十一、为境外窃取、刺探、收买、非法提供国家秘密、情报罪

1. 为境外窃取、刺探、收买、非法提供国家秘密、情报罪的概念

为境外窃取、刺探、收买、非法提供国家秘密、情报罪，是指行为人故意为境外机构、组织、人员窃取、刺探、收买、非法提供国家秘密或者情报的行为。

2. 为境外窃取、刺探、收买、非法提供国家秘密、情报罪的构成特征

关于为境外窃取、刺探、收买、非法提供国家秘密、情报罪的构成特征，根据现行刑法的规定，主要有以下几个方面，其集合表现为：

设K为为境外窃取、刺探、收买、非法提供国家秘密、情报罪的集合，则K = {为境外窃取、刺探、收买、非法提供国家秘密、情报罪}；

设K1是为境外窃取、刺探、收买、非法提供国家秘密、情报罪的客体的集合，则K1 = {中华人民共和国的国家安全}；设K2是为境外窃取、刺探、收买、非法提供国家秘密、情报罪的客观方面的集合，则K2 = {行为人为境外机构、组织、人员窃取、刺探、收买、非法提供国家秘密或者情报的行为}；设K3是为境外窃取、刺探、收买、非法提供国家秘密、情报罪的主体的集合，则K3 = {主体是年满16周岁、具有刑事责任能力的人}；设K4是为境外窃取、刺探、收买、非法提供国家秘密、情报罪的主观方面的集合，则K4 = {故意}；

则$K = K1 \cup K2 \cup K3 \cup K4$，即为境外窃取、刺探、收买、非法提供国家秘密、情报罪 = {客体是中华人民共和国的国家安全} ∪ {客观方面表现为行为人为境外机构、组织、人员窃取、刺探、收买、非法提供国家秘密或者情报的行为} ∪ {主体是年满16周岁、具有刑事责任能力的人} ∪ {主观方面是故意} = {客体是中华人民共和国的国家安全，客观方面表现为行为人为境外机构、组织、人员窃取、刺探、收买、非法提供国家秘密或者情报的行为，主体是年满16周岁、具有刑事责任能力的人，主观方面是故意}。

3. 为境外窃取、刺探、收买、非法提供国家秘密、情报罪的处罚

根据《刑法》第111条、第113条、第56条第1款之规定，犯本罪的，处5年以上10年以下有期徒刑；情节特别严重的，处10年以上有期徒刑或者无期徒刑；情节较轻的，处5年以下有期徒刑、拘役、管制或者剥夺政治权利。对国家和人民危害特别严重，情节特别恶劣的，可以判处死刑。犯本罪的，除单处剥夺政治权利者外，还应当附加剥夺政治权利，并且可以并处没收财产。

十二、资敌罪

1. 资敌罪的概念

资敌罪，是指行为人在战时故意向敌人提供武器装备、军用物资予以资助的行为。

2. 资敌罪的构成特征

关于资敌罪的构成特征，根据现行刑法的规定，主要有以下几个方面，其集合表现为：

设L为资敌罪的集合，则L＝｛资敌罪｝；

设L1为资敌罪的客体的集合，则L1＝｛中华人民共和国的国家安全｝；设L2为资敌罪的客观方面的集合，则L2＝｛行为人在战时向敌人提供武器装备、军用物资予以资助的行为｝；设L3为资敌罪的主体的集合，则L3＝｛主体是年满16周岁、具有刑事责任能力的人｝；设L4为资敌罪的主观方面的集合，则L4＝｛直接故意｝；

则L＝L1∪L2∪L3∪L4，即资敌罪＝｛客体是中华人民共和国的国家安全｝∪｛客观方面表现为行为人在战时向敌人提供武器装备、军用物资予以资助的行为｝∪｛主体是年满16周岁、具有刑事责任能力的人｝∪｛主观方面是直接故意｝＝｛客体是中华人民共和国的国家安全，客观方面表现为行为人在战时向敌人提供武器装备、军用物资予以资助的行为，主体是年满16周岁、具有刑事责任能力的人，主观方面是直接故意｝。

3. 资敌罪的处罚

根据《刑法》第112条、第113条、第56条第1款之规定，犯本罪的，处10年以上有期徒刑或者无期徒刑；情节较轻的，处3年以上10年以下有期徒刑；对国家和人民危害特别严重，情节特别恶劣的，可以判处死刑。犯本罪的，应当附加剥夺政治权利，并且可以并处没收财产。

第三章
危害公共安全罪

第一节　危害公共安全罪集合概述

一、危害公共安全罪的概念

危害公共安全罪，是指行为人故意或者过失地危害或者足以危害不特定多数人的生命、健康，或者重大公私财产以及其他公共利益安全的行为。

二、危害公共安全罪的共同特征

根据现行刑法对危害公共安全罪所作的规定来看，构成该类犯罪必须具备以下几个方面的共同特征，其集合表现为：

设 A 为危害公共安全罪的集合，则 A = {危害公共安全罪}；

设 B 为危害公共安全罪的同类客体的集合，则 B = {社会的公共安全} = {不特定多数人的生命、健康的安全} ∪ {重大的公私财产的安全} ∪ {其他公共利益的安全}；设 C 为危害公共安全罪的客观方面的集合，则 C = {行为人实施了危害不特定多数人的生命、健康和重大的公私财产以及其他公共利益的安全的行为}；设 D 为危害公共安全的犯罪主体的集合，则 D = {达到法定年龄，具有刑事责任能力的人} ∪ {特定身份} ∪ {单位}；设 E 为危害公共安全罪的主观方面的集合，则 E = {故意} ∪ {过失}；

则 A = B∪C∪D∪E，即危害公共安全罪 = {犯罪同类客体为社会的公共安全｝∪｛客观方面表现为行为人实施了危害不特定多数人的生命、健康和重大的公私财产以及其他公共利益的安全的行为｝∪｛犯罪主体必须是达到法定年龄，具有刑事责任能力的人，有的必须具有特定身份，有的犯罪主体可以是单位｝∪｛主观方面可以是故意，也可以是过失｝=｛犯罪同类客体为社会的公共安全，客观方面表现为行为人实施了危害不特定多数人的生命、健康和重大的公私财产以及其他公共利益的安全的行为，犯罪主体必须是达到法定年龄、具有刑事责任能力的人，有的必须具有特定身份，有的犯罪主体可以是单位，主观方面可以是故意，也可以是过失｝。

三、危害公共安全罪的具体罪名

根据现行刑法对危害公共安全罪所作的规定来看，本章的犯罪共有52种具体罪名，用子集的方式来表达，其构造表现为：

｛危害公共安全罪｝

｛放火罪｝

｛决水罪｝

｛爆炸罪｝

｛投放危险物质罪｝

｛以危险方法危害公共安全罪｝

｛失火罪｝

｛过失决水罪｝

｛过失爆炸罪｝

｛过失投放危险物质罪｝

｛过失以危险方法危害公共安全罪｝

｛破坏交通工具罪｝

｛破坏交通设施罪｝

｛破坏电力设备罪｝

｛破坏易燃易爆设备罪｝

｛过失损坏交通工具罪｝

｛过失损坏交通设施罪｝

｛过失损坏电力设备罪｝

｛过失损坏易燃易爆设备罪｝

{组织、领导、参加恐怖组织罪}
{帮助恐怖活动罪}
{准备实施恐怖活动罪}
{宣扬恐怖主义、极端主义、煽动实施恐怖活动罪}
{利用极端主义破坏法律实施罪}
{强制穿戴宣扬恐怖主义、极端主义服饰、标志罪}
{非法持有宣扬恐怖主义、极端主义物品罪}
{劫持航空器罪}
{劫持船只、汽车罪}
{暴力危及飞行安全罪}
{破坏广播电视设施、公用电信设施罪}
{过失损坏广播电视设施、公用电信设施罪}
{非法制造、买卖、运输、邮寄、储存枪支、弹药、爆炸物罪}
{非法制造、买卖、运输、储存危险物质罪}
{违规制造、销售枪支罪}
{盗窃、抢夺枪支、弹药、爆炸物、危险物质罪}
{抢劫枪支、弹药、爆炸物、危险物质罪}
{非法持有、私藏枪支、弹药罪}
{非法出租、出借枪支罪}
{丢失枪支不报罪}
{非法携带枪支、弹药、管制刀具、危险物品危及公共安全罪}
{重大飞行事故罪}
{铁路运营安全事故罪}
{交通肇事罪}
{危险驾驶罪}
{重大责任事故罪}
{强令违章冒险作业罪}
{重大劳动安全事故罪}
{大型群众性活动重大安全事故罪}
{危险物品肇事罪}
{工程重大安全事故罪}
{教育设施重大安全事故罪}

{消防责任事故罪}
{不报、谎报安全事故罪}
……
{放火罪
决水罪
爆炸罪
投放危险物质罪
以危险方法危害公共安全罪
失火罪
过失决水罪
过失爆炸罪
过失投放危险物质罪
过失以危险方法危害公共安全罪
破坏交通工具罪
破坏交通设施罪
破坏电力设备罪
破坏易燃易爆设备罪
过失损坏交通工具罪
过失损坏交通设施罪
过失损坏电力设备罪
过失损坏易燃易爆设备罪
组织、领导、参加恐怖组织罪
帮助恐怖活动罪
准备实施恐怖活动罪
宣扬恐怖主义、极端主义、煽动实施恐怖活动罪
利用极端主义破坏法律实施罪
强制穿戴宣扬恐怖主义、极端主义服饰、标志罪
非法持有宣扬恐怖主义、极端主义物品罪
劫持航空器罪
劫持船只、汽车罪
暴力危及飞行安全罪
破坏广播电视设施、公用电信设施罪

过失损坏广播电视设施、公用电信设施罪
非法制造、买卖、运输、邮寄、储存枪支、弹药、爆炸物罪
非法制造、买卖、运输、储存危险物质罪
违规制造、销售枪支罪
盗窃、抢夺枪支、弹药、爆炸物、危险物质罪
抢劫枪支、弹药、爆炸物、危险物质罪
非法持有、私藏枪支、弹药罪
非法出租、出借枪支罪
丢失枪支不报罪
非法携带枪支、弹药、管制刀具、危险物品危及公共安全罪
重大飞行事故罪
铁路运营安全事故罪
交通肇事罪
危险驾驶罪
重大责任事故罪
强令违章冒险作业罪
重大劳动安全事故罪
大型群众性活动重大安全事故罪
危险物品肇事罪
工程重大安全事故罪
教育设施重大安全事故罪
消防责任事故罪
不报、谎报安全事故罪}

第二节　危害公共安全罪集合分述

一、放火罪

1. 放火罪的概念

放火罪，是指行为人故意放火焚烧公私财物，危害公共安全的行为。

2. 放火罪的构成特征

关于放火罪的构成特征，根据现行刑法的规定，主要有以下几个方面，其集合表现为：

设 A 为放火罪的集合，则 A = ｛放火罪｝；

设 A1 为放火罪的客体的集合，则 A1 = ｛不特定多数人的生命、健康与重大公私财产的安全｝；设 A2 为放火罪的客观方面的集合，则 A2 = ｛行为人实施了放火焚烧公私财物，危害公共安全的行为｝；设 A3 为放火罪的主体的集合，则 A3 = ｛年满 14 周岁、具有刑事责任能力的人｝；设 A4 为放火罪的主观方面的集合，则 A4 = ｛故意｝；

则 A = A1 ∪ A2 ∪ A3 ∪ A4，即放火罪 = ｛客体是不特定多数人的生命、健康与重大公私财产的安全｝ ∪ ｛客观方面表现为行为人实施了放火焚烧公私财物，危害公共安全的行为｝ ∪ ｛主体是年满 14 周岁、具有刑事责任能力的人｝ ∪ ｛主观方面是故意｝ = ｛客体是不特定多数人的生命、健康与重大公私财产的安全，客观方面表现为行为人实施了放火焚烧公私财物，危害公共安全的行为，主体是年满 14 周岁、具有刑事责任能力的人，主观方面是故意｝。

3. 放火罪的处罚

根据《刑法》第 114 条、第 115 条第 1 款的规定，犯本罪的，尚未造成严重后果的，处 3 年以上 10 年以下有期徒刑；致人重伤、死亡或者使公私财产遭受重大损失的，处 10 年以上有期徒刑、无期徒刑或者死刑。

二、决水罪

1. 决水罪的概念

决水罪，是指行为人故意破坏水利设施，引起或者足以引起水灾，危害公共安全的行为。

2. 决水罪的构成特征

关于决水罪的构成特征，根据现行刑法的规定，主要有以下几个方面，其集合表现为：

设 B 为决水罪的集合，则 B = ｛决水罪｝；

设 B1 为决水罪的客体的集合，则 B1 = ｛不特定多数人的生命、健康与重大公私财产的安全｝；设 B2 为决水罪的客观方面的集合，则 B2 = ｛行为人实行了破坏水利设施，引起或者足以引起水灾，危害公共安全的行为｝；

设 B3 为决水罪的主体的集合，则 B3 = {年满 16 周岁、具有刑事责任能力的人}；设 B4 为决水罪的主观方面的集合，则 B4 = {故意}；

则 B = B1 ∪ B2 ∪ B3 ∪ B4，即决水罪 = {客体是不特定多数人的生命、健康与重大公私财产的安全} ∪ {客观方面表现行为人实行了为破坏水利设施，引起或者足以引起水灾，危害公共安全的行为} ∪ {主体是年满 16 周岁、具有刑事责任能力的人} ∪ {主观方面是故意} = {客体是不特定多数人的生命、健康与重大公私财产的安全，客观方面表现为行为人实行了破坏水利设施，引起或者足以引起水灾，危害公共安全的行为，主体是年满 16 周岁、具有刑事责任能力的人，主观方面是故意}。

3. 决水罪的处罚

根据《刑法》第 114 条、第 115 条第 1 款的规定，犯本罪的，尚未造成严重后果的，处 3 年以上 10 年以下有期徒刑；致人重伤、死亡或者使公私财产遭受重大损失的，处 10 年以上有期徒刑、无期徒刑或者死刑。

三、爆炸罪

1. 爆炸罪的概念

爆炸罪，是指行为人故意使用爆炸的方法，杀伤不特定多数人或者毁坏公私财物，危害公共安全的行为。

2. 爆炸罪的构成特征

关于爆炸罪的构成特征，根据现行刑法的规定，主要有以下几个方面，其集合表现为：

设 C 为爆炸罪的集合，则 C = {爆炸罪}；

设 C1 为爆炸罪的客体的集合，则 C1 = {不特定多数人的生命、健康与重大公私财产的安全}；设 C2 为爆炸罪的客观方面的集合，则 C2 = {行为人实施了使用爆炸的方法，杀伤不特定多数人或者毁坏公私财物，危害公共安全的行为}；设 C3 为爆炸罪的主体的集合，则 C3 = {年满 14 周岁、具有刑事责任能力的人}；设 C4 为爆炸罪的主观方面的集合，则 C4 = {故意}；

则 C = C1 ∪ C2 ∪ C3 ∪ C4，即爆炸罪 = {客体是不特定多数人的生命、健康与重大公私财产的安全} ∪ {客观方面表现为行为人实施了使用爆炸的方法，杀伤不特定多数人或者毁坏公私财物，危害公共安全的行为} ∪ {主体是年满 14 周岁、具有刑事责任能力的人} ∪ {主观方面是故意} = {客体是不特定多数人的生命、健康与重大公私财产的安全，客观方面表现为行为人实施了使用爆炸的方法，杀伤不特定多数人或者毁坏公私财物，危害公共安全的行为，主体是年满14周岁、具有刑事责任能力的人，主观方面是故意｝。

3. 爆炸罪的处罚

根据《刑法》第114条、第115条第1款的规定，犯本罪的，尚未造成严重后果的，处3年以上10年以下有期徒刑；致人重伤、死亡或者使公私财产遭受重大损失的，处10年以上有期徒刑、无期徒刑或者死刑。

四、投放危险物质罪

1. 投放危险物质罪的概念

投放危险物质罪，是指行为人故意投放毒害性、放射性、传染病病原体等物质，危害公共安全的行为。

2. 投放危险物质罪的构成特征

关于投放危险物质罪的构成特征，根据现行刑法的规定，主要有以下几个方面，其集合表现为：

设D为投放危险物质罪的集合，则D＝｛投放危险物质罪｝；

设D1为投放危险物质罪的客体的集合，则D1＝｛不特定多数人的生命、健康与重大公私财产的安全｝；设D2为投放危险物质罪的客观方面的集合，则D2＝｛行为人实施了投放毒害性、放射性、传染病病原体等物质，危害公共安全的行为｝；设D3为投放危险物质罪的主体的集合，则D3＝｛年满14周岁、具有刑事责任能力的人｝；设D4为投放危险物质罪的主观方面的集合，则D4＝｛故意｝；

则D＝D1∪D2∪D3∪D4，即投放危险物质罪＝｛客体是不特定多数人的生命、健康与重大公私财产的安全｝∪｛客观方面表现为行为人实施了投放毒害性、放射性、传染病病原体等物质，危害公共安全的行为｝∪｛主体是年满14周岁、具有刑事责任能力的人｝∪｛主观方面是故意｝＝｛客体是不特定多数人的生命、健康与重大公私财产的安全，客观方面表现为行为人实施了投放毒害性、放射性、传染病病原体等物质，危害公共安全的行为，主体是年满14周岁、具有刑事责任能力的人，主观方面是故意｝。

3. 投放危险物质罪的处罚

根据《刑法》第114条、第115条第1款的规定，犯本罪的，尚未造成严重后果的，处3年以上10年以下有期徒刑；致人重伤、死亡或者使公私财产遭受重大损失的，处 10 年以上有期徒刑、无期徒刑或者死刑。

五、以危险方法危害公共安全罪

1. 以危险方法危害公共安全罪的概念

以危险方法危害公共安全罪，是指行为人故意以放火、决水、爆炸、投放危险物质以外的其他危险方法危害公共安全的行为。

2. 以危险方法危害公共安全罪的构成特征

关于以危险方法危害公共安全罪的构成特征，根据现行刑法的规定，主要有以下几个方面，其集合表现为：

设 E 为以危险方法危害公共安全罪的集合，则 E = {以危险方法危害公共安全罪}；

设 E1 为以危险方法危害公共安全罪的客体的集合，则 E1 = {不特定多数人的生命、健康与重大公私财产的安全}；设 E2 为以危险方法危害公共安全罪的客观方面的集合，则 E2 = {行为人实施了以放火、决水、爆炸、投放危险物质以外的其他危险方法危害公共安全的行为}；设 E3 为以危险方法危害公共安全罪的主体的集合，则 E3 = {年满 16 周岁、具有刑事责任能力的人}；设 E4 为以危险方法危害公共安全罪的主观方面的集合，则 E4 = {故意}；

则 E = E1 ∪ E2 ∪ E3 ∪ E4，即以危险方法危害公共安全罪 = {客体是不特定多数人的生命、健康与重大公私财产的安全} ∪ {客观方面表现为行为人实施了以放火、决水、爆炸、投放危险物质以外的其他危险方法危害公共安全的行为} ∪ {主体是年满 16 周岁、具有刑事责任能力的人} ∪ {主观方面是故意} = {客体是不特定多数人的生命、健康与重大公私财产的安全，客观方面表现为行为人实施了以放火、决水、爆炸、投放危险物质以外的其他危险方法危害公共安全的行为，主体是年满 16 周岁、具有刑事责任能力的人，主观方面是故意}。

3. 以危险方法危害公共安全罪的处罚

根据《刑法》第 114 条、第 115 条第 1 款的规定，犯本罪的，尚未造成严重后果的，处 3 年以上 10 年以下有期徒刑；致人重伤、死亡或者使公私财产遭受重大损失的，处 10 年以上有期徒刑、无期徒刑或者死刑。

六、失火罪

1. 失火罪的概念

失火罪，是指由于行为人的过失而引起火灾，造成严重后果，危害公共安全的行为。

2. 失火罪的构成特征

关于失火罪的构成特征，根据现行刑法的规定，主要有以下几个方面，其集合表现为：

设 F 为失火罪的集合，则 F = {失火罪}；

设 F1 为失火罪的客体的集合，则 F1 = {不特定多数人的生命、健康与重大公私财产的安全}；设 F2 为失火罪的客观方面的集合，则 F2 = {行为人实施了引起火灾，造成严重后果，危害公共安全的行为}；设 F3 为失火罪的主体的集合，则 F3 = {年满 16 周岁、具有刑事责任能力的人}；设 F4 为失火罪的主观方面的集合，则 F4 = {过失}；

则 $F = F1 \cup F2 \cup F3 \cup F4$，即失火罪 = {客体是不特定多数人的生命、健康与重大公私财产的安全} ∪ {客观方面表现为行为人实施了引起火灾，造成严重后果，危害公共安全的行为} ∪ {主体是年满 16 周岁、具有刑事责任能力的人} ∪ {主观方面是过失} = {客体是不特定多数人的生命、健康与重大公私财产的安全，客观方面表现为行为人实施了引起火灾，造成严重后果，危害公共安全的行为，主体是年满 16 周岁、具有刑事责任能力的人，主观方面是过失}。

3. 失火罪的处罚

根据《刑法》第 115 条第 2 款的规定，犯本罪的，处 3 年以上 7 年以下有期徒刑；情节较轻的，处 3 年以下有期徒刑或者拘役。

七、过失决水罪

1. 过失决水罪的概念

过失决水罪，是指由于行为人的过失而引起水灾，造成严重后果，危害公共安全的行为。

2. 过失决水罪的构成特征

关于过失决水罪的构成特征，根据现行刑法的规定，主要有以下几个方

面，其集合表现为：

设 G 为过失决水罪的集合，则 G = {过失决水罪}；

设 G1 为过失决水罪的客体的集合，则 G1 = {不特定多数人的生命、健康与重大公私财产的安全}；设 G2 为过失决水罪的客观方面的集合，则 G2 = {行为人实施了引起水灾，造成严重后果，危害公共安全的行为}；设 G3 为过失决水罪的主体的集合，则 G3 = {年满 16 周岁、具有刑事责任能力的人}；设 G4 为过失决水罪的主观方面的集合，则 G4 = {过失}；

则 $G = G1 \cup G2 \cup G3 \cup G4$，即过失决水罪 = {客体是不特定多数人的生命、健康与重大公私财产的安全} ∪ {客观方面表现为行为人实施了引起水灾，造成严重后果，危害公共安全的行为} ∪ {主体是年满 16 周岁、具有刑事责任能力的人} ∪ {主观方面是过失} = {客体是不特定多数人的生命、健康与重大公私财产的安全，客观方面表现为行为人实施了引起水灾，造成严重后果，危害公共安全的行为，主体是年满 16 周岁、具有刑事责任能力的人，主观方面是过失}。

3. 过失决水罪的处罚

根据《刑法》第 115 条第 2 款的规定，犯本罪的，处 3 年以上 7 年以下有期徒刑；情节较轻的，处 3 年以下有期徒刑或者拘役。

八、过失爆炸罪

1. 过失爆炸罪的概念

过失爆炸罪，是指由于行为人的过失而引起爆炸事故，造成严重后果，危害公共安全的行为。

2. 过失爆炸罪的构成特征

关于过失爆炸罪的构成特征，根据现行刑法的规定，主要有以下几个方面，其集合表现为：

设 H 为过失爆炸罪的集合，则 H = {过失爆炸罪}；

设 H1 为过失爆炸罪的客体的集合，则 H1 = {不特定多数人的生命、健康与重大公私财产的安全}；设 H2 为过失爆炸罪的客观方面的集合，则 H2 = {行为人实施了引起爆炸事故，造成严重后果，危害公共安全的行为}；设 H3 为过失爆炸罪的主体的集合，则 H3 = {年满 16 周岁、具有刑事责任能力的人}；设 H4 为过失爆炸罪的主观方面的集合，则 H4 = {过失}；

则 H = H1∪H2∪H3∪H4，即过失爆炸罪 = {客体是不特定多数人的生命、健康与重大公私财产的安全} ∪ {客观方面表现为行为人实施了引起爆炸事故，造成严重后果，危害公共安全的行为} ∪ {主体是年满 16 周岁、具有刑事责任能力的人} ∪ {主观方面是过失} = {客体是不特定多数人的生命、健康与重大公私财产的安全，客观方面表现为行为人实施了引起爆炸事故，造成严重后果，危害公共安全的行为，主体是年满 16 周岁、具有刑事责任能力的人，主观方面是过失}。

3. 过失爆炸罪的处罚

根据《刑法》第 115 条第 2 款的规定，犯本罪的，处 3 年以上 7 年以下有期徒刑；情节较轻的，处 3 年以下有期徒刑或者拘役。

九、过失投放危险物质罪

1. 过失投放危险物质罪的概念

过失投放危险物质罪，是指行为人过失投放了毒害性、放射性、传染病病原体等危险物质，造成严重后果，危害公共安全的行为。

2. 过失投放危险物质罪的构成特征

关于过失投放危险物质罪的构成特征，根据现行刑法的规定，主要有以下几个方面，其集合表现为：

设 I 为过失投放危险物质罪的集合，则 I = {过失投放危险物质罪}；

设 I1 为过失投放危险物质罪的客体的集合，则 I1 = {不特定多数人的生命、健康与重大公私财产的安全}；设 I2 为过失投放危险物质罪的客观方面的集合，则 I2 = {行为人实施了投放毒害性、放射性、传染病病原体等危险物质，造成严重后果，危害公共安全的行为}；设 I3 为过失投放危险物质罪的主体的集合，则 I3 = {年满 16 周岁、具有刑事责任能力的人}；设 I4 为过失投放危险物质罪的主观方面的集合，则 I4 = {过失}；

则 I = I1∪I2∪I3∪I4，即过失投放危险物质罪 = {客体是不特定多数人的生命、健康与重大公私财产的安全} ∪ {客观方面表现为行为人实施了投放毒害性、放射性、传染病病原体等危险物质，造成严重后果，危害公共安全的行为} ∪ {主体是年满 16 周岁、具有刑事责任能力的人} ∪ {主观方面是过失} = {客体是不特定多数人的生命、健康与重大公私财产的安全，客观方面表现为行为人实施了投放毒害性、放射性、传染病病原体等危险物质，造成严重后果，危害公共安全的行为，主体是年满 16 周岁、具有刑事责任能力的人，主观方面是过失}。

3. 过失投放危险物质罪的处罚

根据《刑法》第115条第2款的规定，犯本罪的，处3年以上7年以下有期徒刑；情节较轻的，处3年以下有期徒刑或者拘役。

十、过失以危险方法危害公共安全罪

1. 过失以危险方法危害公共安全罪的概念

过失以危险方法危害公共安全罪，是指行为人过失地以其他危险方法而引起事故，造成严重后果，危害公共安全的行为。

2. 过失以危险方法危害公共安全罪的构成特征

关于过失以危险方法危害公共安全罪的构成特征，根据现行刑法的规定，主要有以下几个方面，其集合表现为：

设J为过失以危险方法危害公共安全罪的集合，则J = {过失以危险方法危害公共安全罪}；

设J1为过失以危险方法危害公共安全罪的客体的集合，则J1 = {不特定多数人的生命、健康与重大公私财产的安全}；设J2为过失以危险方法危害公共安全罪的客观方面的集合，则J2 = {行为人实施了以其他危险方法而引起事故，造成严重后果，危害公共安全的行为}；设J3为过失以危险方法危害公共安全罪的主体的集合，则J3 = {年满16周岁、具有刑事责任能力的人}；设J4为过失以危险方法危害公共安全罪的主观方面的集合，则J4 = {过失}；

则J = J1∪J2∪J3∪J4，即过失以危险方法危害公共安全罪 = {客体是不特定多数人的生命、健康与重大公私财产的安全} ∪ {客观方面表现为行为人实施了以其他危险方法而引起事故，造成严重后果，危害公共安全的行为} ∪ {主体是年满16周岁、具有刑事责任能力的人} ∪ {主观方面是过失} = {客体是不特定多数人的生命、健康与重大公私财产的安全，客观方面表现为行为人实施了以其他危险方法而引起事故，造成严重后果，危害公共安全的行为，主体是年满16周岁、具有刑事责任能力的人，主观方面是过失}。

3. 过失以危险方法危害公共安全罪的处罚

根据《刑法》第115条第2款的规定，犯本罪的，处3年以上7年以下有期徒刑；情节较轻的，处3年以下有期徒刑或者拘役。

十一、破坏交通工具罪

1. 破坏交通工具罪的概念

破坏交通工具罪，是指行为人故意破坏火车、汽车、电车、船只、航空器，已经或者足以使火车、汽车、电车、船只、航空器发生倾覆、毁坏危险的行为。

2. 破坏交通工具罪的构成特征

关于破坏交通工具罪的构成特征，根据现行刑法的规定，主要有以下几个方面，其集合表现为：

设 K 为破坏交通工具罪的集合，则 K = ｛破坏交通工具罪｝；

设 K1 为破坏交通工具罪的客体的集合，则 K1 = ｛交通运输安全｝；设 K2 为破坏交通工具罪的客观方面的集合，则 K2 = ｛行为人破坏正在使用的火车、汽车、电车、船只、航空器，已经或者足以使火车、汽车、电车、船只、航空器发生倾覆、毁坏危险的行为｝；设 K3 为破坏交通工具罪的主体的集合，则 K3 = ｛年满 16 周岁、具有刑事责任能力的人｝；设 K4 为破坏交通工具罪的主观方面的集合，则 K4 = ｛故意｝；

则 K = K1 ∪ K2 ∪ K3 ∪ K4，即破坏交通工具罪 = ｛客体是交通运输安全｝ ∪ ｛客观方面表现为行为人破坏正在使用的火车、汽车、电车、船只、航空器，已经或者足以使火车、汽车、电车、船只、航空器发生倾覆、毁坏危险的行为｝ ∪ ｛主体是年满 16 周岁、具有刑事责任能力的人｝ ∪ ｛主观方面是故意｝ = ｛客体是交通运输安全，客观方面表现为行为人破坏正在使用的火车、汽车、电车、船只、航空器，已经或者足以使火车、汽车、电车、船只、航空器发生倾覆、毁坏危险的行为，主体是年满 16 周岁、具有刑事责任能力的人，主观方面是故意｝。

3. 破坏交通工具罪的处罚

根据《刑法》第 116 条、第 119 条第 1 款的规定，犯本罪的，尚未造成严重后果的，处 3 年以上 10 年以下有期徒刑；造成严重后果的，处 10 年以上有期徒刑、无期徒刑或者死刑。

十二、破坏交通设施罪

1. 破坏交通设施罪的概念

破坏交通设施罪，是指行为人故意破坏轨道、桥梁、隧道、公路、机场、航道、灯塔、标志或者进行其他破坏活动，已经或者足以使火车、汽车、电车、船只、航空器发生倾覆、毁坏危险的行为。

2. 破坏交通设施罪的构成特征

关于破坏交通设施罪的构成特征，根据现行刑法的规定，主要有以下几个方面，其集合表现为：

设 L 为破坏交通设施罪的集合，则 L = {破坏交通设施罪}；

设 L1 为破坏交通设施罪的客体的集合，则 L1 = {交通运输安全}；设 L2 为破坏交通设施罪的客观方面的集合，则 L2 = {行为人破坏轨道、桥梁、隧道、公路、机场、航道、灯塔、标志或者进行其他破坏活动，已经或者足以使火车、汽车、电车、船只、航空器发生倾覆、毁坏危险的行为}；设 L3 为破坏交通设施罪的主体的集合，则 L3 = {年满 16 周岁、具有刑事责任能力的人}；设 L4 为破坏交通设施罪的主观方面的集合，则 L4 = {故意}；

则 L = L1∪L2∪L3∪L4，即破坏交通设施罪 = {客体是交通运输安全} ∪ {客观方面表现为行为人破坏轨道、桥梁、隧道、公路、机场、航道、灯塔、标志或者进行其他破坏活动，已经或者足以使火车、汽车、电车、船只、航空器发生倾覆、毁坏危险的行为} ∪ {主体是年满 16 周岁、具有刑事责任能力的人} ∪ {主观方面是故意} = {客体是交通运输安全，客观方面表现为行为人破坏轨道、桥梁、隧道、公路、机场、航道、灯塔、标志或者进行其他破坏活动，已经或者足以使火车、汽车、电车、船只、航空器发生倾覆、毁坏危险的行为，主体是年满 16 周岁、具有刑事责任能力的人，主观方面是故意}。

3. 破坏交通设施罪的处罚

根据《刑法》第 117 条、第 119 条第 1 款的规定，犯本罪的，尚未造成严重后果的，处 3 年以上 10 年以下有期徒刑；造成严重后果的，处 10 年以上有期徒刑、无期徒刑或者死刑。

十三、破坏电力设备罪

1. 破坏电力设备罪的概念

破坏电力设备罪，是指行为人故意破坏电力设备，已经或者足以造成严重后果，危害公共安全的行为。

2. 破坏电力设备罪的构成特征

关于破坏电力设备罪的构成特征，根据现行刑法的规定，主要有以下几个方面，其集合表现为：

设 M 为破坏电力设备罪的集合，则 M = {破坏电力设备罪}；

设 M1 为破坏电力设备罪的客体的集合，则 M1 = {电力设备的安全}；设 M2 为破坏电力设备罪的客观方面的集合，则 M2 = {行为人实施了破坏电力设备，已经或者足以造成严重后果，危害公共安全的行为}；设 M3 为破坏电力设备罪的主体的集合，则 M3 = {年满 16 周岁、具有刑事责任能力的人}；设 M4 为破坏电力设备罪的主观方面的集合，则 M4 = {故意}；

则 M = M1 ∪ M2 ∪ M3 ∪ M4，即破坏电力设备罪 = {客体是电力设备的安全} ∪ {客观方面表现为行为人实施了破坏电力设备，已经或者足以造成严重后果，危害公共安全的行为} ∪ {主体是年满 16 周岁、具有刑事责任能力的人} ∪ {主观方面是故意} = {客体是电力设备的安全，客观方面表现为行为人实施了破坏电力设备，已经或者足以造成严重后果，危害公共安全的行为，主体是年满 16 周岁、具有刑事责任能力的人，主观方面是故意}。

3. 破坏电力设备罪的处罚

根据《刑法》第 118 条、第 119 条第 1 款的规定，犯本罪的，尚未造成严重后果的，处 3 年以上 10 年以下有期徒刑；造成严重后果的，处 10 年以上有期徒刑、无期徒刑或者死刑。

十四、破坏易燃易爆设备罪

1. 破坏易燃易爆设备罪的概念

破坏易燃易爆设备罪，是指行为人故意破坏燃气或者其他易燃易爆设备，已经或者足以造成严重后果，危害公共安全的行为。

2. 破坏易燃易爆设备罪的构成特征

关于破坏易燃易爆设备罪的构成特征，根据现行刑法的规定，主要有以下几个方面，其集合表现为：

设 N 为破坏易燃易爆设备罪的集合，则 N = {破坏易燃易爆设备罪}；

设 N1 为破坏易燃易爆设备罪的客体的集合，则 N1 = {不特定多数人的生命、健康和重大公私财产的安全}；设 N2 为破坏易燃易爆设备罪的客观方面的集合，则 N2 = {行为人实施了破坏燃气或者其他易燃易爆设备，已经或者足以造成严重后果，危害公共安全的行为}；设 N3 为破坏易燃易爆设备罪的主体的集合，则 N3 = {年满 16 周岁、具有刑事责任能力的人}；

设 N4 为破坏易燃易爆设备罪的主观方面的集合，则 N4 = {故意}；

则 N = N1∪N2∪N3∪N4，即破坏易燃易爆设备罪 = {客体是不特定多数人的生命、健康和重大公私财产的安全} ∪ {客观方面表现为行为人实施了破坏燃气或者其他易燃易爆设备，已经或者足以造成严重后果，危害公共安全的行为} ∪ {主体是年满 16 周岁、具有刑事责任能力的人} ∪ {主观方面是故意} = {客体是不特定多数人的生命、健康和重大公私财产的安全，客观方面表现为行为人实施了破坏燃气或者其他易燃易爆设备，已经或者足以造成严重后果，危害公共安全的行为，主体是年满 16 周岁、具有刑事责任能力的人，主观方面是故意}。

3. 破坏易燃易爆设备罪的处罚

根据《刑法》第 118 条、第 119 条第 1 款的规定，犯本罪的，尚未造成严重后果的，处 3 年以上 10 年以下有期徒刑；造成严重后果的，处 10 年以上有期徒刑、无期徒刑或者死刑。

十五、过失损坏交通工具罪

1. 过失损坏交通工具罪的概念

过失损坏交通工具罪，是指行为人过失损坏火车、汽车、电车、船只、航空器，造成严重后果，危害交通运输安全的行为。

2. 过失损坏交通工具罪的构成特征

关于过失损坏交通工具罪的构成特征，根据现行刑法的规定，主要有以下几个方面，其集合表现为：

设 O 为过失损坏交通工具罪的集合，则 O = {过失损坏交通工具罪}；

设 O1 为过失损坏交通工具罪的客体的集合，则 O1 = {交通运输安全}；设 O2 为过失损坏交通工具罪的客观方面的集合，则 O2 = {行为人实施了损坏火车、汽车、电车、船只、航空器，造成严重后果，危害交通运输安全的行为}；设 O3 为过失损坏交通工具罪的主体的集合，则 O3 = {年满 16 周岁、具有刑事责任能力的人}；设 O4 为过失损坏交通工具罪的主观方面的集合，则 O4 = {过失}；

则 O = O1∪O2∪O3∪O4，即过失损坏交通工具罪 = {客体是交通运输安全} ∪ {客观方面表现为行为人实施了损坏火车、汽车、电车、船只、航空器，造成严重后果，危害交通运输安全的行为} ∪ {主体是年满 16 周岁、具有刑事责任能力的人} ∪ {主观方面是过失} = {客体是交通运输安全，客观方面表现为行为人实施了损坏火车、汽车、电车、船只、航空器，造成严重后果，危害交通运输安全的行为，主体是年满16周岁、具有刑事责任能力的人，主观方面是过失｝。

3. 过失损坏交通工具罪的处罚

根据《刑法》第119条第2款的规定，犯本罪的，处3年以上7年以下有期徒刑；情节较轻的，处3年以下有期徒刑或者拘役。

十六、过失损坏交通设施罪

1. 过失损坏交通设施罪的概念

过失损坏交通设施罪，是指行为人过失损坏轨道、桥梁、隧道、公路、机场、航道、灯塔、标志等交通设施，造成严重后果，危害交通运输安全的行为。

2. 过失损坏交通设施罪的构成特征

关于过失损坏交通设施罪的构成特征，根据现行刑法的规定，主要有以下几个方面，其集合表现为：

设P为过失损坏交通设施罪的集合，则P＝｛过失损坏交通设施罪｝；

设P1为过失损坏交通设施罪的客体的集合，则P1＝｛交通运输安全｝；设P2为过失损坏交通设施罪的客观方面的集合，则P2＝｛行为人实施了损坏轨道、桥梁、隧道、公路、机场、航道、灯塔、标志等交通设施，造成严重后果，危害交通运输安全的行为｝；设P3为过失损坏交通设施罪的主体的集合，则P3＝｛年满16周岁、具有刑事责任能力的人｝；设P4为过失损坏交通设施罪的主观方面的集合，则P4＝｛过失｝；

则P＝P1∪P2∪P3∪P4，即过失损坏交通设施罪＝｛客体是交通运输安全｝∪｛客观方面表现为行为人实施了损坏轨道、桥梁、隧道、公路、机场、航道、灯塔、标志等交通设施，造成严重后果，危害交通运输安全的行为｝∪｛主体是年满16周岁、具有刑事责任能力的人｝∪｛主观方面是过失｝＝｛客体是交通运输安全，客观方面表现为行为人实施了损坏轨道、桥梁、隧道、公路、机场、航道、灯塔、标志等交通设施，造成严重后果，危害交通运输安全的行为，主体是年满16周岁、具有刑事责任能力的人，主观方面是过失｝。

3. 过失损坏交通设施罪的处罚

根据《刑法》第119条第2款的规定，犯本罪的，处3年以上7年以下有期徒刑；情节较轻的，处 3 年以下有期徒刑或者拘役。

十七、过失损坏电力设备罪

1. 过失损坏电力设备罪的概念

过失损坏电力设备罪，是指行为人过失使正在使用中的电力设备受到损坏，以致造成严重后果，危害公共安全的行为。

2. 过失损坏电力设备罪构成特征

关于过失损坏电力设备罪的构成特征，根据现行刑法的规定，主要有以下几个方面，其集合表现为：

设 Q 为过失损坏电力设备罪的集合，则 Q = {过失损坏电力设备罪}；

设 Q1 为过失损坏电力设备罪的客体的集合，则 Q1 = {电力设备的安全}；设 Q2 为过失损坏电力设备罪的客观方面的集合，则 Q2 = {行为人实施了使正在使用中的电力设备受到损坏，以致造成严重后果，危害公共安全的行为}；设 Q3 为过失损坏电力设备罪的主体的集合，则 Q3 = {年满 16 周岁、具有刑事责任能力的人}；设 Q4 为过失损坏电力设备罪的主观方面的集合，则 Q4 = {过失}；

则 $Q = Q1 \cup Q2 \cup Q3 \cup Q4$，即过失损坏电力设备罪 = {客体是电力设备的安全} ∪ {客观方面表现为行为人实施了使正在使用中的电力设备受到损坏，以致造成严重后果，危害公共安全的行为} ∪ {主体是年满 16 周岁、具有刑事责任能力的人} ∪ {主观方面是过失} = {客体是交通运输安全，客观方面表现为行为人实施了使正在使用中的电力设备受到损坏，以致造成严重后果，危害公共安全的行为，主体是年满 16 周岁、具有刑事责任能力的人，主观方面是过失}。

3. 过失损坏电力设备罪的处罚

根据《刑法》第 119 条第 2 款的规定，犯本罪的，处 3 年以上 7 年以下有期徒刑；情节较轻的，处 3 年以下有期徒刑或者拘役。

十八、过失损坏易燃易爆设备罪

1. 过失损坏易燃易爆设备罪的概念

过失损坏易燃易爆设备罪，是指行为人过失损坏燃气或者其他易燃易爆设备，以致造成严重后果，危害公共安全的行为。

2. 过失损坏易燃易爆设备罪的构成特征

关于过失损坏易燃易爆设备罪的构成特征，根据现行刑法的规定，主要有以下几个方面，其集合表现为：

设R为过失损坏易燃易爆设备罪的集合，则R＝｛过失损坏易燃易爆设备罪｝；

设R1为过失损坏易燃易爆设备罪的客体的集合，则R1＝｛不特定的多数人的生命、健康和重大公私财产的安全｝；设R2为过失损坏易燃易爆设备罪的客观方面的集合，则R2＝｛行为人实施了损坏燃气或者其他易燃易爆设备，以致造成严重后果，危害公共安全的行为｝；设R3为过失损坏易燃易爆设备罪的主体的集合，则R3＝｛年满16周岁、具有刑事责任能力的人｝；设R4为过失损坏易燃易爆设备罪的主观方面的集合，则R4＝｛过失｝；

则R＝R1∪R2∪R3∪R4，即过失损坏易燃易爆设备罪＝｛客体是不特定的多数人的生命、健康和重大公私财产的安全｝∪｛客观方面表现为行为人实施了损坏燃气或者其他易燃易爆设备，以致造成严重后果，危害公共安全的行为｝∪｛主体是年满16周岁、具有刑事责任能力的人｝∪｛主观方面是过失｝＝｛客体是不特定的多数人的生命、健康和重大公私财产的安全，客观方面表现为行为人实施了损坏燃气或者其他易燃易爆设备，以致造成严重后果，危害公共安全的行为，主体是年满16周岁、具有刑事责任能力的人，主观方面是过失｝。

3. 过失损坏易燃易爆设备罪的处罚

根据《刑法》第119条第2款的规定，犯本罪的，处3年以上7年以下有期徒刑；情节较轻的，处3年以下有期徒刑或者拘役。

十九、组织、领导、参加恐怖组织罪

1. 组织、领导、参加恐怖组织罪的概念

组织、领导、参加恐怖组织罪，是指行为人以进行恐怖活动为目的，组织、领导、参加恐怖组织，危害公共安全的行为。

2. 组织、领导、参加恐怖组织罪的构成特征

关于组织、领导、参加恐怖组织罪的构成特征，根据现行刑法的规定，主要有以下几个方面，其集合表现为：

设S为组织、领导、参加恐怖组织罪的集合，则S＝｛组织、领导、参

加恐怖组织罪｝；

设 S1 为组织、领导、参加恐怖组织罪的客体的集合，则 S1 = ｛不特定的多数人的生命、健康和重大公私财产的安全｝；设 S2 为组织、领导、参加恐怖组织罪的客观方面的集合，则 S2 = ｛行为人实施了组织、领导、参加恐怖组织，危害公共安全的行为｝；设 S3 为组织、领导、参加恐怖组织罪的主体的集合，则 S3 = ｛年满 16 周岁、具有刑事责任能力的人｝；设 S4 为组织、领导、参加恐怖组织罪的主观方面的集合，则 S4 = ｛故意｝；

则 $S = S1 \cup S2 \cup S3 \cup S4$，即组织、领导、参加恐怖组织罪 = ｛客体是不特定的多数人的生命、健康和重大公私财产的安全｝ ∪ ｛客观方面表现为行为人实施了组织、领导、参加恐怖组织，危害公共安全的行为｝ ∪ ｛主体是年满 16 周岁、具有刑事责任能力的人｝ ∪ ｛主观方面是故意｝ = ｛客体是不特定的多数人的生命、健康和重大公私财产的安全，客观方面表现为行为人实施了组织、领导、参加恐怖组织，危害公共安全的行为，主体是年满 16 周岁、具有刑事责任能力的人，主观方面是故意｝。

3. 组织、领导、参加恐怖组织罪的处罚

根据《刑法》第 120 条的规定，犯本罪的，处 10 年以上有期徒刑或者无期徒刑，并处没收财产；积极参加的，处 3 年以上 10 年以下有期徒刑；其他参加者，处 3 年以下有期徒刑、拘役或者管制或者剥夺政治权利。犯前款罪并实施杀人、爆炸、绑架等犯罪的，依照数罪并罚的规定处罚。

二十、帮助恐怖活动罪

1. 帮助恐怖活动罪的概念

帮助恐怖活动罪，是指行为人故意资助恐怖活动组织、实施恐怖活动的个人的，或者资助恐怖活动培训的，或者为恐怖活动组织、实施恐怖活动或者恐怖活动培训招募、运送人员的行为。

2. 帮助恐怖活动罪的构成特征

关于帮助恐怖活动罪的构成特征，根据现行刑法的规定，主要有以下几个方面，其集合表现为：

设 T 为帮助恐怖活动罪的集合，则 T = ｛帮助恐怖活动罪｝；

设 T1 为帮助恐怖活动罪的客体的集合，则 T1 = ｛不特定的多数人的生命、健康和重大公私财产的安全｝；设 T2 为帮助恐怖活动罪的客观方面的集合，则 T2 = ｛行为人实施了资助恐怖活动组织、实施恐怖活动的个人的，或者资助恐怖活动培训的，或者为恐怖活动组织、实施恐怖活动或者恐怖活动培训招募、运送人员的行为｝；设 T3 为帮助恐怖活动罪的主体的集合，则 T3 = ｛可以是年满 16 周岁、具有刑事责任能力的人，也可以是单位｝；设 T4 为帮助恐怖活动罪的主观方面的集合，则 T4 = ｛故意｝；

则 T = T1 ∪ T2 ∪ T3 ∪ T4，即帮助恐怖活动罪 = ｛客体是不特定的多数人的生命、健康和重大公私财产的安全｝ ∪ ｛客观方面表现为行为人实施了资助恐怖活动组织、实施恐怖活动的个人的，或者资助恐怖活动培训的，或者为恐怖活动组织、实施恐怖活动或者恐怖活动培训招募、运送人员的行为｝ ∪ ｛主体可以是年满 16 周岁、具有刑事责任能力的人，也可以是单位｝ ∪ ｛主观方面是故意｝ = ｛客体是不特定的多数人的生命、健康和重大公私财产的安全，客观方面表现为行为人实施了资助恐怖活动组织、实施恐怖活动的个人的，或者资助恐怖活动培训的，或者为恐怖活动组织、实施恐怖活动或者恐怖活动培训招募、运送人员的行为，主体可以是年满 16 周岁、具有刑事责任能力的人，也可以是单位，主观方面是故意｝。

3. 帮助恐怖活动罪的处罚

根据《刑法》第 120 条之一的规定，犯本罪的，处 5 年以下的有期徒刑、拘役或者管制或者剥夺政治权利，并处罚金；情节严重的，处 5 年以上有期徒刑，并处罚金或者没收财产。单位犯本罪的，对单位判处罚金，并对直接负责的主管人员和其他直接责任人员，依照上述规定处罚。

二十一、准备实施恐怖活动罪

1. 准备实施恐怖活动罪的概念

准备实施恐怖活动罪，是指行为人为实施恐怖活动准备凶器、危险物品或者其他工具的，或者组织恐怖活动培训或者积极参加恐怖活动培训的，或者为实施恐怖活动与境外恐怖活动组织或者人员联络的，以及为实施恐怖活动进行策划或者其他准备的行为。

2. 准备实施恐怖活动罪的构成特征

关于准备实施恐怖活动罪的构成特征，根据现行刑法的规定，主要有以下几个方面，其集合表现为：

设 U 为准备实施恐怖活动罪的集合，则 U = ｛准备实施恐怖活动罪｝；

设 U1 为准备实施恐怖活动罪的客体的集合，则 U1 = ｛不特定的多数人的生命、健康和重大公私财产的安全｝；设 U2 为准备实施恐怖活动罪的客观方面的集合，则 U2 = ｛行为人为实施恐怖活动准备凶器、危险物品或者其他工具的，或者组织恐怖活动培训或者积极参加恐怖活动培训的，或者为实施恐怖活动与境外恐怖活动组织或者人员联络的，以及为实施恐怖活动进行策划或者其他准备的行为｝；设 U3 为准备实施恐怖活动罪的主体的集合，则 U3 = ｛年满 16 周岁、具有刑事责任能力的人｝；设 U4 为准备实施恐怖活动罪的主观方面的集合，则 U4 = ｛故意｝；

则 U = U1 ∪ U2 ∪ U3 ∪ U4，即准备实施恐怖活动罪 = ｛客体是不特定的多数人的生命、健康和重大公私财产的安全｝ ∪ ｛客观方面表现为行为人为实施恐怖活动准备凶器、危险物品或者其他工具的，或者组织恐怖活动培训或者积极参加恐怖活动培训的，或者为实施恐怖活动与境外恐怖活动组织或者人员联络的，以及为实施恐怖活动进行策划或者其他准备的行为｝ ∪ ｛主体是年满 16 周岁、具有刑事责任能力的人｝ ∪ ｛主观方面是故意｝ = ｛客体是不特定的多数人的生命、健康和重大公私财产的安全，客观方面表现为行为人为实施恐怖活动准备凶器、危险物品或者其他工具的，或者组织恐怖活动培训或者积极参加恐怖活动培训的，或者为实施恐怖活动与境外恐怖活动组织或者人员联络的，以及为实施恐怖活动进行策划或者其他准备的行为，主体是年满 16 周岁、具有刑事责任能力的人，主观方面是故意｝。

3. 准备实施恐怖活动罪的处罚

根据《刑法》第 120 条之二的规定，犯本罪的，处 5 年以下有期徒刑、拘役、管制或者剥夺政治权利，并处罚金；情节严重的，处 5 年以上有期徒刑，并处罚金或者没收财产。

二十二、宣扬恐怖主义、极端主义、煽动实施恐怖活动罪

1. 宣扬恐怖主义、极端主义、煽动实施恐怖活动罪的概念

宣扬恐怖主义、极端主义、煽动实施恐怖活动罪，是指行为人以制作、散发宣扬恐怖主义、极端主义的图书、音频视频资料或者其他物品，或者通过讲授、发布信息等方式宣扬恐怖主义、极端主义的，或者煽动实施恐怖活动的行为。

2. 宣扬恐怖主义、极端主义、煽动实施恐怖活动罪的构成特征

关于宣扬恐怖主义、极端主义、煽动实施恐怖活动罪的构成特征，根据现行刑法的规定，主要有以下几个方面，其集合表现为：

设 V 为宣扬恐怖主义、极端主义、煽动实施恐怖活动罪的集合，则 V =

{宣扬恐怖主义、极端主义、煽动实施恐怖活动罪}；

设 V1 为宣扬恐怖主义、极端主义、煽动实施恐怖活动罪的客体的集合，则 V1 = {不特定的多数人的生命、健康和重大公私财产的安全}；设 V2 为宣扬恐怖主义、极端主义、煽动实施恐怖活动罪的客观方面的集合，则 V2 = {行为人实施了以制作、散发宣扬恐怖主义、极端主义的图书、音频视频资料或者其他物品，或者通过讲授、发布信息等方式宣扬恐怖主义、极端主义的，或者煽动实施恐怖活动的行为}；设 V3 为宣扬恐怖主义、极端主义、煽动实施恐怖活动罪的主体的集合，则 V3 = {年满 16 周岁、具有刑事责任能力的人}；设 V4 为宣扬恐怖主义、极端主义、煽动实施恐怖活动罪的主观方面的集合，则 V4 = {故意}；

则 V = V1∪V2∪V3∪V4，即宣扬恐怖主义、极端主义、煽动实施恐怖活动罪 = {客体是不特定的多数人的生命、健康和重大公私财产的安全} ∪ {客观方面表现为行为人实施了以制作、散发宣扬恐怖主义、极端主义的图书、音频视频资料或者其他物品，或者通过讲授、发布信息等方式宣扬恐怖主义、极端主义的，或者煽动实施恐怖活动的行为} ∪ {主体是年满 16 周岁、具有刑事责任能力的人} ∪ {主观方面是故意} = {客体是不特定的多数人的生命、健康和重大公私财产的安全，客观方面表现为行为人实施了以制作、散发宣扬恐怖主义、极端主义的图书、音频视频资料或者其他物品，或者通过讲授、发布信息等方式宣扬恐怖主义、极端主义的，或者煽动实施恐怖活动的行为，主体是年满 16 周岁、具有刑事责任能力的人，主观方面是故意}。

3. 宣扬恐怖主义、极端主义、煽动实施恐怖活动罪的处罚

根据《刑法》第 120 条之三的规定，犯本罪的，处 5 年以下有期徒刑、拘役、管制或者剥夺政治权利，并处罚金；情节严重的，处 5 年以上有期徒刑，并处罚金或者没收财产。

二十三、利用极端主义破坏法律实施罪

1. 利用极端主义破坏法律实施罪的概念

利用极端主义破坏法律实施罪，是指行为人利用极端主义煽动、胁迫群众破坏国家法律确立的婚姻、司法、教育、社会管理等制度实施的行为。

2. 利用极端主义破坏法律实施罪的构成特征

关于利用极端主义破坏法律实施罪的构成特征，根据现行刑法的规定，

主要有以下几个方面，其集合表现为：

设 W 为利用极端主义破坏法律实施罪的集合，则 W = {利用极端主义破坏法律实施罪}；

设 W1 为利用极端主义破坏法律实施罪的客体的集合，则 W1 = {不特定的多数人的生命、健康和重大公私财产的安全}；设 W2 为利用极端主义破坏法律实施罪的客观方面的集合，则 W2 = {行为人利用极端主义煽动、胁迫群众破坏国家法律确立的婚姻、司法、教育、社会管理等制度实施的行为}；设 W3 为利用极端主义破坏法律实施罪的主体的集合，则 W3 = {年满 16 周岁、具有刑事责任能力的人}；设 W4 为利用极端主义破坏法律实施罪的主观方面的集合，则 W4 = {故意}；

则 W = W1 ∪ W2 ∪ W3 ∪ W4，即利用极端主义破坏法律实施罪 = {客体是不特定的多数人的生命、健康和重大公私财产的安全} ∪ {客观方面表现行为人为利用极端主义煽动、胁迫群众破坏国家法律确立的婚姻、司法、教育、社会管理等制度实施的行为} ∪ {主体是年满 16 周岁、具有刑事责任能力的人} ∪ {主观方面是故意} = {客体是不特定的多数人的生命、健康和重大公私财产的安全，客观方面表现行为人为利用极端主义煽动、胁迫群众破坏国家法律确立的婚姻、司法、教育、社会管理等制度实施的行为，主体是年满 16 周岁、具有刑事责任能力的人，主观方面是故意}。

3. 利用极端主义破坏法律实施罪的处罚

根据《刑法》第 120 条之四的规定，犯本罪的，处 3 年以下有期徒刑、拘役或者管制，并处罚金；情节严重的，处 3 年以上 7 年以下有期徒刑，并处罚金；情节特别严重的，处 7 年以上有期徒刑，并处罚金或者没收财产。

二十四、强制穿戴宣扬恐怖主义、极端主义服饰、标志罪

1. 强制穿戴宣扬恐怖主义、极端主义服饰、标志罪的概念

强制穿戴宣扬恐怖主义、极端主义服饰、标志罪，是指行为人以暴力、胁迫等方式强制他人在公共场所穿着、佩戴宣扬恐怖主义、极端主义服饰、标志的行为。

2. 强制穿戴宣扬恐怖主义、极端主义服饰、标志罪的构成特征

关于强制穿戴宣扬恐怖主义、极端主义服饰、标志罪的构成特征，根据现行刑法的规定，主要有以下几个方面，其集合表现为：

设 X 为强制穿戴宣扬恐怖主义、极端主义服饰、标志罪的集合，则 X =

{强制穿戴宣扬恐怖主义、极端主义服饰、标志罪}；

设 X1 为强制穿戴宣扬恐怖主义、极端主义服饰、标志罪的客体的集合，则 X1 = {不特定的多数人的生命、健康和重大公私财产的安全}；设 X2 为强制穿戴宣扬恐怖主义、极端主义服饰、标志罪的客观方面的集合，则 X2 = {行为人实施了以暴力、胁迫等方式强制他人在公共场所穿着、佩戴宣扬恐怖主义、极端主义服饰、标志的行为}；设 X3 为强制穿戴宣扬恐怖主义、极端主义服饰、标志罪的主体的集合，则 X3 = {年满 16 周岁、具有刑事责任能力的人}；设 X4 为强制穿戴宣扬恐怖主义、极端主义服饰、标志罪的主观方面的集合，则 X4 = {直接故意}；

则 X = X1∪X2∪X3∪X4，即强制穿戴宣扬恐怖主义、极端主义服饰、标志罪 = {客体是不特定的多数人的生命、健康和重大公私财产的安全} ∪ {客观方面表现为行为人实施了以暴力、胁迫等方式强制他人在公共场所穿着、佩戴宣扬恐怖主义、极端主义服饰、标志的行为} ∪ {主体是年满 16 周岁、具有刑事责任能力的人} ∪ {主观方面是直接故意} = {客体是不特定的多数人的生命、健康和重大公私财产的安全，客观方面表现为行为人实施了以暴力、胁迫等方式强制他人在公共场所穿着、佩戴宣扬恐怖主义、极端主义服饰、标志的行为，主体是年满 16 周岁、具有刑事责任能力的人，主观方面是直接故意}。

3. 强制穿戴宣扬恐怖主义、极端主义服饰、标志罪的处罚

根据《刑法》第 120 条之五的规定，犯本罪的，处 3 年以下有期徒刑、拘役或者管制，并处罚金。

二十五、非法持有宣扬恐怖主义、极端主义物品罪

1. 非法持有宣扬恐怖主义、极端主义物品罪的概念

非法持有宣扬恐怖主义、极端主义物品罪，是指行为人明知是宣扬恐怖主义、极端主义的图书、音频视频资料或者其他物品而非法持有，情节严重的行为。

2. 非法持有宣扬恐怖主义、极端主义物品罪的构成特征

关于非法持有宣扬恐怖主义、极端主义物品罪的构成特征，根据现行刑法的规定，主要有以下几个方面，其集合表现为：

设 Y 为非法持有宣扬恐怖主义、极端主义物品罪的集合，则 Y = {非法持有宣扬恐怖主义、极端主义物品罪}；

设 Y1 为非法持有宣扬恐怖主义、极端主义物品罪的客体的集合，则 Y1 = {不特定的多数人的生命、健康和重大公私财产的安全}；设 Y2 为非法持有宣扬恐怖主义、极端主义物品罪的客观方面的集合，则 Y2 = {行为人明知是宣扬恐怖主义、极端主义的图书、音频视频资料或者其他物品而非法持有，情节严重的行为}；设 Y3 为非法持有宣扬恐怖主义、极端主义物品罪的主体的集合，则 Y3 = {年满 16 周岁、具有刑事责任能力的人}；设 Y4 为非法持有宣扬恐怖主义、极端主义物品罪的主观方面的集合，则 Y4 = {故意}；

则 Y = Y1∪Y2∪Y3∪Y4，即非法持有宣扬恐怖主义、极端主义物品罪 = {客体是不特定的多数人的生命、健康和重大公私财产的安全} ∪ {客观方面表现为行为人明知是宣扬恐怖主义、极端主义的图书、音频视频资料或者其他物品而非法持有，情节严重的行为} ∪ {主体是年满 16 周岁、具有刑事责任能力的人} ∪ {主观方面是故意} = {客体是不特定的多数人的生命、健康和重大公私财产的安全，客观方面表现为行为人明知是宣扬恐怖主义、极端主义的图书、音频视频资料或者其他物品而非法持有，情节严重的行为，主体是年满 16 周岁、具有刑事责任能力的人，主观方面是故意}。

3. 非法持有宣扬恐怖主义、极端主义物品罪的处罚

根据《刑法》第 120 条之六的规定，犯本罪的，处 3 年以下有期徒刑、拘役或者管制，并处或者单处罚金。

二十六、劫持航空器罪

1. 劫持航空器罪的概念

劫持航空器罪，是指行为人以暴力、胁迫或者其他方法劫持航空器，危害社会的公共安全的行为。

2. 劫持航空器罪的构成特征

关于劫持航空器罪的构成特征，根据现行刑法的规定，主要有以下几个方面，其集合表现为：

设 Z 为劫持航空器罪的集合，则 Z = {劫持航空器罪}；

设 Z1 为劫持航空器罪的客体的集合，则 Z1 = {航空器的飞行安全}；设 Z2 为劫持航空器罪的客观方面的集合，则 Z2 = {行为人实施了以暴力、胁迫或者其他方法劫持航空器，危害社会的公共安全的行为}；设 Z3 为劫

持航空器罪的主体的集合，则 Z3 = ｛年满 16 周岁、具有刑事责任能力的人｝；设 Z4 为劫持航空器罪的主观方面的集合，则 Z4 = ｛直接故意｝；

则 Z = Z1 ∪ Z2 ∪ Z3 ∪ Z4，即劫持航空器罪 = ｛客体是航空器的飞行安全｝ ∪ ｛客观方面表现为行为人实施了以暴力、胁迫或者其他方法劫持航空器，危害社会的公共安全的行为｝ ∪ ｛主体是年满 16 周岁、具有刑事责任能力的人｝ ∪ ｛主观方面是直接故意｝ = ｛客体是航空器的飞行安全，客观方面表现为行为人实施了以暴力、胁迫或者其他方法劫持航空器，危害社会的公共安全的行为，主体是年满 16 周岁、具有刑事责任能力的人，主观方面是直接故意｝。

3. 劫持航空器罪的处罚

根据《刑法》第 121 条的规定，犯本罪的，处 10 年以上有期徒刑或者无期徒刑；致人重伤、死亡或者使航空器遭受严重破坏的，处死刑。

二十七、劫持船只、汽车罪

1. 劫持船只、汽车罪的概念

劫持船只、汽车罪，是指行为人以暴力、胁迫或者其他方法劫持船只、汽车，危害公共安全的行为。

2. 劫持船只、汽车罪的构成特征

关于劫持船只、汽车罪的构成特征，根据现行刑法的规定，主要有以下几个方面，其集合表现为：

设 A1 为劫持船只、汽车罪的集合，则 A1 = ｛劫持船只、汽车罪｝；

设 A11 为劫持船只、汽车罪的客体的集合，则 A11 = ｛船只、汽车的运输安全｝；设 A22 为劫持船只、汽车罪的客观方面的集合，则 A22 = ｛行为人实施了以暴力、胁迫或者其他方法劫持船只、汽车，危害公共安全的行为｝；设 A33 为劫持船只、汽车罪的主体的集合，则 A33 = ｛年满 16 周岁、具有刑事责任能力的人｝；设 A44 为劫持船只、汽车罪的主观方面的集合，则 A44 = ｛直接故意｝；

则 A1 = A11 ∪ A22 ∪ A33 ∪ A44，即劫持船只、汽车罪 = ｛客体是船只、汽车的运输安全｝ ∪ ｛客观方面表现为行为人实施了以暴力、胁迫或者其他方法劫持船只、汽车，危害公共安全的行为｝ ∪ ｛主体是年满 16 周岁、具有刑事责任能力的人｝ ∪ ｛主观方面是直接故意｝ = ｛客体是船只、汽车的运输安全，客观方面表现为行为人实施了以暴力、胁迫或者其他方法劫持船只、汽车，危害公共安全的行为，主体是年满16周岁、具有刑事责任能力的人，主观方面是直接故意}。

3. 劫持船只、汽车罪的处罚

根据《刑法》第122条的规定，犯本罪的，处5年以上10年以下有期徒刑；造成严重后果的，处10年以上有期徒刑或者无期徒刑。

二十八、暴力危及飞行安全罪

1. 暴力危及飞行安全罪的概念

暴力危及飞行安全罪，是指行为人对飞行中的航空器上的人员使用暴力，危及飞行安全的行为。

2. 暴力危及飞行安全罪的构成特征

关于暴力危及飞行安全罪的构成特征，根据现行刑法的规定，主要有以下几个方面，其集合表现为：

设B1为暴力危及飞行安全罪的集合，则B1 = {暴力危及飞行安全罪}；

设B11为暴力危及飞行安全罪的客体的集合，则B11 = {航空器的飞行安全}；设B22为暴力危及飞行安全罪的客观方面的集合，则B22 = {行为人实施了对飞行中的航空器上的人员使用暴力，危及飞行安全的行为}；设B33为暴力危及飞行安全罪的主体的集合，则B33 = {年满16周岁、具有刑事责任能力的人}；设B44为暴力危及飞行安全罪的主观方面的集合，则B44 = {故意}；

则B1 = B11∪B22∪B33∪B44，即暴力危及飞行安全罪 = {客体是航空器的飞行安全} ∪ {客观方面表现为行为人实施了对飞行中的航空器上的人员使用暴力，危及飞行安全的行为} ∪ {主体是年满16周岁、具有刑事责任能力的人} ∪ {主观方面是故意} = {客体是航空器的飞行安全，客观方面表现为行为人实施了对飞行中的航空器上的人员使用暴力，危及飞行安全的行为，主体是年满16周岁、具有刑事责任能力的人，主观方面是故意}。

3. 暴力危及飞行安全罪的处罚

根据《刑法》第123条的规定，犯本罪的，尚未造成严重后果的，处5年以下有期徒刑或者拘役；造成严重后果的，处5年以上有期徒刑。

二十九、破坏广播电视设施、公用电信设施罪

1. 破坏广播电视设施、公用电信设施罪的概念

破坏广播电视设施、公用电信设施罪，是指行为人故意破坏广播电视设施、公用电信设施，危害公共安全的行为。

2. 破坏广播电视设施、公用电信设施罪的构成特征

关于破坏广播电视设施、公用电信设施罪的构成特征，根据现行刑法的规定，主要有以下几个方面，其集合表现为：

设 C1 为破坏广播电视设施、公用电信设施罪的集合，则 C1 = {破坏广播电视设施、公用电信设施罪}；

设 C11 为破坏广播电视设施、公用电信设施罪的客体的集合，则 C11 = {公共通讯的安全}；设 C22 为破坏广播电视设施、公用电信设施罪的客观方面的集合，则 C22 = {行为人实施了破坏广播电视设施、公用电信设施，危害公共安全的行为}；设 C33 为破坏广播电视设施、公用电信设施罪的主体的集合，则 C33 = {年满 16 周岁、具有刑事责任能力的人}；设 C44 为破坏广播电视设施、公用电信设施罪的主观方面的集合，则 C44 = {故意}；

则 C1 = C11 ∪ C22 ∪ C33 ∪ C44，即破坏广播电视设施、公用电信设施罪 = {客体是公共通讯的安全} ∪ {客观方面表现为行为人实施了破坏广播电视设施、公用电信设施，危害公共安全的行为} ∪ {主体是年满 16 周岁、具有刑事责任能力的人} ∪ {主观方面是故意} = {客体是公共通讯的安全，客观方面表现为行为人实施了破坏广播电视设施、公用电信设施，危害公共安全的行为，主体是年满 16 周岁、具有刑事责任能力的人，主观方面是故意}。

3. 破坏广播电视设施、公用电信设施罪的处罚

根据《刑法》第 124 条的规定，犯本罪的，处 3 年以上 7 年以下有期徒刑；造成严重后果的，处 7 年以上有期徒刑。

三十、过失损坏广播电视设施、公用电信设施罪

1. 过失损坏广播电视设施、公用电信设施罪的概念

过失损坏广播电视设施、公用电信设施罪，是指行为人过失损坏广播电视设施、公用电信设施，造成严重后果，危害公共安全的行为。

2. 过失损坏广播电视设施、公用电信设施罪的构成特征

关于过失损坏广播电视设施、公用电信设施罪的构成特征，根据现行刑法的规定，主要有以下几个方面，其集合表现为：

设 D1 为过失损坏广播电视设施、公用电信设施罪的集合，则 D1 = {过失损坏广播电视设施、公用电信设施罪}；

设 D11 为过失损坏广播电视设施、公用电信设施罪的客体的集合，则 D11 = {公共通讯的安全}；设 D22 为过失损坏广播电视设施、公用电信设施罪的客观方面的集合，则 D22 = {行为人实施了损坏广播电视设施、公用电信设施，造成严重后果，危害公共安全的行为}；设 D33 为过失损坏广播电视设施、公用电信设施罪的主体的集合，则 D33 = {年满 16 周岁、具有刑事责任能力的人}；设 D44 为过失损坏广播电视设施、公用电信设施罪的主观方面的集合，则 D44 = {过失}；

则 D1 = D11 ∪ D22 ∪ D33 ∪ D44，即过失损坏广播电视设施、公用电信设施罪 = {客体是公共通讯的安全} ∪ {客观方面表现为行为人实施了损坏广播电视设施、公用电信设施，造成严重后果，危害公共安全的行为} ∪ {主体是年满 16 周岁、具有刑事责任能力的人} ∪ {主观方面是过失} = {客体是公共通讯的安全，客观方面表现为行为人实施了损坏广播电视设施、公用电信设施，造成严重后果，危害公共安全的行为，主体是年满 16 周岁、具有刑事责任能力的人，主观方面是过失}。

3. 过失损坏广播电视设施、公用电信设施罪的处罚

根据《刑法》第 124 条第 2 款的规定，犯本罪的，处 3 年以上 7 年以下有期徒刑；情节较轻的，处 3 年以下的有期徒刑或者拘役。

三十一、非法制造、买卖、运输、邮寄、储存枪支、弹药、爆炸物罪

1. 非法制造、买卖、运输、邮寄、储存枪支、弹药、爆炸物罪的概念

非法制造、买卖、运输、邮寄、储存枪支、弹药、爆炸物罪，是指行为人违反国家枪支、弹药、爆炸物管理规定，非法制造、买卖、运输、邮寄、储存枪支、弹药、爆炸物，危害公共安全的行为。

2. 非法制造、买卖、运输、邮寄、储存枪支、弹药、爆炸物罪的构成特征

关于非法制造、买卖、运输、邮寄、储存枪支、弹药、爆炸物罪的构成

特征，根据现行刑法的规定，主要有以下几个方面，其集合表现为：

设 E1 为非法制造、买卖、运输、邮寄、储存枪支、弹药、爆炸物罪的集合，则 E1 = ｛非法制造、买卖、运输、邮寄、储存枪支、弹药、爆炸物罪｝；

设 E11 为非法制造、买卖、运输、邮寄、储存枪支、弹药、爆炸物罪的客体的集合，则 E11 = ｛社会的公共安全和国家对枪支、弹药、爆炸物的管理制度｝；设 E22 为非法制造、买卖、运输、邮寄、储存枪支、弹药、爆炸物罪的客观方面的集合，则 E22 = ｛行为人违反国家枪支、弹药、爆炸物管理规定，非法制造、买卖、运输、邮寄、储存枪支、弹药、爆炸物的行为｝；设 E33 为非法制造、买卖、运输、邮寄、储存枪支、弹药、爆炸物罪的主体的集合，则 E33 = ｛可以是年满 16 周岁、具有刑事责任能力的人，也可以是单位｝；设 E44 为非法制造、买卖、运输、邮寄、储存枪支、弹药、爆炸物罪的主观方面的集合，则 E44 = ｛直接故意｝；

则 E1 = E11∪E22∪E33∪E44，即非法制造、买卖、运输、邮寄、储存枪支、弹药、爆炸物罪 = ｛客体是社会的公共安全和国家对枪支、弹药、爆炸物的管理制度｝∪｛客观方面表现为行为人违反国家枪支、弹药、爆炸物管理规定，非法制造、买卖、运输、邮寄、储存枪支、弹药、爆炸物的行为｝∪｛主体可以是年满 16 周岁、具有刑事责任能力的人，也可以是单位｝∪｛主观方面是直接故意｝ = ｛客体是社会的公共安全和国家对枪支、弹药、爆炸物的管理制度，客观方面表现为行为人违反国家枪支、弹药、爆炸物管理规定，非法制造、买卖、运输、邮寄、储存枪支、弹药、爆炸物的行为，主体可以是年满 16 周岁、具有刑事责任能力的人，也可以是单位，主观方面是直接故意｝。

3. 非法制造、买卖、运输、邮寄、储存枪支、弹药、爆炸物罪的处罚

根据《刑法》第 125 条第 1 款和第 3 款的规定，犯本罪的，处 3 年以上 10 年以下有期徒刑；情节严重的，处 10 年以上有期徒刑、无期徒刑或者死刑。单位犯本罪的，对单位判处罚金，并对其直接负责的主管人员和其他直接责任人员，依照上述法定刑处罚。

三十二、非法制造、买卖、运输、储存危险物质罪

1. 非法制造、买卖、运输、储存危险物质罪的概念

非法制造、买卖、运输、储存危险物质罪，是指行为人非法制造、买卖、运输、储存毒害性、放射性、传染病病原体等物质，危害公共安全的行为。

2. 非法制造、买卖、运输、储存危险物质罪的构成特征

关于非法制造、买卖、运输、储存危险物质罪的构成特征，根据现行刑法的规定，主要有以下几个方面，其集合表现为：

设 F1 为非法制造、买卖、运输、储存危险物质罪的集合，则 F1 = {非法制造、买卖、运输、储存危险物质罪}；

设 F11 为非法制造、买卖、运输、储存危险物质罪的客体的集合，则 F11 = {社会的公共安全和国家对的危险物质的管理制度}；设 F22 为非法制造、买卖、运输、储存危险物质罪的客观方面的集合，则 F22 = {行为人违反国家对危险物质的管理规定，非法制造、买卖、运输、储存毒害性、放射性、传染病病原体等物质，危害公共安全的行为}；设 F33 为非法制造、买卖、运输、储存危险物质罪的主体的集合，则 F33 = {可以是年满 16 周岁、具有刑事责任能力的人，也可以是单位}；设 F44 非法制造、买卖、运输、储存危险物质罪的主观方面的集合，则 F44 = {直接故意}；

则 $F1 = F11 \cup F22 \cup F33 \cup F44$，即非法制造、买卖、运输、储存危险物质罪 = {客体是社会的公共安全和国家对危险物质的管理制度} ∪ {客观方面表现为行为人违反国家对危险物质的管理规定，非法制造、买卖、运输、储存毒害性、放射性、传染病病原体等物质，危害公共安全的行为} ∪ {主体可以是年满 16 周岁、具有刑事责任能力的人，也可以是单位} ∪ {主观方面是直接故意} = {客体是社会的公共安全和国家对危险物质的管理制度，客观方面表现为行为人违反国家对危险物质的管理规定，非法制造、买卖、运输、储存毒害性、放射性、传染病病原体等物质，危害公共安全的行为，主体可以是年满 16 周岁、具有刑事责任能力的人，也可以是单位，主观方面是直接故意}。

3. 非法制造、买卖、运输、储存危险物质罪的处罚

根据《刑法》第 125 条第 2 款和第 3 款的规定，犯本罪的，处 3 年以上 10 年以下有期徒刑；情节严重的，处 10 年以上有期徒刑、无期徒刑或者死刑。单位犯本罪的，对单位判处罚金，并对其直接负责的主管人员和其他直接责任人员，依照上述法定刑处罚。

三十三、违规制造、销售枪支罪

1. 违规制造、销售枪支罪的概念

违规制造、销售枪支罪，是指依法被指定、确定的枪支制造企业、销售

企业，违反枪支管理规定，制造、销售枪支的行为。

2. 违规制造、销售枪支罪的构成特征

关于违规制造、销售枪支罪的构成特征，根据现行刑法的规定，主要有以下几个方面，其集合表现为：

设G1为违规制造、销售枪支罪的集合，则G1 = {违规制造、销售枪支罪}；

设G11为违规制造、销售枪支罪的客体的集合，则G11 = {社会的公共安全和国家对枪支制造与销售的管理制度}；设G22为违规制造、销售枪支罪的客观方面的集合，则G22 = {有关企业违反枪支管理规定，擅自制造、销售枪支的行为}；设G33为违规制造、销售枪支罪的主体的集合，则G33 = {依法被指定、确定的枪支制造企业、销售企业}；设G44为违规制造、销售枪支罪的主观方面的集合，则G44 = {直接故意}；

则G1 = G11∪G22∪G33∪G44，即违规制造、销售枪支罪 = {客体是社会的公共安全和国家对枪支制造与销售的管理制度} ∪ {客观方面表现为有关企业违反枪支管理规定，擅自制造、销售枪支的行为} ∪ {主体是依法被指定、确定的枪支制造企业、销售企业} ∪ {主观方面是直接故意} = {客体是社会的公共安全和国家对枪支制造与销售的管理制度，客观方面表现为有关企业违反枪支管理规定，擅自制造、销售枪支的行为，主体只能是依法被指定、确定的枪支制造企业、销售企业，主观方面是直接故意}。

3. 违规制造、销售枪支罪的处罚

根据《刑法》第126条的规定，犯本罪的，对单位判处罚金，并对其直接负责的主管人员和其他直接责任人员，处5年以下有期徒刑；情节严重的，处5年以上10年以下有期徒刑；情节特别严重的，处10年以上的有期徒刑或者无期徒刑。

三十四、盗窃、抢夺枪支、弹药、爆炸物、危险物质罪

1. 盗窃、抢夺枪支、弹药、爆炸物、危险物质罪的概念

盗窃、抢夺枪支、弹药、爆炸物、危险物质罪，是指行为人盗窃、抢夺枪支、弹药、爆炸物以及毒害性、放射性、传染病病原体等危险物质，危害公共安全的行为。

2. 盗窃、抢夺枪支、弹药、爆炸物、危险物质罪的构成特征

关于盗窃、抢夺枪支、弹药、爆炸物、危险物质罪的构成特征，根据现

行刑法的规定，主要有以下几个方面，其集合表现为：

设 H1 为盗窃、抢夺枪支、弹药、爆炸物、危险物质罪的集合，则 H1 = {盗窃、抢夺枪支、弹药、爆炸物、危险物质罪}；

设 H11 为盗窃、抢夺枪支、弹药、爆炸物、危险物质罪的客体的集合，则 H11 = {社会的公共安全和国家对枪支、弹药、爆炸物、危险物质的管理制度}；设 H22 为盗窃、抢夺枪支、弹药、爆炸物、危险物质罪的客观方面的集合，则 H22 = {行为人实施了盗窃、抢夺枪支、弹药、爆炸物以及毒害性、放射性、传染病病原体等物质，危害公共安全的行为}；设 H33 为盗窃、抢夺枪支、弹药、爆炸物、危险物质罪的主体的集合，则 H33 = {年满16 周岁、具有刑事责任能力的人}；设 H44 为盗窃、抢夺枪支、弹药、爆炸物、危险物质罪的主观方面的集合，则 H44 = {直接故意}；

则 H1 = H11 ∪ H22 ∪ H33 ∪ H44，即盗窃、抢夺枪支、弹药、爆炸物、危险物质罪 = {客体是社会的公共安全和国家对枪支、弹药、爆炸物、危险物质的管理制度} ∪ {客观方面表现为行为人实施了盗窃、抢夺枪支、弹药、爆炸物以及毒害性、放射性、传染病病原体等物质，危害公共安全的行为} ∪ {主体是年满 16 周岁、具有刑事责任能力的人} ∪ {主观方面是直接故意} = {客体是社会的公共安全和国家对枪支、弹药、爆炸物、危险物质的管理制度，客观方面表现为行为人实施了盗窃、抢夺枪支、弹药、爆炸物以及毒害性、放射性、传染病病原体等物质，危害公共安全的行为，主体是年满 16 周岁、具有刑事责任能力的人，主观方面是直接故意}。

3. 盗窃、抢夺枪支、弹药、爆炸物、危险物质罪的处罚

根据《刑法》第 127 条的规定，犯本罪的，处 3 年以上 10 年以下有期徒刑；情节严重的，处 10 年以上有期徒刑、无期徒刑或者死刑。盗窃、抢夺国家机关、军警人员、民兵的枪支、弹药、爆炸物的，处 10 年以上有期徒刑、无期徒刑或者死刑。

三十五、抢劫枪支、弹药、爆炸物、危险物质罪

1. 抢劫枪支、弹药、爆炸物、危险物质罪的概念

抢劫枪支、弹药、爆炸物、危险物质罪，是指行为人是指行为人以暴力、胁迫或者其他方法，强行将枪支、弹药、爆炸物以及毒害性、放射性、传染病病原体等物质的持有者、保管者所持有、保管的枪支、弹药、爆炸物、危险物质劫走，危害公共安全的行为。

2. 抢劫枪支、弹药、爆炸物、危险物质罪的构成特征

关于抢劫枪支、弹药、爆炸物、危险物质罪的构成特征，根据现行刑法的规定，主要有以下几个方面，其集合表现为：

设 I1 为抢劫枪支、弹药、爆炸物、危险物质罪的集合，则 I1 = {抢劫枪支、弹药、爆炸物、危险物质罪}；

设 I11 为抢劫枪支、弹药、爆炸物、危险物质罪的客体的集合，则 I11 = {社会的公共安全和他人的生命、健康权利}；设 I22 为抢劫枪支、弹药、爆炸物、危险物质罪的客观方面的集合，则 I22 = {行为人以暴力、胁迫或者其他方法，强行将枪支、弹药、爆炸物以及毒害性、放射性、传染病病原体等物质的持有者、保管者所持有、保管的枪支、弹药、爆炸物、危险物质劫走，危害公共安全的行为}；设 I33 为抢劫枪支、弹药、爆炸物、危险物质罪的主体的集合，则 I33 = {年满 16 周岁、具有刑事责任能力的人}；设 I44 为抢劫枪支、弹药、爆炸物、危险物质罪的主观方面的集合，则 I44 = {直接故意}；

则 I1 = I11 ∪ I22 ∪ I33 ∪ I44，即抢劫枪支、弹药、爆炸物、危险物质罪 = {客体是社会的公共安全和他人的生命、健康权利} ∪ {客观方面表现为行为人以暴力、胁迫或者其他方法，强行将枪支、弹药、爆炸物以及毒害性、放射性、传染病病原体等物质的持有者、保管者所持有、保管的枪支、弹药、爆炸物、危险物质劫走，危害公共安全的行为} ∪ {主体是年满 16 周岁、具有刑事责任能力的人} ∪ {主观方面是直接故意} = {客体是社会的公共安全和他人的生命、健康权利，客观方面表现为行为人以暴力、胁迫或者其他方法，强行将枪支、弹药、爆炸物以及毒害性、放射性、传染病病原体等物质的持有者、保管者所持有、保管的枪支、弹药、爆炸物、危险物质劫走，危害公共安全的行为，主体是年满 16 周岁、具有刑事责任能力的人，主观方面是直接故意}。

3. 抢劫枪支、弹药、爆炸物、危险物质罪的处罚

根据《刑法》第 127 条第 2 款规定，犯本罪的，处 10 年以上有期徒刑、无期徒刑或者死刑。

三十六、非法持有、私藏枪支、弹药罪

1. 非法持有、私藏枪支、弹药罪的概念

非法持有、私藏枪支、弹药罪，是指行为人违反枪支管理规定，非法持

有、私藏枪支、弹药，危害公共安全的行为。

2. 非法持有、私藏枪支、弹药罪的构成特征

关于非法持有、私藏枪支、弹药罪的构成特征，根据现行刑法的规定，主要有以下几个方面，其集合表现为：

设 J1 为非法持有、私藏枪支、弹药罪的集合，则 J1 = {非法持有、私藏枪支、弹药罪}；

设 J11 为非法持有、私藏枪支、弹药罪的客体的集合，则 J11 = {社会的公共安全和国家对枪支、弹药的管理制度}；设 J22 为非法持有、私藏枪支、弹药罪的客观方面的集合，则 J22 = {行为人违反枪支管理规定，非法持有、私藏枪支、弹药，危害公共安全的行为}；设 J33 为非法持有、私藏枪支、弹药罪的主体的集合，则 J33 = {年满 16 周岁、具有刑事责任能力的人}；设 J44 为非法持有、私藏枪支、弹药罪的主观方面的集合，则 J44 = {直接故意}；

则 J1 = J11 ∪ J22 ∪ J33 ∪ J44，即非法持有、私藏枪支、弹药罪 = {客体是社会的公共安全和国家对枪支、弹药的管理制度} ∪ {客观方面表现为行为人违反枪支管理规定，非法持有、私藏枪支、弹药，危害公共安全的行为} ∪ {主体是年满 16 周岁、具有刑事责任能力的人} ∪ {主观方面是直接故意} = {客体是社会的公共安全和国家对枪支、弹药的管理制度，客观方面表现为行为人违反枪支管理规定，非法持有、私藏枪支、弹药，危害公共安全的行为，主体是年满 16 周岁、具有刑事责任能力的人，主观方面是直接故意}。

3. 非法持有、私藏枪支、弹药罪的处罚

根据《刑法》第 128 条第 1 款的规定，犯本罪的，处 3 年以下有期徒刑、拘役或者管制；情节严重的，处 3 年以上 7 年以下有期徒刑。

三十七、非法出租、出借枪支罪

1. 非法出租、出借枪支罪的概念

非法出租、出借枪支罪，是指依法配备公务用枪的人员和单位，违反枪支管理规定，非法出租、出借枪支，或者依法配置枪支的人员和单位，违反枪支管理规定，非法出租、出借枪支，造成严重后果的行为。

2. 非法出租、出借枪支罪的构成特征

关于非法出租、出借枪支罪的构成特征，根据现行刑法的规定，主要有

以下几个方面，其集合表现为：

设 K1 为非法出租、出借枪支罪的集合，则 K1 = {非法出租、出借枪支罪}；

设 K11 为非法出租、出借枪支罪的客体的集合，则 K11 = {社会的公共安全和国家对枪支的管理制度}；设 K22 为非法出租、出借枪支罪的客观方面的集合，则 K22 = {行为人违反枪支管理规定，非法出租、出借枪支，或者违反枪支管理规定，非法出租、出借枪支，造成严重后果的行为}；设 K33 为非法出租、出借枪支罪的主体的集合，则 K33 = {依法配备公务用枪和依法配置枪支的人员和单位}；设 K44 为非法出租、出借枪支罪的主观方面的集合，则 K44 = {直接故意}；

则 K1 = K11 ∪ K22 ∪ K33 ∪ K44，即非法出租、出借枪支罪 = {客体是社会的公共安全和国家对枪支的管理制度} ∪ {客观方面表现为行为人违反枪支管理规定，非法出租、出借枪支，或者违反枪支管理规定，非法出租、出借枪支，造成严重后果的行为} ∪ {主体是依法配备公务用枪和依法配置枪支的人员和单位} ∪ {主观方面是直接故意} = {客体是社会的公共安全和国家对枪支的管理制度，客观方面表现为行为人违反枪支管理规定，非法出租、出借枪支，或者违反枪支管理规定，非法出租、出借枪支，造成严重后果的行为，主体是依法配备公务用枪和依法配置枪支的人员和单位，主观方面是直接故意}。

3. 非法出租、出借枪支罪的处罚

根据《刑法》第 128 条第 2 款、第 3 款和第 4 款的规定，犯本罪的，处 3 年以下有期徒刑、拘役或者管制；情节严重的，处 3 年以上 7 年以下有期徒刑。单位犯本罪的，对单位判处罚金，并对其直接负责的主管人员和其他直接责任人员，依照上述法定刑处罚。

三十八、丢失枪支不报罪

1. 丢失枪支不报罪的概念

丢失枪支不报罪，是指依法配备公务用枪的人员，丢失枪支不及时报告，造成严重后果的行为。

2. 丢失枪支不报罪的构成特征

关于丢失枪支不报罪的构成特征，根据现行刑法的规定，主要有以下几个方面，其集合表现为：

设 L1 为丢失枪支不报罪的集合，则 L1 = {丢失枪支不报罪}；

设 L11 为丢失枪支不报罪的客体的集合，则 L11 = {社会的公共安全和国家对枪支的管理制度}；设 L22 为丢失枪支不报罪的客观方面的集合，则 L22 = {行为人丢失枪支不及时报告，造成严重后果的行为}；设 L33 为丢失枪支不报罪的主体的集合，则 L33 = {依法配备公务用枪的人员}；设 L44 为丢失枪支不报罪的主观方面的集合，则 L44 = {过失}；

则 L1 = L11∪L22∪L33∪L44，即丢失枪支不报罪 = {客体是社会的公共安全和国家对枪支的管理制度} ∪ {客观方面表现为行为人丢失枪支不及时报告，造成严重后果的行为} ∪ {主体是依法配备公务用枪的人员} ∪ {主观方面是过失} = {客体是社会的公共安全和国家对枪支的管理制度，客观方面表现为行为人丢失枪支不及时报告，造成严重后果的行为，主体是依法配备公务用枪的人员，主观方面是过失}。

3. 丢失枪支不报罪的处罚

根据《刑法》第 129 条的规定，犯本罪的，处 3 年以下有期徒刑或者拘役。

三十九、非法携带枪支、弹药、管制刀具、危险物品危及公共安全罪

1. 非法携带枪支、弹药、管制刀具、危险物品危及公共安全罪的概念

非法携带枪支、弹药、管制刀具、危险物品危及公共安全罪，是指行为人非法携带枪支、弹药或者爆炸性、易燃性、放射性、毒害性、腐蚀性物品，进入公共场所或者公共交通工具，危及公共安全，情节严重的行为。

2. 非法携带枪支、弹药、管制刀具、危险物品危及公共安全罪的构成特征

关于非法携带枪支、弹药、管制刀具、危险物品危及公共安全罪的构成特征，根据现行刑法的规定，主要有以下几个方面，其集合表现为：

设 M1 为非法携带枪支、弹药、管制刀具、危险物品危及公共安全罪的集合，则 M1 = {非法携带枪支、弹药、管制刀具、危险物品危及公共安全罪}；

设 M11 为非法携带枪支、弹药、管制刀具、危险物品危及公共安全罪的客体的集合，则 M11 = {不特定的多数人的生命、健康和重大公私财产的安全}；设 M22 非法携带枪支、弹药、管制刀具、危险物品危及公共安全罪的客观方面的集合，则 M22 = {行为人非法携带枪支、弹药、管制刀具、

危险物品，进入公共场所或者公共交通工具，危及公共安全，情节严重的行为}；设 M33 为非法携带枪支、弹药、管制刀具、危险物品危及公共安全罪的主体的集合，则 M33 = {年满 16 周岁、具有刑事责任能力的人}；设 M44 为非法携带枪支、弹药、管制刀具、危险物品危及公共安全罪的主观方面的集合，则 M44 = {直接故意}；

则 M1 = M11 ∪ M22 ∪ M33 ∪ M44，即非法携带枪支、弹药、管制刀具、危险物品危及公共安全罪 = {客体是不特定的多数人的生命、健康和重大公私财产的安全} ∪ {客观方面表现为行为人非法携带枪支、弹药、管制刀具、危险物品，进入公共场所或者公共交通工具，危及公共安全，情节严重的行为} ∪ {主体是年满 16 周岁、具有刑事责任能力的人} ∪ {主观方面是直接故意} = {客体是不特定的多数人的生命、健康和重大公私财产的安全，客观方面表现为行为人非法携带枪支、弹药、管制刀具、危险物品，进入公共场所或者公共交通工具，危及公共安全，情节严重的行为，主体是年满 16 周岁、具有刑事责任能力的人，主观方面是直接故意}。

3. 非法携带枪支、弹药、管制刀具、危险物品危及公共安全罪的处罚

根据《刑法》第 130 条的规定，犯本罪的，处 3 年以下有期徒刑、拘役或者管制。

四十、重大飞行事故罪

1. 重大飞行事故罪的概念

重大飞行事故罪，是指航空人员违反规章制度，导致重大飞行事故，造成严重后果的行为。

2. 重大飞行事故罪的构成特征

关于重大飞行事故罪的构成特征，根据现行刑法的规定，主要有以下几个方面，其集合表现为：

设 N1 为重大飞行事故罪的集合，则 N1 = {重大飞行事故罪}；

设 N11 为重大飞行事故罪的客体的集合，则 N11 = {飞行安全}；设 N22 为重大飞行事故罪的客观方面的集合，则 N22 = {行为人违反规章制度，导致重大飞行事故，造成严重后果的行为}；设 N33 为重大飞行事故罪的主体的集合，则 N33 = {航空人员}；设 N44 为重大飞行事故罪的主观方面的集合，则 N44 = {过失}；

则 N1 = N11 ∪ N22 ∪ N33 ∪ N44，即重大飞行事故罪 = {客体是飞行安

全｝∪｛客观方面表现为行为人违反规章制度，导致重大飞行事故，造成严重后果的行为｝∪｛主体是航空人员｝∪｛主观方面是过失｝=｛客体是飞行安全，客观方面表现为行为人违反规章制度，导致重大飞行事故，造成严重后果的行为，主体是航空人员，主观方面是过失｝。

3. 重大飞行事故罪的处罚

根据《刑法》第131条的规定，犯本罪的，处3年以下有期徒刑或者拘役；造成飞机坠毁或者人员死亡的，处3年以上7年以下有期徒刑。

四十一、铁路运营安全事故罪

1. 铁路运营安全事故罪的概念

铁路运营安全事故罪，是指铁路职工违反规章制度，导致发生铁路运营安全事故，造成严重后果的行为。

2. 铁路运营安全事故罪的构成特征

关于铁路运营安全事故罪的构成特征，根据现行刑法的规定，主要有以下几个方面，其集合表现为：

设O1为铁路运营安全事故罪的集合，O1 =｛铁路运营安全事故罪｝；

设O11为铁路运营安全事故罪的客体的集合，则O11 =｛铁路运营安全｝；设O22为铁路运营安全事故罪的客观方面的集合，则O22 =｛行为人违反规章制度，导致发生铁路运营安全事故，造成严重后果的行为｝；设O33为铁路运营安全事故罪的主体的集合，则O33 =｛铁路职工｝；设O44为铁路运营安全事故罪的主观方面的集合，则O44 =｛过失｝；

则O1 = O11∪O22∪O33∪O44，即铁路运营安全事故罪 =｛客体是铁路运营安全｝∪｛客观方面表现为行为人违反规章制度，导致发生铁路运营安全事故，造成严重后果的行为｝∪｛主体是铁路职工｝∪｛主观方面是过失｝=｛客体是铁路运营安全，客观方面表现为行为人违反规章制度，导致发生铁路运营安全事故，造成严重后果的行为，主体是铁路职工，主观方面是过失｝。

3. 铁路运营安全事故罪的处罚

根据《刑法》第132条的规定，犯本罪的，处3年以下有期徒刑或者拘役；造成特别严重后果的，处3年以上7年以下有期徒刑。

四十二、交通肇事罪

1. 交通肇事罪的概念

交通肇事罪，是指行为人违反交通运输管理法规，因而发生重大事故，致人重伤、死亡或者使公私财产遭受重大损失的行为。

2. 交通肇事罪的构成特征

关于交通肇事罪的构成特征，根据现行刑法的规定，主要有以下几个方面，其集合表现为：

设 P1 为交通肇事罪的集合，则 P1 = {交通肇事罪}；

设 P11 为交通肇事罪的客体的集合，则 P11 = {交通运输的安全}；设 P22 为交通肇事罪的客观方面的集合，则 P22 = {行为人违反交通运输管理法规，因而发生重大事故，致人重伤、死亡或者使公私财产遭受重大损失的行为}；设 P33 为交通肇事罪的主体的集合，则 P33 = {年满 16 周岁、具有刑事责任能力的人}；设 P44 为交通肇事罪的主观方面的集合，则 P44 = {过失}；

则 P1 = P11∪P22∪P33∪P44，即交通肇事罪 = {客体是交通运输的安全} ∪ {客观方面表现为行为人违反交通运输管理法规，因而发生重大事故，致人重伤、死亡或者使公私财产遭受重大损失的行为} ∪ {主体是年满 16 周岁、具有刑事责任能力的人} ∪ {主观方面是过失} = {客体是交通运输的安全，客观方面表现为行为人违反交通运输管理法规，因而发生重大事故，致人重伤、死亡或者使公私财产遭受重大损失的行为，主体是年满 16 周岁、具有刑事责任能力的人，主观方面是过失}。

3. 交通肇事罪的处罚

根据《刑法》第 133 条的规定，犯本罪的，处 3 年以下有期徒刑或者拘役；交通运输肇事后逃逸或者有其他特别恶劣情节的，处 3 年以上 7 年以下有期徒刑；因逃逸致人死亡的，处 7 年以上有期徒刑。

四十三、危险驾驶罪

1. 危险驾驶罪的概念

危险驾驶罪，是指行为人在道路上驾驶机动车追逐竞驶，情节恶劣的，或者在道路上醉酒驾驶机动车的，或者从事校车业务或者旅客运输，严重超过额定乘员载客，或者严重超过规定时速行驶的，或者违反危险化学品安全管理规定运输危险化学品，危及公共安全的行为。

2. 危险驾驶罪的构成特征

关于危险驾驶罪的构成特征，根据现行刑法的规定，主要有以下几个方面，其集合表现为：

设 Q1 为危险驾驶罪的集合，则 Q1 = ｛危险驾驶罪｝；

设 Q11 为危险驾驶罪的客体的集合，则 Q11 = ｛道路交通运输安全｝；设 Q22 为危险驾驶罪的客观方面的集合，则 Q22 = ｛行为人在道路上驾驶机动车追逐竞驶，情节恶劣的，或者在道路上醉酒驾驶机动车的，或者从事校车业务或者旅客运输，严重超过额定乘员载客，或者严重超过规定时速行驶的，或者违反危险化学品安全管理规定运输危险化学品，危及公共安全的行为｝；设 Q33 为危险驾驶罪的主体的集合，则 Q33 = ｛特殊主体，只能是直接驾驶机动车的且符合一般犯罪主体条件的自然人或者对《刑法》第 133 条之一第 1 款的第（三）项和第（四）项行为负有直接责任的机动车所有人、管理人｝；设 Q44 为危险驾驶罪的主观方面的集合，则 Q44 = ｛故意｝；

则 Q1 = Q11 ∪ Q22 ∪ Q33 ∪ Q44，即危险驾驶罪 = ｛客体是道路交通运输安全｝ ∪ ｛客观上表现为行为人在道路上驾驶机动车追逐竞驶，情节恶劣的，或者在道路上醉酒驾驶机动车的，或者从事校车业务或者旅客运输，严重超过额定乘员载客，或者严重超过规定时速行驶的，或者违反危险化学品安全管理规定运输危险化学品，危及公共安全的行为｝ ∪ ｛主体是特殊主体，只能是直接驾驶机动车的且符合一般犯罪主体条件的自然人或者对《刑法》第 133 条之一第 1 款的第（三）项和第（四）项行为负有直接责任的机动车所有人、管理人｝ ∪ ｛主观方面是故意｝ = ｛客体是道路交通运输安全，客观上表现为行为人在道路上驾驶机动车追逐竞驶，情节恶劣的，或者在道路上醉酒驾驶机动车的，或者从事校车业务或者旅客运输，严重超过额定乘员载客，或者严重超过规定时速行驶的，或者违反危险化学品安全管理规定运输危险化学品，危及公共安全的行为，主体是特殊主体，只能是直接驾驶机动车的且符合一般犯罪主体条件的自然人或者对《刑法》第 133 条之一第 1 款的第（三）项和第（四）项行为负有直接责任的机动车所有人、管理人，主观方面是故意｝。

3. 危险驾驶罪的处罚

根据《刑法》第 133 条之一第 1 款的规定，犯本罪的，处拘役，并处罚金。该条第 2 款规定，机动车所有人、管理人对第 1 款第（三）项、第

(四)项行为负有直接责任的，依照前款的规定处罚。该条第3款规定，有前两款行为，同时构成其他犯罪的，依照处罚较重的规定定罪处罚。

四十四、重大责任事故罪

1. 重大责任事故罪的概念

重大责任事故罪，是指在生产、作业中行为人违反有关安全管理的规定，因而发生重大伤亡事故或者造成其他严重后果的行为。

2. 重大责任事故罪的构成特征

关于重大责任事故罪的构成特征，根据现行刑法的规定，主要有以下几个方面，其集合表现为：

设R1为重大责任事故罪的集合，则R1 = {重大责任事故罪}；

设R11为重大责任事故罪的客体的集合，则R11 = {企业、事业或者其他单位正常的生产、作业安全}；设R22为重大责任事故罪的客观方面的集合，则R22 = {行为人违反有关安全管理的规定，因而发生重大伤亡事故或者造成其他严重后果的行为}；设R33为重大责任事故罪的主体的集合，则R33 = {任何生产、作业中的人员}；设R44为重大责任事故罪的主观方面的集合，则R44 = {过失}；

则R1 = R11 ∪ R22 ∪ R33 ∪ R44，即重大责任事故罪 = {客体是企业、事业或者其他单位正常的生产、作业安全} ∪ {客观方面表现为行为人违反有关安全管理的规定，因而发生重大伤亡事故或者造成其他严重后果的行为} ∪ {主体是任何生产、作业中的人员} ∪ {主观方面是过失} = {客体是企业、事业或者其他单位正常的生产、作业安全，客观方面表现为行为人违反有关安全管理的规定，因而发生重大伤亡事故或者造成其他严重后果的行为，主体是任何生产、作业中的人员，主观方面是过失}。

3. 重大责任事故罪的处罚

根据《刑法》第134条第1款的规定，犯本罪的，处3年以下有期徒刑或者拘役；情节特别恶劣的，处3年以上7年以下有期徒刑。

四十五、强令违章冒险作业罪

1. 强令违章冒险作业罪的概念

强令违章冒险作业罪，是指行为人强令他人违章冒险作业，因而发生重大伤亡事故或者造成其他严重后果的行为。

2. 强令违章冒险作业罪的构成特征

关于强令违章冒险作业罪的构成特征，根据现行刑法的规定，主要有以下几个方面，其集合表现为：

设 S1 为强令违章冒险作业罪的集合，则 S1 = {强令违章冒险作业罪}；

设 S11 为强令违章冒险作业罪的客体的集合，则 S11 = {企业、事业或者其他单位正常的生产、作业安全} ∪ {不特定多数人的生命、健康权} = {企业、事业或者其他单位正常的生产、作业安全和不特定多数人的生命、健康权}；设 S22 为强令违章冒险作业罪的客观方面的集合，则 S22 = {行为人强令他人违章冒险作业，因而发生重大伤亡事故或者造成其他严重后果的行为}；设 S33 为强令违章冒险作业罪的主体的集合，则 S33 = {对生产、作业具有组织、指挥或者管理职责的负责人、管理人员、实际控制人、投资人等人员}；设 S44 为强令违章冒险作业罪的主观方面的集合，则 S44 = {过失}；

则 S1 = S11 ∪ S22 ∪ S33 ∪ S44，即强令违章冒险作业罪 = {客体是企业、事业或者其他单位正常的生产、作业安全和不特定多数人的生命、健康权} ∪ {客观方面表现为行为人强令他人违章冒险作业，因而发生重大伤亡事故或者造成其他严重后果的行为} ∪ {主体是对生产、作业具有组织、指挥或者管理职责的负责人、管理人员、实际控制人、投资人等人员} ∪ {主观方面是过失} = {客体是企业、事业或者其他单位正常的生产、作业安全和不特定多数人的生命、健康权，客观方面表现为行为人强令他人违章冒险作业，因而发生重大伤亡事故或者造成其他严重后果的行为，主体是对生产、作业具有组织、指挥或者管理职责的负责人、管理人员、实际控制人、投资人等人员，主观方面是过失}。

3. 强令违章冒险作业罪的处罚

根据《刑法》第 134 条第 2 款规定，犯本罪的，处 5 年以下有期徒刑或者拘役；情节特别恶劣的，处 5 年以上有期徒刑。

四十六、重大劳动安全事故罪

1. 重大劳动安全事故罪的概念

重大劳动安全事故罪，是指安全生产设施或者安全生产条件不符合国家规定，因而发生重大伤亡事故或者造成其他严重后果的行为。

2. 重大劳动安全事故罪的构成特征

关于重大劳动安全事故罪的构成特征，根据现行刑法的规定，主要有以下几个方面，其集合表现为：

设 T1 为重大劳动安全事故罪的集合，则 T1 = {重大劳动安全事故罪}；

设 T11 为重大劳动安全事故罪的客体的集合，则 T11 = {企业、事业单位或者其他组织正常的生产、作业安全}；设 T22 为重大劳动安全事故罪的客观方面的集合，则 T22 = {安全生产设施或者安全生产条件不符合国家规定，因而发生重大伤亡事故或者造成其他严重后果的行为}；设 T33 为重大劳动安全事故罪的主体的集合，则 T33 = {安全生产设施或者安全生产条件不符合国家规定的企业、事业单位或者其他组织中的直接负责的主管人员和其他直接责任人员}；设 T44 为重大劳动安全事故罪的主观方面的集合，则 T44 = {过失}；

则 $T1 = T11 \cup T22 \cup T33 \cup T44$，即重大劳动安全事故罪 = {客体是企业、事业单位或者其他组织正常的生产、作业安全} ∪ {客观方面表现为安全生产设施或者安全生产条件不符合国家规定，因而发生重大伤亡事故或者造成其他严重后果的行为} ∪ {主体是安全生产设施或者安全生产条件不符合国家规定的企业、事业单位或者其他组织中的直接负责的主管人员和其他直接责任人员} ∪ {主观方面是过失} = {客体是企业、事业单位或者其他组织正常的生产、作业安全，客观方面表现为安全生产设施或者安全生产条件不符合国家规定，因而发生重大伤亡事故或者造成其他严重后果的行为，主体是安全生产设施或者安全生产条件不符合国家规定的企业、事业单位或者其他组织中的直接负责的主管人员和其他直接责任人员，主观方面是过失}。

3. 重大劳动安全事故罪的处罚

根据《刑法》第 135 条的规定，犯本罪的，对直接负责的主管人员和其他直接责任人员，处 3 年以下有期徒刑或者拘役；情节特别恶劣的，处 3 年以上 7 年以下有期徒刑。

四十七、大型群众性活动重大安全事故罪

1. 大型群众性活动重大安全事故罪的概念

大型群众性活动重大安全事故罪，是指举办大型群众性活动违反安全管理规定，因而发生重大伤亡事故或者造成其他严重后果的行为。

2. 大型群众性活动重大安全事故罪的构成特征

关于大型群众性活动重大安全事故罪的构成特征，根据现行刑法的规定，主要有以下几个方面，其集合表现为：

设 U1 为大型群众性活动重大安全事故罪的集合，则 U1 = {大型群众性活动重大安全事故罪}；

设 U11 为大型群众性活动重大安全事故罪的客体的集合，则 U11 = {不特定多数人的生命、健康的安全}；设 U22 为大型群众性活动重大安全事故罪的客观方面的集合，则 U22 = {举办大型群众性活动违反安全管理规定，因而发生重大伤亡事故或者造成其他严重后果的行为}；设 U33 为大型群众性活动重大安全事故罪的主体的集合，则 U33 = {大型活动的直接负责的主管人员和其他直接责任人员}；设 U44 为大型群众性活动重大安全事故罪的主观方面的集合，则 U44 = {过失}；

则 U1 = U11 ∪ U22 ∪ U33 ∪ U44，即大型群众性活动重大安全事故罪 = {客体是不特定多数人的生命、健康的安全} ∪ {客观方面表现为举办大型群众性活动违反安全管理规定，因而发生重大伤亡事故或者造成其他严重后果的行为} ∪ {主体是大型活动的直接负责的主管人员和其他直接责任人员} ∪ {主观方面是过失} = {客体是不特定多数人的生命、健康的安全，客观方面表现为举办大型群众性活动违反安全管理规定，因而发生重大伤亡事故或者造成其他严重后果的行为，主体是大型活动的直接负责的主管人员和其他直接责任人员，主观方面是过失}。

3. 大型群众性活动重大安全事故罪的处罚

根据《刑法》第135条之一的规定，犯本罪的，对直接负责的主管人员和其他直接责任人员，处3年以下有期徒刑或者拘役；情节特别恶劣的，处3年以上7年以下有期徒刑。

四十八、危险物品肇事罪

1. 危险物品肇事罪的概念

危险物品肇事罪，是指行为人违反爆炸性、易燃性、放射性、毒害性、腐蚀性物品的管理规定，在生产、储存、运输、使用中发生重大事故，造成严重后果的行为。

2. 危险物品肇事罪的构成特征

关于危险物品肇事罪的构成特征，根据现行刑法的规定，主要有以下几个方面，其集合表现为：

设 V1 为危险物品肇事罪的集合，则 V1 = {危险物品肇事罪}；

设 V11 为危险物品肇事罪的客体的集合，则 V11 = {不特定多数人的生命、健康和重大公私财产的安全}；设 V22 为危险物品肇事罪的客观方面的集合，则 V22 = {行为人违反爆炸性、易燃性、放射性、毒害性、腐蚀性物品的管理规定，在生产、储存、运输、使用中发生重大事故，造成严重后果的行为}；设 V33 为危险物品肇事罪的主体的集合，则 V33 = {从事危险物品生产、储存、运输、使用的人员}；设 V44 为危险物品肇事罪的主观方面的集合，则 V44 = {过失}；

则 V1 = V11 ∪ V22 ∪ V33 ∪ V44，即危险物品肇事罪 = {客体是不特定多数人的生命、健康和重大公私财产的安全} ∪ {客观方面表现为行为人违反爆炸性、易燃性、放射性、毒害性、腐蚀性物品的管理规定，在生产、储存、运输、使用中发生重大事故，造成严重后果的行为} ∪ {主体是从事危险物品生产、储存、运输、使用的人员} ∪ {主观方面是过失} = {客体是不特定多数人的生命、健康和重大公私财产的安全，客观方面表现为行为人违反爆炸性、易燃性、放射性、毒害性、腐蚀性物品的管理规定，在生产、储存、运输、使用中发生重大事故，造成严重后果的行为，主体是从事危险物品生产、储存、运输、使用的人员，主观方面是过失}。

3. 危险物品肇事罪的处罚

根据《刑法》第 136 条的规定，犯本罪的，处 3 年以下有期徒刑或者拘役；后果特别严重的，处 3 年以上 7 年以下有期徒刑。

四十九、工程重大安全事故罪

1. 工程重大安全事故罪的概念

工程重大安全事故罪，是指建设单位、设计单位、施工单位、工程监理单位违反国家规定，降低工程质量标准，造成重大安全事故的行为。

2. 工程重大安全事故罪的构成特征

关于工程重大安全事故罪的构成特征，根据现行刑法的规定，主要有以下几个方面，其集合表现为：

设 W1 为工程重大安全事故罪的集合，则 W1 = {工程重大安全事故罪}；

设 W11 为工程重大安全事故罪的客体的集合，则 W11 = {不特定多数人的生命、健康和重大公私财产的安全}；设 W22 为工程重大安全事故罪的客观方面的集合，则 W22 = ｛单位违反国家规定，降低工程质量标准，造成重大安全事故的行为｝；设 W33 为工程重大安全事故罪的主体的集合，则 W33 = ｛建设单位、设计单位、施工单位、工程监理单位｝；设 W44 为工程重大安全事故罪的主观方面的集合，则 W44 = ｛过失｝；

则 W1 = W11 ∪ W22 ∪ W33 ∪ W44，即工程重大安全事故罪 = ｛客体是不特定多数人的生命、健康和重大公私财产的安全｝ ∪ ｛客观方面表现为单位违反国家规定，降低工程质量标准，造成重大安全事故的行为｝ ∪ ｛主体是建设单位、设计单位、施工单位、工程监理单位｝ ∪ ｛主观方面是过失｝ = ｛客体是不特定多数人的生命、健康和重大公私财产的安全，客观方面表现为单位违反国家规定，降低工程质量标准，造成重大安全事故的行为，主体是建设单位、设计单位、施工单位、工程监理单位，主观方面是过失｝。

3. 工程重大安全事故罪的处罚

根据《刑法》第 137 条的规定，犯本罪的，处 5 年以下有期徒刑或者拘役，并处罚金；后果特别严重的，处 5 年以上 10 年以下有期徒刑，并处罚金。

五十、教育设施重大安全事故罪

1. 教育设施重大安全事故罪的概念

教育设施重大安全事故罪，是指行为人明知校舍或者教育教学设施有危险，而不采取措施或者不及时报告，致使发生重大伤亡事故的行为。

2. 教育设施重大安全事故罪的构成特征

关于教育设施重大安全事故罪的构成特征，根据现行刑法的规定，主要有以下几个方面，其集合表现为：

设 X1 为教育设施重大安全事故罪的集合，则 X1 = ｛教育设施重大安全事故罪｝；

设 X11 为教育设施重大安全事故罪的客体的集合，则 X11 = ｛不特定多数人的生命、健康和重大公私财产的安全｝；设 X22 为教育设施重大安全事故罪的客观方面的集合，则 X22 = ｛行为人明知校舍或者教育教学设施有危险，而不采取措施或者不及时报告，致使发生重大伤亡事故的行为｝；设 X33 为教育设施重大安全事故罪的主体的集合，则 X33 = ｛负责校舍或者教育教学设施安全的直接责任人员｝；设 X44 为教育设施重大安全事故罪的主观方面的集合，则 X44 = ｛过失｝；

则 X1 = X11∪X22∪X33∪X44，即教育设施重大安全事故罪 = ｛客体是不特定多数人的生命、健康和重大公私财产的安全｝ ∪ ｛客观方面表现为行为人明知校舍或者教育教学设施有危险，而不采取措施或者不及时报告，致使发生重大伤亡事故的行为｝ ∪ ｛主体是负责校舍或者教育教学设施安全的直接责任人员｝ ∪ ｛主观方面是过失｝ = ｛客体是不特定多数人的生命、健康和重大公私财产的安全，客观方面表现为行为人明知校舍或者教育教学设施有危险，而不采取措施或者不及时报告，致使发生重大伤亡事故的行为，主体是负责校舍或者教育教学设施安全的直接责任人员，主观方面是过失｝。

3. 教育设施重大安全事故罪的处罚

根据《刑法》第 138 条的规定，犯本罪的，处 3 年以下有期徒刑或者拘役；后果特别严重的，处 3 年以上 7 年以下有期徒刑。

五十一、消防责任事故罪

1. 消防责任事故罪的概念

消防责任事故罪，是指行为人违反消防管理法规，经消防监督机构通知采取改正措施而拒绝执行，造成严重后果的行为。

2. 消防责任事故罪的构成特征

关于消防责任事故罪的构成特征，根据现行刑法的规定，主要有以下几个方面，其集合表现为：

设 Y1 为消防责任事故罪的集合，则 Y1 = ｛消防责任事故罪｝；

设 Y11 为消防责任事故罪的客体的集合，则 Y11 = ｛不特定多数人的生命、健康和重大公私财产的安全｝；设 Y22 为消防责任事故罪的客观方面的集合，则 Y22 = ｛行为人违反消防管理法规，经消防监督机构通知采取改正措施而拒绝执行，造成严重后果的行为｝；设 Y33 为消防责任事故罪的主体的集合，则 Y33 = ｛单位负责消防工作的直接责任人员｝；设 Y44 为消防责任事故罪的主观方面的集合，则 Y44 = ｛过失｝；

则 Y1 = Y11∪Y22∪Y33∪Y44，即消防责任事故罪 = ｛客体是不特定多数人的生命、健康和重大公私财产的安全｝ ∪ ｛客观方面表现为行为人违反消防管理法规，经消防监督机构通知采取改正措施而拒绝执行，造成严重后果的行为｝ ∪ ｛主体是单位负责消防工作的直接责任人员｝ ∪ ｛主观方面是过失} = {客体是不特定多数人的生命、健康和重大公私财产的安全，客观方面表现为行为人违反消防管理法规，经消防监督机构通知采取改正措施而拒绝执行，造成严重后果的行为，主体是单位负责消防工作的直接责任人员，主观方面是过失}。

3. 消防责任事故罪的处罚

根据《刑法》第139条的规定，犯本罪的，处3年以下有期徒刑或者拘役；后果特别严重的，处3年以上7年以下有期徒刑。

五十二、不报、谎报安全事故罪

1. 不报、谎报安全事故罪的概念

不报、谎报安全事故罪，是指行为人在安全事故发生后，负有报告职责的人员不报或者谎报事故情况，贻误事故抢救，情节严重的行为。

2. 不报、谎报安全事故罪的构成特征

关于不报、谎报安全事故罪的构成特征，根据现行刑法的规定，主要有以下几个方面，其集合表现为：

设Z1为不报、谎报安全事故罪的集合，则Z1 = {不报、谎报安全事故罪}；

设Z11为不报、谎报安全事故罪的客体的集合，则Z11 = {不特定多数人的生命、健康和重大公私财产的安全}；设Z22为不报、谎报安全事故罪的客观方面的集合，则Z22 = {行为人在安全事故发生后，负有报告职责的人员不报或者谎报事故情况，贻误事故抢救，情节严重的行为}；设Z33为不报、谎报安全事故罪的主体的集合，则Z33 = {负有报告职责的人员}；设Z44为不报、谎报安全事故罪的主观方面的集合，则Z44 = {故意}；

则Z1 = Z11∪Z22∪Z33∪Z44，即不报、谎报安全事故罪 = {客体是不特定多数人的生命、健康和重大公私财产的安全} ∪ {客观方面表现为行为人在安全事故发生后，负有报告职责的人员不报或者谎报事故情况，贻误事故抢救，情节严重的行为} ∪ {主体是负有报告职责的人员} ∪ {主观方面是故意} = {客体是不特定多数人的生命、健康和重大公私财产的安全，客观方面表现为行为人在安全事故发生后，负有报告职责的人员不报或者谎报事故情况，贻误事故抢救，情节严重的行为，主体是负有报告职责的人员，主观方面是故意}。

3. 不报、谎报安全事故罪的处罚

根据《刑法》第 139 条之一的规定，犯本罪的，对不报或者谎报事故情况的负有报告职责的人员，处 3 年以下有期徒刑或者拘役；情节特别严重的，处 3 年以上 7 年以下有期徒刑。

第四章 破坏社会主义市场经济秩序罪

第一节 破坏社会主义市场经济秩序罪集合概述

一、破坏社会主义市场经济秩序罪的概念

破坏社会主义市场经济秩序罪，是指行为人违反国家经济管理法律、法规，在经济领域从事各种非法活动，扰乱社会主义市场经济秩序，情节严重的行为。

二、破坏社会主义市场经济秩序罪的共同特征

根据现行刑法对破坏社会主义市场经济秩序罪所作的规定来看，构成该类犯罪必须具备以下几个方面的共同特征，其集合表现为：

设 A 为破坏社会主义市场经济秩序罪集合，则 A = {破坏社会主义市场经济秩序罪}；

设 B 为破坏社会主义市场经济秩序罪同类客体的集合，则 B = {社会主义市场经济秩序}；设 C 为破坏社会主义市场经济秩序罪客观方面的集合，则 C = {行为人违反国家经济管理法律、法规，在经济领域从事各种非法活动，扰乱社会主义市场经济秩序，情节严重的行为}；设 D 为破坏社会主义

市场经济秩序犯罪主体的集合，则 D = {达到法定年龄，具有刑事责任能力的人} ∪ {特定身份} ∪ {单位}；设 E 为破坏社会主义市场经济秩序罪的主观方面的集合，则 E = {故意} ∪ {过失}；

则 A = B∪C∪D∪E，即破坏社会主义市场经济秩序罪 = {犯罪同类客体为社会主义市场经济秩序} ∪ {客观方面表现为行为人违反国家经济管理法律、法规，在经济领域从事各种非法活动，扰乱社会主义市场经济秩序，情节严重的行为} ∪ {犯罪主体必须是达到法定年龄，具有刑事责任能力的人，有的必须具有特定身份，有的犯罪主体可以是单位} ∪ {主观方面是故意，少数也可以是过失} = {犯罪同类客体为社会主义市场经济秩序，客观方面表现为行为人违反国家经济管理法律、法规，在经济领域从事各种非法活动，扰乱社会主义市场经济秩序，情节严重的行为，犯罪主体必须是达到法定年龄、具有刑事责任能力的人，有的必须具有特定身份，有的犯罪主体可以是单位，主观方面是故意，少数也可以是过失}。

三、破坏社会主义市场经济秩序罪的具体罪名

根据现行刑法对破坏社会主义市场经济秩序罪所作的规定来看，本章的犯罪共分 8 类有 108 种具体罪名，用子集的方式来表达，其构造表现为：

（一）生产、销售伪劣商品罪

{生产、销售伪劣商品罪}

{生产、销售伪劣产品罪}

{生产、销售假药罪}

{生产、销售劣药罪}

{生产、销售不符合安全标准的食品罪}

{生产、销售有毒、有害食品罪}

{生产、销售不符合标准的医用器材罪}

{生产、销售不符合安全标准的产品罪}

{生产、销售伪劣农药、兽药、化肥、种子罪}

{生产、销售不符合卫生标准的化妆品罪}

……

{生产、销售伪劣产品罪

生产、销售假药罪

生产、销售劣药罪
生产、销售不符合安全标准的食品罪
生产、销售有毒、有害食品罪
生产、销售不符合标准的医用器材罪
生产、销售不符合安全标准的产品罪
生产、销售伪劣农药、兽药、化肥、种子罪
生产、销售不符合卫生标准的化妆品罪}

（二）走私罪

{走私罪}
{走私武器、弹药罪}
{走私核材料罪}
{走私假币罪}
{走私文物罪}
{走私贵重金属罪}
{走私珍贵动物、珍贵动物制品罪}
{走私国家禁止进出口的货物、物品罪}
{走私淫秽物品罪}
{走私废物罪}
{走私普通货物、物品罪}
……
{走私武器、弹药罪
走私核材料罪
走私假币罪
走私文物罪
走私贵重金属罪
走私珍贵动物、珍贵动物制品罪
走私国家禁止进出口的货物、物品罪
走私淫秽物品罪
走私废物罪
走私普通货物、物品罪}

（三）妨害对公司、企业的管理秩序罪

{妨害对公司、企业的管理秩序罪}

｛虚报注册资本罪｝
｛虚假出资、抽逃出资罪｝
｛欺诈发行股票、债券罪｝
｛违规披露、不披露重要信息罪｝
｛妨害清算罪｝
｛隐匿、故意销毁会计凭证、会计账簿、财务会计报告罪｝
｛虚假破产罪｝
｛非国家工作人员受贿罪｝
｛对非国家工作人员行贿罪｝
｛对外国公职人员、国际公共组织官员行贿罪｝
｛非法经营同类营业罪｝
｛为亲友非法牟利罪｝
｛签订、履行合同失职被骗罪｝
｛国有公司、企业、事业单位人员失职罪｝
｛国有公司、企业、事业单位人员滥用职权罪｝
｛徇私舞弊低价折股、出售国有资产罪｝
｛背信损害上市公司利益罪｝
……

｛虚报注册资本罪
虚假出资、抽逃出资罪
欺诈发行股票、债券罪
违规披露、不披露重要信息罪
妨害清算罪
隐匿、故意销毁会计凭证、会计账簿、财务会计报告罪
虚假破产罪
非国家工作人员受贿罪
对非国家工作人员行贿罪
对外国公职人员、国际公共组织官员行贿罪
非法经营同类营业罪
为亲友非法牟利罪
签订、履行合同失职被骗罪
国有公司、企业、事业单位人员失职罪

国有公司、企业、事业单位人员滥用职权罪
徇私舞弊低价折股、出售国有资产罪
背信损害上市公司利益罪}

（四）破坏金融管理秩序罪

{破坏金融管理秩序罪}

{伪造货币罪}
{出售、购买、运输假币罪}
{金融工作人员购买假币、以假币换取货币罪}
{持有、使用假币罪}
{变造货币罪}
{擅自设立金融机构罪}
{伪造、变造、转让金融机构经营许可证、批准文件罪}
{高利转贷罪}
{骗取贷款、票据承兑、金融票证罪}
{非法吸收公众存款罪}
{伪造、变造金融票证罪}
{妨害信用卡管理罪}
{窃取、收买、非法提供信用卡信息罪}
{伪造、变造国家有价证券罪}
{伪造、变造股票、公司、企业债券罪}
{擅自发行股票、公司、企业债券罪}
{内幕交易、泄露内幕信息罪}
{利用未公开信息交易罪}
{编造并传播证券、期货交易虚假信息罪}
{诱骗投资者买卖证券、期货合约罪}
{操纵证券、期货市场罪}
{背信运用受托财产罪}
{违法运用资金罪}
{违法发放贷款罪}
{吸收客户资金不入账罪}
{违规出具金融票证罪}
{对违法票据承兑、付款、保证罪}

{逃汇罪}

{骗购外汇罪}

{洗钱罪}

……

{伪造货币罪

出售、购买、运输假币罪

金融工作人员购买假币、以假币换取货币罪

持有、使用假币罪

变造货币罪

擅自设立金融机构罪

伪造、变造、转让金融机构经营许可证、批准文件罪

高利转贷罪

骗取贷款、票据承兑、金融票证罪

非法吸收公众存款罪

伪造、变造金融票证罪

妨害信用卡管理罪

窃取、收买、非法提供信用卡信息罪

伪造、变造国家有价证券罪

伪造、变造股票、公司、企业债券罪

擅自发行股票、公司、企业债券罪

内幕交易、泄露内幕信息罪

利用未公开信息交易罪

编造并传播证券、期货交易虚假信息罪

诱骗投资者买卖证券、期货合约罪

操纵证券、期货市场罪

背信运用受托财产罪

违法运用资金罪

违法发放贷款罪

吸收客户资金不入账罪

违规出具金融票证罪

对违法票据承兑、付款、保证罪

逃汇罪

骗购外汇罪

洗钱罪}

（五）金融诈骗罪

{金融诈骗罪}

{集资诈骗罪}

{贷款诈骗罪}

{票据诈骗罪}

{金融凭证诈骗罪}

{信用证诈骗罪}

{信用卡诈骗罪}

{有价证券诈骗罪}

{保险诈骗罪}

……

{集资诈骗罪

贷款诈骗罪

票据诈骗罪

金融凭证诈骗罪

信用证诈骗罪

信用卡诈骗罪

有价证券诈骗罪

保险诈骗罪}

（六）危害税收征管罪

{危害税收征管罪}

{逃税罪}

{抗税罪}

{逃避追缴欠税罪}

{骗取出口退税罪}

{虚开增值税专用发票、用于骗取出口退税、抵扣税款发票罪}

{伪造、出售伪造的增值税专用发票罪}

{非法出售增值税专用发票罪}

{非法购买增值税专用发票、购买伪造的增值税专用发票罪}

{非法制造、出售非法制造的用于骗取出口退税、抵扣税款发票罪}
{非法制造、出售非法制造的发票罪}
{非法出售用于骗取出口退税、抵扣税款发票罪}
{非法出售发票罪}
{持有伪造的发票罪}
……
{逃税罪
抗税罪
逃避追缴欠税罪
骗取出口退税罪
虚开增值税专用发票、用于骗取出口退税、抵扣税款发票罪
伪造、出售伪造的增值税专用发票罪
非法出售增值税专用发票罪
非法购买增值税专用发票、购买伪造的增值税专用发票罪
非法制造、出售非法制造的用于骗取出口退税、抵扣税款发票罪
非法制造、出售非法制造的发票罪
非法出售用于骗取出口退税、抵扣税款发票罪
非法出售发票罪
持有伪造的发票罪}

（七）侵犯知识产权罪

{侵犯知识产权罪}
{假冒注册商标罪}
{销售假冒注册商标的商品罪}
{非法制造、销售非法制造的注册商标标识罪}
{假冒专利罪}
{侵犯著作权罪}
{销售侵权复制品罪}
{侵犯商业秘密罪}
……
{假冒注册商标罪
销售假冒注册商标的商品罪
非法制造、销售非法制造的注册商标标识罪

假冒专利罪
侵犯著作权罪
销售侵权复制品罪
侵犯商业秘密罪}

（八）扰乱市场秩序罪

{扰乱市场秩序罪}
{损害商业信誉、商品声誉罪}
{虚假广告罪}
{串通投标罪}
{合同诈骗罪}
{组织、领导传销活动罪}
{非法经营罪}
{强迫交易罪}
{伪造、倒卖伪造的有价票证罪}
{倒卖车票、船票罪}
{非法转让、倒卖土地使用权罪}
{提供虚假证明文件罪}
{出具证明文件重大失实罪}
{逃避商检罪}
……
{损害商业信誉、商品声誉罪
虚假广告罪
串通投标罪
合同诈骗罪
组织、领导传销活动罪
非法经营罪
强迫交易罪
伪造、倒卖伪造的有价票证罪
倒卖车票、船票罪
非法转让、倒卖土地使用权罪
提供虚假证明文件罪
出具证明文件重大失实罪
逃避商检罪}

第二节　破坏社会主义市场经济秩序罪集合分述

一、生产、销售伪劣商品罪

（一）生产、销售伪劣产品罪

1. 生产、销售伪劣产品罪的概念

生产、销售伪劣产品罪，是指行为人违反产品质量管理法律、法规，在产品生产、销售过程中掺杂、掺假，以假充真，以次充好，或者以不合格产品冒充合格产品，销售金额较大的行为。

2. 生产、销售伪劣产品罪的构成特征

关于生产、销售伪劣产品罪的构成特征，根据现行刑法的规定，主要有以下几个方面，其集合表现为：

设 A 为生产、销售伪劣产品罪的集合，则 A = {生产、销售伪劣产品罪}；

设 A1 为生产、销售伪劣产品罪的客体的集合，则 A1 = {产品质量管理制度} ∪ {广大消费者的合法权益} = {产品质量管理制度和广大消费者的合法权益}；设 A2 为生产、销售伪劣产品罪的客观方面的集合，则 A2 = {行为人违反产品质量管理法律、法规，在产品生产、销售过程中掺杂、掺假，以假充真，以次充好，或者以不合格产品冒充合格产品，销售金额较大的行为}；设 A3 为生产、销售伪劣产品罪的主体的集合，则 A3 = {年满 16 周岁、具有刑事责任能力的自然人} ∪ {单位} = {可以是年满 16 周岁、具有刑事责任能力的人，也可以是单位}；设 A4 为生产、销售伪劣产品罪的主观方面的集合，则 A4 = {故意}；

则 A = A1 ∪ A2 ∪ A3 ∪ A4，即生产、销售伪劣产品罪 = {客体是产品质量管理制度和广大消费者的合法权益} ∪ {客观方面表现为行为人违反产品质量管理法律、法规，在产品生产、销售过程中掺杂、掺假，以假充真，以次充好，或者以不合格产品冒充合格产品，销售金额较大的行为} ∪ {主体可以是年满 16 周岁、具有刑事责任能力的人，也可以是单位} ∪ {主观方面是故意} = {客体是产品质量管理制度和广大消费者的合法权益，客观方面表现为行为人违反产品质量管理法律、法规，在产品生产、销售过程中掺杂、掺假，以假充真，以次充好，或者以不合格产品冒充合格产品，销售金额较大的行为，主体可以是年满16周岁、具有刑事责任能力的人，也可以是单位，主观方面是故意｝。

3. 生产、销售伪劣产品罪的处罚

根据《刑法》第140条、第150条之规定，个人犯本罪，销售金额5万元以上不满20万元的，处2年以下有期徒刑或者拘役，并处或者单处销售金额50%以上2倍以下罚金；销售金额20万元以上不满50万元的，处2年以上7年以下有期徒刑，并处销售金额50%以上2倍以下罚金；销售金额50万元以上不满200万元的，处7年以上有期徒刑，并处销售金额50%以上2倍以下罚金；销售金额200万元以上的，处15年有期徒刑或者无期徒刑，并处销售金额50%以上2倍以下罚金或者没收财产。单位犯本罪，对单位判处罚金，并对其直接负责的主管人员和其他直接责任人员，依照个人犯本罪的规定处罚。

（二）生产、销售假药罪

1. 生产、销售假药罪的概念

生产、销售假药罪，是指行为人违反药品管理法律、法规，生产、销售假药的行为。

2. 生产、销售假药罪的构成特征

关于生产、销售假药罪的构成特征，根据现行刑法的规定，主要有以下几个方面，其集合表现为：

设B为生产、销售假药罪的集合，则B＝｛生产、销售假药罪｝；

设B1为生产、销售假药罪的客体的集合，则B1＝｛国家药品管理制度｝∪｛不特定多数人的生命、健康的安全｝＝｛国家药品管理制度和不特定多数人的生命、健康的安全｝；设B2为生产、销售假药罪的客观方面的集合，则B2＝｛行为人违反药品管理法律、法规，生产、销售假药的行为｝；设B3为生产、销售假药罪的主体的集合，则B3＝｛年满16周岁、具有刑事责任能力的自然人｝∪｛单位｝＝｛可以是年满16周岁、具有刑事责任能力的人，也可以是单位｝；设B4为生产、销售假药罪的主观方面的集合，则B4＝｛故意｝；

则B＝B1∪B2∪B3∪B4，即生产、销售假药罪＝｛客体是国家药品管理制度和不特定多数人的生命、健康的安全｝∪｛客观方面表现为行为人违反药品管理法律、法规，生产、销售假药的行为｝∪｛主体可以是年满16周岁、具有刑事责任能力的人，也可以是单位｝∪｛主观方面是故意｝=｛客体是国家药品管理制度和不特定多数人的生命、健康的安全，客观方面表现为行为人违反药品管理法律、法规，生产、销售假药的行为，主体可以是年满16周岁、具有刑事责任能力的人，也可以是单位，主观方面是故意｝。

3. 生产、销售假药罪的处罚

根据《刑法》第140条、第141条、第149条、第150条之规定，个人犯本罪的，处3年以下有期徒刑或者拘役，并处罚金；对人体健康造成严重危害或者有其他严重情节的，处3年以上10年以下有期徒刑，并处罚金；致人死亡或者有其他特别严重情节的，处10年以上有期徒刑、无期徒刑或者死刑，并处罚金或者没收财产。生产、销售假药，但不构成生产、销售假药罪，但是销售金额在5万元以上的，依照第140条规定定罪处罚。

构成生产、销售假药罪，同时又构成第140条规定之罪的，依照处罚较重的规定定罚处罚。单位犯本罪的，对单位判处罚金，并对其直接负责的主管人员和其他直接责任人员，依照个人犯本罪的规定处罚。

（三）生产、销售劣药罪

1. 生产、销售劣药罪的概念

生产、销售劣药罪，是指行为人违反药品管理法律、法规，生产、销售劣药，对人体健康造成严重危害的行为。

2. 生产、销售劣药罪的构成特征

关于生产、销售劣药罪的构成特征，根据现行刑法的规定，主要有以下几个方面，其集合表现为：

设C为生产、销售劣药罪的集合，则C=｛生产、销售劣药罪｝；

设C1为生产、销售劣药罪的客体的集合，则C1=｛国家药品管理制度｝∪｛不特定多数人的生命、健康的安全｝=｛国家药品管理制度和不特定多数人的生命、健康的安全｝；设C2为生产、销售劣药罪的客观方面的集合，则C2=｛行为人违反药品管理法律、法规，生产、销售劣药，对人体造成严重危害的行为｝；设C3为生产、销售劣药罪的主体的集合，则C3=｛年满16周岁、具有刑事责任能力的自然人｝∪｛单位｝=｛可以是年满16周岁、具有刑事责任能力的人，也可以是单位｝；设C4为生产、销售劣药罪的主观方面的集合，则C4=｛故意｝；

则C=C1∪C2∪C3∪C4，即生产、销售劣药罪=｛客体是国家药品管理制度和不特定多数人的生命、健康的安全｝∪｛客观方面表现为行为人违反药品管理法律、法规，生产、销售劣药，对人体造成严重危害的行为｝∪｛主体可以是年满 16 周岁、具有刑事责任能力的人，也可以是单位｝∪｛主观方面是故意｝=｛客体是国家药品管理制度和不特定多数人的生命、健康的安全，客观方面表现为行为人违反药品管理法律、法规，生产、销售劣药，对人体造成严重危害的行为，主体可以是年满 16 周岁、具有刑事责任能力的人，也可以是单位，主观方面是故意｝。

3. 生产、销售劣药罪的处罚

根据《刑法》第 140 条、第 142 条、第 149 条、第 150 条之规定，个人犯本罪的，处 3 年以上 10 年以下有期徒刑，并处销售金额 50% 以上 2 倍以下罚金；后果特别严重的，处 10 年以上有期徒刑或者无期徒刑，并处销售金额 50% 以上 2 倍以下罚金或者没收财产。生产、销售劣药的，但不构成生产、销售劣药罪，但销售金额在 5 万元以上的，依照第 140 条规定定罪处罚。

构成生产、销售劣药罪，同时又构成第 140 条规定之罪的，依照处罚较重的规定定罚处罚。单位犯本罪，对单位判处罚金，并对其直接负责的主管人员和其他直接责任人员，依照个人犯本罪的规定处罚。

（四）生产、销售不符合安全标准的食品罪

1. 生产、销售不符合安全标准的食品罪的概念

生产、销售不符合安全标准的食品罪，是指行为人违反食品安全标准的管理法律法规，生产、销售不符合安全标准的食品，足以造成食物中毒或者其他严重食源性疾患的行为。

2. 生产、销售不符合安全标准的食品罪的构成特征

关于生产、销售不符合安全标准的食品罪的构成特征，根据现行刑法的规定，主要有以下几个方面，其集合表现为：

设 D 为生产、销售不符合安全标准的食品罪的集合，则 D =｛生产、销售不符合安全标准的食品罪｝；

设 D1 为生产、销售不符合安全标准的食品罪的客体的集合，则 D1 =｛食品安全标准管理制度｝∪｛不特定多数人的生命、健康的安全｝=｛食品安全标准管理制度和不特定多数人的生命、健康的安全｝；设 D2 为生产、销售不符合安全标准的食品罪的客观方面的集合，则 D2 =｛行为人违反食品安全标准的管理法律法规，生产、销售不符合卫生标准的食品，足以造成

食物中毒或者其他严重食源性疾患的行为}；设 D3 为生产、销售不符合安全标准的食品罪的主体的集合，则 D3 = {年满 16 周岁、具有刑事责任能力的自然人} ∪ {单位} = {可以是年满 16 周岁、具有刑事责任能力的人，也可以是单位}；设 D4 为生产、销售不符合安全标准的食品罪的主观方面的集合，则 D4 = {故意}；

则 D = D1 ∪ D2 ∪ D3 ∪ D4，即生产、销售不符合安全标准的食品罪 = {客体是食品安全标准管理制度和不特定多数人的生命、健康的安全} ∪ {客观方面表现为行为人违反食品安全标准的管理法律法规，生产、销售不符合安全标准的食品，足以造成食物中毒或者其他严重食源性疾患的行为} ∪ {主体可以是年满 16 周岁、具有刑事责任能力的人，也可以是单位} ∪ {主观方面是故意} = {客体是食品安全标准管理制度和不特定多数人的生命、健康的安全，客观方面表现为行为人违反食品安全标准的管理法律法规，生产、销售不符合安全标准的食品，足以造成食物中毒或者其他严重食源性疾患的行为，主体可以是年满 16 周岁、具有刑事责任能力的人，也可以是单位，主观方面是故意}。

3. 生产、销售不符合安全标准的食品罪的处罚

根据《刑法》第 140 条、第 143 条、第 149 条、第 150 条之规定，个人犯本罪的，处 3 年以下有期徒刑或者拘役，并处罚金；对人体健康造成严重危害或者有其他严重情节的，处 3 年以上 7 年以下有期徒刑，并处罚金；后果特别严重的，处 7 年以上有期徒刑或者无期徒刑，并处罚金或者没收财产。

生产、销售不符合安全标准的食品的，但不构成本罪的，但销售金额在 5 万元以上的，依照第 140 条规定定罪处罚。

生产、销售不符合安全标准的食品的，构成本罪，但又构成第 140 条规定之罪的，依照处罚较重的规定定罪处罚。单位犯本罪的，对单位判处罚金，并对其直接负责的主管人员和其他直接责任人员，依照个人犯本罪的规定处罚。

（五）生产、销售有毒、有害食品罪

1. 生产、销售有毒、有害食品罪的概念

生产、销售有毒、有害食品罪，是指行为人违反食品安全管理法律、法规，在生产、销售的食品中掺入有毒、有害的非食品原料，或者明知是掺入有毒、有害的非食品原料的食品而予以销售的行为。

2. 生产、销售有毒、有害食品罪的构成特征

关于生产、销售有毒、有害食品罪的构成特征，根据现行刑法的规定，主要有以下几个方面，其集合表现为：

设 E 为生产、销售有毒、有害食品罪的集合，则 E = {生产、销售有毒、有害食品罪}；

设 E1 为生产、销售有毒、有害食品罪的客体的集合，则 E1 = {食品安全标准管理制度} ∪ {不特定多数人的生命、健康的安全} = {食品卫生管理制度和不特定多数人的生命、健康的安全}；设 E2 为生产、销售有毒、有害食品罪的客观方面的集合，则 E2 = {行为人违反食品安全标准管理法律法规，在生产、销售的食品中掺入有毒、有害的非食品原料，或者明知是掺入有毒、有害的非食品原料的食品而予以销售的行为}；设 E3 为生产、销售有毒、有害食品罪的主体的集合，则 E3 = {年满 16 周岁、具有刑事责任能力的自然人} ∪ {单位} = {可以是年满 16 周岁、具有刑事责任能力的人，也可以是单位}；设 E4 为生产、销售有毒、有害食品罪的主观方面的集合，则 E4 = {故意}；

则 E = E1∪E2∪E3∪E4，即生产、销售有毒、有害食品罪 = {客体是食品安全标准管理制度和不特定多数人的生命、健康的安全} ∪ {客观方面表现为行为人违反食品安全标准管理法律法规，在生产、销售的食品中掺入有毒、有害的非食品原料，或者明知是掺入有毒、有害的非食品原料的食品而予以销售的行为} ∪ {主体可以是年满 16 周岁、具有刑事责任能力的人，也可以是单位} ∪ {主观方面是故意} = {客体是食品安全标准管理制度和不特定多数人的生命、健康的安全，客观方面表现为行为人违反食品安全标准管理法律法规，在生产、销售的食品中掺入有毒、有害的非食品原料，或者明知是掺入有毒、有害的非食品原料的食品而予以销售的行为，主体可以是年满 16 周岁、具有刑事责任能力的人，也可以是单位，主观方面是故意}。

3. 生产、销售有毒、有害食品罪的处罚

根据《刑法》第 140 条、第 141 条、第 144 条、第 149 条、第 150 条之规定，个人犯本罪的，处 5 年以下有期徒刑，并处罚金；对人体健康造成严重危害或者有其他严重情节的，处 5 年以上 10 年以下有期徒刑，并处罚金；致人死亡或者有其他特别严重情节的，依照《刑法》第 141 条的规定处罚。生产、销售有毒、有害食品不构成本罪，但销售金额在 5 万元以上的，依照

第 140 条的规定定罪处罚。

生产、销售有毒、有害食品构成本罪，同时又构成第 140 条规定之罪的，依照处罚较重的规定定罪处罚。单位犯本罪的，对单位判处罚金，并对其直接负责的主管人员和其他直接责任人员，依照个人犯本罪的规定处罚。

（六）生产、销售不符合标准的医用器材罪

1. 生产、销售不符合标准的医用器材罪的概念

生产、销售不符合标准的医用器材罪，是指行为人违反产品质量管理法律、法规，生产不符合保障人体健康的国家标准、行业标准的医疗器械、医用卫生材料，或者销售明知是不符合保障人体健康的国家标准、行业标准的医疗器械、医用卫生材料，足以严重危害人体健康的行为。

2. 生产、销售不符合标准的医用器材罪的构成特征

关于生产、销售不符合标准的医用器材罪的构成特征，根据现行刑法的规定，主要有以下几个方面，其集合表现为：

设 F 为生产、销售不符合标准的医用器材罪的集合，则 F = {生产、销售不符合标准的医用器材罪}；

设 F1 为生产、销售不符合标准的医用器材罪的客体的集合，则 F1 = {产品质量管理制度} ∪ {不特定多数人的生命、健康的安全} = {产品质量管理制度和不特定多数人的生命、健康的安全}；设 F2 为生产、销售不符合标准的医用器材罪的客观方面的集合，则 F2 = {行为人违反产品质量管理法律、法规，生产不符合保障人体健康的国家标准、行业标准的医疗器械、医用卫生材料，或者销售明知是不符合保障人体健康的国家标准、行业标准的医疗器械、医用卫生材料，足以严重危害人体健康的行为}；设 F3 为生产、销售不符合标准的医用器材罪的主体的集合，则 F3 = {年满 16 周岁、具有刑事责任能力的自然人} ∪ {单位} = {可以是年满 16 周岁、具有刑事责任能力的人，也可以是单位}；设 F4 为生产、销售不符合标准的医用器材罪的主观方面的集合，则 F4 = {故意}；

则 F = F1 ∪ F2 ∪ F3 ∪ F4，即生产、销售不符合标准的医用器材罪 = {客体是产品质量管理制度和不特定多数人的生命、健康的安全} ∪ {客观方面表现为行为人违反产品质量管理法律、法规，生产不符合保障人体健康的国家标准、行业标准的医疗器械、医用卫生材料，或者销售明知是不符合保障人体健康的国家标准、行业标准的医疗器械、医用卫生材料，足以严重危害人体健康的行为} ∪ {主体可以是年满 16 周岁、具有刑事责任能力的

人，也可以是单位｝ ∪ ｛主观方面是故意｝ = ｛客体是产品质量管理制度和不特定多数人的生命、健康的安全，客观方面表现为行为人违反产品质量管理法律、法规，生产不符合保障人体健康的国家标准、行业标准的医疗器械、医用卫生材料，或者销售明知是不符合保障人体健康的国家标准、行业标准的医疗器械、医用卫生材料，足以严重危害人体健康的行为，主体可以是年满16周岁、具有刑事责任能力的人，也可以是单位，主观方面是故意｝。

3. 生产、销售不符合标准的医用器材罪的处罚

根据《刑法》第140条、第145条、第149条、第150条之规定，个人犯本罪，处3年以下有期徒刑或者拘役，并处销售金额50%以上2倍以下罚金；对人体健康造成严重危害的，处3年以上10年以下有期徒刑，并处销售金额50%以上2倍以下罚金；后果特别严重的，处10年以上有期徒刑或者无期徒刑，并处销售金额50%以上2倍以下罚金或者没收财产。生产、销售不符合标准的医用器材的，尚未构成本罪的，但销售金额在5万元以上的，依照第140条的规定定罪处罚。

生产、销售不符合标准的医用器材构成本罪又构成第140条规定之罪的，依照处罚较重的规定定罪处罚。单位犯本罪的，对单位判处罚金，并对其直接负责的主管人员和其他直接责任人员，依照个人犯本罪的规定处罚。

（七）生产、销售不符合安全标准的产品罪

1. 生产、销售不符合安全标准的产品罪的概念

生产、销售不符合安全标准的产品罪，是指行为人违反产品质量管理法律、法规，生产不符合保障人身、财产安全的国家标准、行业标准的电器、压力容器、易燃易爆产品或者其他不符合保障人身、财产安全的国家标准、行业标准的产品，或者销售明知是以上不符合保障人身、财产安全的国家标准、行业标准的产品，造成严重后果的行为。

2. 生产、销售不符合安全标准的产品罪的构成特征

关于生产、销售不符合安全标准的产品罪的构成特征，根据现行刑法的规定，主要有以下几个方面，其集合表现为：

设G为生产、销售不符合安全标准的产品罪的集合，则G = ｛生产、销售不符合安全标准的产品罪｝；

设G1为生产、销售不符合安全标准的产品罪的客体的集合，则G1 = ｛产品质量管理制度｝ ∪ ｛不特定多数人的生命、健康和重大公私财产的安

全｝＝｛产品质量管理制度和不特定多数人的生命、健康和重大公私财产的安全｝；设 G2 为生产、销售不符合安全标准的产品罪的客观方面的集合，则 G2＝｛行为人违反产品质量管理法律、法规，生产不符合保障人身、财产安全的国家标准、行业标准的电器、压力容器、易燃易爆产品或者其他不符合保障人身、财产安全的国家标准、行业标准的产品，或者销售明知是以上不符合保障人身、财产安全的国家标准、行业标准的产品，造成严重后果的行为｝；设 G3 为生产、销售不符合安全标准的产品罪的主体的集合，则 G3＝｛年满 16 周岁、具有刑事责任能力的自然人｝∪｛单位｝＝｛可以是年满 16 周岁、具有刑事责任能力的人，也可以是单位｝；设 G4 为生产、销售不符合安全标准的产品罪的主观方面的集合，则 G4＝｛故意｝；

则 G＝G1∪G2∪G3∪G4，即生产、销售不符合安全标准的产品罪＝｛客体是产品质量管理制度和不特定多数人的生命、健康和重大公私财产的安全｝∪｛行为人违反产品质量管理法律、法规，生产不符合保障人身、财产安全的国家标准、行业标准的电器、压力容器、易燃易爆产品或者其他不符合保障人身、财产安全的国家标准、行业标准的产品，或者销售明知是以上不符合保障人身、财产安全的国家标准、行业标准的产品，造成严重后果的行为｝∪｛主体可以是年满 16 周岁、具有刑事责任能力的人，也可以是单位｝∪｛主观方面是故意｝＝｛客体是产品质量管理制度和不特定多数人的生命、健康和重大公私财产的安全，客观方面表现为行为人违反产品质量管理法律、法规，生产不符合保障人身、财产安全的国家标准、行业标准的电器、压力容器、易燃易爆产品或者其他不符合保障人身、财产安全的国家标准、行业标准的产品，或者销售明知是以上不符合保障人身、财产安全的国家标准、行业标准的产品，造成严重后果的行为，主体可以是年满 16 周岁、具有刑事责任能力的人，也可以是单位，主观方面是故意｝。

3. 生产、销售不符合安全标准的产品罪的处罚

根据《刑法》第 140 条、第 146 条、第 149 条、第 150 条之规定，个人犯本罪的，处 5 年以下有期徒刑，并处销售金额 50% 以上 2 倍以下罚金；后果特别严重的，处 5 年以上有期徒刑，并处销售金额 50% 以上 2 倍以下罚金。生产、销售不符合安全标准的产品的，不构成本罪，但是销售金额在 5 万元以上的，依照第 140 条规定定罪处罚。

构成生产销售不符合安全标准的产品罪的，同时又构成第 140 条规定之罪的，依照处罚较重的规定定罪处罚。单位犯本罪的，对单位判处罚金，并

对其直接负责的主管人员和其他直接责任人员，依照个人犯本罪的规定处罚。

（八）生产、销售伪劣农药、兽药、化肥、种子罪

1. 生产、销售伪劣农药、兽药、化肥、种子罪的概念

生产、销售伪劣农药、兽药、化肥、种子罪，是指行为人违反农业生产资料质量管理法律、法规，生产假农药、假兽药、假化肥，销售明知是假的或者失去使用效能的农药、兽药、化肥、种子，或者生产者、销售者以不合格的农药、兽药、化肥、种子冒充合格的农药、兽药、化肥、种子，使生产遭受较大损失的行为。

2. 生产、销售伪劣农药、兽药、化肥、种子罪的构成特征

关于生产、销售伪劣农药、兽药、化肥、种子罪的构成特征，根据现行刑法的规定，主要有以下几个方面，其集合表现为：

设 H 为生产、销售伪劣农药、兽药、化肥、种子罪的集合，则 H = {生产、销售伪劣农药、兽药、化肥、种子罪}；

设 H1 为生产、销售伪劣农药、兽药、化肥、种子罪的客体的集合，则 H1 = {农业生产资料质量管理制度} ∪ {农业生产资料消费者的合法权益} = {农业生产资料质量管理制度和农业生产资料消费者的合法权益}；设 H2 为生产、销售伪劣农药、兽药、化肥、种子罪的客观方面的集合，则 H2 = {行为人违反农业生产资料质量管理法律、法规，生产假农药、假兽药、假化肥，销售明知是假的或者失去使用效能的农药、兽药、化肥、种子，或者生产者、销售者以不合格的农药、兽药、化肥、种子冒充合格的农药、兽药、化肥、种子，使生产遭受较大损失的行为}；设 H3 为生产、销售伪劣农药、兽药、化肥、种子罪的主体的集合，则 H3 = {年满 16 周岁、具有刑事责任能力的自然人} ∪ {单位} = {可以是年满 16 周岁、具有刑事责任能力的人，也可以是单位}；设 H4 为生产、销售伪劣农药、兽药、化肥、种子罪的主观方面的集合，则 H4 = {故意}；

则 H = H1 ∪ H2 ∪ H3 ∪ H4，即生产、销售伪劣农药、兽药、化肥、种子罪 = {客体是农业生产资料质量管理制度和农业生产资料消费者的合法权益} ∪ {客观方面表现为行为人违反农业生产资料质量管理法律、法规，生产假农药、假兽药、假化肥，销售明知是假的或者失去使用效能的农药、兽药、化肥、种子，或者生产者、销售者以不合格的农药、兽药、化肥、种子冒充合格的农药、兽药、化肥、种子，使生产遭受较大损失的行为} ∪ {主体可以是年满 16 周岁、具有刑事责任能力的人，也可以是单位} ∪

{主观方面是故意} = {客体是农业生产资料质量管理制度和农业生产资料消费者的合法权益，客观方面表现为行为人违反农业生产资料质量管理法律、法规，生产假农药、假兽药、假化肥，销售明知是假的或者失去使用效能的农药、兽药、化肥、种子，或者生产者、销售者以不合格的农药、兽药、化肥、种子冒充合格的农药、兽药、化肥、种子，使生产遭受较大损失的行为，主体可以是年满 16 周岁、具有刑事责任能力的人，也可以是单位，主观方面是故意}。

3. 生产、销售伪劣农药、兽药、化肥、种子罪的处罚

根据《刑法》第 140 条、第 147 条、第 149 条、第 150 条之规定，个人犯本罪的，处 3 年以下有期徒刑或者拘役，并处或者单处销售金额 50% 以上 2 倍以下罚金；使生产遭受重大损失的，处 3 年以上 7 年以下有期徒刑，并处销售金额 50% 以上 2 倍以下罚金；使生产遭受特别重大损失的，处 7 年以上有期徒刑或者无期徒刑，并处销售金额 50% 以上 2 倍以下罚金或者没收财产。生产、销售伪劣农药、兽药、化肥、种子，但尚未构成本罪，而销售金额在 5 万元以上的，依照第 140 条的规定定罪处罚。

生产、销售伪劣农药、兽药、化肥、种子，既构成本罪，又构成第 140 条规定之罪的，依照处罚较重的规定定罪处罚。单位犯本罪的，对单位判处罚金，并对其直接负责的主管人员和其他直接责任人员，依照个人犯本罪的规定处罚。

（九）生产、销售不符合卫生标准的化妆品罪

1. 生产、销售不符合卫生标准的化妆品罪的概念

生产、销售不符合卫生标准的化妆品罪，是指行为人违反化妆品卫生质量管理法律、法规，生产不符合卫生标准的化妆品，或者销售明知是不符合卫生标准的化妆品，造成严重后果的行为。

2. 生产、销售不符合卫生标准的化妆品罪的构成特征

关于生产、销售不符合卫生标准的化妆品罪的构成特征，根据现行刑法的规定，主要有以下几个方面，其集合表现为：

设 I 为生产、销售不符合卫生标准的化妆品罪的集合，则 I = {生产、销售不符合卫生标准的化妆品罪}；

设 I1 为生产、销售不符合卫生标准的化妆品罪的客体的集合，则 I1 = {化妆品卫生质量管理制度} ∪ {不特定多数人的健康安全} = {化妆品卫生质量管理制度和不特定多数人的健康安全}；设 I2 为生产、销售不符合卫

生标准的化妆品罪的客观方面的集合，则 I2 = {行为人违反化妆品卫生质量管理法律、法规，生产不符合卫生标准的化妆品，或者销售明知是不符合卫生标准的化妆品，造成严重后果的行为}；设 I3 为生产、销售不符合卫生标准的化妆品罪的主体的集合，则 I3 = {年满 16 周岁、具有刑事责任能力的自然人} ∪ {单位} = {可以是年满 16 周岁、具有刑事责任能力的人，也可以是单位}；设 I4 为生产、销售不符合卫生标准的化妆品罪的主观方面的集合，则 I4 = {故意}；

则 I = I1 ∪ I2 ∪ I3 ∪ I4，即生产、销售不符合卫生标准的化妆品罪 = {客体是化妆品卫生质量管理制度和不特定多数人的健康安全} ∪ {客观方面表现为行为人违反化妆品卫生质量管理法律、法规，生产不符合卫生标准的化妆品，或者销售明知是不符合卫生标准的化妆品，造成严重后果的行为} ∪ {主体可以是年满 16 周岁、具有刑事责任能力的人，也可以是单位} ∪ {主观方面是故意} = {客体是化妆品卫生质量管理制度和不特定多数人的健康安全，客观方面表现为行为人违反化妆品卫生质量管理法律、法规，生产不符合卫生标准的化妆品，或者销售明知是不符合卫生标准的化妆品，造成严重后果的行为，主体可以是年满 16 周岁、具有刑事责任能力的人，也可以是单位，主观方面是故意}。

3. 生产、销售不符合卫生标准的化妆品罪的处罚

根据《刑法》第 140 条、第 148 条、第 149 条、第 150 条之规定，个人犯本罪的，处 3 年以下有期徒刑或者拘役，并处或者单处销售金额 50% 以上 2 倍以下罚金。生产、销售不符合卫生标准的化妆品的，不构成犯罪，但销售金额在 5 万元以上的，依照第 140 条的规定定罪处罚。

生产、销售不符合卫生标准的化妆品构成本罪，同时又构成第 140 条规定之罪的，依照处罚较重的规定定罪处罚。单位犯本罪的，对单位判处罚金，并对其直接负责的主管人员和其他直接责任人员，依照个人犯本罪的规定处罚。

二、走私罪

（一）走私武器、弹药罪

1. 走私武器、弹药罪的概念

走私武器、弹药罪，是指行为人违反海关法律、法规，逃避海关监管，

运输、携带、邮寄武器、弹药进出境，或者直接向私人非法收购以及在内海、领海、界河、界湖运输、收购、贩卖武器、弹药的行为。

2. 走私武器、弹药罪的构成特征

关于走私武器、弹药罪的构成特征，根据现行刑法的规定，主要有以下几个方面，其集合表现为：

设 A 为走私武器、弹药罪的集合，则 A = ｛走私武器、弹药罪｝；

设 A1 为走私武器、弹药罪的客体的集合，则 A1 = ｛国家对外贸易管制｝ ∪ ｛不特定多数人的生命、健康和重大公私财产的安全｝ = ｛国家对外贸易管制和不特定多数人的生命、健康和重大公私财产的安全｝；设 A2 为走私武器、弹药罪的客观方面的集合，则 A2 = ｛行为人违反海关法律、法规，逃避海关监管，运输、携带、邮寄武器、弹药进出境，或者直接向私人非法收购以及在内海、领海、界河、界湖运输、收购、贩卖武器、弹药的行为｝；设 A3 为走私武器、弹药罪的主体的集合，则 A3 = ｛年满 16 周岁、具有刑事责任能力的自然人｝ ∪ ｛单位｝ = ｛可以是年满 16 周岁、具有刑事责任能力的人，也可以是单位｝；设 A4 为走私武器、弹药罪的主观方面的集合，则 A4 = ｛故意｝；

则 A = A1∪A2∪A3∪A4，即走私武器、弹药罪 = ｛客体是国家对外贸易管制和不特定多数人的生命、健康和重大公私财产的安全｝ ∪ ｛客观方面表现为行为人违反海关法律、法规，逃避海关监管，运输、携带、邮寄武器、弹药进出境，或者直接向私人非法收购以及在内海、领海、界河、界湖运输、收购、贩卖武器、弹药的行为｝ ∪ ｛主体可以是年满 16 周岁、具有刑事责任能力的人，也可以是单位｝ ∪ ｛主观方面是故意｝ = ｛客体是国家对外贸易管制和不特定多数人的生命、健康和重大公私财产的安全，客观方面表现为行为人违反海关法律、法规，逃避海关监管，运输、携带、邮寄武器、弹药进出境，或者直接向私人非法收购以及在内海、领海、界河、界湖运输、收购、贩卖武器、弹药的行为，主体可以是年满 16 周岁、具有刑事责任能力的人，也可以是单位，主观方面是故意｝。

3. 走私武器、弹药罪的处罚

根据《刑法》第 151 条第 1 款、第 4 款之规定，个人犯本罪的，处 7 年以上有期徒刑，并处罚金或者没收财产；情节特别严重的，处无期徒刑，并处没收财产；情节较轻的，处 3 年以上 7 年以下有期徒刑，并处罚金。单位犯本罪的，对单位判处罚金，并对其直接负责的主管人员和其他直接责任人员，依照个人犯本罪的规定处罚。

（二）走私核材料罪

1. 走私核材料罪的概念

走私核材料罪，是指行为人违反海关法律、法规，逃避海关监管，运输、携带、邮寄核材料进出境，或者直接向私人非法收购以及在内海、领海、界河、界湖运输、收购、贩卖核材料的行为。

2. 走私核材料罪的构成特征

关于走私核材料罪的构成特征，根据现行刑法的规定，主要有以下几个方面，其集合表现为：

设B为走私核材料罪的集合，则B＝{走私核材料罪}；

设B1为走私核材料罪的客体的集合，则B1＝{国家对外贸易管制}∪{不特定多数人的生命、健康和重大公私财产的安全}＝{国家对外贸易管制和不特定多数人的生命、健康和重大公私财产的安全}；设B2为走私核材料罪的客观方面的集合，则B2＝{行为人违反海关法律、法规，逃避海关监管，运输、携带、邮寄核材料进出境，或者直接向私人非法收购以及在内海、领海、界河、界湖运输、收购、贩卖核材料的行为}；设B3为走私核材料罪的主体的集合，则B3＝{年满16周岁、具有刑事责任能力的自然人}∪{单位}＝{可以是年满16周岁、具有刑事责任能力的人，也可以是单位}；设B4为走私核材料罪的主观方面的集合，则B4＝{故意}；

则B＝B1∪B2∪B3∪B4，即走私核材料罪＝{客体是国家对外贸易管制和不特定多数人的生命、健康和重大公私财产的安全}∪{客观方面表现为行为人违反海关法律、法规，逃避海关监管，运输、携带、邮寄核材料进出境，或者直接向私人非法收购以及在内海、领海、界河、界湖运输、收购、贩卖核材料的行为}∪{主体可以是年满16周岁、具有刑事责任能力的人，也可以是单位}∪{主观方面是故意}＝{客体是国家对外贸易管制和不特定多数人的生命、健康和重大公私财产的安全，客观方面表现为行为人违反海关法律、法规，逃避海关监管，运输、携带、邮寄核材料进出境，或者直接向私人非法收购以及在内海、领海、界河、界湖运输、收购、贩卖核材料的行为，主体可以是年满16周岁、具有刑事责任能力的人，也可以是单位，主观方面是故意}。

3. 走私核材料罪的处罚

根据《刑法》第151条第1款、第4款之规定，个人犯本罪的，处7年以上有期徒刑，并处罚金或者没收财产；情节特别严重的，处无期徒刑，并处没收财产；情节较轻的，处 3 年以上 7 年以下有期徒刑，并处罚金。单位犯本罪的，对单位判处罚金，并对其直接负责的主管人员和其他直接责任人员，依照个人犯本罪的规定处罚。

（三）走私假币罪

1. 走私假币罪的概念

走私假币罪，是指行为人违反海关法律、法规，逃避海关监管，运输、携带、邮寄假币进出境，或者直接向私人非法收购以及在内海、领海、界河、界湖运输、收购、贩卖假币的行为。

2. 走私假币罪的构成特征

关于走私罪假币的构成特征，根据现行刑法的规定，主要有以下几个方面，其集合表现为：

设 C 为走私假币罪的集合，则 C = ｛走私假币罪｝；

设 C1 为走私假币罪的客体的集合，则 C1 = ｛国家对外贸易管制｝ ∪ ｛金融管理秩序｝ = ｛国家对外贸易管制和金融管理秩序｝；设 C2 为走私假币罪的客观方面的集合，则 C2 = ｛行为人违反海关法律、法规，逃避海关监管，运输、携带、邮寄假币进出境，或者直接向私人非法收购以及在内海、领海、界河、界湖运输、收购、贩卖假币的行为｝；设 C3 为走私假币罪的主体的集合，则 C3 = ｛年满 16 周岁、具有刑事责任能力的自然人｝ ∪ ｛单位｝ = ｛可以是年满 16 周岁、具有刑事责任能力的人，也可以是单位｝；设 C4 为走私假币罪的主观方面的集合，则 C4 = ｛故意｝；

则 C = C1 ∪ C2 ∪ C3 ∪ C4，即走私假币罪 = ｛客体是国家对外贸易管制和金融管理秩序｝ ∪ ｛客观方面表现为行为人违反海关法律、法规，逃避海关监管，运输、携带、邮寄假币进出境，或者直接向私人非法收购以及在内海、领海、界河、界湖运输、收购、贩卖假币的行为｝ ∪ ｛主体可以是年满 16 周岁、具有刑事责任能力的人，也可以是单位｝ ∪ ｛主观方面是故意｝ = ｛客体是国家对外贸易管制和金融管理秩序，客观方面表现为行为人违反海关法律、法规，逃避海关监管，运输、携带、邮寄假币进出境，或者直接向私人非法收购以及在内海、领海、界河、界湖运输、收购、贩卖假币的行为，主体可以是年满 16 周岁、具有刑事责任能力的人，也可以是单位，主观方面是故意｝。

3. 走私假币罪的处罚

根据《刑法》第151条第1款、第4款之规定，个人犯本罪的，处7年以上有期徒刑，并处罚金或者没收财产；情节较轻的，处3年以上7年以下有期徒刑，并处罚金；情节特别严重的，处无期徒刑，并处没收财产。单位犯本罪的，对单位判处罚金，并对其直接负责的主管人员和其他直接责任人员，依照个人犯本罪的规定处罚。

（四）走私文物罪

1. 走私文物罪的的概念

走私文物罪，是指行为人违反海关法律、法规，逃避海关监管，运输、携带、邮寄国家禁止出口的文物出境，或者直接向私人非法收购以及在内海、领海、界河、界湖运输、收购、贩卖国家禁止出口的文物的行为。

2. 走私文物罪的构成特征

关于走私文物罪的构成特征，根据现行刑法的规定，主要有以下几个方面，其集合表现为：

设D为走私文物罪的集合，则D＝｛走私文物罪｝；

设D1为走私文物罪的客体的集合，则D1＝｛国家对外贸易管制｝∪｛国家对文物的保护和管理秩序｝＝｛国家对外贸易管制和国家对文物的保护和管理秩序｝；设D2为走私文物罪的客观方面的集合，则D2＝｛行为人违反海关法律、法规，逃避海关监管，运输、携带、邮寄国家禁止出口的文物出境，或者直接向私人非法收购以及在内海、领海、界河、界湖运输、收购、贩卖国家禁止出口的文物的行为｝；设D3为走私文物罪的主体的集合，则D3＝｛年满16周岁、具有刑事责任能力的自然人｝∪｛单位｝＝｛可以是年满16周岁、具有刑事责任能力的人，也可以是单位｝；设D4为走私文物罪的主观方面的集合，则D4＝｛故意｝；

则D＝D1∪D2∪D3∪D4，即走私文物罪＝｛客体是国家对外贸易管制和国家对文物的保护和管理秩序｝∪｛客观方面表现为行为人违反海关法律、法规，逃避海关监管，运输、携带、邮寄国家禁止出口的文物出境，或者直接向私人非法收购以及在内海、领海、界河、界湖运输、收购、贩卖国家禁止出口的文物的行为｝∪｛主体可以是年满16周岁、具有刑事责任能力的人，也可以是单位｝∪｛主观方面是故意｝＝｛客体是国家对外贸易管制和国家对文物的保护和管理秩序，客观方面表现为行为人违反海关法律、法规，逃避海关监管，运输、携带、邮寄国家禁止出口的文物出境，或者直接向私人非法收购以及在内海、领海、界河、界湖运输、收购、贩卖国家禁止出口的文物的行为，主体可以是年满 16 周岁、具有刑事责任能力的人，也可以是单位，主观方面是故意}。

3. 走私文物罪的处罚

根据《刑法》第 151 条第 2 款、第 4 款之规定，个人犯本罪的，处 5 年以上 10 年以下有期徒刑，并处罚金；情节较轻的，处 5 年以下有期徒刑，并处罚金；情节特别严重的，处 10 年以上有期徒刑或者无期徒刑，并处没收财产。单位犯本罪的，对单位判处罚金，并对其直接负责的主管人员和其他直接责任人员，依照个人犯本罪的规定处罚。

（五）走私贵重金属罪

1. 走私贵重金属罪的概念

走私贵重金属罪，是指行为人违反海关法律、法规，逃避海关监管，运输、携带、邮寄国家禁止出口的黄金、白银和其他贵重金属出境，或者直接向私人非法收购以及在内海、领海、界河、界湖运输、收购、贩卖国家禁止出口的黄金、白银和其他贵重金属的行为。

2. 走私贵重金属罪的构成特征

关于走私贵重金属罪的构成特征，根据现行刑法的规定，主要有以下几个方面，其集合表现为：

设 E 为走私贵重金属罪的集合，则 E = {走私贵重金属罪}；

设 E1 为走私贵重金属罪的客体的集合，则 E1 = {国家对外贸易管制} ∪ {国家对贵重金属的管理秩序} = {国家对外贸易管制和国家对贵重金属的管理秩序}；设 E2 为走私贵重金属罪的客观方面的集合，则 E2 = {行为人违反海关法律、法规，逃避海关监管，运输、携带、邮寄国家禁止出口的黄金、白银和其他贵重金属出境，或者直接向私人非法收购以及在内海、领海、界河、界湖运输、收购、贩卖国家禁止出口的黄金、白银和其他贵重金属的行为}；设 E3 为走私贵重金属罪的主体的集合，则 E3 = {年满 16 周岁、具有刑事责任能力的自然人} ∪ {单位} = {可以是年满 16 周岁、具有刑事责任能力的人，也可以是单位}；设 E4 为走私贵重金属罪的主观方面的集合，则 E4 = {故意}；

则 E = E1 ∪ E2 ∪ E3 ∪ E4，即走私贵重金属罪 = {客体是国家对外贸易管制和国家对贵重金属的管理秩序} ∪ {客观方面表现为行为人违反海关法律、法规，逃避海关监管，运输、携带、邮寄国家禁止出口的黄金、白银和其他贵重金属出境，或者直接向私人非法收购以及在内海、领海、界河、界湖运输、收购、贩卖国家禁止出口的黄金、白银和其他贵重金属的行为｝∪｛主体可以是年满16周岁、具有刑事责任能力的人，也可以是单位｝∪｛主观方面是故意｝＝｛客体是国家对外贸易管制和国家对贵重金属的管理秩序，客观方面表现为行为人违反海关法律、法规，逃避海关监管，运输、携带、邮寄国家禁止出口的黄金、白银和其他贵重金属出境，或者直接向私人非法收购以及在内海、领海、界河、界湖运输、收购、贩卖国家禁止出口的黄金、白银和其他贵重金属的行为，主体可以是年满16周岁、具有刑事责任能力的人，也可以是单位，主观方面是故意｝。

3. 走私贵重金属罪的处罚

根据《刑法》第151条第2款、第4款之规定，个人犯本罪的，处5年以上10年以下有期徒刑，并处罚金；情节较轻的，处5年以下有期徒刑，并处罚金；情节特别严重的，处10年以上有期徒刑或者无期徒刑，并处没收财产。单位犯本罪的，对单位判处罚金，并对其直接负责的主管人员和其他直接责任人员，依照个人犯本罪的规定处罚。

（六）走私珍贵动物、珍贵动物制品罪

1. 走私珍贵动物、珍贵动物制品罪的概念

走私珍贵动物、珍贵动物制品罪，是指行为人违反海关法律、法规，逃避海关监管，运输、携带、邮寄国家禁止进出口的珍贵动物及其制品进出境，或者直接向私人非法收购以及在内海、领海、界河、界湖运输、收购、贩卖国家禁止进出口珍贵动物及其制品的的行为。

2. 走私珍贵动物、珍贵动物制品罪的构成特征

关于走私珍贵动物、珍贵动物制品罪的构成特征，根据现行刑法的规定，主要有以下几个方面，其集合表现为：

设F为走私珍贵动物、珍贵动物制品罪的集合，则F＝｛走私珍贵动物、珍贵动物制品罪｝；

设F1为走私珍贵动物、珍贵动物制品罪的客体的集合，则F1＝｛国家对外贸易管制｝∪｛国家对珍贵动物的保护和管理秩序｝＝｛国家对外贸易管制和国家对珍贵动物的保护和管理秩序｝；设F2为走私珍贵动物、珍贵动物制品罪的客观方面的集合，则F2＝｛行为人违反海关法律、法规，逃避海关监管，运输、携带、邮寄国家禁止进出口的珍贵动物及其制品进出境，或者直接向私人非法收购以及在内海、领海、界河、界湖运输、收购、

贩卖国家禁止出口的珍贵动物及其制品的行为}；设 F3 为走私珍贵动物、珍贵动物制品罪的主体的集合，则 F3 = {年满 16 周岁、具有刑事责任能力的自然人} ∪ {单位} = {可以是年满 16 周岁、具有刑事责任能力的人，也可以是单位}；设 F4 为走私珍贵动物、珍贵动物制品罪的主观方面的集合，则 F4 = {故意}；

则 F = F1∪F2∪F3∪F4，即走私珍贵动物、珍贵动物制品罪 = {客体是国家对外贸易管制和国家对珍贵动物的保护和管理秩序} ∪ {客观方面表现为行为人违反海关法律、法规，逃避海关监管，运输、携带、邮寄国家禁止进出口的珍贵动物及其制品进出境，或者直接向私人非法收购以及在内海、领海、界河、界湖运输、收购、贩卖国家禁止出口的珍贵动物及其制品的行为} ∪ {主体可以是年满 16 周岁、具有刑事责任能力的人，也可以是单位} ∪ {主观方面是故意} = {客体是国家对外贸易管制和国家对珍贵动物的保护和管理秩序，客观方面表现为行为人违反海关法律、法规，逃避海关监管，运输、携带、邮寄国家禁止进出口的珍贵动物及其制品进出境，或者直接向私人非法收购以及在内海、领海、界河、界湖运输、收购、贩卖国家禁止出口的珍贵动物及其制品行为，主体可以是年满 16 周岁、具有刑事责任能力的人，也可以是单位，主观方面是故意}。

3. 走私珍贵动物、珍贵动物制品罪的处罚

根据《刑法》第 151 条第 2 款、第 4 款之规定，个人犯本罪的，处 5 年以上 10 年以下有期徒刑，并处罚金；情节较轻的，处 5 年以下有期徒刑，并处罚金；情节特别严重的，处 10 年以上有期徒刑或者无期徒刑，并处没收财产。单位犯本罪的，对单位判处罚金，并对其直接负责的主管人员和其他直接责任人员，依照个人犯本罪的规定处罚。

（七）走私国家禁止进出口的货物、物品罪

1. 走私国家禁止进出口的货物、物品罪的概念

走私国家禁止进出口的货物、物品罪，是指行为人违反海关法律、法规，逃避海关监管，运输、携带、邮寄珍稀植物及其制品等国家禁止进出口的其他货物、物品进出境，或者直接向私人非法收购以及在内海、领海、界河、界湖运输、收购、贩卖珍稀植物及其制品等国家禁止进出口的其他货物、物品的行为。

2. 走私国家禁止进出口的货物、物品罪的构成特征

关于走私国家禁止进出口的货物、物品罪的构成特征，根据现行刑法的

规定，主要有以下几个方面，其集合表现为：

设 G 为走私国家禁止进出口的货物、物品罪的集合，则 G = {走私国家禁止进出口的货物、物品罪}；

设 G1 为走私国家禁止进出口的货物、物品罪的客体的集合，则 G1 = {国家对外贸易管制} ∪ {国家对禁止进出口货物、物品的保护和管理秩序} = {国家对外贸易管制和国家对禁止进出口货物、物品的保护和管理秩序}；设 G2 为走私国家禁止进出口的货物、物品罪的客观方面的集合，则 G2 = {行为人违反海关法律、法规，逃避海关监管，运输、携带、邮寄珍稀植物及其制品等国家禁止进出口的其他货物、物品进出境，或者直接向私人非法收购以及在内海、领海、界河、界湖运输、收购、贩卖珍稀植物及其制品等国家禁止进出口的其他货物、物品的行为}；设 G3 为走私国家禁止进出口的货物、物品罪的主体的集合，则 G3 = {年满 16 周岁、具有刑事责任能力的自然人} ∪ {单位} = {可以是年满 16 周岁、具有刑事责任能力的人，也可以是单位}；设 G4 为走私国家禁止进出口的货物、物品罪的主观方面的集合，则 G4 = {故意}；

则 G = G1∪G2∪G3∪G4，即走私国家禁止进出口的货物、物品罪 = {客体是国家对外贸易管制和国家对禁止进出口货物、物品的保护和管理秩序} ∪ {客观方面表现为行为人违反海关法律、法规，逃避海关监管，运输、携带、邮寄珍稀植物及其制品等国家禁止进出口的其他货物、物品进出境，或者直接向私人非法收购以及在内海、领海、界河、界湖运输、收购、贩卖珍稀植物及其制品等国家禁止进出口的其他货物、物品的行为} ∪ {主体可以是年满 16 周岁、具有刑事责任能力的人，也可以是单位} ∪ {主观方面是故意} = {客体是国家对外贸易管制和国家对禁止进出口货物、物品的保护和管理秩序，客观方面表现为行为人违反海关法律、法规，逃避海关监管，运输、携带、邮寄珍稀植物及其制品等国家禁止进出口的其他货物、物品进出境，或者直接向私人非法收购以及在内海、领海、界河、界湖运输、收购、贩卖珍稀植物及其制品等国家禁止进出口的其他货物、物品的行为，主体可以是年满 16 周岁、具有刑事责任能力的人，也可以是单位，主观方面是故意}。

3. 走私国家禁止进出口的货物、物品罪的处罚

根据《刑法》第 151 条第 3 款、第 4 款之规定，个人犯本罪的，处 5 年以下有期徒刑或者拘役，并处或者单处罚金；情节严重的，处 5 年以上有期徒刑，并处罚金；单位犯本罪的，对单位判处罚金，并对其直接负责的主管

人员和其他直接责任人员，依照个人犯本罪的规定处罚。

（八）走私淫秽物品罪

1. 走私淫秽物品罪的概念

走私淫秽物品罪，是指行为人以牟利和传播为目的，违反海关法律、法规，逃避海关监管，运输、携带、邮寄淫秽的影片、录像带、录音带、图片、书刊或者其他淫秽物品进出境，或者直接向私人非法收购以及在内海、领海、界河、界湖运输、收购、贩卖上述淫秽物品的行为。

2. 走私淫秽物品罪的构成特征

关于走私淫秽物品罪的构成特征，根据现行刑法的规定，主要有以下几个方面，其集合表现为：

设 H 为走私淫秽物品罪的集合，则 H = {走私淫秽物品罪}；

设 H1 为走私淫秽物品罪的客体的集合，则 H1 = {国家对外贸易管制} ∪ {文化市场的管理秩序和良好的社会风尚} = {国家对外贸易管制、文化市场的管理秩序和良好的社会风尚}；设 H2 为走私淫秽物品罪的客观方面的集合，则 H2 = {行为人违反海关法律、法规，逃避海关监管，运输、携带、邮寄淫秽的影片、录像带、录音带、图片、书刊或者其他淫秽物品进出境，或者直接向私人非法收购以及在内海、领海、界河、界湖运输、收购、贩卖上述淫秽物品的行为}；设 H3 为走私淫秽物品罪的主体的集合，则 H3 = {年满 16 周岁、具有刑事责任能力的自然人} ∪ {单位} = {可以是年满 16 周岁、具有刑事责任能力的人，也可以是单位}；设 H4 为走私淫秽物品罪的主观方面的集合，则 H4 = {故意，且以牟利和传播为目的}；

则 H = H1 ∪ H2 ∪ H3 ∪ H4，即走私淫秽物品罪 = {客体是国家对外贸易管制、文化市场的管理秩序和良好的社会风尚} ∪ {客观方面表现为行为人违反海关法律、法规，逃避海关监管，运输、携带、邮寄淫秽的影片、录像带、录音带、图片、书刊或者其他淫秽物品进出境，或者直接向私人非法收购以及在内海、领海、界河、界湖运输、收购、贩卖上述淫秽物品的行为} ∪ {主体可以是年满 16 周岁、具有刑事责任能力的人，也可以是单位} ∪ {主观方面是故意，且以牟利和传播为目的} = {客体是国家对外贸易管制、文化市场的管理秩序和良好的社会风尚，客观方面表现为行为人违反海关法律、法规，逃避海关监管，运输、携带、邮寄淫秽的影片、录像带、录音带、图片、书刊或者其他淫秽物品进出境，或者直接向私人非法收购以及在内海、领海、界河、界湖运输、收购、贩卖上述淫秽物品的行为，主体可以是年满16周岁、具有刑事责任能力的人，也可以是单位，主观方面是故意，且以牟利和传播为目的}。

3. 走私淫秽物品罪的处罚

根据《刑法》第152条第1款、第3款之规定，个人犯本罪的，处3年以上10年以下有期徒刑，并处罚金；情节严重的，处10年以上有期徒刑或者无期徒刑，并处罚金或者没收财产；情节较轻的，处3年以下有期徒刑、拘役或者管制，并处罚金。单位犯本罪的，对单位判处罚金，并对其直接负责的主管人员和其他直接责任人员，依照个人犯本罪的规定处罚。

（九）走私废物罪

1. 走私废物罪的概念

走私废物罪，是指行为人违反海关法律、法规，逃避海关监管，将境外固体废物、液态废物和气态废物运输进境，或者直接向私人非法收购以及在内海、领海、界河、界湖运输、收购、贩卖上述境外废物的行为。

2. 走私废物罪的构成特征

关于走私废物罪的构成特征，根据现行刑法的规定，主要有以下几个方面，其集合表现为：

设I为走私废物罪的集合，则I＝{走私废物罪}；

设I1为走私废物罪的客体的集合，则I1＝{国家对外贸易管制}∪{环境保护和管理秩序}∪{社会的公共安全}＝{国家对外贸易管制、环境保护和管理秩序以及社会的公共安全}；设I2为走私废物罪的客观方面的集合，则I2＝{行为人违反海关法律、法规，逃避海关监管，将境外固体废物、液态废物和气态废物运输进境，或者直接向私人非法收购以及在内海、领海、界河、界湖运输、收购、贩卖上述境外废物的行为}；设I3为走私废物罪的主体的集合，则I3＝{年满16周岁、具有刑事责任能力的自然人}∪{单位}＝{可以是年满16周岁、具有刑事责任能力的人，也可以是单位}；设I4为走私废物罪的主观方面的集合，则I4＝{故意}；

则I＝I1∪I2∪I3∪I4，即走私废物罪＝{客体是国家对外贸易管制、环境保护和管理秩序以及社会的公共安全}∪{客观方面表现为行为人违反海关法律、法规，逃避海关监管，将境外固体废物、液态废物和气态废物运输进境，或者直接向私人非法收购以及在内海、领海、界河、界湖运输、收购、贩卖上述境外废物的行为}∪{主体可以是年满16周岁、具有刑事责任能力的人，也可以是单位}∪{主观方面是故意}＝{客体是国家对外贸易管制、环境保护和管理秩序以及社会的公共安全，客观方面表现为行为人违反海关法律、法规，逃避海关监管，将境外固体废物、液态废物和气态废物运输进境，或者直接向私人非法收购以及在内海、领海、界河、界湖运输、收购、贩卖上述境外废物的行为，主体可以是年满16周岁、具有刑事责任能力的人，也可以是单位，主观方面是故意}。

3. 走私废物罪的处罚

根据《刑法》第152条第2款、第3款之规定，个人犯本罪的，处5年以下有期徒刑，并处或单处罚金；情节特别严重的，处5年以上有期徒刑，并处罚金。单位犯本罪的，对单位判处罚金，并对其直接负责的主管人员和其他直接责任人员，依照个人犯本罪的规定处罚。

（十）走私普通货物、物品罪

1. 走私普通货物、物品罪的概念

走私普通货物、物品罪，是指行为人违反海关法规，逃避海关监管，非法运输、携带、邮寄普通货物、物品进出国（边）境，偷逃应缴税额较大或者一年内曾因走私被给予二次行政处罚后又走私的行为。

2. 走私普通货物、物品罪的构成特征

关于走私普通货物、物品罪的构成特征，根据现行刑法的规定，主要有以下几个方面，其集合表现为：

设J为走私普通货物、物品罪的集合，则J = {走私普通货物、物品罪}；

设J1为走私普通货物、物品罪的客体的集合，则J1 = {国家对外贸易管制} ∪ {关税征收制度} = {国家对外贸易管制和关税征收制度}；设J2为走私普通货物、物品罪的客观方面的集合，则J2 = {行为人违反海关法规，逃避海关监管，非法运输、携带、邮寄普通货物、物品进出国（边）境，偷逃应缴税额较大或者一年内曾因走私被给予二次行政处罚后又走私的行为}；设J3为走私普通货物、物品罪的主体的集合，则J3 = {年满16周岁、具有刑事责任能力的自然人} ∪ {单位} = {可以是年满16周岁、具有刑事责任能力的人，也可以是单位}；设J4为走私普通货物、物品罪的主观方面的集合，则J4 = {故意}；

则J = J1 ∪ J2 ∪ J3 ∪ J4，即走私普通货物、物品罪 = {客体是国家对外贸易管制和关税征收制度} ∪ {客观方面表现为行为人违反海关法规，逃避海关监管，非法运输、携带、邮寄普通货物、物品进出国（边）境，偷逃应缴税额较大或者一年内曾因走私被给予二次行政处罚后又走私的行为} ∪

{主体可以是年满 16 周岁、具有刑事责任能力的人，也可以是单位} ∪ {主观方面是故意} = {客体是国家对外贸易管制和关税征收制度，客观方面表现为行为人违反海关法规，逃避海关监管，非法运输、携带、邮寄普通货物、物品进出国（边）境，偷逃应缴税额较大或者一年内曾因走私被给予二次行政处罚后又走私的行为，主体可以是年满 16 周岁、具有刑事责任能力的人，也可以是单位，主观方面是故意}。

3. 走私普通货物、物品罪的处罚

根据《刑法》第 153 条、第 154 条的规定，个人犯本罪的，应分别下列情形处罚：（1）走私货物、物品偷逃应缴税额较大或者 1 年内曾因走私被给予 2 次行政处罚后又走私的，处 3 年以下有期徒刑或者拘役，并处偷逃应缴税额 1 倍以上 5 倍以下罚金。（2）走私货物、物品偷逃应缴税额巨大或者有其他严重情节的，处 3 年以上 10 年以下有期徒刑，并处偷逃应缴税额 1 倍以上 5 倍以下罚金。（3）走私货物、物品偷逃应缴税额特别巨大或者有其他特别严重情节的，处 10 年以上有期徒刑或者无期徒刑，并处偷逃应缴税额 1 倍以上 5 倍以下罚金或者没收财产。单位犯本罪的，对单位判处罚金，并对其直接负责的主管人员和其他直接责任人员，处 3 年以下有期徒刑或者拘役；情节严重的，处 3 年以上 10 年以下有期徒刑；情节特别严重的，处 10 年以上有期徒刑。对多次走私未经处理的按照累计走私货物、物品的偷逃应缴税额处罚。下列走私行为，构成犯罪的，依照第 153 条规定定罪处罚：（1）未经海关许可并且未补缴应缴税额，擅自将批准进口的来料加工，来件装配、补偿贸易的原料、零件、制成品、设备等保税货物，在境内销售牟利的；（2）未经海关许可并且未补缴应缴税额，擅自将特定减税、免税进口的货物、物品，在境内销售牟利的。

三、妨害对公司、企业的管理秩序罪

（一）虚报注册资本罪

1. 虚报注册资本罪的概念

虚报注册资本罪，是指行为人违反公司管理法律、法规，申请公司登记使用虚假证明文件或者采取其他欺诈手段虚报注册资本，欺骗公司登记主管部门，取得公司登记，虚报注册资本数额巨大、后果严重或者有其他严重情节的行为。

2. 虚报注册资本罪的构成特征

关于虚报注册资本罪的构成特征，根据现行刑法的规定，主要有以下几个方面，其集合表现为：

设 A 为虚报注册资本罪的集合，则 A = {虚报注册资本罪}；

设 A1 为虚报注册资本罪的客体的集合，则 A1 = {公司注册资本登记管理制度} ∪ {公司未来的债权人或者其他人的合法权益} = {公司注册资本登记管理制度和公司未来的债权人或者其他人的合法权益}；设 A2 为虚报注册资本罪的客观方面的集合，则 A2 = {行为人违反公司管理法律、法规，申请公司登记使用虚假证明文件或者采取其他欺诈手段虚报注册资本，欺骗公司登记主管部门，取得公司登记，虚报注册资本数额巨大、后果严重或者有其他严重情节的行为}；设 A3 为虚报注册资本罪的主体的集合，则 A3 = {特殊主体，即实行注册资本实缴登记制的申请公司登记的个人} ∪ {单位} = {特殊主体，即可以是实行注册资本实缴登记制的申请公司登记的个人，也可以是单位}；设 A4 为虚报注册资本罪的主观方面的集合，则 A4 = {故意}；

则 A = A1 ∪ A2 ∪ A3 ∪ A4，即虚报注册资本罪 = {客体是公司注册资本登记管理制度和公司未来的债权人或者其他人的合法权益} ∪ {客观方面表现为行为人违反公司管理法律、法规，申请公司登记使用虚假证明文件或者采取其他欺诈手段虚报注册资本，欺骗公司登记主管部门，取得公司登记，虚报注册资本数额巨大、后果严重或者有其他严重情节的行为} ∪ {主体是特殊主体，可以是实行注册资本实缴登记制的申请公司登记的人，也可以是单位} ∪ {主观方面是故意} = {客体是公司注册资本登记管理制度和公司未来的债权人或者其他人的合法权益，客观方面表现为行为人违反公司管理法律、法规，申请公司登记使用虚假证明文件或者采取其他欺诈手段虚报注册资本，欺骗公司登记主管部门，取得公司登记，虚报注册资本数额巨大、后果严重或者有其他严重情节的行为，主体可以是实行注册资本实缴登记制的申请公司登记的人，也可以是单位，主观方面是故意}。

3. 虚报注册资本罪的处罚

根据《刑法》第 158 条的规定，个人犯本罪的，处 3 年以下有期徒刑或者拘役，并处或者单处虚报注册资本金额 1% 以上 5% 以下罚金。单位犯本罪的，对单位判处罚金，并对其直接负责的主管人员和其他直接责任人员，处3年以下有期徒刑或者拘役。

（二）虚假出资、抽逃出资罪

1. 虚假出资、抽逃出资罪的概念

虚假出资、抽逃出资罪，公司发起人、股东违反公司管理法律、法规，未交付货币、实物或者未转移财产权，虚假出资，或者在公司成立后又抽逃其出资，数额巨大、后果严重或者有其他严重情节的行为。

2. 虚假出资、抽逃出资罪的构成特征

关于虚假出资、抽逃出资罪的构成特征，根据现行刑法的规定，主要有以下几个方面，其集合表现为：

设B为虚假出资、抽逃出资罪的集合，则B＝｛虚假出资、抽逃出资罪｝；

设B1为虚假出资、抽逃出资罪的客体的集合，则B1＝｛国家对公司资本的管理制度｝；设B2为虚假出资、抽逃出资罪的客观方面的集合，则B2＝｛行为人违反公司管理法律、法规，未交付货币、实物或者未转移财产权，虚假出资，或者在公司成立后又抽逃其出资，数额巨大、后果严重或者有其他严重情节的行为｝；设B3为虚假出资、抽逃出资罪的主体的集合，则B3＝｛依法实行注册资本实缴登记制的公司｝；设B4为虚假出资、抽逃出资罪的主观方面的集合，则B4＝｛故意｝；

则B＝B1∪B2∪B3∪B4，即虚假出资、抽逃出资罪＝｛国家对公司资本的管理制度｝∪｛客观方面表现为行为人违反公司管理法律、法规，未交付货币、实物或者未转移财产权，虚假出资，或者在公司成立后又抽逃其出资，数额巨大、后果严重或者有其他严重情节的行为｝∪｛主体是依法实行注册资本实缴登记制的公司｝∪｛主观方面是故意｝＝｛国家对公司资本的管理制度，客观方面表现为行为人违反公司管理法律、法规，未交付货币、实物或者未转移财产权，虚假出资，或者在公司成立后又抽逃其出资，数额巨大、后果严重或者有其他严重情节的行为，主体是依法实行注册资本实缴登记制的公司，主观方面是故意｝。

3. 虚假出资、抽逃出资罪的处罚

根据《刑法》第159条的规定，个人犯本罪的，处5年以下有期徒刑或者拘役，并处或者单处虚假出资金额或者抽逃出资金额2%以上10%以下罚金。单位犯本罪的，对单位判处罚金，并对其直接负责的主管人员和其他直接责任人员，处5年以下有期徒刑或者拘役。

（三）欺诈发行股票、债券罪

1. 欺诈发行股票、债券罪的概念

欺诈发行股票、债券罪，是指行为人违反公司管理法律、法规，在招股说明书、认股书、公司、企业债券募集办法中隐瞒重要事实或者编造重大虚假内容，发行股票或者公司、企业债券，数额巨大、后果严重或者有其他严重情节的行为。

2. 欺诈发行股票、债券罪的构成特征

关于欺诈发行股票、债券罪的构成特征，根据现行刑法的规定，主要有以下几个方面，其集合表现为：

设 C 为欺诈发行股票、债券罪的集合，则 C = {欺诈发行股票、债券罪}；

设 C1 为欺诈发行股票、债券罪的客体的集合，则 C1 = {股票、公司、企业债券管理制度} ∪ {股票、公司、企业债券认购者的合法权益} = {股票、公司、企业债券管理制度和股票、公司、企业债券认购者的合法权益}；设 C2 为欺诈发行股票、债券罪的客观方面的集合，则 C2 = {行为人违反公司管理法律、法规，在招股说明书、认股书、公司、企业债券募集办法中隐瞒重要事实或者编造重大虚假内容，发行股票或者公司、企业债券，数额巨大、后果严重或者有其他严重情节的行为}；设 C3 为欺诈发行股票、债券罪的主体的集合，则 C3 = {年满 16 周岁、具有刑事责任能力的自然人} ∪ {单位} = {具有股票、公司、企业债券发行资格的公司发起人、公司、企业及其工作人员}；设 C4 为欺诈发行股票、债券罪的主观方面的集合，则 C4 = {故意}；

则 C = C1 ∪ C2 ∪ C3 ∪ C4，即欺诈发行股票、债券罪 = {客体是股票、公司、企业债券管理制度和股票、公司、企业债券认购者的合法权益} ∪ {客观方面表现为行为人违反公司管理法律、法规，在招股说明书、认股书、公司、企业债券募集办法中隐瞒重要事实或者编造重大虚假内容，发行股票或者公司、企业债券，数额巨大、后果严重或者有其他严重情节的行为} ∪ {主体是具有股票、公司、企业债券发行资格的公司发起人、公司、企业及其工作人员} ∪ {主观方面是故意} = {客体是股票、公司、企业债券管理制度和股票、公司、企业债券认购者的合法权益，客观方面表现为行为人违反公司管理法律、法规，在招股说明书、认股书、公司、企业债券募集办法中隐瞒重要事实或者编造重大虚假内容，发行股票或者公司、企业债券，数额巨大、后果严重或者有其他严重情节的行为，主体是具有股票、公司、企业债券发行资格的公司发起人、公司、企业及其工作人员，主观方面是故意｝。

3. 欺诈发行股票、债券罪的处罚

根据《刑法》第160条的规定，个人犯本罪的，处5年以下有期徒刑或者拘役，并处或者单处非法募集资金金额1%以上5%以下罚金。单位犯本罪的，对单位判处罚金，并对其直接负责的主管人员和其他直接责任人员，处5年以下有期徒刑或者拘役。

（四）违规披露、不披露重要信息罪

1. 违规披露、不披露重要信息罪的概念

违规披露、不披露重要信息罪，是指依法负有信息披露义务的公司、企业，对依法应当披露的重要信息不按照规定披露，严重损害股东或者其他人利益，或者有其他严重情节的行为。

2. 违规披露、不披露重要信息罪的构成特征

关于违规披露、不披露重要信息罪的构成特征，根据现行刑法的规定，主要有以下几个方面，其集合表现为：

设D为违规披露、不披露重要信息罪的集合，则D=｛违规披露、不披露重要信息罪｝；

设D1为违规披露、不披露重要信息罪的客体的集合，则D1=｛国家对公司、企业重要信息的监督、管理制度｝∪｛股东或者其他人的权益｝=｛国家对公司、企业重要信息的监督、管理制度和股东或者其他人的权益｝；设D2为违规披露、不披露重要信息罪的客观方面的集合，则D2=｛行为人对依法应当披露的重要信息不按照规定披露，严重损害股东或者其他人利益，或者有其他严重情节的行为｝；设D3为违规披露、不披露重要信息罪的主体的集合，则D3=｛依法负有信息披露义务的公司、企业｝；设D4为违规披露、不披露重要信息罪的主观方面的集合，则D4=｛故意｝；

则D=D1∪D2∪D3∪D4，即违规披露、不披露重要信息罪=｛客体是国家对公司、企业重要信息的监督、管理制度和股东或者其他人的权益｝∪｛客观方面表现为行为人对依法应当披露的重要信息不按照规定披露，严重损害股东或者其他人利益，或者有其他严重情节的行为｝∪｛主体是依法负有信息披露义务的公司、企业｝∪｛主观方面是故意｝=｛客体是国家对公司、企业重要信息的监督、管理制度和股东或者其他人的权益，客观方面表现为行为人对依法应当披露的重要信息不按照规定披露，严重损害股东

或者其他人利益，或者有其他严重情节的行为，主体是依法负有信息披露义务的公司、企业，主观方面是故意}。

3. 违规披露、不披露重要信息罪的处罚

根据《刑法》第161条规定，公司、企业犯本罪，对其直接负责的主管人员和其他直接责任人员，处3年以下有期徒刑或者拘役，并处或者单处2万元以上20万元以下罚金。

（五）妨害清算罪

1. 妨害清算罪的概念

妨害清算罪，是指公司、企业违反公司、企业管理法律、法规，在进行清算时，隐藏财产，对资产负债表或者财产清单作虚伪记载或者在未清偿债务前分配公司、企业财产，严重损害债权人或者其他人利益的行为。

2. 妨害清算罪的构成特征

关于妨害清算罪的构成特征，根据现行刑法的规定，主要有以下几个方面，其集合表现为：

设E为妨害清算罪的集合，则E = {妨害清算罪}；

设E1为妨害清算罪的客体的集合，则E1 = {国家对公司、企业清算活动的管理制度} ∪ {债权人或者其他人的权益} = {国家对公司、企业清算活动的管理制度和债权人或者其他人的权益}；设E2为妨害清算罪的客观方面的集合，则E2 = {行为人违反公司、企业管理法律、法规，在进行清算时，隐藏财产，对资产负债表或者财产清单作虚伪记载或者在未清偿债务前分配公司、企业财产，严重损害债权人或者其他人利益的行为}；设E3为妨害清算罪的主体的集合，则E3 = {已经进入清算程序过程中的公司、企业}；设E4为妨害清算罪的主观方面的集合，则E4 = {故意}；

则E = E1∪E2∪E3∪E4，即妨害清算罪 = {客体是国家对公司、企业清算活动的管理制度和债权人或者其他人的权益} ∪ {客观方面表现为行为人违反公司、企业管理法律、法规，在进行清算时，隐藏财产，对资产负债表或者财产清单作虚伪记载或者在未清偿债务前分配公司、企业财产，严重损害债权人或者其他人利益的行为} ∪ {主体是已经进入清算程序过程中的公司、企业} ∪ {主观方面是故意} = {客体是国家对公司、企业清算活动的管理制度和债权人或者其他人的权益，客观方面表现为行为人违反公司、企业管理法律、法规，在进行清算时，隐藏财产，对资产负债表或者财产清单作虚伪记载或者在未清偿债务前分配公司、企业财产，严重损害债权人或者其他人利益的行为，主体是已经进入清算程序过程中的公司、企业，主观方面是故意｝。

3. 妨害清算罪的处罚

根据《刑法》第162条规定，公司、企业犯本罪的，对其直接负责的主管人员和其他直接责任人员，处5年以下有期徒刑或者拘役，并处或者单处2万元以上20万元以下罚金。

（六）隐匿、故意销毁会计凭证、会计账簿、财务会计报告罪

1. 隐匿、故意销毁会计凭证、会计账簿、财务会计报告罪的概念

隐匿、故意销毁会计凭证、会计账簿、财务会计报告罪，是指行为人违反会计法律、法规，隐匿或者故意销毁依法应当保存的会计凭证、会计账簿、财务会计报告，情节严重的行为。

2. 隐匿、故意销毁会计凭证、会计账簿、财务会计报告罪的构成特征

关于隐匿、故意销毁会计凭证、会计账簿、财务会计报告罪的构成特征，根据现行刑法的规定，主要有以下几个方面，其集合表现为：

设F为隐匿、故意销毁会计凭证、会计账簿、财务会计报告罪的集合，则F=｛隐匿、故意销毁会计凭证、会计账簿、财务会计报告罪｝；

设F1为隐匿、故意销毁会计凭证、会计账簿、财务会计报告罪的客体的集合，则F1=｛国家对财务会计的管理制度｝；设F2为隐匿、故意销毁会计凭证、会计账簿、财务会计报告罪的客观方面的集合，则F2=｛行为人违反会计法律、法规，隐匿或者故意销毁依法应当保存的会计凭证、会计账簿、财务会计报告，情节严重的行为｝；设F3为隐匿、故意销毁会计凭证、会计账簿、财务会计报告罪的主体的集合，则F3=｛年满16周岁、具有刑事责任能力的自然人｝∪｛单位｝=｛可以是财务会计人员和主管负责人员，也可以是国家机关、社会团体、公司、企业、事业单位和其他组织｝；设F4为隐匿、故意销毁会计凭证、会计账簿、财务会计报告罪的主观方面的集合，则F4=｛故意｝；

则F=F1∪F2∪F3∪F4，即隐匿、故意销毁会计凭证、会计账簿、财务会计报告罪=｛客体是国家对财务会计的管理制度｝∪｛客观方面表现为行为人违反会计法律、法规，隐匿或者故意销毁依法应当保存的会计凭证、会计账簿、财务会计报告，情节严重的行为｝∪｛主体是可以是财务会计人员和主管负责人员，也可以是国家机关、社会团体、公司、企业、事业单位和其他组织｝∪｛主观方面是故意｝=｛客体是国家对财务会计的管理

制度，客观方面表现为行为人违反会计法律、法规，隐匿或者故意销毁依法应当保存的会计凭证、会计账簿、财务会计报告，情节严重的行为，主体是可以是财务会计人员和主管负责人员，也可以是国家机关、社会团体、公司、企业、事业单位和其他组织，主观方面是故意｝。

3. 隐匿、故意销毁会计凭证、会计账簿、财务会计报告罪的处罚

根据《刑法》第 162 条之一规定，个人犯本罪的，处 5 年以下有期徒刑或者拘役，并处或者单处 2 万元以上 20 万元以下罚金。单位犯本罪的，对单位判处罚金，并对其直接负责的主管人员和其他直接责任人员，依照个人犯本罪的规定处罚。

（七）虚假破产罪

1. 虚假破产罪的概念

虚假破产罪，是指公司、企业通过隐匿财产、承担虚构的债务或者以其他方法转移、处分财产，实施虚假破产，严重损害债权人或者其他人利益的行为。

2. 虚假破产罪的构成特征

关于虚假破产罪的构成特征，根据现行刑法的规定，主要有以下几个方面，其集合表现为：

设 G 为虚假破产罪的集合，则 G = ｛虚假破产罪｝；

设 G1 为虚假破产罪的客体的集合，则 G1 = ｛国家对公司、企业的管理制度｝ ∪ ｛债权人或者其他利害关系人的合法权益｝ = ｛国家对公司、企业的管理制度和债权人或者其他利害关系人的合法权益｝；设 G2 为虚假破产罪的客观方面的集合，则 G2 = ｛行为人通过隐匿财产、承担虚构的债务或者以其他方法转移、处分财产，实施虚假破产，严重损害债权人或者其他人利益的行为｝；设 G3 为虚假破产罪的主体的集合，则 G3 = ｛公司、企业｝；设 G4 为虚假破产罪的主观方面的集合，则 G4 = ｛故意｝；

则 G = G1 ∪ G2 ∪ G3 ∪ G4，即虚假破产罪 = ｛客体是国家对公司、企业的管理制度和债权人或者其他利害关系人的合法权益｝ ∪ ｛客观方面表现为行为人通过隐匿财产、承担虚构的债务或者以其他方法转移、处分财产，实施虚假破产，严重损害债权人或者其他人利益的行为｝ ∪ ｛主体是公司、企业｝ ∪ ｛主观方面是故意｝ = ｛客体是国家对公司、企业的管理制度和债权人或者其他利害关系人的合法权益，客观方面表现为行为人通过隐匿财产、承担虚构的债务或者以其他方法转移、处分财产，实施虚假破产，严重

损害债权人或者其他人利益的行为，主体是公司、企业，主观方面是故意}。

3. 虚假破产罪的处罚

根据《刑法》第 162 条之二规定，公司、企业犯本罪的，对其直接负责的主管人员和其他直接责任人员，处 5 年以下有期徒刑或者拘役，并处或者单处 2 万元以上 20 万元以下罚金。

（八）非国家工作人员受贿罪

1. 非国家工作人员受贿罪的概念

非国家工作人员受贿罪，是指公司、企业或者其他单位的工作人员利用职务上的便利，索取他人财物或者非法收受他人财物，为他人谋取利益，数额较大的行为。

2. 非国家工作人员受贿罪的构成特征

关于非国家工作人员受贿罪的构成特征，根据现行刑法的规定，主要有以下几个方面，其集合表现为：

设 H 为非国家工作人员受贿罪的集合，则 H = {非国家工作人员受贿罪}；

设 H1 为非国家工作人员受贿罪的客体的集合，则 H1 = {公司、企业以及其他单位的工作人员职务活动的廉洁制度}；设 H2 为非国家工作人员受贿罪的客观方面的集合，则 H2 = {行为人利用职务上的便利，索取他人财物或者非法收受他人财物，为他人谋取利益，数额较大的行为}；设 H3 为非国家工作人员受贿罪的主体的集合，则 H3 = {公司、企业或者其他单位的工作人员}；设 H4 为非国家工作人员受贿罪的主观方面的集合，则 H4 = {故意}；

则 H = H1 ∪ H2 ∪ H3 ∪ H4，即非国家工作人员受贿罪 = {客体是公司、企业以及其他单位的工作人员职务活动的廉洁制度} ∪ {客观方面表现为行为人利用职务上的便利，索取他人财物或者非法收受他人财物，为他人谋取利益，数额较大的行为} ∪ {主体是公司、企业或者其他单位的工作人员} ∪ {主观方面是故意} = {客体是公司、企业以及其他单位的工作人员职务活动的廉洁制度，客观方面表现为行为人利用职务上的便利，索取他人财物或者非法收受他人财物，为他人谋取利益，数额较大的行为，主体是公司、企业或者其他单位的工作人员，主观方面是故意}。

3. 非国家工作人员受贿罪的处罚

根据《刑法》第 163 条的规定，犯本罪的，处 5 年以下有期徒刑或者拘役，数额巨大的，处5年以上有期徒刑，可以并处没收财产。

（九）对非国家工作人员行贿罪

1. 对非国家工作人员行贿罪的概念

对非国家工作人员行贿罪，是指为谋取不正当利益，给予公司、企业或者其他单位的工作人员以财物，数额较大的行为。

2. 对非国家工作人员行贿罪的构成特征

关于对非国家工作人员行贿罪的构成特征，根据现行刑法的规定，主要有以下几个方面，其集合表现为：

设I为对非国家工作人员行贿罪的集合，则I＝{对非国家工作人员行贿罪}；

设I1为对非国家工作人员行贿罪的客体的集合，则I1＝{公司、企业或者其他单位工作人员的职务廉洁制度和市场竞争秩序}；设I2为对非国家工作人员行贿罪的客观方面的集合，则I2＝{为谋取不正当利益，给予公司、企业或者其他单位的工作人员以财物，数额较大的行为}；设I3为对非国家工作人员行贿罪的主体的集合，则I3＝{年满16周岁、具有刑事责任能力的自然人}∪{单位}＝{年满16周岁、具有刑事责任能力的自然人和单位}；设I4为对非国家工作人员行贿罪的主观方面的集合，则I4＝{故意，且以谋取不正当权益为目的}；

则I＝I1∪I2∪I3∪I4，即对非国家工作人员行贿罪＝{客体是公司、企业或者其他单位工作人员的职务廉洁制度和市场竞争秩序}∪{客观方面表现为行为人为谋取不正当利益，给予公司、企业或者其他单位的工作人员以财物，数额较大的行为}∪{主体是年满16周岁、具有刑事责任能力的自然人和单位}∪{主观方面是故意，且以谋取不正当权益为目的}＝{客体是公司、企业或者其他单位工作人员的职务廉洁制度和市场竞争秩序，客观方面表现为行为人为谋取不正当利益，给予公司、企业或者其他单位的工作人员以财物，数额较大的行为，主体是年满16周岁、具有刑事责任能力的自然人和单位，主观方面是故意，且以谋取不正当权益为目的}。

3. 对非国家工作人员行贿罪的处罚

根据《刑法》第164条第1款、第3款、第4款的规定，个人犯本罪的，处3年以下有期徒刑或者拘役，并处罚金；数额巨大的，处3年以上10年以下有期徒刑，并处罚金。单位犯本罪的，对单位判处罚金，并对其直接负责的主管人员和其他直接责任人员，依照个人犯本罪的规定处罚。行贿人在被追诉前主动交待行贿行为的，可以减轻处罚或者免除处罚。

（十）对外国公职人员、国际公共组织官员行贿罪

1. 对外国公职人员、国际公共组织官员行贿罪的概念

对外国公职人员、国际公共组织官员行贿罪，是指为谋取不正当商业利益，给予外国公职人员或者国际公共组织官员以财物，数额较大的行为。

2. 对外国公职人员、国际公共组织官员行贿罪的构成特征

关于对外国公职人员、国际公共组织官员行贿罪的的构成特征，根据现行刑法的规定，主要有以下几个方面，其集合表现为：

设 J 为对外国公职人员、国际公共组织官员行贿罪的的集合，则 J = {对外国公职人员、国际公共组织官员行贿罪}；

设 J1 为对外国公职人员、国际公共组织官员行贿罪的的客体的集合，则 J1 = {国家对公司、企业的管理秩序}；设 J2 为对外国公职人员、国际公共组织官员行贿罪的的客观方面的集合，则 J2 = {行为人为谋取不正当商业利益，给予外国公职人员或者国际公共组织官员以财物，数额较大的行为}；设 J3 为对外国公职人员、国际公共组织官员行贿罪的的主体的集合，则 J3 = {年满 16 周岁、具有刑事责任能力的人和单位}；设 J4 为对外国公职人员、国际公共组织官员行贿罪的的主观方面的集合，则 J4 = {故意，且以谋取不正当商业利益为目的}；

则 J = J1∪J2∪J3∪J4，即对外国公职人员、国际公共组织官员行贿罪 = {客体是国家对公司、企业的管理秩序} ∪ {客观方面表现为行为人为谋取不正当商业利益，给予外国公职人员或者国际公共组织官员以财物，数额较大的行为} ∪ {主体是年满 16 周岁、具有刑事责任能力的人和单位} ∪ {主观方面是故意，且以谋取不正当商业利益为目的} = {客体是国家对公司、企业的管理秩序，客观方面表现为行为人为谋取不正当商业利益，给予外国公职人员或者国际公共组织官员以财物，数额较大的行为，主体是年满 16 周岁、具有刑事责任能力的人和单位，主观方面是故意，且以谋取不正当商业利益为目的}。

3. 对外国公职人员、国际公共组织官员行贿罪的处罚

根据《刑法》第 164 条第 2 款、第 3 款、第 4 款规定，犯本罪数额较大的，处 3 年以下有期徒刑或者拘役，并处罚金；数额巨大的，处 3 年以上 10 年以下有期徒刑，并处罚金。单位犯本罪的，对单位判处罚金，并对其直接负责的主管人员和其他直接责任人员，依照上述规定处罚。行贿人在被

追诉前主动交待行贿行为的，可以减轻处罚或者免除处罚。

（十一）非法经营同类营业罪

1. 非法经营同类营业罪的概念

非法经营同类营业罪，是指国有公司、企业的董事、经理利用职务便利，自己经营或者为他人经营与其所任职公司、企业同类的营业，获取非法利益，数额巨大的行为。

2. 非法经营同类营业罪的构成特征

关于非法经营同类营业罪的构成特征，根据现行刑法的规定，主要有以下几个方面，其集合表现为：

设 K 为非法经营同类营业罪的集合，则 K = ｛非法经营同类营业罪｝；

设 K1 为非法经营同类营业罪的客体的集合，则 K1 = ｛国家对公司、企业的管理制度｝ ∪ ｛国有公司、企业的利益和国家利益｝ = ｛国家对公司、企业等单位的管理制度和国有公司、企业的利益以及国家利益｝；设 K2 为非法经营同类营业罪的客观方面的集合，则 K2 = ｛行为人利用职务便利，自己经营或者为他人经营与其所任职公司、企业同类的营业，获取非法利益，数额巨大的行为｝；设 K3 为非法经营同类营业罪的主体的集合，则 K3 = ｛国有公司、企业的董事、经理｝；设 K4 为非法经营同类营业罪的主观方面的集合，则 K4 = ｛故意｝；

则 K = K1 ∪ K2 ∪ K3 ∪ K4，即非法经营同类营业罪 = ｛客体是国家对公司、企业的管理制度和国有公司、企业的利益以及国家利益｝ ∪ ｛客观方面表现为行为人利用职务便利，自己经营或者为他人经营与其所任职公司、企业同类的营业，获取非法利益，数额巨大的行为｝ ∪ ｛主体是国有公司、企业的董事、经理｝ ∪ ｛主观方面是故意｝ = ｛客体是国家对公司、企业的管理制度和国有公司、企业的利益以及国家利益，客观方面表现为行为人利用职务便利，自己经营或者为他人经营与其所任职公司、企业同类的营业，获取非法利益，数额巨大的行为，主体是国有公司、企业的董事、经理，主观方面是故意｝。

3. 非法经营同类营业罪的处罚

根据《刑法》第 165 条的规定，犯本罪的，处 3 年以下有期徒刑或者拘役，并处或者单处罚金；数额特别巨大的，处 3 年以上 7 年以下有期徒刑，并处罚金。

（十二）为亲友非法牟利罪

1. 为亲友非法牟利罪的概念

为亲友非法牟利罪，是指国有公司、企业、事业单位的工作人员，利用职务便利，将本单位的盈利业务交由自己的亲友进行经营，或者以明显高于市场的价格向自己的亲友经营管理的单位采购商品或者以明显低于市场的价格向自己的亲友经营管理的单位销售商品，或者向自己的亲友经营管理的单位采购不合格商品，使国家利益遭受重大损失的行为。

2. 为亲友非法牟利罪的构成特征

关于为亲友非法牟利罪的构成特征，根据现行刑法的规定，主要有以下几个方面，其集合表现为：

设 L 为为亲友非法牟利罪的集合，则 L = ｛为亲友非法牟利罪｝；

设 L1 为为亲友非法牟利罪的客体的集合，则 L1 = ｛国家对公司、企业的管理制度｝ ∪ ｛国有公司、企业、事业单位的利益和国家利益｝ = ｛国家对公司、企业的管理制度和国有公司、企业、事业单位的利益以及国家利益｝；设 L2 为为亲友非法牟利罪的客观方面的集合，则 L2 = ｛利用职务便利，将本单位的盈利业务交由自己的亲友进行经营，或者以明显高于市场的价格向自己的亲友经营管理的单位采购商品或者以明显低于市场的价格向自己的亲友经营管理的单位销售商品，或者向自己的亲友经营管理的单位采购不合格商品，使国家利益遭受重大损失的行为｝；设 L3 为为亲友非法牟利罪的主体的集合，则 L3 = ｛国有公司、企业、事业单位的工作人员｝；设 L4 为为亲友非法牟利罪的主观方面的集合，则 L4 = ｛故意｝；

则 L = L1 ∪ L2 ∪ L3 ∪ L4，即为亲友非法牟利罪 = ｛客体是国家对公司、企业的管理制度和国有公司、企业、事业单位的利益以及国家利益｝ ∪ ｛客观方面表现为行为人利用职务便利，将本单位的盈利业务交由自己的亲友进行经营，或者以明显高于市场的价格向自己的亲友经营管理的单位采购商品或者以明显低于市场的价格向自己的亲友经营管理的单位销售商品，或者向自己的亲友经营管理的单位采购不合格商品，使国家利益遭受重大损失的行为｝ ∪ ｛主体是国有公司、企业、事业单位的工作人员｝ ∪ ｛主观方面是故意｝ = ｛客体是国家对公司、企业的管理制度和国有公司、企业、事业单位的利益以及国家利益，客观方面表现为行为人利用职务便利，将本单位的盈利业务交由自己的亲友进行经营，或者以明显高于市场的价格向自己的亲友经营管理的单位采购商品或者以明显低于市场的价格向自己的亲友经营管理的单位销售商品，或者向自己的亲友经营管理的单位采购不合格商品，使国家利益遭受重大损失的行为，主体是国有公司、企业、事业单位的工作人员，主观方面是故意}。

3. 为亲友非法牟利罪的处罚

根据《刑法》第166条的规定，犯本罪的，处3年以下有期徒刑或者拘役，并处或者单处罚金；致使国家利益遭受特别重大损失的，处3年以上7年以下有期徒刑，并处罚金。

（十三）签订、履行合同失职被骗罪

1. 签订、履行合同失职被骗罪的概念

签订、履行合同失职被骗罪，是指国有公司、企业、事业单位直接负责的主管人员在签订、履行合同过程中，因严重不负责任被诈骗，致使国家利益遭受重大损失的行为。

2. 签订、履行合同失职被骗罪的构成特征

关于签订、履行合同失职被骗罪的构成特征，根据现行刑法的规定，主要有以下几个方面，其集合表现为：

设M为签订、履行合同失职被骗罪的集合，则M = {签订、履行合同失职被骗罪}；

设M1为签订、履行合同失职被骗罪的客体的集合，则M1 = {国家对公司、企业的管理制度} ∪ {国有公司、企业、事业单位的利益和国家利益} = {国家对公司、企业的管理制度和国有公司、企业、事业单位的利益以及国家利益}；设M2为签订、履行合同失职被骗罪的客观方面的集合，则M2 = {行为人在签订、履行合同过程中，因严重不负责任被诈骗，致使国家利益遭受重大损失的行为}；设M3为签订、履行合同失职被骗罪的主体的集合，则M3 = {国有公司、企业、事业单位直接负责的主管人员}；设M4为签订、履行合同失职被骗罪的主观方面的集合，则M4 = {过失}；

则M = M1 ∪ M2 ∪ M3 ∪ M4，即签订、履行合同失职被骗罪 = {客体是国家对公司、企业的管理制度和国有公司、企业、事业单位的利益以及国家利益} ∪ {客观方面表现为行为人在签订、履行合同过程中，因严重不负责任被诈骗，致使国家利益遭受重大损失的行为} ∪ {主体是国有公司、企业、事业单位直接负责的主管人员} ∪ {主观方面是过失} = {客体是国家对公司、企业的管理制度和国有公司、企业、事业单位的利益以及国家利益，客观方面表现为行为人在签订、履行合同过程中，因严重不负责任被

诈骗，致使国家利益遭受重大损失的行为，主体是国有公司、企业、事业单位直接负责的主管人员，主观方面是过失｝。

3. 签订、履行合同失职被骗罪的处罚

根据《刑法》第167条的规定，犯本罪的，处3年以下有期徒刑或者拘役；致使国家利益遭受特别重大损失的，处3年以上7年以下有期徒刑。

（十四）国有公司、企业、事业单位人员失职罪

1. 国有公司、企业、事业单位人员失职罪的概念

国有公司、企业、事业单位人员失职罪，是指国有公司、企业、事业单位的工作人员由于严重不负责任，造成国有公司、企业、事业单位破产或者严重损失，致使国家利益遭受重大损失的行为。

2. 国有公司、企业、事业单位人员失职罪的构成特征

关于国有公司、企业、事业单位人员失职罪的构成特征，根据现行刑法的规定，主要有以下几个方面，其集合表现为：

设N为国有公司、企业、事业单位人员失职罪的集合，则N＝｛国有公司、企业、事业单位人员失职罪｝；

设N1为国有公司、企业、事业单位人员失职罪的客体的集合，则N1＝｛国家对公司、企业的管理制度｝∪｛国有公司、企业、事业单位的利益和国家利益｝＝｛国家对公司、企业的管理制度和国有公司、企业、事业单位的利益以及国家利益｝；设N2为国有公司、企业、事业单位人员失职罪的客观方面的集合，则N2＝｛行为人由于严重不负责任，造成国有公司、企业、事业单位破产或者严重损失，致使国家利益遭受重大损失的行为｝；设N3为国有公司、企业、事业单位人员失职罪的主体的集合，则N3＝｛国有公司、企业、事业单位的工作人员｝；设N4为国有公司、企业、事业单位人员失职罪的主观方面的集合，则N4＝｛过失｝；

则N＝N1∪N2∪N3∪N4，即国有公司、企业、事业单位人员失职罪＝｛客体是国家对公司、企业的管理制度和国有公司、企业、事业单位的利益以及国家利益｝∪｛客观方面表现为行为人由于严重不负责任，造成国有公司、企业、事业单位破产或者严重损失，致使国家利益遭受重大损失的行为｝∪｛主体是国有公司、企业、事业单位的工作人员｝∪｛主观方面是过失｝＝｛客体是国家对公司、企业的管理制度和国有公司、企业、事业单位的利益以及国家利益，客观方面表现为行为人由于严重不负责任，造成国有公司、企业、事业单位破产或者严重损失，致使国家利益遭受重大损失

的行为，主体是国有公司、企业、事业单位的工作人员，主观方面是过失｝。

3. 国有公司、企业、事业单位人员失职罪的处罚

根据《刑法》第168条的规定，犯本罪的，处3年以下有期徒刑或者拘役；致使国家利益遭受特别重大损失的，处3年以上7年以下有期徒刑。因徇私舞弊而犯本罪的，从重处罚。

（十五）国有公司、企业、事业单位人员滥用职权罪

1. 国有公司、企业、事业单位人员滥用职权罪的概念

国有公司、企业、事业单位人员滥用职权罪，是指国有公司、企业、事业单位的工作人员滥用职权，造成国有公司、企业、事业单位破产或者严重损失，致使国家利益遭受重大损失的行为。

2. 国有公司、企业、事业单位人员滥用职权罪的构成特征

关于国有公司、企业、事业单位人员滥用职权罪的构成特征，根据现行刑法的规定，主要有以下几个方面，其集合表现为：

设O为国有公司、企业、事业单位人员滥用职权罪的集合，则O=｛国有公司、企业、事业单位人员滥用职权罪｝；

设O1为国有公司、企业、事业单位人员滥用职权罪的客体的集合，则O1=｛国家对公司、企业的管理制度｝∪｛国有公司、企业、事业单位的利益和国家利益｝=｛国家对公司、企业的管理制度和国有公司、企业、事业单位的利益以及国家利益｝；设O2为国有公司、企业、事业单位人员滥用职权罪的客观方面的集合，则O2=｛行为人滥用职权，造成国有公司、企业、事业单位破产或者严重损失，致使国家利益遭受重大损失的行为｝；设O3为国有公司、企业、事业单位人员滥用职权罪的主体的集合，则O3=｛国有公司、企业、事业单位的工作人员｝；设O4为国有公司、企业、事业单位人员滥用职权罪的主观方面的集合，则O4=｛故意｝；

则O=O1∪O2∪O3∪O4，即国有公司、企业、事业单位人员滥用职权罪=｛客体是国家对公司、企业的管理制度和国有公司、企业、事业单位的利益以及国家利益｝∪｛客观方面表现为行为人滥用职权，造成国有公司、企业、事业单位破产或者严重损失，致使国家利益遭受重大损失的行为｝∪｛主体是国有公司、企业、事业单位的工作人员｝∪｛主观方面是故意｝=｛客体是国家对公司、企业的管理制度和国有公司、企业、事业单位的利益以及国家利益，客观方面表现为行为人滥用职权，造成国有公司、企业、事业单位破产或者严重损失，致使国家利益遭受重大损失的行

为，主体是国有公司、企业、事业单位的工作人员，主观方面是故意}。

3. 国有公司、企业、事业单位人员滥用职权罪的处罚

根据《刑法》第168条的规定，犯本罪的，处3年以下有期徒刑或者拘役；致使国家利益遭受特别重大损失的，处3年以上7年以下有期徒刑。因徇私舞弊而犯本罪的，从重处罚。

（十六）徇私舞弊低价折股、出售国有资产罪

1. 徇私舞弊低价折股、出售国有资产罪的概念

徇私舞弊低价折股、出售国有资产罪，是指国有公司、企业或者其上级主管部门直接负责的主管人员徇私舞弊、将国有资产低价折股或者低价出售，致使国家利益遭受重大损失的行为。

2. 徇私舞弊低价折股、出售国有资产罪的构成特征

关于徇私舞弊低价折股、出售国有资产罪的构成特征，根据现行刑法的规定，主要有以下几个方面，其集合表现为：

设P为徇私舞弊低价折股、出售国有资产罪的集合，则P = {徇私舞弊低价折股、出售国有资产罪}；

设P1为徇私舞弊低价折股、出售国有资产罪的客体的集合，则P1 = {国家对公司、企业的管理制度} ∪ {国有公司、企业利益和国家利益} = {国家对公司、企业的管理制度和国有公司、企业利益以及国家利益}；设P2为徇私舞弊低价折股、出售国有资产罪的客观方面的集合，则P2 = {行为人徇私舞弊、将国有资产低价折股或者低价出售，致使国家利益遭受重大损失的行为}；设P3为徇私舞弊低价折股、出售国有资产罪的主体的集合，则P3 = {国有公司、企业或者其上级主管部门中对国有资产的评估、折价、折股、出售直接负责的主管人员}；设P4为徇私舞弊低价折股、出售国有资产罪的主观方面的集合，则P4 = {故意}；

则P = P1 ∪ P2 ∪ P3 ∪ P4，即徇私舞弊低价折股、出售国有资产罪 = {客体是国家对公司、企业的管理制度和国有公司、企业利益以及国家利益} ∪ {客观方面表现为行为人徇私舞弊、将国有资产低价折股或者低价出售，致使国家利益遭受重大损失的行为} ∪ {主体是国有公司、企业或者其上级主管部门中对国有资产的评估、折价、折股、出售直接负责的主管人员} ∪ {主观方面是故意} = {客体是国家对公司、企业的管理制度和国有公司、企业利益以及国家利益，客观方面表现为行为人徇私舞弊、将国有资产低价折股或者低价出售，致使国家利益遭受重大损失的行为，主体是

国有公司、企业或者其上级主管部门中对国有资产的评估、折价、折股、出售直接负责的主管人员，主观方面是故意｝。

3. 徇私舞弊低价折股、出售国有资产罪的处罚

根据《刑法》第 169 条的规定，犯本罪的，处 3 年以下有期徒刑或者拘役；致使国家利益遭受特别重大损失的，处 3 年以上 7 年以下有期徒刑。

（十七）背信损害上市公司利益罪

1. 背信损害上市公司利益罪的概念

背信损害上市公司利益罪，是指上市公司的董事、监事、高级管理人员违背对公司的忠实义务，利用职务便利，操纵上市公司，恶意损害本公司利益，或者上市公司的控股股东或者实际控制人指使上市公司的董事、监事、高级管理人员恶意损害本公司利益，致使上市公司利益遭受重大损失的行为。

2. 背信损害上市公司利益罪的构成特征

关于背信损害上市公司利益罪的构成特征，根据现行刑法的规定，主要有以下几个方面，其集合表现为：

设 Q 为背信损害上市公司利益罪的集合，则 Q = ｛背信损害上市公司利益罪｝；

设 Q1 为背信损害上市公司利益罪的客体的集合，则 Q1 = ｛国家对上市公司的管理制度｝ ∪ ｛上市公司及其股东或者其他利害关系人的合法利益｝ = ｛国家对上市公司的管理制度和上市公司及其股东或者其他利害关系人的合法利益｝；设 Q2 为背信损害上市公司利益罪的客观方面的集合，则 Q2 = ｛行为人违背对公司的忠实义务，利用职务便利，操纵上市公司，恶意损害本公司利益，或者上市公司的控股股东或者实际控制人指使上市公司的董事、监事、高级管理人员恶意损害本公司利益，致使上市公司利益遭受重大损失的行为｝；设 Q3 为背信损害上市公司利益罪的主体的集合，则 Q3 = ｛上市公司的董事、监事、高级管理人员｝ ∪ ｛上市公司的控股股东或者实际控制人｝ = ｛上市公司的董事、监事、高级管理人员或者上市公司的控股股东或者实际控制人｝；设 Q4 为背信损害上市公司利益罪的主观方面的集合，则 Q4 = ｛故意｝；

则 Q = Q1 ∪ Q2 ∪ Q3 ∪ Q4，即背信损害上市公司利益罪 = ｛客体是国家对上市公司的管理制度和上市公司及其股东或者其他利害关系人的合法利益｝ ∪ ｛客观方面表现为行为人违背对公司的忠实义务，利用职务便利，

操纵上市公司，恶意损害本公司利益，或者上市公司的控股股东或者实际控制人指使上市公司的董事、监事、高级管理人员恶意损害本公司利益，致使上市公司利益遭受重大损失的行为｝∪｛主体上市公司的董事、监事、高级管理人员或者上市公司的控股股东或者实际控制人｝∪｛主观方面是故意｝=｛客体是国家对上市公司的管理制度和上市公司及其股东或者其他利害关系人的合法利益，客观方面表现为行为人违背对公司的忠实义务，利用职务便利，操纵上市公司，恶意损害本公司利益，或者上市公司的控股股东或者实际控制人指使上市公司的董事、监事、高级管理人员恶意损害本公司利益，致使上市公司利益遭受重大损失的行为，主体是上市公司的董事、监事、高级管理人员或者上市公司的控股股东或者实际控制人，主观方面是故意｝。

3. 背信损害上市公司利益罪的处罚

根据《刑法》第 169 条之一的规定，个人犯本罪的，处 3 年以下有期徒刑或者拘役，并处或者单处罚金；致使上市公司利益遭受特别重大损失的，处 3 年以上 7 年以下有期徒刑，并处罚金。单位犯本罪的，对单位判处罚金，并对其直接负责的主管人员和其他直接责任人员，依照个人犯本罪的规定处罚。

四、破坏金融管理秩序罪

（一）伪造货币罪

1. 伪造货币罪的概念

伪造货币罪，是指行为人仿照货币的图案、形状、色彩、防伪技术等特征，采用机制、手工等方法，非法制造假币冒充真币的行为。

2. 伪造货币罪的构成特征

关于伪造货币罪的构成特征，根据现行刑法的规定，主要有以下几个方面，其集合表现为：

设 A 为伪造货币罪的集合，则 A =｛伪造货币罪｝；

设 A1 为伪造货币罪的客体的集合，则 A1 =｛国家对货币的管理制度｝；设 A2 为伪造货币罪的客观方面的集合，则 A2 =｛行为人仿照货币的图案、形状、色彩、防伪技术等特征，采用机制、手工等方法，非法制造假币冒充真币的行为｝；设 A3 为伪造货币罪的主体的集合，则 A3 =｛年满 16

周岁、具有刑事责任能力的人}；设A4为伪造货币罪的主观方面的集合，则A4＝{直接故意，且以假币冒充真币投入流通为目的}；

则A＝A1∪A2∪A3∪A4，即伪造货币罪＝{客体是国家对货币的管理制度}∪{客观方面表现为行为人仿照货币的图案、形状、色彩、防伪技术等特征，采用机制、手工等方法，非法制造假币冒充真币的行为}∪{主体是年满16周岁、具有刑事责任能力的人}∪{主观方面是直接故意，且以假币冒充真币投入流通为目的}＝{客体是国家对货币的管理制度，客观方面表现为行为人仿照货币的图案、形状、色彩、防伪技术等特征，采用机制、手工等方法，非法制造假币冒充真币的行为，主体是年满16周岁、具有刑事责任能力的人，主观方面是直接故意，且以假币冒充真币投入流通为目的}。

3. 伪造货币罪的处罚

根据《刑法》第170条、第171条第3款之规定，犯本罪的，分别根据下列情况决定处罚：伪造货币的，处3年以上10年以下有期徒刑，并处罚金；犯本罪的，有下列情形之一的，处10年以上有期徒刑或者无期徒刑，并处罚金或者没收财产：（1）伪造货币集团的首要分子；（2）伪造货币数额特别巨大的；（3）有其他特别严重情节的。伪造货币并出售或者运输伪造的货币的，依照第170条规定定罪从重处罚。

（二）出售、购买、运输假币罪

1. 出售、购买、运输假币罪的概念

出售、购买、运输假币罪，行为人违反货币管理法律、法规，出售、购买伪造的货币或者明知中伪造的货币而运输，数额较大的行为。

2. 出售、购买、运输假币罪的构成特征

关于出售、购买、运输假币罪的构成特征，根据现行刑法的规定，主要有以下几个方面，其集合表现为：

设B为出售、购买、运输假币罪的集合，则B＝{出售、购买、运输假币罪}；

设B1为出售、购买、运输假币罪的客体的集合，则B1＝{国家对货币的管理制度}；设B2为出售、购买、运输假币罪的客观方面的集合，则B2＝{行为人违反货币管理法律、法规，出售、购买伪造的货币或者明知中伪造的货币而运输，数额较大的行为}；设B3为出售、购买、运输假币罪的主体的集合，则B3＝{年满16周岁、具有刑事责任能力的人}；设B4为出售、购买、运输假币罪的主观方面的集合，则 B4 = {故意}；

则 B = B1 ∪ B2 ∪ B3 ∪ B4，即出售、购买、运输假币罪 = {客体是国家对货币的管理制度} ∪ {客观方面表现为行为人违反货币管理法律、法规，出售、购买伪造的货币或者明知中伪造的货币而运输，数额较大的行为} ∪ {主体是年满 16 周岁、具有刑事责任能力的人} ∪ {主观方面是故意} = {客体是国家对货币的管理制度，客观方面表现为行为人违反货币管理法律、法规，出售、购买伪造的货币或者明知中伪造的货币而运输，数额较大的行为，主体是年满 16 周岁、具有刑事责任能力的人，主观方面是故意}。

3. 出售、购买、运输假币罪的处罚

根据《刑法》第 171 条第 1 款的规定，犯本罪的，处 3 年以下有期徒刑或者拘役，并处 2 万元以上 20 万元以下罚金；数额巨大的，处 3 年以上 10 年以下有期徒刑，并处 5 万元以上 50 万元以下罚金；数额特别巨大的，处 10 年以上有期徒刑或者无期徒刑，并处 5 万元以上 50 万元以下罚金或者没收财产。

（三）金融工作人员购买假币、以假币换取货币罪

1. 金融工作人员购买假币、以假币换取货币罪的概念

金融工作人员购买假币、以假币换取货币罪，是指银行或者其他金融机构的工作人员违反货币管理法律、法规，购买伪造的货币，或者利用职务上的便利，以伪造的货币换取货币的行为。

2. 金融工作人员购买假币、以假币换取货币罪的构成特征

关于金融工作人员购买假币、以假币换取货币罪的构成特征，根据现行刑法的规定，主要有以下几个方面，其集合表现为：

设 C 为金融工作人员购买假币、以假币换取货币罪的集合，则 C = {金融工作人员购买假币、以假币换取货币罪}；

设 C1 为金融工作人员购买假币、以假币换取货币罪的客体的集合，则 C1 = {国家对货币的管理制度}；设 C2 为金融工作人员购买假币、以假币换取货币罪的客观方面的集合，则 C2 = {行为人违反货币管理法律、法规，购买伪造的货币，或者利用职务上的便利，以伪造的货币换取货币的行为}；设 C3 为金融工作人员购买假币、以假币换取货币罪的主体的集合，则 C3 = {银行或者其他金融机构的工作人员}；设 C4 为金融工作人员购买假币、以假币换取货币罪的主观方面的集合，则 C4 = {故意}；

则 C = C1 ∪ C2 ∪ C3 ∪ C4，即金融工作人员购买假币、以假币换取货币

罪 = ｛客体是国家对货币的管理制度｝ ∪ ｛客观方面表现为行为人违反货币管理法律、法规，购买伪造的货币，或者利用职务上的便利，以伪造的货币换取货币的行为｝ ∪ ｛主体是银行或者其他金融机构的工作人员｝ ∪ ｛主观方面是故意｝ = ｛客体是国家对货币的管理制度，客观方面表现为行为人违反货币管理法律、法规，购买伪造的货币，或者利用职务上的便利，以伪造的货币换取货币的行为，主体是银行或者其他金融机构的工作人员，主观方面是故意｝。

3. 金融工作人员购买假币、以假币换取货币罪的处罚

根据《刑法》第 171 条第 2 款的规定，犯本罪的，处 3 年以上 10 年以下有期徒刑，并处 2 万元以上 20 万元以下罚金；数额巨大或者有其他严重情节的，处 10 年以上有期徒刑或者无期徒刑，并处 2 万元以上 20 万元以下罚金或者没收财产；情节较轻的，处 3 年以下有期徒刑或者拘役，并处或者单处 1 万元以上 10 万元以下罚金。

（四）持有、使用假币罪

1. 持有、使用假币罪的概念

持有、使用假币罪，是指行为人违反货币管理法律、法规，明知是伪造的货币而持有、使用，数额较大的行为。

2. 持有、使用假币罪的构成特征

关于持有、使用假币罪的构成特征，根据现行刑法的规定，主要有以下几个方面，其集合表现为：

设 D 为持有、使用假币罪的集合，则 D = ｛持有、使用假币罪｝；

设 D1 为持有、使用假币罪的客体的集合，则 D1 = ｛国家对货币的管理制度｝；设 D2 为持有、使用假币罪的客观方面的集合，则 D2 = ｛行为人违反货币管理法律、法规，明知是伪造的货币而持有、使用，数额较大的行为｝；设 D3 为持有、使用假币罪的主体的集合，则 D3 = ｛年满 16 周岁、具有刑事责任能力的人｝；设 D4 为持有、使用假币罪的主观方面的集合，则 D4 = ｛故意｝；

则 D = D1 ∪ D2 ∪ D3 ∪ D4，即持有、使用假币罪 = ｛客体是国家对货币的管理制度｝ ∪ ｛客观方面表现为行为人违反货币管理法律、法规，明知是伪造的货币而持有、使用，数额较大的行为｝ ∪ ｛主体是年满 16 周岁、具有刑事责任能力的人｝ ∪ ｛主观方面是故意｝ = ｛客体是国家对货币的管理制度，客观方面表现为行为人行为人违反货币管理法律、法规，明知是

伪造的货币而持有、使用，数额较大的行为，主体是年满16周岁、具有刑事责任能力的人，主观方面是故意}。

3. 持有、使用假币罪的处罚

根据《刑法》第172条的规定，犯本罪的，处3年以下有期徒刑或者拘役，并处或者单处1万元以上10万元以下罚金；数额巨大的，处3年以上10年以下有期徒刑，并处2万元以上20万元以下罚金；数额特别巨大的，处10年以上有期徒刑，并处5万元以上50万元以下罚金或者没收财产。

（五）变造货币罪

1. 变造货币罪的概念

变造货币罪，是指行为人以变造货币冒充真币投入流通为目的，违反货币管理法律、法规，对货币采用剪贴、挖补、揭层、涂改等方法加工处理，使其改变形态、升值，数额较大的行为。

2. 变造货币罪的构成特征

关于变造货币罪的构成特征，根据现行刑法的规定，主要有以下几个方面，其集合表现为：

设E为变造货币罪的集合，则E＝{变造货币罪}；

设E1为变造货币罪的客体的集合，则E1＝{国家对货币的管理制度}；设E2为变造货币罪的客观方面的集合，则E2＝{行为人违反货币管理法律、法规，对货币采用剪贴、挖补、揭层、涂改等方法加工处理，使其改变形态、升值，数额较大的行为}；设E3为变造货币罪的主体的集合，则E3＝{年满16周岁、具有刑事责任能力的人}；设E4为变造货币罪的主观方面的集合，则E4＝{直接故意，且以变造货币冒充真币投入流通为目的}；

则E＝E1∪E2∪E3∪E4，即变造货币罪＝{客体是国家对货币的管理制度}∪{客观方面表现为行为人违反货币管理法律、法规，对货币采用剪贴、挖补、揭层、涂改等方法加工处理，使其改变形态、升值，数额较大的行为}∪{主体是年满16周岁、具有刑事责任能力的人}∪{主观方面是直接故意，且以变造货币冒充真币投入流通为目的}＝{客体是国家对货币的管理制度，客观方面表现为行为人违反货币管理法律、法规，对货币采用剪贴、挖补、揭层、涂改等方法加工处理，使其改变形态、升值，数额较大的行为，主体是年满16周岁、具有刑事责任能力的人，主观方面是直接故意，且以变造货币冒充真币投入流通为目的}。

3. 变造货币罪的处罚

根据《刑法》第173条的规定，犯本罪的，处3年以下有期徒刑或者拘役，并处或者单处1万元以上10万元以下罚金；数额巨大的，处3年以上10年以下有期徒刑，并处2万元以上20万元以下罚金。

（六）擅自设立金融机构罪

1. 擅自设立金融机构罪的概念

擅自设立金融机构罪，是指行为人违反金融机构管理法律、法规，未经国家有关主管部门批准，擅自设立商业银行、证券交易所、期货交易所、证券公司、期货经纪公司、保险公司或者其他金融机构的行为。

2. 擅自设立金融机构罪的构成特征

关于擅自设立金融机构罪的构成特征，根据现行刑法的规定，主要有以下几个方面，其集合表现为：

设F为擅自设立金融机构罪的集合，则F＝｛擅自设立金融机构罪｝；

设F1为擅自设立金融机构罪的客体的集合，则F1＝｛金融机构设立申报审批管理制度｝∪｛国家金融安全｝＝｛金融机构设立申报审批管理制度和国家金融安全｝；设F2为擅自设立金融机构罪的客观方面的集合，则F2＝｛行为人违反金融机构管理法律、法规，未经国家有关主管部门批准，擅自设立商业银行、证券交易所、期货交易所、证券公司、期货经纪公司、保险公司或者其他金融机构的行为｝；设F3为擅自设立金融机构罪的主体的集合，则F3＝｛年满16周岁、具有刑事责任能力的人｝∪｛单位｝＝｛可以是年满16周岁、具有刑事责任能力的人，也可以是单位｝；设F4为擅自设立金融机构罪的主观方面的集合，则F4＝｛故意｝；

则F＝F1∪F2∪F3∪F4，即擅自设立金融机构罪＝｛客体是金融机构设立申报审批管理制度和国家金融安全｝∪｛客观方面表现为行为人违反金融机构管理法律、法规，未经国家有关主管部门批准，擅自设立商业银行、证券交易所、期货交易所、证券公司、期货经纪公司、保险公司或者其他金融机构的行为｝∪｛主体可以是年满16周岁、具有刑事责任能力的人，也可以是单位｝∪｛主观方面是故意｝＝｛客体是金融机构设立申报审批管理制度和国家金融安全，客观方面表现为行为人违反金融机构管理法律、法规，未经国家有关主管部门批准，擅自设立商业银行、证券交易所、期货交易所、证券公司、期货经纪公司、保险公司或者其他金融机构的行为，主体可以是年满16周岁、具有刑事责任能力的人，也可以是单位，主观方面是故意｝。

3. 擅自设立金融机构罪的处罚

根据《刑法》第174条第1款、第3款的规定，个人犯本罪的，处3年以下有期徒刑或者拘役，并处或者单处2万元以上20万元以下罚金；情节严重的，处3年以上10年以下有期徒刑，并处5万元以上50万元以下罚金。单位犯本罪的，对单位判处罚金，并对其直接负责的主管人员和其他直接责任人员，依照个人犯本罪的规定处罚。

（七）伪造、变造、转让金融机构经营许可证、批准文件罪

1. 伪造、变造、转让金融机构经营许可证、批准文件罪的概念

伪造、变造、转让金融机构经营许可证、批准文件罪，是指行为人违反金融机构管理法律、法规，伪造、变造、转让商业银行、证券交易所、期货交易所、证券公司、期货经纪公司、保险公司或者其他金融机构的经营许可证或者批准文件的行为。

2. 伪造、变造、转让金融机构经营许可证、批准文件罪的构成特征

关于伪造、变造、转让金融机构经营许可证、批准文件罪的构成特征，根据现行刑法的规定，主要有以下几个方面，其集合表现为：

设G为伪造、变造、转让金融机构经营许可证、批准文件罪的集合，则G=｛伪造、变造、转让金融机构经营许可证、批准文件罪｝；

设G1为伪造、变造、转让金融机构经营许可证、批准文件罪的客体的集合，则G1=｛国家对金融机构经营许可证、批准文件的管理制度｝；设G2为伪造、变造、转让金融机构经营许可证、批准文件罪的客观方面的集合，则G2=｛行为人违反金融机构管理法律、法规，伪造、变造、转让商业银行、证券交易所、期货交易所、证券公司、期货经纪公司、保险公司或者其他金融机构的经营许可证或者批准文件的行为｝；设G3为伪造、变造、转让金融机构经营许可证、批准文件罪的主体的集合，则G3=｛年满16周岁、具有刑事责任能力的人｝∪｛单位｝=｛可以是年满16周岁、具有刑事责任能力的人，也可以是单位｝；设G4为伪造、变造、转让金融机构经营许可证、批准文件罪的主观方面的集合，则G4=｛故意｝；

则G=G1∪G2∪G3∪G4，即伪造、变造、转让金融机构经营许可证、批准文件罪=｛客体是国家对金融机构经营许可证、批准文件的管理制度｝∪｛客观方面表现为行为人违反金融机构管理法律、法规，伪造、变造、转让商业银行、证券交易所、期货交易所、证券公司、期货经纪公司、保险公司

或者其他金融机构的经营许可证或者批准文件的行为｝∪｛主体可以是年满16周岁、具有刑事责任能力的人，也可以是单位｝∪｛主观方面是故意｝=｛客体是国家对金融机构经营许可证、批准文件的管理制度，客观方面表现为行为人违反金融机构管理法律、法规，伪造、变造、转让商业银行、证券交易所、期货交易所、证券公司、期货经纪公司、保险公司或者其他金融机构的经营许可证或者批准文件的行为，主体可以是年满16周岁、具有刑事责任能力的人，也可以是单位，主观方面是故意｝。

3. 伪造、变造、转让金融机构经营许可证、批准文件罪的处罚

根据《刑法》第174条第2款、第3款的规定，个人犯本罪的，处3年以下有期徒刑或者拘役，并处或者单处2万元以上20万元以下罚金；情节严重的，处3年以上10年以下有期徒刑，并处5万元以上50万元以下罚金。单位犯本罪的，对单位判处罚金，并对其直接负责的主管人员和其他直接责任人员，依照个人犯本罪的规定处罚。

（八）高利转贷罪

1. 高利转贷罪的概念

高利转贷罪，是指行为人以转贷牟利为目的，违反信贷管理法律、法规，套取金融机构信贷资金高利转贷他人，违法所得数额较大的行为。

2. 高利转贷罪的构成特征

关于高利转贷罪的构成特征，根据现行刑法的规定，主要有以下几个方面，其集合表现为：

设H为高利转贷罪的集合，则H=｛高利转贷罪｝；

设H1为高利转贷罪的客体的集合，则H1=｛信贷资金管理制度｝∪｛金融机构信贷资金的安全｝=｛信贷资金管理制度和金融机构信贷资金的安全｝；设H2为高利转贷罪的客观方面的集合，则H2=｛行为人违反信贷管理法律、法规，套取金融机构信贷资金高利转贷他人，违法所得数额较大的行为｝；设H3为高利转贷罪的主体的集合，则H3=｛年满16周岁、具有刑事责任能力的人｝∪｛单位｝=｛可以是年满16周岁、具有刑事责任能力的人，也可以是单位｝；设H4为高利转贷罪的主观方面的集合，则H4=｛直接故意，且以转贷牟利为目的｝；

则H=H1∪H2∪H3∪H4，即高利转贷罪=｛客体是信贷资金管理制度和金融机构信贷资金的安全｝∪｛客观方面表现为行为人违反信贷管理法律、法规，套取金融机构信贷资金高利转贷他人，违法所得数额较大的行

为｝∪｛主体可以是年满 16 周岁、具有刑事责任能力的人，也可以是单位｝∪｛主观方面是直接故意，且以转贷牟利为目的｝=｛客体是信贷资金管理制度和金融机构信贷资金的安全，客观方面表现为行为人违反信贷管理法律、法规，套取金融机构信贷资金高利转贷他人，违法所得数额较大的行为，主体可以是年满 16 周岁、具有刑事责任能力的人，也可以是单位，主观方面是直接故意，且以转贷牟利为目的｝。

3. 高利转贷罪的处罚

根据《刑法》第 175 条的规定，个人犯本罪的，处 3 年以下有期徒刑或者拘役，并处违法所得 1 倍以上 5 倍以下罚金；数额巨大的，处 3 年以上 7 年以下有期徒刑，并处违法所得 1 倍以上 5 倍以下罚金。单位犯本罪的，对单位判处罚金，并对其直接负责的主管人员和其他直接责任人员，处 3 年以下有期徒刑或者拘役。

（九）骗取贷款、票据承兑、金融票证罪

1. 骗取贷款、票据承兑、金融票证罪的概念

骗取贷款、票据承兑、金融票证罪，是指行为人以欺骗手段取得银行或者其他金融机构贷款、票据承兑、信用证、保函等，给银行或者其他金融机构造成重大损失或者有其他严重情节的行为。

2. 骗取贷款、票据承兑、金融票证罪的构成特征

关于骗取贷款、票据承兑、金融票证罪的构成特征，根据现行刑法的规定，主要有以下几个方面，其集合表现为：

设 I 为骗取贷款、票据承兑、金融票证罪的集合，则 I =｛骗取贷款、票据承兑、金融票证罪｝；

设 I1 为骗取贷款、票据承兑、金融票证罪的客体的集合，则 I1 =｛国家金融管理制度｝∪｛金融机构的合法权益｝=｛国家金融管理制度和金融机构的合法权益｝；设 I2 为骗取贷款、票据承兑、金融票证罪的客观方面的集合，则 I2 =｛行为人以欺骗手段取得银行或者其他金融机构贷款、票据承兑、信用证、保函等，给银行或者其他金融机构造成重大损失或者有其他严重情节的行为｝；设 I3 为骗取贷款、票据承兑、金融票证罪的主体的集合，则 I3 =｛年满 16 周岁、具有刑事责任能力的人｝∪｛单位｝=｛可以是年满 16 周岁、具有刑事责任能力的人，也可以是单位｝；设 I4 为骗取贷款、票据承兑、金融票证罪的主观方面的集合，则 I4 =｛故意｝；

则 I = I1 ∪ I2 ∪ I3 ∪ I4，即骗取贷款、票据承兑、金融票证罪 =｛客体

是国家金融管理制度和金融机构的合法权益｝∪｛客观方面表现为行为人以欺骗手段取得银行或者其他金融机构贷款、票据承兑、信用证、保函等，给银行或者其他金融机构造成重大损失或者有其他严重情节的行为｝∪｛主体可以是年满16周岁、具有刑事责任能力的人，也可以是单位｝∪｛主观方面是故意，且以转贷牟利为目的｝＝｛客体是国家金融管理制度和金融机构的合法权益，客观方面表现为行为人以欺骗手段取得银行或者其他金融机构贷款、票据承兑、信用证、保函等，给银行或者其他金融机构造成重大损失或者有其他严重情节的行为，主体可以是年满16周岁、具有刑事责任能力的人，也可以是单位，主观方面是故意｝。

3. 骗取贷款、票据承兑、金融票证罪的处罚

根据《刑法》第175条之一的规定，个人犯本罪的，处3年以下有期徒刑或者拘役，并处或者单处罚金；给银行或者其他金融机构造成重大损失或者有其他严重情节的，处3年以上7年以下有期徒刑，并处罚金。单位犯本罪的，对单位判处罚金，并对其直接负责的主管人员和其他直接责任人员，依照个人犯本罪的规定处罚。

（十）非法吸收公众存款罪

1. 非法吸收公众存款罪的概念

非法吸收公众存款罪，是指行为人违反信贷管理法律、法规，非法吸收公众存款或者变相吸收公众存款，扰乱金融秩序的行为。

2. 非法吸收公众存款罪的构成特征

关于非法吸收公众存款罪的构成特征，根据现行刑法的规定，主要有以下几个方面，其集合表现为：

设J为非法吸收公众存款罪的集合，则J＝｛非法吸收公众存款罪｝；

设J1为非法吸收公众存款罪的客体的集合，则J1＝｛国家对储蓄业务管理制度｝∪｛公众存款的资金安全｝＝｛国家对储蓄业务管理制度和公众存款的资金安全｝；设J2为非法吸收公众存款罪的客观方面的集合，则J2＝｛行为人违反信贷管理法律、法规，非法吸收公众存款或者变相吸收公众存款，扰乱金融秩序的行为｝；设J3为非法吸收公众存款罪的主体的集合，则J3＝｛年满16周岁、具有刑事责任能力的人｝∪｛单位｝＝｛可以是年满16周岁、具有刑事责任能力的人，也可以是单位｝；设J4为非法吸收公众存款罪的主观方面的集合，则J4＝｛故意｝；

则J＝J1∪J2∪J3∪J4，即非法吸收公众存款罪＝｛客体是国家对储蓄

业务管理制度和公众存款的资金安全｝∪｛客观方面表现为行为人违反信贷管理法律、法规，非法吸收公众存款或者变相吸收公众存款，扰乱金融秩序的行为｝∪｛主体可以是年满16周岁、具有刑事责任能力的人，也可以是单位｝∪｛主观方面是故意｝＝｛客体是国家对储蓄业务管理制度和公众存款的资金安全，客观方面表现为行为人违反信贷管理法律、法规，非法吸收公众存款或者变相吸收公众存款，扰乱金融秩序的行为，主体可以是年满16周岁、具有刑事责任能力的人，也可以是单位，主观方面是故意｝。

3. 非法吸收公众存款罪的处罚

根据《刑法》第176条的规定，个人犯本罪的，处3年以下有期徒刑或者拘役，并处或者单处2万元以上20万元以下罚金；数额巨大或者有其他严重情节的，处3年以上10年以下有期徒刑，并处5万元以上50万元以下罚金。单位犯本罪的，对单位判处罚金，并对其直接负责的主管人员和其他直接责任人员，依照个人犯本罪的规定处罚。

（十一）伪造、变造金融票证罪

1. 伪造、变造金融票证罪的概念

伪造、变造金融票证罪，是指行为人违反金融票证管理法律、法规，伪造、变造汇票、本票、支票、委托收款凭证、汇款凭证、银行存单等其他银行结算凭证、信用证或者附随的单据、文件、信用卡的行为。

2. 伪造、变造金融票证罪的构成特征

关于伪造、变造金融票证罪的构成特征，根据现行刑法的规定，主要有以下几个方面，其集合表现为：

设K为伪造、变造金融票证罪的集合，则K＝｛伪造、变造金融票证罪｝；

设K1为伪造、变造金融票证罪的客体的集合，则K1＝｛国家对金融票证管理制度｝；设K2为伪造、变造金融票证罪的客观方面的集合，则K2＝｛行为人违反金融票证管理法律、法规，伪造、变造汇票、本票、支票、委托收款凭证、汇款凭证、银行存单等其他银行结算凭证、信用证或者附随的单据、文件、信用卡的行为｝；设K3为伪造、变造金融票证罪的主体的集合，则K3＝｛年满16周岁、具有刑事责任能力的人｝∪｛单位｝＝｛可以是年满16周岁、具有刑事责任能力的人，也可以是单位｝；设K4为伪造、变造金融票证罪的主观方面的集合，则K4＝｛故意｝；

则K＝K1∪K2∪K3∪K4，即伪造、变造金融票证罪＝｛客体是国家对金融票证管理制度｝∪｛客观方面表现为行为人违反金融票证管理法律、法规，伪造、变造汇票、本票、支票、委托收款凭证、汇款凭证、银行存单等其他银行结算凭证、信用证或者附随的单据、文件、信用卡的行为｝∪｛主体可以是年满 16 周岁、具有刑事责任能力的人，也可以是单位｝∪｛主观方面是故意｝=｛客体是国家对金融票证管理制度，客观方面表现为行为人违反金融票证管理法律、法规，伪造、变造汇票、本票、支票、委托收款凭证、汇款凭证、银行存单等其他银行结算凭证、信用证或者附随的单据、文件、信用卡的行为，主体可以是年满 16 周岁、具有刑事责任能力的人，也可以是单位，主观方面是故意｝。

3. 伪造、变造金融票证罪的处罚

根据《刑法》第 177 条的规定，个人犯本罪的，处 5 年以下有期徒刑或者拘役，并处或者单处 2 万元以上 20 万元以下罚金；情节严重的，处 5 年以上 10 年以下有期徒刑，并处 5 万元以上 50 万元以下罚金；情节特别严重的，处 10 年以上有期徒刑或者无期徒刑，并处 5 万元以上 50 万元以下罚金或者没收财产。单位犯本罪的，对单位判处罚金，并对其直接负责的主管人员和其他直接责任人员，依照个人犯本罪的规定处罚。

（十二）妨害信用卡管理罪

1. 妨害信用卡管理罪的概念

妨害信用卡管理罪，行为人违反信用卡管理法律、法规，妨害信用卡管理的行为。

2. 妨害信用卡管理罪的构成特征

关于妨害信用卡管理罪的构成特征，根据现行刑法的规定，主要有以下几个方面，其集合表现为：

设 L 为妨害信用卡管理罪的集合，则 L =｛妨害信用卡管理罪｝；

设 L1 为妨害信用卡管理罪的客体的集合，则 L1 =｛国家对信用卡的管理制度｝∪｛信用卡持卡人的合法权益｝=｛国家对信用卡的管理制度和信用卡持卡人的合法权益｝；设 L2 为妨害信用卡管理罪的客观方面的集合，则 L2 =｛行为人违反信用卡管理法律、法规，妨害信用卡管理的行为｝；设 L3 为妨害信用卡管理罪的主体的集合，则 L3 =｛年满 16 周岁、具有刑事责任能力的人｝；设 L4 为妨害信用卡管理罪的主观方面的集合，则 L4 =｛故意｝；

则 L = L1 ∪ L2 ∪ L3 ∪ L4，即妨害信用卡管理罪 =｛客体是国家对信用卡的管理制度和信用卡持卡人的合法权益｝∪｛客观方面表现为行为人违反信用卡管理法律、法规，妨害信用卡管理的行为｝∪｛主体是年满16周岁、具有刑事责任能力的人｝∪｛主观方面是故意｝＝｛客体是国家对金融票证管理制度，客观方面表现为行为人违反信用卡管理法律、法规，妨害信用卡管理的行为，主体是年满16周岁、具有刑事责任能力的人，主观方面是故意｝。

3. 妨害信用卡管理罪的处罚

根据《刑法》第177条之一第1款的规定，犯本罪的，处3年以下有期徒刑或者拘役，并处或者单处1万元以上10万元以下罚金；数量巨大或者有其他严重情节的，处3年以上10年以下有期徒刑，并处2万元以上20万元以下罚金。

（十三）窃取、收买、非法提供信用卡信息罪

1. 窃取、收买、非法提供信用卡信息罪的概念

窃取、收买、非法提供信用卡信息罪，是指行为人违反信用卡管理法律、法规，窃取、收买或者非法提供他人信用卡信息资料的行为。

2. 窃取、收买、非法提供信用卡信息罪的构成特征

关于窃取、收买、非法提供信用卡信息罪的构成特征，根据现行刑法的规定，主要有以下几个方面，其集合表现为：

设M为窃取、收买、非法提供信用卡信息罪的集合，则M＝｛窃取、收买、非法提供信用卡信息罪｝；

设M1为窃取、收买、非法提供信用卡信息罪的客体的集合，则M1＝｛国家对信用卡的管理制度｝∪｛信用卡持卡人的合法权益｝＝｛国家对信用卡的管理制度和信用卡持卡人的合法权益｝；设M2为窃取、收买、非法提供信用卡信息罪的客观方面的集合，则M2＝｛行为人违反信用卡管理法律、法规，窃取、收买或者非法提供他人信用卡信息资料的行为｝；设M3为窃取、收买、非法提供信用卡信息罪的主体的集合，则M3＝｛年满16周岁、具有刑事责任能力的人｝；设M4为窃取、收买、非法提供信用卡信息罪的主观方面的集合，则M4＝｛故意｝；

则M＝M1∪M2∪M3∪M4，即窃取、收买、非法提供信用卡信息罪＝｛客体是国家对信用卡的管理制度和信用卡持卡人的合法权益｝∪｛客观方面表现为行为人违反信用卡管理法律、法规，窃取、收买或者非法提供他人信用卡信息资料的行为｝∪｛主体是年满16周岁、具有刑事责任能力的人｝∪｛主观方面是故意｝＝｛客体是国家对金融票证管理制度，客观方

面表现为行为人违反信用卡管理法律、法规，窃取、收买或者非法提供他人信用卡信息资料的行为，主体是年满16周岁、具有刑事责任能力的人，主观方面是故意}。

3. 窃取、收买、非法提供信用卡信息罪的处罚

根据《刑法》第177条之一第2款、第3款的规定，犯本罪的，处3年以下有期徒刑或者拘役，并处或者单处1万元以上10万元以下罚金；数量巨大或者有其他严重情节的，处3年以上10年以下有期徒刑，并处2万元以上20万元以下罚金。银行或者其他金融机构的工作人员利用职务上的便利犯本罪，从重处罚。

（十四）伪造、变造国家有价证券罪

1. 伪造、变造国家有价证券罪的概念

伪造、变造国家有价证券罪，是指行为人违反国家有价证券管理法律、法规，伪造、变造国库券或者国家发行的其他有价证券，数额较大的行为。

2. 伪造、变造国家有价证券罪的构成特征

关于伪造、变造国家有价证券罪的构成特征，根据现行刑法的规定，主要有以下几个方面，其集合表现为：

设N为伪造、变造国家有价证券罪的集合，则N = {伪造、变造国家有价证券罪}；

设N1为伪造、变造国家有价证券罪的客体的集合，则N1 = {国家对有价证券的管理制度}；设N2为伪造、变造国家有价证券罪的客观方面的集合，则N2 = {行为人违反国家有价证券管理法律、法规，伪造、变造国库券或者国家发行的其他有价证券，数额较大的行为}；设N3为伪造、变造国家有价证券罪的主体的集合，则N3 = {年满16周岁、具有刑事责任能力的人} ∪ {单位} = {可以是年满16周岁、具有刑事责任能力的人，也可以是单位}；设N4为伪造、变造国家有价证券罪的主观方面的集合，则N4 = {故意}；

则N = N1∪N2∪N3∪N4，即伪造、变造国家有价证券罪 = {客体是国家对有价证券的管理制度} ∪ {客观方面表现为行为人违反国家有价证券管理法律、法规，伪造、变造国库券或者国家发行的其他有价证券，数额较大的行为} ∪ {主体可以是年满16周岁、具有刑事责任能力的人，也可以是单位} ∪ {主观方面是故意} = {客体是国家对有价证券的管理制度，客观方面表现为行为人违反国家有价证券管理法律、法规，伪造、变造国库

券或者国家发行的其他有价证券，数额较大的行为，主体可以是年满16周岁、具有刑事责任能力的人，也可以是单位，主观方面是故意}。

3. 伪造、变造国家有价证券罪的处罚

根据《刑法》第178条第1款、第3款的规定，个人犯本罪的，处3年以下有期徒刑或者拘役，并处或者单处2万元以上20万元以下罚金；数额巨大的，处3年以上10年以下有期徒刑，并处5万元以上50万元以下罚金；数额特别巨大的，处10年以上有期徒刑或者无期徒刑，并处5万元以上50万元以下罚金或者没收财产。单位犯本罪的，对单位判处罚金，并对其直接负责的主管人员和其他直接责任人员，依照个人犯本罪的规定处罚。

（十五）伪造、变造股票、公司、企业债券罪

1. 伪造、变造股票、公司、企业债券罪的概念

伪造、变造股票、公司、企业债券罪，是指行为人违反国家有价证券管理法律、法规，伪造、变造股票、公司、企业债券，数额较大的行为。

2. 伪造、变造股票、公司、企业债券罪的构成特征

关于伪造、变造股票、公司、企业债券罪的构成特征，根据现行刑法的规定，主要有以下几个方面，其集合表现为：

设O为伪造、变造股票、公司、企业债券罪的集合，则O = {伪造、变造股票、公司、企业债券罪}；

设O1为伪造、变造股票、公司、企业债券罪的客体的集合，则O1 = {国家对股票、公司、企业债券的管理制度}；设O2为伪造、变造股票、公司、企业债券罪的客观方面的集合，则O2 = {行为人违反国家有价证券管理法律、法规，伪造、变造股票、公司、企业债券，数额较大的行为}；设O3为伪造、变造股票、公司、企业债券罪的主体的集合，则O3 = {年满16周岁、具有刑事责任能力的人} ∪ {单位} = {可以是年满16周岁、具有刑事责任能力的人，也可以是单位}；设O4为伪造、变造股票、公司、企业债券罪的主观方面的集合，则O4 = {故意}；

则O = O1 ∪ O2 ∪ O3 ∪ O4，即伪造、变造股票、公司、企业债券罪 = {客体是国家对股票、公司、企业债券的管理制度} ∪ {客观方面表现为行为人违反国家有价证券管理法律、法规，伪造、变造股票、公司、企业债券，数额较大的行为} ∪ {主体可以是年满16周岁、具有刑事责任能力的人，也可以是单位} ∪ {主观方面是故意} = {客体是国家对股票、公司、企业债券的管理制度，客观方面表现为行为人违反国家有价证券管理法律、

法规，伪造、变造股票、公司、企业债券，数额较大的行为，主体可以是年满16周岁、具有刑事责任能力的人，也可以是单位，主观方面是故意}。

3. 伪造、变造股票、公司、企业债券罪的处罚

根据《刑法》第178条第2款、第3款的规定，个人犯本罪的，处3年以下有期徒刑或者拘役，并处或者单处1万元以上10万元以下罚金；数额巨大的，处3年以上10年以下有期徒刑，并处2万元以上20万元以下罚金。单位犯本罪的，对单位判处罚金，并对其直接负责的主管人员和其他直接责任人员，依照个人犯本罪的规定处罚。

（十六）擅自发行股票、公司、企业债券罪

1. 擅自发行股票、公司、企业债券罪的概念

擅自发行股票、公司、企业债券罪，是指行为人违反股票、公司、企业债券管理法律、法规，未经国家有关主管部门批准，擅自发行股票或者公司、企业债券，数额巨大、后果严重或者有其他严重情节的行为。

2. 擅自发行股票、公司、企业债券罪的构成特征

关于擅自发行股票、公司、企业债券罪的构成特征，根据现行刑法的规定，主要有以下几个方面，其集合表现为：

设P为擅自发行股票、公司、企业债券罪的集合，则P＝{擅自发行股票、公司、企业债券罪}；

设P1为擅自发行股票、公司、企业债券罪的客体的集合，则P1＝{国家对股票、公司、企业债券的管理制度}∪{股票、公司、企业债券认购者的合法权益}＝{国家对股票、公司、企业债券的管理制度和股票、公司、企业债券认购者的合法权益}；设P2为擅自发行股票、公司、企业债券罪的客观方面的集合，则P2＝{行为人违反股票、公司、企业债券管理法律、法规，未经国家有关主管部门批准，擅自发行股票或者公司、企业债券，数额巨大、后果严重或者有其他严重情节的行为}；设P3为擅自发行股票、公司、企业债券罪的主体的集合，则P3＝{年满16周岁、具有刑事责任能力的人}∪{单位}＝{可以是年满16周岁、具有刑事责任能力的人，也可以是单位}；设P4为擅自发行股票、公司、企业债券罪的主观方面的集合，则P4＝{故意}；

则P＝P1∪P2∪P3∪P4，即擅自发行股票、公司、企业债券罪＝{客体是国家对股票、公司、企业债券的管理制度和股票、公司、企业债券认购者的合法权益}∪{客观方面表现为行为人违反股票、公司、企业债券管

理法律、法规，未经国家有关主管部门批准，擅自发行股票或者公司、企业债券，数额巨大、后果严重或者有其他严重情节的行为｝∪｛主体可以是年满16周岁、具有刑事责任能力的人，也可以是单位｝∪｛主观方面是故意｝=｛客体是国家对股票、公司、企业债券的管理制度和股票、公司、企业债券认购者的合法权益，客观方面表现为行为人违反股票、公司、企业债券管理法律、法规，未经国家有关主管部门批准，擅自发行股票或者公司、企业债券，数额巨大、后果严重或者有其他严重情节的行为，主体可以是年满16周岁、具有刑事责任能力的人，也可以是单位，主观方面是故意｝。

3. 擅自发行股票、公司、企业债券罪的处罚

根据《刑法》第179条的规定，个人犯本罪的，处5年以下有期徒刑或者拘役，并处或者单处非法募集资金金额1%以上5%以下罚金。单位犯本罪的，对单位判处罚金，并对其直接负责的主管人员和其他直接责任人员，处5年以下有期徒刑或者拘役。

（十七）内幕交易、泄露内幕信息罪

1. 内幕交易、泄露内幕信息罪的概念

内幕交易、泄露内幕信息罪，是指证券、期货交易内幕信息的知情人员或者非法获取证券、期货交易内幕信息的人员，在涉及证券的发行，证券、期货交易或者其他对证券、期货交易价格有重大影响的信息尚未公开前，买入或者卖出该证券，或者从事与该内幕信息有关的期货交易，或者泄露该信息，或者明示、暗示他人从事上述交易活动，情节严重的行为。

2. 内幕交易、泄露内幕信息罪的构成特征

关于内幕交易、泄露内幕信息罪的构成特征，根据现行刑法的规定，主要有以下几个方面，其集合表现为：

设Q为内幕交易、泄露内幕信息罪的集合，则Q=｛内幕交易、泄露内幕信息罪｝；

设Q1为内幕交易、泄露内幕信息罪的客体的集合，则Q1=｛证券、期货交易管理制度｝∪｛其他投资者的合法权益｝=｛证券、期货交易管理制度和其他投资者的合法权益｝；设Q2为内幕交易、泄露内幕信息罪的客观方面的集合，则Q2=｛行为人违反证券、期货管理法律、法规，在涉及证券的发行，证券、期货交易或者其他对证券、期货交易价格有重大影响的信息尚未公开前，买入或者卖出该证券，或者从事与该内幕信息有关的期

货交易，或者泄露该信息，或者明示、暗示他人从事上述交易活动，情节严重的行为}；设 Q3 为内幕交易、泄露内幕信息罪的主体的集合，则 Q3 = {证券、期货交易内幕信息的知情人员或者非法获取证券、期货交易内幕信息的人员} ∪ {单位} = {证券、期货交易内幕信息的知情人员或者非法获取证券、期货交易内幕信息的人员和单位}；设 Q4 为内幕交易、泄露内幕信息罪的主观方面的集合，则 Q4 = {故意}；

则 Q = Q1∪Q2∪Q3∪Q4，即内幕交易、泄露内幕信息罪 = {客体是证券、期货交易管理制度和其他投资者的合法权益} ∪ {客观方面表现为行为人违反证券、期货管理法律、法规，在涉及证券的发行，证券、期货交易或者其他对证券、期货交易价格有重大影响的信息尚未公开前，买入或者卖出该证券，或者从事与该内幕信息有关的期货交易，或者泄露该信息，或者明示、暗示他人从事上述交易活动，情节严重的行为} ∪ {主体是证券、期货交易内幕信息的知情人员或者非法获取证券、期货交易内幕信息的人员和单位} ∪ {主观方面是故意} = {客体是证券、期货交易管理制度和其他投资者的合法权益，客观方面表现为行为人违反证券、期货管理法律、法规，在涉及证券的发行，证券、期货交易或者其他对证券、期货交易价格有重大影响的信息尚未公开前，买入或者卖出该证券，或者从事与该内幕信息有关的期货交易，或者泄露该信息，或者明示、暗示他人从事上述交易活动，情节严重的行为，主体是证券、期货交易内幕信息的知情人员或者非法获取证券、期货交易内幕信息的人员和单位，主观方面是故意}。

3. 内幕交易、泄露内幕信息罪的处罚

根据《刑法》第 180 条第 1 款、第 2 款的规定，个人犯本罪的，处 5 年以下有期徒刑或者拘役，并处或者单处违法所得 1 倍以上 5 倍以下罚金；情节特别严重的，处 5 年以上 10 年以下有期徒刑，并处违法所得 1 倍以上 5 倍以下罚金。单位犯本罪的，对单位判处罚金，并对其直接负责的主管人员和其他直接责任人员，处 5 年以下有期徒刑或者拘役。

（十八）利用未公开信息交易罪

1. 利用未公开信息交易罪的概念

利用未公开信息交易罪，是指证券交易所、期货交易所、证券公司、期货经纪公司、基金管理公司、商业银行、保险公司等金融机构的从业人员以及有关监管部门或者行业协会的工作人员，利用因职务便利获取的内幕信息以外的其他未公开的信息，违反规定，从事与该信息相关的证券、期货交易活动，或者明示、暗示他人从事相关交易活动，情节严重的行为。

2. 利用未公开信息交易罪的构成特征

关于利用未公开信息交易罪的构成特征，根据现行刑法的规定，主要有以下几个方面，其集合表现为：

设 R 为利用未公开信息交易罪的集合，则 R = {利用未公开信息交易罪}；

设 R1 为利用未公开信息交易罪的客体的集合，则 R1 = {证券、期货交易管理制度} ∪ {其他投资者的合法权益} = {证券、期货交易管理制度和其他投资者的合法权益}；设 R2 为利用未公开信息交易罪的客观方面的集合，则 R2 = {行为人利用因职务便利获取的内幕信息以外的其他未公开的信息，违反规定，从事与该信息相关的证券、期货交易活动，或者明示、暗示他人从事相关交易活动，情节严重的行为}；设 R3 为利用未公开信息交易罪的主体的集合，则 R3 = {证券交易所、期货交易所、证券公司、期货经纪公司、基金管理公司、商业银行、保险公司等金融机构的从业人员以及有关监管部门或者行业协会的工作人员} ∪ {单位} = {证券、期货交易内幕信息的知情人员或者非法获取证券、期货交易内幕信息的人员和单位}；设 R4 为利用未公开信息交易罪的主观方面的集合，则 R4 = {故意}；

则 R = R1 ∪ R2 ∪ R3 ∪ R4，即利用未公开信息交易罪 = {客体是证券、期货交易管理制度和其他投资者的合法权益} ∪ {客观方面表现为行为人利用因职务便利获取的内幕信息以外的其他未公开的信息，违反规定，从事与该信息相关的证券、期货交易活动，或者明示、暗示他人从事相关交易活动，情节严重的行为} ∪ {主体是证券交易所、期货交易所、证券公司、期货经纪公司、基金管理公司、商业银行、保险公司等金融机构的从业人员以及有关监管部门或者行业协会的工作人员和单位} ∪ {主观方面是故意} = {客体是证券、期货交易管理制度和其他投资者的合法权益，客观方面表现为行为人利用因职务便利获取的内幕信息以外的其他未公开的信息，违反规定，从事与该信息相关的证券、期货交易活动，或者明示、暗示他人从事相关交易活动，情节严重的行为，主体是证券交易所、期货交易所、证券公司、期货经纪公司、基金管理公司、商业银行、保险公司等金融机构的从业人员以及有关监管部门或者行业协会的工作人员和单位，主观方面是故意}。

3. 利用未公开信息交易罪的处罚

根据《刑法》第 180 条第 4 款的规定，个人犯本罪的，处 5 年以下有期徒刑或者拘役，并处或者单处违法所得1倍以上5倍以下罚金；情节特别严重的，处5年以上10年以下有期徒刑，并处违法所得1倍以上5倍以下罚金。单位犯本罪的，对单位判处罚金，并对其直接负责的主管人员和其他直接责任人员，处5年以下有期徒刑或者拘役。

（十九）编造并传播证券、期货交易虚假信息罪

1. 编造并传播证券、期货交易虚假信息罪的概念

编造并传播证券、期货交易虚假信息罪，是指行为人违反证券、期货管理法律、法规，编造并且传播影响证券、期货交易的虚假信息，扰乱证券、期货交易市场，造成严重后果的行为。

2. 编造并传播证券、期货交易虚假信息罪的构成特征

关于编造并传播证券、期货交易虚假信息罪的构成特征，根据现行刑法的规定，主要有以下几个方面，其集合表现为：

设S为编造并传播证券、期货交易虚假信息罪的集合，则S＝｛编造并传播证券、期货交易虚假信息罪｝；

设S1为编造并传播证券、期货交易虚假信息罪的客体的集合，则S1＝｛证券、期货交易管理制度｝∪｛投资者的合法权益｝＝｛证券、期货交易管理制度和投资者的合法权益｝；设S2为编造并传播证券、期货交易虚假信息罪的客观方面的集合，则S2＝｛行为人违反证券、期货管理法律、法规，编造并且传播影响证券、期货交易的虚假信息，扰乱证券、期货交易市场，造成严重后果的行为｝；设S3为编造并传播证券、期货交易虚假信息罪的主体的集合，则S3＝｛年满16周岁、具有刑事刑事能力的人｝∪｛单位｝＝｛年满16周岁、具有刑事刑事能力的人和单位｝；设S4为编造并传播证券、期货交易虚假信息罪的主观方面的集合，则S4＝｛直接故意｝；

则S＝S1∪S2∪S3∪S4，即编造并传播证券、期货交易虚假信息罪＝｛客体是证券、期货交易管理制度和投资者的合法权益｝∪｛客观方面表现为行为人违反证券、期货管理法律、法规，编造并且传播影响证券、期货交易的虚假信息，扰乱证券、期货交易市场，造成严重后果的行为｝∪｛主体是年满16周岁、具有刑事刑事能力的人和单位｝∪｛主观方面是直接故意｝＝｛客体是证券、期货交易管理制度和其他投资者的合法权益，客观方面表现为行为人违反证券、期货管理法律、法规，编造并且传播影响证券、期货交易的虚假信息，扰乱证券、期货交易市场，造成严重后果的行为，主体是年满16周岁、具有刑事刑事能力的人和单位，主观方面是直接

故意}。

3. 编造并传播证券、期货交易虚假信息罪的处罚

根据《刑法》第181条第1款、第3款的规定，个人犯本罪的，处5年以下有期徒刑或者拘役，并处或者单处1万元以上10万元以下罚金。单位犯本罪的，对单位判处罚金，并对其直接负责的主管人员和其他直接责任人员，处5年以下有期徒刑或者拘役。

（二十）诱骗投资者买卖证券、期货合约罪

1. 诱骗投资者买卖证券、期货合约罪的概念

诱骗投资者买卖证券、期货合约罪，证券交易所、期货交易所、证券公司、期货经纪公司的从业人员，证券业协会、期货业协会或者证券期货监督管理部门的工作人员，故意提供虚假信息或者伪造、变造、销毁交易记录，诱骗投资者买卖证券、期货合约，造成严重后果的行为。

2. 诱骗投资者买卖证券、期货合约罪的构成特征

关于诱骗投资者买卖证券、期货合约罪的构成特征，根据现行刑法的规定，主要有以下几个方面，其集合表现为：

设T为诱骗投资者买卖证券、期货合约罪的集合，则T＝{诱骗投资者买卖证券、期货合约罪}；

设T1为诱骗投资者买卖证券、期货合约罪的客体的集合，则T1＝{证券、期货交易管理制度}∪{投资者的合法权益}＝{证券、期货交易管理制度和投资者的合法权益}；设T2为诱骗投资者买卖证券、期货合约罪的客观方面的集合，则T2＝{行为人提供虚假信息或者伪造、变造、销毁交易记录，诱骗投资者买卖证券、期货合约，造成严重后果的行为}；设T3为诱骗投资者买卖证券、期货合约罪的主体的集合，则T3＝{证券交易所、期货交易所、证券公司、期货经纪公司及其从业人员}∪{证券业协会、期货业协会或者证券期货监督管理部门及其工作人员}＝{证券交易所、期货交易所、证券公司、期货经纪公司、证券业协会、期货业协会或者证券期货监督管理部门及其工作人员}；设T4为诱骗投资者买卖证券、期货合约罪的主观方面的集合，则T4＝{直接故意}；

则T＝T1∪T2∪T3∪T4，即诱骗投资者买卖证券、期货合约罪＝{客体是证券、期货交易管理制度和投资者的合法权益}∪{客观方面表现为行为人提供虚假信息或者伪造、变造、销毁交易记录，诱骗投资者买卖证券、期货合约，造成严重后果的行为}∪{主体是证券交易所、期货交易

所、证券公司、期货经纪公司、证券业协会、期货业协会或者证券期货监督管理部门及其工作人员｝∪｛主观方面是直接故意｝ =｛客体是证券、期货交易管理制度和投资者的合法权益，客观方面表现为行为人提供虚假信息或者伪造、变造、销毁交易记录，诱骗投资者买卖证券、期货合约，造成严重后果的行为，主体是证券交易所、期货交易所、证券公司、期货经纪公司、证券业协会、期货业协会或者证券期货监督管理部门及其工作人员，主观方面是直接故意｝。

3. 诱骗投资者买卖证券、期货合约罪的处罚

根据《刑法》第181条第2款、第3款的规定，个人犯本罪的，处5年以下有期徒刑或者拘役，并处或者单处1万元以上10万元以下罚金；情节特别恶劣的，处5年以上10年以下有期徒刑，并处2万元以上20万元以下罚金。单位犯本罪的，对单位判处罚金，并对其直接负责的主管人员和其他直接责任人员，处5年以下有期徒刑或者拘役。

（二十一）操纵证券、期货市场罪

1. 操纵证券、期货市场罪的概念

操纵证券、期货市场罪，是指行为人以操纵证券、期货市场为目的，违反证券、期货管理法律、法规，采用各种不正当手段从事证券、期货交易活动，情节严重的行为。

2. 操纵证券、期货市场罪的构成特征

关于操纵证券、期货市场罪的构成特征，根据现行刑法的规定，主要有以下几个方面，其集合表现为：

设U为操纵证券、期货市场罪的集合，则U =｛操纵证券、期货市场罪｝；

设U1为操纵证券、期货市场罪的客体的集合，则U1 =｛证券、期货交易管理制度｝∪｛其他投资者的合法权益｝ =｛证券、期货交易管理制度和其他投资者的合法权益｝；设U2为操纵证券、期货市场罪的客观方面的集合，则U2 =｛行为人违反证券、期货管理法律、法规，采用各种不正当手段从事证券、期货交易活动，情节严重的行为｝；设U3为操纵证券、期货市场罪的主体的集合，则U3 =｛年满16周岁、具有刑事刑事能力的参与证券、期货交易活动的投资者｝∪｛单位｝ =｛年满16周岁、具有刑事刑事能力的参与证券、期货交易活动的投资者和单位｝；设U4为操纵证券、期货市场罪的主观方面的集合，则U4 =｛直接故意，且以操纵证券、期货

市场为目的}；

则 U＝U1∪U2∪U3∪U4，即操纵证券、期货市场罪＝{客体是证券、期货交易管理制度和其他投资者的合法权益}∪{客观方面表现为行为人违反证券、期货管理法律、法规，采用各种不正当手段从事证券、期货交易活动，情节严重的行为}∪{主体是年满16周岁、具有刑事刑事能力的参与证券、期货交易活动的投资者和单位}∪{主观方面是直接故意，且以操纵证券、期货市场为目的}＝{客体是证券、期货交易管理制度和其他投资者的合法权益，客观方面表现为行为人违反证券、期货管理法律、法规，采用各种不正当手段从事证券、期货交易活动，情节严重的行为，主体是年满16周岁、具有刑事刑事能力的参与证券、期货交易活动的投资者和单位，主观方面是直接故意，且以操纵证券、期货市场为目的}。

3. 操纵证券、期货市场罪的处罚

根据《刑法》第182条的规定，个人犯本罪的，处5年以下有期徒刑或者拘役，并处或者单处罚金；情节特别严重的，处5年以上10年以下有期徒刑，并处罚金。单位犯本罪的，对单位判处罚金，并对其直接负责的主管人员和其他直接责任人员，依照个人犯本罪的规定处罚。

（二十二）背信运用受托财产罪

1. 背信运用受托财产罪的概念

背信运用受托财产罪，是指商业银行、证券交易所、期货交易所、证券公司、期货经纪公司、保险公司或者其他金融机构，违背受托义务，擅自运用客户资金或者其他委托、信托的财产，情节严重的行为。

2. 背信运用受托财产罪的构成特征

关于背信运用受托财产罪的构成特征，根据现行刑法的规定，主要有以下几个方面，其集合表现为：

设V为背信运用受托财产罪的集合，则V＝{背信运用受托财产罪}；

设V1为背信运用受托财产罪的客体的集合，则V1＝{金融管理秩序}∪{客户资金及受托财产的使用权及资金安全}＝{金融管理秩序和客户资金及受托财产的使用权及资金安全}；设V2为背信运用受托财产罪的客观方面的集合，则V2＝{行为人违背受托义务，擅自运用客户资金或者其他委托、信托的财产，情节严重的行为}；设V3为背信运用受托财产罪的主体的集合，则V3＝{商业银行、证券交易所、期货交易所、证券公司、期货经纪公司、保险公司或者其他金融机构}；设V4为背信运用受托财产罪的主观方面的集合，则 V4 = {故意}；

则 V = V1∪V2∪V3∪V4，即背信运用受托财产罪 = {客体是金融管理秩序和客户资金及受托财产的使用权及资金安全} ∪ {客观方面表现为行为人违背受托义务，擅自运用客户资金或者其他委托、信托的财产，情节严重的行为} ∪ {主体是商业银行、证券交易所、期货交易所、证券公司、期货经纪公司、保险公司或者其他金融机构} ∪ {主观方面是故意} = {客体是金融管理秩序和客户资金及受托财产的使用权及资金安全，客观方面表现为行为人违背受托义务，擅自运用客户资金或者其他委托、信托的财产，情节严重的行为，主体是商业银行、证券交易所、期货交易所、证券公司、期货经纪公司、保险公司或者其他金融机构，主观方面是故意}。

3. 背信运用受托财产罪的处罚

根据《刑法》第 185 条之一第 1 款的规定，商业银行等金融机构犯本罪的，对单位判处罚金，并对其直接负责的主管人员和其他直接责任人员，处 3 年以下有期徒刑或者拘役，并处 3 万元以上 30 万元以下罚金；情节特别严重的，处 3 年以上 10 年以下有期徒刑，并处 5 万元以上 50 万元以下罚金。

（二十三）违法运用资金罪

1. 违法运用资金罪的概念

违法运用资金罪，是指社会保障基金管理机构、住房公积金管理机构等公众资金管理机构，以及保险公司、保险资产管理公司、证券投资基金管理公司，违反国家规定运用资金的行为。

2. 违法运用资金罪的构成特征

关于违法运用资金罪的构成特征，根据现行刑法的规定，主要有以下几个方面，其集合表现为：

设 W 为违法运用资金罪的集合，则 W = {违法运用资金罪}；

设 W1 为违法运用资金罪的客体的集合，则 W1 = {公众资金管理秩序} ∪ {社会保障基金、住房公积金等公众资金的使用权及资金安全} = {公众资金管理秩序和社会保障基金、住房公积金等公众资金的使用权及资金安全}；设 W2 为违法运用资金罪的客观方面的集合，则 W2 = {行为人违反国家规定运用资金的行为}；设 W3 为违法运用资金罪的主体的集合，则 W3 = {社会保障基金管理机构、住房公积金管理机构等公众资金管理机构以及保险公司、保险资产管理公司、证券投资基金管理公司}；设 W4 为违法运用资金罪的主观方面的集合，则 W4 = {故意}；

则 W = W1∪W2∪W3∪W4，即违法运用资金罪 = {客体是公众资金管理秩序和社会保障基金、住房公积金等公众资金的使用权及资金安全} ∪ {客观方面表现为行为人违反国家规定运用资金的行为} ∪ {主体是社会保障基金管理机构、住房公积金管理机构等公众资金管理机构以及保险公司、保险资产管理公司、证券投资基金管理公司} ∪ {主观方面是故意} = {客体是金融管理秩序和客户资金及受托财产的使用权及资金安全，客观方面表现为行为人违反国家规定运用资金的行为，主体是社会保障基金管理机构、住房公积金管理机构等公众资金管理机构以及保险公司、保险资产管理公司、证券投资基金管理公司，主观方面是故意}。

3. 违法运用资金罪的处罚

根据《刑法》第 185 条之一第 2 款的规定，公众资金管理机构等单位犯本罪的，对单位判处罚金，并对其直接负责的主管人员和其他直接责任人员，处 3 年以下有期徒刑或者拘役，并处 3 万元以上 30 万元以下罚金；情节特别严重的，处 3 年以上 10 年以下有期徒刑，并处 5 万元以上 50 万元以下罚金。

（二十四）违法发放贷款罪

1. 违法发放贷款罪的概念

违法发放贷款罪，是指银行或者其他金融机构的工作人员违反国家规定发放贷款，数额巨大或者造成重大损失的行为。

2. 违法发放贷款罪的构成特征

关于违法发放贷款罪的构成特征，根据现行刑法的规定，主要有以下几个方面，其集合表现为：

设 X 为违法发放贷款罪的集合，则 X = {违法发放贷款罪}；

设 X1 为违法发放贷款罪的客体的集合，则 X1 = {信贷管理秩序} ∪ {金融机构的单位利益或者国家利益} = {信贷管理秩序和金融机构的单位利益或者国家利益}；设 X2 为违法发放贷款罪的客观方面的集合，则 X2 = {行为人违反国家规定发放贷款，数额巨大或者造成重大损失的行为}；设 X3 为违法发放贷款罪的主体的集合，则 X3 = {银行或者其他金融机构及其工作人员}；设 X4 为违法发放贷款罪的主观方面的集合，则 X4 = {故意}；

则 X = X1∪X2∪X3∪X4，即违法发放贷款罪 = {客体是信贷管理秩序和金融机构的单位利益或者国家利益} ∪ {客观方面表现为行为人违反国家规定发放贷款，数额巨大或者造成重大损失的行为｝∪｛主体是银行或者其他金融机构及其工作人员｝∪｛主观方面是故意｝＝｛客体是信贷管理秩序和金融机构的单位利益或者国家利益，客观方面表现为行为人违反国家规定发放贷款，数额巨大或者造成重大损失的行为，主体是银行或者其他金融机构及其工作人员，主观方面是故意｝。

3. 违法发放贷款罪的处罚

根据《刑法》第186条的规定，个人犯本罪的，处5年以下有期徒刑或者拘役，并处1万元以上10万元以下罚金；数额特别巨大或者造成特别重大损失的，处5年以上有期徒刑，并处2万元以上20万元以下罚金。单位犯本罪的，对单位判处罚金，并对其直接负责的主管人员和其他直接责任人员，依照个人犯本罪的规定处罚。银行或者其他金融机构的工作人员违反国家规定，向关系人发放贷款的，依照上述规定从重处罚。

（二十五）吸收客户资金不入账罪

1. 吸收客户资金不入账罪的概念

吸收客户资金不入账罪，是指银行或者其他金融机构的工作人员吸收客户资金不入账，数额巨大或者造成重大损失的行为。

2. 吸收客户资金不入账罪的构成特征

关于吸收客户资金不入账罪的构成特征，根据现行刑法的规定，主要有以下几个方面，其集合表现为：

设Y为吸收客户资金不入账罪的集合，则Y＝｛吸收客户资金不入账罪｝；

设Y1为吸收客户资金不入账罪的客体的集合，则Y1＝｛信贷管理秩序｝∪｛客户的资金安全和利益｝＝｛信贷管理秩序和客户的资金安全和利益｝；设Y2为吸收客户资金不入账罪的客观方面的集合，则Y2＝｛行为人吸收客户资金不入账，数额巨大或者造成重大损失的行为｝；设Y3为吸收客户资金不入账罪的主体的集合，则Y3＝｛银行或者其他金融机构及其工作人员｝；设Y4为吸收客户资金不入账罪的主观方面的集合，则Y4＝｛故意｝；

则Y＝Y1∪Y2∪Y3∪Y4，即吸收客户资金不入账罪＝｛客体是信贷管理秩序和客户的资金安全和利益｝∪｛客观方面表现为行为人吸收客户资金不入账，数额巨大或者造成重大损失的行为｝∪｛主体是银行或者其他金融机构及其工作人员｝∪｛主观方面是故意｝＝｛客体是信贷管理秩序和客户的资金安全和利益，客观方面表现为行为人吸收客户资金不入账，数额巨大或者造成重大损失的行为，主体是银行或者其他金融机构及其工作人员，主观方面是故意}。

3. 吸收客户资金不入账罪的处罚

根据《刑法》第187条的规定，个人犯本罪的，处5年以下有期徒刑或者拘役，并处2万元以上20万元以下罚金；数额特别巨大或者造成特别重大损失的，处5年以上有期徒刑，并处5万元以上50万元以下罚金。单位犯本罪的，对单位判处罚金，并对其直接负责的主管人员和其他直接责任人员，依照个人犯本罪的规定处罚。

（二十六）违规出具金融票证罪

1. 违规出具金融票证罪的概念

违规出具金融票证罪，银行或者其他金融机构的工作人员违反规定，为他人出具信用证或者其他保函、票据、存单、资信证明，情节严重的行为。

2. 违规出具金融票证罪的构成特征

关于违规出具金融票证罪的构成特征，根据现行刑法的规定，主要有以下几个方面，其集合表现为：

设Z为违规出具金融票证罪的集合，则Z = {违规出具金融票证罪}；

设Z1为违规出具金融票证罪的客体的集合，则Z1 = {金融票证的管理秩序}；设Z2为违规出具金融票证罪的客观方面的集合，则Z2 = {行为人违反规定，为他人出具信用证或者其他保函、票据、存单、资信证明，情节严重的行为}；设Z3为违规出具金融票证罪的主体的集合，则Z3 = {银行或者其他金融机构及其工作人员}；设Z4为违规出具金融票证罪的主观方面的集合，则Z4 = {故意}；

则Z = Z1∪Z2∪Z3∪Z4，即违规出具金融票证罪 = {客体是金融票证的管理秩序} ∪ {客观方面表现为行为人违反规定，为他人出具信用证或者其他保函、票据、存单、资信证明，情节严重的行为} ∪ {主体是银行或者其他金融机构及其工作人员} ∪ {主观方面是故意} = {客体是金融票证的管理秩序，客观方面表现为行为人违反规定，为他人出具信用证或者其他保函、票据、存单、资信证明，情节严重的行为，主体是银行或者其他金融机构及其工作人员，主观方面是故意}。

3. 违规出具金融票证罪的处罚

根据《刑法》第188条的规定，个人犯本罪的，处5年以下有期徒刑或者拘役；情节特别严重的，处5年以上有期徒刑。单位犯本罪的，对单位判处罚金，并对其直接负责的主管人员和其他直接责任人员，依照个人犯本罪的规定处罚。

(二十七) 对违法票据承兑、付款、保证罪

1. 对违法票据承兑、付款、保证罪的概念

对违法票据承兑、付款、保证罪，银行或者其他金融机构的工作人员在票据业务中，对违反票据法规定的票据予以承兑、付款或者保证，造成重大损失的行为。

2. 对违法票据承兑、付款、保证罪的构成特征

关于对违法票据承兑、付款、保证罪的构成特征，根据现行刑法的规定，主要有以下几个方面，其集合表现为：

设A1为对违法票据承兑、付款、保证罪的集合，则A1 = {对违法票据承兑、付款、保证罪}；

设A11为对违法票据承兑、付款、保证罪的客体的集合，则A11 = {金融票据的管理秩序}；设A22为对违法票据承兑、付款、保证罪的客观方面的集合，则A22 = {行为人在票据业务中，对违反票据法规定的票据予以承兑、付款或者保证，造成重大损失的行为}；设A33为对违法票据承兑、付款、保证罪的主体的集合，则A33 = {银行或者其他金融机构及其工作人员}；设A44为对违法票据承兑、付款、保证罪的主观方面的集合，则A44 = {故意}；

则A1 = A11 ∪ A22 ∪ A33 ∪ A44，即对违法票据承兑、付款、保证罪 = {客体是金融票据的管理秩序} ∪ {客观方面表现为行为人在票据业务中，对违反票据法规定的票据予以承兑、付款或者保证，造成重大损失的行为} ∪ {主体是银行或者其他金融机构及其工作人员} ∪ {主观方面是故意} = {客体是金融票据的管理秩序，客观方面表现为行为人在票据业务中，对违反票据法规定的票据予以承兑、付款或者保证，造成重大损失的行为，主体是银行或者其他金融机构及其工作人员，主观方面是故意}。

3. 对违法票据承兑、付款、保证罪的处罚

根据《刑法》第189条的规定，个人犯本罪的，处5年以下有期徒刑或者拘役；造成特别重大损失的，处5年以上有期徒刑。单位犯本罪的，对单位判处罚金，并对其直接负责的主管人员和其他直接责任人员，依照个人犯本罪的规定处罚。

（二十八）逃汇罪

1. 逃汇罪的概念

逃汇罪，是指公司、企业或者其他单位，违反国家规定，擅自将外汇存放境外，或者将境内的外汇非法转移到境外，数额较大的行为。

2. 逃汇罪的构成特征

关于逃汇罪的构成特征，根据现行刑法的规定，主要有以下几个方面，其集合表现为：

设 B1 为逃汇罪的集合，则 B1 = ｛逃汇罪｝；

设 B11 为逃汇罪的客体的集合，则 B11 = ｛外汇管理秩序｝；设 B22 为逃汇罪的客观方面的集合，则 B22 = ｛行为人违反国家规定，擅自将外汇存放境外，或者将境内的外汇非法转移到境外，数额较大的行为｝；设 B33 为逃汇罪的主体的集合，则 B33 = ｛公司、企业或者其他单位｝；设 B44 为对逃汇罪的主观方面的集合，则 B44 = ｛故意｝；

则 B1 = B11∪B22∪B33∪B44，即逃汇罪 = ｛客体是外汇管理秩序｝∪｛客观方面表现为行为人违反国家规定，擅自将外汇存放境外，或者将境内的外汇非法转移到境外，数额较大的行为｝∪｛主体是公司、企业或者其他单位｝∪｛主观方面是故意｝ = ｛客体是外汇管理秩序，客观方面表现为行为人违反国家规定，擅自将外汇存放境外，或者将境内的外汇非法转移到境外，数额较大的行为，主体是公司、企业或者其他单位，主观方面是故意｝。

3. 逃汇罪的处罚

根据《刑法》第 190 条的规定，单位犯本罪的，对单位判处逃汇数额 5% 以上 30% 以下罚金，并对其直接负责的主管人员和其他直接责任人员处 5 年以下有期徒刑或者拘役；数额巨大或者有其他严重情节的，对单位判处逃汇数额 5% 以上 30% 以下罚金，并对其直接负责的主管人员和其他直接责任人员处 5 年以上有期徒刑。

（二十九）骗购外汇罪

1. 骗购外汇罪的概念

骗购外汇罪，是指行为人违反外汇管理法律、法规，使用伪造、变造、失效的凭证、单据或者采用其他方式，向外汇指定银行骗购外汇，数额较大的行为。

2. 骗购外汇罪的构成特征

关于骗购外汇罪的构成特征，根据现行刑法的规定，主要有以下几个方

面，其集合表现为：

设 C1 为骗购外汇罪的集合，则 C1 = ｛骗购外汇罪｝；

设 C11 为骗购外汇罪的客体的集合，则 C11 = ｛外汇管理秩序｝；设 C22 为骗购外汇罪的客观方面的集合，则 C22 = ｛行为人违反外汇管理法律、法规，使用伪造、变造、失效的凭证、单据或者采用其他方式，向外汇指定银行骗购外汇，数额较大的行为｝；设 C33 为骗购外汇罪的主体的集合，则 C33 = ｛年满 16 周岁、具有刑事责任能力的人｝ ∪ ｛单位｝ = ｛年满 16 周岁、具有刑事责任能力的人和单位｝；设 C44 为骗购外汇罪的主观方面的集合，则 C44 = ｛故意｝；

则 C1 = C11∪C22∪C33∪C44，即骗购外汇罪 = ｛客体是外汇管理秩序｝ ∪ ｛客观方面表现为行为人违反外汇管理法律、法规，使用伪造、变造、失效的凭证、单据或者采用其他方式，向外汇指定银行骗购外汇，数额较大的行为｝ ∪ ｛主体是年满 16 周岁、具有刑事责任能力的人和单位｝ ∪ ｛主观方面是故意｝ = ｛客体是外汇管理秩序，客观方面表现为行为人违反外汇管理法律、法规，使用伪造、变造、失效的凭证、单据或者采用其他方式，向外汇指定银行骗购外汇，数额较大的行为，主体是年满 16 周岁、具有刑事责任能力的人和单位，主观方面是故意｝。

3. 骗购外汇罪的处罚

根据《全国人民代表大会常务委员会关于惩治骗购外汇、逃汇和非法买卖外汇犯罪的决定》第 1 条的规定，个人犯本罪的，处 5 年以下有期徒刑或者拘役，并处骗购外汇数额 5% 以上 30% 以下罚金；数额巨大或者有其他严重情节的，处 5 年以上 10 年以下有期徒刑，并处骗购外汇数额 5% 以上 30% 以下罚金；数额特别巨大或者有其他特别严重情节的，处 10 年以上有期徒刑或者无期徒刑，并处骗购外汇数额 5% 以上 30% 以下罚金或者没收财产。单位犯本罪的，对单位判处骗购外汇数额 5% 以上 30% 以下罚金，并对其直接负责的主管人员和其他直接责任人员处 5 年以下有期徒刑或者拘役；数额巨大或者有其他严重情节的，处 5 年以上 10 年以下有期徒刑；数额特别巨大或者有其他特别严重情节的，处 10 年以上有期徒刑或者无期徒刑。伪造、变造海关签发的报关单、进口证明、外汇管理部门核准件等凭证和单据，并用于骗购外汇的，以本罪从重处罚。明知用于骗购外汇而提供人民币资金的，以共犯论处。

（三十）洗钱罪

1. 洗钱罪的概念

洗钱罪，是指行为人明知是毒品犯罪、黑社会性质的组织犯罪、恐怖活动犯罪、走私犯罪、贪污贿赂犯罪、破坏金融管理秩序犯罪和金融诈骗犯罪的违法所得及其产生的收益，而为之掩饰、隐瞒其来源和性质的行为。

2. 洗钱罪的构成特征

关于洗钱罪的构成特征，根据现行刑法的规定，主要有以下几个方面，其集合表现为：

设 D1 为洗钱罪的集合，则 D1 = {洗钱罪}；

设 D11 为洗钱罪的客体的集合，则 D11 = {金融管理秩序} ∪ {国家司法秩序} = {金融管理秩序和国家司法秩序}；设 D22 为洗钱罪的客观方面的集合，则 D22 = {行为人实施了掩饰、隐瞒毒品犯罪、黑社会性质的组织犯罪、恐怖活动犯罪、走私犯罪、贪污贿赂犯罪、破坏金融管理秩序犯罪和金融诈骗犯罪的违法所得及其产生的收益的来源和性质的行为}；设 D33 为洗钱罪的主体的集合，则 D33 = {年满 16 周岁、具有刑事责任能力的人} ∪ {单位} = {年满 16 周岁、具有刑事责任能力的人和单位}；设 D44 为洗钱罪的主观方面的集合，则 D44 = {故意}；

则 D1 = D11∪D22∪D33∪D44，即洗钱罪 = {客体是金融管理秩序和国家司法秩序} ∪ {客观方面表现为行为人实施了掩饰、隐瞒毒品犯罪、黑社会性质的组织犯罪、恐怖活动犯罪、走私犯罪、贪污贿赂犯罪、破坏金融管理秩序犯罪和金融诈骗犯罪的违法所得及其产生的收益的来源和性质的行为} ∪ {主体是年满 16 周岁、具有刑事责任能力的人和单位} ∪ {主观方面是故意} = {客体是金融管理秩序和国家司法秩序，客观方面表现为行为人实施了掩饰、隐瞒毒品犯罪、黑社会性质的组织犯罪、恐怖活动犯罪、走私犯罪、贪污贿赂犯罪、破坏金融管理秩序犯罪和金融诈骗犯罪的违法所得及其产生的收益的来源和性质的行为，主体是年满 16 周岁、具有刑事责任能力的人和单位，主观方面是故意}。

3. 洗钱罪的处罚

根据《刑法》第 191 条的规定，个人犯本罪的，没收实施犯罪的所得及其产生的收益，处 5 年以下有期徒刑或者拘役，并处或者单处洗钱数额 5% 以上 20% 以下罚金；情节严重的，处 5 年以上 10 年以下有期徒刑，并处洗钱数额 5% 以上 20% 以下罚金。单位犯本罪，对单位判处罚金，并对其直接负责的主管人员和其他直接责任人员，处5年以下有期徒刑或者拘役；情节严重的，处5年以上10年以下有期徒刑。

五、金融诈骗罪

（一）集资诈骗罪

1. 集资诈骗罪的概念

集资诈骗罪，是指行为人以非法占有为目的，违反有关金融法律、法规的规定，使用诈骗方法进行非法集资，扰乱国家正常金融秩序，侵犯公私财产所有权，且数额较大的行为。

2. 集资诈骗罪的构成特征

关于集资诈骗罪的构成特征，根据现行刑法的规定，主要有以下几个方面，其集合表现为：

设A为集资诈骗罪的集合，则A＝｛集资诈骗罪｝；

设A1为集资诈骗罪的客体的集合，则A1＝｛资金募集管理秩序｝∪｛公私财产所有权｝＝｛资金募集管理秩序和公私财产所有权｝；设A2为集资诈骗罪的客观方面的集合，则A2＝｛行为人违反有关金融法律、法规的规定，使用诈骗方法进行非法集资，扰乱国家正常金融秩序，侵犯公私财产所有权，且数额较大的行为｝；设A3为集资诈骗罪的主体的集合，则A3＝｛年满16周岁、具有刑事责任能力的人｝∪｛单位｝＝｛年满16周岁、具有刑事责任能力的人和单位｝；设A4为集资诈骗罪的主观方面的集合，则A4＝｛直接故意，且以非法占有为目的｝；

则A＝A1∪A2∪A3∪A4，即集资诈骗罪＝｛客体是资金募集管理秩序和公私财产所有权｝∪｛客观方面表现为行为人违反有关金融法律、法规的规定，使用诈骗方法进行非法集资，扰乱国家正常金融秩序，侵犯公私财产所有权，且数额较大的行为｝∪｛主体是年满16周岁、具有刑事责任能力的人和单位｝∪｛主观方面是直接故意，且以非法占有为目的｝＝｛客体是资金募集管理秩序和公私财产所有权，客观方面表现为行为人违反有关金融法律、法规的规定，使用诈骗方法进行非法集资，扰乱国家正常金融秩序，侵犯公私财产所有权，且数额较大的行为，主体是年满16周岁、具有刑事责任能力的人和单位，主观方面是直接故意，且以非法占有为目的｝。

3. 集资诈骗罪的处罚

根据《刑法》第192条、第200条的规定，个人犯本罪的，处5年以下有期徒刑或者拘役，并处2万元以上20万元以下罚金；数额巨大或者有其他严重情节的，处5年以上10年以下有期徒刑，并处5万元以上50万元以下罚金；数额特别巨大或者有其他特别严重情节的，处10年以上有期徒刑或者无期徒刑，并处5万元以上50万元以下罚金或者没收财产。单位犯本罪的，对单位判处罚金，并对其直接负责的主管人员和其他直接责任人员，处5年以下有期徒刑或者拘役，可以并处罚金；数额巨大或者有其他严重情节的，处5年以上10年以下有期徒刑，并处罚金；数额特别巨大或者有其他特别严重情节的，处10年以上有期徒刑或者无期徒刑，并处罚金。

（二）贷款诈骗罪

1. 贷款诈骗罪的概念

贷款诈骗罪，是指行为人以非法占有为目的，编造引进资金、项目等虚假理由、使用虚假的经济合同、证明文件、使用虚假的产权证明作担保、超出抵押物价值重复担保或者以其他方法，诈骗银行或者其他金融机构的贷款，数额较大的行为。

2. 贷款诈骗罪的构成特征

关于贷款诈骗罪的构成特征，根据现行刑法的规定，主要有以下几个方面，其集合表现为：

设B为贷款诈骗罪的集合，则B = {贷款诈骗罪}；

设B1为贷款诈骗罪的客体的集合，则B1 = {信贷管理秩序} ∪ {金融机构对贷款的所有权} = {信贷管理秩序和金融机构对贷款的所有权}；设B2为贷款诈骗罪的客观方面的集合，则B2 = {行为人编造引进资金、项目等虚假理由、使用虚假的经济合同、证明文件、使用虚假的产权证明作担保、超出抵押物价值重复担保或者以其他方法，诈骗银行或者其他金融机构的贷款，数额较大的行为}；设B3为贷款诈骗罪的主体的集合，则B3 = {年满16周岁、具有刑事责任能力的人}；设B4为贷款诈骗罪的主观方面的集合，则B4 = {直接故意，且以非法占有为目的}；

则B = B1∪B2∪B3∪B4，即贷款诈骗罪 = {客体是信贷管理秩序和金融机构对贷款的所有权} ∪ {客观方面表现为行为人编造引进资金、项目等虚假理由、使用虚假的经济合同、证明文件、使用虚假的产权证明作担保、超出抵押物价值重复担保或者以其他方法，诈骗银行或者其他金融机构的贷款，数额较大的行为｝∪｛主体是年满16周岁、具有刑事责任能力的人｝∪｛主观方面是直接故意，且以非法占有为目的｝＝｛客体是信贷管理秩序和金融机构对贷款的所有权，客观方面表现为行为人编造引进资金、项目等虚假理由、使用虚假的经济合同、证明文件、使用虚假的产权证明作担保、超出抵押物价值重复担保或者以其他方法，诈骗银行或者其他金融机构的贷款，数额较大的行为，主体是年满16周岁、具有刑事责任能力的人，主观方面是直接故意，且以非法占有为目的｝。

3. 贷款诈骗罪的处罚

根据《刑法》第193条的规定，犯本罪的，处5年以下有期徒刑或者拘役，并处2万元以上20万元以下罚金；数额巨大或者有其他严重情节的，处5年以上10年以下有期徒刑，并处5万元以上50万元以下罚金；数额特别巨大或者有其他特别严重情节的，处10年以上有期徒刑或者无期徒刑，并处5万元以上50万元以下罚金或者没收财产。

（三）票据诈骗罪

1. 票据诈骗罪的概念

票据诈骗罪，是指行为人以非法占有为目的，利用金融票据进行诈骗活动，数额较大的行为。

2. 票据诈骗罪的构成特征

关于票据诈骗罪的构成特征，根据现行刑法的规定，主要有以下几个方面，其集合表现为：

设C为票据诈骗罪的集合，则C＝｛票据诈骗罪｝；

设C1为票据诈骗罪的客体的集合，则C1＝｛金融票据管理秩序｝∪｛公私财产所有权｝＝｛金融票据管理秩序和公私财产所有权｝；设C2为票据诈骗罪的客观方面的集合，则C2＝｛行为人利用金融票据进行诈骗活动，数额较大的行为｝；设C3为票据诈骗罪的主体的集合，则C3＝｛年满16周岁、具有刑事责任能力的人｝∪｛单位｝＝｛年满16周岁、具有刑事责任能力的人和单位｝；设C4为票据诈骗罪的主观方面的集合，则C4＝｛直接故意，且以非法占有为目的｝；

则C＝C1∪C2∪C3∪C4，即票据诈骗罪＝｛客体是金融票据管理秩序和公私财产所有权｝∪｛客观方面表现为行为人利用金融票据进行诈骗活动，数额较大的行为｝∪｛主体是年满16周岁、具有刑事责任能力的人和单位｝∪｛主观方面是直接故意，且以非法占有为目的｝＝｛客体是金融票据管理秩序和公私财产所有权，客观方面表现为行为人利用金融票据进行诈骗活动，数额较大的行为，主体是年满16周岁、具有刑事责任能力的人和单位，主观方面是直接故意，且以非法占有为目的}。

3. 票据诈骗罪的处罚

根据《刑法》第194条第1款、第200条的规定，个人犯本罪的，处5年以下有期徒刑或者拘役，并处2万元以上20万元以下罚金；数额巨大或者有其他严重情节的，处5年以上10年以下有期徒刑，并处5万元以上50万元以下罚金；数额特别巨大或者有其他特别严重情节的，处10年以上有期徒刑或者无期徒刑，并处5万元以上50万元以下罚金或者没收财产。单位犯本罪的，对单位判处罚金，并对其直接负责的主管人员和其他直接责任人员，处5年以下有期徒刑或者拘役，可以并处罚金；数额巨大或者有其他严重情节的，处5年以上10年以下有期徒刑，并处罚金；数额特别巨大或者有其他特别严重情节的，处10年以上有期徒刑或者无期徒刑，并处罚金。

（四）金融凭证诈骗罪

1. 金融凭证诈骗罪的概念

金融凭证诈骗罪，是指行为人以非法占有为目的，使用伪造、变造的委托收款凭证、汇款凭证、银行存单等结算凭证进行诈骗活动，数额较大的行为。

2. 金融凭证诈骗罪的构成特征

关于金融凭证诈骗罪的构成特征，根据现行刑法的规定，主要有以下几个方面，其集合表现为：

设D为金融凭证诈骗罪的集合，则D＝{金融凭证诈骗罪}；

设D1为金融凭证诈骗罪的客体的集合，则D1＝{银行结算凭证管理秩序}∪{公私财产所有权}＝{银行结算凭证管理秩序和公私财产所有权}；设D2为金融凭证诈骗罪的客观方面的集合，则D2＝{行为人使用伪造、变造的委托收款凭证、汇款凭证、银行存单等结算凭证进行诈骗活动，数额较大的行为}；设D3为金融凭证诈骗罪的主体的集合，则D3＝{年满16周岁、具有刑事责任能力的人}∪{单位}＝{年满16周岁、具有刑事责任能力的人和单位}；设D4为金融凭证诈骗罪的主观方面的集合，则D4＝{直接故意，且以非法占有为目的}；

则D＝D1∪D2∪D3∪D4，即金融凭证诈骗罪＝{客体是银行结算凭证管理秩序和公私财产所有权}∪{客观方面表现为行为人使用伪造、变造的委托收款凭证、汇款凭证、银行存单等结算凭证进行诈骗活动，数额较大的行为｝∪｛主体是年满16周岁、具有刑事责任能力的人和单位｝∪｛主观方面是直接故意，且以非法占有为目的｝=｛客体是银行结算凭证管理秩序和公私财产所有权，客观方面表现为行为人使用伪造、变造的委托收款凭证、汇款凭证、银行存单等结算凭证进行诈骗活动，数额较大的行为，主体是年满16周岁、具有刑事责任能力的人和单位，主观方面是直接故意，且以非法占有为目的｝。

3. 金融凭证诈骗罪的处罚

根据《刑法》第194条第2款、第200条的规定，个人犯本罪的，处5年以下有期徒刑或者拘役，并处2万元以上20万元以下罚金；数额巨大或者有其他严重情节的，处5年以上10年以下有期徒刑，并处5万元以上50万元以下罚金；数额特别巨大或者有其他特别严重情节的，处10年以上有期徒刑或者无期徒刑，并处5万元以上50万元以下罚金或者没收财产。单位犯本罪的，对单位判处罚金，并对其直接负责的主管人员和其他直接责任人员，处5年以下有期徒刑或者拘役，可以并处罚金；数额巨大或者有其他严重情节的，处5年以上10年以下有期徒刑，并处罚金；数额特别巨大或者有其他特别严重情节的，处10年以上有期徒刑或者无期徒刑，并处罚金。

（五）信用证诈骗罪

1. 信用证诈骗罪的概念

信用证诈骗罪，是指行为人以非法占有为目的，利用信用证从事诈骗活动的行为。

2. 信用证诈骗罪的构成特征

关于信用证诈骗罪的构成特征，根据现行刑法的规定，主要有以下几个方面，其集合表现为：

设E为信用证诈骗罪的集合，则E=｛信用证诈骗罪｝；

设E1为信用证诈骗罪的客体的集合，则E1=｛信用证管理秩序｝∪｛公私财产所有权｝=｛信用证管理秩序和公私财产所有权｝；设E2为信用证诈骗罪的客观方面的集合，则E2=｛行为人利用信用证从事诈骗活动的行为｝；设E3为信用证诈骗罪的主体的集合，则E3=｛年满16周岁、具有刑事责任能力的人｝∪｛单位｝=｛年满16周岁、具有刑事责任能力的人和单位｝；设E4为信用证诈骗罪的主观方面的集合，则E4=｛直接故意，且以非法占有为目的｝；

则 E = E1∪E2∪E3∪E4，即信用证诈骗罪 = {客体是信用证管理秩序和公私财产所有权} ∪ {客观方面表现为行为人利用信用证从事诈骗活动的行为} ∪ {主体是年满 16 周岁、具有刑事责任能力的人和单位} ∪ {主观方面是直接故意，且以非法占有为目的} = {客体是信用证管理秩序和公私财产所有权，客观方面表现为行为人利用信用证从事诈骗活动的行为，主体是年满 16 周岁、具有刑事责任能力的人和单位，主观方面是直接故意，且以非法占有为目的}。

3. 信用证诈骗罪的处罚

根据《刑法》第 195 条、第 200 条的规定，个人犯本罪的，处 5 年以下有期徒刑或者拘役，并处 2 万元以上 20 万元以下罚金；数额巨大或者有其他严重情节的，处 5 年以上 10 年以下有期徒刑，并处 5 万元以上 50 万元以下罚金；数额特别巨大或者有其他特别严重情节的，处 10 年以上有期徒刑或者无期徒刑，并处 5 万元以上 50 万元以下罚金或者没收财产。单位犯本罪的，对单位判处罚金，并对其直接负责的主管人员和其他直接责任人员，处 5 年以下有期徒刑或者拘役，可以并处罚金；数额巨大或者有其他严重情节的，处 5 年以上 10 年以下有期徒刑，并处罚金；数额特别巨大或者有其他特别严重情节的，处 10 年以上有期徒刑或者无期徒刑，并处罚金。

（六）信用卡诈骗罪

1. 信用卡诈骗罪的概念

信用卡诈骗罪，是指行为人以非法占有为目的，利用信用卡从事诈骗活动，数额较大的行为。

2. 信用卡诈骗罪的构成特征

关于信用卡诈骗罪的构成特征，根据现行刑法的规定，主要有以下几个方面，其集合表现为：

设 F 为信用卡诈骗罪的集合，则 F = {信用卡诈骗罪}；

设 F1 为信用卡诈骗罪的客体的集合，则 F1 = {信用卡管理秩序} ∪ {公私财产所有权} = {信用卡管理秩序和公私财产所有权}；设 F2 为信用卡诈骗罪的客观方面的集合，则 F2 = {行为人利用信用卡从事诈骗活动，数额较大的行为}；设 F3 为信用卡诈骗罪的主体的集合，则 F3 = {年满 16 周岁、具有刑事责任能力的人} ∪ {单位} = {年满 16 周岁、具有刑事责任能力的人和单位}；设 F4 为信用卡诈骗罪的主观方面的集合，则 F4 = {直接故意，且以非法占有为目的}；

则 F = F1∪F2∪F3∪F4，即信用卡诈骗罪 = {客体是信用卡管理秩序和公私财产所有权} ∪ {客观方面表现为行为人利用信用卡从事诈骗活动，数额较大的行为} ∪ {主体是年满 16 周岁、具有刑事责任能力的人和单位} ∪ {主观方面是直接故意，且以非法占有为目的} = {客体是信用卡管理秩序和公私财产所有权，客观方面表现为行为人利用信用卡从事诈骗活动，数额较大的行为，主体是年满 16 周岁、具有刑事责任能力的人和单位，主观方面是直接故意，且以非法占有为目的}。

3. 信用卡诈骗罪的处罚

根据《刑法》第 196 条第 1 款的规定，犯本罪，处 5 年以下有期徒刑或者拘役，并处 2 万元以上 20 万元以下罚金；数额巨大或者有其他严重情节的，处 5 年以上 10 年以下有期徒刑，并处 5 万元以上 50 万元以下罚金；数额特别巨大或者有其他特别严重情节的，处 10 年以上有期徒刑或者无期徒刑，并处 5 万元以上 50 万元以下罚金或者没收财产。

（七）有价证券诈骗罪

1. 有价证券诈骗罪的概念

有价证券诈骗罪，是指行为人以非法占有为目的，使用伪造、变造的国库券或者国家发行的其他有价证券，进行诈骗活动，数额较大的行为。

2. 有价证券诈骗罪的构成特征

关于有价证券诈骗罪的构成特征，根据现行刑法的规定，主要有以下几个方面，其集合表现为：

设 G 为有价证券诈骗罪的集合，则 G = {有价证券诈骗罪}；

设 G1 为有价证券诈骗罪的客体的集合，则 G1 = {有价证券管理秩序} ∪ {公私财产所有权} = {有价证券管理秩序和公私财产所有权}；设 G2 为有价证券诈骗罪的客观方面的集合，则 G2 = {行为人使用伪造、变造的国库券或者国家发行的其他有价证券，进行诈骗活动，数额较大的行为}；设 G3 为有价证券诈骗罪的主体的集合，则 G3 = {年满 16 周岁、具有刑事责任能力的人}；设 G4 为有价证券诈骗罪的主观方面的集合，则 G4 = {直接故意，且以非法占有为目的}；

则 G = G1∪G2∪G3∪G4，即有价证券诈骗罪 = {客体是有价证券管理秩序和公私财产所有权} ∪ {客观方面表现为行为人使用伪造、变造的国库券或者国家发行的其他有价证券，进行诈骗活动，数额较大的行为} ∪ {主体是年满 16 周岁、具有刑事责任能力的人} ∪ {主观方面是直接故意，且以非法占有为目的} = {客体是有价证券管理秩序和公私财产所有权，客观方面表现为行为人使用伪造、变造的国库券或者国家发行的其他有价证券，进行诈骗活动，数额较大的行为，主体是年满16周岁、具有刑事责任能力的人，主观方面是直接故意，且以非法占有为目的}。

3. 有价证券诈骗罪的处罚

根据《刑法》第197条的规定，犯本罪的，处5年以下有期徒刑或者拘役，并处2万元以上20万元以下罚金；数额巨大或者有其他严重情节的，处5年以上10年以下有期徒刑，并处5万元以上50万元以下罚金；数额特别巨大或者有其他特别严重情节的，处10年以上有期徒刑或者无期徒刑，并处5万元以上50万元以下罚金或者没收财产。

（八）保险诈骗罪

1. 保险诈骗罪的概念

保险诈骗罪，是指投保人、被保险人或者受益人以非法占有为目的，采用欺诈手段骗取保险金，数额较大的行为。

2. 保险诈骗罪的构成特征

关于保险诈骗罪的构成特征，根据现行刑法的规定，主要有以下几个方面，其集合表现为：

设H为保险诈骗罪的集合，则H = {保险诈骗罪}；

设H1为保险诈骗罪的客体的集合，则H1 = {国家对保险的管理秩序} ∪ {保险公司的财产所有权} = {国家对保险的管理秩序和保险公司的财产所有权}；设H2为保险诈骗罪的客观方面的集合，则H2 = {行为人采用欺诈手段骗取保险金，数额较大的行为}；设H3为保险诈骗罪的主体的集合，则H3 = {年满16周岁、具有刑事责任能力的投保人、被保险人或者受益人} ∪ {单位} = {年满16周岁、具有刑事责任能力的投保人、被保险人或者受益人和单位}；设H4为保险诈骗罪的主观方面的集合，则H4 = {直接故意，且以非法占有为目的}；

则H = H1 ∪ H2 ∪ H3 ∪ H4，即保险诈骗罪 = {客体是国家对保险的管理秩序和保险公司的财产所有权} ∪ {客观方面表现为行为人采用欺诈手段骗取保险金，数额较大的行为} ∪ {主体是年满16周岁、具有刑事责任能力的投保人、被保险人或者受益人和单位} ∪ {主观方面是直接故意，且以非法占有为目的} = {客体是国家对保险的管理秩序和保险公司的财产所有权，客观方面表现为行为人采用欺诈手段骗取保险金，数额较大的行为，主体是年满16周岁、具有刑事责任能力的投保人、被保险人或者受益人和单位，主观方面是直接故意，且以非法占有为目的}。

3. 保险诈骗罪的处罚

根据《刑法》第198条第1款、第3款的规定，个人犯本罪的，处5年以下有期徒刑或者拘役，并处1万元以上10万元以下罚金；数额巨大或者有其他严重情节的，处5年以上10年以下有期徒刑，并处2万元以上20万元以下罚金；数额特别巨大或者有其他特别严重情节的，处10年以上有期徒刑，并处2万元以上20万元以下罚金或者没收财产。单位犯本罪的，对单位判处罚金，并对其直接负责的主管人员和其他直接责任人员，处5年以下有期徒刑或者拘役；数额巨大或者有其他严重情节的，处5年以上10年以下有期徒刑；数额特别巨大或者有其他特别严重情节的，处10年以上有期徒刑。

六、危害税收征管罪

（一）逃税罪

1. 逃税罪的概念

逃税罪，是指纳税人采取欺骗、隐瞒手段进行虚假纳税申报或者不申报，逃避缴纳税款数额较大并且占应纳税额10%以上的行为。

2. 逃税罪的构成特征

关于逃税罪的构成特征，根据现行刑法的规定，主要有以下几个方面，其集合表现为：

设A为逃税罪的集合，则A = {逃税罪}；

设A1为逃税罪的客体的集合，则A1 = {税收征管秩序} ∪ {国家对应征税款的所有权} = {税收征管秩序和国家对应征税款的所有权}；设A2为逃税罪的客观方面的集合，则A2 = {行为人采取欺骗、隐瞒手段进行虚假纳税申报或者不申报，逃避缴纳税款数额较大并且占应纳税额10%以上的行为}；设A3为逃税罪的主体的集合，则A3 = {年满16周岁、具有刑事责任能力的纳税人} ∪ {单位} = {年满16周岁、具有刑事责任能力的纳税人和单位}；设A4为逃税罪的主观方面的集合，则A4 = {直接故意，且以不缴或者少缴应纳税款为目的}；

则A = A1∪A2∪A3∪A4，即逃税罪 = {客体是税收征管秩序和国家对应征税款的所有权} ∪ {客观方面表现为行为人采取欺骗、隐瞒手段进行虚假纳税申报或者不申报，逃避缴纳税款数额较大并且占应纳税额10%以上的行为｝∪｛主体是年满16周岁、具有刑事责任能力的纳税人和单位｝∪｛主观方面是直接故意，且以不缴或者少缴应纳税款为目的｝=｛客体是税收征管秩序和国家对应征税款的所有权，客观方面表现为行为人采取欺骗、隐瞒手段进行虚假纳税申报或者不申报，逃避缴纳税款数额较大并且占应纳税额10%以上的行为，主体是年满16周岁、具有刑事责任能力的纳税人和单位，主观方面是直接故意，且以不缴或者少缴应纳税款为目的｝。

3. 逃税罪的处罚

根据《刑法》第201条第1款、第2款、第3款、第211条及第212条规定，个人犯本罪的，处3年以下有期徒刑或者拘役，并处罚金；纳税人逃避缴纳税款数额巨大并且占应纳税额30%以上的，处3年以上7年以下有期徒刑，并处罚金。扣缴义务人采取欺骗、隐瞒手段，不缴或者少缴已扣、已收税款，数额较大，依照上述规定处罚。多次实施以上行为，未经处理的，按照累计数额计算。单位犯本罪的，对单位判处罚金，并对其直接负责的主管人员和其他直接责任人员，依照个人犯本罪的规定处罚。

犯本罪的，被判处罚金、没收财产的，在执行前，应当先由税务机关追缴其所逃避的税款。

（二）抗税罪

1. 抗税罪的概念

抗税罪，是指纳税人、扣缴义务人违反税收管理法律、法规，以暴力、威胁方法拒不缴纳应纳税款以及代扣、代收的税款的行为。

2. 抗税罪的构成特征

关于抗税罪的构成特征，根据现行刑法的规定，主要有以下几个方面，其集合表现为：

设B为抗税罪的集合，则B=｛抗税罪｝；

设B1为抗税罪的客体的集合，则B1=｛税收征管秩序｝∪｛国家对应征税款以及代扣、代收税款的所有权｝∪｛税务机关工作人员的人身权利｝=｛税收征管秩序和国家对应征税款以及代扣、代收税款的所有权以及税务机关工作人员的人身权利｝；设B2为抗税罪的客观方面的集合，则B2=｛行为人违反税收管理法律、法规，以暴力、威胁方法拒不缴纳应纳税款以及代扣、代收的税款的行为｝；设B3为抗税罪的主体的集合，则B3=

{年满16周岁、具有刑事责任能力的纳税人、扣缴义务人}；设B4为抗税罪的主观方面的集合，则B4 = {直接故意，且以拒缴税款为目的}；

则B = B1∪B2∪B3∪B4，即抗税罪 = {客体是税收征管秩序和国家对应征税款以及代扣、代收税款的所有权以及税务机关工作人员的人身权利} ∪ {客观方面表现为行为人违反税收管理法律、法规，以暴力、威胁方法拒不缴纳应纳税款以及代扣、代收的税款的行为} ∪ {主体是年满16周岁、具有刑事责任能力的纳税人、扣缴义务人} ∪ {主观方面是直接故意，且以拒缴税款为目的} = {客体是税收征管秩序和国家对应征税款以及代扣、代收税款的所有权以及税务机关工作人员的人身权利，客观方面表现为行为人违反税收管理法律、法规，以暴力、威胁方法拒不缴纳应纳税款以及代扣、代收的税款的行为，主体是年满16周岁、具有刑事责任能力的纳税人、扣缴义务人，主观方面是直接故意，且以拒缴税款为目的}。

3. 抗税罪的处罚

根据《刑法》第202条、第212条的规定，犯本罪的，处3年以下有期徒刑或者拘役，并处拒缴税款1倍以上5倍以下罚金；情节严重的，处3年以上7年以下有期徒刑，并处拒缴税款1倍以上5倍以下罚金。犯本罪的，被判处罚金、没收财产的，在执行前，应当先由税务机关追缴被拒缴的税款。

（三）逃避追缴欠税罪

1. 逃避追缴欠税罪的概念

逃避追缴欠税罪，是指欠缴应纳税款的纳税人违反税收管理法律、法规，采取转移或者隐匿财产的手段，致使税务机关无法追缴欠缴的税款，数额较大的行为。

2. 逃避追缴欠税罪的构成特征

关于逃避追缴欠税罪的构成特征，根据现行刑法的规定，主要有以下几个方面，其集合表现为：

设C为逃避追缴欠税罪的集合，则C = {逃避追缴欠税罪}；

设C1为逃避追缴欠税罪的客体的集合，则C1 = {税收征管秩序} ∪ {国家对纳税人所欠税款的所有权} = {税收征管秩序和国家对纳税人所欠税款的所有权}；设C2为逃避追缴欠税罪的客观方面的集合，则C2 = {行为人违反税收管理法律、法规，采取转移或者隐匿财产的手段，致使税务机关无法追缴欠缴的税款，数额较大的行为｝；设 C3 为逃避追缴欠税罪的主体的集合，则 C3 = ｛年满 16 周岁、具有刑事责任能力的欠税人｝ ∪ ｛单位｝ = ｛年满 16 周岁、具有刑事责任能力的欠税人和单位｝；设 C4 为逃避追缴欠税罪的主观方面的集合，则 C4 = ｛直接故意，且以逃避追缴所欠应纳税款为目的｝；

则 C = C1∪C2∪C3∪C4，即逃避追缴欠税罪 = ｛客体是税收征管秩序和国家对纳税人所欠税款的所有权｝ ∪ ｛客观方面表现为行为人违反税收管理法律、法规，采取转移或者隐匿财产的手段，致使税务机关无法追缴欠缴的税款，数额较大的行为｝ ∪ ｛主体是年满 16 周岁、具有刑事责任能力的欠税人和单位｝ ∪ ｛主观方面是直接故意，且以逃避追缴所欠应纳税款为目的｝ = ｛客体是税收征管秩序和国家对纳税人所欠税款的所有权，客观方面表现为行为人违反税收管理法律、法规，采取转移或者隐匿财产的手段，致使税务机关无法追缴欠缴的税款，数额较大的行为，主体是年满 16 周岁、具有刑事责任能力的欠税人和单位，主观方面是直接故意，且以逃避追缴所欠应纳税款为目的｝。

3. 逃避追缴欠税罪的处罚

根据《刑法》第 203 条、第 211 条及第 212 条的规定，个人犯本罪的，数额在 1 万元以上不满 10 万元的，处 3 年以下有期徒刑或者拘役，并处或者单处欠缴税款 1 倍以上 5 倍以下罚金；数额在 10 万元以上的，处 3 年以上 7 年以下有期徒刑，并处欠缴税款 1 倍以上 5 倍以下罚金。单位犯本罪的，对单位判处罚金，并对其直接负责的主管人员和其他直接责任人员，依照个人犯本罪的规定处罚。犯本罪的，被判处罚金、没收财产的，在执行前，应当先由税务机关追缴所欠税款。

（四）骗取出口退税罪

1. 骗取出口退税罪的概念

骗取出口退税罪，是指行为人以非法占有国家税款为目的，违反税收管理法律、法规，以假报出口或者其他欺骗手段，骗取国家出口退税款，数额较大的行为。

2. 骗取出口退税罪的构成特征

关于骗取出口退税罪的构成特征，根据现行刑法的规定，主要有以下几个方面，其集合表现为：

设 D 为骗取出口退税罪的集合，则 D = ｛骗取出口退税罪｝；

设 D1 为骗取出口退税罪的客体的集合，则 D1 = ｛税收征管秩序｝ ∪ ｛国家对被骗税款的所有权｝ = ｛税收征管秩序和国家对被骗税款的所有权｝；设 D2 为骗取出口退税罪的客观方面的集合，则 D2 = ｛行为人违反税收管理法律、法规，以假报出口或者其他欺骗手段，骗取国家出口退税款，数额较大的行为｝；设 D3 为骗取出口退税罪的主体的集合，则 D3 = ｛年满 16 周岁、具有刑事责任能力的人｝ ∪ ｛单位｝ = ｛年满 16 周岁、具有刑事责任能力的人和单位｝；设 D4 为骗取出口退税罪的主观方面的集合，则 D4 = ｛直接故意，且以非法占有国家税款为目的｝；

则 D = D1∪D2∪D3∪D4，即骗取出口退税罪 = ｛客体是税收征管秩序和国家对被骗税款的所有权｝ ∪ ｛客观方面表现为行为人违反税收管理法律、法规，以假报出口或者其他欺骗手段，骗取国家出口退税款，数额较大的行为｝ ∪ ｛主体是年满 16 周岁、具有刑事责任能力的人和单位｝ ∪ ｛主观方面是直接故意，且以非法占有国家税款为目的｝ = ｛客体是税收征管秩序和国家对被骗税款的所有权，客观方面表现为行为人违反税收管理法律、法规，以假报出口或者其他欺骗手段，骗取国家出口退税款，数额较大的行为，主体是年满 16 周岁、具有刑事责任能力的人和单位，主观方面是直接故意，且以非法占有国家税款为目的｝。

3. 骗取出口退税罪的处罚

根据《刑法》第 204 条、第 211 条及第 212 条的规定，个人犯本罪的，处 5 年以下有期徒刑或者拘役，并处骗取税款 1 倍以上 5 倍以下罚金；数额巨大或者有其他严重情节的，处 5 年以上 10 年以下有期徒刑，并处骗取税款 1 倍以上 5 倍以下罚金；数额特别巨大或者有其他严重情节的，处 10 年以上有期徒刑或者无期徒刑，并处骗取税款 1 倍以上 5 倍以下罚金或者没收财产。单位犯本罪的，对单位判处罚金，并对其直接负责的主管人员和其他直接责任人员，依照个人犯本罪的规定处罚。犯本罪的，被判处罚金、没收财产的，在执行前，应当先由税务机关追缴所骗取的出口退税款。

（五）虚开增值税专用发票、用于骗取出口退税、抵扣税款发票罪

1. 虚开增值税专用发票、用于骗取出口退税、抵扣税款发票罪的概念

虚开增值税专用发票、用于骗取出口退税、抵扣税款发票罪，是指行为人违反发票管理法律、法规，虚开增值税专用发票或者用于骗取出口退税、抵扣税款的增值税专用发票以外的其他发票的行为。

2. 虚开增值税专用发票、用于骗取出口退税、抵扣税款发票罪的构成特征

关于虚开增值税专用发票、用于骗取出口退税、抵扣税款发票罪的构成特征，根据现行刑法的规定，主要有以下几个方面，其集合表现为：

设 E 为虚开增值税专用发票、用于骗取出口退税、抵扣税款发票罪的集合，则 E = {虚开增值税专用发票、用于骗取出口退税、抵扣税款发票罪}；

设 E1 为虚开增值税专用发票、用于骗取出口退税、抵扣税款发票罪的客体的集合，则 E1 = {国家对增值税专用发票以及用于骗取出口退税、抵扣税款发票的管理秩序}；设 E2 为虚开增值税专用发票、用于骗取出口退税、抵扣税款发票罪的客观方面的集合，则 E2 = {行为人违反发票管理法律、法规，虚开增值税专用发票或者用于骗取出口退税、抵扣税款的增值税专用发票以外的其他发票的行为}；设 E3 为虚开增值税专用发票、用于骗取出口退税、抵扣税款发票罪的主体的集合，则 E3 = {年满 16 周岁、具有刑事责任能力的人} ∪ {单位} = {年满 16 周岁、具有刑事责任能力的人和单位}；设 E4 为虚开增值税专用发票、用于骗取出口退税、抵扣税款发票罪的主观方面的集合，则 E4 = {故意}；

则 E = E1∪E2∪E3∪E4，即虚开增值税专用发票、用于骗取出口退税、抵扣税款发票罪 = {客体是国家对增值税专用发票以及用于骗取出口退税、抵扣税款发票的管理秩序} ∪ {客观方面表现为行为人违反发票管理法律、法规，虚开增值税专用发票或者用于骗取出口退税、抵扣税款的增值税专用发票以外的其他发票的行为} ∪ {主体是年满 16 周岁、具有刑事责任能力的人和单位} ∪ {主观方面是故意} = {客体是国家对增值税专用发票以及用于骗取出口退税、抵扣税款发票的管理秩序，客观方面表现为行为人违反发票管理法律、法规，虚开增值税专用发票或者用于骗取出口退税、抵扣税款的增值税专用发票以外的其他发票的行为，主体是年满 16 周岁、具有刑事责任能力的人和单位，主观方面是故意}。

3. 虚开增值税专用发票、用于骗取出口退税、抵扣税款发票罪的处罚

根据《刑法》第205 条、第212 条的规定，个人犯本罪的，处3 年以下有期徒刑或者拘役，并处2 万元以上 20 万元以下罚金；虚开的税款数额较大或者有其他严重情节的，处 3 年以上 10 年以下有期徒刑，并处 5 万元以上 50 万元以下罚金；虚开的税款数额巨大或者有其他特别严重情节的，处 10 年以上有期徒刑或者无期徒刑，并处 5 万元以上 50 万元以下罚金或者没

收财产。单位犯本罪的，对单位判处罚金，并对其直接负责的主管人员和其他直接责任人员，处3年以下有期徒刑或者拘役；虚开的税款数额较大或者有其他严重情节的，处3年以上10年以下有期徒刑；虚开的税款数额巨大或者有其他特别严重情节的，处10年以上有期徒刑或者无期徒刑。犯本罪的，被判处罚金、没收财产的，在执行前，应当先由税务机关追缴被骗取或者抵扣的税款。

（六）虚开发票罪

1. 虚开发票罪的概念

虚开发票罪，是指行为人违反发票管理法律、法规，虚开增值税专用发票、骗取出口退税、抵扣税款发票以外的普通发票，情节严重的行为。

2. 虚开发票罪的构成特征

关于虚开发票罪的构成特征，根据现行刑法的规定，主要有以下几个方面，其集合表现为：

设F为虚开发票罪的集合，则F＝｛虚开发票罪｝；

设F1为虚开发票罪的客体的集合，则F1＝｛国家对增值税专用发票以及用于骗取出口退税、抵扣税款发票以外的发票的管理秩序｝；设F2为虚开发票罪的客观方面的集合，则F2＝｛行为人违反发票管理法律、法规，虚开增值税专用发票、骗取出口退税、抵扣税款发票以外的普通发票，情节严重的行为｝；设F3为虚开发票罪的主体的集合，则F3＝｛年满16周岁、具有刑事责任能力的人｝∪｛单位｝＝｛年满16周岁、具有刑事责任能力的人和单位｝；设F4为虚开发票罪的主观方面的集合，则F4＝｛故意｝；

则F＝F1∪F2∪F3∪F4，即虚开发票罪＝｛客体是国家对增值税专用发票以及用于骗取出口退税、抵扣税款发票以外的发票的管理秩序｝∪｛客观方面表现为行为人违反发票管理法律、法规，虚开增值税专用发票、骗取出口退税、抵扣税款发票以外的普通发票，情节严重的行为｝∪｛主体是年满16周岁、具有刑事责任能力的人和单位｝∪｛主观方面是故意｝＝｛客体是国家对增值税专用发票以及用于骗取出口退税、抵扣税款发票以外的发票的管理秩序，客观方面表现为行为人违反发票管理法律、法规，虚开增值税专用发票、骗取出口退税、抵扣税款发票以外的普通发票，情节严重的行为，主体是年满16周岁、具有刑事责任能力的人和单位，主观方面是故意｝。

3. 虚开发票罪的处罚

根据《刑法》第205条之一的规定，个人犯本罪的，处2年以下有期徒刑、拘役或者管制，并处罚金；情节特别严重的，处2年以上7年以下有期徒刑，并处罚金。单位犯本罪的，对单位判处罚金，并对其直接负责的主管人员和其他直接责任人员，依照自然人犯本罪的规定处罚。

（七）伪造、出售伪造的增值税专用发票罪

1. 伪造、出售伪造的增值税专用发票罪的概念

伪造、出售伪造的增值税专用发票罪，是指行为人违反发票管理法律、法规，伪造或者出售伪造的增值税专用发票的行为。

2. 伪造、出售伪造的增值税专用发票罪的构成特征

关于伪造、出售伪造的增值税专用发票罪的构成特征，根据现行刑法的规定，主要有以下几个方面，其集合表现为：

设G为伪造、出售伪造的增值税专用发票罪的集合，则G＝{伪造、出售伪造的增值税专用发票罪}；

设G1为伪造、出售伪造的增值税专用发票罪的客体的集合，则G1＝{国家对增值税专用发票的管理秩序}；设G2为伪造、出售伪造的增值税专用发票罪的客观方面的集合，则G2＝{行为人违反发票管理法律、法规，伪造或者出售伪造的增值税专用发票的行为}；设G3为伪造、出售伪造的增值税专用发票罪的主体的集合，则G3＝{年满16周岁、具有刑事责任能力的人}∪{单位}＝{年满16周岁、具有刑事责任能力的人和单位}；设G4为伪造、出售伪造的增值税专用发票罪的主观方面的集合，则G4＝{故意}；

则G＝G1∪G2∪G3∪G4，即伪造、出售伪造的增值税专用发票罪＝{客体是国家对增值税专用发票的管理秩序}∪{客观方面表现为行为人违反发票管理法律、法规，伪造或者出售伪造的增值税专用发票的行为}∪{主体是年满16周岁、具有刑事责任能力的人和单位}∪{主观方面是故意}＝{客体是国家对增值税专用发票的管理秩序，客观方面表现为行为人违反发票管理法律、法规，伪造或者出售伪造的增值税专用发票的行为，主体是年满16周岁、具有刑事责任能力的人和单位，主观方面是故意}。

3. 伪造、出售伪造的增值税专用发票罪的处罚

根据《刑法》第206条的规定，个人犯本罪的，处3年以下有期徒刑、拘役或者管制，并处2万元以上20万元以下罚金；数量较大或者有其他严

重情节的，处3年以上10年以下有期徒刑，并处5万元以上50万元以下罚金；数量巨大或者有其他特别严重情节的，处10年以上有期徒刑或者无期徒刑，并处5万元以上50万元以下罚金或者没收财产。单位犯本罪的，对单位判处罚金，并对其直接负责的主管人员和其他直接责任人员，处3年以下有期徒刑、拘役或者管制；数量较大或者有其他严重情节的，处3年以上10年以下有期徒刑；数量巨大或者有其他特别严重情节的，处10年以上有期徒刑或者无期徒刑。

（八）非法出售增值税专用发票罪

1. 非法出售增值税专用发票罪的概念

非法出售增值税专用发票罪，是指行为人违反发票管理法律、法规，非法出售增值税专用发票的行为。

2. 非法出售增值税专用发票罪的构成特征

关于非法出售增值税专用发票罪的构成特征，根据现行刑法的规定，主要有以下几个方面，其集合表现为：

设H为非法出售增值税专用发票罪的集合，则H＝｛非法出售增值税专用发票罪｝；

设H1为非法出售增值税专用发票罪的客体的集合，则H1＝｛国家对增值税专用发票的管理秩序｝；设H2为非法出售增值税专用发票罪的客观方面的集合，则H2＝｛行为人违反发票管理法律、法规，非法出售增值税专用发票的行为｝；设H3为非法出售增值税专用发票罪的主体的集合，则H3＝｛年满16周岁、具有刑事责任能力的人｝∪｛单位｝＝｛年满16周岁、具有刑事责任能力的人和单位｝；设H4为非法出售增值税专用发票罪的主观方面的集合，则H4＝｛故意｝；

则H＝H1∪H2∪H3∪H4，即非法出售增值税专用发票罪＝｛客体是国家对增值税专用发票的管理秩序｝∪｛客观方面表现为行为人违反发票管理法律、法规，非法出售增值税专用发票的行为｝∪｛主体是年满16周岁、具有刑事责任能力的人和单位｝∪｛主观方面是故意｝＝｛客体是国家对增值税专用发票的管理秩序，客观方面表现为行为人违反发票管理法律、法规，非法出售增值税专用发票的行为，主体是年满16周岁、具有刑事责任能力的人和单位，主观方面是故意｝。

3. 非法出售增值税专用发票罪的处罚

根据《刑法》第207条、第211条的规定，个人犯本罪的，处3年以下有期徒刑、拘役或者管制，并处2万元以上20万元以下罚金；数量较大的，处3年以上10年以下有期徒刑，并处5万元以上50万元以下罚金；数量巨大的，处10年以上有期徒刑或者无期徒刑，并处5万元以上50万元以下罚金或者没收财产。单位犯本罪的，对单位判处罚金，并对其直接负责的主管人员和其他直接责任人员，依照个人犯本罪的规定处罚。

（九）非法购买增值税专用发票、购买伪造的增值税专用发票罪

1. 非法购买增值税专用发票、购买伪造的增值税专用发票罪的概念

非法购买增值税专用发票、购买伪造的增值税专用发票罪，是指行为人违反发票管理法律、法规，非法购买增值税专用发票，或者购买伪造的增值税专用发票的行为。

2. 非法购买增值税专用发票、购买伪造的增值税专用发票罪的构成特征

关于非法购买增值税专用发票、购买伪造的增值税专用发票罪的构成特征，根据现行刑法的规定，主要有以下几个方面，其集合表现为：

设I为非法购买增值税专用发票、购买伪造的增值税专用发票罪的集合，则I = {非法购买增值税专用发票、购买伪造的增值税专用发票罪}；

设I1为非法购买增值税专用发票、购买伪造的增值税专用发票罪的客体的集合，则I1 = {国家对增值税专用发票的管理秩序}；设I2为非法购买增值税专用发票、购买伪造的增值税专用发票罪的客观方面的集合，则I2 = {行为人违反发票管理法律、法规，非法购买增值税专用发票，或者购买伪造的增值税专用发票的行为}；设I3为非法购买增值税专用发票、购买伪造的增值税专用发票罪的主体的集合，则I3 = {年满16周岁、具有刑事责任能力的人} ∪ {单位} = {年满16周岁、具有刑事责任能力的人和单位}；设I4为非法购买增值税专用发票、购买伪造的增值税专用发票罪的主观方面的集合，则I4 = {故意}；

则I = I1∪I2∪I3∪I4，即非法购买增值税专用发票、购买伪造的增值税专用发票罪 = {客体是国家对增值税专用发票的管理秩序} ∪ {客观方面表现为行为人违反发票管理法律、法规，非法购买增值税专用发票，或者购买伪造的增值税专用发票的行为} ∪ {主体是年满16周岁、具有刑事责任能力的人和单位} ∪ {主观方面是故意} = {客体是国家对增值税专用发票的管理秩序，客观方面表现为行为人违反发票管理法律、法规，非法购买增值税专用发票，或者购买伪造的增值税专用发票的行为，主体是年满

16周岁、具有刑事责任能力的人和单位，主观方面是故意}。

3. 非法购买增值税专用发票、购买伪造的增值税专用发票罪的处罚

根据《刑法》第208条第1款、第211条的规定，个人犯本罪的，处5年以下有期徒刑或者拘役，并处或者单处2万元以上20万元以下罚金。单位犯本罪的，对单位判处罚金，并对其直接负责的主管人员和其他直接责任人员，依照个人犯本罪的规定处罚。

（十）非法制造、出售非法制造的用于骗取出口退税、抵扣税款发票罪

1. 非法制造、出售非法制造的用于骗取出口退税、抵扣税款发票罪的概念

非法制造、出售非法制造的用于骗取出口退税、抵扣税款发票罪，是指行为人违反发票管理法律、法规，伪造、擅自制造或者出售伪造、擅自制造的用于骗取出口退税、抵扣税款发票的行为。

2. 非法制造、出售非法制造的用于骗取出口退税、抵扣税款发票罪的构成特征

关于非法制造、出售非法制造的用于骗取出口退税、抵扣税款发票罪的构成特征，根据现行刑法的规定，主要有以下几个方面，其集合表现为：

设J为非法制造、出售非法制造的用于骗取出口退税、抵扣税款发票罪的集合，则J={非法制造、出售非法制造的用于骗取出口退税、抵扣税款发票罪}；

设J1为非法制造、出售非法制造的用于骗取出口退税、抵扣税款发票罪的客体的集合，则J1={国家对用于骗取出口退税、抵扣税款发票的管理秩序}；设J2为非法制造、出售非法制造的用于骗取出口退税、抵扣税款发票罪的客观方面的集合，则J2={行为人违反发票管理法律、法规，伪造、擅自制造或者出售伪造、擅自制造的用于骗取出口退税、抵扣税款发票的行为}；设J3为非法制造、出售非法制造的用于骗取出口退税、抵扣税款发票罪的主体的集合，则J3={年满16周岁、具有刑事责任能力的人}∪{单位}={年满16周岁、具有刑事责任能力的人和单位}；设J4为非法制造、出售非法制造的用于骗取出口退税、抵扣税款发票罪的主观方面的集合，则J4={故意}；

则J=J1∪J2∪J3∪J4，即非法制造、出售非法制造的用于骗取出口退税、抵扣税款发票罪={客体是国家对用于骗取出口退税、抵扣税款发票

的管理秩序｝∪｛客观方面表现为行为人违反发票管理法律、法规，伪造、擅自制造或者出售伪造、擅自制造的用于骗取出口退税、抵扣税款发票的行为｝∪｛主体是年满16周岁、具有刑事责任能力的人和单位｝∪｛主观方面是故意｝=｛客体是国家对用于骗取出口退税、抵扣税款发票的管理秩序，客观方面表现为行为人违反发票管理法律、法规，伪造、擅自制造或者出售伪造、擅自制造的用于骗取出口退税、抵扣税款发票的行为，主体是年满16周岁、具有刑事责任能力的人和单位，主观方面是故意｝。

3. 非法制造、出售非法制造的用于骗取出口退税、抵扣税款发票罪的处罚

根据《刑法》第209条第1款、第3款、第211条的规定，个人犯本罪的，处3年以下有期徒刑、拘役或者管制，并处2万元以上20万元以下罚金；数量巨大的，处3年以上7年以下有期徒刑，并处5万元以上50万元以下罚金；数量特别巨大的，处7年以上有期徒刑，并处5万元以上50万元以下罚金或者没收财产。单位犯本罪的，对单位判处罚金，并对其直接负责的主管人员和其他直接责任人员，依照个人犯本罪的规定处罚。

（十一）非法制造、出售非法制造的发票罪

1. 非法制造、出售非法制造的发票罪的概念

非法制造、出售非法制造的发票罪，是指行为人违反发票管理法律、法规，伪造、擅自制造或者出售伪造、擅自制造的普通发票的行为。

2. 非法制造、出售非法制造的发票罪的构成特征

关于非法制造、出售非法制造的发票罪的构成特征，根据现行刑法的规定，主要有以下几个方面，其集合表现为：

设K为非法制造、出售非法制造的发票罪的集合，则K=｛非法制造、出售非法制造的发票罪｝；

设K1为非法制造、出售非法制造的发票罪的客体的集合，则K1=｛国家对普通发票的管理秩序｝；设K2为非法制造、出售非法制造的发票罪的客观方面的集合，则K2=｛行为人违反发票管理法律、法规，伪造、擅自制造或者出售伪造、擅自制造的普通发票的行为｝；设K3为非法制造、出售非法制造的发票罪的主体的集合，则K3=｛年满16周岁、具有刑事责任能力的人｝∪｛单位｝=｛年满16周岁、具有刑事责任能力的人和单位｝；设K4为非法制造、出售非法制造的发票罪的主观方面的集合，则K4=｛故意｝；

则 K = K1∪K2∪K3∪K4，即非法制造、出售非法制造的发票罪 = {客体是国家对普通发票的管理秩序} ∪ {客观方面表现为行为人违反发票管理法律、法规，伪造、擅自制造或者出售伪造、擅自制造的普通发票的行为} ∪ {主体是年满 16 周岁、具有刑事责任能力的人和单位} ∪ {主观方面是故意} = {客体是国家对普通发票的管理秩序，客观方面表现为行为人违反发票管理法律、法规，伪造、擅自制造或者出售伪造、擅自制造的普通发票的行为，主体是年满 16 周岁、具有刑事责任能力的人和单位，主观方面是故意}。

3. 非法制造、出售非法制造的发票罪的处罚

根据《刑法》第 209 条第 2 款、第 211 条的规定，个人犯本罪的，处 2 年以下有期徒刑、拘役或者管制，并处或单处 1 万元以上 5 万元以下罚金；情节严重的，处 2 年以上 7 年以下有期徒刑，并处 5 万元以上 50 万元以下罚金。单位犯本罪的，对单位判处罚金，并对其直接负责的主管人员和其他直接责任人员，依照个人犯本罪的规定处罚。

（十二）非法出售用于骗取出口退税、抵扣税款发票罪

1. 非法出售用于骗取出口退税、抵扣税款发票罪的概念

非法出售用于骗取出口退税、抵扣税款发票罪，是指行为人违反发票管理法律、法规，非法出售用于骗取出口退税、抵扣税款发票的行为。

2. 非法出售用于骗取出口退税、抵扣税款发票罪的构成特征

关于非法出售用于骗取出口退税、抵扣税款发票罪的构成特征，根据现行刑法的规定，主要有以下几个方面，其集合表现为：

设 L 为非法出售用于骗取出口退税、抵扣税款发票罪的集合，则 L = {非法出售用于骗取出口退税、抵扣税款发票罪}；

设 L1 为非法出售用于骗取出口退税、抵扣税款发票罪的客体的集合，则 L1 = {国家对用于骗取出口退税、抵扣税款发票的管理秩序}；设 L2 为非法出售用于骗取出口退税、抵扣税款发票罪的客观方面的集合，则 L2 = {行为人违反发票管理法律、法规，非法出售用于骗取出口退税、抵扣税款发票的行为}；设 L3 为非法出售用于骗取出口退税、抵扣税款发票罪的主体的集合，则 L3 = {年满 16 周岁、具有刑事责任能力的人} ∪ {单位} = {年满 16 周岁、具有刑事责任能力的人和单位}；设 L4 为非法出售用于骗取出口退税、抵扣税款发票罪的主观方面的集合，则 L4 = {故意}；

则 L = L1∪L2∪L3∪L4，即非法出售用于骗取出口退税、抵扣税款发

票罪 = {客体是国家对用于骗取出口退税、抵扣税款发票的管理秩序} ∪ {客观方面表现为行为人违反发票管理法律、法规，非法出售用于骗取出口退税、抵扣税款发票的行为} ∪ {主体是年满16周岁、具有刑事责任能力的人和单位} ∪ {主观方面是故意} = {客体是国家对用于骗取出口退税、抵扣税款发票的管理秩序，客观方面表现为行为人违反发票管理法律、法规，非法出售用于骗取出口退税、抵扣税款发票的行为，主体是年满16周岁、具有刑事责任能力的人和单位，主观方面是故意}。

3. 非法出售用于骗取出口退税、抵扣税款发票罪的处罚

根据《刑法》第209条第1款、第3款、第211条的规定，个人犯本罪的，处3年以下有期徒刑、拘役或者管制，并处2万元以上20万元以下罚金；数量巨大的，处3年以上7年以下有期徒刑，并处5万元以上50万元以下罚金；数量特别巨大的，处7年以上有期徒刑，并处5万元以上50万元以下罚金或者没收财产。单位犯本罪的，对单位判处罚金，并对其直接负责的主管人员和其他直接责任人员，依照个人犯本罪的规定处罚。

（十三）非法出售发票罪

1. 非法出售发票罪的概念

非法出售发票罪，是指行为人违反发票管理法律、法规，非法出售普通发票的行为。

2. 非法出售发票罪的构成特征

关于非法出售发票罪的构成特征，根据现行刑法的规定，主要有以下几个方面，其集合表现为：

设M为非法出售发票罪的集合，则M = {非法出售发票罪}；

设M1为非法出售发票罪的客体的集合，则M1 = {国家对普通发票的管理秩序}；设M2为非法出售发票罪的客观方面的集合，则M2 = {行为人违反发票管理法律、法规，非法出售普通发票的行为}；设M3为非法出售发票罪的主体的集合，则M3 = {年满16周岁、具有刑事责任能力的人} ∪ {单位} = {年满16周岁、具有刑事责任能力的人和单位}；设M4为非法出售发票罪的主观方面的集合，则M4 = {故意}；

则M = M1∪M2∪M3∪M4，即非法出售发票罪 = {客体是国家对普通发票的管理秩序} ∪ {客观方面表现为行为人违反发票管理法律、法规，非法出售普通发票的行为} ∪ {主体是年满16周岁、具有刑事责任能力的人和单位} ∪ {主观方面是故意} = {客体是国家对普通发票的

管理秩序，客观方面表现为行为人违反发票管理法律、法规，非法出售普通发票的行为，主体是年满16周岁、具有刑事责任能力的人和单位，主观方面是故意}。

3. 非法出售发票罪的处罚

根据《刑法》第209条第2款、第3款、第4款、第211条的规定，个人犯本罪的，处2年以下有期徒刑、拘役或者管制，并处或单处1万元以上5万元以下罚金；情节严重的，处2年以上7年以下有期徒刑，并处5万元以上50万元以下罚金。单位犯本罪的，对单位判处罚金，并对其直接负责的主管人员和其他直接责任人员，依照个人犯本罪的规定处罚。

（十四）持有伪造的发票罪

1. 持有伪造的发票罪的概念

持有伪造的发票罪，是指行为人违反发票管理法律、法规，明知是伪造的发票而持有，数量较大的行为。

2. 持有伪造的发票罪的构成特征

关于持有伪造的发票罪的构成特征，根据现行刑法的规定，主要有以下几个方面，其集合表现为：

设N为持有伪造的发票罪的集合，则N = {持有伪造的发票罪}；

设N1为持有伪造的发票罪的客体的集合，则N1 = {国家对发票的管理秩序}；设N2为持有伪造的发票罪的客观方面的集合，则N2 = {行为人违反发票管理法律、法规，明知是伪造的发票而持有，数量较大的行为}；设N3为持有伪造的发票罪的主体的集合，则N3 = {年满16周岁、具有刑事责任能力的人} ∪ {单位} = {年满16周岁、具有刑事责任能力的人和单位}；设N4为持有伪造的发票罪的主观方面的集合，则N4 = {故意}；

则N = N1∪N2∪N3∪N4，即持有伪造的发票罪 = {客体是国家对发票的管理秩序} ∪ {客观方面表现为行为人违反发票管理法律、法规，明知是伪造的发票而持有，数量较大的行为} ∪ {主体是年满16周岁、具有刑事责任能力的人和单位} ∪ {主观方面是故意} = {客体是国家对发票的管理秩序，客观方面表现为行为人违反发票管理法律、法规，明知是伪造的发票而持有，数量较大的行为，主体是年满16周岁、具有刑事责任能力的人和单位，主观方面是故意}。

3. 持有伪造的发票罪的处罚

根据《刑法》第210条之一的规定，个人犯本罪的，处2年以下有期徒刑、拘役或者管制，并处罚金；数量巨大的，处2年以上7年以下有期徒刑，并处罚金。单位犯本罪的，对单位判处罚金，并对其直接负责的主管人员和其他直接责任人员，处2年以下有期徒刑、拘役或者管制，并处罚金；数量巨大的，处2年以上7年以下有期徒刑，并处罚金。

七、侵犯知识产权罪

（一）假冒注册商标罪

1. 假冒注册商标罪的概念

假冒注册商标罪，是指行为人违反注册商标管理法律、法规，未经注册商标所有人许可，在同一种商品上使用与其注册商标相同的商标，情节严重的行为。

2. 假冒注册商标罪的构成特征

关于假冒注册商标罪的构成特征，根据现行刑法的规定，主要有以下几个方面，其集合表现为：

设A为假冒注册商标罪的集合，则A＝｛假冒注册商标罪｝；

设A1为假冒注册商标罪的客体的集合，则A1＝｛国家对注册商标的保护和管理秩序｝∪｛注册商标所有人的专用权｝＝｛国家对注册商标的保护和管理秩序和注册商标所有人的专用权｝；设A2为假冒注册商标罪的客观方面的集合，则A2＝｛行为人违反注册商标管理法律、法规，未经注册商标所有人许可，在同一种商品上使用与其注册商标相同的商标，情节严重的行为｝；设A3为假冒注册商标罪的主体的集合，则A3＝｛年满16周岁、具有刑事责任能力的人｝∪｛单位｝＝｛年满16周岁、具有刑事责任能力的人和单位｝；设A4为假冒注册商标罪的主观方面的集合，则A4＝｛故意｝；

则A＝A1∪A2∪A3∪A4，即假冒注册商标罪＝｛客体是国家对注册商标的保护和管理秩序和注册商标所有人的专用权｝∪｛客观方面表现为行为人违反注册商标管理法律、法规，未经注册商标所有人许可，在同一种商品上使用与其注册商标相同的商标，情节严重的行为｝∪｛主体是年满16周岁、具有刑事责任能力的人和单位｝∪｛主观方面是故意｝＝｛客体是国家对注册商标的保护和管理秩序和注册商标所有人的专用权，客观方面表现为行为人违反注册商标管理法律、法规，未经注册商标所有人许可，在同一种商品上使用与其注册商标相同的商标，情节严重的行为，主体是年满16周岁、具有刑事责任能力的人和单位，主观方面是故意}。

3. 假冒注册商标罪的处罚

根据《刑法》第213条、第220条的规定，个人犯本罪的，处3年以下有期徒刑或者拘役，并处或者单处罚金；情节特别严重的，处3年以上7年以下有期徒刑，并处罚金。单位犯本罪的，对单位判处罚金，并对其直接负责的主管人员和其他直接责任人员，依照个人犯本罪的规定处罚。

（二）销售假冒注册商标的商品罪

1. 销售假冒注册商标的商品罪的概念

销售假冒注册商标的商品罪，是指行为人违反注册商标管理法律、法规，销售明知是假冒注册商标的商品，销售金额较大的行为。

2. 销售假冒注册商标的商品罪的构成特征

关于销售假冒注册商标的商品罪的构成特征，根据现行刑法的规定，主要有以下几个方面，其集合表现为：

设B为销售假冒注册商标的商品罪的集合，则B = {销售假冒注册商标的商品罪}；

设B1为销售假冒注册商标的商品罪的客体的集合，则B1 = {国家对注册商标的保护和管理秩序}；设B2为销售假冒注册商标的商品罪的客观方面的集合，则B2 = {行为人违反注册商标管理法律、法规，销售明知是假冒注册商标的商品，销售金额较大的行为}；设B3为销售假冒注册商标的商品罪的主体的集合，则B3 = {年满16周岁、具有刑事责任能力的人} ∪ {单位} = {年满16周岁、具有刑事责任能力的人和单位}；设B4为销售假冒注册商标的商品罪的主观方面的集合，则B4 = {故意}；

则B = B1∪B2∪B3∪B4，即销售假冒注册商标的商品罪 = {客体是国家对注册商标的保护和管理秩序} ∪ {客观方面表现为行为人违反注册商标管理法律、法规，销售明知是假冒注册商标的商品，销售金额较大的行为} ∪ {主体是年满16周岁、具有刑事责任能力的人和单位} ∪ {主观方面是故意} = {客体是国家对注册商标的保护和管理秩序，客观方面表现为行为人违反注册商标管理法律、法规，销售明知是假冒注册商标的商品，销售金额较大的行为，主体是年满16周岁、具有刑事责任能力的人和单位，主观方面是故意}。

3. 销售假冒注册商标的商品罪的处罚

根据《刑法》第214条、第220条的规定，个人犯本罪的，处3年以下有期徒刑或者拘役，并处或者单处罚金；销售金额数额巨大的，处3年以上7年以下有期徒刑，并处罚金。单位犯本罪的，对单位判处罚金，并对其直接负责的主管人员和其他直接责任人员，依照个人犯本罪的规定处罚。

（三）非法制造、销售非法制造的注册商标标识罪

1. 非法制造、销售非法制造的注册商标标识罪的概念

非法制造、销售非法制造的注册商标标识罪，是指行为人违反注册商标管理法律、法规，伪造、擅自制造他人注册商标标识，或者销售伪造、擅自制造他人注册商标标识，情节严重的行为。

2. 非法制造、销售非法制造的注册商标标识罪的构成特征

关于非法制造、销售非法制造的注册商标标识罪的构成特征，根据现行刑法的规定，主要有以下几个方面，其集合表现为：

设C为非法制造、销售非法制造的注册商标标识罪的集合，则C＝｛非法制造、销售非法制造的注册商标标识罪｝；

设C1为非法制造、销售非法制造的注册商标标识罪的客体的集合，则C1＝｛国家对注册商标的保护和管理秩序｝；设C2为非法制造、销售非法制造的注册商标标识罪的客观方面的集合，则C2＝｛行为人违反注册商标管理法律、法规，伪造、擅自制造他人注册商标标识，或者销售伪造、擅自制造他人注册商标标识，情节严重的行为｝；设C3为非法制造、销售非法制造的注册商标标识罪的主体的集合，则C3＝｛年满16周岁、具有刑事责任能力的人｝∪｛单位｝＝｛年满16周岁、具有刑事责任能力的人和单位｝；设C4为非法制造、销售非法制造的注册商标标识罪的主观方面的集合，则C4＝｛故意｝；

则C＝C1∪C2∪C3∪C4，即非法制造、销售非法制造的注册商标标识罪＝｛客体是国家对注册商标的保护和管理秩序｝∪｛客观方面表现为行为人违反注册商标管理法律、法规，伪造、擅自制造他人注册商标标识，或者销售伪造、擅自制造他人注册商标标识，情节严重的行为｝∪｛主体是年满16周岁、具有刑事责任能力的人和单位｝∪｛主观方面是故意｝＝｛客体是国家对注册商标的保护和管理秩序，客观方面表现为行为人违反注册商标管理法律、法规，伪造、擅自制造他人注册商标标识，或者销售伪造、擅自制造他人注册商标标识，情节严重的行为，主体是年满16周岁、

具有刑事责任能力的人和单位，主观方面是故意}。

3. 非法制造、销售非法制造的注册商标标识罪的处罚

根据《刑法》第215条、第220条的规定，个人犯本罪的，处3年以下有期徒刑、拘役或者管制，并处或者单处罚金；情节特别严重的，处3年以上7年以下有期徒刑，并处罚金。单位犯本罪的，对单位判处罚金，并对其直接负责的主管人员和其他直接责任人员，依照个人犯本罪的规定处罚。

（四）假冒专利罪

1. 假冒专利罪的概念

假冒专利罪，是指行为人违反注册商标管理法律、法规，未经专利权人许可，在非专利产品上使用其专利标记或专利号，情节严重的行为。

2. 假冒专利罪的构成特征

关于假冒专利罪的构成特征，根据现行刑法的规定，主要有以下几个方面，其集合表现为：

设D为假冒专利罪的集合，则D = {假冒专利罪}；

设D1为假冒专利罪的客体的集合，则D1 = {国家对专利的保护和管理秩序} ∪ {专利所有人的专用权} = {国家对专利的保护和管理秩序和专利所有人的专用权}；设D2为假冒专利罪的客观方面的集合，则D2 = {行为人违反注册商标管理法律、法规，未经专利权人许可，在非专利产品上使用其专利标记或专利号，情节严重的行为}；设D3为假冒专利罪的主体的集合，则D3 = {年满16周岁、具有刑事责任能力的人} ∪ {单位} = {年满16周岁、具有刑事责任能力的人和单位}；设D4为假冒专利罪的主观方面的集合，则D4 = {故意}；

则D = D1∪D2∪D3∪D4，即假冒专利罪 = {客体是国家对专利的保护和管理秩序和专利所有人的专用权} ∪ {客观方面表现为行为人违反注册商标管理法律、法规，未经专利权人许可，在非专利产品上使用其专利标记或专利号，情节严重的行为} ∪ {主体是年满16周岁、具有刑事责任能力的人和单位} ∪ {主观方面是故意} = {客体是国家对专利的保护和管理秩序和专利所有人的专用权，客观方面表现为行为人违反注册商标管理法律、法规，未经专利权人许可，在非专利产品上使用其专利标记或专利号，情节严重的行为，主体是年满16周岁、具有刑事责任能力的人和单位，主观方面是故意}。

3. 假冒专利罪的处罚

根据《刑法》第216条、第220条的规定，个人犯本罪的，处3年以下有期徒刑或者拘役，并处或者单处罚金。单位犯本罪的，对单位判处罚金，并对其直接负责的主管人员和其他直接责任人员，依照个人犯本罪的规定处罚。

（五）侵犯著作权罪

1. 侵犯著作权罪的概念

侵犯著作权罪，是指行为人以营利为目的，违反著作权管理法律、法规，侵犯他人著作权，违法所得数额较大或者有其他严重情节的行为。

2. 侵犯著作权罪的构成特征

关于侵犯著作权罪的构成特征，根据现行刑法的规定，主要有以下几个方面，其集合表现为：

设E为侵犯著作权罪的集合，则E＝｛侵犯著作权罪｝；

设E1为侵犯著作权罪的客体的集合，则E1＝｛国家对著作权的保护和管理秩序｝∪｛著作权人依法享有的著作权｝＝｛国家对著作权的保护和管理秩序和著作权人依法享有的著作权｝；设E2为侵犯著作权罪的客观方面的集合，则E2＝｛行为人违反著作权管理法律、法规，侵犯他人著作权，违法所得数额较大或者有其他严重情节的行为｝；设E3为侵犯著作权罪的主体的集合，则E3＝｛年满16周岁、具有刑事责任能力的人｝∪｛单位｝＝｛年满16周岁、具有刑事责任能力的人和单位｝；设E4为侵犯著作权罪的主观方面的集合，则E4＝｛直接故意，且以营利为目的｝；

则E＝E1∪E2∪E3∪E4，即侵犯著作权罪＝｛客体是国家对著作权的保护和管理秩序和著作权人依法享有的著作权｝∪｛客观方面表现为行为人违反著作权管理法律、法规，侵犯他人著作权，违法所得数额较大或者有其他严重情节的行为｝∪｛主体是年满16周岁、具有刑事责任能力的人和单位｝∪｛主观方面是直接故意，以营利为目的｝＝｛客体是国家对著作权的保护和管理秩序和著作权人依法享有的著作权，客观方面表现为行为人违反著作权管理法律、法规，侵犯他人著作权，违法所得数额较大或者有其他严重情节的行为，主体是年满16周岁、具有刑事责任能力的人和单位，主观方面是直接故意，以营利为目的｝。

3. 侵犯著作权罪的处罚

根据《刑法》第217条、第220条的规定，个人犯本罪的，处3年以下有期徒刑或者拘役，并处或者单处罚金；违法所得数额巨大或者有其他特别严重情节的，处3年以上7年以下有期徒刑，并处罚金。单位犯本罪的，对单位判处罚金，并对其直接负责的主管人员和其他直接责任人员，依照个人犯本罪的规定处罚。

（六）销售侵权复制品罪

1. 销售侵权复制品罪的概念

销售侵权复制品罪，是指行为人以营利为目的，违反著作权管理法律、法规，销售明知是侵犯他人著作权的复制品，违法所得数额巨大的行为。

2. 销售侵权复制品罪的构成特征

关于销售侵权复制品罪的构成特征，根据现行刑法的规定，主要有以下几个方面，其集合表现为：

设F为销售侵权复制品罪的集合，则F=｛销售侵权复制品罪｝；

设F1为销售侵权复制品罪的客体的集合，则F1=｛国家对著作权的保护和管理秩序｝；设F2为销售侵权复制品罪的客观方面的集合，则F2=｛行为人违反著作权管理法律、法规，销售明知是侵犯他人著作权的复制品，违法所得数额巨大的行为｝；设F3为销售侵权复制品罪的主体的集合，则F3=｛年满16周岁、具有刑事责任能力的人｝∪｛单位｝=｛年满16周岁、具有刑事责任能力的人和单位｝；设F4为销售侵权复制品罪的主观方面的集合，则F4=｛直接故意，且以营利为目的｝；

则F=F1∪F2∪F3∪F4，即销售侵权复制品罪=｛客体是国家对著作权的保护和管理秩序｝∪｛客观方面表现为行为人违反著作权管理法律、法规，销售明知是侵犯他人著作权的复制品，违法所得数额巨大的行为｝∪｛主体是年满16周岁、具有刑事责任能力的人和单位｝∪｛主观方面是直接故意，以营利为目的｝=｛客体是国家对著作权的保护和管理秩序，客观方面表现为行为人违反著作权管理法律、法规，销售明知是侵犯他人著作权的复制品，违法所得数额巨大的行为，主体是年满16周岁、具有刑事责任能力的人和单位，主观方面是直接故意，以营利为目的｝。

3. 销售侵权复制品罪的处罚

根据《刑法》第218条、第220条的规定，个人犯本罪的，处3年以下有期徒刑或者拘役，并处或者单处罚金。单位犯本罪的，对单位判处罚金，并对其直接负责的主管人员和其他直接责任人员，依照个人犯本罪的规定处罚。

（七）侵犯商业秘密罪

1. 侵犯商业秘密罪的概念

侵犯商业秘密罪，是指行为人违反商业秘密管理法律、法规，非法获取、披露、使用或者允许他人使用商业秘密权利人的商业秘密，给权利人造成重大损失的行为。

2. 侵犯商业秘密罪的构成特征

关于侵犯商业秘密罪的构成特征，根据现行刑法的规定，主要有以下几个方面，其集合表现为：

设 G 为侵犯商业秘密罪的集合，则 G = {侵犯商业秘密罪}；

设 G1 为侵犯商业秘密罪的客体的集合，则 G1 = {国家对商业秘密的保护和管理秩序} ∪ {商业秘密权利人依法享有的专有权} = {国家对商业秘密的保护和管理秩序以及商业秘密权利人依法享有的专有权}；设 G2 为侵犯商业秘密罪的客观方面的集合，则 G2 = {行为人违反商业秘密管理法律、法规，非法获取、披露、使用或者允许他人使用商业秘密权利人的商业秘密，给权利人造成重大损失的行为}；设 G3 为侵犯商业秘密罪的主体的集合，则 G3 = {年满 16 周岁、具有刑事责任能力的人} ∪ {单位} = {年满 16 周岁、具有刑事责任能力的人和单位}；设 G4 为侵犯商业秘密罪的主观方面的集合，则 G4 = {故意}；

则 G = G1 ∪ G2 ∪ G3 ∪ G4，即侵犯商业秘密罪 = {客体是国家对商业秘密的保护和管理秩序以及商业秘密权利人依法享有的专有权} ∪ {客观方面表现为行为人违反商业秘密管理法律、法规，非法获取、披露、使用或者允许他人使用商业秘密权利人的商业秘密，给权利人造成重大损失的行为} ∪ {主体是年满 16 周岁、具有刑事责任能力的人和单位} ∪ {主观方面是故意} = {客体是国家对商业秘密的保护和管理秩序以及商业秘密权利人依法享有的专有权，客观方面表现为行为人违反商业秘密管理法律、法规，非法获取、披露、使用或者允许他人使用商业秘密权利人的商业秘密，给权利人造成重大损失的行为，主体是年满 16 周岁、具有刑事责任能力的人和单位，主观方面是故意}。

3. 侵犯商业秘密罪的处罚

根据《刑法》第 219 条第 1 款、第 220 条的规定，个人犯本罪的，处 3 年以下有期徒刑或者拘役，并处或者单处罚金；造成特别严重后果的，处 3 年以上 7 年以下有期徒刑，并处罚金。单位犯本罪的，对单位判处罚金，并对其直接负责的主管人员和其他直接责任人员，依照个人犯本罪的规定处罚。

八、扰乱市场秩序罪

（一）损害商业信誉、商品声誉罪

1. 损害商业信誉、商品声誉罪的概念

损害商业信誉、商品声誉罪，是指行为人违反反不正当竞争法律、法规，捏造并散布虚伪事实，损害他人的商业信誉、商品声誉，给他人造成重大损失或者有其他严重情节的行为。

2. 损害商业信誉、商品声誉罪的构成特征

关于损害商业信誉、商品声誉罪的构成特征，根据现行刑法的规定，主要有以下几个方面，其集合表现为：

设 A 为损害商业信誉、商品声誉罪的集合，则 A = {损害商业信誉、商品声誉罪}；

设 A1 为损害商业信誉、商品声誉罪的客体的集合，则 A1 = {公平竞争秩序} ∪ {他人商誉权} = {公平竞争秩序和他人商誉权}；设 A2 为损害商业信誉、商品声誉罪的客观方面的集合，则 A2 = {行为人违反反不正当竞争法律、法规，捏造并散布虚伪事实，损害他人的商业信誉、商品声誉，给他人造成重大损失或者有其他严重情节的行为}；设 A3 为损害商业信誉、商品声誉罪的主体的集合，则 A3 = {年满 16 周岁、具有刑事责任能力的人} ∪ {单位} = {年满 16 周岁、具有刑事责任能力的人和单位}；设 A4 为损害商业信誉、商品声誉罪的主观方面的集合，则 A4 = {直接故意}；

则 A = A1 ∪ A2 ∪ A3 ∪ A4，即损害商业信誉、商品声誉罪 = {客体是公平竞争秩序和他人商誉权} ∪ {客观方面表现为行为人违反反不正当竞争法律、法规，捏造并散布虚伪事实，损害他人的商业信誉、商品声誉，给他人造成重大损失或者有其他严重情节的行为} ∪ {主体是年满 16 周岁、具有刑事责任能力的人和单位} ∪ {主观方面是直接故意} = {客体是公平竞争秩序和他人商誉权，客观方面表现为行为人违反反不正当竞争法律、法规，捏造并散布虚伪事实，损害他人的商业信誉、商品声誉，给他人造成重大损失或者有其他严重情节的行为，主体是年满 16 周岁、具有刑事责任能力的人和单位，主观方面是直接故意}。

3. 损害商业信誉、商品声誉罪的处罚

根据《刑法》第221条、第231条的规定，个人犯本罪的，处2年以下有期徒刑或者拘役，并处或者单处罚金。单位犯本罪的，对单位判处罚金，并对其直接负责的主管人员和其他直接责任人员，依照个人犯本罪的规定处罚。

（二）虚假广告罪

1. 虚假广告罪的概念

虚假广告罪，是指广告主、广告经营者、广告发布者违反广告管理法律、法规，利用广告对商品或服务作虚假宣传，情节严重的行为。

2. 虚假广告罪的构成特征

关于虚假广告罪的构成特征，根据现行刑法的规定，主要有以下几个方面，其集合表现为：

设B为虚假广告罪的集合，则B＝｛虚假广告罪｝；

设B1为虚假广告罪的客体的集合，则B1＝｛广告管理秩序｝∪｛消费者的合法权益｝＝｛广告管理秩序和消费者的合法权益｝；设B2为虚假广告罪的客观方面的集合，则B2＝｛行为人违反广告管理法律、法规，利用广告对商品或服务作虚假宣传，情节严重的行为｝；设B3为虚假广告罪的主体的集合，则B3＝｛年满16周岁、具有刑事责任能力的广告主、广告经营者、广告发布者｝∪｛单位｝＝｛年满16周岁、具有刑事责任能力的广告主、广告经营者、广告发布者和单位｝；设B4为虚假广告罪的主观方面的集合，则B4＝｛故意｝；

则B＝B1∪B2∪B3∪B4，即虚假广告罪＝｛客体是广告管理秩序和消费者的合法权益｝∪｛客观方面表现为行为人违反广告管理法律、法规，利用广告对商品或服务作虚假宣传，情节严重的行为｝∪｛主体是年满16周岁、具有刑事责任能力的广告主、广告经营者、广告发布者和单位｝∪｛主观方面是故意｝＝｛客体是广告管理秩序和消费者的合法权益，客观方面表现为行为人违反广告管理法律、法规，利用广告对商品或服务作虚假宣传，情节严重的行为，主体是年满16周岁、具有刑事责任能力的广告主、广告经营者、广告发布者和单位，主观方面是故意｝。

3. 虚假广告罪的处罚

根据《刑法》第222条、第231条的规定，个人犯本罪的，处2年以下有期徒刑或者拘役，并处或者单处罚金。单位犯本罪的，对单位判处罚金，并对其直接负责的主管人员和其他直接责任人员，依照个人犯本罪的规定处罚。

（三）串通投标罪

1. 串通投标罪的概念

串通投标罪，是指投标人相互串通投标报价，损害招标人或者其他投标人利益，以及投标人与招标人串通投标，损害国家、集体、公民的合法利益，情节严重的行为。

2. 串通投标罪的构成特征

关于串通投标罪的构成特征，根据现行刑法的规定，主要有以下几个方面，其集合表现为：

设 C 为串通投标罪的集合，则 C = ｛串通投标罪｝；

设 C1 为串通投标罪的客体的集合，则 C1 = ｛招标、投标管理秩序｝∪｛招标、投标活动中其他当事人的合法权益｝ = ｛招标、投标管理秩序和招标、投标活动中其他当事人的合法权益｝；设 C2 为串通投标罪的客观方面的集合，则 C2 = ｛投标人相互串通投标报价，损害招标人或者其他投标人利益，以及投标人与招标人串通投标，损害国家、集体、公民的合法利益，情节严重的行为｝；设 C3 为串通投标罪的主体的集合，则 C3 = ｛年满 16 周岁、具有刑事责任能力的投标人、招标人｝∪｛单位｝ = ｛年满 16 周岁、具有刑事责任能力的投标人、招标人和单位｝；设 C4 为串通投标罪的主观方面的集合，则 C4 = ｛故意｝；

则 C = C1∪C2∪C3∪C4，即串通投标罪 = ｛客体是招标、投标管理秩序和招标、投标活动中其他当事人的合法权益｝∪｛客观方面表现为投标人相互串通投标报价，损害招标人或者其他投标人利益，以及投标人与招标人串通投标，损害国家、集体、公民的合法利益，情节严重的行为｝∪｛主体是年满 16 周岁、具有刑事责任能力的投标人、招标人和单位｝∪｛主观方面是故意｝ = ｛客体是招标、投标管理秩序和招标、投标活动中其他当事人的合法权益，客观方面表现为投标人相互串通投标报价，损害招标人或者其他投标人利益，以及投标人与招标人串通投标，损害国家、集体、公民的合法利益，情节严重的行为，主体是年满 16 周岁、具有刑事责任能力的投标人、招标人和单位，主观方面是故意｝。

3. 串通投标罪的处罚

根据《刑法》第 223 条、第 231 条的规定，个人犯本罪的，处 3 年以下有期徒刑或者拘役，并处或者单处罚金。单位犯本罪的，对单位判处罚金，并对其直接负责的主管人员和其他直接责任人员，依照个人犯本罪的规定处罚。

（四）合同诈骗罪

1. 合同诈骗罪的概念

合同诈骗罪，是指行为人以非法占有为目的，在签订、履行合同中，采取虚构事实或者隐瞒真相的手段骗取对方当事人的财物，数额较大的行为。

2. 合同诈骗罪的构成特征

关于合同诈骗罪的构成特征，根据现行刑法的规定，主要有以下几个方面，其集合表现为：

设 D 为合同诈骗罪的集合，则 D = {合同诈骗罪}；

设 D1 为合同诈骗罪的客体的集合，则 D1 = {合同管理秩序} ∪ {合同对方当事人的财产所有权} = {合同管理秩序和合同对方当事人的财产所有权}；设 D2 为合同诈骗罪的客观方面的集合，则 D2 = {行为人在签订、履行合同中，采取虚构事实或者隐瞒真相的手段骗取对方当事人的财物，数额较大的行为}；设 D3 为合同诈骗罪的主体的集合，则 D3 = {年满 16 周岁、具有刑事责任能力的人} ∪ {单位} = {年满 16 周岁、具有刑事责任能力的人和单位}；设 D4 为合同诈骗罪的主观方面的集合，则 D4 = {直接故意，且以非法占有为目的}；

则 D = D1∪D2∪D3∪D4，即合同诈骗罪 = {客体是合同管理秩序和合同对方当事人的财产所有权} ∪ {客观方面表现为行为人在签订、履行合同中，采取虚构事实或者隐瞒真相的手段骗取对方当事人的财物，数额较大的行为} ∪ {主体是年满 16 周岁、具有刑事责任能力的人和单位} ∪ {主观方面是直接故意，且以非法占有为目的} = {客体是合同管理秩序和合同对方当事人的财产所有权，客观方面表现为行为人在签订、履行合同中，采取虚构事实或者隐瞒真相的手段骗取对方当事人的财物，数额较大的行为，主体是年满 16 周岁、具有刑事责任能力的人和单位，主观方面是直接故意，且以非法占有为目的}。

3. 合同诈骗罪的处罚

根据《刑法》第 224 条 、第 231 条的规定，个人犯本罪的，处 3 年以下有期徒刑或者拘役，并处或者单处罚金；数额巨大或者有其他严重情节的，处 3 年以上 10 年以下有期徒刑，并处罚金；数额特别巨大或者有其他特别严重情节的，处 10 年以上有期徒刑或者无期徒刑，并处罚金或者没收财产。单位犯本罪的，对单位判处罚金，并对其直接负责的主管人员和其他直接责任人员，依照个人犯本罪的规定处罚。

（五）组织、领导传销活动罪

1. 组织、领导传销活动罪

组织、领导传销活动罪，是指行为人组织、领导以推销商品、提供服务等经营活动为名，要求参加者以缴纳费用或者购买商品、服务等方式获得加入资格，并按照一定顺序组成层级，直接或者间接以发展人员的数量作为计酬或者返利依据，引诱、胁迫参加者继续发展他人参加，骗取财物，扰乱经济社会秩序的传销活动的行为。

2. 组织、领导传销活动罪的构成特征

关于组织、领导传销活动罪的构成特征，根据现行刑法的规定，主要有以下几个方面，其集合表现为：

设 E 为组织、领导传销活动罪的集合，则 E = {组织、领导传销活动罪}；

设 E1 为组织、领导传销活动罪的客体的集合，则 E1 = {市场管理秩序}；设 E2 为组织、领导传销活动罪的客观方面的集合，则 E2 = {行为人组织、领导以推销商品、提供服务等经营活动为名，要求参加者以缴纳费用或者购买商品、服务等方式获得加入资格，并按照一定顺序组成层级，直接或者间接以发展人员的数量作为计酬或者返利依据，引诱、胁迫参加者继续发展他人参加，骗取财物，扰乱经济社会秩序的传销活动的行为}；设 E3 为组织、领导传销活动罪的主体的集合，则 E3 = {年满 16 周岁、具有刑事责任能力的人} ∪ {单位} = {年满 16 周岁、具有刑事责任能力的人和单位}；设 E4 为组织、领导传销活动罪的主观方面的集合，则 E4 = {故意}；

则 E = E1∪E2∪E3∪E4，即组织、领导传销活动罪 = {客体是市场管理秩序} ∪ {客观方面表现为行为人组织、领导以推销商品、提供服务等经营活动为名，要求参加者以缴纳费用或者购买商品、服务等方式获得加入资格，并按照一定顺序组成层级，直接或者间接以发展人员的数量作为计酬或者返利依据，引诱、胁迫参加者继续发展他人参加，骗取财物，扰乱经济社会秩序的传销活动的行为} ∪ {主体是年满 16 周岁、具有刑事责任能力的人和单位} ∪ {主观方面是故意} = {客体是市场管理秩序，客观方面表现为行为人组织、领导以推销商品、提供服务等经营活动为名，要求参加者以缴纳费用或者购买商品、服务等方式获得加入资格，并按照一定顺序组成层级，直接或者间接以发展人员的数量作为计酬或者返利依据，引诱、胁迫参加者继续发展他人参加，骗取财物，扰乱经济社会秩序的传销活动的行为，主体是年满 16 周岁、具有刑事责任能力的人和单位，主观方面是故意}。

3. 组织、领导传销活动罪的处罚

根据《刑法》第224条之一、第231条的规定，个人犯本罪的，处5年以下有期徒刑或者拘役，并处罚金；情节严重的，处5年以上有期徒刑，并处罚金。单位犯本罪的，对单位判处罚金，并对其直接负责的主管人员和其他直接责任人员，依照个人犯本罪的规定处罚。

（六）非法经营罪

1. 非法经营罪的概念

非法经营罪，是指行为人违反国家规定，从事非法经营活动，扰乱市场秩序，情节严重的行为。

2. 非法经营罪的构成特征

关于非法经营罪的构成特征，根据现行刑法的规定，主要有以下几个方面，其集合表现为：

设F为非法经营罪的集合，则F＝｛非法经营罪｝；

设F1为非法经营罪的客体的集合，则F1＝｛市场管理秩序｝；设F2为非法经营罪的客观方面的集合，则F2＝｛行为人违反国家规定，从事非法经营活动，扰乱市场秩序，情节严重的行为｝；设F3为非法经营罪的主体的集合，则F3＝｛年满16周岁、具有刑事责任能力的人｝∪｛单位｝＝｛年满16周岁、具有刑事责任能力的人和单位｝；设F4为非法经营罪的主观方面的集合，则F4＝｛故意｝；

则$F = F1 \cup F2 \cup F3 \cup F4$，即非法经营罪＝｛客体是市场管理秩序｝∪｛客观方面表现为行为人违反国家规定，从事非法经营活动，扰乱市场秩序，情节严重的行为｝∪｛主体是年满16周岁、具有刑事责任能力的人和单位｝∪｛主观方面是故意｝＝｛客体是市场管理秩序，客观方面表现为行为人违反国家规定，从事非法经营活动，扰乱市场秩序，情节严重的行为，主体是年满16周岁、具有刑事责任能力的人和单位，主观方面是故意｝。

3. 非法经营罪的处罚

根据《刑法》第225条、第231条的规定，个人犯本罪的，处5年以下有期徒刑或者拘役，并处或者单处违法所得1倍以上5倍以下罚金；情节特别严重的，处5年以上有期徒刑，并处违法所得1倍以上5倍以下罚金或者没收财产。单位犯本罪的，对单位判处罚金，并对其直接负责的主管人员和其他直接责任人员，依照个人犯本罪的规定处罚。

（七）强迫交易罪

1. 强迫交易罪的概念

强迫交易罪，是指行为人以暴力、威胁为手段，强买强卖商品，或者强迫他人提供或者接受服务，或者强迫他人参与或者退出投标、拍卖，或者强迫他人转让或者收购公司、企业的股份、债券或者其他资产，或者强迫他人参与或者退出特定的经营活动，情节严重的行为。

2. 强迫交易罪的构成特征

关于强迫交易罪的构成特征，根据现行刑法的规定，主要有以下几个方面，其集合表现为：

设 G 为强迫交易罪的集合，则 G = {强迫交易罪}；

设 G1 为强迫交易罪的客体的集合，则 G1 = {市场管理秩序} ∪ {他人的人身权利} = {市场管理秩序和他人的人身权利}；设 G2 为强迫交易罪的客观方面的集合，则 G2 = {行为人以暴力、威胁为手段，强买强卖商品，或者强迫他人提供或者接受服务，或者强迫他人参与或者退出投标、拍卖，或者强迫他人转让或者收购公司、企业的股份、债券或者其他资产，或者强迫他人参与或者退出特定的经营活动，情节严重的行为}；设 G3 为强迫交易罪的主体的集合，则 G3 = {年满 16 周岁、具有刑事责任能力的人} ∪ {单位} = {年满 16 周岁、具有刑事责任能力的人和单位}；设 G4 为强迫交易罪的主观方面的集合，则 G4 = {故意}；

则 G = G1 ∪ G2 ∪ G3 ∪ G4，即强迫交易罪 = {客体是市场管理秩序和他人的人身权利} ∪ {客观方面表现为行为人以暴力、威胁为手段，强买强卖商品，或者强迫他人提供或者接受服务，或者强迫他人参与或者退出投标、拍卖，或者强迫他人转让或者收购公司、企业的股份、债券或者其他资产，或者强迫他人参与或者退出特定的经营活动，情节严重的行为} ∪ {主体是年满 16 周岁、具有刑事责任能力的人和单位} ∪ {主观方面是故意} = {客体是市场管理秩序和他人的人身权利，客观方面表现为行为人以暴力、威胁为手段，强买强卖商品，或者强迫他人提供或者接受服务，或者强迫他人参与或者退出投标、拍卖，或者强迫他人转让或者收购公司、企业的股份、债券或者其他资产，或者强迫他人参与或者退出特定的经营活动，情节严重的行为，主体是年满 16 周岁、具有刑事责任能力的人和单位，主观方面是故意}。

3. 强迫交易罪的处罚

根据《刑法》第226条、第231条的规定，个人犯本罪的，处3年以下有期徒刑或者拘役，并处或者单处罚金；情节特别严重的，处3年以上7年以下有期徒刑，并处罚金。单位犯本罪的，对单位判处罚金，并对其直接负责的主管人员和其他直接责任人员，依照个人犯本罪的规定处罚。

（八）伪造、倒卖伪造的有价票证罪

1. 伪造、倒卖伪造的有价票证罪的概念

伪造、倒卖伪造的有价票证罪，是指行为人伪造或者倒卖伪造的车票、船票、邮票或者其他有价票证，数额较大的行为。

2. 伪造、倒卖伪造的有价票证罪的构成特征

关于伪造、倒卖伪造的有价票证罪的构成特征，根据现行刑法的规定，主要有以下几个方面，其集合表现为：

设H为伪造、倒卖伪造的有价票证罪的集合，则H = {伪造、倒卖伪造的有价票证罪}；

设H1为伪造、倒卖伪造的有价票证罪的客体的集合，则H1 = {有价票证管理秩序}；设H2为伪造、倒卖伪造的有价票证罪的客观方面的集合，则H2 = {行为人伪造或者倒卖伪造的车票、船票、邮票或者其他有价票证，数额较大的行为}；设H3为伪造、倒卖伪造的有价票证罪的主体的集合，则H3 = {年满16周岁、具有刑事责任能力的人} ∪ {单位} = {年满16周岁、具有刑事责任能力的人和单位}；设H4为伪造、倒卖伪造的有价票证罪的主观方面的集合，则H4 = {故意}；

则H = H1∪H2∪H3∪H4，即伪造、倒卖伪造的有价票证罪 = {客体是有价票证管理秩序} ∪ {客观方面表现为行为人伪造或者倒卖伪造的车票、船票、邮票或者其他有价票证，数额较大的行为} ∪ {主体是年满16周岁、具有刑事责任能力的人和单位} ∪ {主观方面是故意} = {客体是有价票证管理秩序，客观方面表现为行为人伪造或者倒卖伪造的车票、船票、邮票或者其他有价票证，数额较大的行为，主体是年满16周岁、具有刑事责任能力的人和单位，主观方面是故意}。

3. 伪造、倒卖伪造的有价票证罪的处罚

根据《刑法》第227条第1款、第231条的规定，个人犯本罪的，处2年以下有期徒刑、拘役或者管制，并处或者单处票证价额1倍以上5倍以下罚金；数额巨大的，处2年以上7年以下有期徒刑，并处票证价额1倍以上

5倍以下罚金。单位犯本罪的，对单位判处罚金，并对其直接负责的主管人员和其他直接责任人员，依照个人犯本罪的规定处罚。

（九）倒卖车票、船票罪

1. 倒卖车票、船票罪的概念

倒卖车票、船票罪，是指行为人倒卖车票、船票，情节严重的行为。

2. 倒卖车票、船票罪的构成特征

关于倒卖车票、船票罪的构成特征，根据现行刑法的规定，主要有以下几个方面，其集合表现为：

设I为倒卖车票、船票罪的集合，则I＝｛倒卖车票、船票罪｝；

设I1为倒卖车票、船票罪的客体的集合，则I1＝｛车、船票证管理秩序｝；设I2为倒卖车票、船票罪的客观方面的集合，则I2＝｛行为人倒卖车票、船票，情节严重的行为｝；设I3为倒卖车票、船票罪的主体的集合，则I3＝｛年满16周岁、具有刑事责任能力的人｝∪｛单位｝＝｛年满16周岁、具有刑事责任能力的人和单位｝；设I4为倒卖车票、船票罪的主观方面的集合，则I4＝｛故意｝；

则I＝I1∪I2∪I3∪I4，即倒卖车票、船票罪＝｛客体是车、船票证管理秩序｝∪｛客观方面表现为行为人倒卖车票、船票，情节严重的行为｝∪｛主体是年满16周岁、具有刑事责任能力的人和单位｝∪｛主观方面是故意｝＝｛客体是车、船票证管理秩序，客观方面表现为行为人倒卖车票、船票，情节严重的行为，主体是年满16周岁、具有刑事责任能力的人和单位，主观方面是故意｝。

3. 倒卖车票、船票罪的处罚

根据《刑法》第227条第2款、第231条的规定，个人犯本罪的，处3年以下有期徒刑、拘役或者管制，并处或者单处票证价额1倍以上5倍以下罚金。单位犯本罪的，对单位判处罚金，并对其直接负责的主管人员和其他直接责任人员，依照个人犯本罪的规定处罚。

（十）非法转让、倒卖土地使用权罪

1. 非法转让、倒卖土地使用权罪的概念

非法转让、倒卖土地使用权罪，是指以牟利为目的，违反土地管理法律、法规，非法转让、倒卖土地使用权，情节严重的行为。

2. 非法转让、倒卖土地使用权罪的构成特征

关于非法转让、倒卖土地使用权罪的构成特征，根据现行刑法的规定，主要有以下几个方面，其集合表现为：

设 J 为非法转让、倒卖土地使用权罪的集合，则 J = {非法转让、倒卖土地使用权罪}；

设 J1 为非法转让、倒卖土地使用权罪的客体的集合，则 J1 = {土地管理秩序}；设 J2 为非法转让、倒卖土地使用权罪的客观方面的集合，则 J2 = {行为人违反土地管理法律、法规，非法转让、倒卖土地使用权，情节严重的行为}；设 J3 为非法转让、倒卖土地使用权罪的主体的集合，则 J3 = {年满 16 周岁、具有刑事责任能力的人} ∪ {单位} = {年满 16 周岁、具有刑事责任能力的人和单位}；设 J4 为非法转让、倒卖土地使用权罪的主观方面的集合，则 J4 = {直接故意，且以牟利为目的}；

则 J = J1 ∪ J2 ∪ J3 ∪ J4，即非法转让、倒卖土地使用权罪 = {客体是土地管理秩序} ∪ {客观方面表现为行为人违反土地管理法律、法规，非法转让、倒卖土地使用权，情节严重的行为} ∪ {主体是年满 16 周岁、具有刑事责任能力的人和单位} ∪ {主观方面是直接故意，且以牟利为目的} = {客体是土地管理秩序，客观方面表现为行为人违反土地管理法律、法规，非法转让、倒卖土地使用权，情节严重的行为，主体是年满 16 周岁、具有刑事责任能力的人和单位，主观方面是直接故意，且以牟利为目的}。

3. 非法转让、倒卖土地使用权罪的处罚

根据《刑法》第 228 条、第 231 条的规定，个人犯本罪的，处 3 年以下有期徒刑或者拘役，并处或者单处非法转让、倒卖土地使用权价额 5% 以上 20% 以下罚金；情节特别严重的，处 3 年以上 7 年以下有期徒刑，并处非法转让、倒卖土地使用权价额 5% 以上 20% 以下罚金。单位犯本罪的，对单位判处罚金，并对其直接负责的主管人员和其他直接责任人员，依照个人犯本罪的规定处罚。

（十一）提供虚假证明文件罪

1. 提供虚假证明文件罪的概念

提供虚假证明文件罪，是指承担资产评估、验资、验证、会计、审计、法律服务等职责的中介组织及其工作人员故意提供虚假证明文件，情节严重的行为。

2. 提供虚假证明文件罪的构成特征

关于提供虚假证明文件罪的构成特征，根据现行刑法的规定，主要有以下几个方面，其集合表现为：

设 K 为提供虚假证明文件罪的集合，则 K = {提供虚假证明文件罪}；

设 K1 为提供虚假证明文件罪的客体的集合，则 K1 = {中介服务市场管理秩序}；设 K2 为提供虚假证明文件罪的客观方面的集合，则 K2 = {行为人提供虚假的资产评估、验资、验证、会计、审计、法律服务等证明文件，情节严重的行为}；设 K3 为提供虚假证明文件罪的主体的集合，则 K3 = {年满 16 周岁、具有刑事责任能力的人} ∪ {单位} = {承担资产评估、验资、验证、会计、审计、法律服务等职责的中介组织及其工作人员}；设 K4 为提供虚假证明文件罪的主观方面的集合，则 K4 = {故意}；

则 K = K1∪K2∪K3∪K4，即提供虚假证明文件罪 = {客体是中介服务市场管理秩序} ∪ {客观方面表现为行为人提供虚假的资产评估、验资、验证、会计、审计、法律服务等证明文件，情节严重的行为} ∪ {主体是承担资产评估、验资、验证、会计、审计、法律服务等职责的中介组织及其工作人员} ∪ {主观方面是故意} = {客体是中介服务市场管理秩序，客观方面表现为行为人提供虚假的资产评估、验资、验证、会计、审计、法律服务等证明文件，情节严重的行为，主体是承担资产评估、验资、验证、会计、审计、法律服务等职责的中介组织及其工作人员，主观方面是故意}。

3. 提供虚假证明文件罪的处罚

根据《刑法》第 229 条第 1 款、第 2 款和第 231 条的规定，个人犯本罪的，处 5 年以下有期徒刑或者拘役，并处罚金；索取或者非法收受他人财物而犯本罪的，处 5 年以上 10 年以下有期徒刑，并处罚金。单位犯本罪的，对单位判处罚金，并对其直接负责的主管人员和其他直接责任人员，依照个人犯本罪的规定处罚。

（十二）出具证明文件重大失实罪

1. 出具证明文件重大失实罪的概念

出具证明文件重大失实罪，是指承担资产评估、验资、验证、会计、审计、法律服务等职责的中介组织及其工作人员，严重不负责任，出具的证明文件有重大失实，造成严重后果的行为。

2. 出具证明文件重大失实罪的构成特征

关于出具证明文件重大失实罪的构成特征，根据现行刑法的规定，主要

有以下几个方面，其集合表现为：

设L为出具证明文件重大失实罪的集合，则L = {出具证明文件重大失实罪}；

设L1为出具证明文件重大失实罪的客体的集合，则L1 = {中介服务市场管理秩序}；设L2为出具证明文件重大失实罪的客观方面的集合，则L2 = {行为人严重不负责任，出具的证明文件有重大失实，造成严重后果的行为}；设L3为出具证明文件重大失实罪的主体的集合，则L3 = {年满16周岁、具有刑事责任能力的人} ∪ {单位} = {承担资产评估、验资、验证、会计、审计、法律服务等职责的中介组织及其工作人员}；设L4为出具证明文件重大失实罪的主观方面的集合，则L4 = {过失}；

则L = L1∪L2∪L3∪L4，即出具证明文件重大失实罪 = {客体是中介服务市场管理秩序} ∪ {客观方面表现为行为人严重不负责任，出具的证明文件有重大失实，造成严重后果的行为} ∪ {主体是承担资产评估、验资、验证、会计、审计、法律服务等职责的中介组织及其工作人员} ∪ {主观方面是过失} = {客体是中介服务市场管理秩序，客观方面表现为行为人严重不负责任，出具的证明文件有重大失实，造成严重后果的行为，主体是承担资产评估、验资、验证、会计、审计、法律服务等职责的中介组织及其工作人员，主观方面是过失}。

3. 出具证明文件重大失实罪的处罚

根据《刑法》第229条第3款、第231条的规定，个人犯本罪的，处3年以下有期徒刑或者拘役，并处或者单处罚金。单位犯本罪的，对单位判处罚金，并对其直接负责的主管人员和其他直接责任人员，依照个人犯本罪的规定处罚。

（十三）逃避商检罪

1. 逃避商检罪的概念

逃避商检罪，是指行为人违反进出口商品检验法的规定，逃避商品检验，将必须经商检机构检验的进口商品未报经检验而擅自销售、使用，或者将必须经商检机构检验的出口商品未报经检验合格而擅自出口，情节严重的行为。

2. 逃避商检罪的构成特征

关于逃避商检罪的构成特征，根据现行刑法的规定，主要有以下几个方面，其集合表现为：

设 M 为逃避商检罪的集合，则 M = {逃避商检罪}；

设 M1 为逃避商检罪的客体的集合，则 M1 = {进出口商品检验管理秩序}；设 M2 为逃避商检罪的客观方面的集合，则 M2 = {行为人违反进出口商品检验法的规定，逃避商品检验，将必须经商检机构检验的进口商品未报经检验而擅自销售、使用，或者将必须经商检机构检验的出口商品未报经检验合格而擅自出口，情节严重的行为}；设 M3 为逃避商检罪的主体的集合，则 M3 = {年满 16 周岁、具有刑事责任能力的人} ∪ {单位} = {从事商品进出口业务的单位及其工作人员}；设 M4 为逃避商检罪的主观方面的集合，则 M4 = {故意}；

则 M = M1 ∪ M2 ∪ M3 ∪ M4，即逃避商检罪 = {客体是进出口商品检验管理秩序} ∪ {客观方面表现为行为人违反进出口商品检验法的规定，逃避商品检验，将必须经商检机构检验的进口商品未报经检验而擅自销售、使用，或者将必须经商检机构检验的出口商品未报经检验合格而擅自出口，情节严重的行为} ∪ {主体是从事商品进出口业务的单位及其工作人员} ∪ {主观方面是故意} = {客体是进出口商品检验管理秩序，客观方面表现为行为人违反进出口商品检验法的规定，逃避商品检验，将必须经商检机构检验的进口商品未报经检验而擅自销售、使用，或者将必须经商检机构检验的出口商品未报经检验合格而擅自出口，情节严重的行为，主体是从事商品进出口业务的单位及其工作人员，主观方面是故意}。

3. 逃避商检罪的处罚

根据《刑法》第 230 条、第 231 条的规定，个人犯本罪的，处 3 年以下有期徒刑或者拘役，并处或者单处罚金。单位犯本罪的，对单位判处罚金，并对其直接负责的主管人员和其他直接责任人员，依照个人犯本罪的规定处罚。

第五章 侵犯公民人身权利、民主权利罪

第一节 侵犯公民人身权利、民主权利罪集合概述

一、侵犯公民人身权利、民主权利罪的概念

侵犯公民人身权利、民主权利罪，是指行为人故意或者过失地侵犯公民的人身权利、民主权利以及与人身直接有关的其他权利，依法应受刑罚处罚的行为。

二、侵犯公民人身权利、民主权利罪的共同特征

根据现行刑法对侵犯公民人身权利、民主权利罪所作的规定来看，构成该类犯罪必须具备以下几个方面的共同特征，其集合表现为：

设 A 为侵犯公民人身权利、民主权利罪集合，则 A = {侵犯公民人身权利、民主权利罪}；

设 B 为侵犯公民人身权利、民主权利罪同类客体的集合，则 B = {公民的人身权利} ∪ {公民的民主权利} ∪ {与人身直接有关的其他权利} = {公民的人身权利、民主权利以及与人身直接有关的其他权利}；设 C 为侵犯公民人身权利、民主权利罪客观方面的集合，则 C = {行为人侵犯公民的

人身权利、民主权利以及与人身直接有关的其他权利，依法应受刑罚处罚的行为}；设 D 为侵犯公民人身权利、民主权利犯罪主体的集合，则 D = {多数必须是达到法定年龄，具有刑事责任能力的人} ∪ {少数必须特定身份} = {多数必须是达到法定年龄、具有刑事责任能力的人，少数必须具有特定身份}；设 E 为侵犯公民人身权利、民主权利罪的主观方面的集合，则 E = {故意} ∪ {过失} = {故意，过失}；

则 A = B∪C∪D∪E，即侵犯公民人身权利、民主权利罪 = {犯罪同类客体为公民的人身权利、民主权利以及与人身直接有关的其他权利} ∪ {客观方面表现为行为人侵犯公民的人身权利、民主权利以及与人身直接有关的其他权利，依法应受刑罚处罚的行为} ∪ {犯罪主体多数必须是达到法定年龄，具有刑事责任能力的人，少数必须具有特定身份} ∪ {主观方面是故意，少数也可以是过失} = {犯罪同类客体为公民的人身权利、民主权利以及与人身直接有关的其他权利，客观方面表现为行为人侵犯公民的人身权利、民主权利以及与人身直接有关的其他权利，依法应受刑罚处罚的行为，犯罪主体多数必须是达到法定年龄、具有刑事责任能力的人，少数必须具有特定身份，主观方面是故意，少数也可以是过失}。

三、侵犯公民人身权利、民主权利罪的具体罪名

根据现行刑法对侵犯公民人身权利、民主权利罪所作的规定来看，本章的犯罪共有 42 种具体罪名，用子集的方式来表达，其构造表现为：

{侵犯公民人身权利、民主权利罪}

　　{故意杀人罪}

　　{过失致人死亡罪}

　　{故意伤害罪}

　　{组织出卖人体器官罪}

　　{过失致人重伤罪}

　　{强奸罪}

　　{强制猥亵、侮辱罪}

　　{猥亵儿童罪}

　　{非法拘禁罪}

　　{绑架罪}

　　{拐卖妇女、儿童罪}

{收买被拐卖的妇女、儿童罪}
{聚众阻碍解救被收买的妇女、儿童罪}
{诬告陷害罪}
{强迫劳动罪}
{雇用童工从事危重劳动罪}
{非法搜查罪}
{非法侵入住宅罪}
{侮辱罪}
{诽谤罪}
{刑讯逼供罪}
{暴力取证罪}
{虐待被监管人罪}
{煽动民族仇恨、民族歧视罪}
{出版歧视、侮辱少数民族作品罪}
{非法剥夺公民宗教信仰自由罪}
{侵犯少数民族风俗习惯罪}
{侵犯通信自由罪}
{私自开拆、隐匿、毁弃邮件、电报罪}
{侵犯公民个人信息罪}
{报复陷害罪}
{打击报复会计、统计人员罪}
{破坏选举罪}
{暴力干涉婚姻自由罪}
{重婚罪}
{破坏军婚罪}
{虐待罪}
{虐待被监护、看护人罪}
{遗弃罪}
{拐骗儿童罪}
{组织残疾人、儿童乞讨罪}
{组织未成年人进行违反治安管理活动罪}
……

故意杀人罪
过失致人死亡罪
故意伤害罪
组织出卖人体器官罪
过失致人重伤罪
强奸罪
强制猥亵、侮辱罪
猥亵儿童罪
非法拘禁罪
绑架罪
拐卖妇女、儿童罪
收买被拐卖的妇女、儿童罪
聚众阻碍解救被收买的妇女、儿童罪
诬告陷害罪
强迫劳动罪
雇用童工从事危重劳动罪
非法搜查罪
非法侵入住宅罪
侮辱罪
诽谤罪
刑讯逼供罪
暴力取证罪
虐待被监管人罪
煽动民族仇恨、民族歧视罪
出版歧视、侮辱少数民族作品罪
非法剥夺公民宗教信仰自由罪
侵犯少数民族风俗习惯罪
侵犯通信自由罪
私自开拆、隐匿、毁弃邮件、电报罪
侵犯公民个人信息罪
报复陷害罪
打击报复会计、统计人员罪

破坏选举罪
暴力干涉婚姻自由罪
重婚罪
破坏军婚罪
虐待罪
虐待被监护、看护人罪
遗弃罪
拐骗儿童罪
组织残疾人、儿童乞讨罪
组织未成年人进行违反治安管理活动罪}

第二节 侵犯公民人身权利、民主权利罪集合分述

一、故意杀人罪

1. 故意杀人罪的概念

故意杀人罪，是指行为人故意非法剥夺他人生命的行为。

2. 故意杀人罪的构成特征

关于故意杀人罪的构成特征，根据现行刑法的规定，主要有以下几个方面，其集合表现为：

设 A 为故意杀人罪的集合，则 A = {故意杀人罪}；

设 A1 为故意杀人罪的客体的集合，则 A1 = {他人的生命权利}；设 A2 为故意杀人罪的客观方面的集合，则 A2 = {行为人非法剥夺他人生命的行为}；设 A3 为故意杀人罪的主体的集合，则 A3 = {年满 14 周岁、具有刑事责任能力的人}；设 A4 为故意杀人罪的主观方面的集合，则 A4 = {故意}；

则 A = A1∪A2∪A3∪A4，即故意杀人罪 = {客体是他人的生命权利} ∪ {客观方面表现为行为人非法剥夺他人生命的行为} ∪ {主体是年满 14 周岁、具有刑事责任能力的人} ∪ {主观方面是故意} = {客体是他人的生命权利，客观方面表现为行为人非法剥夺他人生命的行为，主体是年满 14 周岁、具有刑事责任能力的人，主观方面是故意}。

3. 故意杀人罪的处罚

根据《刑法》第232条的规定，犯本罪的，处死刑、无期徒刑或者10年以上有期徒刑；情节较轻的，处3年以上10年以下有期徒刑。

二、过失致人死亡罪

1. 过失致人死亡罪的概念

过失致人死亡罪，是指行为人由于过失而导致他人死亡的行为。

2. 过失致人死亡罪的构成特征

关于过失致人死亡罪的构成特征，根据现行刑法的规定，主要有以下几个方面，其集合表现为：

设B为过失致人死亡罪的集合，则B = {过失致人死亡罪}；

设B1为过失致人死亡罪的客体的集合，则B1 = {他人的生命权利}；设B2为过失致人死亡罪的客观方面的集合，则B2 = {行为人实施了致使他人死亡的行为}；设B3为过失致人死亡罪的主体的集合，则B3 = {年满16周岁、具有刑事责任能力的人}；设B4为过失致人死亡罪的主观方面的集合，则B4 = {过失}；

则B = B1∪B2∪B3∪B4，即过失致人死亡罪 = {客体是他人的生命权利} ∪ {客观方面表现为行为人实施了致使他人死亡的行为} ∪ {主体是年满16周岁、具有刑事责任能力的人} ∪ {主观方面是过失} = {客体是他人的生命权利，客观方面表现为行为人实施了致使他人死亡的行为，主体是年满16周岁、具有刑事责任能力的人，主观方面是过失}。

3. 过失致人死亡罪的处罚

根据《刑法》第233条的规定，犯本罪的，处3年以上7年以下有期徒刑；情节较轻的，处3年以下有期徒刑。本法另有规定的，依照规定。

三、故意伤害罪

1. 故意伤害罪的概念

故意伤害罪，是指行为人故意非法损害他人身体健康的行为。

2. 故意伤害罪的构成特征

关于故意伤害罪的构成特征，根据现行刑法的规定，主要有以下几个方面，其集合表现为：

设 C 为故意伤害罪的集合，则 C = {故意伤害罪}；

设 C1 为故意伤害罪的客体的集合，则 C1 = {他人的健康权利}；设 C2 为故意伤害罪的客观方面的集合，则 C2 = {行为人非法损害他人身体健康的行为}；设 C3 为故意伤害罪的主体的集合，则 C3 = {年满 14 周岁、具有刑事责任能力的人} ∪ {年满 16 周岁、具有刑事责任能力的人} = {年满 14 周岁或者 16 周岁、具有刑事责任能力的人}；设 C4 为故意伤害罪的主观方面的集合，则 C4 = {故意}；

则 C = C1∪C2∪C3∪C4，即故意伤害罪 = {客体是他人的健康权利} ∪ {客观方面表现为行为人非法损害他人身体健康的行为} ∪ {主体是年满 14 周岁或者 16 周岁、具有刑事责任能力的人} ∪ {主观方面是故意} = {客体是他人的健康权利，客观方面表现为行为人非法损害他人身体健康的行为，主体是年满 14 周岁或者 16 周岁、具有刑事责任能力的人，主观方面是故意}。

3. 故意伤害罪的处罚

根据《刑法》第 234 条的规定，犯本罪的，处 3 年以下有期徒刑、拘役或者管制；致人重伤的，处 3 年以上 10 年以下有期徒刑；致人死亡或者以特别残忍手段致人重伤造成严重残疾的，处 10 年以上有期徒刑、无期徒刑或者死刑。本法另有规定的，依照规定。

四、组织出卖人体器官罪

1. 组织出卖人体器官罪的概念

组织出卖人体器官罪，是指行为人组织 18 周岁以上的他人出卖人体器官的行为。

2. 组织出卖人体器官罪的构成特征

关于组织出卖人体器官罪的构成特征，根据现行刑法的规定，主要有以下几个方面，其集合表现为：

设 D 为组织出卖人体器官罪的集合，则 D = {组织出卖人体器官罪}；

设 D1 为组织出卖人体器官罪的客体的集合，则 D1 = {他人的身体健康权利}；设 D2 为组织出卖人体器官罪的客观方面的集合，则 D2 = {行为人组织 18 周岁以上的他人出卖人体器官的行为}；设 D3 为组织出卖人体器官罪的主体的集合，则 D3 = {出卖人体器官的组织者}；设 D4 为组织出卖人体器官罪的主观方面的集合，则 D4 = {直接故意}；

则 D = D1∪D2∪D3∪D4，即组织出卖人体器官罪 = {客体是他人的身体健康权利} ∪ {客观方面表现为行为人组织 18 周岁以上的他人出卖人体器官的行为} ∪ {主体是出卖人体器官的组织者} ∪ {主观方面是直接故意} = {客体是他人的身体健康权利，客观方面表现为行为人组织 18 周岁以上的他人出卖人体器官的行为，主体是出卖人体器官的组织者，主观方面是直接故意}。

3. 组织出卖人体器官罪的处罚

根据《刑法》第 234 条之一第 1 款规定，犯本罪的，处 5 年以下有期徒刑，并处罚金；情节严重的，处 5 年以上有期徒刑，并处罚金或者没收财产。

五、过失致人重伤罪

1. 过失致人重伤罪的概念

过失致人重伤罪，是指行为人由于过失造成他人身体重伤的行为。

2. 过失致人重伤罪的构成特征

关于过失致人重伤罪的构成特征，根据现行刑法的规定，主要有以下几个方面，其集合表现为：

设 E 为过失致人重伤罪的集合，则 E = {过失致人重伤罪}；

设 E1 为过失致人重伤罪的客体的集合，则 E1 = {他人的健康权利}；设 E2 为过失致人重伤罪的客观方面的集合，则 E2 = {行为人实施了造成他人身体重伤的行为}；设 E3 为过失致人重伤罪的主体的集合，则 E3 = {年满 16 周岁、具有刑事责任能力的人}；设 E4 为过失致人重伤罪的主观方面的集合，则 E4 = {过失}；

则 E = E1∪E2∪E3∪E4，即过失致人重伤罪 = {客体是他人的健康权利} ∪ {客观方面表现为行为人实施了造成他人身体重伤的行为} ∪ {主体是年满 16 周岁、具有刑事责任能力的人} ∪ {主观方面是过失} = {客体是他人的生命权利，客观方面表现为行为人实施了造成他人身体重伤的行为，主体是年满 16 周岁、具有刑事责任能力的人，主观方面是过失}。

3. 过失致人重伤罪的处罚

根据《刑法》235 条的规定，犯本罪的，处 3 年以下有期徒刑或者拘役。本法另有规定的，依照规定。

六、强奸罪

1. 强奸罪的概念

强奸罪，是指行为人违背妇女意志，采取暴力、胁迫或者其他手段，强行与妇女发生性交的行为以及故意同不满 14 周岁幼女发生性关系的行为。

2. 强奸罪的构成特征

关于强奸罪的构成特征，根据现行刑法的规定，主要有以下几个方面，其集合表现为：

设 F 为强奸罪的集合，则 F = {强奸罪}；

设 F1 为强奸罪的客体的集合，则 F1 = {妇女的性的自主权利} ∪ {幼女的身心健康} = {妇女的性的自主权利和幼女的身心健康}；设 F2 为强奸罪的客观方面的集合，则 F2 = {行为人违背妇女意志，采取暴力、胁迫或者其他手段，强行与妇女发生性交的行为以及同不满 14 周岁幼女发生性关系的行为}；设 F3 为强奸罪的主体的集合，则 F3 = {年满 14 周岁、具有刑事责任能力的人}；设 F4 为强奸罪的主观方面的集合，则 F4 = {直接故意}；

则 F = F1∪F2∪F3∪F4，即强奸罪 = {客体是妇女的性的自主权利和幼女的身心健康} ∪ {客观方面表现为行为人违背妇女意志，采取暴力、胁迫或者其他手段，强行与妇女发生性交的行为以及同不满 14 周岁幼女发生性关系的行为} ∪ {主体是年满 14 周岁、具有刑事责任能力的人} ∪ {主观方面是直接故意} = {客体是妇女的性的自主权利和幼女的身心健康，客观方面表现为行为人违背妇女意志，采取暴力、胁迫或者其他手段，强行与妇女发生性交的行为以及同不满 14 周岁幼女发生性关系的行为，主体是年满 14 周岁、具有刑事责任能力的人，主观方面是直接故意}。

3. 强奸罪的处罚

根据《刑法》第 236 条规定，犯本罪的，处 3 年以上 10 年以下有期徒刑。奸淫不满 14 周岁的幼女的，以强奸论，从重处罚。强奸妇女、奸淫幼女，有下列情形之一的，处 10 年以上有期徒刑、无期徒刑或者死刑：（1）强奸妇女、奸淫幼女情节恶劣的；（2）强奸妇女、奸淫幼女多人的；（3）在公共场所当众强奸妇女的；（4）二人以上轮奸的；（5）致使被害人重伤、死亡或者造成其他严重后果的。

七、强制猥亵、侮辱罪

1. 强制猥亵、侮辱罪的概念

强制猥亵、侮辱罪，是指行为人以暴力、胁迫或者其他方法强制猥亵他人或者侮辱妇女的行为。

2. 强制猥亵、侮辱罪的构成特征

关于强制猥亵、侮辱罪的构成特征，根据现行刑法的规定，主要有以下几个方面，其集合表现为：

设 G 为强制猥亵、侮辱罪的集合，则 G = {强制猥亵、侮辱罪}；

设 G1 为强制猥亵、侮辱罪的客体的集合，则 G1 = {他人或者妇女的人格尊严、身心健康和社会公德}；设 G2 为强制猥亵、侮辱罪的客观方面的集合，则 G2 = {行为人以暴力、胁迫或者其他方法强制猥亵他人或者侮辱妇女的行为}；设 G3 为强制猥亵、侮辱罪的主体的集合，则 G3 = {年满 16 周岁、具有刑事责任能力的人}；设 G4 为强制猥亵、侮辱罪的主观方面的集合，则 G4 = {直接故意}；

则 G = G1 ∪ G2 ∪ G3 ∪ G4，即强制猥亵、侮辱罪 = {客体是他人或者妇女的人格尊严、身心健康和社会公德} ∪ {客观方面表现为行为人以暴力、胁迫或者其他方法强制猥亵他人或者侮辱妇女的行为} ∪ {主体是年满 16 周岁、具有刑事责任能力的人} ∪ {主观方面是直接故意} = {客体是他人或者妇女的人格尊严、身心健康和社会公德，客观方面表现为行为人以暴力、胁迫或者其他方法强制猥亵他人或者侮辱妇女的行为，主体是年满 16 周岁、具有刑事责任能力的人，主观方面是直接故意}。

3. 强制猥亵、侮辱罪的处罚

根据《刑法》第 237 条第 1 款、第 2 款的规定，犯本罪的，处 5 年以下有期徒刑或者拘役。聚众或者在公共场所当众犯前款罪的，或者有其他恶劣情节的，处 5 年以上有期徒刑。

八、猥亵儿童罪

1. 猥亵儿童罪的概念

猥亵儿童罪，是指行为人对不满 14 周岁的儿童实施猥亵的行为。

2. 猥亵儿童罪的构成特征

关于猥亵儿童罪的构成特征，根据现行刑法的规定，主要有以下几个方面，其集合表现为：

设 H 为猥亵儿童罪的集合，则 H = {猥亵儿童罪}；

设 H1 为猥亵儿童罪的客体的集合，则 H1 = {儿童的的身心健康、人格尊严的权利}；设 H2 为猥亵儿童罪的客观方面的集合，则 H2 = {行为人对不满 14 周岁的儿童实施猥亵的行为}；设 H3 为猥亵儿童罪的主体的集合，则 H3 = {年满 16 周岁、具有刑事责任能力的人}；设 H4 为猥亵儿童罪的主观方面的集合，则 H4 = {直接故意}；

则 H = H1 ∪ H2 ∪ H3 ∪ H4，即猥亵儿童罪 = {客体是儿童的的身心健康、人格尊严的权利} ∪ {客观方面表现为行为人对不满 14 周岁的儿童实施猥亵的行为} ∪ {主体是年满 16 周岁、具有刑事责任能力的人} ∪ {主观方面是直接故意} = {客体是儿童的的身心健康、人格尊严的权利，客观方面表现为行为人对不满 14 周岁的儿童实施猥亵的行为，主体是年满 16 周岁、具有刑事责任能力的人，主观方面是直接故意}。

3. 猥亵儿童罪的处罚

根据《刑法》第 237 条第 3 款的规定，犯本罪的，在 5 年以下有期徒刑或者拘役的幅度内从重处罚。聚众或者在公共场所当众犯前款罪的，或者有其他恶劣情节的，在 5 年以上有期徒刑的幅度内从重处罚。

九、非法拘禁罪

1. 非法拘禁罪的概念

非法拘禁罪，是指行为人以拘禁或者其他强制方法非法剥夺人身自由的行为。

2. 非法拘禁罪的构成特征

关于非法拘禁罪的构成特征，根据现行刑法的规定，主要有以下几个方面，其集合表现为：

设 I 为非法拘禁罪的集合，则 I = {非法拘禁罪}；

设 I1 为非法拘禁罪的客体的集合，则 I1 = {他人的人身自由权利}；设 I2 为非法拘禁罪的客观方面的集合，则 I2 = {行为人以拘禁或者其他强制方法非法剥夺人身自由的行为}；设 I3 为非法拘禁罪的主体的集合，则 I3 = {年满 16 周岁、具有刑事责任能力的人}；设 I4 为非法拘禁罪的主观方面的集合，则 I4 = ｛直接故意｝；

则 I = I1∪I2∪I3∪I4，即非法拘禁罪 = ｛客体是他人的人身自由权利｝∪｛客观方面表现为行为人以拘禁或者其他强制方法非法剥夺人身自由的行为｝∪｛主体是年满 16 周岁、具有刑事责任能力的人｝∪｛主观方面是直接故意｝ = ｛客体是他人的人身自由权利，客观方面表现为行为人以拘禁或者其他强制方法非法剥夺人身自由的行为，主体是年满 16 周岁、具有刑事责任能力的人，主观方面是直接故意｝。

3. 非法拘禁罪的处罚

根据《刑法》第 238 条第 1 款、第 2 款的规定，犯本罪的，处 3 年以下有期徒刑、拘役、管制或者剥夺政治权利。具有殴打、侮辱情节的，从重处罚。致人重伤的，处 3 年以上 10 年以下有期徒刑；致人死亡的，处 10 年以上有期徒刑。使用暴力致人伤残、死亡的，依照故意伤害罪、故意杀人罪的规定定罪处罚。

十、绑架罪

1. 绑架罪的概念

绑架罪，是指行为人以勒索财物为目的，使用暴力、胁迫、麻醉或其他方法，强行劫持他人或者偷盗婴幼儿，或者出于其他目的劫持他人作为人质的行为。

2. 绑架罪的构成特征

关于绑架罪的构成特征，根据现行刑法的规定，主要有以下几个方面，其集合表现为：

设 J 为绑架罪的集合，则 J = ｛绑架罪｝；

设 J1 为绑架罪的客体的集合，则 J1 = ｛他人的人身权利｝∪｛他人的财产权利｝ = ｛他人的人身权利和财产权利｝；设 J2 为绑架罪的客观方面的集合，则 J2 = ｛行为人使用暴力、胁迫、麻醉或其他方法，强行劫持他人或者偷盗婴幼儿，或者出于其他目的劫持他人作为人质的行为｝；设 J3 为绑架罪的主体的集合，则 J3 = ｛年满 16 周岁、具有刑事责任能力的人｝；设 J4 为绑架罪的主观方面的集合，则 J4 = ｛直接故意，并且以勒索财物或以他人作为人质为目的｝；

则 J = J1∪J2∪J3∪J4，即绑架罪 = ｛客体是他人的人身权利和财产权利｝∪｛客观方面表现为行为人使用暴力、胁迫、麻醉或其他方法，强行劫持他人或者偷盗婴幼儿，或者出于其他目的劫持他人作为人质的行为｝∪｛主体是年满16周岁、具有刑事责任能力的人｝∪｛主观方面是直接故意，并且以勒索财物或以他人作为人质为目的｝=｛客体是他人的人身权利和财产权利，客观方面表现为行为人使用暴力、胁迫、麻醉或其他方法，强行劫持他人或者偷盗婴幼儿，或者出于其他目的劫持他人作为人质的行为，主体是年满16周岁、具有刑事责任能力的人，主观方面是直接故意，并且以勒索财物或以他人作为人质为目的｝。

3. 绑架罪的处罚

根据《刑法》第239条的规定，犯本罪的，处10年以上有期徒刑或者无期徒刑，并处罚金或者没收财产；情节较轻的，处5年以上10年以下有期徒刑，并处罚金。犯绑架罪，杀害被绑架人的，或者故意伤害被绑架人，致人重伤、死亡的，处无期徒刑或者死刑，并处没收财产。以勒索财物为目的偷盗婴幼儿的，依照绑架罪的规定处罚。

十一、拐卖妇女、儿童罪

1. 拐卖妇女、儿童罪的概念

拐卖妇女、儿童罪，是指行为人以出卖为目的，拐骗、绑架、收买、贩卖、接送、中转妇女、儿童的行为。

2. 拐卖妇女、儿童罪的构成特征

关于拐卖妇女、儿童罪的构成特征，根据现行刑法的规定，主要有以下几个方面，其集合表现为：

设K为拐卖妇女、儿童罪的集合，则K=｛拐卖妇女、儿童罪｝；

设K1为拐卖妇女、儿童罪的客体的集合，则K1=｛妇女、儿童的人身自由权利｝∪｛被害人的家庭幸福和婚姻关系｝=｛妇女、儿童的人身自由权利和被害人的家庭幸福以及婚姻关系｝；设K2为拐卖妇女、儿童罪的客观方面的集合，则K2=｛行为人拐骗、绑架、收买、贩卖、接送、中转妇女、儿童的行为｝；设K3为拐卖妇女、儿童罪的主体的集合，则K3=｛年满16周岁、具有刑事责任能力的人｝；设K4为拐卖妇女、儿童罪的主观方面的集合，则K4=｛直接故意，且以出卖为目的｝；

则K=K1∪K2∪K3∪K4，即拐卖妇女、儿童罪=｛客体是妇女、儿童的人身自由权利和被害人的家庭幸福以及婚姻关系｝∪｛客观方面表现为行为人拐骗、绑架、收买、贩卖、接送、中转妇女、儿童的行为｝∪｛主体是年满16周岁、具有刑事责任能力的人} ∪ {主观方面是直接故意，且以出卖为目的} = {客体是妇女、儿童的人身自由权利和被害人的家庭幸福以及婚姻关系，客观方面表现为行为人拐骗、绑架、收买、贩卖、接送、中转妇女、儿童的行为，主体是年满16周岁、具有刑事责任能力的人，主观方面是直接故意，且以出卖为目的}。

3. 拐卖妇女、儿童罪的处罚

根据《刑法》第240条的规定，犯本罪的，处5年以上10年以下有期徒刑，并处罚金；有下列情形之一的，处10年以上有期徒刑或者无期徒刑，并处罚金或者没收财产；情节特别严重的，处死刑，并处没收财产：（1）拐卖妇女、儿童集团的首要分子；（2）拐卖妇女、儿童三人以上的；（3）奸淫被拐卖的妇女的；（4）诱骗、强迫被拐卖的妇女卖淫或者将被拐卖的妇女卖给他人迫使其卖淫的；（5）以出卖为目的，使用暴力、胁迫或者麻醉方法绑架妇女、儿童的；（6）以出卖为目的，偷盗婴幼儿的；（7）造成被拐卖的妇女、儿童或者其亲属重伤、死亡或者其他严重后果的；（8）将妇女、儿童卖往境外的。

十二、收买被拐卖的妇女、儿童罪

1. 收买被拐卖的妇女、儿童罪的概念

收买被拐卖的妇女、儿童罪，是指行为人不以出卖为目的，收买被拐卖的妇女、儿童的行为。

2. 收买被拐卖的妇女、儿童罪的构成特征

关于收买被拐卖的妇女、儿童罪的构成特征，根据现行刑法的规定，主要有以下几个方面，其集合表现为：

设L为收买被拐卖的妇女、儿童罪的集合，则L = {收买被拐卖的妇女、儿童罪}；

设L1为收买被拐卖的妇女、儿童罪的客体的集合，则L1 = {妇女、儿童的人身权利} ∪ {人格尊严} = {妇女、儿童的人身权利和人格尊严}；设L2为收买被拐卖的妇女、儿童罪的客观方面的集合，则L2 = {行为人收买被拐卖的妇女、儿童的行为}；设L3为收买被拐卖的妇女、儿童罪的主体的集合，则L3 = {年满16周岁、具有刑事责任能力的人}；设L4为收买被拐卖的妇女、儿童罪的主观方面的集合，则L4 = {直接故意，且不以出卖被收买人为目的}；

则 L = L1∪L2∪L3∪L4，即收买被拐卖的妇女、儿童罪 = {客体是妇女、儿童的人身权利和人格尊严} ∪ {客观方面表现为行为人收买被拐卖的妇女、儿童的行为} ∪ {主体是年满 16 周岁、具有刑事责任能力的人} ∪ {主观方面是直接故意，且不以出卖被收买人为目的} = {客体是妇女、儿童的人身权利和人格尊严，客观方面表现为行为人收买被拐卖的妇女、儿童的行为，主体是年满 16 周岁、具有刑事责任能力的人，主观方面是直接故意，且不以出卖被收买人为目的}。

3. 收买被拐卖的妇女、儿童罪的处罚

根据《刑法》第 241 条的规定，犯本罪的，处 3 年以下有期徒刑、拘役或者管制。收买被拐卖的妇女，强行与其发生性关系，非法剥夺、限制其人身自由或者有伤害、侮辱等犯罪行为的，依照本罪和相应的有关犯罪实行数罪并罚。收买被拐卖的妇女、儿童又出卖的，依照本法第 240 条的规定定罪处罚。收买被拐卖的妇女、儿童，按照被买妇女的意愿，不阻碍其返回原居住地的，可以从轻或者减轻处罚；对被买儿童没有虐待行为，不阻碍对其进行解救的，可以从轻处罚。

十三、聚众阻碍解救被收买的妇女、儿童罪

1. 聚众阻碍解救被收买的妇女、儿童罪的概念

聚众阻碍解救被收买的妇女、儿童罪，是指行为人纠集众人，阻碍国家工作人员解救被收买的妇女、儿童的行为。

2. 聚众阻碍解救被收买的妇女、儿童罪的构成特征

关于聚众阻碍解救被收买的妇女、儿童罪的构成特征，根据现行刑法的规定，主要有以下几个方面，其集合表现为：

设 M 为聚众阻碍解救被收买的妇女、儿童罪的集合，则 M = {聚众阻碍解救被收买的妇女、儿童罪}；

设 M1 为聚众阻碍解救被收买的妇女、儿童罪的客体的集合，则 M1 = {被收买妇女、儿童的人身权利} ∪ {国家机关的公务活动} = {被收买妇女、儿童的人身权利和国家机关的公务活动}；设 M2 为聚众阻碍解救被收买的妇女、儿童罪的客观方面的集合，则 M2 = {行为人纠集众人，阻碍国家工作人员解救被收买的妇女、儿童的行为}；设 M3 为聚众阻碍解救被收买的妇女、儿童罪的主体的集合，则 M3 = {阻碍国家工作人员解救被收买的妇女、儿童的首要分子}；设 M4 为聚众阻碍解救被收买的妇女、儿童罪

的主观方面的集合，则 M4 = ｛直接故意｝；

则 M = M1∪M2∪M3∪M4，即聚众阻碍解救被收买的妇女、儿童罪 = ｛客体是被收买妇女、儿童的人身权利和国家机关的公务活动｝∪｛客观方面表现为行为人纠集众人，阻碍国家工作人员解救被收买的妇女、儿童的行为｝∪｛主体是阻碍国家工作人员解救被收买的妇女、儿童的首要分子｝∪｛主观方面是直接故意｝ = ｛客体是被收买妇女、儿童的人身权利和国家机关的公务活动，客观方面表现为行为人纠集众人，阻碍国家工作人员解救被收买的妇女、儿童的行为，主体是阻碍国家工作人员解救被收买的妇女、儿童的首要分子，主观方面是直接故意｝。

3. 聚众阻碍解救被收买的妇女、儿童罪的处罚

根据《刑法》第 242 条第 2 款的规定，犯本罪的，处 5 年以下有期徒刑或者拘役；其他参与者，以暴力、威胁方法阻碍国家机关工作人员解救被拐卖、收买的妇女、儿童的，依照妨害公务罪定罪处罚。

十四、诬告陷害罪

1. 诬告陷害罪的概念

诬告陷害罪，是指行为人捏造事实，诬告陷害他人，意图使他人受刑事追究，情节严重的行为。

2. 诬告陷害罪的构成特征

关于诬告陷害罪的构成特征，根据现行刑法的规定，主要有以下几个方面，其集合表现为：

设 N 为诬告陷害罪的集合，则 N = ｛诬告陷害罪｝；

设 N1 为诬告陷害罪的客体的集合，则 N1 = ｛他人的人身权利｝∪｛司法机关的正常活动｝ = ｛他人的人身权利和司法机关的正常活动｝；设 N2 为诬告陷害罪的客观方面的集合，则 N2 = ｛行为人捏造事实，诬告陷害他人，意图使他人受刑事追究，情节严重的行为｝；设 N3 为诬告陷害罪的主体的集合，则 N3 = ｛年满 16 周岁、具有刑事责任能力的人｝；设 N4 为诬告陷害罪的主观方面的集合，则 N4 = ｛直接故意，且以意图使他人受刑事追究为目的｝；

则 N = N1∪N2∪N3∪N4，即诬告陷害罪 = ｛客体是他人的人身权利和司法机关的正常活动｝∪｛客观方面表现为行为人捏造事实，诬告陷害他人，意图使他人受刑事追究，情节严重的行为｝∪｛主体是年满 16 周岁、

具有刑事责任能力的人} ∪ {主观方面是直接故意，且以意图使他人受刑事追究为目的} = {客体是他人的人身权利和司法机关的正常活动，客观方面表现为行为人捏造事实，诬告陷害他人，意图使他人受刑事追究，情节严重的行为，主体是年满16周岁、具有刑事责任能力的人，主观方面是直接故意，且以意图使他人受刑事追究为目的}。

3. 诬告陷害罪的处罚

根据《刑法》第243条第1款、第2款的规定，犯本罪的，处3年以下有期徒刑、拘役或者管制；造成严重后果的，处3年以上10年以下有期徒刑。国家机关工作人员犯本罪，从重处罚。

十五、强迫劳动罪

1. 强迫劳动罪的概念

强迫劳动罪，是指行为人以暴力、威胁或者限制人身自由的方法强迫他人劳动的行为，或者明知他人实施强迫劳动行为而为其招募、运送人员或者有其他协助强迫他人劳动的行为。

2. 强迫劳动罪的构成特征

关于强迫劳动罪的构成特征，根据现行刑法的规定，主要有以下几个方面，其集合表现为：

设O为强迫劳动罪的集合，则O = {强迫劳动罪}；

设O1为强迫劳动罪的客体的集合，则O1 = {公民选择职业的权利和正当的休息权利}；设O2为强迫劳动罪的客观方面的集合，则O2 = {行为人以暴力、威胁或者限制人身自由的方法强迫他人劳动的行为，或者明知他人实施强迫劳动行为而为其招募、运送人员或者有其他协助强迫他人劳动的行为}；设O3为强迫劳动罪的主体的集合，则O3 = {年满16周岁、具有刑事责任能力的人和单位}；设O4为强迫劳动罪的主观方面的集合，则O4 = {直接故意}；

则O = O1∪O2∪O3∪O4，即强迫劳动罪 = {客体是公民选择职业的权利和正当的休息权利} ∪ {客观方面表现为行为人以暴力、威胁或者限制人身自由的方法强迫他人劳动的行为，或者明知他人实施强迫劳动行为而为其招募、运送人员或者有其他协助强迫他人劳动的行为} ∪ {主体是年满16周岁、具有刑事责任能力的人和单位} ∪ {主观方面是直接故意} = {客体是职工的休息权和人身自由权利，客观方面表现为行为人以暴力、威胁或者限制人身自由的方法强迫他人劳动的行为，或者明知他人实施强迫劳动行为而为其招募、运送人员或者有其他协助强迫他人劳动的行为，主体是年满 16 周岁、具有刑事责任能力的人和单位，主观方面是直接故意}。

3. 强迫劳动罪的处罚

根据《刑法》第 244 条规定，个人犯本罪的，处 3 年以下有期徒刑或者拘役，并处罚金；情节严重的，处 3 年以上 10 年以下有期徒刑，并处罚金。单位犯本罪的，对单位处以罚金，并对其直接负责的主管人员和其他直接责任人员，依照上述标准处罚。

十六、雇用童工从事危重劳动罪

1. 雇用童工从事危重劳动罪的概念

雇用童工从事危重劳动罪，是指行为人违反劳动管理法规，雇用未满十六周岁的未成年人从事超强度体力劳动的，或者从事高空、井下作业的，或者在爆炸性、易燃性、放射性、毒害性等危险环境下从事劳动，情节严重的行为。

2. 雇用童工从事危重劳动罪的构成特征

关于雇用童工从事危重劳动罪的构成特征，根据现行刑法的规定，主要有以下几个方面，其集合表现为：

设 P 为雇用童工从事危重劳动罪的集合，则 P = {雇用童工从事危重劳动罪}；

设 P1 为雇用童工从事危重劳动罪的客体的集合，则 P1 = {未成年人的健康权和人身安全权}；设 P2 为雇用童工从事危重劳动罪的客观方面的集合，则 P2 = {行为人违反劳动管理法规，雇用未满十六周岁的未成年人从事超强度体力劳动的，或者从事高空、井下作业的，或者在爆炸性、易燃性、放射性、毒害性等危险环境下从事劳动，情节严重的行为}；设 P3 为雇用童工从事危重劳动罪的主体的集合，则 P3 = {用人单位以及个体工商户的直接责任人员}；设 P4 为雇用童工从事危重劳动罪的主观方面的集合，则 P4 = {直接故意}；

则 $P = P1 \cup P2 \cup P3 \cup P4$，即雇用童工从事危重劳动罪 = {客体是未成年人的健康权和人身安全权} ∪ {客观方面表现为行为人违反劳动管理法规，雇用未满十六周岁的未成年人从事超强度体力劳动的，或者从事高空、井下作业的，或者在爆炸性、易燃性、放射性、毒害性等危险环境下从事劳动，情节严重的行为｝∪｛主体是用人单位以及个体工商户的直接责任人员｝∪｛主观方面是直接故意｝=｛客体是未成年人的健康权和人身安全权，客观方面表现为行为人违反劳动管理法规，雇用未满十六周岁的未成年人从事超强度体力劳动的，或者从事高空、井下作业的，或者在爆炸性、易燃性、放射性、毒害性等危险环境下从事劳动，情节严重的行为，主体是用人单位以及个体工商户的直接责任人员，主观方面是直接故意｝。

3. 雇用童工从事危重劳动罪的处罚

根据《刑法》第244条之一的规定，犯本罪的，对直接责任人员，处3年以下有期徒刑或者拘役，并处罚金；情节特别严重的，处3年以上7年以下有期徒刑，并处罚金。有雇用童工从事危重劳动行为，造成事故，又构成其他犯罪的，依照数罪并罚的规定处罚。

十七、非法搜查罪

1. 非法搜查罪的概念

非法搜查罪，是指未经法定机关批准，擅自非法对他人的身体或者住宅进行搜查的行为。

2. 非法搜查罪的构成特征

关于非法搜查罪的构成特征，根据现行刑法的规定，主要有以下几个方面，其集合表现为：

设Q为非法搜查罪的集合，则Q=｛非法搜查罪｝；

设Q1为非法搜查罪的客体的集合，则Q1=｛公民的人身权利｝∪｛公民的住宅不受侵犯权｝=｛公民的人身权利和公民的住宅不受侵犯权｝；设Q2为非法搜查罪的客观方面的集合，则Q2=｛行为人未经法定机关批准，擅自非法对他人的身体或者住宅进行搜查的行为｝；设Q3为非法搜查罪的主体的集合，则Q3=｛年满16周岁、具有刑事责任能力的人｝；设Q4为非法搜查罪的主观方面的集合，则Q4=｛直接故意｝；

则Q=Q1∪Q2∪Q3∪Q4，即非法搜查罪=｛客体是公民的人身权利和公民的住宅不受侵犯权｝∪｛客观方面表现为未经法定机关批准，擅自非法对他人的身体或者住宅进行搜查的行为｝∪｛主体是年满16周岁、具有刑事责任能力的人｝∪｛主观方面是直接故意｝=｛客体是公民的人身权利和公民的住宅不受侵犯权，客观方面表现为行为人未经法定机关批准，擅自非法对他人的身体或者住宅进行搜查的行为，主体是年满16周岁、具有刑事责任能力的人，主观方面是直接故意}。

3. 非法搜查罪的处罚

根据《刑法》第 245 条的规定，犯本罪的，处 3 年以下有期徒刑或者拘役。司法工作人员滥用职权，犯本罪的，从重处罚。

十八、非法侵入住宅罪

1. 非法侵入住宅罪的概念

非法侵入住宅罪，是指行为人未经允许，非法强行闯入他人住宅，或者经要求其退出仍拒不退出的行为。

2. 非法侵入住宅罪的构成特征

关于非法侵入住宅罪的构成特征，根据现行刑法的规定，主要有以下几个方面，其集合表现为：

设 R 为非法侵入住宅罪的集合，则 R = {非法侵入住宅罪}；

设 R1 为非法侵入住宅罪的客体的集合，则 R1 = {公民的住宅不受非法侵犯的权利}；设 R2 为非法侵入住宅罪的客观方面的集合，则 R2 = {行为人未经允许，非法强行闯入他人住宅，或者经要求其退出仍拒不退出的行为}；设 R3 为非法侵入住宅罪的主体的集合，则 R3 = {年满 16 周岁、具有刑事责任能力的人}；设 R4 为非法侵入住宅罪的主观方面的集合，则 R4 = {直接故意}；

则 R = R1∪R2∪R3∪R4，即非法侵入住宅罪 = {客体是公民的住宅不受非法侵犯的权利} ∪ {客观方面表现为行为人未经允许，非法强行闯入他人住宅，或者经要求其退出仍拒不退出的行为} ∪ {主体是年满 16 周岁、具有刑事责任能力的人} ∪ {主观方面是直接故意} = {客体是公民的住宅不受非法侵犯的权利，客观方面表现为行为人未经允许，非法强行闯入他人住宅，或者经要求其退出仍拒不退出的行为，主体是年满 16 周岁、具有刑事责任能力的人，主观方面是直接故意}。

3. 非法侵入住宅罪的处罚

根据《刑法》第 245 条的规定，犯本罪的，处 3 年以下有期徒刑或者拘役。司法工作人员滥用职权，犯本罪的，从重处罚。

十九、侮辱罪

1. 侮辱罪的概念

侮辱罪，是指行为人使用暴力或者其他方法，公然贬低他人人格，破坏他人名誉，情节严重的行为。

2. 侮辱罪的构成特征

关于侮辱罪的构成特征，根据现行刑法的规定，主要有以下几个方面，其集合表现为：

设 S 为侮辱罪的集合，则 S = {侮辱罪}；

设 S1 为侮辱罪的客体的集合，则 S1 = {他人的人格和名誉权利}；设 S2 为侮辱罪的客观方面的集合，则 S2 = {行为人使用暴力或者其他方法，公然贬低他人人格，破坏他人名誉，情节严重的行为}；设 S3 为侮辱罪的主体的集合，则 S3 = {年满 16 周岁、具有刑事责任能力的人}；设 S4 为侮辱罪的主观方面的集合，则 S4 = {直接故意}；

则 S = S1∪S2∪S3∪S4，即侮辱罪 = {客体是他人的人格和名誉权利} ∪ {客观方面表现为行为人使用暴力或者其他方法，公然贬低他人人格，破坏他人名誉，情节严重的行为} ∪ {主体是年满 16 周岁、具有刑事责任能力的人} ∪ {主观方面是直接故意} = {客体是他人的人格和名誉权利，客观方面表现为行为人使用暴力或者其他方法，公然贬低他人人格，破坏他人名誉，情节严重的行为，主体是年满 16 周岁、具有刑事责任能力的人，主观方面是直接故意}。

3. 侮辱罪的处罚

根据《刑法》第 246 条第 1 款、第 2 款的规定，犯本罪的，处 3 年以下有期徒刑、拘役、管制或者剥夺政治权利。犯本罪的，告诉的才处理，但是严重危害社会秩序和国家利益的除外。

二十、诽谤罪

1. 诽谤罪的概念

诽谤罪，是指行为人捏造并散布某种事实，足以贬低他人人格，破坏他人名誉，情节严重的行为。

2. 诽谤罪的构成特征

关于诽谤罪的构成特征，根据现行刑法的规定，主要有以下几个方面，其集合表现为：

设 T 为诽谤罪的集合，则 T = {诽谤罪}；

设 T1 为诽谤罪的客体的集合，则 T1 = {他人的人格和名誉权利}；设 T2 为诽谤罪的客观方面的集合，则 T2 = {行为人捏造并散布某种事实，足以贬低他人人格，破坏他人名誉，情节严重的行为}；设 T3 为诽谤罪的主体的集合，则 T3 = {年满 16 周岁、具有刑事责任能力的人}；设 T4 为诽谤罪的主观方面的集合，则 T4 = {直接故意}；

则 T = T1∪T2∪T3∪T4，即诽谤罪 = {客体是他人的人格和名誉权利} ∪ {客观方面表现为行为人捏造并散布某种事实，足以贬低他人人格，破坏他人名誉，情节严重的行为} ∪ {主体是年满 16 周岁、具有刑事责任能力的人} ∪ {主观方面是直接故意} = {客体是他人的人格和名誉权利，客观方面表现为行为人捏造并散布某种事实，足以贬低他人人格，破坏他人名誉，情节严重的行为，主体是年满 16 周岁、具有刑事责任能力的人，主观方面是直接故意}。

3. 诽谤罪的处罚

根据《刑法》第 246 条的规定，犯本罪的，处 3 年以下有期徒刑、拘役、管制或者剥夺政治权利。犯本罪的，告诉的才处理，但是严重危害社会秩序和国家利益的除外。

二十一、刑讯逼供罪

1. 刑讯逼供罪的概念

刑讯逼供罪，是指司法工作人员对犯罪嫌疑人、被告人使用肉刑或者变相肉刑，逼取口供的行为。

2. 刑讯逼供罪的构成特征

关于刑讯逼供罪的构成特征，根据现行刑法的规定，主要有以下几个方面，其集合表现为：

设 U 为刑讯逼供罪的集合，则 U = {刑讯逼供罪}；

设 U1 为刑讯逼供罪的客体的集合，则 U1 = {公民的人身权利} ∪ {司法机关的正常活动} = {公民的人身权利和司法机关的正常活动}；设 U2 为刑讯逼供罪的客观方面的集合，则 U2 = {行为人对犯罪嫌疑人、被告人使用肉刑或者变相肉刑，逼取口供的行为}；设 U3 为刑讯逼供罪的主体的集合，则 U3 = {司法工作人员}；设 U4 为刑讯逼供罪的主观方面的集合，则 U4 = {直接故意，且以逼取口供为目的}；

则 T = U1∪U2∪U3∪U4，即刑讯逼供罪 = {客体是公民的人身权利和司法机关的正常活动} ∪ {客观方面表现为行为人对犯罪嫌疑人、被告人使用肉刑或者变相肉刑，逼取口供的行为} ∪ {主体是司法工作人员} ∪ {主观方面是直接故意，且以逼取口供为目的} = {客体是公民的人身权利和司法机关的正常活动，客观方面表现为行为人对犯罪嫌疑人、被告人使用肉刑或者变相肉刑，逼取口供的行为，主体是司法工作人员，主观方面是直接故意，且以逼取口供为目的}。

3. 刑讯逼供罪的处罚

根据《刑法》第 247 条的规定，犯本罪的，处 3 年以下有期徒刑或者拘役。致人伤残、死亡的，依照《刑法》第 234 条（故意伤害罪）、第 232 条（故意杀人罪）的规定定罪，从重处罚。

二十二、暴力取证罪

1. 暴力取证罪的概念

暴力取证罪，是指司法工作人员使用暴力逼取证人证言的行为。

2. 暴力取证罪的构成特征

关于暴力取证罪的构成特征，根据现行刑法的规定，主要有以下几个方面，其集合表现为：

设 V 为暴力取证罪的集合，则 V = {暴力取证罪}；

设 V1 为暴力取证罪的客体的集合，则 V1 = {公民的人身权利} ∪ {司法机关的正常活动} = {公民的人身权利和司法机关的正常活动}；设 V2 为暴力取证罪的客观方面的集合，则 V2 = {行为人使用暴力逼取证人证言的行为}；设 V3 为暴力取证罪的主体的集合，则 V3 = {司法工作人员}；设 V4 为暴力取证罪的主观方面的集合，则 V4 = {直接故意，且以逼取证人证言为目的}；

则 V = V1∪V2∪V3∪V4，即暴力取证罪 = {客体是公民的人身权利和司法机关的正常活动} ∪ {客观方面表现为行为人使用暴力逼取证人证言的行为} ∪ {主体是司法工作人员} ∪ {主观方面是直接故意，且以逼取证人证言为目的} = {客体是公民的人身权利和司法机关的正常活动，客观方面表现为行为人使用暴力逼取证人证言的行为，主体是司法工作人员，主观方面是直接故意，且以逼取证人证言为目的｝。

3. 暴力取证罪的处罚

根据《刑法》第247条的规定，犯本罪的，处3年以下有期徒刑或者拘役。致人伤残、死亡的，依照《刑法》第234条（故意伤害罪）、第232条（故意杀人罪）的规定定罪，从重处罚。

二十三、虐待被监管人罪

1. 虐待被监管人罪的概念

虐待被监管人罪，是指监狱、拘留所、看守所等监管机构的监管人员对被监管人进行殴打或者体罚虐待，情节严重的行为，或者监狱、拘留所、看守所等监管机构的监管人员，指使被监管人殴打、体罚虐待其他被监管人的行为。

2. 虐待被监管人罪的构成特征

关于虐待被监管人罪的构成特征，根据现行刑法的规定，主要有以下几个方面，其集合表现为：

设W为虐待被监管人罪的集合，则W＝｛虐待被监管人罪｝；

设W1为虐待被监管人罪的客体的集合，则W1＝｛被监管人的人身权利和监管秩序｝；设W2为虐待被监管人罪的客观方面的集合，则W2＝｛行为人对被监管人进行殴打或者体罚虐待，或者指使被监管人殴打、体罚虐待其他被监管人情节严重的行为｝；设W3为虐待被监管人罪的主体的集合，则W3＝｛监狱、拘留所、看守所等监管机构的监管人员｝；设W4为虐待被监管人罪的主观方面的集合，则W4＝｛直接故意｝；

则W＝W1∪W2∪W3∪W4，即虐待被监管人罪＝｛客体是被监管人的人身权利和监管秩序｝∪｛客观方面表现为行为人对被监管人进行殴打或者体罚虐待，或者指使被监管人殴打、体罚虐待其他被监管人情节严重的行为｝∪｛主体是监狱、拘留所、看守所等监管机构的监管人员｝∪｛主观方面是直接故意｝＝｛客体是被监管人的人身权利和监管秩序，客观方面表现为行为人对被监管人进行殴打或者体罚虐待，或者指使被监管人殴打、体罚虐待其他被监管人情节严重的行为，主体是监狱、拘留所、看守所等监管机构的监管人员，主观方面是直接故意｝。

3. 虐待被监管人罪的处罚

根据《刑法》第248条的规定，犯本罪的，处3年以下有期徒刑或者拘役；情节特别严重的，处3年以上10年以下有期徒刑。致人伤残、死亡的，依照《刑法》第234条（故意伤害罪）、第232条（故意杀人罪）的规定定罪，从重处罚。

二十四、煽动民族仇恨、民族歧视罪

1. 煽动民族仇恨、民族歧视罪的概念

煽动民族仇恨、民族歧视罪，是指行为人故意以语言、文字或者其他方式煽动民族仇恨、民族歧视，情节严重的行为。

2. 煽动民族仇恨、民族歧视罪的构成特征

关于煽动民族仇恨、民族歧视罪的构成特征，根据现行刑法的规定，主要有以下几个方面，其集合表现为：

设X为煽动民族仇恨、民族歧视罪的集合，则X＝｛煽动民族仇恨、民族歧视罪｝；

设X1为煽动民族仇恨、民族歧视罪的客体的集合，则X1＝｛我国各民族的平等与民族和睦的关系｝；设X2为煽动民族仇恨、民族歧视罪的客观方面的集合，则X2＝｛行为人以语言、文字或者其他方式煽动民族仇恨、民族歧视，情节严重的行为｝；设X3为煽动民族仇恨、民族歧视罪的主体的集合，则X3＝｛年满16周岁、具有刑事责任能力的人｝；设X4为煽动民族仇恨、民族歧视罪的主观方面的集合，则X4＝｛直接故意｝；

则X＝X1∪X2∪X3∪X4，即煽动民族仇恨、民族歧视罪＝｛客体是我国各民族的平等与民族和睦的关系｝∪｛客观方面表现为行为人以语言、文字或者其他方式煽动民族仇恨、民族歧视，情节严重的行为｝∪｛主体是年满16周岁、具有刑事责任能力的人｝∪｛主观方面是直接故意｝＝｛客体是我国各民族的平等与民族和睦的关系，客观方面表现为行为人以语言、文字或者其他方式煽动民族仇恨、民族歧视，情节严重的行为，主体是年满16周岁、具有刑事责任能力的人，主观方面是直接故意｝。

3. 煽动民族仇恨、民族歧视罪的处罚

根据《刑法》第249条的规定，犯本罪的，处3年以下有期徒刑、拘役、管制或者剥夺政治权利；情节特别严重的，处3年以上10年以下有期徒刑。

二十五、出版歧视、侮辱少数民族作品罪

1. 出版歧视、侮辱少数民族作品罪的概念

出版歧视、侮辱少数民族作品罪，是指行为人在出版物中刊载歧视、侮辱少数民族的内容，情节恶劣，造成严重后果的行为。

2. 出版歧视、侮辱少数民族作品罪的构成特征

关于出版歧视、侮辱少数民族作品罪的构成特征，根据现行刑法的规定，主要有以下几个方面，其集合表现为：

设 Y 为出版歧视、侮辱少数民族作品罪的集合，则 Y = {出版歧视、侮辱少数民族作品罪}；

设 Y1 为出版歧视、侮辱少数民族作品罪的客体的集合，则 Y1 = {少数民族的合法权利}；设 Y2 为出版歧视、侮辱少数民族作品罪的客观方面的集合，则 Y2 = {行为人在出版物中刊载歧视、侮辱少数民族的内容，情节恶劣，造成严重后果的行为}；设 Y3 为出版歧视、侮辱少数民族作品罪的主体的集合，则 Y3 = {在出版物中刊载歧视、侮辱少数民族内容的直接责任人员}；设 Y4 为出版歧视、侮辱少数民族作品罪的主观方面的集合，则 Y4 = {直接故意}；

则 Y = Y1∪Y2∪Y3∪Y4，即出版歧视、侮辱少数民族作品罪 = {客体是少数民族的合法权利} ∪ {客观方面表现为行为人在出版物中刊载歧视、侮辱少数民族的内容，情节恶劣，造成严重后果的行为} ∪ {主体是在出版物中刊载歧视、侮辱少数民族内容的直接责任人员} ∪ {主观方面是直接故意} = {客体是少数民族的合法权利，客观方面表现为行为人在出版物中刊载歧视、侮辱少数民族的内容，情节恶劣，造成严重后果的行为，主体是在出版物中刊载歧视、侮辱少数民族内容的直接责任人员，主观方面是直接故意}。

3. 出版歧视、侮辱少数民族作品罪的处罚

根据《刑法》第 250 条的规定，犯本罪的，对直接责任人员，处 3 年以下有期徒刑、拘役或者管制。

二十六、非法剥夺公民宗教信仰自由罪

1. 非法剥夺公民宗教信仰自由罪的概念

非法剥夺公民宗教信仰自由罪，是指国家机关工作人员非法剥夺公民的

宗教信仰自由，情节严重的行为。

2. 非法剥夺公民宗教信仰自由罪的构成特征

关于非法剥夺公民宗教信仰自由罪的构成特征，根据现行刑法的规定，主要有以下几个方面，其集合表现为：

设 Z 为非法剥夺公民宗教信仰自由罪的集合，则 Z = {非法剥夺公民宗教信仰自由罪}；

设 Z1 为非法剥夺公民宗教信仰自由罪的客体的集合，则 Z1 = {公民的宗教信仰自由}；设 Z2 为非法剥夺公民宗教信仰自由罪的客观方面的集合，则 Z2 = {行为人非法剥夺公民的宗教信仰自由，情节严重的行为}；设 Z3 为非法剥夺公民宗教信仰自由罪的主体的集合，则 Z3 = {国家机关工作人员}；设 Z4 为非法剥夺公民宗教信仰自由罪的主观方面的集合，则 Z4 = {直接故意}；

则 Z = Z1 ∪ Z2 ∪ Z3 ∪ Z4，即非法剥夺公民宗教信仰自由罪 = {客体是公民的宗教信仰自由} ∪ {客观方面表现为行为人非法剥夺公民的宗教信仰自由，情节严重的行为} ∪ {主体是国家机关工作人员} ∪ {主观方面是直接故意} = {客体是公民的宗教信仰自由，客观方面表现为行为人非法剥夺公民的宗教信仰自由，情节严重的行为，主体是国家机关工作人员，主观方面是直接故意}。

3. 非法剥夺公民宗教信仰自由罪的处罚

根据《刑法》第 251 条的规定，犯本罪的，处 2 年以下有期徒刑或者拘役。

二十七、侵犯少数民族风俗习惯罪

1. 侵犯少数民族风俗习惯罪的概念

侵犯少数民族风俗习惯罪，是指国家机关工作人员侵犯少数民族风俗习惯，情节严重的行为。

2. 侵犯少数民族风俗习惯罪的构成特征

关于侵犯少数民族风俗习惯罪的构成特征，根据现行刑法的规定，主要有以下几个方面，其集合表现为：

设 A1 为侵犯少数民族风俗习惯罪的集合，则 A1 = {侵犯少数民族风俗习惯罪}；

设 A11 为侵犯少数民族风俗习惯罪的客体的集合，则 A11 = {少数民族保持或者改革本民族风俗习惯的自由权利｝；设 A22 为侵犯少数民族风俗习惯罪的客观方面的集合，则 A22 = ｛行为人侵犯少数民族风俗习惯，情节严重的行为｝；设 A33 为侵犯少数民族风俗习惯罪的主体的集合，则 A33 = ｛国家机关工作人员｝；设 A44 为侵犯少数民族风俗习惯罪的主观方面的集合，则 A44 = ｛直接故意｝；

则 A1 = A11 ∪ A22 ∪ A33 ∪ A44，即侵犯少数民族风俗习惯罪 = ｛客体是少数民族保持或者改革本民族风俗习惯的自由权利｝ ∪ ｛客观方面表现为行为人侵犯少数民族风俗习惯，情节严重的行为｝ ∪ ｛主体是国家机关工作人员｝ ∪ ｛主观方面是直接故意｝ = ｛客体是少数民族保持或者改革本民族风俗习惯的自由权利，客观方面表现为行为人侵犯少数民族风俗习惯，情节严重的行为，主体是国家机关工作人员，主观方面是直接故意｝。

3. 侵犯少数民族风俗习惯罪的处罚

根据《刑法》第 251 条的规定，犯本罪的，处 2 年以下有期徒刑或者拘役。

二十八、侵犯通信自由罪

1. 侵犯通信自由罪的概念

侵犯通信自由罪，是指行为人故意隐匿、毁弃或者非法开拆他人信件，侵犯公民通信自由权利，情节严重的行为。

2. 侵犯通信自由罪的构成特征

关于侵犯通信自由罪的构成特征，根据现行刑法的规定，主要有以下几个方面，其集合表现为：

设 B1 为侵犯通信自由罪的集合，则 B1 = ｛侵犯通信自由罪｝；

设 B11 为侵犯通信自由罪的客体的集合，则 B11 = ｛公民通信自由权利｝；设 B22 为侵犯通信自由罪的客观方面的集合，则 B22 = ｛行为人隐匿、毁弃或者非法开拆他人信件，侵犯公民通信自由权利，情节严重的行为｝；设 B33 为侵犯通信自由罪的主体的集合，则 B33 = ｛年满 16 周岁、具有刑事责任能力的人｝；设 B44 为侵犯通信自由罪的主观方面的集合，则 B44 = ｛直接故意｝；

则 B1 = B11 ∪ B22 ∪ B33 ∪ B44，即侵犯通信自由罪 = ｛客体是公民通信自由权利｝ ∪ ｛客观方面表现为行为人隐匿、毁弃或者非法开拆他人信件，侵犯公民通信自由权利，情节严重的行为｝ ∪ ｛主体是年满 16 周岁、具有刑事责任能力的人｝∪｛主观方面是直接故意｝＝｛客体是公民通信自由权利，客观方面表现为行为人隐匿、毁弃或者非法开拆他人信件，侵犯公民通信自由权利，情节严重的行为，主体是年满16周岁、具有刑事责任能力的人，主观方面是直接故意｝。

3. 侵犯通信自由罪的处罚

根据《刑法》第252条的规定，犯本罪的，处1年以下有期徒刑或者拘役。

二十九、私自开拆、隐匿、毁弃邮件、电报罪

1. 私自开拆、隐匿、毁弃邮件、电报罪的概念

私自开拆、隐匿、毁弃邮件、电报罪，是指邮政工作人员利用职务上的便利，私自开拆或者隐匿、毁弃邮件、电报的行为。

2. 私自开拆、隐匿、毁弃邮件、电报罪的构成特征

关于私自开拆、隐匿、毁弃邮件、电报罪的构成特征，根据现行刑法的规定，主要有以下几个方面，其集合表现为：

设C1为私自开拆、隐匿、毁弃邮件、电报罪的集合，则C1＝｛私自开拆、隐匿、毁弃邮件、电报罪｝；

设C11为私自开拆、隐匿、毁弃邮件、电报罪的客体的集合，则C11＝｛公民通信自由和通信秘密权｝∪｛国家邮电部门的正常活动及信誉｝＝｛公民通信自由和通信秘密权和国家邮电部门的正常活动及信誉｝；设C22为私自开拆、隐匿、毁弃邮件、电报罪的客观方面的集合，则C22＝｛行为人利用职务上的便利，私自开拆或者隐匿、毁弃邮件、电报的行为｝；设C33为私自开拆、隐匿、毁弃邮件、电报罪的主体的集合，则C33＝｛邮政工作人员｝；设C44为私自开拆、隐匿、毁弃邮件、电报罪的主观方面的集合，则C44＝｛直接故意｝；

则C1＝C11∪C22∪C33∪C44，即私自开拆、隐匿、毁弃邮件、电报罪＝｛客体是公民通信自由和通信秘密权和国家邮电部门的正常活动及信誉｝∪｛客观方面表现为行为人利用职务上的便利，私自开拆或者隐匿、毁弃邮件、电报的行为｝∪｛主体是邮政工作人员｝∪｛主观方面是直接故意｝＝｛客体是公民通信自由和通信秘密权和国家邮电部门的正常活动及信誉，客观方面表现为行为人利用职务上的便利，私自开拆或者隐匿、毁弃邮件、电报的行为，主体是邮政工作人员，主观方面是直接故意｝。

3. 私自开拆、隐匿、毁弃邮件、电报罪的处罚

根据《刑法》第253条的规定，犯本罪的，处2年以下有期徒刑或者拘役。邮政工作人员犯本罪而窃取财物的，依照本法第264条盗窃罪的规定定罪，从重处罚。

三十、侵犯公民个人信息罪

1. 侵犯公民个人信息罪的概念

侵犯公民个人信息罪，是指违反国家有关规定，向他人出售或者提供公民个人信息，情节严重的行为，以及以窃取或者以其他方法非法获取公民个人信息的行为。

2. 侵犯公民个人信息罪的构成特征

关于侵犯公民个人信息罪的构成特征，根据现行刑法的规定，主要有以下几个方面，其集合表现为：

设D1为侵犯公民个人信息罪的集合，则D1 = {侵犯公民个人信息罪}；

设D11为侵犯公民个人信息罪的客体的集合，则D11 = {公民的个人信息安全权}；设D22为侵犯公民个人信息罪的客观方面的集合，则D22 = {行为人违反国家有关规定，向他人出售或者提供公民个人信息，情节严重的行为，以及以窃取或者以其他方法非法获取公民个人信息的行为}；设D33为侵犯公民个人信息罪的主体的集合，则D33 = {年满16周岁、具有刑事责任能力的人和单位}；设D44为侵犯公民个人信息罪的主观方面的集合，则D44 = {直接故意}；

则D1 = D11∪D22∪D33∪D44，即侵犯公民个人信息罪 = {客体是公民的个人信息安全权} ∪ {客观方面表现为行为人违反国家有关规定，向他人出售或者提供公民个人信息，情节严重的行为，以及以窃取或者以其他方法非法获取公民个人信息的行为} ∪ {主体是年满16周岁、具有刑事责任能力的人和单位} ∪ {主观方面是直接故意} = {客体是公民的个人信息安全权，客观方面表现为行为人违反国家有关规定，向他人出售或者提供公民个人信息，情节严重的行为，以及以窃取或者以其他方法非法获取公民个人信息的行为，主体是年满16周岁、具有刑事责任能力的人和单位，主观方面是直接故意}。

3. 侵犯公民个人信息罪的处罚

根据《刑法》第253条之一的规定，个人犯本罪的，处3年以下有期

徒刑或者拘役，并处或者单处罚金；情节特别严重的，处3年以上7年以下有期徒刑，并处罚金。违反国家规定，将在履行职责或者提供服务过程中获得的公民个人信息，出售或者提供给他人的，按照上述处罚标准从重处罚。单位犯本罪的，对单位判处罚金，并对其直接负责的主管人员和其他直接责任人员，依照上述规定处罚。

三十一、报复陷害罪

1. 报复陷害罪的概念

报复陷害罪，是指国家机关工作人员，滥用职权、假公济私，对控告人、申诉人、批评人、举报人实行报复陷害的行为。

2. 报复陷害罪的构成特征

关于报复陷害罪的构成特征，根据现行刑法的规定，主要有以下几个方面，其集合表现为：

设E1为报复陷害罪的集合，则E1 = {报复陷害罪}；

设E11为报复陷害罪的客体的集合，则E11 = {公民的民主权利} ∪ {国家机关的正常活动} = {公民的民主权利和国家机关的正常活动}；设E22为报复陷害罪的客观方面的集合，则E22 = {行为人滥用职权、假公济私，对控告人、申诉人、批评人、举报人实行报复陷害的行为}；设E33为报复陷害罪的主体的集合，则E33 = {国家机关工作人员}；设E44为报复陷害罪的主观方面的集合，则E44 = {直接故意}；

则E1 = E11 ∪ E22 ∪ E33 ∪ E44，即报复陷害罪 = {客体是公民的民主权利和国家机关的正常活动} ∪ {客观方面表现为行为人滥用职权、假公济私，对控告人、申诉人、批评人、举报人实行报复陷害的行为} ∪ {主体是国家机关工作人员} ∪ {主观方面是直接故意} = {客体是公民的民主权利和国家机关的正常活动，客观方面表现为行为人滥用职权、假公济私，对控告人、申诉人、批评人、举报人实行报复陷害的行为，主体是国家机关工作人员，主观方面是直接故意}。

3. 报复陷害罪的处罚

根据《刑法》第254条的规定，犯本罪的，处2年以下有期徒刑或者拘役；情节严重的，处2年以上7年以下有期徒刑。

三十二、打击报复会计、统计人员罪

1. 打击报复会计、统计人员罪的概念

打击报复会计、统计人员罪，是指公司、企业、事业单位、机关、团体的领导人，对依法履行职责、抵制违反会计法、统计法行为的会计、统计人员实行打击报复，情节恶劣的行为。

2. 打击报复会计、统计人员罪的构成特征

关于打击报复会计、统计人员罪的构成特征，根据现行刑法的规定，主要有以下几个方面，其集合表现为：

设 F1 为打击报复会计、统计人员罪的集合，则 F1 = {打击报复会计、统计人员罪}；

设 F11 为打击报复会计、统计人员罪的客体的集合，则 F11 = {会计、统计人员的人身、民主权利} ∪ {国家有关会计、统计的管理制度} = {会计、统计人员的人身、民主权利和国家有关会计、统计的管理制度}；设 F22 为打击报复会计、统计人员罪的客观方面的集合，则 F22 = {行为人对依法履行职责、抵制违反会计法、统计法行为的会计、统计人员实行打击报复，情节恶劣的行为}；设 F33 为打击报复会计、统计人员罪的主体的集合，则 F33 = {公司、企业、事业单位、机关、团体的领导人}；设 F44 为打击报复会计、统计人员罪的主观方面的集合，则 F44 = {直接故意}；

则 F1 = F11∪F22∪F33∪F44，即打击报复会计、统计人员罪 = {客体是会计、统计人员的人身、民主权利和国家有关会计、统计的管理制度} ∪ {客观方面表现为行为人滥用职权、假公济私，对控告人、申诉人、批评人、举报人实行报复陷害的行为} ∪ {主体是公司、企业、事业单位、机关、团体的领导人} ∪ {主观方面是直接故意} = {客体是会计、统计人员的人身、民主权利和国家有关会计、统计的管理制度，客观方面表现为行为人滥用职权、假公济私，对控告人、申诉人、批评人、举报人实行报复陷害的行为，主体是公司、企业、事业单位、机关、团体的领导人，主观方面是直接故意}。

3. 打击报复会计、统计人员罪的处罚

根据《刑法》第 255 条的规定，犯本罪的，处 3 年以下有期徒刑或者拘役。

三十三、破坏选举罪

1. 破坏选举罪的概念

破坏选举罪，是指行为人在选举各级人民代表大会代表和国家机关领导人员时，以暴力、威胁、欺骗、贿赂、伪造选举文件、虚报选举票数等手段破坏选举或者妨害选民和代表自由行使选举权和被选举权，情节严重的行为。

2. 破坏选举罪的构成特征

关于破坏选举罪的构成特征，根据现行刑法的规定，主要有以下几个方面，其集合表现为：

设G1为破坏选举罪的集合，则G1 = {破坏选举罪}；

设G11为破坏选举罪的客体的集合，则G11 = {公民的选举权利} ∪ {选举工作的正常秩序} = {公民的选举权利和选举工作的正常秩序}；设G22为破坏选举罪的客观方面的集合，则G22 = {行为人在选举各级人民代表大会代表和国家机关领导人员时，以暴力、威胁、欺骗、贿赂、伪造选举文件、虚报选举票数等手段破坏选举或者妨害选民和代表自由行使选举权和被选举权，情节严重的行为}；设G33为破坏选举罪的主体的集合，则G33 = {年满16周岁、具有刑事责任能力的人}；设G44为破坏选举罪的主观方面的集合，则G44 = {直接故意}；

则G1 = G11∪G22∪G33∪G44，即破坏选举罪 = {客体是公民的选举权利和选举工作的正常秩序} ∪ {客观方面表现为行为人在选举各级人民代表大会代表和国家机关领导人员时，以暴力、威胁、欺骗、贿赂、伪造选举文件、虚报选举票数等手段破坏选举或者妨害选民和代表自由行使选举权和被选举权，情节严重的行为} ∪ {主体是年满16周岁、具有刑事责任能力的人} ∪ {主观方面是直接故意} = {客体是公民的选举权利和选举工作的正常秩序，客观方面表现为行为人在选举各级人民代表大会代表和国家机关领导人员时，以暴力、威胁、欺骗、贿赂、伪造选举文件、虚报选举票数等手段破坏选举或者妨害选民和代表自由行使选举权和被选举权，情节严重的行为，主体是年满16周岁、具有刑事责任能力的人，主观方面是直接故意}。

3. 破坏选举罪的处罚

根据《刑法》第256条的规定，犯本罪的，处3年以下有期徒刑、拘役或者剥夺政治权利。

三十四、暴力干涉婚姻自由罪

1. 暴力干涉婚姻自由罪的概念

暴力干涉婚姻自由罪，是指行为人以暴力方法干涉他人婚姻自由的行为。

2. 暴力干涉婚姻自由罪的构成特征

关于暴力干涉婚姻自由罪的构成特征，根据现行刑法的规定，主要有以下几个方面，其集合表现为：

设 H1 为暴力干涉婚姻自由罪的集合，则 H1 = ｛暴力干涉婚姻自由罪｝；

设 H11 为暴力干涉婚姻自由罪的客体的集合，则 H11 = ｛他人的婚姻自由｝ ∪ ｛他人的人身权利｝ = ｛他人的婚姻自由和他人的人身权利｝；设 H22 为暴力干涉婚姻自由罪的客观方面的集合，则 H22 = ｛行为人以暴力方法干涉他人婚姻自由的行为｝；设 H33 为暴力干涉婚姻自由罪的主体的集合，则 H33 = ｛年满 16 周岁、具有刑事责任能力的人｝；设 H44 为暴力干涉婚姻自由罪的主观方面的集合，则 H44 = ｛直接故意｝；

则 H1 = H11 ∪ H22 ∪ H33 ∪ H44，即暴力干涉婚姻自由罪 = ｛客体是他人的婚姻自由和他人的人身权利｝ ∪ ｛客观方面表现为行为人以暴力方法干涉他人婚姻自由的行为｝ ∪ ｛主体是年满 16 周岁、具有刑事责任能力的人｝ ∪ ｛主观方面是直接故意｝ = ｛客体是他人的婚姻自由和他人的人身权利，客观方面表现为行为人以暴力方法干涉他人婚姻自由的行为，主体是年满 16 周岁、具有刑事责任能力的人，主观方面是直接故意｝。

3. 暴力干涉婚姻自由罪的处罚

根据《刑法》第 257 条的规定，犯本罪的，处 2 年以下有期徒刑或者拘役。犯本罪的，致使被害人死亡的，处 2 年以上 7 年以下有期徒刑。没有致使被害人死亡的，告诉的才处理。

三十五、重婚罪

1. 重婚罪的概念

重婚罪，是指行为人有配偶而又与他人结婚，或者明知他人有配偶而与之结婚的行为。

2. 重婚罪的构成特征

关于重婚罪的构成特征，根据现行刑法的规定，主要有以下几个方面，

其集合表现为：

设 I1 为重婚罪的集合，则 I1 = ｛重婚罪｝；

设 I11 为重婚罪的客体的集合，则 I11 = ｛我国一夫一妻制的婚姻关系｝；设 I22 为重婚罪的客观方面的集合，则 I22 = ｛行为人有配偶而又与他人结婚，或者明知他人有配偶而与之结婚的行为｝；设 I33 为重婚罪的主体的集合，则 I33 = ｛重婚者和相婚者｝；设 I44 为重婚罪的主观方面的集合，则 I44 = ｛直接故意｝；

则 I1 = I11 ∪ I22 ∪ I33 ∪ I44，即重婚罪 = ｛客体是我国一夫一妻制的婚姻关系｝ ∪ ｛客观方面表现为行为人有配偶而又与他人结婚，或者明知他人有配偶而与之结婚的行为｝ ∪ ｛主体是重婚者和相婚者｝ ∪ ｛主观方面是直接故意｝ = ｛客体是我国一夫一妻制的婚姻关系，客观方面表现为行为人有配偶而又与他人结婚，或者明知他人有配偶而与之结婚的行为，主体是重婚者和相婚者，主观方面是直接故意｝。

3. 重婚罪的处罚

根据《刑法》第 258 条的规定，犯本罪的，处 2 年以下有期徒刑或者拘役。

三十六、破坏军婚罪

1. 破坏军婚罪的概念

破坏军婚罪，是指行为人明知是现役军人的配偶而与之同居或者结婚的行为。

2. 破坏军婚罪的构成特征

关于破坏军婚罪的构成特征，根据现行刑法的规定，主要有以下几个方面，其集合表现为：

设 J1 为破坏军婚罪的集合，则 J1 = ｛破坏军婚罪｝；

设 J11 为破坏军婚罪的客体的集合，则 J11 = ｛现役军人的婚姻关系｝；设 J22 为破坏军婚罪的客观方面的集合，则 J22 = ｛行为人明知是现役军人的配偶而与之同居或者结婚的行为｝；设 J33 为破坏军婚罪的主体的集合，则 J33 = ｛年满 16 周岁、具有刑事责任能力的人｝；设 J44 为破坏军婚罪的主观方面的集合，则 J44 = ｛直接故意｝；

则 J1 = J11 ∪ J22 ∪ J33 ∪ J44，即破坏军婚罪 = ｛客体是现役军人的婚姻关系｝ ∪ ｛客观方面表现行为人明知是现役军人的配偶而与之同居或者结婚的行为} ∪ {主体是年满16周岁、具有刑事责任能力的人} ∪ {主观方面是直接故意} = {客体是现役军人的婚姻关系，客观方面表现为行为人明知是现役军人的配偶而与之同居或者结婚的行为，主体是年满16周岁、具有刑事责任能力的人，主观方面是直接故意}。

3. 破坏军婚罪的处罚

根据《刑法》第259条的规定，犯本罪的，处3年以下有期徒刑或者拘役。利用职权、从属关系，以胁迫手段奸淫现役军人的妻子的，依照《刑法》第236条规定的强奸罪定罪处罚。

三十七、虐待罪

1. 虐待罪的概念

虐待罪，是指行为人对共同生活的家庭成员，经常以打骂、捆绑、限制自由、侮辱人格、冻饿等方法，从肉体上和精神上进行摧残迫害，情节恶劣的行为。

2. 虐待罪的构成特征

关于虐待罪的构成特征，根据现行刑法的规定，主要有以下几个方面，其集合表现为：

设K1为虐待罪的集合，则K1={虐待罪}；

设K11为虐待罪的客体的集合，则K11={共同生活的家庭成员在家庭生活中的合法权益} ∪ {家庭成员的身心健康} = {共同生活的家庭成员在家庭生活中的合法权益和家庭成员的身心健康}；设K22为虐待罪的客观方面的集合，则K22={行为人对共同生活的家庭成员，经常以打骂、捆绑、限制自由、侮辱人格、冻饿等方法，从肉体上和精神上进行摧残迫害，情节恶劣的行为}；设K33为虐待罪的主体的集合，则K33 = {家庭内部共同生活的成员}；设K44为虐待罪的主观方面的集合，则K44 = {直接故意}；

则K1=K11∪K22∪K33∪K44，即虐待罪={客体是共同生活的家庭成员在家庭生活中的合法权益和家庭成员的身心健康} ∪ {客观方面表现为行为人对共同生活的家庭成员，经常以打骂、捆绑、限制自由、侮辱人格、冻饿等方法，从肉体上和精神上进行摧残迫害，情节恶劣的行为} ∪ {主体是家庭内部共同生活的成员} ∪ {主观方面是直接故意} = {客体是共同生活的家庭成员在家庭生活中的合法权益和家庭成员的身心健康，客观方面表现为行为人对共同生活的家庭成员，经常以打骂、捆绑、限制自由、侮辱人格、冻饿等方法，从肉体上和精神上进行摧残迫害，情节恶劣的行为，主体是家庭内部共同生活的成员，主观方面是直接故意}。

3. 虐待罪的处罚

根据《刑法》第260条的规定，犯本罪的，处2年以下有期徒刑、拘役或者管制。致使被害人重伤、死亡的，处2年以上7年以下有期徒刑。没有引起被害人重伤、死亡的，告诉的才处理，但被害人没有能力告诉，或者因受到强制、威吓无法告诉的除外。

三十八、虐待被监护、看护人罪

1. 虐待被监护、看护人罪的概念

虐待被监护、看护人罪，是指对未成年人、老年人、患病的人、残疾人等负有监护、看护职责的人虐待被监护、看护的人，情节恶劣的行为。

2. 虐待被监护、看护人罪的构成特征

关于虐待被监护、看护人罪的构成特征，根据现行刑法的规定，主要有以下几个方面，其集合表现为：

设L1为虐待被监护、看护人罪的集合，则L1 = {虐待被监护、看护人罪}；

设L11为虐待被监护、看护人罪的客体的集合，则L11 = {被监护、看护的人的人身权利、身心健康权利}；设L22为虐待被监护、看护人罪的客观方面的集合，则L22 = {行为人虐待被监护、看护的人，情节恶劣的行为}；设L33为虐待被监护、看护人罪的主体的集合，则L33 = {特殊主体，即对未成年人、老年人、患病的人、残疾人等负有监护、看护职责的人或者单位}；设L44为虐待被监护、看护人罪的主观方面的集合，则L44 = {故意}；

则L1 = L11∪L22∪L33∪L44，即虐待被监护、看护人罪 = {客体是被监护、看护的人的人身权利、身心健康权利} ∪ {客观方面表现为行为人虐待被监护、看护的人，情节恶劣的行为} ∪ {主体是特殊主体，即对未成年人、老年人、患病的人、残疾人等负有监护、看护职责的人或者单位} ∪ {主观方面是故意} = {客体是被监护、看护的人的人身权利、身心健康权利，客观方面表现为行为人虐待被监护、看护的人，情节恶劣的行为，主体是特殊主体，即对未成年人、老年人、患病的人、残疾人等负有监护、看护职责的人或者单位，主观方面是故意}。

3. 虐待被监护、看护人罪的处罚

根据《刑法》第260条之一的规定，个人犯本罪的，处3年以下有期徒刑或者拘役。单位犯本罪的，对单位判处罚金，并对其直接负责的主管人员和其他直接责任人员，依照上述标准处罚。当然，如果实施上述虐待行为同时构成其他犯罪的，依照处罚较重的规定定罪处罚。

三十九、遗弃罪

1. 遗弃罪的概念

遗弃罪，是指行为人对于年老、年幼、患病或者其他没有独立生活能力的人，负有扶养义务而拒绝扶养，情节恶劣的行为。

2. 遗弃罪的构成特征

关于遗弃罪的构成特征，根据现行刑法的规定，主要有以下几个方面，其集合表现为：

设M1为遗弃罪的集合，则M1 = {遗弃罪}；

设M11为遗弃罪的客体的集合，则M11 = {家庭成员之间相互扶养的权利义务关系}；设M22为遗弃罪的客观方面的集合，则M22 = {行为人对于年老、年幼、患病或者其他没有独立生活能力的人，负有扶养义务而拒绝扶养，情节恶劣的行为}；设M33为遗弃罪的主体的集合，则M33 = {对被遗弃的人负有法律上的扶养义务而且有履行义务能力的人}；设M44为遗弃罪的主观方面的集合，则M44 = {直接故意}；

则M1 = M11∪M22∪M33∪M44，即遗弃罪 = {客体是家庭成员之间相互扶养的权利义务关系} ∪ {客观方面表现为行为人对于年老、年幼、患病或者其他没有独立生活能力的人，负有扶养义务而拒绝扶养，情节恶劣的行为} ∪ {主体是对被遗弃的人负有法律上的扶养义务而且有履行义务能力的人} ∪ {主观方面是直接故意} = {客体是家庭成员之间相互扶养的权利义务关系，客观方面表现为行为人对于年老、年幼、患病或者其他没有独立生活能力的人，负有扶养义务而拒绝扶养，情节恶劣的行为，主体是对被遗弃的人负有法律上的扶养义务而且有履行义务能力的人，主观方面是直接故意}。

3. 遗弃罪的处罚

根据《刑法》第261条的规定，犯本罪的，处5年以下有期徒刑、拘役或者管制。

四十、拐骗儿童罪

1. 拐骗儿童罪的概念

拐骗儿童罪，是指行为人以蒙骗、引诱或者其他方法，使不满 14 周岁的未成年人，脱离家庭或者监护人的行为。

2. 拐骗儿童罪的构成特征

关于拐骗儿童罪的构成特征，根据现行刑法的规定，主要有以下几个方面，其集合表现为：

设 N1 为拐骗儿童罪的集合，则 N1 = {拐骗儿童罪}；

设 N11 为拐骗儿童罪的客体的集合，则 N11 = {他人的家庭关系} ∪ {儿童的身心健康} = {他人的家庭关系和儿童的身心健康}；设 N22 为拐骗儿童罪的客观方面的集合，则 N22 = {行为人以蒙骗、引诱或者其他方法，使不满 14 周岁的未成年人，脱离家庭或者监护人的行为}；设 N33 为拐骗儿童罪的主体的集合，则 N33 = {年满 16 周岁、具有刑事责任能力的人}；设 N44 为拐骗儿童罪的主观方面的集合，则 N44 = {直接故意}；

则 N1 = N11 ∪ N22 ∪ N33 ∪ N44，即拐骗儿童罪 = {客体是他人的家庭关系和儿童的身心健康} ∪ {客观方面表现为行为人以蒙骗、引诱或者其他方法，使不满 14 周岁的未成年人，脱离家庭或者监护人的行为} ∪ {主体是年满 16 周岁、具有刑事责任能力的人} ∪ {主观方面是直接故意} = {客体是他人的家庭关系和儿童的身心健康，客观方面表现为行为人以蒙骗、引诱或者其他方法，使不满 14 周岁的未成年人，脱离家庭或者监护人的行为，主体是年满 16 周岁、具有刑事责任能力的人，主观方面是直接故意}。

3. 拐骗儿童罪的处罚

根据《刑法》第 262 条的规定，犯本罪的，处 5 年以下有期徒刑或者拘役。

四十一、组织残疾人、儿童乞讨罪

1. 组织残疾人、儿童乞讨罪的概念

组织残疾人、儿童乞讨罪，是指行为人以暴力、胁迫手段组织残疾人或者不满十四周岁的未成年人乞讨的行为。

2. 组织残疾人、儿童乞讨罪的构成特征

关于组织残疾人、儿童乞讨罪的构成特征，根据现行刑法的规定，主要

有以下几个方面，其集合表现为：

设 O1 为组织残疾人、儿童乞讨罪的集合，则 O1 = ｛组织残疾人、儿童乞讨罪｝；

设 O11 为组织残疾人、儿童乞讨罪的客体的集合，则 O11 = ｛残疾人、儿童的身心健康｝；设 O22 为组织残疾人、儿童乞讨罪的客观方面的集合，则 O22 = ｛行为人以暴力、胁迫手段组织残疾人或者不满 14 周岁的未成年人乞讨的行为｝；设 O33 为组织残疾人、儿童乞讨罪的主体的集合，则 O33 = ｛年满 16 周岁、具有刑事责任能力的人｝；设 O44 为组织残疾人、儿童乞讨罪的主观方面的集合，则 O44 = ｛故意｝；

则 O1 = O11 ∪ O22 ∪ O33 ∪ O44，即组织残疾人、儿童乞讨罪 = ｛客体是残疾人、儿童的身心健康｝ ∪ ｛客观方面表现为行为人以暴力、胁迫手段组织残疾人或者不满 14 周岁的未成年人乞讨的行为｝ ∪ ｛主体是年满 16 周岁、具有刑事责任能力的人｝ ∪ ｛主观方面是故意｝ = ｛客体是残疾人、儿童的身心健康，客观方面表现为行为人以暴力、胁迫手段组织残疾人或者不满 14 周岁的未成年人乞讨的行为，主体是年满 16 周岁、具有刑事责任能力的人，主观方面是故意｝。

3. 组织残疾人、儿童乞讨罪的处罚

根据《刑法》第 262 条之一的规定，犯本罪的，处 3 年以下有期徒刑或者拘役，并处罚金；情节严重的，处 3 年以上 7 年以下有期徒刑，并处罚金。

四十二、组织未成年人进行违反治安管理活动罪

1. 组织未成年人进行违反治安管理活动罪的概念

组织未成年人进行违反治安管理活动罪，是指行为人组织未成年人进行盗窃、诈骗、抢夺、敲诈勒索等违反治安管理活动的行为。

2. 组织未成年人进行违反治安管理活动罪的构成特征

关于组织未成年人进行违反治安管理活动罪的构成特征，根据现行刑法的规定，主要有以下几个方面，其集合表现为：

设 P1 为组织未成年人进行违反治安管理活动罪的集合，则 P1 = ｛组织未成年人进行违反治安管理活动罪｝；

设 P11 为组织未成年人进行违反治安管理活动罪的客体的集合，则 P11 = ｛未成年人的身心健康｝ ∪ ｛社会治安管理秩序｝ = ｛社会治安管理秩序和

未成年人的身心健康}；设 P22 为组织未成年人进行违反治安管理活动罪的客观方面的集合，则 P22 = {行为人组织未成年人进行盗窃、诈骗、抢夺、敲诈勒索等违反治安管理活动的行为}；设 P33 为组织未成年人进行违反治安管理活动罪的主体的集合，则 P33 = {年满 16 周岁、具有刑事责任能力的人}；设 P44 为组织未成年人进行违反治安管理活动罪的主观方面的集合，则 P44 = {故意}；

则 $P1 = P11 \cup P22 \cup P33 \cup P44$，即组织未成年人进行违反治安管理活动罪 = {客体是未成年人的身心健康和社会治安管理秩序} ∪ {客观方面表现为行为人组织未成年人进行盗窃、诈骗、抢夺、敲诈勒索等违反治安管理活动的行为} ∪ {主体是年满 16 周岁、具有刑事责任能力的人} ∪ {主观方面是故意} = {客体是社会治安管理秩序和未成年人的身心健康，客观方面表现为行为人组织未成年人进行盗窃、诈骗、抢夺、敲诈勒索等违反治安管理活动的行为，主体是年满 16 周岁、具有刑事责任能力的人，主观方面是故意}。

3. 组织未成年人进行违反治安管理活动罪的处罚

根据《刑法》第 262 条之二的规定，犯本罪的，处 3 年以下有期徒刑或者拘役，并处罚金；情节严重的，处 3 年以上 7 年以下有期徒刑，并处罚金。

第六章
侵犯财产罪

第一节　侵犯财产罪集合概述

一、侵犯财产罪的概念

侵犯财产罪，是指行为人以非法占有为目的，攫取公私财产，或者以非法使用为目的，挪用公私财产，或者故意毁坏公私财产的行为。

二、侵犯财产罪的共同特征

根据现行刑法对侵犯财产罪所作的规定来看，构成该类犯罪必须具备以下几个方面的共同特征，其集合表现为：

设 A 为侵犯财产罪集合，则 A = ｛侵犯财产罪｝；

设 B 为侵犯财产罪同类客体的集合，则 B = ｛公私财产的所有权｝；设 C 为侵犯财产罪客观方面的集合，则 C = ｛行为人以非法占有为目的，攫取公私财产，或者以非法使用为目的，挪用公私财产，或者故意毁坏公私财产的行为｝；设 D 为侵犯财产罪主体的集合，则 D = ｛多数必须是达到法定年龄，具有刑事责任能力的人｝ ∪ ｛少数必须特定身份｝ = ｛多数必须是达到法定年龄、具有刑事责任能力的人，少数必须具有特定身份｝；设 E 为侵犯财产罪的主观方面的集合，则 E = ｛故意｝；

则 $A = B \cup C \cup D \cup E$，即侵犯财产罪 = ｛犯罪同类客体为公私财产的所有权｝∪｛客观方面表现为行为人以非法占有为目的，攫取公私财产，或者以非法使用为目的，挪用公私财产，或者故意毁坏公私财产的行为｝∪｛犯罪主体多数必须是达到法定年龄，具有刑事责任能力的人，少数必须具有特定身份｝∪｛主观方面是故意｝＝｛犯罪同类客体为公私财产的所有权，客观方面表现为行为人以非法占有为目的，攫取公私财产，或者以非法使用为目的，挪用公私财产，或者故意毁坏公私财产的行为，犯罪主体多数必须是达到法定年龄、具有刑事责任能力的人，少数必须具有特定身份，主观方面是故意｝。

三、侵犯财产罪的具体罪名

根据现行刑法对侵犯财产罪所作的规定来看，本章的犯罪共有 13 种具体罪名，用子集的方式来表达，其构造表现为：

｛侵犯财产罪｝

｛抢劫罪｝

｛盗窃罪｝

｛诈骗罪｝

｛抢夺罪｝

｛聚众哄抢罪｝

｛侵占罪｝

｛职务侵占罪｝

｛敲诈勒索罪｝

｛挪用资金罪｝

｛挪用特定款物罪｝

｛故意毁坏财物罪｝

｛破坏生产经营罪｝

｛拒不支付劳动报酬罪｝

……

｛抢劫罪

盗窃罪

诈骗罪

抢夺罪

聚众哄抢罪

侵占罪
职务侵占罪
敲诈勒索罪
挪用资金罪
挪用特定款物罪
故意毁坏财物罪
破坏生产经营罪
拒不支付劳动报酬罪｝

第二节 侵犯财产罪集合分述

一、抢劫罪

1. 抢劫罪的概念

抢劫罪，是指行为人以非法占有为目的，当场使用暴力、胁迫或者其他方法，当场强行劫取公私财物的行为。

2. 抢劫罪的构成特征

关于抢劫罪的构成特征，根据现行刑法的规定，主要有以下几个方面，其集合表现为：

设 A 为抢劫罪的集合，则 A =｛抢劫罪｝；

设 A1 为抢劫罪的客体的集合，则 A1 =｛他人的财产权利｝∪｛他人的人身权利｝=｛他人的财产权利和他人的人身权利｝；设 A2 为抢劫罪的客观方面的集合，则 A2 =｛行为人当场使用暴力、胁迫或者其他方法，当场强行劫取公私财物的行为｝；设 A3 为抢劫罪的主体的集合，则 A3 =｛年满 14 周岁、具有刑事责任能力的人｝；设 A4 为抢劫罪的主观方面的集合，则 A4 =｛直接故意，且以非法占有为目的｝；

则 A = A1∪A2∪A3∪A4，即抢劫罪 =｛客体是他人的财产权利和他人的人身权利｝∪｛客观方面表现为行为人当场使用暴力、胁迫或者其他方法，当场强行劫取公私财物的行为｝∪｛主体是年满 14 周岁、具有刑事责任能力的人｝∪｛主观方面是直接故意，且以非法占有为目的｝=｛客体是他人的财产权利和他人的人身权利，客观方面表现为行为人当场使用暴力、胁迫或者其他方法，当场强行劫取公私财物的行为，主体是年满 14 周岁、具有刑事责任能力的人，主观方面是直接故意，且以非法占有为目的｝。

3. 抢劫罪的处罚

根据《刑法》第 263 条、第 269 条的规定，犯本罪的，处 3 年以上 10 年以下有期徒刑，并处罚金；有下列情形之一的，处 10 年以上有期徒刑、无期徒刑或者死刑，并处罚金或者没收财产：（1）入户抢劫的；（2）在公共交通工具上抢劫的；（3）抢劫银行或者其他金融机构的；（4）多次抢劫或者抢劫数额巨大的；（5）抢劫致人重伤、死亡的；（6）冒充军警人员抢劫的；（7）持枪抢劫的；（8）抢劫军用物资或者抢险、救灾、救济物资的。犯盗窃、诈骗、抢夺罪为窝藏赃物、抗拒抓捕或者毁灭罪证而当场使用暴力或者以暴力相威胁的，依照《刑法》第 263 条（抢劫罪）的规定定罪处罚。

二、盗窃罪

1. 盗窃罪的概念

盗窃罪，是指行为人以非法占有为目的，采取自认为不被被害人知情的方法秘密窃取公私财物，数额较大或多次盗窃、入户盗窃、携带凶器盗窃、扒窃的行为。

2. 盗窃罪的构成特征

关于盗窃罪的构成特征，根据现行刑法的规定，主要有以下几个方面，其集合表现为：

设 B 为盗窃罪的集合，则 B = ｛盗窃罪｝；

设 B1 为盗窃罪的客体的集合，则 B1 = ｛公私财产所有权｝；设 B2 为盗窃罪的客观方面的集合，则 B2 = ｛行为人采取自认为不被被害人知情的方法秘密窃取公私财物，数额较大或多次盗窃、入户盗窃、携带凶器盗窃、扒窃的行为｝；设 B3 为盗窃罪的主体的集合，则 B3 = ｛年满 16 周岁、具有刑事责任能力的人｝；设 B4 为盗窃罪的主观方面的集合，则 B4 = ｛直接故意，且以非法占有为目的｝；

则 B = B1 ∪ B2 ∪ B3 ∪ B4，即盗窃罪 = ｛客体是公私财产所有权｝ ∪ ｛客观方面表现为行为人采取自认为不被被害人知情的方法秘密窃取公私财物，数额较大或多次盗窃、入户盗窃、携带凶器盗窃、扒窃的行为｝ ∪ ｛主体是年满 16 周岁、具有刑事责任能力的人｝ ∪ ｛主观方面是直接故意，且以非法占有为目的} = {客体是公私财产所有权，客观方面表现为行为人采取自认为不被被害人知情的方法秘密窃取公私财物，数额较大或多次盗窃、入户盗窃、携带凶器盗窃、扒窃的行为，主体是年满 16 周岁、具有刑事责任能力的人，主观方面是直接故意，且以非法占有为目的}。

3. 盗窃罪的处罚

根据《刑法》第 264 条、第 265 条的规定，盗窃数额较大或多次盗窃的、或入户盗窃或携带凶器盗窃、扒窃的，处 3 年以下有期徒刑、拘役或者管制，并处或单处罚金；数额巨大或者有其他严重情节的，处 3 年以上 10 年以下有期徒刑，并处罚金；数额特别巨大或者有其他特别严重情节的，处 10 年以上有期徒刑或者无期徒刑，并处罚金或者没收财产。以牟利为目的，盗接他人通信线路、复制他人电信号或者明知是盗接、复制的电信设备，设施而使用的，依照《刑法》第 264 条规定定罪处罚。

三、诈骗罪

1. 诈骗罪的概念

诈骗罪，是指行为人以非法占有为目的，用虚构事实或者隐瞒真相的方法，骗取数额较大的公私财物的行为。

2. 诈骗罪的构成特征

关于诈骗罪的构成特征，根据现行刑法的规定，主要有以下几个方面，其集合表现为：

设 C 为诈骗罪的集合，则 C = {诈骗罪}；

设 C1 为诈骗罪的客体的集合，则 C1 = {公私财产所有权}；设 C2 为诈骗罪的客观方面的集合，则 C2 = {行为人用虚构事实或者隐瞒真相的方法，骗取数额较大的公私财物的行为}；设 C3 为诈骗罪的主体的集合，则 C3 = {年满 16 周岁、具有刑事责任能力的人}；设 C4 为诈骗罪的主观方面的集合，则 C4 = {直接故意，且以非法占有为目的}；

则 C = C1 ∪ C2 ∪ C3 ∪ C4，即诈骗罪 = {客体是公私财产所有权} ∪ {客观方面表现为行为人用虚构事实或者隐瞒真相的方法，骗取数额较大的公私财物的行为} ∪ {主体是年满 16 周岁、具有刑事责任能力的人} ∪ {主观方面是直接故意，且以非法占有为目的} = {客体是公私财产所有权，客观方面表现为行为人用虚构事实或者隐瞒真相的方法，骗取数额较大的公私财物的行为，主体是年满 16 周岁、具有刑事责任能力的人，主观方面是直接故意，且以非法占有为目的｝。

3. 诈骗罪的处罚

根据《刑法》第266条的规定，犯本罪的，处3年以下有期徒刑、拘役或者管制，并处或者单处罚金；数额巨大或者有其他严重情节的，处3年以上10年以下有期徒刑，并处罚金；数额特别巨大或者有其他特别严重情节的，处10年以上有期徒刑或者无期徒刑，并处罚金或者没收财产。《刑法》另有规定的，依照规定。

四、抢夺罪

1. 抢夺罪的概念

抢夺罪，是指行为人以非法占有为目的，公然夺取数额较大的公私财物或者多次抢夺的行为。

2. 抢夺罪的构成特征

关于抢夺罪的构成特征，根据现行刑法的规定，主要有以下几个方面，其集合表现为：

设D为抢夺罪的集合，则D＝｛抢夺罪｝；

设D1为抢夺罪的客体的集合，则D1＝｛公私财产所有权｝；设D2为抢夺罪的客观方面的集合，则D2＝｛行为人公然夺取数额较大的或者多次抢夺公私财物的行为｝；设D3为抢夺罪的主体的集合，则D3＝｛年满16周岁、具有刑事责任能力的人｝；设D4为抢夺罪的主观方面的集合，则D4＝｛直接故意，且以非法占有为目的｝；

则D＝D1∪D2∪D3∪D4，即抢夺罪＝｛客体是公私财产所有权｝∪｛客观方面表现为行为人公然夺取数额较大或者多次抢夺的公私财物的行为｝∪｛主体是年满16周岁、具有刑事责任能力的人｝∪｛主观方面是直接故意，且以非法占有为目的｝＝｛客体是公私财产所有权，客观方面表现为行为人公然夺取数额较大或者多次抢夺的公私财物的行为，主体是年满16周岁、具有刑事责任能力的人，主观方面是直接故意，且以非法占有为目的｝。

3. 抢夺罪的处罚

根据《刑法》第267条第1款、第2款的规定，犯本罪的，处3年以下有期徒刑、拘役或者管制，并处或者单处罚金；数额巨大或者有其他严重情节的，处3年以上10年以下有期徒刑，并处罚金；数额特别巨大或者有其他特别严重情节的，处 10 年以上有期徒刑或者无期徒刑，并处罚金或者没收财产。携带凶器抢夺的，依照《刑法》第 263 条规定的抢劫罪定罪处罚。

五、聚众哄抢罪

1. 聚众哄抢罪的概念

聚众哄抢罪，是指行为人以非法占有为目的，聚众哄抢公私财物，数额较大或者有其他严重情节的行为。

2. 聚众哄抢罪的构成特征

关于聚众哄抢罪的构成特征，根据现行刑法的规定，主要有以下几个方面，其集合表现为：

设 E 为聚众哄抢罪的集合，则 E = {聚众哄抢罪}；

设 E1 为聚众哄抢罪的客体的集合，则 E1 = {公私财产所有权}；设 E2 为聚众哄抢罪的客观方面的集合，则 E2 = {行为人聚众哄抢公私财物，数额较大或者有其他严重情节的行为}；设 E3 为聚众哄抢罪的主体的集合，则 E3 = {实施聚众哄抢犯罪的首要分子和积极参加的自然人}；设 E4 为聚众哄抢罪的主观方面的集合，则 E4 = {直接故意，且以非法占有为目的}；

则 E = E1∪E2∪E3∪E4，即聚众哄抢罪 = {客体是公私财产所有权} ∪ {客观方面表现为行为人聚众哄抢公私财物，数额较大或者有其他严重情节的行为} ∪ {主体是实施聚众哄抢犯罪的首要分子和积极参加的自然人} ∪ {主观方面是直接故意，且以非法占有为目的} = {客体是公私财产所有权，客观方面表现为行为人聚众哄抢公私财物，数额较大或者有其他严重情节的行为，主体是实施聚众哄抢犯罪的首要分子和积极参加的自然人，主观方面是直接故意，且以非法占有为目的}。

3. 聚众哄抢罪的处罚

根据《刑法》第 268 条的规定，犯本罪的，处 3 年以下有期徒刑、拘役或者管制，并处罚金；数额巨大或者有其他特别严重情节的，处 3 年以上 10 年以下有期徒刑，并处罚金。

六、侵占罪

1. 侵占罪的概念

侵占罪，是指行为人将代为保管的他人财物非法占为己有，数额较大，拒不退还的，或将他人的遗忘物或者埋藏物非法占为己有，数额较大，拒不交出的行为。

2. 侵占罪的构成特征

关于侵占罪的构成特征，根据现行刑法的规定，主要有以下几个方面，其集合表现为：

设 F 为侵占罪的集合，则 F = {侵占罪}；

设 F1 为侵占罪的客体的集合，则 F1 = {公私财产所有权}；设 F2 为侵占罪的客观方面的集合，则 F2 = {行为人将代为保管的他人财物非法占为己有，数额较大，拒不退还的，或将他人的遗忘物或者埋藏物非法占为己有，数额较大，拒不交出的的行为}；设 F3 为侵占罪的主体的集合，则 F3 = {年满 16 周岁、具有刑事责任能力的人}；设 F4 为侵占罪的主观方面的集合，则 F4 = {直接故意，且以非法占有为目的}；

则 F = F1 ∪ F2 ∪ F3 ∪ F4，即侵占罪 = {客体是公私财产所有权} ∪ {客观方面表现为行为人将代为保管的他人财物非法占为己有，数额较大，拒不退还的，或将他人的遗忘物或者埋藏物非法占为己有，数额较大，拒不交出的行为} ∪ {主体是年满 16 周岁、具有刑事责任能力的人} ∪ {主观方面是直接故意，且以非法占有为目的} = {客体是公私财产所有权，客观方面表现为行为人将代为保管的他人财物非法占为己有，数额较大，拒不退还的，或将他人的遗忘物或者埋藏物非法占为己有，数额较大，拒不交出的行为，主体是年满 16 周岁、具有刑事责任能力的人，主观方面是直接故意，且以非法占有为目的}。

3. 侵占罪的处罚

根据《刑法》第 270 条第 1 款、第 2 款的规定，犯本罪的，处 2 年以下有期徒刑、拘役或者罚金；数额巨大或者有其他严重情节的，处 2 年以上 5 年以下有期徒刑，并处罚金。本条罪，告诉的才处理。

七、职务侵占罪

1. 职务侵占罪的概念

职务侵占罪，是指公司、企业或者其他单位的人员，利用职务上的便利，将本单位财物非法占为己有，数额较大的行为。

2. 职务侵占罪的构成特征

关于职务侵占罪的构成特征，根据现行刑法的规定，主要有以下几个方

面，其集合表现为：

设 G 为职务侵占罪的集合，则 G = {职务侵占罪}；

设 G1 为职务侵占罪的客体的集合，则 G1 = {公司、企业或者其他单位的财产所有权}；设 G2 为职务侵占罪的客观方面的集合，则 G2 = {行为人利用职务上的便利，将本单位财物非法占为己有，数额较大的行为}；设 G3 为职务侵占罪的主体的集合，则 G3 = {公司、企业或者其他单位的人员}；设 G4 为职务侵占罪的主观方面的集合，则 G4 = {直接故意，且以非法占有为目的}；

则 G = G1∪G2∪G3∪G4，即职务侵占罪 = {客体是公司、企业或者其他单位的财产所有权} ∪ {客观方面表现为行为人利用职务上的便利，将本单位财物非法占为己有，数额较大的行为} ∪ {主体是公司、企业或者其他单位的人员} ∪ {主观方面是直接故意，且以非法占有为目的} = {客体是公司、企业或者其他单位的财产所有权，客观方面表现为行为人利用职务上的便利，将本单位财物非法占为己有，数额较大的行为，主体是公司、企业或者其他单位的人员，主观方面是直接故意，且以非法占有为目的}。

3. 职务侵占罪的处罚

根据《刑法》第 271 条第 1 款的规定，犯本罪的，处 5 年以下有期徒刑或者拘役；数额巨大的，处 5 年以上有期徒刑，可以并处没收财产。

依照本条第 2 款的规定，国有公司、企业或者其他国有单位中从事公务的人员和国有公司、企业或者其他国有单位委派到非国有公司、企业以及其他单位从事公务的人员有前款行为的，依照《刑法》第 382 条、第 383 条规定的贪污罪定罪处罚。

八、挪用资金罪

1. 挪用资金罪的概念

挪用资金罪，是指公司、企业或者其他单位的人员，利用职务上的便利，挪用本单位资金归个人使用或者借贷给他人，数额较大，超过 3 个月未还的，或者虽未超过 3 个月，但数额较大、进行营利活动的，或者进行非法活动的行为。

2. 挪用资金罪的构成特征

关于挪用资金罪的构成特征，根据现行刑法的规定，主要有以下几个方面，其集合表现为：

设 H 为挪用资金罪的集合，则 H = ｛挪用资金罪｝；

设 H1 为挪用资金罪的客体的集合，则 H1 = ｛公司、企业或者其他单位资金的使用权和收益权｝；设 H2 为挪用资金罪的客观方面的集合，则 H2 = ｛行为人利用职务上的便利，挪用本单位资金归个人使用或者借贷给他人，数额较大，超过 3 个月未还的，或者虽未超过 3 个月，但数额较大、进行营利活动的，或者进行非法活动的行为｝；设 H3 为挪用资金罪的主体的集合，则 H3 = ｛公司、企业或者其他单位的人员｝；设 H4 为挪用资金罪的主观方面的集合，则 H4 = ｛直接故意，且以非法使用为目的｝；

则 H = H1 ∪ H2 ∪ H3 ∪ H4，即挪用资金罪 = ｛客体是公司、企业或者其他单位资金的使用权和收益权｝ ∪ ｛客观方面表现为行为人利用职务上的便利，挪用本单位资金归个人使用或者借贷给他人，数额较大，超过 3 个月未还的，或者虽未超过 3 个月，但数额较大、进行营利活动的，或者进行非法活动的行为｝ ∪ ｛主体是公司、企业或者其他单位的人员｝ ∪ ｛主观方面是直接故意，且以非法使用为目的｝ = ｛客体是公司、企业或者其他单位资金的使用权和收益权，客观方面表现为行为人利用职务上的便利，挪用本单位资金归个人使用或者借贷给他人，数额较大，超过 3 个月未还的，或者虽未超过 3 个月，但数额较大、进行营利活动的，或者进行非法活动的行为，主体是公司、企业或者其他单位的人员，主观方面是直接故意，且以非法使用为目的｝。

3. 挪用资金罪的处罚

根据《刑法》第 272 条第 1 款的规定，犯本罪的，处 3 年以下有期徒刑或者拘役；挪用本单位资金数额巨大的，或者数额较大不退还的，处 3 年以上 10 年以下有期徒刑。

依照本条第 2 款的规定，国有公司、企业或者其他国有单位中从事公务的人员和国有公司、企业或者其他国有单位委派到非国有公司、企业以及其他单位从事公务的人员有前款行为的，依照《刑法》第 384 条规定的挪用公款罪定罪处罚。

九、挪用特定款物罪

1. 挪用特定款物罪的概念

挪用特定款物罪，是指行为人违反国家财经管理制度，挪用用于救灾、抢险、防汛、优抚、扶贫、移民、救济款物，情节严重，致使国家和人民群众利益遭受重大损害的行为。

2. 挪用特定款物罪的构成特征

关于挪用特定款物罪的构成特征，根据现行刑法的规定，主要有以下几个方面，其集合表现为：

设 I 为挪用特定款物罪的集合，则 I = {挪用特定款物罪}；

设 I1 为挪用特定款物罪的客体的集合，则 I1 = {国家专款专用的财经管理制度}；设 I2 为挪用特定款物罪的客观方面的集合，则 I2 = {行为人违反国家财经管理制度，挪用用于救灾、抢险、防汛、优抚、扶贫、移民、救济款物，情节严重，致使国家和人民群众利益遭受重大损害的行为}；设 I3 为挪用特定款物罪的主体的集合，则 I3 = {掌管、支配、使用特定款物的直接责任人员}；设 I4 为挪用特定款物罪的主观方面的集合，则 I4 = {故意}；

则 I = I1 ∪ I2 ∪ I3 ∪ I4，即挪用特定款物罪 = {客体是国家专款专用的财经管理制度} ∪ {客观方面表现为行为人违反国家财经管理制度，挪用用于救灾、抢险、防汛、优抚、扶贫、移民、救济款物，情节严重，致使国家和人民群众利益遭受重大损害的行为} ∪ {主体是掌管、支配、使用特定款物的直接责任人员} ∪ {主观方面是故意} = {客体是国家专款专用的财经管理制度，客观方面表现为行为人违反国家财经管理制度，挪用用于救灾、抢险、防汛、优抚、扶贫、移民、救济款物，情节严重，致使国家和人民群众利益遭受重大损害的行为，主体是掌管、支配、使用特定款物的直接责任人员，主观方面是故意}。

3. 挪用特定款物罪的处罚

根据《刑法》第 273 条的规定，犯本罪的，对直接责任人员，处 3 年以下有期徒刑或者拘役；情节特别严重的，处 3 年以上 7 年以下有期徒刑。

十、敲诈勒索罪

1. 敲诈勒索罪的概念

敲诈勒索罪，是指行为人以非法占有为目的，采用威胁或要挟方法使他人产生精神恐惧而被迫交付财物，数额较大或者多次敲诈勒索的行为。

2. 敲诈勒索罪的构成特征

关于敲诈勒索罪的构成特征，根据现行刑法的规定，主要有以下几个方面，其集合表现为：

设 J 为敲诈勒索罪的集合，则 J = {敲诈勒索罪}；

设 J1 为敲诈勒索罪的客体的集合，则 J1 = {公私财产所有权} ∪ {他人的人身权利} = {公私财产所有权和他人的人身权利}；设 J2 为敲诈勒索罪的客观方面的集合，则 J2 = {行为人采用威胁或要挟方法使他人产生精神恐惧而被迫交付财物，数额较大或者多次敲诈勒索的行为}；设 J3 为敲诈勒索罪的主体的集合，则 J3 = {年满 16 周岁、具有刑事责任能力的人}；设 J4 为敲诈勒索罪的主观方面的集合，则 J4 = {直接故意，且以非法占有为目的}；

则 J = J1∪J2∪J3∪J4，即敲诈勒索罪 = {客体是公私财产所有权和他人的人身权利} ∪ {客观方面表现为行为人采用威胁或要挟方法使他人产生精神恐惧而被迫交付财物，数额较大或者多次敲诈勒索的行为} ∪ {主体是年满 16 周岁、具有刑事责任能力的人} ∪ {主观方面是直接故意，且以非法占有为目的} = {客体是公私财产所有权和他人的人身权利，客观方面表现为行为人采用威胁或要挟方法使他人产生精神恐惧而被迫交付财物，数额较大或者多次敲诈勒索的行为，主体是年满 16 周岁、具有刑事责任能力的人，主观方面是直接故意，且以非法占有为目的}。

3. 敲诈勒索罪的处罚

根据《刑法》第 274 条的规定，犯本罪的，处 3 年以下有期徒刑、拘役或者管制，并处或者单处罚金；数额巨大或者有其他严重情节的，处 3 年以上 10 年以下有期徒刑，并处罚金；数额特别巨大或者有其他特别严重情节的，处 10 年以上有期徒刑，并处罚金。

十一、故意毁坏财物罪

1. 故意毁坏财物罪的概念

故意毁坏财物罪，是指行为人故意毁坏公私财物，数额较大或者有其他严重情节的行为。

2. 故意毁坏财物罪的构成特征

关于故意毁坏财物罪的构成特征，根据现行刑法的规定，主要有以下几个方面，其集合表现为：

设 K 为故意毁坏财物罪的集合，则 K = {故意毁坏财物罪}；

设 K1 为故意毁坏财物罪的客体的集合，则 K1 = {公私财产所有权}；设 K2 为故意毁坏财物罪的客观方面的集合，则 K2 = {行为人故意毁坏公私财物，数额较大或者有其他严重情节的行为}；设 K3 为故意毁坏财物罪的主体的集合，则 K3 = {年满 16 周岁、具有刑事责任能力的人}；设 K4 为故意毁坏财物罪的主观方面的集合，则 K4 = {故意}；

则 K = K1 ∪ K2 ∪ K3 ∪ K4，即故意毁坏财物罪 = {客体是公私财产所有权} ∪ {客观方面表现为行为人故意毁坏公私财物，数额较大或者有其他严重情节的行为} ∪ {主体是年满 16 周岁、具有刑事责任能力的人} ∪ {主观方面是故意} = {客体是公私财产所有权，客观方面表现为行为人故意毁坏公私财物，数额较大或者有其他严重情节的行为，主体是年满 16 周岁、具有刑事责任能力的人，主观方面是故意}。

3. 故意毁坏财物罪的处罚

根据《刑法》第 275 条的规定，犯本罪，处 3 年以下有期徒刑、拘役或者罚金；数额巨大或者有其他特别严重情节的，处 3 年以上 7 年以下有期徒刑。

十二、破坏生产经营罪

1. 破坏生产经营罪的概念

破坏生产经营罪，是指行为人由于泄愤报复或者其他个人目的，毁坏机器设备、残害耕畜或者以其他方法破坏生产经营的行为。

2. 破坏生产经营罪的构成特征

关于破坏生产经营罪的构成特征，根据现行刑法的规定，主要有以下几个方面，其集合表现为：

设 L 为破坏生产经营罪的集合，则 L = {破坏生产经营罪}；

设 L1 为破坏生产经营罪的客体的集合，则 L1 = {公私财产所有权} ∪ {生产经营的正常秩序} = {公私财产所有权和生产经营的正常秩序}；设 L2 为破坏生产经营罪的客观方面的集合，则 L2 = {行为人毁坏机器设备、残害耕畜或者以其他方法破坏生产经营的行为}；设 L3 为破坏生产经营罪的主体的集合，则 L3 = {年满 16 周岁、具有刑事责任能力的人}；设 L4 为破坏生产经营罪的主观方面的集合，则 L4 = {故意，且具有泄愤报复或者其他个人目的}；

则 L = L1 ∪ L2 ∪ L3 ∪ L4，即破坏生产经营罪 = {客体是公私财产所有权和生产经营的正常秩序} ∪ {客观方面表现为行为人毁坏机器设备、残害耕畜或者以其他方法破坏生产经营的行为} ∪ {主体是年满 16 周岁、具有刑事责任能力的人｝∪｛主观方面是故意，且具有泄愤报复或者其他个人目的｝=｛客体是公私财产所有权和生产经营的正常秩序，客观方面表现为行为人毁坏机器设备、残害耕畜或者以其他方法破坏生产经营的行为，主体是年满16周岁、具有刑事责任能力的人，主观方面是故意，且具有泄愤报复或者其他个人目的｝。

3. 破坏生产经营罪的处罚

根据《刑法》第276条的规定，犯本罪的，处3年以下有期徒刑、拘役或者管制；情节严重的，处3年以上7年以下有期徒刑。

十三、拒不支付劳动报酬罪

1. 拒不支付劳动报酬罪的概念

拒不支付劳动报酬罪，是指行为人以转移财产、逃匿等方法逃避支付劳动者的劳动报酬或者有能力支付而不支付劳动者的劳动报酬，数额较大，经政府有关部门责令支付仍不支付的行为。

2. 拒不支付劳动报酬罪的构成特征

关于拒不支付劳动报酬罪的构成特征，根据现行刑法的规定，主要有以下几个方面，其集合表现为：

设M为拒不支付劳动报酬罪的集合，则M=｛拒不支付劳动报酬罪｝；

设M1为拒不支付劳动报酬罪的客体的集合，则M1=｛劳动者按时足额获取劳动报酬的权利｝；设M2为拒不支付劳动报酬罪的客观方面的集合，则M2=｛行为人以转移财产、逃匿等方法逃避支付劳动者的劳动报酬或者有能力支付而不支付劳动者的劳动报酬，数额较大，经政府有关部门责令支付仍不支付的行为｝；设M3为拒不支付劳动报酬罪的主体的集合，则M3=｛应当支付劳动者报酬的自然人和单位｝；设M4为拒不支付劳动报酬罪的主观方面的集合，则M4=｛故意｝；

则M=M1∪M2∪M3∪M4，即拒不支付劳动报酬罪=｛客体是劳动者按时足额获取劳动报酬的权利｝∪｛客观方面表现为行为人以转移财产、逃匿等方法逃避支付劳动者的劳动报酬或者有能力支付而不支付劳动者的劳动报酬，数额较大，经政府有关部门责令支付仍不支付的行为｝∪｛主体是应当支付劳动者报酬的自然人和单位｝∪｛主观方面是故意｝=｛客体是劳动者按时足额获取劳动报酬的权利，客观方面表现为行为人以转移财产、逃匿等方法逃避支付劳动者的劳动报酬或者有能力支付而不支付劳动者的劳动报酬，数额较大，经政府有关部门责令支付仍不支付的行为，主体是应当支付劳动者报酬的自然人和单位，主观方面是故意}。

3. 拒不支付劳动报酬罪的处罚

根据《刑法》第276条之一的规定，个人犯本罪的，处3年以下有期徒刑或者拘役，并处或者单处罚金；造成严重后果的，处3年以上7年以下有期徒刑，并处罚金。单位犯本罪的，对单位判处罚金，并对其直接负责的主管人员和其他直接责任人员，依照上述标准处罚。有上述行为，尚未造成严重后果，在提起公诉前支付劳动者的劳动报酬，并依法承担相应赔偿责任的，可以减轻或者免除处罚。

第七章
妨害社会管理秩序罪

第一节　妨害社会管理秩序罪集合概述

一、妨害社会管理秩序罪的概念

妨害社会管理秩序罪，是指行为人违反社会管理秩序法律、法规，妨害国家对社会的管理活动，破坏社会秩序，达到一定严重程度的行为。

二、妨害社会管理秩序罪的共同特征

根据现行刑法对妨害社会管理秩序罪所作的规定来看，构成该类犯罪必须具备以下几个方面的共同特征，其集合表现为：

设 A 为妨害社会管理秩序罪的集合，则 A = ｛妨害社会管理秩序罪｝；

设 B 为妨害社会管理秩序罪的同类客体的集合，则 B = ｛社会管理秩序｝；设 C 为妨害社会管理秩序罪的客观方面的集合，则 C = ｛行为人违反社会管理秩序法律、法规，妨害国家对社会的管理活动，破坏社会秩序，达到一定严重程度的行为｝；设 D 为妨害社会管理秩序的犯罪主体的集合，则 D = ｛达到法定年龄、具有刑事责任能力的人｝ ∪ ｛单位｝ = ｛达到法定年龄、具有刑事责任能力的人和单位｝；设 E 为妨害社会管理秩序罪的主观方面的集合，则 E = ｛大多数是故意｝ ∪ ｛少数是过失｝ = ｛大多数是故意，少数是过失｝；

则 $A=B\cup C\cup D\cup E$，即妨害社会管理秩序罪 = {犯罪同类客体社会管理秩序} ∪ {客观方面表现为行为人违反社会管理秩序法律、法规，妨害国家对社会的管理活动，破坏社会秩序，达到一定严重程度的行为} ∪ {犯罪主体是达到法定年龄、具有刑事责任能力的人和单位} ∪ {主观方面大多数是故意，少数是过失} = {犯罪同类客体为社会管理秩序，客观方面表现为行为人违反社会管理秩序法律、法规，妨害国家对社会的管理活动，破坏社会秩序，达到一定严重程度的行为，犯罪主体是达到法定年龄、具有刑事责任能力的人和单位，主观方面大多数是故意，少数是过失}。

三、妨害社会管理秩序罪的具体罪名

根据现行刑法对妨害社会管理秩序罪所作的规定来看，本章的犯罪共9类有137种具体罪名，用子集的方式来表达，其构造表现为：

（一）扰乱公共秩序罪

{扰乱公共秩序罪}

{妨害公务罪}

{煽动暴力抗拒法律实施罪}

{招摇撞骗罪}

{伪造、变造、买卖国家机关公文、证件、印章罪}

{盗窃、抢夺、毁灭国家机关公文、证件、印章罪}

{伪造公司、企业、事业单位、人民团体印章罪}

{伪造、变造、买卖身份证件罪}

{使用虚假身份证件、盗用身份证件罪}

{非法生产、买卖警用装备罪}

{非法获取国家秘密罪}

{非法持有国家绝密、机密文件、资料、物品罪}

{非法生产、销售专用间谍器材、窃听、窃照专用器材罪}

{非法使用窃听、窃照专用器材罪}

{组织考试作弊罪}

{非法出售、提供试题、答案罪}

{代替考试罪}

{非法侵入计算机信息系统罪}

{非法获取计算机信息系统数据、非法控制计算机信息系统罪}
{提供侵入、非法控制计算机信息系统程序、工具罪}
{破坏计算机信息系统罪}
{拒不履行信息网络安全管理义务罪}
{非法利用信息网络罪}
{帮助信息网络犯罪活动罪}
{扰乱无线电通讯管理秩序罪}
{聚众扰乱社会秩序罪}
{聚众冲击国家机关罪}
{扰乱国家机关工作秩序罪}
{组织、资助非法聚集罪}
{聚众扰乱公共场所秩序、交通秩序罪}
{投放虚假危险物质罪}
{编造、故意传播虚假恐怖信息罪}
{编造、故意传播虚假信息罪}
{聚众斗殴罪}
{寻衅滋事罪}
{组织、领导、参加黑社会性质组织罪}
{入境发展黑社会组织罪}
{包庇、纵容黑社会性质组织罪}
{传授犯罪方法罪}
{非法集会、游行、示威罪}
{非法携带武器、管制刀具、爆炸物参加集会、游行、示威罪}
{破坏集会、游行、示威罪}
{侮辱国旗、国徽罪}
{侮辱国歌罪}
{组织、利用会道门、邪教组织、利用迷信破坏法律实施罪}
{组织、利用会道门、邪教组织、利用迷信致人重伤、死亡罪}
{聚众淫乱罪}
{引诱未成年人聚众淫乱罪}
{盗窃、侮辱、故意毁坏尸体、尸骨、骨灰罪}
{赌博罪}

{开设赌场罪}
{故意延误投递邮件罪}
……
{妨害公务罪
煽动暴力抗拒法律实施罪
招摇撞骗罪
伪造、变造、买卖国家机关公文、证件、印章罪
盗窃、抢夺、毁灭国家机关公文、证件、印章罪
伪造公司、企业、事业单位、人民团体印章罪
伪造、变造、买卖身份证件罪
使用虚假身份证件、盗用身份证件罪
非法生产、买卖警用装备罪
非法获取国家秘密罪
非法持有国家绝密、机密文件、资料、物品罪
非法生产、销售专用间谍器材、窃听、窃照专用器材罪
非法使用窃听、窃照专用器材罪
组织考试作弊罪
非法出售、提供试题、答案罪
代替考试罪
非法侵入计算机信息系统罪
非法获取计算机信息系统数据、非法控制计算机信息系统罪
提供侵入、非法控制计算机信息系统程序、工具罪
破坏计算机信息系统罪
拒不履行信息网络安全管理义务罪
非法利用信息网络罪
帮助信息网络犯罪活动罪
扰乱无线电通讯管理秩序罪
聚众扰乱社会秩序罪
聚众冲击国家机关罪
扰乱国家机关工作秩序罪
组织、资助非法聚集罪
聚众扰乱公共场所秩序、交通秩序罪

投放虚假危险物质
编造、故意传播虚假恐怖信息罪
编造、故意传播虚假信息罪
聚众斗殴罪
寻衅滋事罪
组织、领导、参加黑社会性质组织罪
入境发展黑社会组织罪
包庇、纵容黑社会性质组织罪
传授犯罪方法罪
非法集会、游行、示威罪
非法携带武器、管制刀具、爆炸物参加集会、游行、示威罪
破坏集会、游行、示威罪
侮辱国旗、国徽罪
侮辱国歌罪
组织、利用会道门、邪教组织、利用迷信破坏法律实施罪
组织、利用会道门、邪教组织、利用迷信致人重伤、死亡罪
聚众淫乱罪
引诱未成年人聚众淫乱罪
盗窃、侮辱、故意毁坏尸体、尸骨、骨灰罪
赌博罪
开设赌场罪
故意延误投递邮件罪}

（二）妨害司法罪

{妨害司法罪}
{伪证罪}
{辩护人、诉讼代理人毁灭证据、伪造证据、妨害作证罪}
{妨害作证罪}
{帮助毁灭、伪造证据罪}
{虚假诉讼罪}
{打击报复证人罪}
{泄露不应公开的案件信息罪}
{披露、报道不应公开的案件信息罪}

{扰乱法庭秩序罪}
{窝藏、包庇罪}
{拒绝提供间谍犯罪、恐怖主义犯罪、极端主义犯罪证据罪}
{掩饰、隐瞒犯罪所得、犯罪所得收益罪}
{拒不执行判决、裁定罪}
{非法处置查封、扣押、冻结的财产罪}
{破坏监管秩序罪}
{脱逃罪}
{劫夺被押解人员罪}
{组织越狱罪}
{暴动越狱罪}
{聚众持械劫狱罪}
……
{伪证罪
辩护人、诉讼代理人毁灭证据、伪造证据、妨害作证罪
妨害作证罪
帮助毁灭、伪造证据罪
虚假诉讼罪
打击报复证人罪
泄露不应公开的案件信息罪
披露、报道不应公开的案件信息罪
扰乱法庭秩序罪
窝藏、包庇罪
拒绝提供间谍犯罪、恐怖主义犯罪、极端主义犯罪证据罪
掩饰、隐瞒犯罪所得、犯罪所得收益罪
拒不执行判决、裁定罪
非法处置查封、扣押、冻结的财产罪
破坏监管秩序罪
脱逃罪
劫夺被押解人员罪
组织越狱罪
暴动越狱罪

聚众持械劫狱罪}

(三)妨害国(边)境管理罪

{妨害国(边)境管理罪}

{组织他人偷越国(边)境罪}

{骗取出境证件罪}

{提供伪造、变造的出入境证件罪}

{出售出入境证件罪}

{运送他人偷越国(边)境罪}

{偷越国(边)境罪}

{破坏界碑、界桩罪}

{破坏永久性测量标志罪}

……

{组织他人偷越国(边)境罪

骗取出境证件罪

提供伪造、变造的出入境证件罪

出售出入境证件罪

运送他人偷越国(边)境罪

偷越国(边)境罪

破坏界碑、界桩罪

破坏永久性测量标志罪}

(四)妨害文物管理罪

{妨害文物管理罪}

{故意损毁文物罪}

{故意损毁名胜古迹罪}

{过失损毁文物罪}

{非法向外国人出售、赠送珍贵文物罪}

{倒卖文物罪}

{非法出售、私赠文物藏品罪}

{盗掘古文化遗址、古墓葬罪}

{盗掘古人类化石、古脊椎动物化石罪}

{抢夺、窃取国有档案罪}

{擅自出卖、转让国有档案罪}

……

{故意损毁文物罪
故意损毁名胜古迹罪
过失损毁文物罪
非法向外国人出售、赠送珍贵文物罪
倒卖文物罪
非法出售、私赠文物藏品罪
盗掘古文化遗址、古墓葬罪
盗掘古人类化石、古脊椎动物化石罪
抢夺、窃取国有档案罪
擅自出卖、转让国有档案罪}

（五）危害公共卫生罪

{危害公共卫生罪}

{妨害传染病防治罪}

{传染病菌种、毒种扩散罪}

{妨害国境卫生检疫罪}

{非法组织卖血罪}

{强迫卖血罪}

{非法采集、供应血液、制作、供应血液制品罪}

{采集、供应血液、制作、供应血液制品事故罪}

{医疗事故罪}

{非法行医罪}

{非法进行节育手术罪}

{妨害动植物防疫、检疫罪}

……

{妨害传染病防治罪
传染病菌种、毒种扩散罪
妨害国境卫生检疫罪
非法组织卖血罪
强迫卖血罪
非法采集、供应血液、制作、供应血液制品罪

采集、供应血液、制作、供应血液制品事故罪
医疗事故罪
非法行医罪
非法进行节育手术罪
妨害动植物防疫、检疫罪}

（六）破坏环境资源保护罪

{破坏环境资源保护罪}
{污染环境罪}
{非法处置进口的固体废物罪}
{擅自进口固体废物罪}
{非法捕捞水产品罪}
{非法猎捕、杀害珍贵、濒危野生动物罪}
{非法收购、运输、出售珍贵、濒危野生动物、珍贵、濒危野生动物制品罪}
{非法狩猎罪}
{非法占用农用地罪}
{非法采矿罪}
{破坏性采矿罪}
{非法采伐、毁坏国家重点保护植物罪}
{非法收购、运输、加工、出售国家重点保护植物、国家重点保护植物制品罪}
{盗伐林木罪}
{滥伐林木罪}
{非法收购、运输盗伐、滥伐的林木罪}
……
{污染环境罪
非法处置进口的固体废物罪
擅自进口固体废物罪
非法捕捞水产品罪
非法猎捕、杀害珍贵、濒危野生动物罪
非法收购、运输、出售珍贵、濒危野生动物、珍贵、濒危野生动物制品罪

非法狩猎罪
非法占用农用地罪
非法采矿罪
破坏性采矿罪
非法采伐、毁坏国家重点保护植物罪
非法收购、运输、加工、出售国家重点保护植物、国家重点保护植物制品罪
盗伐林木罪
滥伐林木罪
非法收购、运输盗伐、滥伐的林木罪}

（七）走私、贩卖、运输、制造毒品罪

{走私、贩卖、运输、制造毒品罪}
{走私、贩卖、运输、制造毒品罪}
{非法持有毒品罪}
{包庇毒品犯罪分子罪}
{窝藏、转移、隐瞒毒品、毒赃罪}
{非法生产、买卖、运输制毒物品、走私制毒物品罪}
{非法种植毒品原植物罪}
{非法买卖、运输、携带、持有毒品原植物种子、幼苗罪}
{引诱、教唆、欺骗他人吸毒罪}
{强迫他人吸毒罪}
{容留他人吸毒罪}
{非法提供麻醉药品、精神药品罪}
……
{走私、贩卖、运输、制造毒品罪
非法持有毒品罪
包庇毒品犯罪分子罪
窝藏、转移、隐瞒毒品、毒赃罪
非法生产、买卖、运输制毒物品、走私制毒物品罪
非法种植毒品原植物罪
非法买卖、运输、携带、持有毒品原植物种子、幼苗罪
引诱、教唆、欺骗他人吸毒罪

强迫他人吸毒罪

容留他人吸毒罪

非法提供麻醉药品、精神药品罪}

（八）组织、强迫、引诱、容留、介绍卖淫罪

{组织、强迫、引诱、容留、介绍卖淫罪}

{组织卖淫罪}

{强迫卖淫罪}

{协助组织卖淫罪}

{引诱、容留、介绍卖淫罪}

{引诱幼女卖淫罪}

{传播性病罪}

……

{组织卖淫罪

强迫卖淫罪

协助组织卖淫罪

引诱、容留、介绍卖淫罪

引诱幼女卖淫罪

传播性病罪}

（九）制作、贩卖、传播淫秽物品罪

{制作、贩卖、传播淫秽物品罪}

{制作、复制、出版、贩卖、传播淫秽物品牟利罪}

{为他人提供书号出版淫秽书刊罪}

{传播淫秽物品罪}

{组织播放淫秽音像制品罪}

{组织淫秽表演罪}

……

{制作、复制、出版、贩卖、传播淫秽物品牟利罪

为他人提供书号出版淫秽书刊罪

传播淫秽物品罪

组织播放淫秽音像制品罪

组织淫秽表演罪}

第二节　妨害社会管理秩序罪集合分述

一、扰乱公共秩序罪

（一）妨害公务罪

1. 妨害公务罪的概念

妨害公务罪，是指行为人以暴力、威胁方法阻碍国家机关工作人员、人大代表、红十字会工作人员依法执行职务或者履行职责，或者故意阻碍国家安全机关、公安机关依法执行国家安全工作任务，虽未使用暴力、威胁方法，但造成严重后果的行为。

2. 妨害公务罪的构成特征

关于妨害公务罪的构成特征，根据现行刑法的规定，主要有以下几个方面，其集合表现为：

设 A 为妨害公务罪的集合，则 A = {妨害公务罪}；

设 A1 为妨害公务罪的客体的集合，则 A1 = {国家机关工作人员、人大代表等人员执行公务活动的正常秩序}；设 A2 为妨害公务罪的客观方面的集合，则 A2 = {行为人以暴力、威胁方法阻碍国家机关工作人员、人大代表、红十字会工作人员依法执行职务或者履行职责，或者故意阻碍国家安全机关、公安机关依法执行国家安全工作任务，虽未使用暴力、威胁方法，但造成严重后果的行为}；设 A3 为妨害公务罪的主体的集合，则 A3 = {年满 16 周岁、具有刑事责任能力的人}；设 A4 为妨害公务罪的主观方面的集合，则 A4 = {故意}；

则 A = A1∪A2∪A3∪A4，即妨害公务罪 = {客体是国家机关工作人员、人大代表等人员执行公务活动的正常秩序} ∪ {客观方面表现为行为人以暴力、威胁方法阻碍国家机关工作人员、人大代表、红十字会工作人员依法执行职务或者履行职责，或者故意阻碍国家安全机关、公安机关依法执行国家安全工作任务，虽未使用暴力、威胁方法，但造成严重后果的行为} ∪ {主体是年满 16 周岁、具有刑事责任能力的人} ∪ {主观方面是故意} = {客体是国家机关工作人员、人大代表等人员执行公务活动的正常秩序，客观方面表现为行为人以暴力、威胁方法阻碍国家机关工作人员、人大代表、红十字会工作人员依法执行职务或者履行职责，或者故意阻碍国家安全机关、公安机关依法执行国家安全工作任务，虽未使用暴力、威胁方法，但造成严重后果的行为，主体是年满16周岁、具有刑事责任能力的人，主观方面是故意｝。

3. 妨害公务罪的处罚

根据《刑法》第277条的规定，犯本罪，处3年以下有期徒刑、拘役、管制或者罚金。

《刑法修正案（九）》在本条中新增一款作为第5款："暴力袭击正在依法执行职务的人民警察的，依照第一款的规定从重处罚。"

（二）煽动暴力抗拒法律实施罪

1. 煽动暴力抗拒法律实施罪的概念

煽动暴力抗拒法律实施罪，是指行为人故意蛊惑、挑动群众以暴力方法抗拒国家法律、行政法规的实施，扰乱公共秩序的行为。

2. 煽动暴力抗拒法律实施罪的构成特征

关于煽动暴力抗拒法律实施罪的构成特征，根据现行刑法的规定，主要有以下几个方面，其集合表现为：

设B为煽动暴力抗拒法律实施罪的集合，则B＝｛煽动暴力抗拒法律实施罪｝；

设B1为煽动暴力抗拒法律实施罪的客体的集合，则B1＝｛国家法律实施的秩序｝；设B2为煽动暴力抗拒法律实施罪的客观方面的集合，则B2＝｛行为人蛊惑、挑动群众以暴力方法抗拒国家法律、行政法规的实施，扰乱公共秩序的行为｝；设B3为煽动暴力抗拒法律实施罪的主体的集合，则B3＝｛年满16周岁、具有刑事责任能力的人｝；设B4为煽动暴力抗拒法律实施罪的主观方面的集合，则B4＝｛故意｝；

则B＝B1∪B2∪B3∪B4，即煽动暴力抗拒法律实施罪＝｛客体是国家法律实施的秩序｝∪｛客观方面表现为行为人蛊惑、挑动群众以暴力方法抗拒国家法律、行政法规的实施，扰乱公共秩序的行为｝∪｛主体是年满16周岁、具有刑事责任能力的人｝∪｛主观方面是故意｝＝｛客体是国家法律实施的秩序，客观方面表现为行为人蛊惑、挑动群众以暴力方法抗拒国家法律、行政法规的实施，扰乱公共秩序的行为，主体是年满16周岁、具有刑事责任能力的人，主观方面是故意｝。

3. 煽动暴力抗拒法律实施罪的处罚

根据《刑法》第 278 条的规定，犯本罪，处 3 年以下有期徒刑、拘役、管制或者剥夺政治权利；造成严重后果的，处 3 年以上 7 年以下有期徒刑。

（三）招摇撞骗罪

1. 招摇撞骗罪的概念

招摇撞骗罪，是指行为人为了谋取非法利益，冒充国家机关工作人员到处行骗，损害国家机关威信、公共利益和公民合法利益的行为。

2. 招摇撞骗罪的构成特征

关于招摇撞骗罪的构成特征，根据现行刑法的规定，主要有以下几个方面，其集合表现为：

设 C 为招摇撞骗罪的集合，则 C = {招摇撞骗罪}；

设 C1 为招摇撞骗罪的客体的集合，则 C1 = {国家机关的威信} ∪ {公民的合法权益} = {国家机关的威信和公民的合法权益}；设 C2 为招摇撞骗罪的客观方面的集合，则 C2 = {行为人冒充国家机关工作人员到处行骗，损害国家机关威信、公共利益和公民合法利益的行为}；设 C3 为招摇撞骗罪的主体的集合，则 C3 = {年满 16 周岁、具有刑事责任能力的人}；设 C4 为招摇撞骗罪的主观方面的集合，则 C4 = {故意}；

则 C = C1 ∪ C2 ∪ C3 ∪ C4，即招摇撞骗罪 = {客体是国家机关的威信和公民的合法权益} ∪ {客观方面表现为行为人冒充国家机关工作人员到处行骗，损害国家机关威信、公共利益和公民合法利益的行为} ∪ {主体是年满 16 周岁、具有刑事责任能力的人} ∪ {主观方面是故意} = {客体是国家机关的威信和公民的合法权益，客观方面表现为行为人冒充国家机关工作人员到处行骗，损害国家机关威信、公共利益和公民合法利益的行为，主体是年满 16 周岁、具有刑事责任能力的人，主观方面是故意}。

3. 招摇撞骗罪的处罚

根据《刑法》第 279 条第 1 款、第 2 款的规定，犯本罪，处 3 年以下有期徒刑、拘役、管制或者剥夺政治权利；情节严重的，处 3 年以上 10 年以下有期徒刑。冒充人民警察招摇撞骗的，依照上述规定从重处罚。

（四）伪造、变造、买卖国家机关公文、证件、印章罪

1. 伪造、变造、买卖国家机关公文、证件、印章罪的概念

伪造、变造、买卖国家机关公文、证件、印章罪，是指行为人擅自制

作、改制、以及购买、出售国家机关的公文、证件、印章，妨害国家机关对社会的管理活动，损害其信誉的行为。

2. 伪造、变造、买卖国家机关公文、证件、印章罪的构成特征

关于伪造、变造、买卖国家机关公文、证件、印章罪的构成特征，根据现行刑法的规定，主要有以下几个方面，其集合表现为：

设 D 为伪造、变造、买卖国家机关公文、证件、印章罪的集合，则 D = {伪造、变造、买卖国家机关公文、证件、印章罪}；

设 D1 为伪造、变造、买卖国家机关公文、证件、印章罪的客体的集合，则 D1 = {国家机关的正常管理秩序和信誉}；设 D2 为伪造、变造、买卖国家机关公文、证件、印章罪的客观方面的集合，则 D2 = {行为人擅自制作、改制、以及购买、出售国家机关的公文、证件、印章，妨害国家机关对社会的管理活动，损害其信誉的行为}；设 D3 为伪造、变造、买卖国家机关公文、证件、印章罪的主体的集合，则 D3 = {年满 16 周岁、具有刑事责任能力的人}；设 D4 为伪造、变造、买卖国家机关公文、证件、印章罪的主观方面的集合，则 D4 = {故意}；

则 D = D1 ∪ D2 ∪ D3 ∪ D4，即伪造、变造、买卖国家机关公文、证件、印章罪 = {客体是国家机关的正常管理秩序和信誉} ∪ {客观方面表现为行为人擅自制作、改制、以及购买、出售国家机关的公文、证件、印章，妨害国家机关对社会的管理活动，损害其信誉的行为} ∪ {主体是年满 16 周岁、具有刑事责任能力的人} ∪ {主观方面是故意} = {客体是国家机关的正常管理秩序和信誉，客观方面表现为行为人擅自制作、改制、以及购买、出售国家机关的公文、证件、印章，妨害国家机关对社会的管理活动，损害其信誉的行为，主体是年满 16 周岁、具有刑事责任能力的人，主观方面是故意}。

3. 伪造、变造、买卖国家机关公文、证件、印章罪的处罚

根据《刑法》第 280 条第 1 款的规定，犯本罪，处 3 年以下有期徒刑、拘役、管制或者剥夺政治权利，并处罚金；情节严重的，处 3 年以上 10 年以下有期徒刑，并处罚金。

（五）盗窃、抢夺、毁灭国家机关公文、证件、印章罪

1. 盗窃、抢夺、毁灭国家机关公文、证件、印章罪的概念

盗窃、抢夺、毁灭国家机关公文、证件、印章罪，是指行为人秘密窃取、公然夺取或者故意毁坏国家机关公文、证件、印章的行为。

2. 盗窃、抢夺、毁灭国家机关公文、证件、印章罪的构成特征

关于盗窃、抢夺、毁灭国家机关公文、证件、印章罪的构成特征，根据现行刑法的规定，主要有以下几个方面，其集合表现为：

设 E 为盗窃、抢夺、毁灭国家机关公文、证件、印章罪的集合，则 E = {盗窃、抢夺、毁灭国家机关公文、证件、印章罪}；

设 E1 为盗窃、抢夺、毁灭国家机关公文、证件、印章罪的客体的集合，则 E1 = {国家机关的正常管理秩序和信誉}；设 E2 为盗窃、抢夺、毁灭国家机关公文、证件、印章罪的客观方面的集合，则 E2 = {行为人秘密窃取、公然夺取或者故意毁坏国家机关公文、证件、印章的行为}；设 E3 为盗窃、抢夺、毁灭国家机关公文、证件、印章罪的主体的集合，则 E3 = {年满 16 周岁、具有刑事责任能力的人}；设 E4 为盗窃、抢夺、毁灭国家机关公文、证件、印章罪的主观方面的集合，则 E4 = {故意}；

则 $E = E1 \cup E2 \cup E3 \cup E4$，即盗窃、抢夺、毁灭国家机关公文、证件、印章罪 = {客体是国家机关的正常管理秩序和信誉} ∪ {客观方面表现为行为人秘密窃取、公然夺取或者故意毁坏国家机关公文、证件、印章的行为} ∪ {主体是年满 16 周岁、具有刑事责任能力的人} ∪ {主观方面是故意} = {客体是国家机关的正常管理秩序和信誉，客观方面表现为行为人秘密窃取、公然夺取或者故意毁坏国家机关公文、证件、印章的行为，主体是年满 16 周岁、具有刑事责任能力的人，主观方面是故意}。

3. 盗窃、抢夺、毁灭国家机关公文、证件、印章罪的处罚

根据《刑法》第 280 条第 1 款的规定，犯本罪，处 3 年以下有期徒刑、拘役、管制或者剥夺政治权利，并处罚金；情节严重的，处 3 年以上 10 年以下有期徒刑，并处罚金。

(六) 伪造公司、企业、事业单位、人民团体印章罪

1. 伪造公司、企业、事业单位、人民团体印章罪的概念

伪造公司、企业、事业单位、人民团体印章罪，是指行为人擅自刻制或者仿制公司、企业、事业单位、人民团体印章，损害其信誉的行为。

2. 伪造公司、企业、事业单位、人民团体印章罪的构成特征

关于伪造公司、企业、事业单位、人民团体印章罪的构成特征，根据现行刑法的规定，主要有以下几个方面，其集合表现为：

设 F 为伪造公司、企业、事业单位、人民团体印章罪的集合，则 F = {伪造公司、企业、事业单位、人民团体印章罪}；

设 F1 为伪造公司、企业、事业单位、人民团体印章罪的客体的集合，则 F1 = {公司、企业、事业单位、人民团体的正常管理秩序和信誉}；设 F2 为伪造公司、企业、事业单位、人民团体印章罪的客观方面的集合，则 F2 = {行为人擅自刻制或者仿制公司、企业、事业单位、人民团体印章，损害其信誉的行为}；设 F3 为伪造公司、企业、事业单位、人民团体印章罪的主体的集合，则 F3 = {年满 16 周岁、具有刑事责任能力的人}；设 F4 为伪造公司、企业、事业单位、人民团体印章罪的主观方面的集合，则 F4 = {故意}；

则 F = F1∪F2∪F3∪F4，即伪造公司、企业、事业单位、人民团体印章罪 = {客体是公司、企业、事业单位、人民团体的正常管理秩序和信誉} ∪ {客观方面表现为行为人擅自刻制或者仿制公司、企业、事业单位、人民团体印章，损害其信誉的行为} ∪ {主体是年满 16 周岁、具有刑事责任能力的人} ∪ {主观方面是故意} = {客体是公司、企业、事业单位、人民团体的正常管理秩序和信誉，客观方面表现为行为人擅自刻制或者仿制公司、企业、事业单位、人民团体印章，损害其信誉的行为，主体是年满 16 周岁、具有刑事责任能力的人，主观方面是故意}。

3. 伪造公司、企业、事业单位、人民团体印章罪的处罚

根据《刑法》第 280 条第 2 款的规定，犯本罪的，处 3 年以下有期徒刑、拘役、管制或者剥夺政治权利，并处罚金。

（七）伪造、变造、买卖身份证件罪

1. 伪造、变造、买卖身份证件罪的概念

伪造、变造、买卖身份证件罪，是指行为人非法制作、改制、买卖中华人民共和国居民身份证、护照、社会保障卡、驾驶证等依法可以用于证明身份的证件之行为。

2. 伪造、变造、买卖身份证件罪的构成特征

关于伪造、变造、买卖身份证件罪的构成特征，根据现行刑法的规定，主要有以下几个方面，其集合表现为：

设 G 为伪造、变造、买卖身份证件罪的集合，则 G = {伪造、变造、买卖身份证件罪}；

设 G1 为伪造、变造、买卖身份证件罪的客体的集合，则 G1 = {我国身份证件的管理制度}；设 G2 为伪造、变造、买卖身份证件罪的客观方面的集合，则 G2 = {行为人非法制作、改制、买卖中华人民共和国居民身份

证、护照、社会保障卡、驾驶证等依法可以用于证明身份的证件之行为}；设 G3 为伪造、变造、买卖身份证件罪的主体的集合，则 G3 = {年满 16 周岁、具有刑事责任能力的人}；设 G4 为伪造、变造、买卖身份证件罪的主观方面的集合，则 G4 = {故意}；

则 G = G1∪G2∪G3∪G4，即伪造、变造、买卖身份证件罪 = {客体是我国身份证件的管理制度} ∪ {客观方面表现为行为人非法制作、改制、买卖中华人民共和国居民身份证、护照、社会保障卡、驾驶证等依法可以用于证明身份的证件之行为} ∪ {主体是年满 16 周岁、具有刑事责任能力的人} ∪ {主观方面是故意} = {客体是我国身份证件的管理制度，客观方面表现为行为人行为人非法制作、改制、买卖中华人民共和国居民身份证、护照、社会保障卡、驾驶证等依法可以用于证明身份的证件之行为，主体是年满 16 周岁、具有刑事责任能力的人，主观方面是故意}。

3. 伪造、变造、买卖身份证件罪的处罚

根据《刑法》第 280 条第 3 款规定，犯本罪的，处 3 年以下有期徒刑、拘役、管制或者剥夺政治权利，并处罚金；情节严重的，处 3 年以上 7 年以下有期徒刑，并处罚金。

（八）使用虚假身份证件、盗用身份证件罪

1. 使用虚假身份证件、盗用身份证件罪的概念

使用虚假身份证件、盗用身份证件罪，是指行为人在依照国家规定应当提供身份证明的活动中，使用伪造、变造的或者盗用他人的居民身份证、护照、社会保障卡、驾驶证等依法可以用于证明身份的证件，情节严重的行为。

2. 使用虚假身份证件、盗用身份证件罪的构成特征

关于使用虚假身份证件、盗用身份证件罪的构成特征，根据现行刑法的规定，主要有以下几个方面，其集合表现为：

设 H 为使用虚假身份证件、盗用身份证件罪的集合，则 H = {使用虚假身份证件、盗用身份证件罪}；

设 H1 为使用虚假身份证件、盗用身份证件罪的客体的集合，则 H1 = {我国身份证件的管理制度}；设 H2 为使用虚假身份证件、盗用身份证件罪的客观方面的集合，则 H2 = {行为人在依照国家规定应当提供身份证明的活动中，使用伪造、变造的或者盗用他人的居民身份证、护照、社会保障卡、驾驶证等依法可以用于证明身份的证件，情节严重的行为}；设 H3 为

使用虚假身份证件、盗用身份证件罪的主体的集合，则 H3 = {年满 16 周岁、具有刑事责任能力的人}；设 H4 为使用虚假身份证件、盗用身份证件罪的主观方面的集合，则 H4 = {故意}；

则 H = H1 ∪ H2 ∪ H3 ∪ H4，即使用虚假身份证件、盗用身份证件罪 = {客体是我国身份证件的管理制度} ∪ {客观方面表现为行为人在依照国家规定应当提供身份证明的活动中，使用伪造、变造的或者盗用他人的居民身份证、护照、社会保障卡、驾驶证等依法可以用于证明身份的证件，情节严重的行为} ∪ {主体是年满 16 周岁、具有刑事责任能力的人} ∪ {主观方面是故意} = {客体是我国身份证件的管理制度，客观方面表现为行为人在依照国家规定应当提供身份证明的活动中，使用伪造、变造的或者盗用他人的居民身份证、护照、社会保障卡、驾驶证等依法可以用于证明身份的证件，情节严重的行为，主体是年满 16 周岁、具有刑事责任能力的人，主观方面是故意}。

3. 使用虚假身份证件、盗用身份证件罪的处罚

根据《刑法》第 280 条之一规定，犯本罪的，处拘役或者管制，并处或者单处罚金。有上述行为，同时构成其他犯罪的，依照处罚较重的规定定罪处罚。

（九）非法生产、买卖警用装备罪

1. 非法生产、买卖警用装备罪的概念

非法生产、买卖警用装备罪，是指行为人违反法律规定，擅自生产、买卖人民警察制式服装、车辆号牌等专用标志、警械，情节严重的行为。

2. 非法生产、买卖警用装备罪的构成特征

关于非法生产、买卖警用装备罪的构成特征，根据现行刑法的规定，主要有以下几个方面，其集合表现为：

设 I 为非法生产、买卖警用装备罪的集合，则 I = {非法生产、买卖警用装备罪}；

设 I1 为非法生产、买卖警用装备罪的客体的集合，则 I1 = {国家对警用装备的管理秩序}；设 I2 为非法生产、买卖警用装备罪的客观方面的集合，则 I2 = {行为人违反法律规定，擅自生产、买卖人民警察制式服装、车辆号牌等专用标志、警械，情节严重的行为}；设 I3 为非法生产、买卖警用装备罪的主体的集合，则 I3 = {年满 16 周岁、具有刑事责任能力的人}；设 I4 为非法生产、买卖警用装备罪的主观方面的集合，则 I4 = {故意}；

则 I = I1∪I2∪I3∪I4，即非法生产、买卖警用装备罪 = {客体是国家对警用装备的管理秩序} ∪ {客观方面表现为行为人违反法律规定，擅自生产、买卖人民警察制式服装、车辆号牌等专用标志、警械，情节严重的行为} ∪ {主体是年满16周岁、具有刑事责任能力的人} ∪ {主观方面是故意} = {客体是国家对警用装备的管理秩序，客观方面表现为行为人违反法律规定，擅自生产、买卖人民警察制式服装、车辆号牌等专用标志、警械，情节严重的行为，主体是年满16周岁、具有刑事责任能力的人，主观方面是故意}。

3. 非法生产、买卖警用装备罪的处罚

根据《刑法》第281条的规定，个人犯本罪的，处3年以下有期徒刑、拘役或者管制，并处或者单处罚金。单位犯本罪的，对单位判处罚金，并对其直接负责的主管人员和其他直接责任人员，依照个人犯本罪的规定处罚。

（十）非法获取国家秘密罪

1. 非法获取国家秘密罪的概念

非法获取国家秘密罪，是指行为人以窃取、刺探、收买方法，非法获取国家秘密的行为。

2. 非法获取国家秘密罪的构成特征

关于非法获取国家秘密罪的构成特征，根据现行刑法的规定，主要有以下几个方面，其集合表现为：

设 J 为非法获取国家秘密罪的集合，则 J = {非法获取国家秘密罪}；

设 J1 为非法获取国家秘密罪的客体的集合，则 J1 = {国家的保密制度}；设 J2 为非法获取国家秘密罪的客观方面的集合，则 J2 = {行为人以窃取、刺探、收买方法，非法获取国家秘密的行为}；设 J3 为非法获取国家秘密罪的主体的集合，则 J3 = {年满16周岁、具有刑事责任能力的人}；设 J4 为非法获取国家秘密罪的主观方面的集合，则 J4 = {故意}；

则 J = J1∪J2∪J3∪J4，即非法获取国家秘密罪 = {客体是国家的保密制度} ∪ {客观方面表现为行为人以窃取、刺探、收买方法，非法获取国家秘密的行为} ∪ {主体是年满16周岁、具有刑事责任能力的人} ∪ {主观方面是故意} = {客体是国家的保密制度，客观方面表现为行为人以窃取、刺探、收买方法，非法获取国家秘密的行为，主体是年满16周岁、具有刑事责任能力的人，主观方面是故意}。

3. 非法获取国家秘密罪的处罚

根据《刑法》第 282 条第 1 款的规定，犯本罪，处 3 年以下有期徒刑、拘役、管制或者剥夺政治权利；情节严重的，处 3 年以上 7 年以下有期徒刑。

（十一）非法持有国家绝密、机密文件、资料、物品罪

1. 非法持有国家绝密、机密文件、资料、物品罪的概念

非法持有国家绝密、机密文件、资料、物品罪，是指行为人非法持有属于国家绝密、机密的文件、资料或者其他物品，拒不说明来源与用途的行为。

2. 非法持有国家绝密、机密文件、资料、物品罪的构成特征

关于非法持有国家绝密、机密文件、资料、物品罪的构成特征，根据现行刑法的规定，主要有以下几个方面，其集合表现为：

设 K 为非法持有国家绝密、机密文件、资料、物品罪的集合，则 K = {非法持有国家绝密、机密文件、资料、物品罪}；

设 K1 为非法持有国家绝密、机密文件、资料、物品罪的客体的集合，则 K1 = {国家的保密制度}；设 K2 为非法持有国家绝密、机密文件、资料、物品罪的客观方面的集合，则 K2 = {行为人非法持有属于国家绝密、机密的文件、资料或者其他物品，拒不说明来源与用途的行为}；设 K3 为非法持有国家绝密、机密文件、资料、物品罪的主体的集合，则 K3 = {年满 16 周岁、具有刑事责任能力的人}；设 K4 为非法持有国家绝密、机密文件、资料、物品罪的主观方面的集合，则 K4 = {故意}；

则 K = K1 ∪ K2 ∪ K3 ∪ K4，即非法持有国家绝密、机密文件、资料、物品罪 = {客体是国家的保密制度} ∪ {客观方面表现为行为人非法持有属于国家绝密、机密的文件、资料或者其他物品，拒不说明来源与用途的行为} ∪ {主体是年满 16 周岁、具有刑事责任能力的人} ∪ {主观方面是故意} = {客体是国家的保密制度，客观方面表现为行为人非法持有属于国家绝密、机密的文件、资料或者其他物品，拒不说明来源与用途的行为，主体是年满 16 周岁、具有刑事责任能力的人，主观方面是故意}。

3. 非法持有国家绝密、机密文件、资料、物品罪的处罚

根据《刑法》第 282 条第 2 款的规定，犯本罪，处 3 年以下有期徒刑、拘役或者管制。

（十二）非法生产、销售专用间谍器材、窃听、窃照专用器材罪

1. 非法生产、销售专用间谍器材、窃听、窃照专用器材罪的概念

非法生产、销售专用间谍器材、窃听、窃照专用器材罪，是指非法生产、销售专用间谍器材、窃听、窃照专用器材的行为。

2. 非法生产、销售专用间谍器材、窃听、窃照专用器材罪的构成特征

关于非法生产、销售专用间谍器材、窃听、窃照专用器材罪的构成特征，根据现行刑法的规定，主要有以下几个方面，其集合表现为：

设 L 为非法生产、销售专用间谍器材、窃听、窃照专用器材罪的集合，则 L = {非法生产、销售专用间谍器材、窃听、窃照专用器材罪}；

设 L1 为非法生产、销售专用间谍器材、窃听、窃照专用器材罪的客体的集合，则 L1 = {国家对专用间谍器材、窃听、窃照专用器材的管理制度}；设 L2 为非法生产、销售专用间谍器材、窃听、窃照专用器材罪的客观方面的集合，则 L2 = {行为人实施了非法生产、销售专用间谍器材、窃听、窃照专用器材的行为}；设 L3 为非法生产、销售专用间谍器材、窃听、窃照专用器材罪的主体的集合，则 L3 = {年满 16 周岁、具有刑事责任能力的人}；设 L4 为非法生产、销售专用间谍器材、窃听、窃照专用器材罪的主观方面的集合，则 L4 = {故意，且以牟利为目的}；

则 L = L1 ∪ L2 ∪ L3 ∪ L4，即非法生产、销售专用间谍器材、窃听、窃照专用器材罪 = {客体是国家对专用间谍器材、窃听、窃照专用器材的管理制度} ∪ {客观方面表现为行为人实施了非法生产、销售专用间谍器材、窃听、窃照专用器材的行为} ∪ {主体是年满 16 周岁、具有刑事责任能力的人} ∪ {主观方面是故意，且以牟利为目的} = {客体是国家对专用间谍器材、窃听、窃照专用器材的管理制度，客观方面表现为行为人实施了非法生产、销售专用间谍器材、窃听、窃照专用器材的行为，主体是年满 16 周岁、具有刑事责任能力的人，主观方面是故意，且以牟利为目的}。

3. 非法生产、销售专用间谍器材、窃听、窃照专用器材罪的处罚

根据《刑法》第 283 条规定，个人犯本罪的，处 3 年以下有期徒刑、拘役或者管制，并处或者单处罚金；情节严重的，处 3 年以上 7 年以下有期徒刑，并处罚金。单位犯本罪的，对单位判处罚金，并对其直接负责的主管人员和其他直接责任人员，依照前款的规定处罚。

（十三）非法使用窃听、窃照专用器材罪

1. 非法使用窃听、窃照专用器材罪的概念

非法使用窃听、窃照专用器材罪，是指行为人违反有关法律规定，非法使用窃听、窃照专用器材，造成严重后果的的行为。

2. 非法使用窃听、窃照专用器材罪的主要特征

关于非法使用窃听、窃照专用器材罪的构成特征，根据现行刑法的规定，主要有以下几个方面，其集合表现为：

设M为非法使用窃听、窃照专用器材罪的集合，则M＝｛非法使用窃听、窃照专用器材罪｝；

设M1为非法使用窃听、窃照专用器材罪的客体的集合，则M1＝｛国家对窃听、窃照专用器材的管理制度｝；设M2为非法使用窃听、窃照专用器材罪的客观方面的集合，则M2＝｛行为人违反有关法律规定，非法使用窃听、窃照专用器材，造成严重后果的的行为｝；设M3为非法使用窃听、窃照专用器材罪的主体的集合，则M3＝｛年满16周岁、具有刑事责任能力的人｝；设M4为非法使用窃听、窃照专用器材罪的主观方面的集合，则M4＝｛故意｝；

则M＝M1∪M2∪M3∪M4，即非法使用窃听、窃照专用器材罪＝｛客体是国家对窃听、窃照专用器材的管理制度｝∪｛客观方面表现为行为人违反有关法律规定，非法使用窃听、窃照专用器材，造成严重后果的的行为｝∪｛主体是年满16周岁、具有刑事责任能力的人｝∪｛主观方面是故意｝＝｛客体是国家对窃听、窃照专用器材的管理制度，客观方面表现为行为人违反有关法律规定，非法使用窃听、窃照专用器材，造成严重后果的的行为，主体是年满16周岁、具有刑事责任能力的人，主观方面是故意｝。

3. 非法使用窃听、窃照专用器材罪的处罚

根据《刑法》第284条的规定，犯本罪的，处2年以下有期徒刑、拘役或者管制。

（十四）组织考试作弊罪

1. 组织考试作弊罪的概念

组织考试作弊罪，是指行为人在法律规定的国家考试中，组织作弊的，或者为他人实施前述行为提供作弊器材或者其他帮助的行为。

2. 组织考试作弊罪的构成特征

关于组织考试作弊罪的构成特征，根据现行刑法的规定，主要有以下几个方面，其集合表现为：

设 N 为组织考试作弊罪的集合，则 N = {组织考试作弊罪}；

设 N1 为组织考试作弊罪的客体的集合，则 N1 = {国家考试制度}；设 N2 为组织考试作弊罪的客观方面的集合，则 N2 = {行为人在法律规定的国家考试中，组织作弊的，或者为他人实施前述行为提供作弊器材或者其他帮助的行为}；设 N3 为组织考试作弊罪的主体的集合，则 N3 = {年满 16 周岁、具有刑事责任能力的人}；设 N4 为组织考试作弊罪的主观方面的集合，则 N4 = {故意，且以牟利为目的}；

则 N = N1 ∪ N2 ∪ N3 ∪ N4，即组织考试作弊罪 = {客体是国家考试制度} ∪ {客观方面表现为行为人在法律规定的国家考试中，组织作弊的，或者为他人实施前述行为提供作弊器材或者其他帮助的行为} ∪ {主体是年满 16 周岁、具有刑事责任能力的人} ∪ {主观方面是故意，且以牟利为目的} = {客体是国家考试制度，客观方面表现为行为人在法律规定的国家考试中，组织作弊的，或者为他人实施前述行为提供作弊器材或者其他帮助的行为，主体是年满 16 周岁、具有刑事责任能力的人，主观方面是故意，且以牟利为目的}。

3. 组织考试作弊罪的处罚

根据《刑法》第 284 条之一第 1 款、第 2 款规定，犯本罪的，处 3 年以下有期徒刑或者拘役，并处或者单处罚金；情节严重的，处 3 年以上 7 年以下有期徒刑，并处罚金。

（十五）非法出售、提供试题、答案罪

1. 非法出售、提供试题、答案罪的概念

非法出售、提供试题、答案罪，是指行为人为实施考试作弊行为，向他人非法出售或者提供法律规定的国家考试的试题、答案的行为。

2. 非法出售、提供试题、答案罪的构成特征

关于非法出售、提供试题、答案罪的构成特征，根据现行刑法的规定，主要有以下几个方面，其集合表现为：

设 O 为非法出售、提供试题、答案罪的集合，则 O = {非法出售、提供试题、答案罪}；

设 O1 为非法出售、提供试题、答案罪的客体的集合，则 O1 = {国家

考试制度｝；设 O2 为非法出售、提供试题、答案罪的客观方面的集合，则 O2 = ｛行为人为实施考试作弊行为，向他人非法出售或者提供法律规定的国家考试的试题、答案的行为｝；设 O3 为非法出售、提供试题、答案罪的主体的集合，则 O3 = ｛年满 16 周岁、具有刑事责任能力的人｝；设 O4 为非法出售、提供试题、答案罪的主观方面的集合，则 O4 = ｛故意｝；

则 O = O1∪O2∪O3∪O4，即非法出售、提供试题、答案罪 = ｛客体是国家考试制度｝ ∪ ｛客观方面表现为行为人为实施考试作弊行为，向他人非法出售或者提供法律规定的国家考试的试题、答案的行为｝ ∪ ｛主体是年满16 周岁、具有刑事责任能力的人｝ ∪ ｛主观方面是故意｝ = ｛客体是国家考试制度，客观方面表现为行为人为实施考试作弊行为，向他人非法出售或者提供法律规定的国家考试的试题、答案的行为，主体是年满 16 周岁、具有刑事责任能力的人，主观方面是故意｝。

3. 非法出售、提供试题、答案罪的处罚

根据《刑法》第 284 条之一第 3 款规定，犯本罪的，处 3 年以下有期徒刑或者拘役，并处或者单处罚金；情节严重的，处 3 年以上 7 年以下有期徒刑，并处罚金。

（十六）代替考试罪

1. 代替考试罪的概念

代替考试罪，是指行为人代替他人或者让他人代替自己参加法律规定的国家考试的行为。

2. 代替考试罪的构成特征

关于代替考试罪的构成特征，根据现行刑法的规定，主要有以下几个方面，其集合表现为：

设 P 为代替考试罪的集合，则 P = ｛代替考试罪｝；

设 P1 为代替考试罪的客体的集合，则 P1 = ｛国家考试制度｝；设 P2 为代替考试罪的客观方面的集合，则 P2 = ｛行为人代替他人或者让他人代替自己参加法律规定的国家考试的行为｝；设 P3 为代替考试罪的主体的集合，则 P3 = ｛年满 16 周岁、具有刑事责任能力的人｝；设 P4 为代替考试罪的主观方面的集合，则 P4 = ｛故意｝；

则 P = P1∪P2∪P3∪P4，即代替考试罪 = ｛客体是国家考试制度｝ ∪ ｛客观方面表现为行为人代替他人或者让他人代替自己参加法律规定的国家考试的行为｝ ∪ ｛主体是年满 16 周岁、具有刑事责任能力的人｝ ∪ ｛主观方面是故意｝＝｛客体是国家考试制度，客观方面表现为行为人代替他人或者让他人代替自己参加法律规定的国家考试的行为，主体是年满16周岁、具有刑事责任能力的人，主观方面是故意｝。

3. 代替考试罪的处罚

根据《刑法》第284条之一第4款的规定，犯本罪的，处拘役或者管制，并处或者单处罚金。

（十七）非法侵入计算机信息系统罪

1. 非法侵入计算机信息系统罪的概念

非法侵入计算机信息系统罪，是指行为人违反国家规定，侵入国家事务、国防建设、尖端科学技术领域的计算机信息系统的行为。

2. 非法侵入计算机信息系统罪的构成特征

关于非法侵入计算机信息系统罪的构成特征，根据现行刑法的规定，主要有以下几个方面，其集合表现为：

设Q为非法侵入计算机信息系统罪的集合，则Q＝｛非法侵入计算机信息系统罪｝；

设Q1为非法侵入计算机信息系统罪的客体的集合，则Q1＝｛国家重要领域的计算机信息系统的安全｝；设Q2为非法侵入计算机信息系统罪的客观方面的集合，则Q2＝｛行为人违反国家规定，侵入国家事务、国防建设、尖端科学技术领域的计算机信息系统的行为｝；设Q3为非法侵入计算机信息系统罪的主体的集合，则Q3＝｛年满16周岁、具有刑事责任能力的人｝∪｛单位｝＝｛年满16周岁、具有刑事责任能力的人和单位｝；设Q4为非法侵入计算机信息系统罪的主观方面的集合，则Q4＝｛故意｝；

则Q＝Q1∪Q2∪Q3∪Q4，即非法侵入计算机信息系统罪＝｛客体是国家重要领域的计算机信息系统的安全｝∪｛客观方面表现为行为人违反国家规定，侵入国家事务、国防建设、尖端科学技术领域的计算机信息系统的行为｝∪｛主体是年满16周岁、具有刑事责任能力的人和单位｝∪｛主观方面是故意｝＝｛客体是国家重要领域的计算机信息系统的安全，客观方面表现为行为人违反国家规定，侵入国家事务、国防建设、尖端科学技术领域的计算机信息系统的行为，主体是年满16周岁、具有刑事责任能力的人和单位，主观方面是故意｝。

3. 非法侵入计算机信息系统罪的处罚

根据《刑法》第285条第1款、第4款的规定，个人犯本罪的，处3年以下有期徒刑或者拘役。单位犯本罪的，对单位判处罚金，并对其直接负责的主管人员和其他直接责任人员，依照上述规定处罚。

（十八）非法获取计算机信息系统数据、非法控制计算机信息系统罪

1. 非法获取计算机信息系统数据、非法控制计算机信息系统罪的概念

非法获取计算机信息系统数据、非法控制计算机信息系统罪，是指行为人违反国家规定，侵入国家事务、国防建设、尖端科学技术领域以外的计算机信息系统或者采用其他技术手段，获取该计算机信息系统中存储、处理或者传输的数据，或者对该计算机信息系统实施非法控制，情节严重的行为。

2. 非法获取计算机信息系统数据、非法控制计算机信息系统罪的构成特征

关于非法获取计算机信息系统数据、非法控制计算机信息系统罪的构成特征，根据现行刑法的规定，主要有以下几个方面，其集合表现为：

设 R 为非法获取计算机信息系统数据、非法控制计算机信息系统罪的集合，则 R = ｛非法获取计算机信息系统数据、非法控制计算机信息系统罪｝；

设 R1 为非法获取计算机信息系统数据、非法控制计算机信息系统罪的客体的集合，则 R1 = ｛国家重要领域以外的计算机信息系统的安全｝；设 R2 为非法获取计算机信息系统数据、非法控制计算机信息系统罪的客观方面的集合，则 R2 = ｛行为人违反国家规定，侵入国家事务、国防建设、尖端科学技术领域以外的计算机信息系统或者采用其他技术手段，获取该计算机信息系统中存储、处理或者传输的数据，或者对该计算机信息系统实施非法控制，情节严重的行为｝；设 R3 为非法获取计算机信息系统数据、非法控制计算机信息系统罪的主体的集合，则 R3 = ｛年满 16 周岁、具有刑事责任能力的人｝ ∪ ｛单位｝ = ｛年满 16 周岁、具有刑事责任能力的人和单位｝；设 R4 为非法获取计算机信息系统数据、非法控制计算机信息系统罪的主观方面的集合，则 R4 = ｛故意｝；

则 R = R1 ∪ R2 ∪ R3 ∪ R4，即非法获取计算机信息系统数据、非法控制计算机信息系统罪 = ｛客体是国家重要领域以外的计算机信息系统的安全｝ ∪ ｛客观方面表现为行为人违反国家规定，侵入国家事务、国防建设、尖端科学技术领域以外的计算机信息系统或者采用其他技术手段，获取该计算机信息系统中存储、处理或者传输的数据，或者对该计算机信息系统实施非法控制，情节严重的行为｝ ∪ ｛主体是年满 16 周岁、具有刑事责任能力的人和

单位｝∪｛主观方面是故意｝＝｛客体是国家重要领域以外的计算机信息系统的安全，客观方面表现为行为人违反国家规定，侵入国家事务、国防建设、尖端科学技术领域以外的计算机信息系统或者采用其他技术手段，获取该计算机信息系统中存储、处理或者传输的数据，或者对该计算机信息系统实施非法控制，情节严重的行为，主体是年满16周岁、具有刑事责任能力的人和单位，主观方面是故意｝。

3. 非法获取计算机信息系统数据、非法控制计算机信息系统罪的处罚

根据《刑法》第285条第2款、第4款的规定，个人犯本罪的，处3年以下有期徒刑或者拘役，并处或者单处罚金；情节特别严重的，处3年以上7年以下有期徒刑，并处罚金。单位犯本罪的，对单位判处罚金，并对其负责的主管人员和其他直接责任人员，依照上述规定处罚。

（十九）提供侵入、非法控制计算机信息系统程序、工具罪

1. 提供侵入、非法控制计算机信息系统程序、工具罪的概念

提供侵入、非法控制计算机信息系统程序、工具罪，是指行为人提供专门用于侵入、非法控制计算机信息系统的程序、工具，或者明知他人实施侵入、非法控制计算机信息系统的违法犯罪行为而为其提供程序、工具，情节严重的行为。

2. 提供侵入、非法控制计算机信息系统程序、工具罪的构成特征

关于提供侵入、非法控制计算机信息系统程序、工具罪的构成特征，根据现行刑法的规定，主要有以下几个方面，其集合表现为：

设S为提供侵入、非法控制计算机信息系统程序、工具罪的集合，则S＝｛提供侵入、非法控制计算机信息系统程序、工具罪｝；

设S1为提供侵入、非法控制计算机信息系统程序、工具罪的客体的集合，则S1＝｛国家对计算机信息系统的保护制度｝；设S2为提供侵入、非法控制计算机信息系统程序、工具罪的客观方面的集合，则S2＝｛行为人提供专门用于侵入、非法控制计算机信息系统的程序、工具，或者明知他人实施侵入、非法控制计算机信息系统的违法犯罪行为而为其提供程序、工具，情节严重的行为｝；设S3为提供侵入、非法控制计算机信息系统程序、工具罪的主体的集合，则S3＝｛年满16周岁、具有刑事责任能力的人｝∪｛单位｝＝｛年满16周岁、具有刑事责任能力的人和单位｝；设S4为提供侵入、非法控制计算机信息系统程序、工具罪的主观方面的集合，则S4＝｛故意｝；

则 S = S1∪S2∪S3∪S4，即提供侵入、非法控制计算机信息系统程序、工具罪 = {客体是国家对计算机信息系统的保护制度} ∪ {客观方面表现为行为人提供专门用于侵入、非法控制计算机信息系统的程序、工具，或者明知他人实施侵入、非法控制计算机信息系统的违法犯罪行为而为其提供程序、工具，情节严重的行为} ∪ {主体是年满 16 周岁、具有刑事责任能力的人和单位} ∪ {主观方面是故意} = {客体是国家对计算机信息系统的保护制度，客观方面表现为行为人提供专门用于侵入、非法控制计算机信息系统的程序、工具，或者明知他人实施侵入、非法控制计算机信息系统的违法犯罪行为而为其提供程序、工具，情节严重的行为，主体是年满 16 周岁、具有刑事责任能力的人和单位，主观方面是故意}。

3. 提供侵入、非法控制计算机信息系统程序、工具罪的处罚

根据《刑法》第 285 条第 3 款、第 4 款的规定，个人犯本罪的，处 3 年以下有期徒刑或者拘役，并处或者单处罚金；情节特别严重的，处 3 年以上 7 年以下有期徒刑，并处罚金。单位犯本罪的，对单位判处罚金，并对其直接负责的主管人员和其他直接责任人员，依照上述规定处罚。

（二十）破坏计算机信息系统罪

1. 破坏计算机信息系统罪的概念

破坏计算机信息系统罪，是指行为人违反国家规定，对计算机信息系统功能进行删除、修改、增加、干扰，造成计算机信息系统不能正常运行，或者对计算机信息系统中存储、处理或者传输的数据和应用程序进行删除、修改、增加的操作，以及故意制作、传播计算机病毒等破坏性程序，影响计算机系统正常运行，后果严重的行为。

2. 破坏计算机信息系统罪的构成特征

关于破坏计算机信息系统罪的构成特征，根据现行刑法的规定，主要有以下几个方面，其集合表现为：

设 T 为破坏计算机信息系统罪的集合，则 T = {破坏计算机信息系统罪}；

设 T1 为破坏计算机信息系统罪的客体的集合，则 T1 = {国家对计算机信息系统的保护制度}；设 T2 为破坏计算机信息系统罪的客观方面的集合，则 T2 = {行为人违反国家规定，对计算机信息系统功能进行删除、修改、增加、干扰，造成计算机信息系统不能正常运行，或者对计算机信息系统中存储、处理或者传输的数据和应用程序进行删除、修改、增加的操作，以及故意制作、传播计算机病毒等破坏性程序，影响计算机系统正常运行，后果

严重的行为｝；设 T3 为破坏计算机信息系统罪的主体的集合，则 T3 = ｛年满 16 周岁、具有刑事责任能力的人｝ ∪ ｛单位｝ = ｛年满 16 周岁、具有刑事责任能力的人和单位｝；设 T4 为破坏计算机信息系统罪的主观方面的集合，则 T4 = ｛故意｝；

则 T = T1 ∪ T2 ∪ T3 ∪ T4，即破坏计算机信息系统罪 = ｛客体是国家对计算机信息系统的保护制度｝ ∪ ｛客观方面表现为行为人违反国家规定，对计算机信息系统功能进行删除、修改、增加、干扰，造成计算机信息系统不能正常运行，或者对计算机信息系统中存储、处理或者传输的数据和应用程序进行删除、修改、增加的操作，以及故意制作、传播计算机病毒等破坏性程序，影响计算机系统正常运行，后果严重的行为｝ ∪ ｛主体是年满 16 周岁、具有刑事责任能力的人和单位｝ ∪ ｛主观方面是故意｝ = ｛客体是国家对计算机信息系统的保护制度，客观方面表现为行为人违反国家规定，对计算机信息系统功能进行删除、修改、增加、干扰，造成计算机信息系统不能正常运行，或者对计算机信息系统中存储、处理或者传输的数据和应用程序进行删除、修改、增加的操作，以及故意制作、传播计算机病毒等破坏性程序，影响计算机系统正常运行，后果严重的行为，主体是年满 16 周岁、具有刑事责任能力的人和单位，主观方面是故意｝。

3. 破坏计算机信息系统罪的处罚

根据《刑法》第 286 条的规定，个人犯本罪的，处 5 年以下有期徒刑或者拘役；后果特别严重的，处 5 年以上有期徒刑。单位犯本罪的，对单位判处罚金，并对其直接负责的主管人员和其他直接责任人员，依照上述规定处罚。

（二十一）拒不履行信息网络安全管理义务罪

1. 拒不履行信息网络安全管理义务罪的概念

拒不履行信息网络安全管理义务罪，是指网络服务提供者不履行法律、行政法规规定的信息网络安全管理义务，经监管部门责令采取改正措施而拒不改正，致使违法信息大量传播的、用户信息泄露造成严重后果，刑事案件证据灭失情节严重或者有其他严重情节的行为。

2. 拒不履行信息网络安全管理义务罪的构成特征

关于拒不履行信息网络安全管理义务罪的构成特征，根据现行刑法的规定，主要有以下几个方面，其集合表现为：

设 U 为拒不履行信息网络安全管理义务罪的集合，则 U = ｛拒不履行信息网络安全管理义务罪｝；

设 U1 为拒不履行信息网络安全管理义务罪的客体的集合，则 U1 = ｛国家网络安全｝；设 U2 为拒不履行信息网络安全管理义务罪的客观方面的集合，则 U2 = ｛行为人不履行法律、行政法规规定的信息网络安全管理义务，经监管部门责令采取改正措施而拒不改正，致使违法信息大量传播的、用户信息泄露造成严重后果，刑事案件证据灭失情节严重或者有其他严重情节的行为｝；设 U3 为拒不履行信息网络安全管理义务罪的主体的集合，则 U3 = ｛年满 16 周岁、具有刑事责任能力的人和单位｝；设 U4 为拒不履行信息网络安全管理义务罪的主观方面的集合，则 U4 = ｛故意｝；

则 U = U1 ∪ U2 ∪ U3 ∪ U4，即拒不履行信息网络安全管理义务罪 = ｛客体是国家网络安全｝ ∪ ｛客观方面表现为行为人不履行法律、行政法规规定的信息网络安全管理义务，经监管部门责令采取改正措施而拒不改正，致使违法信息大量传播的、用户信息泄露造成严重后果，刑事案件证据灭失情节严重或者有其他严重情节的行为｝ ∪ ｛主体是年满 16 周岁、具有刑事责任能力的人和单位｝ ∪ ｛主观方面是故意｝ = ｛客体是国家网络安全，客观方面表现为行为人不履行法律、行政法规规定的信息网络安全管理义务，经监管部门责令采取改正措施而拒不改正，致使违法信息大量传播的、用户信息泄露造成严重后果，刑事案件证据灭失情节严重或者有其他严重情节的行为，主体是年满 16 周岁、具有刑事责任能力的人和单位，主观方面是故意｝。

3. 拒不履行信息网络安全管理义务罪的处罚

根据《刑法》第 286 条之一规定，个人犯本罪的，处 3 年以下有期徒刑、拘役或者管制，并处或者单处罚金。单位犯本罪的，对单位判处罚金，并对其直接负责的主管人员和其他直接责任人员，依照前款规定处罚，有以上行为，同时构成其他犯罪的，依照处罚较重的规定定罪处罚。

（二十二）非法利用信息网络罪

1. 非法利用信息网络罪的概念

非法利用信息网络罪，是指行为人利用信息网络实施设立用于实施诈骗、传授犯罪方法、制作或者销售违禁物品、管制物品等违法犯罪活动的网站、通讯群组，发布有关制作或者销售毒品、枪支、淫秽物品等违禁物品、管制物品或者其他违法犯罪信息，或者为实施诈骗等违法犯罪活动发布信息情节严重的行为。

2. 非法利用信息网络罪的构成特征

关于非法利用信息网络罪的构成特征，根据现行刑法的规定，主要有以下几个方面，其集合表现为：

设 V 为非法利用信息网络罪的集合，则 V = {非法利用信息网络罪}；

设 V1 为非法利用信息网络罪的客体的集合，则 V1 = {信息网络安全}；设 V2 为非法利用信息网络罪的客观方面的集合，则 V2 = {行为人利用信息网络实施设立用于实施诈骗、传授犯罪方法、制作或者销售违禁物品、管制物品等违法犯罪活动的网站、通讯群组，发布有关制作或者销售毒品、枪支、淫秽物品等违禁物品、管制物品或者其他违法犯罪信息，或者为实施诈骗等违法犯罪活动发布信息情节严重的行为}；设 V3 为非法利用信息网络罪的主体的集合，则 V3 = {年满 16 周岁、具有刑事责任能力的人和单位}；设 V4 为非法利用信息网络罪的主观方面的集合，则 V4 = {故意}；

则 V = V1∪V2∪V3∪V4，即非法利用信息网络罪 = {客体是信息网络安全} ∪ {客观方面表现为行为人利用信息网络实施设立用于实施诈骗、传授犯罪方法、制作或者销售违禁物品、管制物品等违法犯罪活动的网站、通讯群组，发布有关制作或者销售毒品、枪支、淫秽物品等违禁物品、管制物品或者其他违法犯罪信息，或者为实施诈骗等违法犯罪活动发布信息情节严重的行为} ∪ {主体是年满 16 周岁、具有刑事责任能力的人和单位} ∪ {主观方面是故意} = {客体是信息网络安全，客观方面表现为行为人利用信息网络实施设立用于实施诈骗、传授犯罪方法、制作或者销售违禁物品、管制物品等违法犯罪活动的网站、通讯群组，发布有关制作或者销售毒品、枪支、淫秽物品等违禁物品、管制物品或者其他违法犯罪信息，或者为实施诈骗等违法犯罪活动发布信息情节严重的行为，主体是年满 16 周岁、具有刑事责任能力的人和单位，主观方面是故意}。

3. 非法利用信息网络罪的处罚

根据《刑法》第 287 条之一规定，个人犯本罪的，处 3 年以下有期徒刑或者拘役，并处或者单处罚金。单位犯本罪的，对单位判处罚金，并对直接负责的主管人员和其他直接责任人员，依照上文处罚。有以上行为，同时构成其他犯罪的，依照处罚较重的规定定罪处罚。

（二十三）帮助信息网络犯罪活动罪

1. 帮助信息网络犯罪活动罪的概念

帮助信息网络犯罪活动罪，是指行为人明知他人利用信息网络实施犯罪，为其犯罪提供互联网接入、服务器托管、网络存储、通讯传输等技术支持，或者提供广告推广、支付结算等帮助，情节严重的行为。

2. 帮助信息网络犯罪活动罪的构成特征

关于帮助信息网络犯罪活动罪的构成特征，根据现行刑法的规定，主要有以下几个方面，其集合表现为：

设 W 为帮助信息网络犯罪活动罪的集合，则 W = {帮助信息网络犯罪活动罪}；

设 W1 为帮助信息网络犯罪活动罪的客体的集合，则 W1 = {信息网络安全}；设 W2 为帮助信息网络犯罪活动罪的客观方面的集合，则 W2 = {行为人明知他人利用信息网络实施犯罪，为其犯罪提供互联网接入、服务器托管、网络存储、通讯传输等技术支持，或者提供广告推广、支付结算等帮助，情节严重的行为}；设 W3 为帮助信息网络犯罪活动罪的主体的集合，则 W3 = {年满 16 周岁、具有刑事责任能力的人和单位}；设 W4 为帮助信息网络犯罪活动罪的主观方面的集合，则 W4 = {故意}；

则 W = W1∪W2∪W3∪W4，即帮助信息网络犯罪活动罪 = {客体是信息网络安全} ∪ {客观方面表现为行为人明知他人利用信息网络实施犯罪，为其犯罪提供互联网接入、服务器托管、网络存储、通讯传输等技术支持，或者提供广告推广、支付结算等帮助，情节严重的行为} ∪ {主体是年满 16 周岁、具有刑事责任能力的人和单位} ∪ {主观方面是故意} = {客体是信息网络安全，客观方面表现为行为人明知他人利用信息网络实施犯罪，为其犯罪提供互联网接入、服务器托管、网络存储、通讯传输等技术支持，或者提供广告推广、支付结算等帮助，情节严重的行为，主体是年满 16 周岁、具有刑事责任能力的人和单位，主观方面是故意}。

3. 帮助信息网络犯罪活动罪的处罚

根据《刑法》第 287 条之二规定，个人犯本罪的，处 3 年以下有期徒刑或者拘役，并处或者单处罚金。单位犯本罪的，对单位判处罚金，并对直接负责的主管人员和其他直接责任人员，依照上述规定处罚。有上述行为，同时构成其他犯罪的，依照处罚较重的规定定罪处罚。

（二十四）扰乱无线电通讯管理秩序罪

1. 扰乱无线电通讯管理秩序罪的概念

扰乱无线电通讯管理秩序罪，是指行为人违反国家规定，擅自设置、使用无线电台（站），或者擅自占用频率，经责令停止使用后拒不停止使用，干扰无线电通讯正常进行，造成严重后果的行为。

2. 扰乱无线电通讯管理秩序罪的构成特征

关于扰乱无线电通讯管理秩序罪的构成特征，根据现行刑法的规定，主要有以下几个方面，其集合表现为：

设 X 为扰乱无线电通讯管理秩序罪的集合，则 X = {扰乱无线电通讯管理秩序罪}；

设 X1 为扰乱无线电通讯管理秩序罪的客体的集合，则 X1 = {国家对无线电通讯的管理秩序}；设 X2 为扰乱无线电通讯管理秩序罪的客观方面的集合，则 X2 = {行为人违反国家规定，擅自设置、使用无线电台（站），或者擅自占用频率，经责令停止使用后拒不停止使用，干扰无线电通讯正常进行，造成严重后果的行为}；设 X3 为扰乱无线电通讯管理秩序罪的主体的集合，则 X3 = {年满 16 周岁、具有刑事责任能力的人} ∪ {单位} = {年满 16 周岁、具有刑事责任能力的人和单位}；设 X4 为扰乱无线电通讯管理秩序罪的主观方面的集合，则 X4 = {故意}；

则 X = X1∪X2∪X3∪X4，即扰乱无线电通讯管理秩序罪 = {客体是国家对无线电通讯的管理秩序} ∪ {客观方面表现为行为人违反国家规定，擅自设置、使用无线电台（站），或者擅自占用频率，经责令停止使用后拒不停止使用，干扰无线电通讯正常进行，造成严重后果的行为} ∪ {主体是年满 16 周岁、具有刑事责任能力的人和单位} ∪ {主观方面是故意} = {客体是国家对无线电通讯的管理秩序，客观方面表现为行为人违反国家规定，擅自设置、使用无线电台（站），或者擅自占用频率，经责令停止使用后拒不停止使用，干扰无线电通讯正常进行，造成严重后果的行为，主体是年满 16 周岁、具有刑事责任能力的人和单位，主观方面是故意}。

3. 扰乱无线电通讯管理秩序罪的处罚

根据《刑法》第 288 条的规定，个人犯本罪的，处 3 年以下有期徒刑、拘役或者管制，并处或者单处罚金；情节特别严重的，处 3 年以上 7 年以下有期徒刑，并处罚金。单位犯本罪的，对单位判处罚金，并对其直接负责的主管人员和其他直接责任人员，依照个人犯本罪的规定处罚。

（二十五）聚众扰乱社会秩序罪

1. 聚众扰乱社会秩序罪的概念

聚众扰乱社会秩序罪，是指行为人聚众扰乱社会秩序，情节严重，致使工作、生产、营业和教学、科研无法进行，造成严重损失的行为。

2. 聚众扰乱社会秩序罪的构成特征

关于聚众扰乱社会秩序罪的构成特征，根据现行刑法的规定，主要有以下几个方面，其集合表现为：

设Y为聚众扰乱社会秩序罪的集合，则Y＝｛聚众扰乱社会秩序罪｝；

设Y1为聚众扰乱社会秩序罪的客体的集合，则Y1＝｛党政机关、企事业单位或者人民团体正常的工作、生产、营业、教学和科研秩序｝；设Y2为聚众扰乱社会秩序罪的客观方面的集合，则Y2＝｛行为人聚众扰乱社会秩序，情节严重，致使工作、生产、营业和教学、科研无法进行，造成严重损失的行为｝；设Y3为聚众扰乱社会秩序罪的主体的集合，则Y3＝｛聚众扰乱社会秩序的首要分子和积极参加者｝；设Y4为聚众扰乱社会秩序罪的主观方面的集合，则Y4＝｛故意｝；

则Y＝Y1∪Y2∪Y3∪Y4，即聚众扰乱社会秩序罪＝｛客体是党政机关、企事业单位或者人民团体正常的工作、生产、营业、教学和科研秩序｝∪｛客观方面表现为行为人聚众扰乱社会秩序，情节严重，致使工作、生产、营业和教学、科研无法进行，造成严重损失的行为｝∪｛主体是聚众扰乱社会秩序的首要分子和积极参加者｝∪｛主观方面是故意｝＝｛客体是党政机关、企事业单位或者人民团体正常的工作、生产、营业、教学和科研秩序，客观方面表现为行为人聚众扰乱社会秩序，情节严重，致使工作、生产、营业和教学、科研无法进行，造成严重损失的行为，主体是聚众扰乱社会秩序的首要分子和积极参加者，主观方面是故意｝。

3. 聚众扰乱社会秩序罪的处罚

根据《刑法》第290条第1款的规定，犯本罪的，对首要分子，处3年以上7年以下有期徒刑；对其他积极参加的，处3年以下有期徒刑、拘役、管制或者剥夺政治权利。

（二十六）聚众冲击国家机关罪

1. 聚众冲击国家机关罪的概念

聚众冲击国家机关罪，是指行为人聚众冲击国家机关，致使国家机关工作无法进行，造成严重损失的行为。

2. 聚众冲击国家机关罪的构成特征

关于聚众冲击国家机关罪的构成特征，根据现行刑法的规定，主要有以下几个方面，其集合表现为：

设Z为聚众冲击国家机关罪的集合，则Z＝｛聚众冲击国家机关罪｝；

设 Z1 为聚众冲击国家机关罪的客体的集合，则 Z1 = ｛国家机关的正常工作秩序｝；设 Z2 为聚众冲击国家机关罪的客观方面的集合，则 Z2 = ｛行为人聚众冲击国家机关，致使国家机关工作无法进行，造成严重损失的行为｝；设 Z3 为聚众冲击国家机关罪的主体的集合，则 Z3 = ｛聚众冲击国家机关的首要分子和积极参加者｝；设 Z4 为聚众冲击国家机关罪的主观方面的集合，则 Z4 = ｛故意｝；

则 Z = Z1 ∪ Z2 ∪ Z3 ∪ Z4，即聚众冲击国家机关罪 = ｛客体是国家机关的正常工作秩序｝ ∪ ｛客观方面表现为行为人聚众冲击国家机关，致使国家机关工作无法进行，造成严重损失的行为｝ ∪ ｛主体是聚众冲击国家机关的首要分子和积极参加者｝ ∪ ｛主观方面是故意｝ = ｛客体是国家机关的正常工作秩序，客观方面表现为行为人聚众冲击国家机关，致使国家机关工作无法进行，造成严重损失的行为，主体是聚众冲击国家机关的首要分子和积极参加者，主观方面是故意｝。

3. 聚众冲击国家机关罪的处罚

根据《刑法》第 290 条第 2 款的规定，犯本罪的，对首要分子，处 5 年以上 10 年以下有期徒刑；对其他积极参加的，处 5 年以下有期徒刑、拘役、管制或者剥夺政治权利。

（二十七）扰乱国家机关工作秩序罪

1. 扰乱国家机关工作秩序罪的概念

扰乱国家机关工作秩序罪，是指行为人多次扰乱国家机关工作秩序，经行政处罚后仍不改正，造成严重后果的行为。

2. 扰乱国家机关工作秩序罪的构成特征

关于扰乱国家机关工作秩序罪的构成特征，根据现行刑法的规定，主要有以下几个方面，其集合表现为：

设 A1 为扰乱国家机关工作秩序罪的集合，则 A1 = ｛扰乱国家机关工作秩序罪｝；

设 A11 为扰乱国家机关工作秩序罪的客体的集合，则 A11 = ｛国家机关的正常工作秩序｝；设 A12 为扰乱国家机关工作秩序罪的客观方面的集合，则 A12 = ｛行为人多次扰乱国家机关工作秩序，经行政处罚后仍不改正，造成严重后果的行为｝；设 A13 为扰乱国家机关工作秩序罪的主体的集合，则 A13 = ｛年满 16 周岁、具有刑事责任能力的人｝；设 A14 为扰乱国家机关工作秩序罪的主观方面的集合，则 A14 = ｛故意｝；

则 A1 = A11∪A12∪A13∪A14，即扰乱国家机关工作秩序罪 = {客体是国家机关的正常工作秩序} ∪ {客观方面表现为行为人多次扰乱国家机关工作秩序，经行政处罚后仍不改正，造成严重后果的行为} ∪ {主体是年满 16 周岁、具有刑事责任能力的人} ∪ {主观方面是故意} = {客体是国家机关的正常工作秩序，客观方面表现为行为人多次扰乱国家机关工作秩序，经行政处罚后仍不改正，造成严重后果的行为，主体年满 16 周岁、具有刑事责任能力的人，主观方面是故意}。

3. 扰乱国家机关工作秩序罪的处罚

根据《刑法》第 290 条第 3 款规定，犯本罪的，处 3 年以下有期徒刑、拘役或者管制。

(二十八) 组织、资助非法聚集罪

1. 组织、资助非法聚集罪的概念

组织、资助非法聚集罪，是指行为人多次组织、资助他人非法聚集，扰乱社会秩序，情节严重的行为。

2. 组织、资助非法聚集罪的构成特征

关于组织、资助非法聚集罪的构成特征，根据现行刑法的规定，主要有以下几个方面，其集合表现为：

设 B1 为组织、资助非法聚集罪的集合，则 B1 = {组织、资助非法聚集罪}；

设 B11 为组织、资助非法聚集罪的客体的集合，则 B11 = {社会公共秩序}；设 B12 为组织、资助非法聚集罪的客观方面的集合，则 B12 = {行为人多次组织、资助他人非法聚集，扰乱社会秩序，情节严重的行为}；设 B13 为组织、资助非法聚集罪的主体的集合，则 B13 = {年满 16 周岁、具有刑事责任能力的人}；设 B14 为组织、资助非法聚集罪的主观方面的集合，则 B14 = {故意}；

则 B1 = B11∪B12∪B13∪B14，即组织、资助非法聚集罪 = {客体是社会公共秩序} ∪ {客观方面表现为行为人多次组织、资助他人非法聚集，扰乱社会秩序，情节严重的行为} ∪ {年满 16 周岁、具有刑事责任能力的人} ∪ {主观方面是故意} = {客体是社会公共秩序，客观方面表现为行为人多次组织、资助他人非法聚集，扰乱社会秩序，情节严重的行为，主体年满 16 周岁、具有刑事责任能力的人，主观方面是故意}。

3. 组织、资助非法聚集罪的处罚

根据《刑法》第290条第4款规定，犯本罪的，处3年以下有期徒刑、拘役或者管制。

（二十九）聚众扰乱公共场所秩序、交通秩序罪

1. 聚众扰乱公共场所秩序、交通秩序罪的概念

聚众扰乱公共场所秩序、交通秩序罪，是指行为人聚众扰乱车站、码头、民用航空站、商场、公园、影剧院、展览会、运动场或者其他公共场所秩序，聚众堵塞交通或者破坏交通秩序，抗拒、阻碍国家治安管理工作人员依法执行职务，情节严重的行为。

2. 聚众扰乱公共场所秩序、交通秩序罪的构成特征

关于聚众扰乱公共场所秩序、交通秩序罪的构成特征，根据现行刑法的规定，主要有以下几个方面，其集合表现为：

设C1为聚众扰乱公共场所秩序、交通秩序罪的集合，则C1 = {聚众扰乱公共场所秩序、交通秩序罪}；

设C11为聚众扰乱公共场所秩序、交通秩序罪的客体的集合，则C11 = {公共场所秩序} ∪ {交通秩序} = {公共场所秩序和交通秩序}；设C12为聚众扰乱公共场所秩序、交通秩序罪的客观方面的集合，则C12 = {行为人聚众扰乱车站、码头、民用航空站、商场、公园、影剧院、展览会、运动场或者其他公共场所秩序，聚众堵塞交通或者破坏交通秩序，抗拒、阻碍国家治安管理工作人员依法执行职务，情节严重的行为}；设C13为聚众扰乱公共场所秩序、交通秩序罪的主体的集合，则C13 = {聚众扰乱公共场所秩序、交通秩序的首要分子}；设C14为聚众扰乱公共场所秩序、交通秩序罪的主观方面的集合，则C14 = {故意}；

则C1 = C11∪C12∪C13∪C14，即聚众扰乱公共场所秩序、交通秩序罪 = {客体是公共场所秩序和交通秩序} ∪ {客观方面表现为行为人聚众扰乱车站、码头、民用航空站、商场、公园、影剧院、展览会、运动场或者其他公共场所秩序，聚众堵塞交通或者破坏交通秩序，抗拒、阻碍国家治安管理工作人员依法执行职务，情节严重的行为} ∪ {主体是聚众扰乱公共场所秩序、交通秩序的首要分子} ∪ {主观方面是故意} = {客体是公共场所秩序和交通秩序，客观方面表现为行为人聚众扰乱车站、码头、民用航空站、商场、公园、影剧院、展览会、运动场或者其他公共场所秩序，聚众堵塞交通或者破坏交通秩序，抗拒、阻碍国家治安管理工作人员依法执行职务，情节严重的行

为，主体是聚众扰乱公共场所秩序、交通秩序的首要分子，主观方面是故意}。

3. 聚众扰乱公共场所秩序、交通秩序罪的处罚

根据《刑法》第 291 条的规定，犯本罪的，对首要分子，处 5 年以下有期徒刑、拘役或者管制。

（三十）投放虚假危险物质罪

1. 投放虚假危险物质罪的概念

投放虚假危险物质罪，是指行为人投放虚假的爆炸性、毒害性、放射性、传染病病原体等物质，严重扰乱社会秩序的行为。

2. 投放虚假危险物质罪的构成特征

关于投放虚假危险物质罪的构成特征，根据现行刑法的规定，主要有以下几个方面，其集合表现为：

设 D1 为投放虚假危险物质罪的集合，则 D1 = {投放虚假危险物质罪}；

设 D11 为投放虚假危险物质罪的客体的集合，则 D11 = {社会的公共秩序}；设 D12 为投放虚假危险物质罪的客观方面的集合，则 D12 = {行为人投放虚假的爆炸性、毒害性、放射性、传染病病原体等物质，严重扰乱社会秩序的行为}；设 D13 为投放虚假危险物质罪的主体的集合，则 D13 = {年满 16 周岁、具有刑事责任能力的人}；设 D14 为投放虚假危险物质罪的主观方面的集合，则 D14 = {故意}；

则 D1 = D11 ∪ D12 ∪ D13 ∪ D14，即投放虚假危险物质罪 = {客体是社会的公共秩序} ∪ {客观方面表现为行为人投放虚假的爆炸性、毒害性、放射性、传染病病原体等物质，严重扰乱社会秩序的行为} ∪ {主体是年满 16 周岁、具有刑事责任能力的人} ∪ {主观方面是故意} = {客体是社会的公共秩序，客观方面表现为行为人投放虚假的爆炸性、毒害性、放射性、传染病病原体等物质，严重扰乱社会秩序的行为，主体是年满 16 周岁、具有刑事责任能力的人，主观方面是故意}。

3. 投放虚假危险物质罪的处罚

根据《刑法》第 291 条之一第 1 款的规定，犯本罪的，处 5 年以下有期徒刑、拘役或者管制；造成严重后果的，处 5 年以上有期徒刑。

（三十一）编造、故意传播虚假恐怖信息罪

1. 编造、故意传播虚假恐怖信息罪的概念

编造、故意传播虚假恐怖信息罪，是指行为人编造爆炸威胁、生化威

胁、放射威胁等恐怖信息，或者明知是编造的恐怖信息而故意传播，严重扰乱社会秩序的行为。

2. 编造、故意传播虚假恐怖信息罪的构成特征

关于编造、故意传播虚假恐怖信息罪的构成特征，根据现行刑法的规定，主要有以下几个方面，其集合表现为：

设 E1 为编造、故意传播虚假恐怖信息罪的集合，则 E1 = {编造、故意传播虚假恐怖信息罪}；

设 E11 为编造、故意传播虚假恐怖信息罪的客体的集合，则 E11 = {社会的公共秩序}；设 E12 为编造、故意传播虚假恐怖信息罪的客观方面的集合，则 E12 = {行为人编造爆炸威胁、生化威胁、放射威胁等恐怖信息，或者明知是编造的恐怖信息而故意传播，严重扰乱社会秩序的行为}；设 E13 为编造、故意传播虚假恐怖信息罪的主体的集合，则 E13 = {年满 16 周岁、具有刑事责任能力的人}；设 E14 为编造、故意传播虚假恐怖信息罪的主观方面的集合，则 E14 = {故意}；

则 E1 = E11 ∪ E12 ∪ E13 ∪ E14，即编造、故意传播虚假恐怖信息罪 = {客体是社会的公共秩序} ∪ {客观方面表现为行为人编造爆炸威胁、生化威胁、放射威胁等恐怖信息，或者明知是编造的恐怖信息而故意传播，严重扰乱社会秩序的行为} ∪ {主体是年满 16 周岁、具有刑事责任能力的人} ∪ {主观方面是故意} = {客体是社会的公共秩序，客观方面表现为行为人编造爆炸威胁、生化威胁、放射威胁等恐怖信息，或者明知是编造的恐怖信息而故意传播，严重扰乱社会秩序的行为，主体是年满 16 周岁、具有刑事责任能力的人，主观方面是故意}。

3. 编造、故意传播虚假恐怖信息罪的处罚

根据《刑法》第 291 条之一第 1 款的规定，犯本罪的，处 5 年以下有期徒刑、拘役或者管制；造成严重后果的，处 5 年以上有期徒刑。

（三十二）编造、故意传播虚假信息罪

1. 编造、故意传播虚假信息罪的概念

编造、故意传播虚假信息罪，是指行为人编造虚假的险情、疫情、灾情、警情，在信息网络或者其他媒体上传播，或者明知是上述虚假信息，故意在信息网络或者其他媒体上传播，严重扰乱社会秩序的行为。

2. 编造、故意传播虚假信息罪的构成特征

关于编造、故意传播虚假信息罪的构成特征，根据现行刑法的规定，主

要有以下几个方面，其集合表现为：

设 F1 为编造、故意传播虚假信息罪的集合，则 F1 = {编造、故意传播虚假信息罪}；

设 F11 为编造、故意传播虚假信息罪的客体的集合，则 F11 = {社会的公共秩序}；设 F12 为编造、故意传播虚假信息罪的客观方面的集合，则 F12 = {行为人编造虚假的险情、疫情、灾情、警情，在信息网络或者其他媒体上传播，或者明知是上述虚假信息，故意在信息网络或者其他媒体上传播，严重扰乱社会秩序的行为}；设 F13 为编造、故意传播虚假信息罪的主体的集合，则 F13 = {年满 16 周岁、具有刑事责任能力的人}；设 F14 为编造、故意传播虚假信息罪的主观方面的集合，则 F14 = {故意}；

则 F1 = F11∪F12∪F13∪F14，即编造、故意传播虚假信息罪 = {客体是社会的公共秩序} ∪ {客观方面表现为行为人编造虚假的险情、疫情、灾情、警情，在信息网络或者其他媒体上传播，或者明知是上述虚假信息，故意在信息网络或者其他媒体上传播，严重扰乱社会秩序的行为} ∪ {主体是年满 16 周岁、具有刑事责任能力的人} ∪ {主观方面是故意} = {客体是社会的公共秩序，客观方面表现为行为人编造虚假的险情、疫情、灾情、警情，在信息网络或者其他媒体上传播，或者明知是上述虚假信息，故意在信息网络或者其他媒体上传播，严重扰乱社会秩序的行为，主体是年满 16 周岁、具有刑事责任能力的人，主观方面是故意}。

3. 编造、故意传播虚假信息罪的处罚

根据《刑法》第 291 条之一第 2 款的规定，犯本罪的，处 3 年以下有期徒刑、拘役或者管制；造成严重后果的，处 3 年以上 7 年以下有期徒刑。

（三十三）聚众斗殴罪

1. 聚众斗殴罪的概念

聚众斗殴罪，是指行为人双方出于个人恩怨、争夺势力范围或者其他不正当目的，而纠集多人成帮结伙打架斗殴，破坏公共秩序的行为。

2. 聚众斗殴罪的构成特征

关于聚众斗殴罪的构成特征，根据现行刑法的规定，主要有以下几个方面，其集合表现为：

设 G1 为聚众斗殴罪的集合，则 G1 = {聚众斗殴罪}；

设 G11 为聚众斗殴罪的客体的集合，则 G11 = {社会的公共秩序}；设 G12 为聚众斗殴罪的客观方面的集合，则 G12 = {行为人双方出于个人恩怨、争夺势力范围或者其他不正当目的，而纠集多人成帮结伙打架斗殴，破坏公共秩序的行为｝；设 G13 为聚众斗殴罪的主体的集合，则 G13 = ｛聚众斗殴的首要分子和其他积极参加者｝；设 G14 为聚众斗殴罪的主观方面的集合，则 G14 = ｛故意｝；

则 G1 = G11∪G12∪G13∪G14，即聚众斗殴罪 = ｛客体是社会的公共秩序｝∪｛客观方面表现为行为人双方出于个人恩怨、争夺势力范围或者其他不正当目的，而纠集多人成帮结伙打架斗殴，破坏公共秩序的行为｝∪｛主体是聚众斗殴的首要分子和其他积极参加者｝∪｛主观方面是故意｝ = ｛客体是社会的公共秩序，客观方面表现为行为人双方出于个人恩怨、争夺势力范围或者其他不正当目的，而纠集多人成帮结伙打架斗殴，破坏公共秩序的行为，主体是聚众斗殴的首要分子和其他积极参加者，主观方面是故意｝。

3. 聚众斗殴罪的处罚

根据《刑法》第 292 条的规定，犯本罪的，处 3 年以下有期徒刑、拘役或者管制；有下列情形之一的，对首要分子和其他积极参加的，处 3 年以上 10 年以下有期徒刑：（1）多次聚众斗殴的；（2）聚众斗殴人数多，规模大，社会影响恶劣的；（3）在公共场所或者交通要道聚众斗殴，造成社会秩序严重混乱的；（4）持械聚众斗殴的。犯本罪，致人重伤、死亡的，依照刑法第 234 条、第 232 条规定的故意伤害罪、故意杀人罪定罪处罚。

（三十四）寻衅滋事罪

1. 寻衅滋事罪的概念

寻衅滋事罪，是指行为人在公共场所无事生非，起哄闹事，随意殴打、追逐、拦截、辱骂、恐吓他人，强拿硬要或者任意损毁、占用公私财物，破坏公共秩序，情节恶劣或者情节严重、后果严重的行为。

2. 寻衅滋事罪的构成特征

关于寻衅滋事罪的构成特征，根据现行刑法的规定，主要有以下几个方面，其集合表现为：

设 H1 为寻衅滋事罪的集合，则 H1 = ｛寻衅滋事罪｝；

设 H11 为寻衅滋事罪的客体的集合，则 H11 = ｛社会的公共秩序｝；设 H12 为寻衅滋事罪的客观方面的集合，则 H12 = ｛行为人在公共场所无事生非，起哄闹事，随意殴打、追逐、拦截、辱骂、恐吓他人，强拿硬要或者任意损毁、占用公私财物，破坏公共秩序，情节恶劣或者情节严重、后果严重的行为}；设 H13 为寻衅滋事罪的主体的集合，则 H13 = {年满 16 周岁、具有刑事责任能力的人}；设 H14 为寻衅滋事罪的主观方面的集合，则 H14 = {故意}；

则 H1 = H11 ∪ XH12 ∪ H13 ∪ H14，即寻衅滋事罪 = {客体是社会的公共秩序} ∪ {客观方面表现为行为人在公共场所无事生非，起哄闹事，随意殴打、追逐、拦截、辱骂、恐吓他人，强拿硬要或者任意损毁、占用公私财物，破坏公共秩序，情节恶劣或者情节严重、后果严重的行为} ∪ {主体是年满 16 周岁、具有刑事责任能力的人} ∪ {主观方面是故意} = {客体是社会的公共秩序，客观方面表现为行为人在公共场所无事生非，起哄闹事，随意殴打、追逐、拦截、辱骂、恐吓他人，强拿硬要或者任意损毁、占用公私财物，破坏公共秩序，情节恶劣或者情节严重、后果严重的行为，主体是年满 16 周岁、具有刑事责任能力的人，主观方面是故意}。

3. 寻衅滋事罪的处罚

根据《刑法》第 293 条规定，犯本罪的，处 5 年以下有期徒刑、拘役或者管制；纠集他人多次实施寻衅滋事行为，严重破坏社会秩序的，处 5 年以上 10 年以下有期徒刑，可以并处罚金。

（三十五）组织、领导、参加黑社会性质组织罪

1. 组织、领导、参加黑社会性质组织罪的概念

组织、领导、参加黑社会性质组织罪，是指行为人组织、领导和积极参加以暴力、威胁或者其他手段，有组织地进行违法犯罪活动，称霸一方，为非作恶，欺压、残害群众，严重破坏经济、社会生活秩序的黑社会性质的组织的行为。

2. 组织、领导、参加黑社会性质组织罪的构成特征

关于组织、领导、参加黑社会性质组织罪的构成特征，根据现行刑法的规定，主要有以下几个方面，其集合表现为：

设 I1 为组织、领导、参加黑社会性质组织罪的集合，则 I1 = {组织、领导、参加黑社会性质组织罪}；

设 I11 为组织、领导、参加黑社会性质组织罪的客体的集合，则 I11 = {经济、社会生活秩序}；设 I12 为组织、领导、参加黑社会性质组织罪的客观方面的集合，则 I12 = {行为人组织、领导和积极参加以暴力、威胁或者其他手段，有组织地进行违法犯罪活动，称霸一方，为非作恶，欺压、残害群众，严重破坏经济、社会生活秩序的黑社会性质的组织的行为}；设 I13

为组织、领导、参加黑社会性质组织罪的主体的集合，则 I13 = {年满 16 周岁、具有刑事责任能力的人}；设 I14 为组织、领导、参加黑社会性质组织罪的主观方面的集合，则 I14 = {故意}；

则 I1 = I11∪I12∪I13∪I14，即组织、领导、参加黑社会性质组织罪 = {客体是经济、社会生活秩序} ∪ {客观方面表现为行为人组织、领导和积极参加以暴力、威胁或者其他手段，有组织地进行违法犯罪活动，称霸一方，为非作恶，欺压、残害群众，严重破坏经济、社会生活秩序的黑社会性质的组织的行为} ∪ {主体是年满 16 周岁、具有刑事责任能力的人} ∪ {主观方面是故意} = {客体是经济、社会生活秩序，客观方面表现为行为人组织、领导和积极参加以暴力、威胁或者其他手段，有组织地进行违法犯罪活动，称霸一方，为非作恶，欺压、残害群众，严重破坏经济、社会生活秩序的黑社会性质的组织的行为，主体是年满 16 周岁、具有刑事责任能力的人，主观方面是故意}。

3. 组织、领导、参加黑社会性质组织罪的处罚

根据《刑法》第 294 条第 1 款规定，组织、领导黑社会性质的组织的，处 7 年以上有期徒刑，并处没收财产；积极参加的，处 3 年以上 7 年以下有期徒刑，可以并处罚金或者没收财产；其他参加的，处 3 年以下有期徒刑、拘役、管制或者剥夺政治权利，可以并处罚金。

根据《刑法》第 294 条第 4 款规定，犯组织、领导、参加黑社会性质组织罪，又有其他犯罪行为的，依照数罪并罚的规定处罚。

（三十六）入境发展黑社会组织罪

1. 入境发展黑社会组织罪的概念

入境发展黑社会组织罪，是指境外的黑社会组织的人员到中华人民共和国境内发展组织成员的行为。

2. 入境发展黑社会组织罪的构成特征

关于入境发展黑社会组织罪的构成特征，根据现行刑法的规定，主要有以下几个方面，其集合表现为：

设 J1 为入境发展黑社会组织罪的集合，则 J1 = {入境发展黑社会组织罪}；

设 J11 为入境发展黑社会组织罪的客体的集合，则 J11 = {社会治安管理秩序}；设 J12 为入境发展黑社会组织罪的客观方面的集合，则 J12 = {行为人到中华人民共和国境内发展组织成员的行为}；设 J13 为入境发展

黑社会组织罪的主体的集合，则 J13 = ｛境外的黑社会组织的人员｝；设 J14 为入境发展黑社会组织罪的主观方面的集合，则 J14 = ｛故意｝；

则 J1 = J11 ∪ J12 ∪ J13 ∪ J14，即入境发展黑社会组织罪 = ｛客体是社会治安管理秩序｝ ∪ ｛客观方面表现为行为人到中华人民共和国境内发展组织成员的行为｝ ∪ ｛主体是境外的黑社会组织的人员｝ ∪ ｛主观方面是故意｝ = ｛客体是社会治安管理秩序，客观方面表现为行为人到中华人民共和国境内发展组织成员的行为，主体是境外的黑社会组织的人员，主观方面是故意｝。

3. 入境发展黑社会组织罪的处罚

根据《刑法》第 294 条第 2 款规定，犯本罪的，处 3 年以上 10 年以下有期徒刑。根据《刑法》第 294 条第 4 款规定，犯入境发展黑社会组织罪，又有其他犯罪行为的，依照数罪并罚的规定处罚。

（三十七）包庇、纵容黑社会性质组织罪

1. 包庇、纵容黑社会性质组织罪的概念

包庇、纵容黑社会性质组织罪，是指国家机关工作人员包庇黑社会性质的组织，或者纵容黑社会性质的组织进行违法犯罪活动的行为。

2. 包庇、纵容黑社会性质组织罪的构成特征

关于包庇、纵容黑社会性质组织罪的构成特征，根据现行刑法的规定，主要有以下几个方面，其集合表现为：

设 K1 为包庇、纵容黑社会性质组织罪的集合，则 K1 = ｛包庇、纵容黑社会性质组织罪｝；

设 K11 为包庇、纵容黑社会性质组织罪的客体的集合，则 K11 = ｛社会治安管理秩序｝；设 K12 为包庇、纵容黑社会性质组织罪的客观方面的集合，则 K12 = ｛行为人包庇黑社会性质的组织，或者纵容黑社会性质的组织进行违法犯罪活动的行为｝；设 K13 为包庇、纵容黑社会性质组织罪的主体的集合，则 K13 = ｛国家机关工作人员｝；设 K14 为包庇、纵容黑社会性质组织罪的主观方面的集合，则 K14 = ｛故意｝；

则 K1 = K11 ∪ K12 ∪ K13 ∪ K14，即包庇、纵容黑社会性质组织罪 = ｛客体是社会治安管理秩序｝ ∪ ｛客观方面表现为行为人包庇黑社会性质的组织，或者纵容黑社会性质的组织进行违法犯罪活动的行为｝ ∪ ｛主体是国家机关工作人员｝ ∪ ｛主观方面是故意｝ = ｛客体是社会治安管理秩序，客观方面表现为行为人包庇黑社会性质的组织，或者纵容黑社会性质的组织

进行违法犯罪活动的行为，主体是国家机关工作人员，主观方面是故意}。

3. 包庇、纵容黑社会性质组织罪的处罚

根据《刑法》第294条第3款、第4款的规定，犯本罪的，处5年以下有期徒刑；情节严重的，处5年以上有期徒刑。犯本罪又有其他犯罪行为的，依照数罪并罚的规定处罚。

（三十八）传授犯罪方法罪

1. 传授犯罪方法罪的概念

传授犯罪方法罪，是指行为人用语言、文字、动作、图像或者其他方式，把犯罪的方法、技能传授给他人的行为。

2. 传授犯罪方法罪的构成特征

关于传授犯罪方法罪的构成特征，根据现行刑法的规定，主要有以下几个方面，其集合表现为：

设L1为传授犯罪方法罪的集合，则L1 = {传授犯罪方法罪}；

设L11为传授犯罪方法罪的客体的集合，则L11 = {社会治安管理秩序}；设L12为传授犯罪方法罪的客观方面的集合，则L12 = {行为人用语言、文字、动作、图像或者其他方式，把犯罪的方法、技能传授给他人的行为}；设L13为传授犯罪方法罪的主体的集合，则L13 = {年满16周岁、具有刑事责任能力的人}；设L14为传授犯罪方法罪的主观方面的集合，则L14 = {故意}；

则L1 = L11∪L12∪L13∪L14，即传授犯罪方法罪 = {客体是社会治安管理秩序} ∪ {客观方面表现为行为人用语言、文字、动作、图像或者其他方式，把犯罪的方法、技能传授给他人的行为} ∪ {主体是年满16周岁、具有刑事责任能力的人} ∪ {主观方面是故意} = {客体是社会治安管理秩序，客观方面表现为行为人用语言、文字、动作、图像或者其他方式，把犯罪的方法、技能传授给他人的行为，主体是年满16周岁、具有刑事责任能力的人，主观方面是故意}。

3. 传授犯罪方法罪的处罚

根据《刑法》第295条规定，犯本罪的，处5年以下有期徒刑、拘役或者管制；情节严重的，处5年以上10年以下有期徒刑；情节特别严重的，处10年以上有期徒刑或者无期徒刑。

（三十九）非法集会、游行、示威罪

1. 非法集会、游行、示威罪的概念

非法集会、游行、示威罪，是指行为人举行集会、游行、示威，未依照法律规定申请或者申请未获许可，或者未按照主管机关许可的起止时间、地点、路线进行，又拒不服从解散命令，严重破坏社会秩序的的行为。

2. 非法集会、游行、示威罪的构成特征

关于非法集会、游行、示威罪的构成特征，根据现行刑法的规定，主要有以下几个方面，其集合表现为：

设 M1 为非法集会、游行、示威罪的集合，则 M1 = ｛非法集会、游行、示威罪｝；

设 M11 为非法集会、游行、示威罪的客体的集合，则 M11 = ｛国家对集会、游行、示威活动的管理制度｝ ∪ ｛社会的公共秩序｝ = ｛国家对集会、游行、示威活动的管理制度和社会的公共秩序｝；设 M12 为非法集会、游行、示威罪的客观方面的集合，则 M12 = ｛行为人举行集会、游行、示威，未依照法律规定申请或者申请未获许可，或者未按照主管机关许可的起止时间、地点、路线进行，又拒不服从解散命令，严重破坏社会秩序的的行为｝；设 M13 为非法集会、游行、示威罪的主体的集合，则 M13 = ｛非法集会、游行、示威的负责人和直接责任人员｝；设 M14 为非法集会、游行、示威罪的主观方面的集合，则 M14 = ｛故意｝；

则 M1 = M11∪M12∪M13∪M14，即非法集会、游行、示威罪 = ｛客体是国家对集会、游行、示威活动的管理制度和社会的公共秩序｝ ∪ ｛客观方面表现为行为人举行集会、游行、示威，未依照法律规定申请或者申请未获许可，或者未按照主管机关许可的起止时间、地点、路线进行，又拒不服从解散命令，严重破坏社会秩序的的行为｝ ∪ ｛主体是非法集会、游行、示威的负责人和直接责任人员｝ ∪ ｛主观方面是故意｝ = ｛客体是国家对集会、游行、示威活动的管理制度和社会的公共秩序，客观方面表现为行为人举行集会、游行、示威，未依照法律规定申请或者申请未获许可，或者未按照主管机关许可的起止时间、地点、路线进行，又拒不服从解散命令，严重破坏社会秩序的行为，主体是非法集会、游行、示威的负责人和直接责任人员，主观方面是故意｝。

3. 非法集会、游行、示威罪的处罚

根据《刑法》第 296 条的规定，犯本罪的，处 5 年以下有期徒刑、拘役、管制或者剥夺政治权利。

（四十）非法携带武器、管制刀具、爆炸物参加集会、游行、示威罪

1. 非法携带武器、管制刀具、爆炸物参加集会、游行、示威罪的概念

非法携带武器、管制刀具、爆炸物参加集会、游行、示威罪，是指行为人违反法律规定，携带武器、管制刀具或者爆炸物参加集会、游行、示威的行为。

2. 非法携带武器、管制刀具、爆炸物参加集会、游行、示威罪的构成特征

关于非法携带武器、管制刀具、爆炸物参加集会、游行、示威罪的构成特征，根据现行刑法的规定，主要有以下几个方面，其集合表现为：

设 N1 为非法携带武器、管制刀具、爆炸物参加集会、游行、示威罪的集合，则 N1 = {非法携带武器、管制刀具、爆炸物参加集会、游行、示威罪}；

设 N11 为非法携带武器、管制刀具、爆炸物参加集会、游行、示威罪的客体的集合，则 N11 = {国家对集会、游行、示威活动的管理制度} ∪ {社会的公共秩序} = {国家对集会、游行、示威活动的管理制度和社会的公共秩序}；设 N12 为非法携带武器、管制刀具、爆炸物参加集会、游行、示威罪的客观方面的集合，则 N12 = {行为人违反法律规定，携带武器、管制刀具或者爆炸物参加集会、游行、示威的行为}；设 N13 为非法携带武器、管制刀具、爆炸物参加集会、游行、示威罪的主体的集合，则 N13 = {年满 16 周岁、具有刑事责任能力的人}；设 N14 为非法携带武器、管制刀具、爆炸物参加集会、游行、示威罪的主观方面的集合，则 N14 = {故意}；

则 N1 = N11∪N12∪N13∪N14，即非法携带武器、管制刀具、爆炸物参加集会、游行、示威罪 = {客体是国家对集会、游行、示威活动的管理制度和社会的公共秩序} ∪ {客观方面表现为行为人违反法律规定，携带武器、管制刀具或者爆炸物参加集会、游行、示威的行为} ∪ {主体是年满 16 周岁、具有刑事责任能力的人} ∪ {主观方面是故意} = {客体是国家对集会、游行、示威活动的管理制度和社会的公共秩序，客观方面表现为行为人违反法律规定，携带武器、管制刀具或者爆炸物参加集会、游行、示威的行为，主体是年满 16 周岁、具有刑事责任能力的人，主观方面是故意}。

3. 非法携带武器、管制刀具、爆炸物参加集会、游行、示威罪的处罚

根据《刑法》第 297 条的规定，犯本罪的，处 3 年以下有期徒刑、拘役、管制或者剥夺政治权利。

（四十一）破坏集会、游行、示威罪

1. 破坏集会、游行、示威罪的概念

破坏集会、游行、示威罪，是指行为人扰乱、冲击或者以其他方法破坏依法举行的集会、游行、示威，造成公共秩序混乱的行为。

2. 破坏集会、游行、示威罪的构成特征

关于破坏集会、游行、示威罪的构成特征，根据现行刑法的规定，主要有以下几个方面，其集合表现为：

设 O1 为破坏集会、游行、示威罪的集合，则 O1 = {破坏集会、游行、示威罪}；

设 O11 为破坏集会、游行、示威罪的客体的集合，则 O11 = {公民依法享有的集会、游行、示威的权利} ∪ {社会的公共秩序} = {公民依法享有的集会、游行、示威的权利和社会的公共秩序}；设 O12 为破坏集会、游行、示威罪的客观方面的集合，则 O12 = {行为人扰乱、冲击或者以其他方法破坏依法举行的集会、游行、示威，造成公共秩序混乱的行为}；设 O13 为破坏集会、游行、示威罪的主体的集合，则 O13 = {年满 16 周岁、具有刑事责任能力的人}；设 O14 为破坏集会、游行、示威罪的主观方面的集合，则 O14 = {故意}；

则 O1 = O11 ∪ O12 ∪ O13 ∪ O14，即破坏集会、游行、示威罪 = {客体是公民依法享有的集会、游行、示威的权利和社会的公共秩序} ∪ {客观方面表现为行为人扰乱、冲击或者以其他方法破坏依法举行的集会、游行、示威，造成公共秩序混乱的行为} ∪ {主体是年满 16 周岁、具有刑事责任能力的人} ∪ {主观方面是故意} = {客体是公民依法享有的集会、游行、示威的权利和社会的公共秩序，客观方面表现为行为人扰乱、冲击或者以其他方法破坏依法举行的集会、游行、示威，造成公共秩序混乱的行为，主体是年满 16 周岁、具有刑事责任能力的人，主观方面是故意}。

3. 破坏集会、游行、示威罪的处罚

根据《刑法》第 298 条的规定，犯本罪的，处 5 年以下有期徒刑、拘役、管制或者剥夺政治权利。

（四十二）侮辱国旗、国徽罪

1. 侮辱国旗、国徽罪的概念

侮辱国旗、国徽罪，是指行为人在公众场合故意以焚烧、毁损、涂划、玷污、践踏等方式侮辱中华人民共和国国旗、国徽的行为。

2. 侮辱国旗、国徽罪的构成特征

关于侮辱国旗、国徽罪的构成特征，根据现行刑法的规定，主要有以下几个方面，其集合表现为：

设 P1 为侮辱国旗、国徽罪的集合，则 P1 = {侮辱国旗、国徽罪}；

设 P11 为侮辱国旗、国徽罪的客体的集合，则 P11 = {中华人民共和国的尊严}；设 P12 为侮辱国旗、国徽罪的客观方面的集合，则 P12 = {行为人在公众场合故意以焚烧、毁损、涂划、玷污、践踏等方式侮辱中华人民共和国国旗、国徽的行为}；设 P13 为侮辱国旗、国徽罪的主体的集合，则 P13 = {年满 16 周岁、具有刑事责任能力的人}；设 P14 为侮辱国旗、国徽罪的主观方面的集合，则 P14 = {故意}；

则 $P1 = P11 \cup P12 \cup P13 \cup P14$，即侮辱国旗、国徽罪 = {客体是中华人民共和国的尊严} ∪ {客观方面表现为行为人在公众场合故意以焚烧、毁损、涂划、玷污、践踏等方式侮辱中华人民共和国国旗、国徽的行为} ∪ {主体是年满 16 周岁、具有刑事责任能力的人} ∪ {主观方面是故意} = {客体是中华人民共和国的尊严，客观方面表现为行为人在公众场合故意以焚烧、毁损、涂划、玷污、践踏等方式侮辱中华人民共和国国旗、国徽的行为，主体是年满 16 周岁、具有刑事责任能力的人，主观方面是故意}。

3. 侮辱国旗、国徽罪的处罚

根据《刑法》第 299 条第 1 款的规定，犯本罪的，处 3 年以下有期徒刑、拘役、管制或者剥夺政治权利。

（四十三）侮辱国歌罪

1. 侮辱国歌罪的概念

侮辱国歌罪，是指行为人在公众场合故意篡改中华人民共和国国歌歌词、曲谱，以歪曲、贬损方式奏唱国歌，或者以其他方式侮辱国歌，情节严重的行为。

2. 侮辱国歌罪的构成特征

关于侮辱国歌罪的构成特征，根据现行刑法的规定，主要有以下几个方面，其集合表现为：

设 Q1 为侮辱国歌罪的集合，则 Q1 = {侮辱国歌罪}；

设 Q11 为侮辱国歌罪的客体的集合，则 Q11 = {中华人民共和国的尊严}；设 P12 为侮辱国歌罪的客观方面的集合，则 P12 = {行为人在公众场合故意篡改中华人民共和国国歌歌词、曲谱，以歪曲、贬损方式奏唱国歌，或者以其他方式侮辱国歌，情节严重的行为}；设 Q13 为侮辱国歌罪的主体的集合，则 Q13 = {年满 16 周岁、具有刑事责任能力的人}；设 Q14 为侮辱国歌罪的主观方面的集合，则 Q14 = {故意}；

则 Q1 = Q11∪Q12∪Q13∪Q14，即侮辱国歌罪 = {客体是中华人民共和国的尊严} ∪ {客观方面表现为行为人在公众场合故意篡改中华人民共和国国歌歌词、曲谱，以歪曲、贬损方式奏唱国歌，或者以其他方式侮辱国歌，情节严重的行为} ∪ {主体是年满 16 周岁、具有刑事责任能力的人} ∪ {主观方面是故意} = {客体是中华人民共和国的尊严，客观方面表现为行为人在公众场合故意篡改中华人民共和国国歌歌词、曲谱，以歪曲、贬损方式奏唱国歌，或者以其他方式侮辱国歌，情节严重的行为，主体是年满 16 周岁、具有刑事责任能力的人，主观方面是故意}。

3. 侮辱国歌罪的处罚

根据《刑法》第 299 条第 2 款的规定，犯本罪的，处 3 年以下有期徒刑、拘役、管制或者剥夺政治权利。

（四十四）组织、利用会道门、邪教组织、利用迷信破坏法律实施罪

1. 组织、利用会道门、邪教组织、利用迷信破坏法律实施罪的概念

组织、利用会道门、邪教组织、利用迷信破坏法律实施罪，是指行为人组织和利用会道门、邪教组织或者利用迷信破坏国家法律、行政法规实施的行为。

2. 组织、利用会道门、邪教组织、利用迷信破坏法律实施罪的构成特征

关于组织、利用会道门、邪教组织、利用迷信破坏法律实施罪的构成特征，根据现行刑法的规定，主要有以下几个方面，其集合表现为：

设 R1 为组织、利用会道门、邪教组织、利用迷信破坏法律实施罪的集合，则 R1 = {组织、利用会道门、邪教组织、利用迷信破坏法律实施罪}；

设 R11 为组织、利用会道门、邪教组织、利用迷信破坏法律实施罪的客体的集合，则 R11 = {国家法律、行政法规实施的正常秩序}；设 R12 为组织、利用会道门、邪教组织、利用迷信破坏法律实施罪的客观方面的集合，则 R12 = {行为人组织和利用会道门、邪教组织或者利用迷信破坏国家法律、行政法规实施的行为}；设 R13 为组织、利用会道门、邪教组织、利

用迷信破坏法律实施罪的主体的集合，则 R13 = ｛年满 16 周岁、具有刑事责任能力的人｝；设 R14 为组织、利用会道门、邪教组织、利用迷信破坏法律实施罪的主观方面的集合，则 R14 = ｛故意｝；

则 R1 = R11∪R12∪R13∪R14，即组织、利用会道门、邪教组织、利用迷信破坏法律实施罪 = ｛客体是国家法律、行政法规实施的正常秩序｝∪｛客观方面表现为行为人组织和利用会道门、邪教组织或者利用迷信破坏国家法律、行政法规实施的行为｝∪｛主体是年满 16 周岁、具有刑事责任能力的人｝∪｛主观方面是故意｝=｛客体是国家法律、行政法规实施的正常秩序，客观方面表现为行为人组织和利用会道门、邪教组织或者利用迷信破坏国家法律、行政法规实施的行为，主体是年满 16 周岁、具有刑事责任能力的人，主观方面是故意｝。

3. 组织、利用会道门、邪教组织、利用迷信破坏法律实施罪的处罚

根据《刑法》第 300 条第 1 款、第 3 款的规定，犯本罪的，处 3 年以上 7 年以下有期徒刑，并处罚金；情节特别严重的，处 7 年以上有期徒刑或者无期徒刑，并处罚金或者没收财产；情节较轻的，处 3 年以下有期徒刑、拘役、管制或者剥夺政治权利，并处或者单处罚金。犯本罪又有奸淫妇女、诈骗财物等犯罪行为的，依照数罪并罚的规定处罚。

（四十五）组织、利用会道门、邪教组织、利用迷信致人重伤、死亡罪

1. 组织、利用会道门、邪教组织、利用迷信致人重伤、死亡罪的概念

组织、利用会道门、邪教组织、利用迷信致人重伤、死亡罪，是指行为人组织和利用会道门、邪教组织或者利用迷信蒙骗他人，致人重伤、死亡的行为。

2. 组织、利用会道门、邪教组织、利用迷信致人重伤、死亡罪的构成特征

关于组织、利用会道门、邪教组织、利用迷信致人重伤、死亡罪的构成特征，根据现行刑法的规定，主要有以下几个方面，其集合表现为：

设 S1 为组织、利用会道门、邪教组织、利用迷信致人重伤、死亡罪的集合，则 S1 = ｛组织、利用会道门、邪教组织、利用迷信致人重伤、死亡罪｝；

设 S11 为组织、利用会道门、邪教组织、利用迷信致人重伤、死亡罪的客体的集合，则 S11 = ｛社会管理秩序｝∪｛他人的生命权｝=｛社会管理秩序和他人的生命权｝；设 S12 为组织、利用会道门、邪教组织、利用迷

信致人重伤、死亡罪的客观方面的集合，则 S12 = {行为人组织和利用会道门、邪教组织或者利用迷信蒙骗他人，致人死亡的行为}；设 S13 为组织、利用会道门、邪教组织、利用迷信致人重伤、死亡罪的主体的集合，则 S13 = {年满 16 周岁、具有刑事责任能力的人}；设 S14 为组织、利用会道门、邪教组织、利用迷信致人重伤、死亡罪的主观方面的集合，则 S14 = {故意}；

则 S1 = S11 ∪ S12 ∪ S13 ∪ S14，即组织、利用会道门、邪教组织、利用迷信致人重伤、死亡罪 = {客体是社会管理秩序和他人的生命权} ∪ {客观方面表现为行为人组织和利用会道门、邪教组织或者利用迷信蒙骗他人，致人死亡的行为} ∪ {主体是年满 16 周岁、具有刑事责任能力的人} ∪ {主观方面是故意} = {客体是社会管理秩序和他人的生命权，客观方面表现为行为人组织和利用会道门、邪教组织或者利用迷信蒙骗他人，致人死亡的行为，主体是年满 16 周岁、具有刑事责任能力的人，主观方面是故意}。

3. 组织、利用会道门、邪教组织、利用迷信致人重伤、死亡罪的处罚

根据《刑法》第 300 条第 2 款的规定，犯本罪的，处 3 年以上 7 年以下有期徒刑，并处罚金；情节特别严重的，处 7 年以上有期徒刑或者无期徒刑，并处罚金或者没收财产；情节较轻的，处 3 年以下有期徒刑、拘役、管制或者剥夺政治权利，并处或者单处罚金。

（四十六）聚众淫乱罪

1. 聚众淫乱罪的概念

聚众淫乱罪，是指行为人聚集多人进行淫乱活动或者多次参加聚众淫乱活动的行为。

2. 聚众淫乱罪的构成特征

关于聚众淫乱罪的构成特征，根据现行刑法的规定，主要有以下几个方面，其集合表现为：

设 T1 为聚众淫乱罪的集合，则 T1 = {聚众淫乱罪}；

设 T11 为聚众淫乱罪的客体的集合，则 T11 = {社会公共秩序} ∪ {社会风化} = {社会公共秩序和社会风化}；设 T12 为聚众淫乱罪的客观方面的集合，则 T12 = {行为人聚集多人进行淫乱活动或者多次参加聚众淫乱活动的行为}；设 T13 为聚众淫乱罪的主体的集合，则 T13 = {年满 16 周岁、具有刑事责任能力的人}；设 T14 为聚众淫乱罪的主观方面的集合，则 T14 = {故意}；

则 T1 = T11 ∪ T12 ∪ T13 ∪ T14，即聚众淫乱罪 = {客体是社会公共秩序

和社会风化｝∪｛客观方面表现为行为人聚集多人进行淫乱活动或者多次参加聚众淫乱活动的行为｝∪｛主体是年满16周岁、具有刑事责任能力的人｝∪｛主观方面是故意｝=｛客体是社会公共秩序和社会风化，客观方面表现为行为人聚集多人进行淫乱活动或者多次参加聚众淫乱活动的行为，主体是年满16周岁、具有刑事责任能力的人，主观方面是故意｝。

3. 聚众淫乱罪的处罚

根据《刑法》第301条第1款的规定，犯本罪的，处5年以下有期徒刑、拘役或者管制。

（四十七）引诱未成年人聚众淫乱罪

1. 引诱未成年人聚众淫乱罪的概念

引诱未成年人聚众淫乱罪，是指行为人以各种方式诱惑未成年人参加聚众淫乱活动的行为。

2. 引诱未成年人聚众淫乱罪的构成特征

关于引诱未成年人聚众淫乱罪的构成特征，根据现行刑法的规定，主要有以下几个方面，其集合表现为：

设U1为引诱未成年人聚众淫乱罪的集合，则U1=｛引诱未成年人聚众淫乱罪｝；

设U11为引诱未成年人聚众淫乱罪的客体的集合，则U11=｛社会公共秩序｝∪｛社会风化｝=｛社会公共秩序和社会风化｝；设U12为引诱未成年人聚众淫乱罪的客观方面的集合，则U12=｛行为人以各种方式诱惑未成年人参加聚众淫乱活动的行为｝；设U13为引诱未成年人聚众淫乱罪的主体的集合，则U13=｛年满16周岁、具有刑事责任能力的人｝；设U14为引诱未成年人聚众淫乱罪的主观方面的集合，则U14=｛故意｝；

则U1=U11∪U12∪U13∪U14，即引诱未成年人聚众淫乱罪=｛客体是社会公共秩序和社会风化｝∪｛客观方面表现为行为人以各种方式诱惑未成年人参加聚众淫乱活动的行为｝∪｛主体是年满16周岁、具有刑事责任能力的人｝∪｛主观方面是故意｝=｛客体是社会公共秩序和社会风化，客观方面表现为行为人以各种方式诱惑未成年人参加聚众淫乱活动的行为，主体是年满16周岁、具有刑事责任能力的人，主观方面是故意｝。

3. 引诱未成年人聚众淫乱罪的处罚

根据《刑法》第301条第2款的规定，犯本罪的，在5年以下有期徒刑、拘役或者管制的量刑幅度内从重处罚。

（四十八）盗窃、侮辱、故意毁坏尸体、尸骨、骨灰罪

1. 盗窃、侮辱、故意毁坏尸体、尸骨、骨灰罪的概念

盗窃、侮辱、故意毁坏尸体、尸骨、骨灰罪，是指行为人盗窃、侮辱、故意毁坏尸体、尸骨、骨灰的行为。

2. 盗窃、侮辱、故意毁坏尸体、尸骨、骨灰罪的的构成特征

关于盗窃、侮辱、故意毁坏尸体、尸骨、骨灰罪的构成特征，根据现行刑法的规定，主要有以下几个方面，其集合表现为：

设 V1 为盗窃、侮辱、故意毁坏尸体、尸骨、骨灰罪的集合，则 V1 = {盗窃、侮辱、故意毁坏尸体、尸骨、骨灰罪}；

设 V11 为盗窃、侮辱、故意毁坏尸体、尸骨、骨灰罪的客体的集合，则 V11 = {社会风化}；设 V12 为盗窃、侮辱、故意毁坏尸体、尸骨、骨灰罪的客观方面的集合，则 V12 = {行为人秘密窃取或者以一定方式公然凌辱尸体的行为}；设 V13 为盗窃、侮辱、故意毁坏尸体、尸骨、骨灰罪的主体的集合，则 V13 = {年满 16 周岁、具有刑事责任能力的人}；设 V14 为盗窃、侮辱、故意毁坏尸体、尸骨、骨灰罪的主观方面的集合，则 V14 = {故意}；

则 V1 = V11 ∪ V12 ∪ V13 ∪ V14，即盗窃、侮辱、故意毁坏尸体、尸骨、骨灰罪 = {客体是社会风化} ∪ {客观方面表现为行为人秘密窃取或者以一定方式公然凌辱尸体的行为} ∪ {主体是年满 16 周岁、具有刑事责任能力的人} ∪ {主观方面是故意} = {客体是社会风化，客观方面表现为行为人秘密窃取或者以一定方式公然凌辱尸体的行为，主体是年满 16 周岁、具有刑事责任能力的人，主观方面是故意}。

3. 盗窃、侮辱、故意毁坏尸体、尸骨、骨灰罪的处罚

根据《刑法》第 302 条的规定，犯本罪的，处 3 年以下有期徒刑、拘役或者管制。

（四十九）赌博罪

1. 赌博罪的概念

赌博罪，是指行为人以营利为目的，聚众赌博或者以赌博为业的行为。

2. 赌博罪的构成特征

关于赌博罪的构成特征，根据现行刑法的规定，主要有以下几个方面，其集合表现为：

设 W1 为赌博罪的集合，则 W1 = {赌博罪}；

设 W11 为赌博罪的客体的集合，则 W11 = {社会风尚} ∪ {社会管理秩序} = {社会风尚和社会管理秩序}；设 W12 为赌博罪的客观方面的集合，则 W12 = {行为人聚众赌博或者以赌博为业的行为}；设 W13 为赌博罪的主体的集合，则 W13 = {年满 16 周岁、具有刑事责任能力的人}；设 W14 为赌博罪的主观方面的集合，则 W14 = {故意，且以营利为目的}；

则 W1 = W11 ∪ W12 ∪ W13 ∪ W14，即赌博罪 = {客体是社会风尚和社会管理秩序} ∪ {客观方面表现为行为人聚众赌博或者以赌博为业的行为} ∪ {主体是年满 16 周岁、具有刑事责任能力的人} ∪ {主观方面是故意，且以营利为目的} = {客体是社会风尚和社会管理秩序，客观方面表现为行为人聚众赌博或者以赌博为业的行为，主体是年满 16 周岁、具有刑事责任能力的人，主观方面是故意，且以营利为目的}。

3. 赌博罪的处罚

根据《刑法》第 303 条的规定，犯本罪的，处 3 年以下有期徒刑、拘役或者管制，并处罚金。

（五十）开设赌场罪

1. 开设赌场罪的概念

开设赌场罪，是指行为人以营利为目的，为赌博提供场所、设定赌博方式、提供赌具、筹码、资金等组织赌博的行为。

2. 开设赌场罪的构成特征

关于开设赌场罪的构成特征，根据现行刑法的规定，主要有以下几个方面，其集合表现为：

设 X1 为开设赌场罪的集合，则 X1 = {开设赌场罪}；

设 X11 为开设赌场罪的客体的集合，则 X11 = {社会风尚} ∪ {社会管理秩序} = {社会风尚和社会管理秩序}；设 X12 为开设赌场罪的客观方面的集合，则 X12 = {行为人为赌博提供场所或者在计算机网络上建立赌博网站的行为}；设 X13 为开设赌场罪的主体的集合，则 X13 = {年满 16 周岁、具有刑事责任能力的人}；设 X14 为开设赌场罪的主观方面的集合，则 X14 = {故意，且以营利为目的}；

则 X1 = X11 ∪ X12 ∪ X13 ∪ X14，即开设赌场罪 = {客体是社会风尚和社会管理秩序} ∪ {客观方面表现为行为人为赌博提供场所或者在计算机网络上建立赌博网站的行为} ∪ {主体是年满 16 周岁、具有刑事责任能力的人} ∪ {主观方面是故意，且以营利为目的} = {客体是社会风尚和社会管理秩序，客观方面表现为行为人为赌博提供场所或者在计算机网络上建立赌博网站的行为，主体是年满 16 周岁、具有刑事责任能力的人，主观方面是故意，且以营利为目的}。

3. 开设赌场罪的处罚

根据《刑法》第 303 条第 2 款规定，犯本罪的，处 3 年以下有期徒刑、拘役或者管制，并处罚金；情节严重的，处 3 年以上 10 年以下有期徒刑，并处罚金。根据“两高”《解释》之规定，开设赌场吸引未成年人参与赌博的，从重处罚。

（五十一）故意延误投递邮件罪

1. 故意延误投递邮件罪的概念

故意延误投递邮件罪，邮政工作人员严重不负责任，故意延误投递邮件，致使公共财产、国家和人民利益遭受重大损失的行为。

2. 故意延误投递邮件罪的构成特征

关于故意延误投递邮件罪的构成特征，根据现行刑法的规定，主要有以下几个方面，其集合表现为：

设 Y1 为故意延误投递邮件罪的集合，则 Y1 = {故意延误投递邮件罪}；

设 Y11 为故意延误投递邮件罪的客体的集合，则 Y11 = {国家邮政管理秩序}；设 Y12 为故意延误投递邮件罪的客观方面的集合，则 Y12 = {行为人严重不负责任，故意延误投递邮件，致使公共财产、国家和人民利益遭受重大损失的行为}；设 Y13 为故意延误投递邮件罪的主体的集合，则 Y13 = {邮政工作人员}；设 Y14 为故意延误投递邮件罪的主观方面的集合，则 Y14 = {故意}；

则 Y1 = Y11∪Y12∪Y13∪Y14，即故意延误投递邮件罪 = {客体是国家邮政管理秩序} ∪ {客观方面表现为行为人严重不负责任，故意延误投递邮件，致使公共财产、国家和人民利益遭受重大损失的行为} ∪ {主体是邮政工作人员} ∪ {主观方面是故意} = {客体是国家邮政管理秩序，客观方面表现为行为人严重不负责任，故意延误投递邮件，致使公共财产、国家和人民利益遭受重大损失的行为，主体是邮政工作人员，主观方面是故意}。

3. 故意延误投递邮件罪的处罚

根据《刑法》第 304 条的规定，犯本罪的，处 2 年以下有期徒刑或者拘役。

二、妨害司法罪

（一）伪证罪

1. 伪证罪的概念

伪证罪，是指在刑事诉讼中，证人、鉴定人、记录人、翻译人对与案件有重要关系的情节，故意作虚假证明、鉴定、记录、翻译，意图陷害他人或者隐匿罪证的行为。

2. 伪证罪的构成特征

关于伪证罪的构成特征，根据现行刑法的规定，主要有以下几个方面，其集合表现为：

设A为伪证罪的集合，则A＝｛伪证罪｝；

设A1为伪证罪的客体的集合，则A1＝｛司法机关正常的刑事诉讼秩序｝；设A2为伪证罪的客观方面的集合，则A2＝｛行为人在刑事诉讼中对与案件有重要关系的情节，作虚假证明、鉴定、记录、翻译的行为｝；设A3为伪证罪的主体的集合，则A3＝｛刑事诉讼中的证人、鉴定人、记录人、翻译人｝；设A4为伪证罪的主观方面的集合，则A4＝｛故意，且以意图陷害他人或者隐匿罪证为目的｝；

则A＝A1∪A2∪A3∪A4，即伪证罪＝｛客体是司法机关正常的刑事诉讼秩序｝∪｛客观方面表现为行为人在刑事诉讼中对与案件有重要关系的情节，作虚假证明、鉴定、记录、翻译的行为｝∪｛主体是刑事诉讼中的证人、鉴定人、记录人、翻译人｝∪｛主观方面是故意，且以意图陷害他人或者隐匿罪证为目的｝＝｛客体是司法机关正常的刑事诉讼秩序，客观方面表现为行为人在刑事诉讼中对与案件有重要关系的情节，作虚假证明、鉴定、记录、翻译的行为，主体是刑事诉讼中的证人、鉴定人、记录人、翻译人，主观方面是故意，且以意图陷害他人或者隐匿罪证为目的｝。

3. 伪证罪的处罚

根据《刑法》第305条的规定，犯本罪的，处3年以下有期徒刑或者拘役；情节严重的，处3年以上7年以下有期徒刑。

（二）辩护人、诉讼代理人毁灭证据、伪造证据、妨害作证罪

1. 辩护人、诉讼代理人毁灭证据、伪造证据、妨害作证罪的概念

辩护人、诉讼代理人毁灭证据、伪造证据、妨害作证罪，是指在刑事诉

讼中，辩护人、诉讼代理人毁灭、伪造证据，帮助当事人毁灭、伪造证据，威胁、引诱证人违背事实改变证言或者作伪证的行为。

2. 辩护人、诉讼代理人毁灭证据、伪造证据、妨害作证罪的构成特征

关于辩护人、诉讼代理人毁灭证据、伪造证据、妨害作证罪的构成特征，根据现行刑法的规定，主要有以下几个方面，其集合表现为：

设 B 为辩护人、诉讼代理人毁灭证据、伪造证据、妨害作证罪的集合，则 B = {辩护人、诉讼代理人毁灭证据、伪造证据、妨害作证罪}；

设 B1 为辩护人、诉讼代理人毁灭证据、伪造证据、妨害作证罪的客体的集合，则 B1 = {司法机关的刑事诉讼秩序}；设 B2 为辩护人、诉讼代理人毁灭证据、伪造证据、妨害作证罪的客观方面的集合，则 B2 = {行为人在刑事诉讼中，毁灭、伪造证据，帮助当事人毁灭、伪造证据，威胁、引诱证人违背事实改变证言或者作伪证的行为}；设 B3 为辩护人、诉讼代理人毁灭证据、伪造证据、妨害作证罪的主体的集合，则 B3 = {刑事诉讼中的辩护人、诉讼代理人}；设 B4 为辩护人、诉讼代理人毁灭证据、伪造证据、妨害作证罪的主观方面的集合，则 B4 = {故意}；

则 $B = B1 \cup B2 \cup B3 \cup B4$，即辩护人、诉讼代理人毁灭证据、伪造证据、妨害作证罪 = {客体是司法机关的刑事诉讼秩序} ∪ {客观方面表现为行为人在刑事诉讼中，毁灭、伪造证据，帮助当事人毁灭、伪造证据，威胁、引诱证人违背事实改变证言或者作伪证的行为} ∪ {主体是刑事诉讼中的辩护人、诉讼代理人} ∪ {主观方面是故意} = {客体是司法机关的刑事诉讼秩序，客观方面表现为行为人在刑事诉讼中，毁灭、伪造证据，帮助当事人毁灭、伪造证据，威胁、引诱证人违背事实改变证言或者作伪证的行为，主体是刑事诉讼中的辩护人、诉讼代理人，主观方面是故意}。

3. 辩护人、诉讼代理人毁灭证据、伪造证据、妨害作证罪的处罚

根据《刑法》第 306 条的规定，犯本罪的，处 3 年以下有期徒刑或者拘役；情节严重的，处 3 年以上 7 年以下有期徒刑。

（三）妨害作证罪

1. 妨害作证罪的概念

妨害作证罪，是指行为人以暴力、威胁、贿买等方法阻止证人作证或者指使他人作伪证的行为。

2. 妨害作证罪的构成特征

关于妨害作证罪的构成特征，根据现行刑法的规定，主要有以下几个方面，其集合表现为：

设 C 为妨害作证罪的集合，则 C = {妨害作证罪}；

设 C1 为妨害作证罪的客体的集合，则 C1 = {司法机关正常的诉讼秩序} ∪ {公民依法作证的权利} ∪ {公民的人身权利} = {司法机关正常的诉讼秩序、公民依法作证的权利以及公民的人身权利}；设 C2 为妨害作证罪的客观方面的集合，则 C2 = {行为人以暴力、威胁、贿买等方法阻止证人作证或者指使他人作伪证的行为}；设 C3 为妨害作证罪的主体的集合，则 C3 = {年满 16 周岁、具有刑事责任能力的人}；设 C4 为妨害作证罪的主观方面的集合，则 C4 = {故意}；

则 C = C1 ∪ C2 ∪ C3 ∪ C4，即妨害作证罪 = {客体是司法机关正常的诉讼秩序、公民依法作证的权利以及公民的人身权利} ∪ {客观方面表现为行为人以暴力、威胁、贿买等方法阻止证人作证或者指使他人作伪证的行为} ∪ {主体是年满 16 周岁、具有刑事责任能力的人} ∪ {主观方面是故意} = {客体是司法机关正常的诉讼秩序、公民依法作证的权利以及公民的人身权利，客观方面表现为行为人 以暴力、威胁、贿买等方法阻止证人作证或者指使他人作伪证的行为，主体是年满 16 周岁、具有刑事责任能力的人，主观方面是故意}。

3. 妨害作证罪的处罚

根据《刑法》第 307 条第 1 款和第 3 款的规定，犯本罪的，处 3 年以下有期徒刑或者拘役；情节严重的，处 3 年以上 7 年以下有期徒刑。司法工作人员犯本罪的，从重处罚。

（四）帮助毁灭、伪造证据罪

1. 帮助毁灭、伪造证据罪的概念

帮助毁灭、伪造证据罪，是指行为人帮助当事人毁灭、伪造证据，情节严重的行为。

2. 帮助毁灭、伪造证据罪的构成特征

关于帮助毁灭、伪造证据罪的构成特征，根据现行刑法的规定，主要有以下几个方面，其集合表现为：

设 D 为帮助毁灭、伪造证据罪的集合，则 D = {帮助毁灭、伪造证据罪}；

设 D1 为帮助毁灭、伪造证据罪的客体的集合，则 D1 = {司法机关正常的诉讼秩序}；设 D2 为帮助毁灭、伪造证据罪的客观方面的集合，则 D2 = {行为人帮助当事人毁灭、伪造证据，情节严重的行为}；设 D3 为帮助毁灭、伪造证据罪的主体的集合，则 D3 = {年满 16 周岁、具有刑事责任能力的人}；设 D4 为帮助毁灭、伪造证据罪的主观方面的集合，则 D4 = {故意}；

则 D = D1∪D2∪D3∪D4，即帮助毁灭、伪造证据罪 = {客体是司法机关正常的诉讼秩序} ∪ {客观方面表现为行为人帮助当事人毁灭、伪造证据，情节严重的行为} ∪ {主体是年满 16 周岁、具有刑事责任能力的人} ∪ {主观方面是故意} = {客体是司法机关正常的诉讼秩序，客观方面表现为行为人帮助当事人毁灭、伪造证据，情节严重的行为，主体是年满 16 周岁、具有刑事责任能力的人，主观方面是故意}。

3. 帮助毁灭、伪造证据罪的处罚

根据《刑法》第 307 条第 2 款和第 3 款的规定，犯本罪的，处 3 年以下有期徒刑或者拘役。司法工作人员犯本罪的，从重处罚。

（五）虚假诉讼罪

1. 虚假诉讼罪的概念

虚假诉讼罪，是指行为人以捏造的事实提起民事诉讼，妨害司法秩序或者严重侵害他人合法权益的行为。

2. 虚假诉讼罪的构成特征

关于虚假诉讼罪的构成特征，根据现行刑法的规定，主要有以下几个方面，其集合表现为：

设 E 为虚假诉讼罪的集合，则 E = {虚假诉讼罪}；

设 E1 为虚假诉讼罪的客体的集合，则 E1 = {正常的司法秩序} ∪ {他人的合法权益} = {正常的司法秩序和他人的合法权益}；设 E2 为虚假诉讼罪的客观方面的集合，则 E2 = {行为人以捏造的事实提起民事诉讼，妨害司法秩序或者严重侵害他人合法权益的行为}；设 E3 为虚假诉讼罪的主体的集合，则 E3 = {年满 16 周岁、具有刑事责任能力的人和单位}；设 E4 为虚假诉讼罪的主观方面的集合，则 E4 = {故意，且以非法牟利为目的}；

则 E = E1∪E2∪E3∪E4，即虚假诉讼罪 = {客体是正常的司法秩序和他人的合法权益} ∪ {客观方面表现为行为人以捏造的事实提起民事诉讼，妨害司法秩序或者严重侵害他人合法权益的行为} ∪ {主体是年满 16 周岁、具有刑事责任能力的人和单位} ∪ {主观方面是故意，且以非法牟利为目的｝＝｛客体是正常的司法秩序和他人的合法权益，客观方面表现为行为人以捏造的事实提起民事诉讼，妨害司法秩序或者严重侵害他人合法权益的行为，主体是年满16周岁、具有刑事责任能力的人和单位，主观方面是故意，且以非法牟利为目的｝。

3. 虚假诉讼罪的处罚

根据《刑法》第307条之一第1、2款规定，犯本罪的，处3年以下有期徒刑、拘役或者管制，并处或者单处罚金；情节严重的，处3年以上7年以下有期徒刑，并处罚金。单位犯本罪的，对单位判处罚金，并对其直接负责的主管人员和其他直接责任人员，依照前款的规定处罚。

根据《刑法》第307条之一第3款规定，犯本罪的，非法占有他人财产或者逃避合法债务，又构成其他犯罪的，依照处罚较重的规定定罪从重处罚。

根据《刑法》第307条之一第4款规定，司法工作人员利用职权，与他人共同实施本罪的，从重处罚；同时构成其他犯罪的，依照处罚较重的规定定罪从重处罚。

（六）打击报复证人罪

1. 打击报复证人罪的概念

打击报复证人罪，是指行为人对各类诉讼中的证人进行打击报复的行为。

2. 打击报复证人罪的构成特征

关于打击报复证人罪的构成特征，根据现行刑法的规定，主要有以下几个方面，其集合表现为：

设F为打击报复证人罪的集合，则F＝｛打击报复证人罪｝；

设F1为打击报复证人罪的客体的集合，则F1＝｛司法机关正常的诉讼秩序｝∪｛证人依法作证的权利｝＝｛司法机关正常的诉讼秩序和证人依法作证的权利｝；设F2为打击报复证人罪的客观方面的集合，则F2＝｛行为人对各类诉讼中的证人进行打击报复的行为｝；设F3为打击报复证人罪的主体的集合，则F3＝｛年满16周岁、具有刑事责任能力的人｝；设F4为打击报复证人罪的主观方面的集合，则F4＝｛故意｝；

则F＝F1∪F2∪F3∪F4，即打击报复证人罪＝｛客体是司法机关正常的诉讼秩序和证人依法作证的权利｝∪｛客观方面表现为行为人对各类诉讼中的证人进行打击报复的行为｝∪｛主体是年满16周岁、具有刑事责任能力的人｝∪｛主观方面是故意｝=｛客体是司法机关正常的诉讼秩序和公民依法作证的权利，客观方面表现为行为人对各类诉讼中的证人进行打击报复的行为，主体是年满16周岁、具有刑事责任能力的人，主观方面是故意｝。

3. 打击报复证人罪的处罚

根据《刑法》第308条的规定，犯本罪的，处3年以下有期徒刑或者拘役；情节严重的，处3年以上7年以下有期徒刑。

（七）泄露不应公开的案件信息罪

1. 泄露不应公开的案件信息罪的概念

泄露不应公开的案件信息罪，是指司法工作人员、辩护人、诉讼代理人或者其他诉讼参与人，泄露依法不公开审理的案件中不应当公开的信息，造成信息公开传播或者其他严重后果的行为。

2. 泄露不应公开的案件信息罪的构成特征

关于泄露不应公开的案件信息罪的构成特征，根据现行刑法的规定，主要有以下几个方面，其集合表现为：

设G为泄露不应公开的案件信息罪的集合，则G=｛泄露不应公开的案件信息罪｝；

设G1为泄露不应公开的案件信息罪的客体的集合，则G1=｛正常的司法秩序｝；设G2为泄露不应公开的案件信息罪的客观方面的集合，则G2=｛行为人实施了泄露依法不公开审理的案件中不应当公开的信息，造成信息公开传播或者其他严重后果的行为｝；设G3为泄露不应公开的案件信息罪的主体的集合，则G3=｛特殊主体，即以司法工作人员、辩护人、诉讼代理人或者其他诉讼参与人的身份参与司法活动的人｝；设G4为泄露不应公开的案件信息罪的主观方面的集合，则G4=｛故意｝；

则G=G1∪G2∪G3∪G4，即泄露不应公开的案件信息罪=｛客体是正常的司法秩序｝∪｛客观方面表现为行为人实施了泄露依法不公开审理的案件中不应当公开的信息，造成信息公开传播或者其他严重后果的行为｝∪｛主体是特殊主体，即以司法工作人员、辩护人、诉讼代理人或者其他诉讼参与人的身份参与司法活动的人｝∪｛主观方面是故意｝=｛客体是正常的司法秩序，客观方面表现为行为人实施了泄露依法不公开审理的案件中不应当公开的信息，造成信息公开传播或者其他严重后果的行为，主体是特殊主体，即以司法工作人员、辩护人、诉讼代理人或者其他诉讼参与人的身份参与司法活动的人，主观方面是故意｝。

3. 泄露不应公开的案件信息罪的处罚

根据《刑法》第 308 条之一第 1 款规定，犯本罪的，处 3 年以下有期徒刑、拘役或者管制，并处或者单处罚金。

（八）披露、报道不应公开的案件信息罪

1. 披露、报道不应公开的案件信息罪的概念

披露、报道不应公开的案件信息罪，是指行为人公开披露、报道依法不公开审理的案件中不应当公开的案件信息，情节严重的行为。

2. 披露、报道不应公开的案件信息罪的构成特征

关于披露、报道不应公开的案件信息罪的构成特征，根据现行刑法的规定，主要有以下几个方面，其集合表现为：

设 H 为披露、报道不应公开的案件信息罪的集合，则 H = ｛披露、报道不应公开的案件信息罪｝；

设 H1 为披露、报道不应公开的案件信息罪的客体的集合，则 H1 = ｛正常的司法秩序｝；设 H2 为披露、报道不应公开的案件信息罪的客观方面的集合，则 H2 = ｛行为人实施了公开披露、报道依法不公开审理的案件中不应当公开的案件信息，情节严重的行为｝；设 H3 为披露、报道不应公开的案件信息罪的主体的集合，则 H3 = ｛年满 16 周岁、具有刑事责任能力的人和单位｝；设 H4 为披露、报道不应公开的案件信息罪的主观方面的集合，则 H4 = ｛故意｝；

则 H = H1 ∪ H2 ∪ H3 ∪ H4，即披露、报道不应公开的案件信息罪 = ｛客体是正常的司法秩序｝ ∪ ｛客观方面表现为行为人实施了公开披露、报道依法不公开审理的案件中不应当公开的案件信息，情节严重的行为｝ ∪ ｛主体是年满 16 周岁、具有刑事责任能力的人和单位｝ ∪ ｛主观方面是故意｝ = ｛客体是正常的司法秩序，客观方面表现为行为人实施了公开披露、报道依法不公开审理的案件中不应当公开的案件信息，情节严重的行为，主体是年满 16 周岁、具有刑事责任能力的人和单位，主观方面是故意｝。

3. 披露、报道不应公开的案件信息罪的处罚

根据《刑法》第 308 条之一第 3 款、第 4 款规定，犯本罪的，处 3 年以下有期徒刑、拘役或者管制，并处或者单处罚金。单位犯本罪的，对单位判处罚金，并对其直接负责的主管人员和其他直接责任人员，依照前述规定处罚。

（九）扰乱法庭秩序罪

1. 扰乱法庭秩序罪的概念

扰乱法庭秩序罪，是指行为人聚众哄闹、冲击法庭，殴打司法工作人员或者诉讼参与人，侮辱、诽谤、威胁司法工作人员或者诉讼参与人，不听法庭制止，严重扰乱法庭秩序，或者有毁坏法庭设施，抢夺、损毁诉讼文书、证据等扰乱法庭秩序，情节严重的行为。

2. 扰乱法庭秩序罪的构成特征

关于扰乱法庭秩序罪的构成特征，根据现行刑法的规定，主要有以下几个方面，其集合表现为：

设 I 为扰乱法庭秩序罪的集合，则 I = {扰乱法庭秩序罪}；

设 I1 为扰乱法庭秩序罪的客体的集合，则 I1 = {法庭的正常秩序}；设 I2 为扰乱法庭秩序罪的客观方面的集合，则 I2 = {行为人聚众哄闹、冲击法庭，殴打司法工作人员或者诉讼参与人，侮辱、诽谤、威胁司法工作人员或者诉讼参与人，不听法庭制止，严重扰乱法庭秩序，或者有毁坏法庭设施，抢夺、损毁诉讼文书、证据等扰乱法庭秩序，情节严重的行为}；设 I3 为扰乱法庭秩序罪的主体的集合，则 I3 = {年满 16 周岁、具有刑事责任能力的人，通常为诉讼参与人及相关人}；设 I4 为扰乱法庭秩序罪的主观方面的集合，则 I4 = {故意}；

则 I = I1 ∪ I2 ∪ I3 ∪ I4，即扰乱法庭秩序罪 = {客体是法庭的正常秩序} ∪ {客观方面表现为行为人聚众哄闹、冲击法庭，殴打司法工作人员或者诉讼参与人，侮辱、诽谤、威胁司法工作人员或者诉讼参与人，不听法庭制止，严重扰乱法庭秩序，或者有毁坏法庭设施，抢夺、损毁诉讼文书、证据等扰乱法庭秩序，情节严重的行为} ∪ {主体是年满 16 周岁、具有刑事责任能力的人，通常为诉讼参与人及相关人} ∪ {主观方面是故意} = {客体是法庭的正常秩序，客观方面表现为行为人聚众哄闹、冲击法庭，殴打司法工作人员或者诉讼参与人，侮辱、诽谤、威胁司法工作人员或者诉讼参与人，不听法庭制止，严重扰乱法庭秩序，或者有毁坏法庭设施，抢夺、损毁诉讼文书、证据等扰乱法庭秩序，情节严重的行为，主体是年满 16 周岁、具有刑事责任能力的人，通常为诉讼参与人及相关人，主观方面是故意}。

3. 扰乱法庭秩序罪的处罚

根据《刑法》第 309 条的规定，犯本罪的，处 3 年以下有期徒刑、拘役、管制或者罚金。

（十）窝藏、包庇罪

1. 窝藏、包庇罪的概念

窝藏、包庇罪，是指行为人明知是犯罪的人而为其提供隐藏处所、财物，帮助其逃匿或者作假证明包庇的行为。

2. 窝藏、包庇罪的构成特征

关于窝藏、包庇罪的构成特征，根据现行刑法的规定，主要有以下几个方面，其集合表现为：

设 J 为窝藏、包庇罪的集合，则 J = ｛窝藏、包庇罪｝；

设 J1 为窝藏、包庇罪的客体的集合，则 J1 = ｛司法机关正常的刑事诉讼秩序｝；设 J2 为窝藏、包庇罪的客观方面的集合，则 J2 = ｛行为人明知是犯罪的人而为其提供隐藏处所、财物，帮助其逃匿或者作假证明包庇的行为｝；设 J3 为窝藏、包庇罪的主体的集合，则 J3 = ｛年满 16 周岁、具有刑事责任能力的人｝；设 J4 为窝藏、包庇罪的主观方面的集合，则 J4 = ｛故意｝；

则 $J = J1 \cup J2 \cup J3 \cup J4$，即窝藏、包庇罪 = ｛客体是司法机关正常的刑事诉讼秩序｝ ∪ ｛客观方面表现为行为人明知是犯罪的人而为其提供隐藏处所、财物，帮助其逃匿或者作假证明包庇的行为｝ ∪ ｛主体是年满 16 周岁、具有刑事责任能力的人｝ ∪ ｛主观方面是故意｝ = ｛客体是司法机关正常的刑事诉讼秩序，客观方面表现为行为人明知是犯罪的人而为其提供隐藏处所、财物，帮助其逃匿或者作假证明包庇的行为，主体是年满 16 周岁、具有刑事责任能力的人，主观方面是故意｝。

3. 窝藏、包庇罪的处罚

根据《刑法》第 310 条第 1 款、第 2 款的规定，犯本罪的，处 3 年以下有期徒刑、拘役或者管制；情节严重的，处 3 年以上 10 年以下有期徒刑。犯本罪，事前通谋的，以共同犯罪论处。

（十一）拒绝提供间谍犯罪、恐怖主义犯罪、极端主义犯罪证据罪

1. 拒绝提供间谍犯罪、恐怖主义犯罪、极端主义犯罪证据罪的概念

拒绝提供间谍犯罪、恐怖主义犯罪、极端主义犯罪证据罪，是指行为人明知他人有间谍犯罪或者恐怖主义、极端主义犯罪行为，在司法机关向其调查有关情况、收集有关证据时，拒绝提供，情节严重的行为。

2. 拒绝提供间谍犯罪、恐怖主义犯罪、极端主义犯罪证据罪的构成特征

关于拒绝提供间谍犯罪、恐怖主义犯罪、极端主义犯罪证据罪的构成特征，根据现行刑法的规定，主要有以下几个方面，其集合表现为：

设 K 为拒绝提供间谍犯罪、恐怖主义犯罪、极端主义犯罪证据罪的集合，则 K = {拒绝提供间谍犯罪、恐怖主义犯罪、极端主义犯罪证据罪}；

设 K1 为拒绝提供间谍犯罪、恐怖主义犯罪、极端主义犯罪证据罪的客体的集合，则 K1 = {侦查机关的侦查活动}；设 K2 为拒绝提供间谍犯罪、恐怖主义犯罪、极端主义犯罪证据罪的客观方面的集合，则 K2 = {行为人明知他人有间谍犯罪或者恐怖主义、极端主义犯罪行为，在司法机关向其调查有关情况、收集有关证据时，拒绝提供，情节严重的行为}；设 K3 为拒绝提供间谍犯罪、恐怖主义犯罪、极端主义犯罪证据罪的主体的集合，则 K3 = {年满 16 周岁、具有刑事责任能力的人}；设 K4 为拒绝提供间谍犯罪、恐怖主义犯罪、极端主义犯罪证据罪的主观方面的集合，则 K4 = {故意}；

则 K = K1∪K2∪K3∪K4，即拒绝提供间谍犯罪、恐怖主义犯罪、极端主义犯罪证据罪 = {客体是侦查机关的侦查活动} ∪ {客观方面表现为行为人明知他人有间谍犯罪或者恐怖主义、极端主义犯罪行为，在司法机关向其调查有关情况、收集有关证据时，拒绝提供，情节严重的行为} ∪ {主体是年满 16 周岁、具有刑事责任能力的人} ∪ {主观方面是故意} = {客体是侦查机关的侦查活动，客观方面表现为行为人明知他人有间谍犯罪或者恐怖主义、极端主义犯罪行为，在司法机关向其调查有关情况、收集有关证据时，拒绝提供，情节严重的行为，主体是年满 16 周岁、具有刑事责任能力的人，主观方面是故意}。

3. 拒绝提供间谍犯罪、恐怖主义犯罪、极端主义犯罪证据罪的处罚

根据《刑法》第 311 条规定，犯本罪的，处 3 年以下有期徒刑、拘役或者管制。

（十二）掩饰、隐瞒犯罪所得、犯罪所得收益罪

1. 掩饰、隐瞒犯罪所得、犯罪所得收益罪的概念

掩饰、隐瞒犯罪所得、犯罪所得收益罪，是指行为人明知是犯罪所得及其产生的收益而予以窝藏、转移、收购、代为销售或者以其他方法掩饰、隐瞒的行为。

2. 掩饰、隐瞒犯罪所得、犯罪所得收益罪的构成特征

关于掩饰、隐瞒犯罪所得、犯罪所得收益罪的构成特征，根据现行刑法的规定，主要有以下几个方面，其集合表现为：

设L为掩饰、隐瞒犯罪所得、犯罪所得收益罪的集合，则L＝｛掩饰、隐瞒犯罪所得、犯罪所得收益罪｝；

设L1为掩饰、隐瞒犯罪所得、犯罪所得收益罪的客体的集合，则L1＝｛司法机关的刑事追诉活动｝；设L2为掩饰、隐瞒犯罪所得、犯罪所得收益罪的客观方面的集合，则L2＝｛行为人明知是犯罪所得及其产生的收益而予以窝藏、转移、收购、代为销售或者以其他方法掩饰、隐瞒的行为｝；设L3为掩饰、隐瞒犯罪所得、犯罪所得收益罪的主体的集合，则L3＝｛年满16周岁、具有刑事责任能力的人｝∪｛单位｝；设L4为掩饰、隐瞒犯罪所得、犯罪所得收益罪的主观方面的集合，则L4＝｛故意｝；

则L＝L1∪L2∪L3∪L4，即掩饰、隐瞒犯罪所得、犯罪所得收益罪＝｛客体是司法机关的刑事追诉活动｝∪｛客观方面表现为行为人明知是犯罪所得及其产生的收益而予以窝藏、转移、收购、代为销售或者以其他方法掩饰、隐瞒的行为｝∪｛主体是年满16周岁、具有刑事责任能力的人和单位｝∪｛主观方面是故意｝＝｛客体是司法机关的刑事追诉活动，客观方面表现为行为人明知是犯罪所得及其产生的收益而予以窝藏、转移、收购、代为销售或者以其他方法掩饰、隐瞒的行为，主体是年满16周岁、具有刑事责任能力的人和单位，主观方面是故意｝。

3. 掩饰、隐瞒犯罪所得、犯罪所得收益罪的处罚

根据《刑法》第312条的规定，个人犯本罪的，处3年以下有期徒刑、拘役或者管制，并处或者单处罚金；情节严重的，处3年以上7年以下有期徒刑，并处罚金。单位犯本罪的，对单位判处罚金，并对其直接负责的主管人员和其他直接责任人员，依照上述规定处罚。

（十三）拒不执行判决、裁定罪

1. 拒不执行判决、裁定罪的概念

拒不执行判决、裁定罪，是指行为人对人民法院已经发生法律效力的判决、裁定有能力执行而拒不执行，情节严重的行为。

2. 拒不执行判决、裁定罪的构成特征

关于拒不执行判决、裁定罪的构成特征，根据现行刑法的规定，主要有以下几个方面，其集合表现为：

设 M 为拒不执行判决、裁定罪的集合，则 M = {拒不执行判决、裁定罪}；

设 M1 为拒不执行判决、裁定罪的客体的集合，则 M1 = {人民法院判决和裁定的权威}；设 M2 为拒不执行判决、裁定罪的客观方面的集合，则 M2 = {行为人对人民法院已经发生法律效力的判决、裁定有能力执行而拒不执行，情节严重的行为}；设 M3 为拒不执行判决、裁定罪的主体的集合，则 M3 = {负有执行人民法院判决、裁定义务的人}；设 M4 为拒不执行判决、裁定罪的主观方面的集合，则 M4 = {故意}；

则 M = M1 ∪ M2 ∪ M3 ∪ M4，即拒不执行判决、裁定罪 = {客体是人民法院判决和裁定的权威} ∪ {客观方面表现为行为人对人民法院已经发生法律效力的判决、裁定有能力执行而拒不执行，情节严重的行为} ∪ {主体是负有执行人民法院判决、裁定义务的人} ∪ {主观方面是故意} = {客体是人民法院判决和裁定的权威，客观方面表现为行为人对人民法院已经发生法律效力的判决、裁定有能力执行而拒不执行，情节严重的行为，主体是负有执行人民法院判决、裁定义务的人，主观方面是故意}。

3. 拒不执行判决、裁定罪的处罚

根据《刑法》第 313 条的规定，个人犯本罪的，处 3 年以下有期徒刑、拘役或者罚金；情节特别严重的，处 3 年以上 7 年以下有期徒刑，并处罚金。单位犯本罪的，对单位判处罚金，并对其直接负责的主管人员和其他直接责任人员，依照上述规定处罚。

（十四）非法处置查封、扣押、冻结的财产罪

1. 非法处置查封、扣押、冻结的财产罪的概念

非法处置查封、扣押、冻结的财产罪，是指行为人隐藏、转移、变卖、故意毁损已被司法机关查封、扣押、冻结的财产，情节严重的行为。

2. 非法处置查封、扣押、冻结的财产罪的构成特征

关于非法处置查封、扣押、冻结的财产罪的构成特征，根据现行刑法的规定，主要有以下几个方面，其集合表现为：

设 N 为非法处置查封、扣押、冻结的财产罪的集合，则 N = {非法处置查封、扣押、冻结的财产罪}；

设 N1 为非法处置查封、扣押、冻结的财产罪的客体的集合，则 N1 = {司法机关正常的诉讼秩序}；设 N2 为非法处置查封、扣押、冻结的财产罪的客观方面的集合，则 N2 = {行为人 隐藏、转移、变卖、故意毁损已被司法机关查封、扣押、冻结的财产，情节严重的行为}；设 N3 为非法处置查

封、扣押、冻结的财产罪的主体的集合，则 N3 = {年满 16 周岁、具有刑事责任能力的人}；设 N4 为非法处置查封、扣押、冻结的财产罪的主观方面的集合，则 N4 = {故意}；

则 N = N1 ∪ N2 ∪ N3 ∪ N4，即非法处置查封、扣押、冻结的财产罪 = {客体是司法机关正常的诉讼秩序} ∪ {客观方面表现为行为人隐藏、转移、变卖、故意毁损已被司法机关查封、扣押、冻结的财产，情节严重的行为} ∪ {主体是年满 16 周岁、具有刑事责任能力的人} ∪ {主观方面是故意} = {客体是司法机关正常的诉讼秩序，客观方面表现为行为人隐藏、转移、变卖、故意毁损已被司法机关查封、扣押、冻结的财产，情节严重的行为，主体是年满 16 周岁、具有刑事责任能力的人，主观方面是故意}。

3. 非法处置查封、扣押、冻结的财产罪的处罚

根据《刑法》第 314 条的规定，犯本罪的，处 3 年以下有期徒刑、拘役或者罚金。

（十五）破坏监管秩序罪

1. 破坏监管秩序罪的概念

破坏监管秩序罪，是指依法被关押的罪犯，以殴打监管人员、聚众闹事等方式扰乱监管秩序，情节严重的行为。

2. 破坏监管秩序罪的构成特征

关于破坏监管秩序罪的构成特征，根据现行刑法的规定，主要有以下几个方面，其集合表现为：

设 O 为破坏监管秩序罪的集合，则 O = {破坏监管秩序罪}；

设 O1 为破坏监管秩序罪的客体的集合，则 O1 = {司法机关依法对被关押的罪犯实施监管的正常秩序}；设 O2 为破坏监管秩序罪的客观方面的集合，则 O2 = {行为人以殴打监管人员、聚众闹事等方式扰乱监管秩序，情节严重的行为}；设 O3 为破坏监管秩序罪的主体的集合，则 O3 = {依法被关押的罪犯}；设 O4 为破坏监管秩序罪的主观方面的集合，则 O4 = {故意}；

则 O = O1 ∪ O2 ∪ O3 ∪ O4，即破坏监管秩序罪 = {客体是司法机关依法对被关押的罪犯实施监管的正常秩序} ∪ {客观方面表现为行为人以殴打监管人员、聚众闹事等方式扰乱监管秩序，情节严重的行为} ∪ {主体是依法被关押的罪犯} ∪ {主观方面是故意} = {客体是司法机关依法对被关押的罪犯实施监管的正常秩序，客观方面表现为行为人以殴打监管人员、

聚众闹事等方式扰乱监管秩序，情节严重的行为，主体是依法被关押的罪犯，主观方面是故意｝。

3. 破坏监管秩序罪的处罚

根据《刑法》第315条的规定，犯本罪的，处3年以下有期徒刑。

（十六）脱逃罪

1. 脱逃罪的概念

脱逃罪，是指依法被关押的罪犯、被告人、犯罪嫌疑人逃离羁押场所及其他摆脱司法机关监管的行为。

2. 脱逃罪的构成特征

关于脱逃罪的构成特征，根据现行刑法的规定，主要有以下几个方面，其集合表现为：

设P为脱逃罪的集合，则P=｛脱逃罪｝；

设P1为脱逃罪的客体的集合，则P1=｛司法机关依法对被关押的罪犯、被告人、犯罪嫌疑人实施监管的正常秩序｝；设P2为脱逃罪的客观方面的集合，则P2=｛行为人逃离羁押场所及其他摆脱司法机关监管的行为｝；设P3为脱逃罪的主体的集合，则P3=｛依法被关押的罪犯、被告人、犯罪嫌疑人｝；设P4为脱逃罪的主观方面的集合，则P4=｛故意｝；

则P=P1∪P2∪P3∪P4，即脱逃罪=｛客体是司法机关依法对被关押的罪犯、被告人、犯罪嫌疑人实施监管的正常秩序｝∪｛客观方面表现为行为人逃离羁押场所及其他摆脱司法机关监管的行为｝∪｛主体是依法被关押的罪犯、被告人、犯罪嫌疑人｝∪｛主观方面是故意｝=｛客体是司法机关依法对被关押的罪犯、被告人、犯罪嫌疑人实施监管的正常秩序，客观方面表现为行为人逃离羁押场所及其他摆脱司法机关监管的行为，主体是依法被关押的罪犯、被告人、犯罪嫌疑人，主观方面是故意｝。

3. 脱逃罪的处罚

根据《刑法》第316条第1款的规定，犯本罪的，处5年以下有期徒刑或者拘役。

（十七）劫夺被押解人员罪

1. 劫夺被押解人员罪的概念

劫夺被押解人员罪，是指行为人使用暴力、胁迫以及其他方法，将押解途中的罪犯、被告人、犯罪嫌疑人夺走的行为。

2. 劫夺被押解人员罪的构成特征

关于劫夺被押解人员罪的构成特征，根据现行刑法的规定，主要有以下几个方面，其集合表现为：

设 Q 为劫夺被押解人员罪的集合，则 Q = {劫夺被押解人员罪}；

设 Q1 为劫夺被押解人员罪的客体的集合，则 Q1 = {司法机关对被押解人的监管秩序}；设 Q2 为劫夺被押解人员罪的客观方面的集合，则 Q2 = {行为人使用暴力、胁迫以及其他方法，将押解途中的罪犯、被告人、犯罪嫌疑人夺走的行为}；设 Q3 为劫夺被押解人员罪的主体的集合，则 Q3 = {年满 16 周岁、具有刑事责任能力的人}；设 Q4 为劫夺被押解人员罪的主观方面的集合，则 Q4 = {故意}；

则 Q = Q1∪Q2∪Q3∪Q4，即劫夺被押解人员罪 = {客体是司法机关对被押解人的监管秩序} ∪ {客观方面表现为行为人使用暴力、胁迫以及其他方法，将押解途中的罪犯、被告人、犯罪嫌疑人夺走的行为} ∪ {主体是年满 16 周岁、具有刑事责任能力的人} ∪ {主观方面是故意} = {客体是司法机关对被押解人的监管秩序，客观方面表现为行为人使用暴力、胁迫以及其他方法，将押解途中的罪犯、被告人、犯罪嫌疑人夺走的行为，主体是年满 16 周岁、具有刑事责任能力的人，主观方面是故意}。

3. 劫夺被押解人员罪的处罚

根据《刑法》第 316 条第 2 款的规定，犯本罪的，处 3 年以上 7 年以下有期徒刑；情节严重的，处 7 年以上有期徒刑。

（十八）组织越狱罪

1. 组织越狱罪的概念

组织越狱罪，是指在押人员在首要分子的组织、策划、指挥下，有组织、有计划地从羁押场所逃跑的行为。

2. 组织越狱罪的构成特征

关于组织越狱罪的构成特征，根据现行刑法的规定，主要有以下几个方面，其集合表现为：

设 R 为组织越狱罪的集合，则 R = {组织越狱罪}；

设 R1 为组织越狱罪的客体的集合，则 R1 = {司法机关对在押人员实行监管的正常秩序}；设 R2 为组织越狱罪的客观方面的集合，则 R2 = {行为人在首要分子的组织、策划、指挥下，有组织、有计划地从羁押场所逃跑的行为}；设 R3 为组织越狱罪的主体的集合，则 R3 = {依法被关押的罪犯、被告人、犯罪嫌疑人}；设 R4 为组织越狱罪的主观方面的集合，则 R4 = {故意}；

则 R = R1 ∪ R2 ∪ R3 ∪ R4，即组织越狱罪 = {客体是司法机关对在押人员实行监管的正常秩序} ∪ {客观方面表现为行为人在首要分子的组织、策划、指挥下，有组织、有计划地从羁押场所逃跑的行为} ∪ {主体是依法被关押的罪犯、被告人、犯罪嫌疑人} ∪ {主观方面是故意} = {客体是司法机关对在押人员实行监管的正常秩序，客观方面表现为行为人在首要分子的组织、策划、指挥下，有组织、有计划地从羁押场所逃跑的行为，主体是依法被关押的罪犯、被告人、犯罪嫌疑人，主观方面是故意}。

3. 组织越狱罪的处罚

根据《刑法》第 317 条第 1 款的规定，犯本罪的，处 5 年以上有期徒刑；其他参加的，处 5 年以下有期徒刑或者拘役。

（十九）暴动越狱罪

1. 暴动越狱罪的概念

暴动越狱罪，是指在押人员在首要分子的组织、策划、指挥下，采用暴力手段集体从关押场所逃跑的行为。

2. 暴动越狱罪的构成特征

关于暴动越狱罪的构成特征，根据现行刑法的规定，主要有以下几个方面，其集合表现为：

设 S 为暴动越狱罪的集合，则 S = {暴动越狱罪}；

设 S1 为暴动越狱罪的客体的集合，则 S1 = {司法机关对被关押的人员实行监管的正常秩序}；设 S2 为暴动越狱罪的客观方面的集合，则 S2 = {行为人在首要分子的组织、策划、指挥下，采用暴力手段集体从关押场所逃跑的行为}；设 S3 为暴动越狱罪的主体的集合，则 S3 = {依法被关押的罪犯、被告人、犯罪嫌疑人}；设 S4 为暴动越狱罪的主观方面的集合，则 S4 = {故意}；

则 S = S1 ∪ S2 ∪ S3 ∪ S4，即暴动越狱罪 = {客体是司法机关对被关押的人员实行监管的正常秩序} ∪ {客观方面表现为行为人在首要分子的组织、策划、指挥下，采用暴力手段集体从关押场所逃跑的行为} ∪ {主体是依法被关押的罪犯、被告人、犯罪嫌疑人} ∪ {主观方面是故意} = {客体是司法机关对被关押的人员实行监管的正常秩序，客观方面表现为行为人在首要分子的组织、策划、指挥下，采用暴力手段集体从关押场所逃跑的行为，主体是依法被关押的罪犯、被告人、犯罪嫌疑人，主观方面是故意}。

3. 暴动越狱罪的处罚

根据《刑法》第317条第2款的规定，犯本罪的，对首要分子和积极参加的，处10年以上有期徒刑或者无期徒刑；情节特别严重的，处死刑；其他参加的，处3年以上10年以下有期徒刑。

（二十）聚众持械劫狱罪

1. 聚众持械劫狱罪的概念

聚众持械越狱罪，是指狱外人员纠集多人，在首要分子的的组织、策划、指挥下，持凶器劫夺依法被关押人员的行为。

2. 聚众持械劫狱罪的构成特征

关于聚众持械劫狱罪的构成特征，根据现行刑法的规定，主要有以下几个方面，其集合表现为：

设T为聚众持械劫狱罪的集合，则T={聚众持械劫狱罪}；

设T1为聚众持械劫狱罪的客体的集合，则T1={司法机关对在押人员实行监管的正常秩序}；设T2为聚众持械劫狱罪的客观方面的集合，则T2={行为人纠集多人，在首要分子的的组织、策划、指挥下，持凶器劫夺依法被关押人员的行为}；设T3为聚众持械劫狱罪的主体的集合，则T3={年满16周岁、具有刑事责任能力的人}；设T4为聚众持械劫狱罪的主观方面的集合，则T4={故意}；

则$T=T1\cup T2\cup T3\cup T4$，即聚众持械劫狱罪={客体是司法机关对在押人员实行监管的正常秩序}∪{客观方面表现为行为人纠集多人，在首要分子的的组织、策划、指挥下，持凶器劫夺依法被关押人员的行为}∪{主体是年满16周岁、具有刑事责任能力的人}∪{主观方面是故意}={客体是司法机关对在押人员实行监管的正常秩序，客观方面表现为行为人纠集多人，在首要分子的的组织、策划、指挥下，持凶器劫夺依法被关押人员的行为，主体是年满16周岁、具有刑事责任能力的人，主观方面是故意}。

3. 聚众持械劫狱罪的处罚

根据《刑法》第317条第2款的规定，犯本罪的，对首要分子和积极参加的，处10年以上有期徒刑或者无期徒刑；情节特别严重的，处死刑；其他参加的，处3年以上10年以下有期徒刑。

三、妨害国（边）境管理罪

（一）组织他人偷越国（边）境罪

1. 组织他人偷越国（边）境罪的概念

组织他人偷越国（边）境罪，是指非法策划、指挥、串连、拉拢、安排他人偷越国（边）境的行为。

2. 组织他人偷越国（边）境罪的构成特征

关于组织他人偷越国（边）境罪的构成特征，根据现行刑法的规定，主要有以下几个方面，其集合表现为：

设 A 为组织他人偷越国（边）境罪的集合，则 A = ｛组织他人偷越国（边）境罪｝；

设 A1 为组织他人偷越国（边）境罪的客体的集合，则 A1 = ｛国家对国（边）境的正常管理秩序｝；设 A2 为组织他人偷越国（边）境罪的客观方面的集合，则 A2 = ｛行为人非法策划、指挥、串连、拉拢、安排他人偷越国（边）境的行为｝；设 A3 为组织他人偷越国（边）境罪的主体的集合，则 A3 = ｛年满 16 周岁、具有刑事责任能力的人｝；设 A4 为组织他人偷越国（边）境罪的主观方面的集合，则 A4 = ｛故意｝；

则 $A = A1 \cup A2 \cup A3 \cup A4$，即组织他人偷越国（边）境罪 = ｛客体是国家对国（边）境的正常管理秩序｝ ∪ ｛客观方面表现为行为人非法策划、指挥、串连、拉拢、安排他人偷越国（边）境的行为｝ ∪ ｛主体是年满 16 周岁、具有刑事责任能力的人｝ ∪ ｛主观方面是故意｝ = ｛客体是国家对国（边）境的正常管理秩序，客观方面表现为行为人非法策划、指挥、串连、拉拢、安排他人偷越国（边）境的行为，主体是年满 16 周岁、具有刑事责任能力的人，主观方面是故意｝。

3. 组织他人偷越国（边）境罪的处罚

根据《刑法》第 318 条规定，犯本罪的，处 2 年以上 7 年以下有期徒刑，并处罚金；有下列情形之一的，处 7 年以上有期徒刑或者无期徒刑，并处罚金或者没收财产：（1）组织他人偷越国（边）境集团的首要分子；（2）多次组织他人偷越国（边）境或者组织他人偷越国（边）境人数众多的；（3）造成被组织人重伤、死亡的；（4）剥夺或者限制被组织人人身自由的；（5）以暴力、威胁方法抗拒检查的；（6）违法所得数额巨大的；

(7) 有其他特别严重情节的。犯前款罪，对被组织人有杀害、伤害、强奸、拐卖等犯罪行为，或者对检查人员有杀害、伤害等犯罪行为的，依照数罪并罚的规定处罚。

(二) 骗取出境证件罪

1. 骗取出境证件罪的概念

骗取出境证件罪，是指行为人以劳务输出、经贸往来或者其他名义，弄虚作假，骗取护照、签证等出境证件，为组织他人偷越国（边）境使用的行为。

2. 骗取出境证件罪的构成特征

关于骗取出境证件罪的构成特征，根据现行刑法的规定，主要有以下几个方面，其集合表现为：

设 B 为骗取出境证件罪的集合，则 B = {骗取出境证件罪}；

设 B1 为骗取出境证件罪的客体的集合，则 B1 = {国家对出境证件的管理制度}；设 B2 为骗取出境证件罪的客观方面的集合，则 B2 = {行为人以劳务输出、经贸往来或者其他名义，弄虚作假，骗取护照、签证等出境证件，为组织他人偷越国（边）境使用的行为}；设 B3 为骗取出境证件罪的主体的集合，则 B3 = {年满 16 周岁、具有刑事责任能力的人} ∪ {单位} = {年满 16 周岁、具有刑事责任能力的人和单位}；设 B4 为骗取出境证件罪的主观方面的集合，则 B4 = {故意}；

则 B = B1 ∪ B2 ∪ B3 ∪ B4，即骗取出境证件罪 = {客体是国家对出境证件的管理制度} ∪ {客观方面表现为行为人以劳务输出、经贸往来或者其他名义，弄虚作假，骗取护照、签证等出境证件，为组织他人偷越国（边）境使用的行为} ∪ {主体是年满 16 周岁、具有刑事责任能力的人和单位} ∪ {主观方面是故意} = {客体是国家对出境证件的管理制度，客观方面表现为行为人以劳务输出、经贸往来或者其他名义，弄虚作假，骗取护照、签证等出境证件，为组织他人偷越国（边）境使用的行为，主体是年满 16 周岁、具有刑事责任能力的人和单位，主观方面是故意}。

3. 骗取出境证件罪的处罚

根据《刑法》第 319 条规定，犯本罪的，处 3 年以下有期徒刑，并处罚金；情节严重的，处 3 年以上 10 年以下有期徒刑，并处罚金。单位犯本罪的，对单位判处罚金，并对其直接负责的主管人员和其他直接责任人员，依照上述规定处罚。

（三）提供伪造、变造的出入境证件罪

1. 提供伪造、变造的出入境证件罪的概念

提供伪造、变造的出入境证件罪，是指行为人为他人提供伪造、变造的护照、签证等出入境证件的行为。

2. 提供伪造、变造的出入境证件罪的构成特征

关于提供伪造、变造的出入境证件罪的构成特征，根据现行刑法的规定，主要有以下几个方面，其集合表现为：

设 C 为提供伪造、变造的出入境证件罪的集合，则 C = ｛提供伪造、变造的出入境证件罪｝；

设 C1 为提供伪造、变造的出入境证件罪的客体的集合，则 C1 = ｛国家对出入境证件的管理制度｝；设 C2 为提供伪造、变造的出入境证件罪的客观方面的集合，则 C2 = ｛行为人为他人提供伪造、变造的护照、签证等出入境证件的行为｝；设 C3 为提供伪造、变造的出入境证件罪的主体的集合，则 C3 = ｛年满 16 周岁、具有刑事责任能力的人｝；设 C4 为提供伪造、变造的出入境证件罪的主观方面的集合，则 C4 = ｛故意｝；

则 C = C1 ∪ C2 ∪ C3 ∪ C4，即提供伪造、变造的出入境证件罪 = ｛客体是国家对出入境证件的管理制度｝ ∪ ｛客观方面表现为行为人为他人提供伪造、变造的护照、签证等出入境证件的行为｝ ∪ ｛主体是年满 16 周岁、具有刑事责任能力的人｝ ∪ ｛主观方面是故意｝ = ｛客体是国家对出入境证件的管理制度，客观方面表现为行为人为他人提供伪造、变造的护照、签证等出入境证件的行为，主体是年满 16 周岁、具有刑事责任能力的人，主观方面是故意｝。

3. 提供伪造、变造的出入境证件罪的处罚

根据《刑法》第 320 条规定，犯本罪的，处 5 年以下有期徒刑，并处罚金；情节严重的，处 5 年以上有期徒刑，并处罚金。

（四）出售出入境证件罪

1. 出售出入境证件罪的概念

出售出入境证件罪，是指行为人非法出售护照、签证等出入境证件的行为。

2. 出售出入境证件罪的构成特征

关于出售出入境证件罪的构成特征，根据现行刑法的规定，主要有以下

几个方面，其集合表现为：

设 D 为出售出入境证件罪的集合，则 D = {出售出入境证件罪}；

设 D1 为出售出入境证件罪的客体的集合，则 D1 = {国家对出入境证件的管理制度}；设 D2 为出售出入境证件罪的客观方面的集合，则 D2 = {行为人非法出售护照、签证等出入境证件的行为}；设 D3 为出售出入境证件罪的主体的集合，则 D3 = {年满 16 周岁、具有刑事责任能力的人}；设 D4 为出售出入境证件罪的主观方面的集合，则 D4 = {故意}；

则 D = D1∪D2∪D3∪D4，即出售出入境证件罪 = {客体是国家对出入境证件的管理制度} ∪ {客观方面表现为行为人非法出售护照、签证等出入境证件的行为} ∪ {主体是年满 16 周岁、具有刑事责任能力的人} ∪ {主观方面是故意} = {客体是国家对出入境证件的管理制度，客观方面表现为行为人非法出售护照、签证等出入境证件的行为，主体是年满 16 周岁、具有刑事责任能力的人，主观方面是故意}。

3. 出售出入境证件罪的处罚

根据《刑法》第 320 条规定，犯本罪的，处 5 年以下有期徒刑，并处罚金；情节严重的，处 5 年以上有期徒刑，并处罚金。

（五）运送他人偷越国（边）境罪

1. 运送他人偷越国（边）境罪的概念

运送他人偷越国（边）境罪，是指行为人以一定的方式将偷越国（边）境的人运出或者运进我国国（边）境罪的行为。

2. 运送他人偷越国（边）境罪的构成特征

关于运送他人偷越国（边）境罪的构成特征，根据现行刑法的规定，主要有以下几个方面，其集合表现为：

设 E 为运送他人偷越国（边）境罪的集合，则 E = {运送他人偷越国（边）境罪}；

设 E1 为运送他人偷越国（边）境罪的客体的集合，则 E1 = {国家对国（边）境的管理秩序}；设 E2 为运送他人偷越国（边）境罪的客观方面的集合，则 E2 = {行为人以一定的方式将偷越国（边）境的人运出或者运进我国国（边）境罪的行为}；设 E3 为运送他人偷越国（边）境罪的主体的集合，则 E3 = {年满 16 周岁、具有刑事责任能力的人}；设 E4 为运送他人偷越国（边）境罪的主观方面的集合，则 E4 = {故意}；

则 E = E1∪E2∪E3∪E4，即运送他人偷越国（边）境罪 = {客体是国家对国（边）境的管理秩序｝∪｛客观方面表现为行为人以一定的方式将偷越国（边）境的人运出或者运进我国国（边）境罪的行为｝∪｛主体是年满16周岁、具有刑事责任能力的人｝∪｛主观方面是故意｝=｛客体是国家对国（边）境的管理秩序，客观方面表现为行为人以一定的方式将偷越国（边）境的人运出或者运进我国国（边）境罪的行为，主体是年满16周岁、具有刑事责任能力的人，主观方面是故意｝。

3. 运送他人偷越国（边）境罪的处罚

根据《刑法》第321条规定，犯本罪的，处5年以下有期徒刑、拘役或者管制，并处罚金；有下列情形之一的，处5年以上10年以下有期徒刑，并处罚金：（1）多次实施运送行为或者运送人数众多的；（2）所使用的船只、车辆等交通工具不具备必要的安全条件，足以造成严重后果的；（3）违法所得数额巨大的；（4）有其他特别严重情节的；在运送他人偷越国（边）境中造成被运送人重伤、死亡，或者以暴力、威胁方法抗拒检查的，处7年以上有期徒刑，并处罚金；犯本罪，对被运送人有杀害、伤害、强奸、拐卖等犯罪行为，或者对检查人员有杀害、伤害等犯罪行为的，依照数罪并罚的规定处罚。

（六）偷越国（边）境罪

1. 偷越国（边）境罪的概念

偷越国（边）境罪，是指行为人违反国（边）境管理法规，非法出入我国国（边）境，情节严重的行为。

2. 偷越国（边）境罪的构成特征

关于偷越国（边）境罪的构成特征，根据现行刑法的规定，主要有以下几个方面，其集合表现为：

设F为偷越国（边）境罪的集合，则F=｛偷越国（边）境罪｝；

设F1为偷越国（边）境罪的客体的集合，则F1=｛国家对国（边）境的管理秩序｝；设F2为偷越国（边）境罪的客观方面的集合，则F2=｛行为人违反国（边）境管理法规，非法出入我国国（边）境，情节严重的行为｝；设F3为偷越国（边）境罪的主体的集合，则F3=｛年满16周岁、具有刑事责任能力的人｝；设F4为偷越国（边）境罪的主观方面的集合，则F4=｛故意｝；

则F=F1∪F2∪F3∪F4，即偷越国（边）境罪=｛客体是国家对国（边）境的管理秩序｝∪｛客观方面表现为行为人违反国（边）境管理法规，非法出入我国国（边）境，情节严重的行为｝∪｛主体是年满16周岁、具有刑事责任能力的人｝∪｛主观方面是故意｝=｛客体是国家对国（边）境的管理秩序，客观方面表现为行为人违反国（边）境管理法规，非法出入我国国（边）境，情节严重的行为，主体是年满16周岁、具有刑事责任能力的人，主观方面是故意｝。

3. 偷越国（边）境罪的处罚

根据《刑法》第322条规定，犯本罪的，处1年以上3年以下有期徒刑，并处罚金。

（七）破坏界碑、界桩罪

1. 破坏界碑、界桩罪的概念

破坏界碑、界桩罪，是指行为人故意破坏国家边境的界碑、界桩的行为。

2. 破坏界碑、界桩罪的构成特征

关于破坏界碑、界桩罪的构成特征，根据现行刑法的规定，主要有以下几个方面，其集合表现为：

设G为破坏界碑、界桩罪的集合，则G=｛破坏界碑、界桩罪｝；

设G1为破坏界碑、界桩罪的客体的集合，则G1=｛国家对边境界碑、界桩的正常管理秩序｝；设G2为破坏界碑、界桩罪的客观方面的集合，则G2=｛行为人破坏国家边境的界碑、界桩的行为｝；设G3为破坏界碑、界桩罪的主体的集合，则G3=｛年满16周岁、具有刑事责任能力的人｝；设G4为破坏界碑、界桩罪的主观方面的集合，则G4=｛故意｝；

则G=G1∪G2∪G3∪G4，即破坏界碑、界桩罪=｛客体是国家对边境界碑、界桩的正常管理秩序｝∪｛客观方面表现为行为人破坏国家边境的界碑、界桩的行为｝∪｛主体是年满16周岁、具有刑事责任能力的人｝∪｛主观方面是故意｝=｛客体是国家对边境界碑、界桩的正常管理秩序，客观方面表现为行为人破坏国家边境的界碑、界桩的行为，主体是年满16周岁、具有刑事责任能力的人，主观方面是故意｝。

3. 破坏界碑、界桩罪的处罚

根据《刑法》第323条规定，犯本罪的，处3年以下有期徒刑或者拘役。

（八）破坏永久性测量标志罪

1. 破坏永久性测量标志罪的概念

破坏永久性测量标志罪，是指故意破坏国家永久性测量标志的行为。

2. 破坏永久性测量标志罪的构成特征

关于破坏永久性测量标志罪的构成特征，根据现行刑法的规定，主要有以下几个方面，其集合表现为：

设 H 为破坏永久性测量标志罪的集合，则 H = {破坏永久性测量标志罪}；

设 H1 为破坏永久性测量标志罪的客体的集合，则 H1 = {国家对永久性测量标志的正常管理秩序}；设 H2 为破坏永久性测量标志罪的客观方面的集合，则 H2 = {行为人破坏国家永久性测量标志的行为}；设 H3 为破坏永久性测量标志罪的主体的集合，则 H3 = {年满 16 周岁、具有刑事责任能力的人}；设 H4 为破坏永久性测量标志罪的主观方面的集合，则 H4 = {故意}；

则 H = H1 ∪ H2 ∪ H3 ∪ H4，即破坏永久性测量标志罪 = {客体是国家对永久性测量标志的正常管理秩序} ∪ {客观方面表现为行为人破坏国家永久性测量标志的行为} ∪ {主体是年满 16 周岁、具有刑事责任能力的人} ∪ {主观方面是故意} = {客体是国家对永久性测量标志的正常管理秩序，客观方面表现为行为人破坏国家永久性测量标志的行为，主体是年满 16 周岁、具有刑事责任能力的人，主观方面是故意}。

3. 破坏永久性测量标志罪的处罚

根据《刑法》第 323 条规定，犯本罪的，处 3 年以下有期徒刑或者拘役。

四、妨害文物管理罪

（一）故意损毁文物罪

1. 故意损毁文物罪的概念

故意损毁文物罪，是指行为人故意损毁国家保护的珍贵文物或者被确定为全国重点文物保护单位、省级文物保护单位的文物的行为。

2. 故意损毁文物罪的构成特征

关于故意损毁文物罪的构成特征，根据现行刑法的规定，主要有以下几个方面，其集合表现为：

设 A 为故意损毁文物罪的集合，则 A = {故意损毁文物罪}；

设 A1 为故意损毁文物罪的客体的集合，则 A1 = {国家对文物的保护制度}；设 A2 为故意损毁文物罪的客观方面的集合，则 A2 = {行为人损毁国家保护的珍贵文物或者被确定为全国重点文物保护单位、省级文物保护单位的文物的行为｝；设 A3 为故意损毁文物罪的主体的集合，则 A3 = ｛年满16 周岁、具有刑事责任能力的人｝；设 A4 为故意损毁文物罪的主观方面的集合，则 A4 = ｛故意｝；

则 A = A1 ∪ A2 ∪ A3 ∪ A4，即故意损毁文物罪 = ｛客体是国家对文物的保护制度｝ ∪ ｛客观方面表现为行为人损毁国家保护的珍贵文物或者被确定为全国重点文物保护单位、省级文物保护单位的文物的行为｝ ∪ ｛主体是年满 16 周岁、具有刑事责任能力的人｝ ∪ ｛主观方面是故意｝ = ｛客体是国家对文物的保护制度，客观方面表现为行为人损毁国家保护的珍贵文物或者被确定为全国重点文物保护单位、省级文物保护单位的文物的行为，主体是年满 16 周岁、具有刑事责任能力的人，主观方面是故意｝。

3. 故意损毁文物罪的处罚

根据《刑法》第 324 条第 1 款规定，犯本罪的，处 3 年以下有期徒刑或者拘役，并处或者单处罚金；情节严重的，处 3 年以上 10 年以下有期徒刑，并处罚金。

（二）故意损毁名胜古迹罪

1. 故意损毁名胜古迹罪的概念

故意损毁名胜古迹罪，是指行为人故意损毁国家保护的名胜古迹，情节严重的行为。

2. 故意损毁名胜古迹罪的构成特征

关于故意损毁名胜古迹罪的构成特征，根据现行刑法的规定，主要有以下几个方面，其集合表现为：

设 B 为故意损毁名胜古迹罪的集合，则 B = ｛故意损毁名胜古迹罪｝；

设 B1 为故意损毁名胜古迹罪的客体的集合，则 B1 = ｛国家对名胜古迹的保护制度｝；设 B2 为故意损毁名胜古迹罪的客观方面的集合，则 B2 = ｛行为人损毁国家保护的名胜古迹，情节严重的行为｝；设 B3 为故意损毁名胜古迹罪的主体的集合，则 B3 = ｛年满 16 周岁、具有刑事责任能力的人｝；设 B4 为故意损毁名胜古迹罪的主观方面的集合，则 B4 = ｛故意｝；

则 B = B1 ∪ B2 ∪ B3 ∪ B4，即故意损毁名胜古迹罪 = ｛客体是国家对名胜古迹的保护制度｝ ∪ ｛客观方面表现为行为人损毁国家保护的名胜古迹，情节严重的行为｝ ∪ ｛主体是年满 16 周岁、具有刑事责任能力的人｝ ∪ ｛主观方面是故意｝ = ｛客体是国家对名胜古迹的保护制度，客观方面表现为行为人损毁国家保护的名胜古迹，情节严重的行为，主体是年满16周岁、具有刑事责任能力的人，主观方面是故意｝。

3. 故意损毁名胜古迹罪的处罚

根据《刑法》第324条第2款规定，犯本罪的，处5年以下有期徒刑或者拘役，并处或者单处罚金。

（三）过失损毁文物罪

1. 过失损毁文物罪的概念

过失损毁文物罪，是指行为人过失损毁国家保护的珍贵文物或者被确定为全国重点文物保护单位、省级文物保护单位的文物，造成严重后果的行为。

2. 过失损毁文物罪的构成特征

关于过失损毁文物罪的构成特征，根据现行刑法的规定，主要有以下几个方面，其集合表现为：

设C为过失损毁文物罪的集合，则C＝｛过失损毁文物罪｝；

设C1为过失损毁文物罪的客体的集合，则C1＝｛国家对文物的保护制度｝；设C2为过失损毁文物罪的客观方面的集合，则C2＝｛行为人损毁国家保护的珍贵文物或者被确定为全国重点文物保护单位、省级文物保护单位的文物，造成了严重后果的行为｝；设C3为过失损毁文物罪的主体的集合，则C3＝｛年满16周岁、具有刑事责任能力的人｝；设C4为过失损毁文物罪的主观方面的集合，则C4＝｛过失｝；

则$C=C1\cup C2\cup C3\cup C4$，即过失损毁文物罪＝｛客体是国家对文物的保护制度｝∪｛客观方面表现为行为人损毁国家保护的珍贵文物或者被确定为全国重点文物保护单位、省级文物保护单位的文物，造成了严重后果的行为｝∪｛主体是年满16周岁、具有刑事责任能力的人｝∪｛主观方面是过失｝＝｛客体是国家对文物的保护制度，客观方面表现为行为人损毁国家保护的珍贵文物或者被确定为全国重点文物保护单位、省级文物保护单位的文物，造成了严重后果的行为，主体是年满16周岁、具有刑事责任能力的人，主观方面是过失｝。

3. 过失损毁文物罪的处罚

根据《刑法》第324条第3款规定，犯本罪的，处3年以下有期徒刑或者拘役。

（四）非法向外国人出售、赠送珍贵文物罪

1. 非法向外国人出售、赠送珍贵文物罪的概念

非法向外国人出售、赠送珍贵文物罪，是指行为人违反文物保护法规，将收藏的国家禁止出口的珍贵文物私自出售或者私自赠送给外国人的行为。

2. 非法向外国人出售、赠送珍贵文物罪的构成特征

关于非法向外国人出售、赠送珍贵文物罪的构成特征，根据现行刑法的规定，主要有以下几个方面，其集合表现为：

设D为非法向外国人出售、赠送珍贵文物罪的集合，则D＝｛非法向外国人出售、赠送珍贵文物罪｝；

设D1为非法向外国人出售、赠送珍贵文物罪的客体的集合，则D1＝｛国家对收藏的珍贵文物的保护制度｝；设D2为非法向外国人出售、赠送珍贵文物罪的客观方面的集合，则D2＝｛行为人违反文物保护法规，将收藏的国家禁止出口的珍贵文物私自出售或者私自赠送给外国人的行为｝；设D3为非法向外国人出售、赠送珍贵文物罪的主体的集合，则D3＝｛年满16周岁、具有刑事责任能力的人｝∪｛单位｝＝｛年满16周岁、具有刑事责任能力的人和单位｝；设D4为非法向外国人出售、赠送珍贵文物罪的主观方面的集合，则D4＝｛故意｝；

则D＝D1∪D2∪D3∪D4，即非法向外国人出售、赠送珍贵文物罪＝｛客体是国家对收藏的珍贵文物的保护制度｝∪｛客观方面表现为行为人违反文物保护法规，将收藏的国家禁止出口的珍贵文物私自出售或者私自赠送给外国人的行为｝∪｛主体是年满16周岁、具有刑事责任能力的人和单位｝∪｛主观方面是故意｝＝｛客体是国家对收藏的珍贵文物的保护制度，客观方面表现为行为人违反文物保护法规，将收藏的国家禁止出口的珍贵文物私自出售或者私自赠送给外国人的行为，主体是年满16周岁、具有刑事责任能力的人和单位，主观方面是故意｝。

3. 非法向外国人出售、赠送珍贵文物罪的处罚

根据《刑法》第325条规定，犯本罪的，处5年以下有期徒刑或者拘役，可以并处罚金。单位犯本罪的，对单位判处罚金，并对其直接负责的主管人员和其他直接责任人员，依照前款的规定处罚。

（五）倒卖文物罪

1. 倒卖文物罪的概念

倒卖文物罪，是指行为人以牟利为目的，倒卖国家禁止经营的文物，情节严重的行为。

2. 倒卖文物罪的构成特征

关于倒卖文物罪的构成特征，根据现行刑法的规定，主要有以下几个方面，其集合表现为：

设 E 为倒卖文物罪的集合，则 E = ｛倒卖文物罪｝；

设 E1 为倒卖文物罪的客体的集合，则 E1 = ｛国家对文物的管理制度｝；设 E2 为倒卖文物罪的客观方面的集合，则 E2 = ｛行为人倒卖国家禁止经营的文物，情节严重的行为｝；设 E3 为倒卖文物罪的主体的集合，则 E3 = ｛年满 16 周岁、具有刑事责任能力的人｝ ∪ ｛单位｝ = ｛年满 16 周岁、具有刑事责任能力的人和单位｝；设 E4 为倒卖文物罪的主观方面的集合，则 E4 = ｛故意，并且以牟利为目的｝；

则 E = E1 ∪ E2 ∪ E3 ∪ E4，即倒卖文物罪 = ｛客体是国家对文物的管理制度｝ ∪ ｛客观方面表现为行为人倒卖国家禁止经营的文物，情节严重的行为｝ ∪ ｛主体是年满 16 周岁、具有刑事责任能力的人和单位｝ ∪ ｛主观方面是故意，并且以牟利为目的｝ = ｛客体是国家对文物的管理制度，客观方面表现为行为人倒卖国家禁止经营的文物，情节严重的行为，主体是年满 16 周岁、具有刑事责任能力的人和单位，主观方面是故意，并且以牟利为目的｝。

3. 倒卖文物罪的处罚

根据《刑法》第 326 条规定，犯本罪的，处 5 年以下有期徒刑或者拘役，并处罚金；情节特别严重的，处 5 年以上 10 年以下有期徒刑，并处罚金。单位犯本罪，对单位判处罚金，并对其直接负责的主管人员和其他直接责任人员，依照前款的规定处罚。

（六）非法出售、私赠文物藏品罪

1. 非法出售、私赠文物藏品罪的概念

非法出售、私赠文物藏品罪，是指国有博物馆、图书馆等单位违反文物保护法规，将国家保护的文物藏品出售或者私自送给非国有单位或者个人的行为。

2. 非法出售、私赠文物藏品罪的构成特征

关于非法出售、私赠文物藏品罪的构成特征，根据现行刑法的规定，主要有以下几个方面，其集合表现为：

设 F 为非法出售、私赠文物藏品罪的集合，则 F = {非法出售、私赠文物藏品罪}；

设 F1 为非法出售、私赠文物藏品罪的客体的集合，则 F1 = {国家对国有文物藏品的管理制度和国家的文物所有权}；设 F2 为非法出售、私赠文物藏品罪的客观方面的集合，则 F2 = {行为人违反文物保护法规，将国家保护的文物藏品出售或者私自送给非国有单位或者个人的行为}；设 F3 为非法出售、私赠文物藏品罪的主体的集合，则 F3 = {国有博物馆、图书馆等单位}；设 F4 为非法出售、私赠文物藏品罪的主观方面的集合，则 F4 = {故意}；

则 $F = F1 \cup F2 \cup F3 \cup F4$，即非法出售、私赠文物藏品罪 = {客体是国家对国有文物藏品的管理制度和国家的文物所有权} ∪ {客观方面表现为行为人违反文物保护法规，将国家保护的文物藏品出售或者私自送给非国有单位或者个人的行为} ∪ {主体是国有博物馆、图书馆等单位} ∪ {主观方面是故意} = {客体是国家对国有文物藏品的管理制度和国家的文物所有权，客观方面表现为行为人违反文物保护法规，将国家保护的文物藏品出售或者私自送给非国有单位或者个人的行为，主体是国有博物馆、图书馆等单位，主观方面是故意}。

3. 非法出售、私赠文物藏品罪的处罚

根据《刑法》第 327 条规定，犯本罪的，对单位判处罚金，并对其直接负责的主管人员和其他直接责任人员，处 3 年以下有期徒刑或者拘役。

（七）盗掘古文化遗址、古墓葬罪

1. 盗掘古文化遗址、古墓葬罪的概念

盗掘古文化遗址、古墓葬罪，是指行为人盗掘具有历史、艺术、科学价值的古文化遗址、古墓葬的行为。

2. 盗掘古文化遗址、古墓葬罪的构成特征

关于盗掘古文化遗址、古墓葬罪的构成特征，根据现行刑法的规定，主要有以下几个方面，其集合表现为：

设 G 为盗掘古文化遗址、古墓葬罪的集合，则 G = {盗掘古文化遗址、古墓葬罪}；

设G1为盗掘古文化遗址、古墓葬罪的客体的集合，则G1 = {国家的文物管理制度和对古文化遗址、古墓葬的所有权}；设G2为盗掘古文化遗址、古墓葬罪的客观方面的集合，则G2 = {行为人盗掘具有历史、艺术、科学价值的古文化遗址、古墓葬的行为}；设G3为盗掘古文化遗址、古墓葬罪的主体的集合，则G3 = {年满16周岁、具有刑事责任能力的人}；设G4为盗掘古文化遗址、古墓葬罪的主观方面的集合，则G4 = {故意，且一般具有非法占有古文化遗址、古墓葬中文物的目的}；

则G = G1∪G2∪G3∪G4，即盗掘古文化遗址、古墓葬罪 = {客体是国家的文物管理制度和对古文化遗址、古墓葬的所有权}∪{客观方面表现为行为人盗掘具有历史、艺术、科学价值的古文化遗址、古墓葬的行为}∪{主体是年满16周岁、具有刑事责任能力的人}∪{主观方面是故意，且一般具有非法占有古文化遗址、古墓葬中文物的目的} = {客体是国家的文物管理制度和对古文化遗址、古墓葬的所有权，客观方面表现为行为人盗掘具有历史、艺术、科学价值的古文化遗址、古墓葬的行为，主体是年满16周岁、具有刑事责任能力的人，主观方面是故意，且一般具有非法占有古文化遗址、古墓葬中文物的目的}。

3. 盗掘古文化遗址、古墓葬罪的处罚

根据《刑法》第328条第1款规定，犯本罪的，处3年以上10年以下有期徒刑，并处罚金；情节较轻的，处3年以下有期徒刑、拘役或者管制，并处罚金；有下列情形之一的，处10年以上有期徒刑、无期徒刑，并处罚金或者没收财产：（1）盗掘确定为全国重点文物保护单位和省级文物保护单位的古文化遗址、古墓葬的；（2）盗掘古文化遗址、古墓葬集团的首要分子；（3）多次盗掘古文化遗址、古墓葬的；（4）盗掘古文化遗址、古墓葬，并盗窃珍贵文物或者造成珍贵文物严重破坏的。

（八）盗掘古人类化石、古脊椎动物化石罪

1. 盗掘古人类化石、古脊椎动物化石罪的概念

盗掘古人类化石、古脊椎动物化石罪，是指行为人盗掘国家保护的具有科学价值的古人类化石和古脊椎动物化石的行为。

2. 盗掘古人类化石、古脊椎动物化石罪的构成特征

关于盗掘古人类化石、古脊椎动物化石罪的构成特征，根据现行刑法的规定，主要有以下几个方面，其集合表现为：

设H为盗掘古人类化石、古脊椎动物化石罪的集合，则H = {盗掘古

人类化石、古脊椎动物化石罪｝；

设 H1 为盗掘古人类化石、古脊椎动物化石罪的客体的集合，则 H1 =｛国家对古人类化石和古脊椎动物化石的保护制度及其所有权｝；设 H2 为盗掘古人类化石、古脊椎动物化石罪的客观方面的集合，则 H2 =｛行为人盗掘国家保护的具有科学价值的古人类化石和古脊椎动物化石的行为｝；设 H3 为盗掘古人类化石、古脊椎动物化石罪的主体的集合，则 H3 =｛年满 16 周岁、具有刑事责任能力的人｝；设 H4 为盗掘古人类化石、古脊椎动物化石罪的主观方面的集合，则 H4 =｛故意｝；

则 $H = H1 \cup H2 \cup H3 \cup H4$，即盗掘古人类化石、古脊椎动物化石罪 =｛客体是国家对古人类化石和古脊椎动物化石的保护制度及其所有权｝∪｛客观方面表现为行为人盗掘国家保护的具有科学价值的古人类化石和古脊椎动物化石的行为｝∪｛主体是年满 16 周岁、具有刑事责任能力的人｝∪｛主观方面是故意｝ =｛客体是国家对古人类化石和古脊椎动物化石的保护制度及其所有权，客观方面表现为行为人盗掘国家保护的具有科学价值的古人类化石和古脊椎动物化石的行为，主体是年满 16 周岁、具有刑事责任能力的人，主观方面是故意｝。

3. 盗掘古人类化石、古脊椎动物化石罪的处罚

根据《刑法》第 328 条第 2 款规定，犯本罪的，处 3 年以上 10 年以下有期徒刑，并处罚金；情节较轻的，处 3 年以下有期徒刑、拘役或者管制，并处罚金；有下列情形之一的，处 10 年以上有期徒刑、无期徒刑，并处罚金或者没收财产：(1) 盗掘确定为全国重点文物保护单位和省级文物保护单位的古人类化石和古脊椎动物化石的；(2) 盗掘古人类化石和古脊椎动物化石集团的首要分子；(3) 多次盗掘古人类化石和古脊椎动物化石的；(4) 盗掘古人类化石和古脊椎动物化石或者造成古人类化石和古脊椎动物化石严重破坏的等。

（九）抢夺、窃取国有档案罪

1. 抢夺、窃取国有档案罪的概念

抢夺、窃取国有档案罪，是指行为人公然夺取或者秘密窃取国家所有的档案的行为。

2. 抢夺、窃取国有档案罪的构成特征

关于抢夺、窃取国有档案罪的构成特征，根据现行刑法的规定，主要有以下几个方面，其集合表现为：

设 I 为抢夺、窃取国有档案罪的集合，则 I = {抢夺、窃取国有档案罪}；

设 I1 为抢夺、窃取国有档案罪的客体的集合，则 I1 = {国家对国有档案的管理制度及其所有权}；设 I2 为抢夺、窃取国有档案罪的客观方面的集合，则 I2 = {行为人公然夺取或者秘密窃取国家所有的档案的行为}；设 I3 为抢夺、窃取国有档案罪的主体的集合，则 I3 = {年满 16 周岁、具有刑事责任能力的人}；设 I4 为抢夺、窃取国有档案罪的主观方面的集合，则 I4 = {故意}；

则 I = I1 ∪ I2 ∪ I3 ∪ I4，即抢夺、窃取国有档案罪 = {客体是国家对国有档案的管理制度及其所有权} ∪ {客观方面表现为行为人公然夺取或者秘密窃取国家所有的档案的行为} ∪ {主体是年满 16 周岁、具有刑事责任能力的人} ∪ {主观方面是故意} = {客体是国家对国有档案的管理制度及其所有权，客观方面表现为行为人公然夺取或者秘密窃取国家所有的档案的行为，主体是年满 16 周岁、具有刑事责任能力的人，主观方面是故意}。

3. 抢夺、窃取国有档案罪的处罚

根据《刑法》第 329 条第 1 款、第 3 款规定，犯本罪的，处 5 年以下有期徒刑或者拘役。有前款行为，同时又构成本法规定的其他犯罪的，依照处罚较重的规定定罪处罚。

（十）擅自出卖、转让国有档案罪

1. 擅自出卖、转让国有档案罪的概念

擅自出卖、转让国有档案罪，是指行为人违反档案法的规定，擅自出卖、转让国家所有的档案，情节严重的行为。

2. 擅自出卖、转让国有档案罪的构成特征

关于擅自出卖、转让国有档案罪的构成特征，根据现行刑法的规定，主要有以下几个方面，其集合表现为：

设 J 为擅自出卖、转让国有档案罪的集合，则 J = {擅自出卖、转让国有档案罪}；

设 J1 为擅自出卖、转让国有档案罪的客体的集合，则 J1 = {国家对国有档案的管理制度及其所有权}；设 J2 为擅自出卖、转让国有档案罪的客观方面的集合，则 J2 = {行为人违反档案法的规定，擅自出卖、转让国家所有的档案，情节严重的行为}；设 J3 为擅自出卖、转让国有档案罪的主体的集合，则 J3 = {年满 16 周岁、具有刑事责任能力的人}；设 J4 为擅自出卖、转让国有档案罪的主观方面的集合，则 J4 = {故意}；

则 J = J1 ∪ J2 ∪ J3 ∪ J4，即擅自出卖、转让国有档案罪 = {客体是国家对国有档案的管理制度及其所有权} ∪ {客观方面表现为行为人违反档案法的规定，擅自出卖、转让国家所有的档案，情节严重的行为} ∪ {主体是年满 16 周岁、具有刑事责任能力的人} ∪ {主观方面是故意} = {客体是国家对国有档案的管理制度及其所有权，客观方面表现为行为人违反档案法的规定，擅自出卖、转让国家所有的档案，情节严重的行为，主体是年满 16 周岁、具有刑事责任能力的人，主观方面是故意}。

3. 擅自出卖、转让国有档案罪的处罚

根据《刑法》第 329 条第 2 款、第 3 款规定，犯本罪的，处 3 年以下有期徒刑或者拘役。有前款行为，同时又构成本法规定的其他犯罪的，依照处罚较重的规定定罪处罚。

五、危害公共卫生罪

（一）妨害传染病防治罪

1. 妨害传染病防治罪的概念

妨害传染病防治罪，是指行为人违反传染病防治法的规定，引起甲类传染病传播或者有传播严重危险的行为。

2. 妨害传染病防治罪的构成特征

关于妨害传染病防治罪的构成特征，根据现行刑法的规定，主要有以下几个方面，其集合表现为：

设 A 为妨害传染病防治罪的集合，则 A = {妨害传染病防治罪}；

设 A1 为妨害传染病防治罪的客体的集合，则 A1 = {国家对传染病防治的管理秩序}；设 A2 为妨害传染病防治罪的客观方面的集合，则 A2 = {行为人违反传染病防治法的规定，引起甲类传染病传播或者有传播严重危险的行为}；设 A3 为妨害传染病防治罪的主体的集合，则 A3 = {年满 16 周岁、具有刑事责任能力的人} ∪ {单位} = {年满 16 周岁、具有刑事责任能力的人和单位}；设 A4 为妨害传染病防治罪的主观方面的集合，则 A4 = {过失}；

则 A = A1 ∪ A2 ∪ A3 ∪ A4，即妨害传染病防治罪 = {客体是国家对传染病防治的管理秩序} ∪ {客观方面表现为行为人违反传染病防治法的规定，引起甲类传染病传播或者有传播严重危险的行为} ∪ {主体是年满 16 周岁、具有刑事责任能力的人和单位} ∪ {主观方面是过失} = {客体是国家对传染病防治的管理秩序，客观方面表现为行为人违反传染病防治法的规定，引起甲类传染病传播或者有传播严重危险的行为，主体是年满16周岁、具有刑事责任能力的人和单位，主观方面是过失}。

3. 妨害传染病防治罪的处罚

根据《刑法》第330条第1款、第2款规定，犯本罪的，处3年以下有期徒刑或者拘役；后果特别严重的，处3年以上7年以下有期徒刑。单位犯本罪的，对单位判处罚金，并对其直接负责的主管人员和其他直接责任人员，依照前款的规定处罚。

（二）传染病菌种、毒种扩散罪

1. 传染病菌种、毒种扩散罪的概念

传染病菌种、毒种扩散罪，是指从事实验、保藏、携带、运输传染病菌种、毒种的人员，违反国务院卫生行政部门的有关规定，造成传染病菌种、毒种扩散，后果严重的行为。

2. 传染病菌种、毒种扩散罪的构成特征

关于传染病菌种、毒种扩散罪的构成特征，根据现行刑法的规定，主要有以下几个方面，其集合表现为：

设B为传染病菌种、毒种扩散罪的集合，则B = {传染病菌种、毒种扩散罪}；

设B1为传染病菌种、毒种扩散罪的客体的集合，则B1 = {国家对传染病防治的管理秩序}；设B2为传染病菌种、毒种扩散罪的客观方面的集合，则B2 = {行为人违反国务院卫生行政部门的有关规定，造成传染病菌种、毒种扩散，后果严重的行为}；设B3为传染病菌种、毒种扩散罪的主体的集合，则B3 = {从事实验、保藏、携带、运输传染病菌种、毒种的人员}；设B4为传染病菌种、毒种扩散罪的主观方面的集合，则B4 = {过失}；

则B = B1∪B2∪B3∪B4，即传染病菌种、毒种扩散罪 = {客体是国家对传染病防治的管理秩序} ∪ {客观方面表现为行为人违反国务院卫生行政部门的有关规定，造成传染病菌种、毒种扩散，后果严重的行为} ∪ {主体是从事实验、保藏、携带、运输传染病菌种、毒种的人员} ∪ {主观方面是过失} = {客体是国家对传染病防治的管理秩序，客观方面表现为行为人违反国务院卫生行政部门的有关规定，造成传染病菌种、毒种扩散，后果严重的行为，主体是从事实验、保藏、携带、运输传染病菌种、毒种的人员，主观方面是过失}。

3. 传染病菌种、毒种扩散罪的处罚

根据《刑法》第331条规定，犯本罪的，处3年以下有期徒刑或者拘役；后果特别严重的，处3年以上7年以下有期徒刑。

（三）妨害国境卫生检疫罪

1. 妨害国境卫生检疫罪的概念

妨害国境卫生检疫罪，是指行为人违反国境卫生检疫规定，引起检疫传染病传播或者有传播严重危险的行为。

2. 妨害国境卫生检疫罪的构成特征

关于妨害国境卫生检疫罪的构成特征，根据现行刑法的规定，主要有以下几个方面，其集合表现为：

设C为妨害国境卫生检疫罪的集合，则C = {妨害国境卫生检疫罪}；

设C1为妨害国境卫生检疫罪的客体的集合，则C1 = {国家对国境卫生检疫的管理秩序}；设C2为妨害国境卫生检疫罪的客观方面的集合，则C2 = {行为人违反国境卫生检疫规定，引起检疫传染病传播或者有传播严重危险的行为}；设C3为妨害国境卫生检疫罪的主体的集合，则C3 = {年满16周岁、具有刑事责任能力的人} ∪ {单位} = {年满16周岁、具有刑事责任能力的人和单位}；设C4为妨害国境卫生检疫罪的主观方面的集合，则C4 = {过失}；

则C = C1∪C2∪C3∪C4，即妨害国境卫生检疫罪 = {客体是国家对国境卫生检疫的管理秩序} ∪ {客观方面表现为行为人违反国境卫生检疫规定，引起检疫传染病传播或者有传播严重危险的行为} ∪ {主体是年满16周岁、具有刑事责任能力的人和单位} ∪ {主观方面是过失} = {客体是国家对国境卫生检疫的管理秩序，客观方面表现为行为人违反国境卫生检疫规定，引起检疫传染病传播或者有传播严重危险的行为，主体是年满16周岁、具有刑事责任能力的人和单位，主观方面是过失}。

3. 妨害国境卫生检疫罪的处罚

根据《刑法》第332条第1款、第2款规定，犯本罪的，处3年以下有期徒刑或者拘役，并处或者单处罚金。单位犯本罪的，对单位判处罚金，并对其直接负责的主管人员和其他直接责任人员，依照前款的规定处罚。

（四）非法组织卖血罪

1. 非法组织卖血罪的概念

非法组织卖血罪，是指行为人为牟取非法利益，未经卫生行政主管部门的批准或者委托，擅自组织他人向血站、红十字会等采集血液机构出卖血液的行为。

2. 非法组织卖血罪的构成特征

关于非法组织卖血罪的构成特征，根据现行刑法的规定，主要有以下几个方面，其集合表现为：

设 D 为非法组织卖血罪的集合，则 D = ｛非法组织卖血罪｝；

设 D1 为非法组织卖血罪的客体的集合，则 D1 = ｛国家对采供血的管理秩序｝；设 D2 为非法组织卖血罪的客观方面的集合，则 D2 = ｛行为人未经卫生行政主管部门的批准或者委托，擅自组织他人向血站、红十字会等采集血液机构出卖血液的行为｝；设 D3 为非法组织卖血罪的主体的集合，则 D3 = ｛年满 16 周岁、具有刑事责任能力的人｝；设 D4 为非法组织卖血罪的主观方面的集合，则 D4 = ｛故意，并且一般具有牟利的目的｝；

则 D = D1 ∪ D2 ∪ D3 ∪ D4，即非法组织卖血罪 = ｛客体是国家对采供血的管理秩序｝ ∪ ｛客观方面表现为行为人未经卫生行政主管部门的批准或者委托，擅自组织他人向血站、红十字会等采集血液机构出卖血液的行为｝ ∪ ｛主体是年满 16 周岁、具有刑事责任能力的人｝ ∪ ｛主观方面是故意，并且一般具有牟利的目的｝ = ｛客体是国家对采供血的管理秩序，客观方面表现为行为人未经卫生行政主管部门的批准或者委托，擅自组织他人向血站、红十字会等采集血液机构出卖血液的行为，主体是年满 16 周岁、具有刑事责任能力的人，主观方面是故意，并且一般具有牟利的目的｝。

3. 非法组织卖血罪的处罚

根据《刑法》第 333 条第 1 款、第 2 款规定，犯本罪的，处 5 年以下有期徒刑，并处罚金；有前款行为，对他人造成伤害的，依照本法第 234 条的规定定罪处罚。

（五）强迫卖血罪

1. 强迫卖血罪的概念

强迫卖血罪，是指行为人以暴力、威胁方法强迫他人出卖血液的行为。

2. 强迫卖血罪的构成特征

关于强迫卖血罪的构成特征，根据现行刑法的规定，主要有以下几个方面，其集合表现为：

设 E 为强迫卖血罪的集合，则 E = {强迫卖血罪}；

设 E1 为强迫卖血罪的客体的集合，则 E1 = {国家对采供血的管理秩序} ∪ {他人的人身权利} = {国家对采供血的管理秩序和他人的人身权利}；设 E2 为强迫卖血罪的客观方面的集合，则 E2 = {行为人以暴力、威胁方法强迫他人出卖血液的行为}；设 E3 为强迫卖血罪的主体的集合，则 E3 = {年满 16 周岁、具有刑事责任能力的人}；设 E4 为强迫卖血罪的主观方面的集合，则 E4 = {故意，并且一般具有牟利的目的}；

则 E = E1 ∪ E2 ∪ E3 ∪ E4，即强迫卖血罪 = {客体是国家对采供血的管理秩序和他人的人身权利} ∪ {客观方面表现为行为人以暴力、威胁方法强迫他人出卖血液的行为} ∪ {主体是年满 16 周岁、具有刑事责任能力的人} ∪ {主观方面是故意，并且一般具有牟利的目的} = {客体是国家对采供血的管理秩序和他人的人身权利，客观方面表现为行为人以暴力、威胁方法强迫他人出卖血液的行为，主体是年满 16 周岁、具有刑事责任能力的人，主观方面是故意，并且一般具有牟利的目的}。

3. 强迫卖血罪的处罚

根据《刑法》第 333 条第 1 款、第 2 款规定，以暴力、威胁方法强迫他人出卖血液的，处 5 年以上 10 年以下有期徒刑，并处罚金；有前款行为，对他人造成伤害的，依照本法第 234 条的规定定罪处罚。

（六）非法采集、供应血液、制作、供应血液制品罪

1. 非法采集、供应血液、制作、供应血液制品罪的概念

非法采集、供应血液、制作、供应血液制品罪，是指行为人非法采集、供应血液或者制作、供应血液制品，不符合国家规定的标准，足以危害人体健康的行为。

2. 非法采集、供应血液、制作、供应血液制品罪的构成特征

关于非法采集、供应血液、制作、供应血液制品罪的构成特征，根据现行刑法的规定，主要有以下几个方面，其集合表现为：

设 F 为非法采集、供应血液、制作、供应血液制品罪的集合，则 F = {非法采集、供应血液、制作、供应血液制品罪}；

设 F1 为非法采集、供应血液、制作、供应血液制品罪的客体的集合，

则 F1 = {国家对采集、供应血液或者制作、供应血液制品的管理秩序} ∪ {不特定多数人的健康权利} = {国家对采集、供应血液或者制作、供应血液制品的管理秩序和不特定多数人的健康权利}；设 F2 为非法采集、供应血液、制作、供应血液制品罪的客观方面的集合，则 F2 = {行为人非法采集、供应血液或者制作、供应血液制品，不符合国家规定的标准，足以危害人体健康的行为}；设 F3 为非法采集、供应血液、制作、供应血液制品罪的主体的集合，则 F3 = {年满 16 周岁、具有刑事责任能力的人}；设 F4 为非法采集、供应血液、制作、供应血液制品罪的主观方面的集合，则 F4 = {故意}；

则 F = F1 ∪ F2 ∪ F3 ∪ F4，即非法采集、供应血液、制作、供应血液制品罪 = {客体是国家对采集、供应血液或者制作、供应血液制品的管理秩序和不特定多数人的健康权利} ∪ {客观方面表现为行为人非法采集、供应血液或者制作、供应血液制品，不符合国家规定的标准，足以危害人体健康的行为} ∪ {主体是年满 16 周岁、具有刑事责任能力的人} ∪ {主观方面是故意} = {客体是国家对采集、供应血液或者制作、供应血液制品的管理秩序和不特定多数人的健康权利，客观方面表现为行为人非法采集、供应血液或者制作、供应血液制品，不符合国家规定的标准，足以危害人体健康的行为，主体是年满 16 周岁、具有刑事责任能力的人，主观方面是故意}。

3. 非法采集、供应血液、制作、供应血液制品罪的处罚

根据《刑法》第 334 条第 1 款规定，犯本罪的，处 5 年以下有期徒刑或者拘役，并处罚金；对人体健康造成严重危害的，处 5 年以上 10 年以下有期徒刑，并处罚金；造成特别严重后果的，处 10 年以上有期徒刑或者无期徒刑，并处罚金或者没收财产。

（七）采集、供应血液、制作、供应血液制品事故罪

1. 采集、供应血液、制作、供应血液制品事故罪的概念

采集、供应血液、制作、供应血液制品事故罪，是指经国家主管部门批准采集、供应血液或者制作、供应血液制品的部门，不依照规定进行检测或者违背其他操作规定，造成危害他人身体健康后果的行为。

2. 采集、供应血液、制作、供应血液制品事故罪的构成特征

关于采集、供应血液、制作、供应血液制品事故罪的构成特征，根据现行刑法的规定，主要有以下几个方面，其集合表现为：

设 G 为采集、供应血液、制作、供应血液制品事故罪的集合，则 G = {采集、供应血液、制作、供应血液制品事故罪}；

设 G1 为采集、供应血液、制作、供应血液制品事故罪的客体的集合，则 G1 = {国家对血液制品的采集、制作、供应的管理秩序} ∪ {他人生命、健康的权利} = {国家对血液制品的采集、制作、供应的管理秩序和他人生命、健康的权利}；设 G2 为采集、供应血液、制作、供应血液制品事故罪的客观方面的集合，则 G2 = {行为人在采集、供应血液或者制作、供应血液制品的过程中，不依照规定进行检测或者违背其他操作规定，造成危害他人身体健康后果的行为}；设 G3 为采集、供应血液、制作、供应血液制品事故罪的主体的集合，则 G3 = {经国家主管部门批准采集、供应血液或者制作、供应血液制品的部门}；设 G4 为采集、供应血液、制作、供应血液制品事故罪的主观方面的集合，则 G4 = {过失}；

则 G = G1 ∪ G2 ∪ G3 ∪ G4，即采集、供应血液、制作、供应血液制品事故罪 = {客体是国家对血液制品的采集、制作、供应的管理秩序和他人生命、健康的权利} ∪ {客观方面表现为行为人在采集、供应血液或者制作、供应血液制品的过程中，不依照规定进行检测或者违背其他操作规定，造成危害他人身体健康后果的行为} ∪ {主体是经国家主管部门批准采集、供应血液或者制作、供应血液制品的部门} ∪ {主观方面是过失} = {客体是国家对血液制品的采集、制作、供应的管理秩序和他人生命、健康的权利，客观方面表现为行为人在采集、供应血液或者制作、供应血液制品的过程中，不依照规定进行检测或者违背其他操作规定，造成危害他人身体健康后果的行为，主体是经国家主管部门批准采集、供应血液或者制作、供应血液制品的部门，主观方面是过失}。

3. 采集、供应血液、制作、供应血液制品事故罪的处罚

根据《刑法》第 334 条第 2 款规定，犯本罪的，对单位判处罚金，并对其直接负责的主管人员和其他直接责任人员，处 5 年以下有期徒刑或者拘役。

（八）医疗事故罪

1. 医疗事故罪的概念

医疗事故罪，是指医务人员由于严重不负责任，造成就诊人死亡或者严重损害就诊人身体健康的行为。

2. 医疗事故罪的构成特征

关于医疗事故罪的构成特征，根据现行刑法的规定，主要有以下几个方

面，其集合表现为：

设 H 为医疗事故罪的集合，则 H = ｛医疗事故罪｝；

设 H1 为医疗事故罪的客体的集合，则 H1 = ｛医疗卫生管理制度｝ ∪ ｛就诊人的生命、健康权利｝ = ｛医疗卫生管理制度和就诊人的生命、健康权利｝；设 H2 为医疗事故罪的客观方面的集合，则 H2 = ｛行为人由于严重不负责任，造成就诊人死亡或者严重损害就诊人身体健康的行为｝；设 H3 为医疗事故罪的主体的集合，则 H3 = ｛医务人员｝；设 H4 为医疗事故罪的主观方面的集合，则 H4 = ｛过失｝；

则 H = H1 ∪ H2 ∪ H3 ∪ H4，即医疗事故罪 = ｛客体是医疗卫生管理制度和就诊人的生命、健康权利｝ ∪ ｛客观方面表现为行为人由于严重不负责任，造成就诊人死亡或者严重损害就诊人身体健康的行为｝ ∪ ｛主体是医务人员｝ ∪ ｛主观方面是过失｝ = ｛客体是医疗卫生管理制度和就诊人的生命、健康权利，客观方面表现为行为人由于严重不负责任，造成就诊人死亡或者严重损害就诊人身体健康的行为，主体是医务人员，主观方面是过失｝。

3. 医疗事故罪的处罚

根据《刑法》第 335 条规定，犯本罪的，处 3 年以下有期徒刑或者拘役。

（九）非法行医罪

1. 非法行医罪的概念

非法行医罪，是指未取得医生执业资格的人非法从事医疗业务，情节严重的行为。

2. 非法行医罪的构成特征

关于非法行医罪的构成特征，根据现行刑法的规定，主要有以下几个方面，其集合表现为：

设 I 为非法行医罪的集合，则 I = ｛非法行医罪｝；

设 I1 为非法行医罪的客体的集合，则 I1 = ｛医疗卫生管理秩序｝ ∪ ｛就诊人的健康权、生命权｝ = ｛医疗卫生管理秩序和就诊人的健康权、生命权｝；设 I2 为非法行医罪的客观方面的集合，则 I2 = ｛行为人未取得医生执业资格而非法从事医疗业务，情节严重的行为｝；设 I3 为非法行医罪的主体的集合，则 I3 = ｛未取得医生执业资格的人｝；设 I4 为非法行医罪的主观方面的集合，则 I4 = ｛故意｝；

则 I = I1 ∪ I2 ∪ I3 ∪ I4，即非法行医罪 = ｛客体是医疗卫生管理秩序和就诊人的健康权、生命权｝ ∪ ｛客观方面表现为行为人未取得医生执业资格而非法从事医疗业务，情节严重的行为｝ ∪ ｛主体是未取得医生执业资格的人｝ ∪ ｛主观方面是故意｝ = ｛客体是医疗卫生管理秩序和就诊人的健康权、生命权，客观方面表现为行为人未取得医生执业资格而非法从事医疗业务，情节严重的行为，主体是未取得医生执业资格的人，主观方面是故意｝。

3. 非法行医罪的处罚

根据《刑法》第 336 条第 1 款规定，犯本罪的，处 3 年以下有期徒刑、拘役或者管制，并处或者单处罚金；严重损害就诊人身体健康的，处 3 年以上 10 年以下有期徒刑，并处罚金；造成就诊人死亡的，处 10 年以上有期徒刑，并处罚金。

（十）非法进行节育手术罪

1. 非法进行节育手术罪的概念

非法进行节育手术罪，是指未取得医生执业资格的人擅自为他人进行节育复通手术、假节育手术、终止妊娠手术或者摘取宫内节育器，情节严重的行为。

2. 非法进行节育手术罪的构成特征

关于非法进行节育手术罪的构成特征，根据现行刑法的规定，主要有以下几个方面，其集合表现为：

设 J 为非法进行节育手术罪的集合，则 J = ｛非法进行节育手术罪｝；

设 J1 为非法进行节育手术罪的客体的集合，则 J1 = ｛国家的计划生育制度｝ ∪ ｛就诊人的健康权利｝ = ｛国家的计划生育制度和就诊人的健康权利｝；设 J2 为非法进行节育手术罪的客观方面的集合，则 J2 = ｛行为人擅自为他人进行节育复通手术、假节育手术、终止妊娠手术或者摘取宫内节育器，情节严重的行为｝；设 J3 为非法进行节育手术罪的主体的集合，则 J3 = ｛未取得医生执业资格的人｝；设 J4 为非法进行节育手术罪的主观方面的集合，则 J4 = ｛故意｝；

则 J = J1 ∪ J2 ∪ J3 ∪ J4，即非法进行节育手术罪 = ｛客体是国家的计划生育制度和就诊人的健康权利｝ ∪ ｛客观方面表现为行为人擅自为他人进行节育复通手术、假节育手术、终止妊娠手术或者摘取宫内节育器，情节严重的行为｝ ∪ ｛主体是未取得医生执业资格的人｝ ∪ ｛主观方面是故意｝ =

{客体是国家的计划生育制度和就诊人的健康权利，客观方面表现为行为人擅自为他人进行节育复通手术、假节育手术、终止妊娠手术或者摘取宫内节育器，情节严重的行为，主体是未取得医生执业资格的人，主观方面是故意}。

3. 非法进行节育手术罪的处罚

根据《刑法》第336条第2款规定，犯本罪的，处3年以下有期徒刑、拘役或者管制，并处或者单处罚金；严重损害就诊人身体健康的，处3年以上10年以下有期徒刑，并处罚金；造成就诊人死亡的，处10年以上有期徒刑，并处罚金。

（十一）妨害动植物防疫、检疫罪

1. 妨害动植物防疫、检疫罪的概念

妨害动植物防疫、检疫罪，是指行为人违反有关动植物防疫、检疫的国家规定，引起重大动植物疫情的，或者有引起重大动植物疫情危险，情节严重的行为。

2. 妨害动植物防疫、检疫罪的构成特征

关于妨害动植物防疫、检疫罪的构成特征，根据现行刑法的规定，主要有以下几个方面，其集合表现为：

设K为妨害动植物防疫、检疫罪的集合，则K＝{妨害动植物防疫、检疫罪}；

设K1为妨害动植物防疫、检疫罪的客体的集合，则K1＝{国家对动植物防疫、检疫的管理制度}；设K2为妨害动植物防疫、检疫罪的客观方面的集合，则K2＝{行为人违反有关动植物防疫、检疫的国家规定，引起重大动植物疫情的，或者有引起重大动植物疫情危险，情节严重的行为}；设K3为妨害动植物防疫、检疫罪的主体的集合，则K3＝{年满16周岁、具有刑事责任能力的人}∪{单位}＝{年满16周岁、具有刑事责任能力的人和单位}；设K4为妨害动植物防疫、检疫罪的主观方面的集合，则K4＝{故意}；

则K＝K1∪K2∪K3∪K4，即妨害动植物防疫、检疫罪＝{客体是国家对动植物防疫、检疫的管理制度}∪{客观方面表现为行为人违反有关动植物防疫、检疫的国家规定，引起重大动植物疫情的，或者有引起重大动植物疫情危险，情节严重的行为}∪{主体是年满16周岁、具有刑事责任能力的人和单位}∪{主观方面是故意}＝{客体是国家对动植物防疫、检疫的管理制度，客观方面表现为行为人违反有关动植物防疫、检疫的国家规定，引起重大动植物疫情的，或者有引起重大动植物疫情危险，情节严重的行为，主体是年满16周岁、具有刑事责任能力的人和单位，主观方面是故意｝。

3. 妨害动植物防疫、检疫罪的处罚

根据《刑法》第337条第1款、第2款规定，犯本罪的，处3年以下有期徒刑或者拘役，并处或者单处罚金。单位犯本罪的，对单位判处罚金，并对其直接负责的主管人员和其他直接责任人员，依照前款的规定处罚。

六、破坏环境资源保护罪

（一）污染环境罪

1. 污染环境罪的概念

污染环境罪，是指行为人违反国家规定，排放、倾倒或者处置有放射性的废物、含传染病病原体的废物、有毒物质或者其他有害物质，严重污染环境的行为。

2. 污染环境罪的构成特征

关于污染环境罪的构成特征，根据现行刑法的规定，主要有以下几个方面，其集合表现为：

设A为污染环境罪的集合，则A=｛污染环境罪｝；

设A1为污染环境罪的客体的集合，则A1=｛国家对危险废物的环境安全管理制度｝；设A2为污染环境罪的客观方面的集合，则A2=｛行为人违反国家规定，排放、倾倒或者处置有放射性的废物、含传染病病原体的废物、有毒物质或者其他有害物质，严重污染环境的行为｝；设A3为污染环境罪的主体的集合，则A3=｛年满16周岁、具有刑事责任能力的人｝∪｛单位｝=｛年满16周岁、具有刑事责任能力的人和单位｝；设A4为污染环境罪的主观方面的集合，则A4=｛过失｝；

则A=A1∪A2∪A3∪A4，即污染环境罪=｛客体是国家对危险废物的环境安全管理制度｝∪｛客观方面表现为行为人违反国家规定，排放、倾倒或者处置有放射性的废物、含传染病病原体的废物、有毒物质或者其他有害物质，严重污染环境的行为｝∪｛主体是年满16周岁、具有刑事责任能力的人和单位｝∪｛主观方面是过失｝=｛客体是国家对危险废物的环境安全管理制度，客观方面表现为行为人违反国家规定，排放、倾倒或者处置有放射性的废物、含传染病病原体的废物、有毒物质或者其他有害物质，严重污染环境的行为，主体是年满16周岁、具有刑事责任能力的人和单位，主观方面是过失}。

3. 污染环境罪的处罚

根据《刑法》第338条和第346条规定，个人犯本罪的，处3年以下有期徒刑或者拘役，并处或者单处罚金；后果特别严重的，处3年以上7年以下有期徒刑，并处罚金。单位犯本罪的，对单位判处罚金，并对其直接负责的主管人员和其他直接责任人员，依照上述规定处罚。

（二）非法处置进口的固体废物罪

1. 非法处置进口的固体废物罪的概念

非法处置进口的固体废物罪，是指行为人违反国家规定，将境外的固体废物进境倾倒、堆放、处置的行为。

2. 非法处置进口的固体废物罪的构成特征

关于非法处置进口的固体废物罪的构成特征，根据现行刑法的规定，主要有以下几个方面，其集合表现为：

设B为非法处置进口的固体废物罪的集合，则B = {非法处置进口的固体废物罪}；

设B1为非法处置进口的固体废物罪的客体的集合，则B1 = {国家对固体废物污染环境的防治制度}；设B2为非法处置进口的固体废物罪的客观方面的集合，则B2 = {行为人违反国家规定，将境外的固体废物进境倾倒、堆放、处置的行为}；设B3为非法处置进口的固体废物罪的主体的集合，则B3 = {年满16周岁、具有刑事责任能力的人} ∪ {单位} = {年满16周岁、具有刑事责任能力的人和单位}；设B4为非法处置进口的固体废物罪的主观方面的集合，则B4 = {故意}；

则B = B1∪B2∪B3∪B4，即非法处置进口的固体废物罪 = {客体是国家对固体废物污染环境的防治制度} ∪ {客观方面表现为行为人违反国家规定，将境外的固体废物进境倾倒、堆放、处置的行为} ∪ {主体是年满16周岁、具有刑事责任能力的人和单位} ∪ {主观方面是故意} = {客体是国家对固体废物污染环境的防治制度，客观方面表现为行为人违反国家规定，将境外的固体废物进境倾倒、堆放、处置的行为，主体是年满16周岁、具有刑事责任能力的人和单位，主观方面是故意}。

3. 非法处置进口的固体废物罪的处罚

根据《刑法》第339条第1款、第346条规定，个人犯本罪的，处5年以下有期徒刑，并处罚金；造成重大环境污染事故，致使公私财产遭受重大损失或者严重危害人体健康的，处5年以上10年以下有期徒刑，并处罚金；后果特别严重的，处10年以上有期徒刑，并处罚金；单位犯本罪的，对单位判处罚金，并对其直接负责的主管人员和其他直接责任人员，依照本节各该条的规定处罚。

（三）擅自进口固体废物罪

1. 擅自进口固体废物罪的概念

擅自进口固体废物罪，是指行为人未经国务院有关主管部门许可，擅自进口固体废物用作原料，造成重大环境污染事故，致使公私财产遭受重大损失或者严重危害人体健康的行为。

2. 擅自进口固体废物罪的构成特征

关于擅自进口固体废物罪的构成特征，根据现行刑法的规定，主要有以下几个方面，其集合表现为：

设C为擅自进口固体废物罪的集合，则C＝｛擅自进口固体废物罪｝；

设C1为擅自进口固体废物罪的客体的集合，则C1＝｛国家对进口固体废物的管理秩序及固体废物污染环境防治制度｝；设C2为擅自进口固体废物罪的客观方面的集合，则C2＝｛行为人未经国务院有关主管部门许可，擅自进口固体废物用作原料，造成重大环境污染事故，致使公私财产遭受重大损失或者严重危害人体健康的行为｝；设C3为擅自进口固体废物罪的主体的集合，则C3＝｛年满16周岁、具有刑事责任能力的人｝∪｛单位｝＝｛年满16周岁、具有刑事责任能力的人和单位｝；设C4为擅自进口固体废物罪的主观方面的集合，则C4＝｛故意｝；

则C＝C1∪C2∪C3∪C4，即擅自进口固体废物罪＝｛客体是国家对进口固体废物的管理秩序及固体废物污染环境防治制度｝∪｛客观方面表现为行为人未经国务院有关主管部门许可，擅自进口固体废物用作原料，造成重大环境污染事故，致使公私财产遭受重大损失或者严重危害人体健康的行为｝∪｛主体是年满16周岁、具有刑事责任能力的人和单位｝∪｛主观方面是故意｝＝｛客体是国家对进口固体废物的管理秩序及固体废物污染环境防治制度，客观方面表现为行为人未经国务院有关主管部门许可，擅自进口固体废物用作原料，造成重大环境污染事故，致使公私财产遭受重大损失或者严重危害人体健康的行为，主体是年满16周岁、具有刑事责任能力的人和单位，主观方面是故意}。

3. 擅自进口固体废物罪的处罚

根据《刑法》第339条第2款和第346条规定，个人犯本罪的，处5年以下有期徒刑或者拘役，并处罚金；后果特别严重的，处5年以上10年以下有期徒刑，并处罚金。单位犯本罪的，对单位判处罚金，并对其直接负责的主管人员和其他直接责任人员，依照上述规定处罚。

（四）非法捕捞水产品罪

1. 非法捕捞水产品罪的概念

非法捕捞水产品罪，是指行为人违反保护水产资源法规，在禁渔区、禁渔期或者使用禁用的工具、方法捕捞水产品，情节严重的行为。

2. 非法捕捞水产品罪的构成特征

关于非法捕捞水产品罪的构成特征，根据现行刑法的规定，主要有以下几个方面，其集合表现为：

设D为非法捕捞水产品罪的集合，则D＝{非法捕捞水产品罪}；

设D1为非法捕捞水产品罪的客体的集合，则D1＝{国家对水产资源的保护制度}；设D2为非法捕捞水产品罪的客观方面的集合，则D2＝{行为人违反保护水产资源法规，在禁渔区、禁渔期或者使用禁用的工具、方法捕捞水产品，情节严重的行为}；设D3为非法捕捞水产品罪的主体的集合，则D3＝{年满16周岁、具有刑事责任能力的人}∪{单位}＝{年满16周岁、具有刑事责任能力的人和单位}；设D4为非法捕捞水产品罪的主观方面的集合，则D4＝{故意}；

则D＝D1∪D2∪D3∪D4，即非法捕捞水产品罪＝{客体是国家对水产资源的保护制度}∪{客观方面表现为行为人违反保护水产资源法规，在禁渔区、禁渔期或者使用禁用的工具、方法捕捞水产品，情节严重的行为}∪{主体是年满16周岁、具有刑事责任能力的人和单位}∪{主观方面是故意}＝{客体是国家对水产资源的保护制度，客观方面表现为行为人违反保护水产资源法规，在禁渔区、禁渔期或者使用禁用的工具、方法捕捞水产品，情节严重的行为，主体是年满16周岁、具有刑事责任能力的人和单位，主观方面是故意}。

3. 非法捕捞水产品罪的处罚

根据《刑法》第340条和第346条规定，个人犯本罪的，处3年以下有期徒刑、拘役、管制或者罚金。单位犯本罪的，对单位判处罚金，并对其直接负责的主管人员和其他直接负责人员，依照上述规定处罚。

（五）非法猎捕、杀害珍贵、濒危野生动物罪

1. 非法猎捕、杀害珍贵、濒危野生动物罪的概念

非法猎捕、杀害珍贵、濒危野生动物罪，是指行为人违反国家野生动物保护法规，猎捕、杀害国家重点保护的珍贵、濒危野生动物的行为。

2. 非法猎捕、杀害珍贵、濒危野生动物罪的构成特征

关于非法猎捕、杀害珍贵、濒危野生动物罪的构成特征，根据现行刑法的规定，主要有以下几个方面，其集合表现为：

设 E 为非法猎捕、杀害珍贵、濒危野生动物罪的集合，则 E = {非法猎捕、杀害珍贵、濒危野生动物罪}；

设 E1 为非法猎捕、杀害珍贵、濒危野生动物罪的客体的集合，则 E1 = {国家对珍贵、濒危野生动物资源的保护制度}；设 E2 为非法猎捕、杀害珍贵、濒危野生动物罪的客观方面的集合，则 E2 = {行为人违反国家野生动物保护法规，猎捕、杀害国家重点保护的珍贵、濒危野生动物的行为}；设 E3 为非法猎捕、杀害珍贵、濒危野生动物罪的主体的集合，则 E3 = {年满 16 周岁、具有刑事责任能力的人} ∪ {单位} = {年满 16 周岁、具有刑事责任能力的人和单位}；设 E4 为非法猎捕、杀害珍贵、濒危野生动物罪的主观方面的集合，则 E4 = {故意}；

则 $E = E1 \cup E2 \cup E3 \cup E4$，即非法猎捕、杀害珍贵、濒危野生动物罪 = {客体是国家对珍贵、濒危野生动物资源的保护制度} ∪ {客观方面表现为行为人违反国家野生动物保护法规，猎捕、杀害国家重点保护的珍贵、濒危野生动物的行为} ∪ {主体是年满 16 周岁、具有刑事责任能力的人和单位} ∪ {主观方面是故意} = {客体是国家对珍贵、濒危野生动物资源的保护制度，客观方面表现为行为人违反国家野生动物保护法规，猎捕、杀害国家重点保护的珍贵、濒危野生动物的行为，主体是年满 16 周岁、具有刑事责任能力的人和单位，主观方面是故意}。

3. 非法猎捕、杀害珍贵、濒危野生动物罪的处罚

根据《刑法》第 341 条第 1 款、第 346 条规定，个人犯本罪的，处 5 年以下有期徒刑或者拘役，并处罚金；情节严重的，处 5 年以上 10 年以下有期徒刑，并处罚金；情节特别严重的，处 10 年以上有期徒刑，并处罚金或者没收财产；单位犯本罪的，对单位判处罚金，并对其直接负责的主管人员

和其他直接责任人员，依照本条的规定处罚。

（六）非法收购、运输、出售珍贵、濒危野生动物、珍贵、濒危野生动物制品罪

1. 非法收购、运输、出售珍贵、濒危野生动物、珍贵、濒危野生动物制品罪的概念

非法收购、运输、出售珍贵、濒危野生动物、珍贵、濒危野生动物制品罪，是指行为人违反国家野生动物保护法规，非法收购、运输、出售国家重点保护的珍贵、濒危野生动物及其制品的行为。

2. 非法收购、运输、出售珍贵、濒危野生动物、珍贵、濒危野生动物制品罪的构成特征

关于非法收购、运输、出售珍贵、濒危野生动物、珍贵、濒危野生动物制品罪的构成特征，根据现行刑法的规定，主要有以下几个方面，其集合表现为：

设 F 为非法收购、运输、出售珍贵、濒危野生动物、珍贵、濒危野生动物制品罪的集合，则 F = {非法收购、运输、出售珍贵、濒危野生动物、珍贵、濒危野生动物制品罪}；

设 F1 为非法收购、运输、出售珍贵、濒危野生动物、珍贵、濒危野生动物制品罪的客体的集合，则 F1 = {国家对珍贵、濒危野生动物的重点保护制度}；设 F2 为非法收购、运输、出售珍贵、濒危野生动物、珍贵、濒危野生动物制品罪的客观方面的集合，则 F2 = {行为人违反国家野生动物保护法规，非法收购、运输、出售国家重点保护的珍贵、濒危野生动物及其制品的行为}；设 F3 为非法收购、运输、出售珍贵、濒危野生动物、珍贵、濒危野生动物制品罪的主体的集合，则 F3 = {年满 16 周岁、具有刑事责任能力的人} ∪ {单位} = {年满 16 周岁、具有刑事责任能力的人和单位}；设 F4 为非法收购、运输、出售珍贵、濒危野生动物、珍贵、濒危野生动物制品罪的主观方面的集合，则 F4 = {故意}；

则 F = F1 ∪ F2 ∪ F3 ∪ F4，即非法收购、运输、出售珍贵、濒危野生动物、珍贵、濒危野生动物制品罪 = {客体是国家对珍贵、濒危野生动物的重点保护制度} ∪ {客观方面表现为行为人违反国家野生动物保护法规，非法收购、运输、出售国家重点保护的珍贵、濒危野生动物及其制品的行为} ∪ {主体是年满 16 周岁、具有刑事责任能力的人和单位} ∪ {主观方面是故意} = {客体是国家对珍贵、濒危野生动物的重点保护制度，客观

方面表现为行为人违反国家野生动物保护法规，非法收购、运输、出售国家重点保护的珍贵、濒危野生动物及其制品的行为，主体是年满16周岁、具有刑事责任能力的人和单位，主观方面是故意}。

3. 非法收购、运输、出售珍贵、濒危野生动物、珍贵、濒危野生动物制品罪的处罚

根据《刑法》第341条第1款、第346条规定，犯本罪的，处5年以下有期徒刑或者拘役，并处罚金；情节严重的，处5年以上10年以下有期徒刑，并处罚金；情节特别严重的，处10年以上有期徒刑，并处罚金或者没收财产；单位犯本罪的，对单位判处罚金，并对其直接负责的主管人员和其他直接责任人员，依照本条的规定处罚。

（七）非法狩猎罪

1. 非法狩猎罪的概念

非法狩猎罪，是指行为人违反狩猎法规，在禁猎区、禁猎期或者使用禁用的工具、方法进行狩猎，破坏野生动物资源，情节严重的行为。

2. 非法狩猎罪的构成特征

关于非法狩猎罪的构成特征，根据现行刑法的规定，主要有以下几个方面，其集合表现为：

设G为非法狩猎罪的集合，则G = {非法狩猎罪}；

设G1为非法狩猎罪的客体的集合，则G1 = {国家对普通野生动物资源的保护制度}；设G2为非法狩猎罪的客观方面的集合，则G2 = {行为人违反狩猎法规，在禁猎区、禁猎期或者使用禁用的工具、方法进行狩猎，破坏野生动物资源，情节严重的行为}；设G3为非法狩猎罪的主体的集合，则G3 = {年满16周岁、具有刑事责任能力的人} ∪ {单位} = {年满16周岁、具有刑事责任能力的人和单位}；设G4为非法狩猎罪的主观方面的集合，则G4 = {故意}；

则G = G1∪G2∪G3∪G4，即非法狩猎罪 = {客体是国家对普通野生动物资源的保护制度} ∪ {客观方面表现为行为人违反狩猎法规，在禁猎区、禁猎期或者使用禁用的工具、方法进行狩猎，破坏野生动物资源，情节严重的行为} ∪ {主体是年满16周岁、具有刑事责任能力的人和单位} ∪ {主观方面是故意} = {客体是国家对普通野生动物资源的保护制度，客观方面表现为行为人违反狩猎法规，在禁猎区、禁猎期或者使用禁用的工具、方法进行狩猎，破坏野生动物资源，情节严重的行为，主体是年满16周岁、

具有刑事责任能力的人和单位，主观方面是故意}。

3. 非法狩猎罪的处罚

根据《刑法》第341条第2款、第346条规定，个人犯本罪的，处3年以下有期徒刑、拘役、管制或者罚金；单位犯本罪的，对单位判处罚金，并对其直接负责的主管人员和其他直接责任人员，依照本条的规定处罚。

（八）非法占用农用地罪

1. 非法占用农用地罪的概念

非法占用农用地罪，是指行为人违反土地管理法规，非法占用耕地、林地等农用地，改变被占用土地用途，数量较大，造成耕地、林地等农用地大量毁坏的行为。

2. 非法占用农用地罪的构成特征

关于非法占用农用地罪的构成特征，根据现行刑法的规定，主要有以下几个方面，其集合表现为：

设H为非法占用农用地罪的集合，则H＝{非法占用农用地罪}；

设H1为非法占用农用地罪的客体的集合，则H1＝{国家对农用地资源的保护管理制度}；设H2为非法占用农用地罪的客观方面的集合，则H2＝{行为人违反土地管理法规，非法占用耕地、林地等农用地，改变被占用土地用途，数量较大，造成耕地、林地等农用地大量毁坏的行为}；设H3为非法占用农用地罪的主体的集合，则H3＝{年满16周岁、具有刑事责任能力的人}∪{单位}＝{年满16周岁、具有刑事责任能力的人和单位}；设H4为非法占用农用地罪的主观方面的集合，则H4＝{故意}；

则H＝H1∪H2∪H3∪H4，即非法占用农用地罪＝{客体是国家对农用地资源的保护管理制度}∪{客观方面表现为行为人违反土地管理法规，非法占用耕地、林地等农用地，改变被占用土地用途，数量较大，造成耕地、林地等农用地大量毁坏的行为}∪{主体是年满16周岁、具有刑事责任能力的人和单位}∪{主观方面是故意}＝{客体是国家对农用地资源的保护管理制度，客观方面表现为行为人违反土地管理法规，非法占用耕地、林地等农用地，改变被占用土地用途，数量较大，造成耕地、林地等农用地大量毁坏的行为，主体是年满16周岁、具有刑事责任能力的人和单位，主观方面是故意}。

3. 非法占用农用地罪的处罚

根据《刑法》第342条、第346条规定，个人犯本罪的，处5年以下有期徒刑或者拘役，并处或者单处罚金。单位犯本罪的，对单位判处罚金，并对其直接负责的主管人员和其他直接责任人员，依照本条的规定处罚。

（九）非法采矿罪

1. 非法采矿罪的概念

非法采矿罪，是指行为人违反矿产资源法的规定，未取得采矿许可证擅自采矿的，擅自进入国家规划矿区、对国民经济具有重要价值的矿区和他人矿区范围采矿的，擅自开采国家规定实行保护性开采的特定矿种，经责令停止开采后拒不停止开采，造成矿产资源破坏的行为。

2. 非法采矿罪的构成特征

关于非法采矿罪的构成特征，根据现行刑法的规定，主要有以下几个方面，其集合表现为：

设 I 为非法采矿罪的集合，则 I = ｛非法采矿罪｝；

设 I1 为非法采矿罪的客体的集合，则 I1 = ｛国家对矿产资源的保护管理制度｝；设 I2 为非法采矿罪的客观方面的集合，则 I2 = ｛行为人违反矿产资源法的规定，未取得采矿许可证擅自采矿的，擅自进入国家规划矿区、对国民经济具有重要价值的矿区和他人矿区范围采矿的，擅自开采国家规定实行保护性开采的特定矿种，经责令停止开采后拒不停止开采，造成矿产资源破坏的行为｝；设 I3 为非法采矿罪的主体的集合，则 I3 = ｛年满 16 周岁、具有刑事责任能力的人｝ ∪ ｛单位｝ = ｛年满 16 周岁、具有刑事责任能力的人和单位｝；设 I4 为非法采矿罪的主观方面的集合，则 I4 = ｛故意｝；

则 I = I1 ∪ I2 ∪ I3 ∪ I4，即非法采矿罪 = ｛客体是国家对矿产资源的保护管理制度｝ ∪ ｛客观方面表现为行为人违反矿产资源法的规定，未取得采矿许可证擅自采矿的，擅自进入国家规划矿区、对国民经济具有重要价值的矿区和他人矿区范围采矿的，擅自开采国家规定实行保护性开采的特定矿种，经责令停止开采后拒不停止开采，造成矿产资源破坏的行为｝ ∪ ｛主体是年满 16 周岁、具有刑事责任能力的人和单位｝ ∪ ｛主观方面是故意｝ = ｛客体是国家对矿产资源的保护管理制度，客观方面表现为行为人违反矿产资源法的规定，未取得采矿许可证擅自采矿的，擅自进入国家规划矿区、对国民经济具有重要价值的矿区和他人矿区范围采矿的，擅自开采国家规定实行保护性开采的特定矿种，经责令停止开采后拒不停止开采，造成矿产资源破坏的行为，主体是年满 16 周岁、具有刑事责任能力的人和单位，主观方面是故意｝。

3. 非法采矿罪的处罚

根据《刑法》第343条第1款、第346条规定，个人犯本罪的，处3年以下有期徒刑、拘役或者管制，并处或者单处罚金；情节特别严重的，处3年以上7年以下有期徒刑，并处罚金。单位犯本罪的，对单位判处罚金，并对其直接负责的主管人员和其他直接责任人员，依照本条的规定处罚。

（十）破坏性采矿罪

1. 破坏性采矿罪的概念

破坏性采矿罪，是指行为人违反矿产资源法的规定，采取破坏性的开采方法开采矿产资源，造成矿产资源严重破坏的行为。

2. 破坏性采矿罪的构成特征

关于破坏性采矿罪的构成特征，根据现行刑法的规定，主要有以下几个方面，其集合表现为：

设J为破坏性采矿罪的集合，则J=｛破坏性采矿罪｝；

设J1为破坏性采矿罪的客体的集合，则J1=｛国家对矿产资源的保护管理制度｝；设J2为破坏性采矿罪的客观方面的集合，则J2=｛行为人违反矿产资源法的规定，采取破坏性的开采方法开采矿产资源，造成矿产资源严重破坏的行为｝；设J3为破坏性采矿罪的主体的集合，则J3=｛年满16周岁、具有刑事责任能力的人｝∪｛单位｝=｛年满16周岁、具有刑事责任能力的人和单位｝；设J4为破坏性采矿罪的主观方面的集合，则J4=｛故意｝；

则J=J1∪J2∪J3∪J4，即破坏性采矿罪=｛客体是国家对矿产资源的保护管理制度｝∪｛客观方面表现为行为人违反矿产资源法的规定，采取破坏性的开采方法开采矿产资源，造成矿产资源严重破坏的行为｝∪｛主体是年满16周岁、具有刑事责任能力的人和单位｝∪｛主观方面是故意｝=｛客体是国家对矿产资源的保护管理制度，客观方面表现为行为人违反矿产资源法的规定，采取破坏性的开采方法开采矿产资源，造成矿产资源严重破坏的行为，主体是年满16周岁、具有刑事责任能力的人和单位，主观方面是故意｝。

3. 破坏性采矿罪的处罚

根据《刑法》第343条第2款、第346条规定，个人犯本罪的，处5年以下有期徒刑或者拘役，并处罚金。单位犯本罪的，对单位判处罚金，并对其直接负责的主管人员和其他直接责任人员，依照本条的规定处罚。

（十一）非法采伐、毁坏国家重点保护植物罪

1. 非法采伐、毁坏国家重点保护植物罪的概念

非法采伐、毁坏国家重点保护植物罪，是指行为人违反国家规定，非法采伐、毁坏珍贵树木或者国家重点保护的其他植物的行为。

2. 非法采伐、毁坏国家重点保护植物罪的构成特征

关于非法采伐、毁坏国家重点保护植物罪的构成特征，根据现行刑法的规定，主要有以下几个方面，其集合表现为：

设K为非法采伐、毁坏国家重点保护植物罪的集合，则K＝｛非法采伐、毁坏国家重点保护植物罪｝；

设K1为非法采伐、毁坏国家重点保护植物罪的客体的集合，则K1＝｛国家对重点保护植物的管理制度｝；设K2为非法采伐、毁坏国家重点保护植物罪的客观方面的集合，则K2＝｛行为人违反国家规定，非法采伐、毁坏珍贵树木或者国家重点保护的其他植物的行为｝；设K3为非法采伐、毁坏国家重点保护植物罪的主体的集合，则K3＝｛年满16周岁、具有刑事责任能力的人｝∪｛单位｝＝｛年满16周岁、具有刑事责任能力的人和单位｝；设K4为非法采伐、毁坏国家重点保护植物罪的主观方面的集合，则K4＝｛故意｝；

则K＝K1∪K2∪K3∪K4，即非法采伐、毁坏国家重点保护植物罪＝｛客体是国家对重点保护植物的管理制度｝∪｛客观方面表现为行为人违反国家规定，非法采伐、毁坏珍贵树木或者国家重点保护的其他植物的行为｝∪｛主体是年满16周岁、具有刑事责任能力的人和单位｝∪｛主观方面是故意｝＝｛客体是国家对重点保护植物的管理制度，客观方面表现为行为人违反国家规定，非法采伐、毁坏珍贵树木或者国家重点保护的其他植物的行为，主体是年满16周岁、具有刑事责任能力的人和单位，主观方面是故意｝。

3. 非法采伐、毁坏国家重点保护植物罪的处罚

根据《刑法》第344条、第346条规定，个人犯本罪的，处3年以下有期徒刑、拘役或者管制，并处罚金；情节严重的，处3年以上7年以下有期徒刑，并处罚金；单位犯本罪的，对单位判处罚金，并对其直接负责的主管人员和其他直接责任人员，依照本条的规定处罚。

（十二）非法收购、运输、加工、出售国家重点保护植物、国家重点保护植物制品罪

1. 非法收购、运输、加工、出售国家重点保护植物、国家重点保护植物制品罪的概念

非法收购、运输、加工、出售国家重点保护植物、国家重点保护植物制品罪，是指行为人违反国家规定，非法收购、运输、加工、出售珍贵树木或者国家重点保护的其他植物及其制品的行为。

2. 非法收购、运输、加工、出售国家重点保护植物、国家重点保护植物制品罪的构成特征

关于非法收购、运输、加工、出售国家重点保护植物、国家重点保护植物制品罪的构成特征，根据现行刑法的规定，主要有以下几个方面，其集合表现为：

设 L 为非法收购、运输、加工、出售国家重点保护植物、国家重点保护植物制品罪的集合，则 L =｛非法收购、运输、加工、出售国家重点保护植物、国家重点保护植物制品罪｝；

设 L1 为非法收购、运输、加工、出售国家重点保护植物、国家重点保护植物制品罪的客体的集合，则 L1 =｛国家对重点保护植物及其制品的管理制度｝；设 L2 为非法收购、运输、加工、出售国家重点保护植物、国家重点保护植物制品罪的客观方面的集合，则 L2 =｛行为人违反国家规定，非法收购、运输、加工、出售珍贵树木或者国家重点保护的其他植物及其制品的行为｝；设 L3 为非法收购、运输、加工、出售国家重点保护植物、国家重点保护植物制品罪的主体的集合，则 L3 =｛年满 16 周岁、具有刑事责任能力的人｝∪｛单位｝=｛年满 16 周岁、具有刑事责任能力的人和单位｝；设 L4 为非法收购、运输、加工、出售国家重点保护植物、国家重点保护植物制品罪的主观方面的集合，则 L4 =｛故意｝；

则 L = L1 ∪ L2 ∪ L3 ∪ L4，即非法收购、运输、加工、出售国家重点保护植物、国家重点保护植物制品罪 =｛客体是国家对重点保护植物及其制品的管理制度｝∪｛客观方面表现为行为人违反国家规定，非法收购、运输、加工、出售珍贵树木或者国家重点保护的其他植物及其制品的行为｝∪｛主体是年满 16 周岁、具有刑事责任能力的人和单位｝∪｛主观方面是故意｝=｛客体是国家对重点保护植物及其制品的管理制度，客观方面表现为行为人违反国家规定，非法收购、运输、加工、出售珍贵树木或者国家重

点保护的其他植物及其制品的行为，主体是年满16周岁、具有刑事责任能力的人和单位，主观方面是故意}。

3. 非法收购、运输、加工、出售国家重点保护植物、国家重点保护植物制品罪的处罚

根据《刑法》第344条、第346条规定，个人犯本罪的，处3年以下有期徒刑、拘役或者管制，并处罚金；情节严重的，处3年以上7年以下有期徒刑，并处罚金；单位犯本罪的，对单位判处罚金，并对其直接负责的主管人员和其他直接责任人员，依照本条的规定处罚。

（十三）盗伐林木罪

1. 盗伐林木罪的概念

盗伐林木罪，是指行为人以非法占有为目的，盗伐森林或者其他林木，数量较大的行为。

2. 盗伐林木罪的构成特征

关于盗伐林木罪的构成特征，根据现行刑法的规定，主要有以下几个方面，其集合表现为：

设M为盗伐林木罪的集合，则M = {盗伐林木罪}；

设M1为盗伐林木罪的客体的集合，则M1 = {国家的林业管理制度} ∪ {林木木质所有权} = {国家的林业管理制度和林木木质所有权}；设M2为盗伐林木罪的客观方面的集合，则M2 = {行为人盗伐森林或者其他林木，数量较大的行为}；设M3为盗伐林木罪的主体的集合，则M3 = {年满16周岁、具有刑事责任能力的人} ∪ {单位} = {年满16周岁、具有刑事责任能力的人和单位}；设M4为盗伐林木罪的主观方面的集合，则M4 = {故意，并且具有非法占有的目的}；

则M = M1 ∪ M2 ∪ M3 ∪ M4，即盗伐林木罪 = {客体是国家的林业管理制度和林木木质所有权} ∪ {客观方面表现为行为人盗伐森林或者其他林木，数量较大的行为} ∪ {主体是年满16周岁、具有刑事责任能力的人和单位} ∪ {主观方面是故意，并且具有非法占有的目的} = {客体是国家的林业管理制度和林木木质所有权，客观方面表现为行为人盗伐森林或者其他林木，数量较大的行为，主体是年满16周岁、具有刑事责任能力的人和单位，主观方面是故意，并且具有非法占有的目的}。

3. 盗伐林木罪的处罚

根据《刑法》第345条第1款、第4款和第346条规定，个人犯本罪

的，处3年以下有期徒刑、拘役或者管制，并处或者单处罚金；数量巨大的，处3年以上7年以下有期徒刑，并处罚金；数量特别巨大的，处7年以上有期徒刑，并处罚金；盗伐国家级自然保护区内的森林或者其他林木的，从重处罚；单位犯本罪的，对单位判处罚金，并对其直接负责的主管人员和其他直接责任人员，依照本条的规定处罚。

（十四）滥伐林木罪

1. 滥伐林木罪的概念

滥伐林木罪，是指行为人违反森林法的规定，滥伐森林或者其他林木，数量较大的行为。

2. 滥伐林木罪的构成特征

关于滥伐林木罪的构成特征，根据现行刑法的规定，主要有以下几个方面，其集合表现为：

设N为滥伐林木罪的集合，则N = {滥伐林木罪}；

设N1为滥伐林木罪的客体的集合，则N1 = {国家的林业管理制度}；设N2为滥伐林木罪的客观方面的集合，则N2 = {行为人违反森林法的规定，滥伐森林或者其他林木，数量较大的行为}；设N3为滥伐林木罪的主体的集合，则N3 = {年满16周岁、具有刑事责任能力的人} ∪ {单位} = {年满16周岁、具有刑事责任能力的人和单位}；设N4为滥伐林木罪的主观方面的集合，则N4 = {故意}；

则N = N1∪N2∪N3∪N4，即滥伐林木罪 = {客体是国家的林业管理制度} ∪ {客观方面表现为行为人违反森林法的规定，滥伐森林或者其他林木，数量较大的行为} ∪ {主体是年满16周岁、具有刑事责任能力的人和单位} ∪ {主观方面是故意} = {客体是国家的林业管理制度，客观方面表现为行为人违反森林法的规定，滥伐森林或者其他林木，数量较大的行为，主体是年满16周岁、具有刑事责任能力的人和单位，主观方面是故意}。

3. 滥伐林木罪的处罚

根据《刑法》第345条第2款、第4款、第346条规定，个人犯本罪的，处3年以下有期徒刑、拘役或者管制，并处或者单处罚金；数量巨大的，处3年以上7年以下有期徒刑，并处罚金；滥伐国家级自然保护区内的森林或者其他林木的，从重处罚；单位犯本罪的，对单位判处罚金，并对其直接负责的主管人员和其他直接责任人员，依照本条的规定处罚。

（十五）非法收购、运输盗伐、滥伐的林木罪

1. 非法收购、运输盗伐、滥伐的林木罪的概念

非法收购、运输盗伐、滥伐的林木罪，是指行为人明知是盗伐、滥伐的林木而非法收购、运输，情节严重的行为。

2. 非法收购、运输盗伐、滥伐的林木罪的构成特征

关于非法收购、运输盗伐、滥伐的林木罪的构成特征，根据现行刑法的规定，主要有以下几个方面，其集合表现为：

设 O 为非法收购、运输盗伐、滥伐的林木罪的集合，则 O = {非法收购、运输盗伐、滥伐的林木罪}；

设 O1 为非法收购、运输盗伐、滥伐的林木罪的客体的集合，则 O1 = {国家对林业资源的保护管理制度}；设 O2 为非法收购、运输盗伐、滥伐的林木罪的客观方面的集合，则 O2 = {行为人明知是盗伐、滥伐的林木而非法收购、运输，情节严重的行为}；设 O3 为非法收购、运输盗伐、滥伐的林木罪的主体的集合，则 O3 = {年满 16 周岁、具有刑事责任能力的人} ∪ {单位} = {年满 16 周岁、具有刑事责任能力的人和单位}；设 O4 为非法收购、运输盗伐、滥伐的林木罪的主观方面的集合，则 O4 = {故意}；

则 O = O1 ∪ O2 ∪ O3 ∪ O4，即非法收购、运输盗伐、滥伐的林木罪 = {客体是国家对林业资源的保护管理制度} ∪ {客观方面表现为行为人明知是盗伐、滥伐的林木而非法收购、运输，情节严重的行为} ∪ {主体是年满 16 周岁、具有刑事责任能力的人和单位} ∪ {主观方面是故意} = {客体是国家对林业资源的保护管理制度，客观方面表现为行为人明知是盗伐、滥伐的林木而非法收购、运输，情节严重的行为，主体是年满 16 周岁、具有刑事责任能力的人和单位，主观方面是故意}。

3. 非法收购、运输盗伐、滥伐的林木罪的处罚

根据《刑法》第 345 条第 3 款、第 346 条规定，个人犯本罪的，处 3 年以下有期徒刑、拘役或者管制，并处或者单处罚金；情节特别严重的，处 3 年以上 7 年以下有期徒刑，并处罚金；单位犯本罪的，对单位判处罚金，并对其直接负责的主管人员和其他直接责任人员，依照本条的规定处罚。

七、走私、贩卖、运输、制造毒品罪

（一）走私、贩卖、运输、制造毒品罪

1. 走私、贩卖、运输、制造毒品罪的概念

走私、贩卖、运输、制造毒品罪，是指行为人违反国家毒品管制法规，走私、贩卖、运输、制造鸦片、海洛因、甲基苯丙胺（冰毒）、吗啡、可卡因以及其他毒品的行为。

2. 走私、贩卖、运输、制造毒品罪的构成特征

关于走私、贩卖、运输、制造毒品罪的构成特征，根据现行刑法的规定，主要有以下几个方面，其集合表现为：

设A为走私、贩卖、运输、制造毒品罪的集合，则A＝｛走私、贩卖、运输、制造毒品罪｝；

设A1为走私、贩卖、运输、制造毒品罪的客体的集合，则A1＝｛国家对毒品的管制｝；设A2为走私、贩卖、运输、制造毒品罪的客观方面的集合，则A2＝｛行为人违反国家毒品管制法规，走私、贩卖、运输、制造鸦片、海洛因、甲基苯丙胺（冰毒）、吗啡、可卡因以及其他毒品的行为｝；设A3为走私、贩卖、运输、制造毒品罪的主体的集合，则A3＝｛年满16周岁、具有刑事责任能力的人｝∪｛单位｝＝｛年满16周岁、具有刑事责任能力的人和单位｝；设A4为走私、贩卖、运输、制造毒品罪的主观方面的集合，则A4＝｛故意｝；

则A＝A1∪A2∪A3∪A4，即走私、贩卖、运输、制造毒品罪＝｛客体是国家对毒品的管制｝∪｛客观方面表现为行为人违反国家毒品管制法规，走私、贩卖、运输、制造鸦片、海洛因、甲基苯丙胺（冰毒）、吗啡、可卡因以及其他毒品的行为｝∪｛主体是年满16周岁、具有刑事责任能力的人和单位｝∪｛主观方面是故意｝＝｛客体是国家对毒品的管制，客观方面表现为行为人违反国家毒品管制法规，走私、贩卖、运输、制造鸦片、海洛因、甲基苯丙胺（冰毒）、吗啡、可卡因以及其他毒品的行为，主体是年满16周岁、具有刑事责任能力的人和单位，主观方面是故意｝。

3. 走私、贩卖、运输、制造毒品罪的处罚

根据《刑法》第347条、第356条、第357条第2款规定，犯本罪的，有下列情形之一的，处15年有期徒刑、无期徒刑或者死刑，并处没收财产：

(1) 走私、贩卖、运输、制造鸦片1000克以上、海洛因或者甲基苯丙胺50克以上或者其他毒品数量大的；(2) 走私、贩卖、运输、制造毒品集团的首要分子；(3) 武装掩护走私、贩卖、运输、制造毒品的；(4) 以暴力抗拒检查、拘留、逮捕，情节严重的；(5) 参与有组织的国际贩毒活动的；走私、贩卖、运输、制造鸦片200克以上不满1000克、海洛因或者甲基苯丙胺10克以上不满50克或者其他毒品数量较大的，处7年以上有期徒刑，并处罚金；走私、贩卖、运输、制造鸦片不满200克、海洛因或者甲基苯丙胺不满10克或者其他少量毒品的，处3年以下有期徒刑、拘役或者管制，并处罚金；情节严重的，处3年以上7年以下有期徒刑，并处罚金；单位犯本犯罪的，对单位判处罚金，并对其直接负责的主管人员和其他直接责任人员，依照各该款的规定处罚；利用、教唆未成年人走私、贩卖、运输、制造毒品，或者向未成年人出售毒品的，从重处罚；对多次走私、贩卖、运输、制造毒品，未经处理的，毒品数量累计计算。因走私、贩卖、运输、制造、非法持有毒品罪被判过刑，又犯走私、贩卖、运输、制造毒品罪的，从重处罚。毒品的数量以查证属实的走私、贩卖、运输、制造、非法持有毒品的数量计算，不以纯度折算。

(二) 非法持有毒品罪

1. 非法持有毒品罪的概念

非法持有毒品罪，是指行为人明知是鸦片、海洛因等毒品而非法持有，数量较大的行为。

2. 非法持有毒品罪的构成特征

关于非法持有毒品罪的构成特征，根据现行刑法的规定，主要有以下几个方面，其集合表现为：

设B为非法持有毒品罪的集合，则B = {非法持有毒品罪}；

设B1为非法持有毒品罪的客体的集合，则B1 = {国家对毒品的管制}；设B2为非法持有毒品罪的客观方面的集合，则B2 = {行为人明知是鸦片、海洛因等毒品而非法持有，数量较大的行为}；设B3为非法持有毒品罪的主体的集合，则B3 = {年满16周岁、具有刑事责任能力的人}；设B4为非法持有毒品罪的主观方面的集合，则B4 = {故意}；

则B = B1 ∪ B2 ∪ B3 ∪ B4，即非法持有毒品罪 = {客体是国家对毒品的管制} ∪ {客观方面表现为行为人明知是鸦片、海洛因等毒品而非法持有，数量较大的行为} ∪ {主体是年满16周岁、具有刑事责任能力的人} ∪

{主观方面是故意} = {客体是国家对毒品的管制，客观方面表现为行为人明知是鸦片、海洛因等毒品而非法持有，数量较大的行为，主体是年满16周岁、具有刑事责任能力的人，主观方面是故意}。

3. 非法持有毒品罪的处罚

根据《刑法》第348条、第356条规定，非法持有鸦片1000克以上、海洛因或者甲基苯丙胺50克以上或者其他毒品数量大的，处7年以上有期徒刑或者无期徒刑，并处罚金；非法持有鸦片200克以上不满1000克、海洛因或者甲基苯丙胺10克以上不满50克或者其他毒品数量较大的，处3年以下有期徒刑、拘役或者管制，并处罚金；情节严重的，处3年以上7年以下有期徒刑，并处罚金；因走私、贩卖、运输、制造、非法持有毒品罪被判过刑，又犯本罪的，从重处罚。

（三）包庇毒品犯罪分子罪

1. 包庇毒品犯罪分子罪的概念

包庇毒品犯罪分子罪，是指行为人明知是走私、贩卖、运输、制造毒品的犯罪分子，而向司法机关作假证明掩盖其罪行，或者帮助其湮灭罪证等，使其逃避法律制裁的行为。

2. 包庇毒品犯罪分子罪的构成特征

关于包庇毒品犯罪分子罪的构成特征，根据现行刑法的规定，主要有以下几个方面，其集合表现为：

设C为包庇毒品犯罪分子罪的集合，则C = {包庇毒品犯罪分子罪}；

设C1为包庇毒品犯罪分子罪的客体的集合，则C1 = {国家司法机关惩治走私、贩卖、运输、制造毒品犯罪分子的正常秩序}；设C2为包庇毒品犯罪分子罪的客观方面的集合，则C2 = {行为人明知是走私、贩卖、运输、制造毒品的犯罪分子，而向司法机关作假证明掩盖其罪行，或者帮助其湮灭罪证等，使其逃避法律制裁的行为}；设C3为包庇毒品犯罪分子罪的主体的集合，则C3 = {年满16周岁、具有刑事责任能力的人}；设C4为包庇毒品犯罪分子罪的主观方面的集合，则C4 = {故意}；

则C = C1∪C2∪C3∪C4，即包庇毒品犯罪分子罪 = {客体是国家司法机关惩治走私、贩卖、运输、制造毒品犯罪分子的正常秩序} ∪ {客观方面表现为行为人明知是走私、贩卖、运输、制造毒品的犯罪分子，而向司法机关作假证明掩盖其罪行，或者帮助其湮灭罪证等，使其逃避法律制裁的行为} ∪ {主体是年满16周岁、具有刑事责任能力的人} ∪ {主观方面是故意｝＝｛客体是国家司法机关惩治走私、贩卖、运输、制造毒品犯罪分子的正常秩序，客观方面表现为行为人明知是走私、贩卖、运输、制造毒品的犯罪分子，而向司法机关作假证明掩盖其罪行，或者帮助其湮灭罪证等，使其逃避法律制裁的行为，主体是年满16周岁、具有刑事责任能力的人，主观方面是故意｝。

3. 包庇毒品犯罪分子罪的处罚

根据《刑法》第349条、第356条规定，犯本罪的，处3年以下有期徒刑、拘役或者管制；情节严重的，处3年以上10年以下有期徒刑；缉毒人员或者其他国家机关工作人员掩护、包庇走私、贩卖、运输、制造毒品的犯罪分子的，依照本罪的规定从重处罚；犯本罪，事先通谋的，以走私、贩卖、运输、制造毒品罪的共犯论处；因走私、贩卖、运输、制造、非法持有毒品罪被判过刑，又犯本罪的，从重处罚。

（四）窝藏、转移、隐瞒毒品、毒赃罪

1. 窝藏、转移、隐瞒毒品、毒赃罪的概念

窝藏、转移、隐瞒毒品、毒赃罪，是指行为人明知是走私、贩卖、运输、制造毒品的犯罪分子的毒品或者犯罪所得的财物，而予以窝藏、转移、隐瞒的行为。

2. 窝藏、转移、隐瞒毒品、毒赃罪的构成特征

关于窝藏、转移、隐瞒毒品、毒赃罪的构成特征，根据现行刑法的规定，主要有以下几个方面，其集合表现为：

设D为窝藏、转移、隐瞒毒品、毒赃罪的集合，则D＝｛窝藏、转移、隐瞒毒品、毒赃罪｝；

设D1为窝藏、转移、隐瞒毒品、毒赃罪的客体的集合，则D1＝｛国家司法机关惩治走私、贩卖、运输、制造毒品犯罪的正常秩序｝；设D2为窝藏、转移、隐瞒毒品、毒赃罪的客观方面的集合，则D2＝｛行为人明知是走私、贩卖、运输、制造毒品的犯罪分子的毒品或者犯罪所得的财物，而予以窝藏、转移、隐瞒的行为｝；设D3为窝藏、转移、隐瞒毒品、毒赃罪的主体的集合，则D3＝｛年满16周岁、具有刑事责任能力的人｝；设D4为窝藏、转移、隐瞒毒品、毒赃罪的主观方面的集合，则D4＝｛故意｝；

则$D = D1 \cup D2 \cup D3 \cup D4$，即窝藏、转移、隐瞒毒品、毒赃罪＝｛客体是国家司法机关惩治走私、贩卖、运输、制造毒品犯罪的正常秩序｝∪｛客观方面表现为行为人明知是走私、贩卖、运输、制造毒品的犯罪分子的

毒品或者犯罪所得的财物，而予以窝藏、转移、隐瞒的行为} ∪ {主体是年满 16 周岁、具有刑事责任能力的人} ∪ {主观方面是故意} = {客体是国家司法机关惩治走私、贩卖、运输、制造毒品犯罪分子的正常秩序，客观方面表现为行为人明知是走私、贩卖、运输、制造毒品的犯罪分子的毒品或者犯罪所得的财物，而予以窝藏、转移、隐瞒的行为，主体是年满 16 周岁、具有刑事责任能力的人，主观方面是故意}。

3. 窝藏、转移、隐瞒毒品、毒赃罪的处罚

根据《刑法》第 349 条、第 356 条规定，犯本罪的，处 3 年以下有期徒刑、拘役或者管制；情节严重的，处 3 年以上 10 年以下有期徒刑；缉毒人员或者其他国家机关工作人员掩护、包庇走私、贩卖、运输、制造毒品的犯罪分子的，依照本罪的规定从重处罚；犯本罪，事先通谋的，以走私、贩卖、运输、制造毒品罪的共犯论处；因走私、贩卖、运输、制造、非法持有毒品罪被判过刑，又犯本罪的，从重处罚。

（五）非法生产、买卖、运输制毒物品、走私制毒物品罪

1. 非法生产、买卖、运输制毒物品、走私制毒物品罪的概念

非法生产、买卖、运输制毒物品、走私制毒物品罪，是指行为人违反国家规定，非法生产、买卖、运输醋酸酐、乙醚、三氯甲烷或者其他用于制造毒品的原料、配剂，或者携带上述物品进出境，情节较重的行为。

2. 非法生产、买卖、运输制毒物品、走私制毒物品罪的构成特征

关于非法生产、买卖、运输制毒物品、走私制毒物品罪的构成特征，根据现行刑法的规定，主要有以下几个方面，其集合表现为：

设 E 为非法生产、买卖、运输制毒物品、走私制毒物品罪的集合，则 E = {非法生产、买卖、运输制毒物品、走私制毒物品罪}；

设 E1 为非法生产、买卖、运输制毒物品、走私制毒物品罪的客体的集合，则 E1 = {国家对制毒物品的管理制度和对外贸易管理制度}；设 E2 为非法生产、买卖、运输制毒物品、走私制毒物品罪的客观方面的集合，则 E2 = {行为人违反国家规定，非法生产、买卖、运输醋酸酐、乙醚、三氯甲烷或者其他用于制造毒品的原料、配剂，或者携带上述物品进出境，情节较重的行为}；设 E3 为非法生产、买卖、运输制毒物品、走私制毒物品罪的主体的集合，则 E3 = {年满 16 周岁、具有刑事责任能力的人} ∪ {单位} = {年满 16 周岁、具有刑事责任能力的人和单位}；设 E4 为非法生产、买卖、运输制毒物品、走私制毒物品罪的主观方面的集合，则 E4 = {故意}；

则 E = E1 ∪ E2 ∪ E3 ∪ E4，即非法生产、买卖、运输制毒物品、走私制毒物品罪 = {客体是国家对制毒物品的管理制度和对外贸易管理制度} ∪ {客观方面表现为行为人违反国家规定，非法生产、买卖、运输醋酸酐、乙醚、三氯甲烷或者其他用于制造毒品的原料、配剂，或者携带上述物品进出境，情节较重的行为} ∪ {主体是年满 16 周岁、具有刑事责任能力的人和单位} ∪ {主观方面是故意} = {客体是国家对制毒物品的管理制度和对外贸易管理制度，客观方面表现为行为人违反国家规定，非法生产、买卖、运输醋酸酐、乙醚、三氯甲烷或者其他用于制造毒品的原料、配剂，或者携带上述物品进出境，情节较重的行为，主体是年满 16 周岁、具有刑事责任能力的人和单位，主观方面是故意}。

3. 非法生产、买卖、运输制毒物品、走私制毒物品罪的处罚

根据《刑法》第 350 条第 1、3 款规定，犯本罪情节较重的，处 3 年以下有期徒刑、拘役或者管制，并处罚金；情节严重的，处 3 年以上 7 年以下有期徒刑，并处罚金；情节特别严重的，处 7 年以上有期徒刑，并处罚金或者没收财产。单位犯本罪的，对单位判处罚金，并对其直接负责的主管人员和其他直接责任人员，依照前两款的规定处罚。

根据《刑法》第 350 条第 2 款规定，明知他人制造毒品而为其生产、买卖、运输前款规定的物品的，以制造毒品罪的共犯论处。

（六）非法种植毒品原植物罪

1. 非法种植毒品原植物罪的概念

非法种植毒品原植物罪，是指行为人违反国家规定，非法种植罂粟、大麻等毒品原植物，情节严重的行为。

2. 非法种植毒品原植物罪的构成特征

关于非法种植毒品原植物罪的构成特征，根据现行刑法的规定，主要有以下几个方面，其集合表现为：

设 F 为非法种植毒品原植物罪的集合，则 F = {非法种植毒品原植物罪}；

设 F1 为非法种植毒品原植物罪的客体的集合，则 F1 = {国家对种植毒品原植物的管制}；设 F2 为非法种植毒品原植物罪的客观方面的集合，则 F2 = {行为人违反国家规定，非法种植罂粟、大麻等毒品原植物，情节严重的行为}；设 F3 为非法种植毒品原植物罪的主体的集合，则 F3 = {年满 16 周岁、具有刑事责任能力的人}；设 F4 为非法种植毒品原植物罪的主观方面的集合，则 F4 = {故意}；

则 F = F1∪F2∪F3∪F4，即非法种植毒品原植物罪 = ｛客体是国家对种植毒品原植物的管制｝∪｛客观方面表现为行为人违反国家规定，非法种植罂粟、大麻等毒品原植物，情节严重的行为｝∪｛主体是年满16周岁、具有刑事责任能力的人｝∪｛主观方面是故意｝=｛客体是国家对种植毒品原植物的管制，客观方面表现为行为人违反国家规定，非法种植罂粟、大麻等毒品原植物，情节严重的行为，主体是年满16周岁、具有刑事责任能力的人，主观方面是故意｝。

3. 非法种植毒品原植物罪的处罚

根据《刑法》第351条、第356条规定，犯本罪的，有下列情形之一的，处5年以下有期徒刑、拘役或者管制，并处罚金：（1）种植罂粟500株以上不满3000株或者其他毒品原植物数量较大的；（2）经公安机关处理后又种植的；（3）抗拒铲除的；非法种植罂粟3000株以上或者其他毒品原植物数量大的，处5年以上有期徒刑，并处罚金或者没收财产。非法种植罂粟或者其他毒品原植物，在收获前自动铲除的，可以免除处罚。因走私、贩卖、运输、制造、非法持有毒品罪被判过刑，又犯本罪的，从重处罚。

（七）非法买卖、运输、携带、持有毒品原植物种子、幼苗罪

1. 非法买卖、运输、携带、持有毒品原植物种子、幼苗罪的概念

非法买卖、运输、携带、持有毒品原植物种子、幼苗罪，是指行为人违反国家规定，非法买卖、运输、携带、持有未经灭活的罂粟等毒品原植物种子或者幼苗，数量较大的行为。

2. 非法买卖、运输、携带、持有毒品原植物种子、幼苗罪的构成特征

关于非法买卖、运输、携带、持有毒品原植物种子、幼苗罪的构成特征，根据现行刑法的规定，主要有以下几个方面，其集合表现为：

设G为非法买卖、运输、携带、持有毒品原植物种子、幼苗罪的集合，则G = ｛非法买卖、运输、携带、持有毒品原植物种子、幼苗罪｝；

设G1为非法买卖、运输、携带、持有毒品原植物种子、幼苗罪的客体的集合，则G1 = ｛国家对毒品原植物种子、幼苗的管制｝；设G2为非法买卖、运输、携带、持有毒品原植物种子、幼苗罪的客观方面的集合，则G2 = ｛行为人违反国家规定，非法买卖、运输、携带、持有未经灭活的罂粟等毒品原植物种子或者幼苗，数量较大的行为｝；设G3为非法买卖、运输、携带、持有毒品原植物种子、幼苗罪的主体的集合，则G3 = ｛年满16周岁、具有刑事责任能力的人｝；设G4为非法买卖、运输、携带、持有毒品原植

物种子、幼苗罪的主观方面的集合，则 G4 = {故意}；

则 G = G1∪G2∪G3∪G4，即非法买卖、运输、携带、持有毒品原植物种子、幼苗罪 = {客体是国家对毒品原植物种子、幼苗的管制} ∪ {客观方面表现为行为人违反国家规定，非法买卖、运输、携带、持有未经灭活的罂粟等毒品原植物种子或者幼苗，数量较大的行为} ∪ {主体是年满16周岁、具有刑事责任能力的人} ∪ {主观方面是故意} = {客体是国家对毒品原植物种子、幼苗的管制，客观方面表现为行为人违反国家规定，非法买卖、运输、携带、持有未经灭活的罂粟等毒品原植物种子或者幼苗，数量较大的行为，主体是年满16周岁、具有刑事责任能力的人，主观方面是故意}。

3. 非法买卖、运输、携带、持有毒品原植物种子、幼苗罪的处罚

根据《刑法》第352条、第356条规定，犯本罪的，处3年以下有期徒刑、拘役或者管制，并处或者单处罚金；因走私、贩卖、运输、制造、非法持有毒品罪被判过刑，又犯本罪的，从重处罚。

（八）引诱、教唆、欺骗他人吸毒罪

1. 引诱、教唆、欺骗他人吸毒罪的概念

引诱、教唆、欺骗他人吸毒罪，是指行为人使用各种方式引诱、教唆、欺骗他人吸食、注射毒品的行为。

2. 引诱、教唆、欺骗他人吸毒罪的构成特征

关于引诱、教唆、欺骗他人吸毒罪的构成特征，根据现行刑法的规定，主要有以下几个方面，其集合表现为：

设 H 为引诱、教唆、欺骗他人吸毒罪的集合，则 H = {引诱、教唆、欺骗他人吸毒罪}；

设 H1 为引诱、教唆、欺骗他人吸毒罪的客体的集合，则 H1 = {国家对毒品的管制和他人的健康权利}；设 H2 为引诱、教唆、欺骗他人吸毒罪的客观方面的集合，则 H2 = {行为人使用各种方式引诱、教唆、欺骗他人吸食、注射毒品的行为}；设 H3 为引诱、教唆、欺骗他人吸毒罪的主体的集合，则 H3 = {年满16周岁、具有刑事责任能力的人}；设 H4 为引诱、教唆、欺骗他人吸毒罪的主观方面的集合，则 H4 = {故意}；

则 H = H1∪H2∪H3∪H4，即引诱、教唆、欺骗他人吸毒罪 = {客体是国家对毒品的管制和他人的健康权利} ∪ {客观方面表现为行为人使用各种方式引诱、教唆、欺骗他人吸食、注射毒品的行为} ∪ {主体是年满16

周岁、具有刑事责任能力的人｝ ∪ ｛主观方面是故意｝ ＝｛客体是国家对毒品的管制和他人的健康权利，客观方面表现为行为人使用各种方式引诱、教唆、欺骗他人吸食、注射毒品的行为，主体是年满16周岁、具有刑事责任能力的人，主观方面是故意｝。

3. 引诱、教唆、欺骗他人吸毒罪的处罚

根据《刑法》第353条第1款、第3款和第356条规定，犯本罪的，处3年以下有期徒刑、拘役或者管制，并处罚金；情节严重的，处3年以上7年以下有期徒刑，并处罚金；引诱、教唆、欺骗未成年人吸食、注射毒品的，从重处罚；因走私、贩卖、运输、制造、非法持有毒品罪被判过刑，又犯本罪的，从重处罚。

（九）强迫他人吸毒罪

1. 强迫他人吸毒罪的概念

强迫他人吸毒罪，是指行为人违背他人意志，以暴力、威胁或者其他手段，强行迫使他人吸食、注射毒品的行为。

2. 强迫他人吸毒罪的构成特征

关于强迫他人吸毒罪的构成特征，根据现行刑法的规定，主要有以下几个方面，其集合表现为：

设I为强迫他人吸毒罪的集合，则I＝｛强迫他人吸毒罪｝；

设I1为强迫他人吸毒罪的客体的集合，则I1＝｛国家对毒品的管制和他人的健康权利｝；设I2为强迫他人吸毒罪的客观方面的集合，则I2＝｛行为人违背他人意志，以暴力、威胁或者其他手段，强行迫使他人吸食、注射毒品的行为｝；设I3为强迫他人吸毒罪的主体的集合，则I3＝｛年满16周岁、具有刑事责任能力的人｝；设I4为强迫他人吸毒罪的主观方面的集合，则I4＝｛故意｝；

则I＝I1∪I2∪I3∪I4，即强迫他人吸毒罪＝｛客体是国家对毒品的管制和他人的健康权利｝ ∪ ｛客观方面表现为行为人违背他人意志，以暴力、威胁或者其他手段，强行迫使他人吸食、注射毒品的行为｝ ∪ ｛主体是年满16周岁、具有刑事责任能力的人｝ ∪ ｛主观方面是故意｝ ＝｛客体是国家对毒品的管制和他人的健康权利，客观方面表现为行为人违背他人意志，以暴力、威胁或者其他手段，强行迫使他人吸食、注射毒品的行为，主体是年满16周岁、具有刑事责任能力的人，主观方面是故意｝。

3. 强迫他人吸毒罪的处罚

根据《刑法》第353条第2款、第3款、第356条规定，犯本罪的，处3年以上10年以下有期徒刑，并处罚金；强迫未成年人吸食、注射毒品的，从重处罚；因走私、贩卖、运输、制造、非法持有毒品罪被判过刑，又犯本罪的，从重处罚。

(十) 容留他人吸毒罪

1. 容留他人吸毒罪的概念

容留他人吸毒罪，是指行为人为他人吸食、注射毒品提供场所的行为。

2. 容留他人吸毒罪的构成特征

关于容留他人吸毒罪的构成特征，根据现行刑法的规定，主要有以下几个方面，其集合表现为：

设J为容留他人吸毒罪的集合，则J = {容留他人吸毒罪}；

设J1为容留他人吸毒罪的客体的集合，则J1 = {国家对毒品的管制和他人的健康权利}；设J2为容留他人吸毒罪的客观方面的集合，则J2 = {行为人为他人吸食、注射毒品提供场所的行为}；设J3为容留他人吸毒罪的主体的集合，则J3 = {年满16周岁、具有刑事责任能力的人}；设J4为容留他人吸毒罪的主观方面的集合，则J4 = {故意}；

则J = J1∪J2∪J3∪J4，即容留他人吸毒罪 = {客体是国家对毒品的管制和他人的健康权利} ∪ {客观方面表现为行为人为他人吸食、注射毒品提供场所的行为} ∪ {主体是年满16周岁、具有刑事责任能力的人} ∪ {主观方面是故意} = {客体是国家对毒品的管制和他人的健康权利，客观方面表现为行为人为他人吸食、注射毒品提供场所的行为，主体是年满16周岁、具有刑事责任能力的人，主观方面是故意}。

3. 容留他人吸毒罪的处罚

根据《刑法》第354条、第356条规定，犯本罪的，处3年以下有期徒刑、拘役或者管制，并处罚金；因走私、贩卖、运输、制造、非法持有毒品罪被判过刑，又犯本罪的，从重处罚。

(十一) 非法提供麻醉药品、精神药品罪

1. 非法提供麻醉药品、精神药品罪的概念

非法提供麻醉药品、精神药品罪，是指依法从事生产、运输、管理、使用国家管制的麻醉药品、精神药品的人员和单位，违反国家规定，向吸食、

注射毒品的人提供国家规定管制的能够使人形成瘾癖的麻醉药品、精神药品的行为。

2. 非法提供麻醉药品、精神药品罪的构成特征

关于非法提供麻醉药品、精神药品罪的构成特征，根据现行刑法的规定，主要有以下几个方面，其集合表现为：

设 K 为非法提供麻醉药品、精神药品罪的集合，则 K = {非法提供麻醉药品、精神药品罪}；

设 K1 为非法提供麻醉药品、精神药品罪的客体的集合，则 K1 = {国家对麻醉药品、精神药品的管制}；设 K2 为非法提供麻醉药品、精神药品罪的客观方面的集合，则 K2 = {行为人违反国家规定，向吸食、注射毒品的人提供国家规定管制的能够使人形成瘾癖的麻醉药品、精神药品的行为}；设 K3 为非法提供麻醉药品、精神药品罪的主体的集合，则 K3 = {依法从事生产、运输、管理、使用国家管制的麻醉药品、精神药品的人员} ∪ {单位} = {依法从事生产、运输、管理、使用国家管制的麻醉药品、精神药品的人员和单位}；设 K4 为非法提供麻醉药品、精神药品罪的主观方面的集合，则 K4 = {故意}；

则 K = K1 ∪ K2 ∪ K3 ∪ K4，即非法提供麻醉药品、精神药品罪 = {客体是国家对麻醉药品、精神药品的管制} ∪ {客观方面表现为行为人违反国家规定，向吸食、注射毒品的人提供国家规定管制的能够使人形成瘾癖的麻醉药品、精神药品的行为} ∪ {主体是依法从事生产、运输、管理、使用国家管制的麻醉药品、精神药品的人员和单位} ∪ {主观方面是故意} = {客体是国家对麻醉药品、精神药品的管制，客观方面表现为行为人违反国家规定，向吸食、注射毒品的人提供国家规定管制的能够使人形成瘾癖的麻醉药品、精神药品的行为，主体是依法从事生产、运输、管理、使用国家管制的麻醉药品、精神药品的人员和单位，主观方面是故意}。

3. 非法提供麻醉药品、精神药品罪的处罚

根据《刑法》第 355 条、第 356 条规定，犯本罪的，处 3 年以下有期徒刑或者拘役，并处罚金；情节严重的，处 3 年以上 7 年以下有期徒刑，并处罚金；向走私、贩卖毒品的犯罪分子或者以牟利为目的，向吸食、注射毒品的人提供国家规定管制的能够使人形成瘾癖的麻醉药品、精神药品的，依照本法第 347 条的规定定罪处罚；单位犯本罪的，对单位判处罚金，并对其直接负责的主管人员和其他直接责任人员，依照本罪的规定处罚；因走私、贩

卖、运输、制造、非法持有毒品罪被判过刑，又犯本罪的，从重处罚。

八、组织、强迫、引诱、容留、介绍卖淫罪

（一）组织卖淫罪

1. 组织卖淫罪的概念

组织卖淫罪，是指行为人以招募、雇佣、引诱、容留等手段，纠集、控制、策划、指挥多人从事卖淫的行为。

2. 组织卖淫罪的构成特征

关于组织卖淫罪的构成特征，根据现行刑法的规定，主要有以下几个方面，其集合表现为：

设 A 为组织卖淫罪的集合，则 A = {组织卖淫罪}；

设 A1 为组织卖淫罪的客体的集合，则 A1 = {社会治安管理秩序} ∪ {社会风尚} = {社会治安管理秩序和社会风尚}；设 A2 为组织卖淫罪的客观方面的集合，则 A2 = {行为人以招募、雇佣、引诱、容留等手段，纠集、控制、策划、指挥多人从事卖淫的行为}；设 A3 为组织卖淫罪的主体的集合，则 A3 = {年满 16 周岁、具有刑事责任能力的人}；设 A4 为组织卖淫罪的主观方面的集合，则 A4 = {故意}；

则 A = A1 ∪ A2 ∪ A3 ∪ A4，即组织卖淫罪 = {客体是社会治安管理秩序和社会风尚} ∪ {客观方面表现为行为人以招募、雇佣、引诱、容留等手段，纠集、控制、策划、指挥多人从事卖淫的行为} ∪ {主体是年满 16 周岁、具有刑事责任能力的人} ∪ {主观方面是故意} = {客体是社会治安管理秩序和社会风尚，客观方面表现为行为人以招募、雇佣、引诱、容留等手段，纠集、控制、策划、指挥多人从事卖淫的行为，主体是年满 16 周岁、具有刑事责任能力的人，主观方面是故意}。

3. 组织卖淫罪的处罚

根据《刑法》第 358 条、第 361 条、第 362 条规定，犯本罪的，处 5 年以上 10 年以下有期徒刑，并处罚金；情节严重的，处 10 年以上有期徒刑或者无期徒刑，并处罚金或者没收财产。组织、强迫未成年人卖淫的，依照上述规定从重处罚。犯前两款罪，并有杀害、伤害、强奸、绑架等犯罪行为的，依照数罪并罚的规定处罚。旅馆业、饮食服务业、文化娱乐业、出租汽车业等单位的人员，利用本单位的条件，组织他人卖淫的，依照本法第 358

条的规定定罪处罚。前款所列单位的主要负责人，犯前款罪的，从重处罚。旅馆业、饮食服务业、文化娱乐业、出租汽车业等单位的人员，在公安机关查处卖淫、嫖娼活动时，为违法犯罪分子通风报信，情节严重的，依照本法第 310 条的规定定罪处罚。

（二）强迫卖淫罪

1. 强迫卖淫罪的概念

强迫卖淫罪，是指行为人以暴力、胁迫、虐待或者其他强制手段，迫使他人违背自己的意志卖淫的行为。

2. 强迫卖淫罪的构成特征

关于强迫卖淫罪的构成特征，根据现行刑法的规定，主要有以下几个方面，其集合表现为：

设 B 为强迫卖淫罪的集合，则 B = {强迫卖淫罪}；

设 B1 为强迫卖淫罪的客体的集合，则 B1 = {社会治安管理秩序} ∪ {他人的性的自主权} = {社会治安管理秩序和他人的性的自主权}；设 B2 为强迫卖淫罪的客观方面的集合，则 B2 = {行为人以暴力、胁迫、虐待或者其他强制手段，迫使他人违背自己的意志卖淫的行为}；设 B3 为强迫卖淫罪的主体的集合，则 B3 = {年满 16 周岁、具有刑事责任能力的人}；设 B4 为强迫卖淫罪的主观方面的集合，则 B4 = {故意}；

则 B = B1 ∪ B2 ∪ B3 ∪ B4，即强迫卖淫罪 = {客体是社会治安管理秩序和他人的性的自主权} ∪ {客观方面表现为行为人以暴力、胁迫、虐待或者其他强制手段，迫使他人违背自己的意志卖淫的行为} ∪ {主体是年满 16 周岁、具有刑事责任能力的人} ∪ {主观方面是故意} = {客体是社会治安管理秩序和他人的性的自主权，客观方面表现为行为人以暴力、胁迫、虐待或者其他强制手段，迫使他人违背自己的意志卖淫的行为，主体是年满 16 周岁、具有刑事责任能力的人，主观方面是故意}。

3. 强迫卖淫罪的处罚

根据《刑法》第 358 条、第 361 条、第 362 条规定，犯本罪的，处 5 年以上 10 年以下有期徒刑，并处罚金；情节严重的，处 10 年以上有期徒刑或者无期徒刑，并处罚金或者没收财产。组织、强迫未成年人卖淫的，依照上述规定从重处罚。犯前两款罪的，并有杀害、伤害、强奸、绑架等犯罪行为的，依照数罪并罚的规定处罚。旅馆业、饮食服务业、文化娱乐业、出租汽车业等单位的人员，利用本单位的条件，强迫他人卖淫的，依照本法第 358

条的规定定罪处罚。前款所列单位的负责人，犯前款罪的，从重处罚。前款所列单位的人员，在公安机关查处卖淫、嫖娼活动时，为违法犯罪分子通风报信，情节严重的，依照本法第 310 条的规定定罪处罚。

(三) 协助组织卖淫罪

1. 协助组织卖淫罪的概念

协助组织卖淫罪，是指行为人为他人组织卖淫活动提供帮助的行为。

2. 协助组织卖淫罪的构成特征

关于协助组织卖淫罪的构成特征，根据现行刑法的规定，主要有以下几个方面，其集合表现为：

设 C 为协助组织卖淫罪的集合，则 C = {协助组织卖淫罪}；

设 C1 为协助组织卖淫罪的客体的集合，则 C1 = {社会治安管理秩序} ∪ {社会风尚} = {社会治安管理秩序和社会风尚}；设 C2 为协助组织卖淫罪的客观方面的集合，则 C2 = {行为人为他人组织卖淫活动提供帮助的行为}；设 C3 为协助组织卖淫罪的主体的集合，则 C3 = {年满 16 周岁、具有刑事责任能力的人}；设 C4 为协助组织卖淫罪的主观方面的集合，则 C4 = {故意}；

则 C = C1 ∪ C2 ∪ C3 ∪ C4，即协助组织卖淫罪 = {客体是社会治安管理秩序和社会风尚} ∪ {客观方面表现为行为人为他人组织卖淫活动提供帮助的行为} ∪ {主体是年满 16 周岁、具有刑事责任能力的人} ∪ {主观方面是故意} = {客体是社会治安管理秩序和社会风尚，客观方面表现为行为人为他人组织卖淫活动提供帮助的行为，主体是年满 16 周岁、具有刑事责任能力的人，主观方面是故意}。

3. 协助组织卖淫罪的处罚

根据《刑法》第 358 条第 4 款、第 362 条规定，犯本罪的，处 5 年以下有期徒刑，并处罚金；情节严重的，处 5 年以上 10 年以下有期徒刑，并处罚金；旅馆业、饮食服务业、文化娱乐业、出租汽车业等单位的人员，在公安机关查处卖淫、嫖娼活动时，为违法犯罪分子通风报信，情节严重的，依照本法第 310 条的规定定罪处罚。

(四) 引诱、容留、介绍卖淫罪

1. 引诱、容留、介绍卖淫罪的概念

引诱、容留、介绍卖淫罪，是指行为人以金钱、物质或者其他利益诱使他人卖淫，或者为他人卖淫提供场所，或者为卖淫者嫖娼者牵线搭桥的行为。

2. 引诱、容留、介绍卖淫罪的构成特征

关于引诱、容留、介绍卖淫罪的构成特征，根据现行刑法的规定，主要有以下几个方面，其集合表现为：

设 D 为引诱、容留、介绍卖淫罪的集合，则 D = {引诱、容留、介绍卖淫罪}；

设 D1 为引诱、容留、介绍卖淫罪的客体的集合，则 D1 = {社会治安管理秩序} ∪ {社会风尚} = {社会治安管理秩序和社会风尚}；设 D2 为引诱、容留、介绍卖淫罪的客观方面的集合，则 D2 = {行为人以金钱、物质或者其他利益诱使他人卖淫，或者为他人卖淫提供场所，或者为卖淫者嫖娼者牵线搭桥的行为}；设 D3 为引诱、容留、介绍卖淫罪的主体的集合，则 D3 = {年满 16 周岁、具有刑事责任能力的人}；设 D4 为引诱、容留、介绍卖淫罪的主观方面的集合，则 D4 = {故意，且大多以营利为目的}；

则 D = D1 ∪ D2 ∪ D3 ∪ D4，即引诱、容留、介绍卖淫罪 = {客体是社会治安管理秩序和社会风尚} ∪ {客观方面表现为行为人以金钱、物质或者其他利益诱使他人卖淫，或者为他人卖淫提供场所，或者为卖淫者嫖娼者牵线搭桥的行为} ∪ {主体是年满 16 周岁、具有刑事责任能力的人} ∪ {主观方面是故意，且大多以营利为目的} = {客体是社会治安管理秩序和社会风尚，客观方面表现为行为人以金钱、物质或者其他利益诱使他人卖淫，或者为他人卖淫提供场所，或者为卖淫者嫖娼者牵线搭桥的行为，主体是年满 16 周岁、具有刑事责任能力的人，主观方面是故意，且大多以营利为目的}。

3. 引诱、容留、介绍卖淫罪的处罚

根据《刑法》第 359 条第 1 款、第 361 条、第 362 条规定，犯本罪的，处 5 年以下有期徒刑、拘役或者管制，并处罚金；情节严重的，处 5 年以上有期徒刑，并处罚金；旅馆业、饮食服务业、文化娱乐业、出租汽车业等单位的人员，利用本单位的条件引诱、容留、介绍他人卖淫的，依照本法第 359 条的规定定罪处罚。前款所列单位的主要负责人，犯前款罪的，从重处罚。旅馆业、饮食服务业、文化娱乐业、出租汽车业等单位的人员，在公安机关查处卖淫、嫖娼活动时，为违法犯罪分子通风报信，情节严重的，依照本法第 310 条的规定定罪处罚。

（五）引诱幼女卖淫罪

1. 引诱幼女卖淫罪的概念

引诱幼女卖淫罪，是指行为人以金钱、物质或者其他利益，诱使不满14周岁的幼女卖淫的行为。

2. 引诱幼女卖淫罪的构成特征

关于引诱幼女卖淫罪的构成特征，根据现行刑法的规定，主要有以下几个方面，其集合表现为：

设E为引诱幼女卖淫罪的集合，则E＝｛引诱幼女卖淫罪｝；

设E1为引诱幼女卖淫罪的客体的集合，则E1＝｛社会治安管理秩序｝∪｛幼女的身心健康｝＝｛社会治安管理秩序和幼女的身心健康｝；设E2为引诱幼女卖淫罪的客观方面的集合，则E2＝｛行为人以金钱、物质或者其他利益，诱使不满14周岁的幼女卖淫的行为｝；设E3为引诱幼女卖淫罪的主体的集合，则E3＝｛年满16周岁、具有刑事责任能力的人｝；设E4为引诱幼女卖淫罪的主观方面的集合，则E4＝｛故意｝；

则E＝E1∪E2∪E3∪E4，即引诱幼女卖淫罪＝｛客体是社会治安管理秩序和幼女的身心健康｝∪｛客观方面表现为行为人以金钱、物质或者其他利益，诱使不满14周岁的幼女卖淫的行为｝∪｛主体是年满16周岁、具有刑事责任能力的人｝∪｛主观方面是故意｝＝｛客体是社会治安管理秩序和幼女的身心健康，客观方面表现为行为人以金钱、物质或者其他利益，诱使不满14周岁的幼女卖淫的行为，主体是年满16周岁、具有刑事责任能力的人，主观方面是故意｝。

3. 引诱幼女卖淫罪的处罚

根据《刑法》第359条第2款、第361条、第362条规定，犯本罪的，处5年以上有期徒刑，并处罚金；旅馆业、饮食服务业、文化娱乐业、出租汽车业等单位的人员，利用本单位的条件引诱、容留、介绍他人卖淫的，依照本法第359条的规定定罪处罚。前款所列单位的主要负责人，犯前款罪的，从重处罚；旅馆业、饮食服务业、文化娱乐业、出租汽车业等单位的人员，在公安机关查处卖淫、嫖娼活动时，为违法犯罪分子通风报信，情节严重的，依照本法第310条的规定定罪处罚。

（六）传播性病罪

1. 传播性病罪的概念

传播性病罪，是指行为人明知自己患有梅毒、淋病等严重性病而进行卖淫、嫖娼的行为。

2. 传播性病罪的构成特征

关于传播性病罪的构成特征，根据现行刑法的规定，主要有以下几个方面，其集合表现为：

设F为传播性病罪的集合，则F＝｛传播性病罪｝；

设F1为传播性病罪的客体的集合，则F1＝｛社会治安管理秩序｝∪｛他人的身心健康权利｝＝｛社会治安管理秩序和他人的身心健康权利｝；设F2为传播性病罪的客观方面的集合，则F2＝｛行为人明知自己患有梅毒、淋病等严重性病而进行卖淫、嫖娼的行为｝；设F3为传播性病罪的主体的集合，则F3＝｛患有梅毒、淋病等严重性病的人｝；设F4为传播性病罪的主观方面的集合，则F4＝｛故意｝；

则F＝F1∪F2∪F3∪F4，即传播性病罪＝｛客体是社会治安管理秩序和他人的身心健康权利｝∪｛客观方面表现为行为人明知自己患有梅毒、淋病等严重性病而进行卖淫、嫖娼的行为｝∪｛主体是患有梅毒、淋病等严重性病的人｝∪｛主观方面是故意｝＝｛客体是社会治安管理秩序和他人的身心健康权利，客观方面表现为行为人明知自己患有梅毒、淋病等严重性病而进行卖淫、嫖娼的行为，主体是患有梅毒、淋病等严重性病的人，主观方面是故意｝。

3. 传播性病罪的处罚

根据《刑法》第360条规定，犯本罪的，处5年以下有期徒刑、拘役或者管制，并处罚金。

九、制作、贩卖、传播淫秽物品罪

（一）制作、复制、出版、贩卖、传播淫秽物品牟利罪

1. 制作、复制、出版、贩卖、传播淫秽物品牟利罪的概念

制作、复制、出版、贩卖、传播淫秽物品牟利罪，是指个人或者单位以牟利为目的，制作、复制、出版、贩卖、传播淫秽物品的行为。

2. 制作、复制、出版、贩卖、传播淫秽物品牟利罪的构成特征

关于制作、复制、出版、贩卖、传播淫秽物品牟利罪的构成特征，根据现行刑法的规定，主要有以下几个方面，其集合表现为：

设 A 为制作、复制、出版、贩卖、传播淫秽物品牟利罪的集合，则 A = {制作、复制、出版、贩卖、传播淫秽物品牟利罪}；

设 A1 为制作、复制、出版、贩卖、传播淫秽物品牟利罪的客体的集合，则 A1 = {国家对文化市场的管理秩序}；设 A2 为制作、复制、出版、贩卖、传播淫秽物品牟利罪的客观方面的集合，则 A2 = {行为人制作、复制、出版、贩卖、传播淫秽物品的行为}；设 A3 为制作、复制、出版、贩卖、传播淫秽物品牟利罪的主体的集合，则 A3 = {年满 16 周岁、具有刑事责任能力的人} ∪ {单位} = {年满 16 周岁、具有刑事责任能力的人和单位}；设 A4 为制作、复制、出版、贩卖、传播淫秽物品牟利罪的主观方面的集合，则 A4 = {故意，且以牟利为目的}；

则 A = A1 ∪ A2 ∪ A3 ∪ A4，即制作、复制、出版、贩卖、传播淫秽物品牟利罪 = {客体是国家对文化市场的管理秩序} ∪ {客观方面表现为行为人制作、复制、出版、贩卖、传播淫秽物品的行为} ∪ {主体是年满 16 周岁、具有刑事责任能力的人和单位} ∪ {主观方面是故意，且以牟利为目的} = {客体是国家对文化市场的管理秩序，客观方面表现为行为人制作、复制、出版、贩卖、传播淫秽物品的行为，主体是年满 16 周岁、具有刑事责任能力的人和单位，主观方面是故意，且以牟利为目的}。

3. 制作、复制、出版、贩卖、传播淫秽物品牟利罪的处罚

根据《刑法》第 363 条第 1 款、第 366 条规定，个人犯本罪的，处 3 年以下有期徒刑、拘役或者管制，并处罚金；情节严重的，处 3 年以上 10 年以下有期徒刑，并处罚金；情节特别严重的，处 10 年以上有期徒刑或者无期徒刑，并处罚金或者没收财产；单位犯本罪的，对单位判处罚金，并对其直接负责的主管人员和其他直接责任人员，依照上述规定处罚。

（二）为他人提供书号出版淫秽书刊罪

1. 为他人提供书号出版淫秽书刊罪的概念

为他人提供书号出版淫秽书刊罪，是指违反国家出版法规，为他人提供书号，出版淫秽书刊的行为。

2. 为他人提供书号出版淫秽书刊罪的构成特征

关于为他人提供书号出版淫秽书刊罪的构成特征，根据现行刑法的规

定，主要有以下几个方面，其集合表现为：

设B为为他人提供书号出版淫秽书刊罪的集合，则B＝{为他人提供书号出版淫秽书刊罪}；

设B1为为他人提供书号出版淫秽书刊罪的客体的集合，则B1＝{国家对书刊出版的管理秩序}；设B2为为他人提供书号出版淫秽书刊罪的客观方面的集合，则B2＝{行为人违反国家出版法规，为他人提供书号，出版淫秽书刊的行为}；设B3为为他人提供书号出版淫秽书刊罪的主体的集合，则B3＝{年满16周岁、具有刑事责任能力的人}∪{单位}＝{年满16周岁、具有刑事责任能力的人和单位}；设B4为为他人提供书号出版淫秽书刊罪的主观方面的集合，则B4＝{过失}；

则B＝B1∪B2∪B3∪B4，即为他人提供书号出版淫秽书刊罪＝{客体是国家对书刊出版的管理秩序}∪{客观方面表现为行为人违反国家出版法规，为他人提供书号，出版淫秽书刊的行为}∪{主体是年满16周岁、具有刑事责任能力的人和单位}∪{主观方面是过失}＝{客体是国家对书刊出版的管理秩序，客观方面表现为行为人违反国家出版法规，为他人提供书号，出版淫秽书刊的行为，主体是年满16周岁、具有刑事责任能力的人和单位，主观方面是过失}。

3. 为他人提供书号出版淫秽书刊罪的处罚

根据《刑法》第363条第2款、第366条规定，个人犯本罪的，处3年以下有期徒刑、拘役或者管制，并处或者单处罚金；单位犯本罪的，对单位判处罚金，并对其直接负责的主管人员和其他直接责任人员，依照上述规定处罚。

（三）传播淫秽物品罪

1. 传播淫秽物品罪的概念

传播淫秽物品罪，是指行为人不以牟利为目的，在社会上传播淫秽的书刊、影片、音像、图片或者其他淫秽物品，情节严重的行为。

2. 传播淫秽物品罪的构成特征

关于传播淫秽物品罪的构成特征，根据现行刑法的规定，主要有以下几个方面，其集合表现为：

设C为传播淫秽物品罪的集合，则C＝{传播淫秽物品罪}；

设C1为传播淫秽物品罪的客体的集合，则C1＝{国家对文化市场的管理秩序}；设C2为传播淫秽物品罪的客观方面的集合，则C2＝{行为人在社会上传播淫秽的书刊、影片、音像、图片或者其他淫秽物品，情节严重的行为}；设C3为传播淫秽物品罪的主体的集合，则C3＝{年满16周岁、具有刑事责任能力的人}∪{单位}＝{年满16周岁、具有刑事责任能力的人和单位}；设C4为传播淫秽物品罪的主观方面的集合，则C4＝{故意，且不以牟利为目的}；

则C＝C1∪C2∪C3∪C4，即传播淫秽物品罪＝{客体是国家对文化市场的管理秩序}∪{客观方面表现为行为人在社会上传播淫秽的书刊、影片、音像、图片或者其他淫秽物品，情节严重的行为}∪{主体是年满16周岁、具有刑事责任能力的人和单位}∪{主观方面是故意，且不以牟利为目的}＝{客体是国家对文化市场的管理秩序，客观方面表现为行为人在社会上传播淫秽的书刊、影片、音像、图片或者其他淫秽物品，情节严重的行为，主体是年满16周岁、具有刑事责任能力的人和单位，主观方面是故意，且不以牟利为目的}。

3. 传播淫秽物品罪的处罚

根据《刑法》第364条第1款、第4款、第366条规定，个人犯本罪的，处2年以下有期徒刑、拘役或者管制；向不满18周岁的未成年人传播淫秽物品的，从重处罚；单位犯本罪的，对单位判处罚金，并对其直接负责的主管人员和其他直接责任人员，依照上述规定处罚。

（四）组织播放淫秽音像制品罪

1. 组织播放淫秽音像制品罪的概念

组织播放淫秽音像制品罪，是指行为人不以牟利为目的，组织播放淫秽的电影、录像等音像制品的行为。

2. 组织播放淫秽音像制品罪的构成特征

关于组织播放淫秽音像制品罪的构成特征，根据现行刑法的规定，主要有以下几个方面，其集合表现为：

设D为组织播放淫秽音像制品罪的集合，则D＝{组织播放淫秽音像制品罪}；

设D1为组织播放淫秽音像制品罪的客体的集合，则D1＝{国家对文化市场的管理秩序}；设D2为组织播放淫秽音像制品罪的客观方面的集合，则D2＝{行为人组织播放淫秽的电影、录像等音像制品的行为}；设D3为组织播放淫秽音像制品罪的主体的集合，则D3＝{年满16周岁、具有刑事责任能力的人}∪{单位}＝{年满16周岁、具有刑事责任能力的人和单位}；设 D4 为组织播放淫秽音像制品罪的主观方面的集合，则 D4 = {故意，且不以牟利为目的}；

则 D = D1∪D2∪D3∪D4，即组织播放淫秽音像制品罪 = {客体是国家对文化市场的管理秩序} ∪ {客观方面表现为行为人 组织播放淫秽的电影、录像等音像制品的行为} ∪ {主体是年满 16 周岁、具有刑事责任能力的人和单位} ∪ {主观方面是故意，且不以牟利为目的} = {客体是国家对文化市场的管理秩序，客观方面表现为行为人 组织播放淫秽的电影、录像等音像制品的行为，主体是年满 16 周岁、具有刑事责任能力的人和单位，主观方面是故意，且不以牟利为目的}。

3. 组织播放淫秽音像制品罪的处罚

根据《刑法》第 364 条第 2 款、第 3 款、第 4 款、第 366 条规定，个人犯本罪的，处 3 年以下有期徒刑、拘役或者管制，并处罚金；情节严重的，处 3 年以上 10 年以下有期徒刑，并处罚金；制作、复制淫秽的电影、录像等音像制品组织播放的，以本罪从重处罚；向不满 18 周岁的未成年人播放淫秽音像制品的，从重处罚；单位犯本罪的，对单位判处罚金，并对其直接负责的主管人员和其他直接责任人员，依照上述规定处罚。

（五）组织淫秽表演罪

1. 组织淫秽表演罪的概念

组织淫秽表演罪，是指行为人纠集、策划、指挥、安排他人在一定场所当众进行诲淫性演出的行为。

2. 组织淫秽表演罪的构成特征

关于组织淫秽表演罪的构成特征，根据现行刑法的规定，主要有以下几个方面，其集合表现为：

设 E 为组织淫秽表演罪的集合，则 E = {组织淫秽表演罪}；

设 E1 为组织淫秽表演罪的客体的集合，则 E = {国家对文化市场的管理秩序和社会治安管理秩序}；设 E2 为组织淫秽表演罪的客观方面的集合，则 E2 = {行为人纠集、策划、指挥、安排他人在一定场所当众进行诲淫性演出的行为}；设 E3 为组织淫秽表演罪的主体的集合，则 E3 = {年满 16 周岁、具有刑事责任能力的人} ∪ {单位} = {年满 16 周岁、具有刑事责任能力的人和单位}；设 E4 为组织淫秽表演罪的主观方面的集合，则 E4 = {故意}；

则 E = E1∪E2∪E3∪E4，即组织淫秽表演罪 = {客体是国家对文化市场的管理秩序和社会治安管理秩序｝∪｛客观方面表现为行为人纠集、策划、指挥、安排他人在一定场所当众进行诲淫性演出的行为｝∪｛主体是年满16周岁、具有刑事责任能力的人和单位｝∪｛主观方面是故意｝=｛客体是国家对文化市场的管理秩序和社会治安管理秩序，客观方面表现为行为人纠集、策划、指挥、安排他人在一定场所当众进行诲淫性演出的行为，主体是年满16周岁、具有刑事责任能力的人和单位，主观方面是故意｝。

3. 组织淫秽表演罪的处罚

根据《刑法》第365条、第366条规定，个人犯本罪的，处3年以下有期徒刑、拘役或者管制，并处罚金；情节严重的，处3年以上10年以下有期徒刑，并处罚金。单位犯本罪的，对单位判处罚金，并对其直接负责的主管人员和其他直接责任人员，依照上述规定处罚。

第八章
危害国防利益罪

第一节　危害国防利益罪集合概述

一、危害国防利益罪的概念

危害国防利益罪，是指行为人违反国防法规，故意或过失地实施危害中华人民共和国国防利益，依照法律应当负刑事责任的行为。

二、危害国防利益罪的共同特征

根据现行刑法对危害国防利益罪所作的规定来看，构成该类犯罪必须具备以下几个方面的共同特征，其集合表现为：

设 A 为危害国防利益罪集合，则 A = ｛危害国防利益罪｝；

设 B 为危害国防利益罪同类客体的集合，则 B = ｛中华人民共和国的国防利益｝；设 C 为危害国防利益罪客观方面的集合，则 C = ｛行为人实施了法律禁止的各种危害国家的国防利益，情节严重的行为｝；设 D 为危害国防利益罪主体的集合，则 D = ｛多数必须是达到法定年龄，具有刑事责任能力的人｝∪｛少数必须特定身份｝∪｛单位｝=｛多数必须是达到法定年龄、具有刑事责任能力的人，少数必须具有特定身份，有些是单位｝；设 E 为危害国防利益罪的主观方面的集合，则 E = ｛故意｝∪｛过失｝；

则 $A = B \cup C \cup D \cup E$，即危害国防利益罪 = ｛犯罪同类客体为中华人民共和国的国防利益｝∪｛客观方面表现为行为人实施了法律禁止的各种危害国家的国防利益，情节严重的行为｝∪｛犯罪主体多数必须是达到法定年龄、具有刑事责任能力的人，少数必须具有特定身份，有些是单位｝∪｛主观方面多数是故意，少数是过失｝=｛犯罪同类客体为中华人民共和国的国防利益，客观方面表现为行为人实施了法律禁止的各种危害国家的国防利益，情节严重的行为，犯罪主体多数必须是达到法定年龄、具有刑事责任能力的人，少数必须具有特定身份，有些是单位，主观方面是多数是故意，少数是过失｝。

三、危害国防利益罪的具体罪名

根据现行刑法对危害国防利益罪所作的规定来看，本章的犯罪共有23种具体罪名，用子集的方式来表达，其构造表现为：

｛阻碍军人执行职务罪｝

｛阻碍军事行动罪｝

｛破坏武器装备、军事设施、军事通信罪｝

｛过失损坏武器装备、军事设施、军事通信罪｝

｛故意提供不合格武器装备、军事设施罪｝

｛过失提供不合格武器装备、军事设施罪｝

｛聚众冲击军事禁区罪｝

｛聚众扰乱军事管理区秩序罪｝

｛冒充军人招摇撞骗罪｝

｛煽动军人逃离部队罪｝

｛雇用逃离部队军人罪｝

｛接送不合格兵员罪｝

｛伪造、变造、买卖武装部队公文、证件、印章罪｝

｛盗窃、抢夺武装部队公文、证件、印章罪｝

｛非法生产、买卖武装部队制式服装罪｝

｛伪造、盗窃、买卖、非法提供、非法使用武装部队专用标志罪｝

｛战时拒绝、逃避征召、军事训练罪｝

｛战时拒绝、逃避服役罪｝

｛战时故意提供虚假敌情罪｝

｛战时造谣扰乱军心罪｝

{战时窝藏逃离部队军人罪}
{战时拒绝、故意延误军事订货罪}
{战时拒绝军事征收、征用罪}
……
{阻碍军人执行职务罪
阻碍军事行动罪
破坏武器装备、军事设施、军事通信罪
过失损坏武器装备、军事设施、军事通信罪
故意提供不合格武器装备、军事设施罪
过失提供不合格武器装备、军事设施罪
聚众冲击军事禁区罪
聚众扰乱军事管理区秩序罪
冒充军人招摇撞骗罪
煽动军人逃离部队罪
雇用逃离部队军人罪
接送不合格兵员罪
伪造、变造、买卖武装部队公文、证件、印章罪
盗窃、抢夺武装部队公文、证件、印章罪
非法生产、买卖武装部队制式服装罪
伪造、盗窃、买卖、非法提供、非法使用武装部队专用标志罪
战时拒绝、逃避征召、军事训练罪
战时拒绝、逃避服役罪
战时故意提供虚假敌情罪
战时造谣扰乱军心罪
战时窝藏逃离部队军人罪
战时拒绝、故意延误军事订货罪
战时拒绝军事征收、征用罪}

第二节　危害国防利益罪集合分述

一、阻碍军人执行职务罪

1. 阻碍军人执行职务罪的概念

阻碍军人执行职务罪，是指行为人以暴力、威胁方法阻碍军人依法执行职务的行为。

2. 阻碍军人执行职务罪的构成特征

关于阻碍军人执行职务罪的构成特征，根据现行刑法的规定，主要有以下几个方面，其集合表现为：

设 A 为阻碍军人执行职务罪的集合，则 A = {阻碍军人执行职务罪}；

设 A1 为阻碍军人执行职务罪的客体的集合，则 A1 = {军人依法执行职务的活动}；设 A2 为阻碍军人执行职务罪的客观方面的集合，则 A2 = {行为人以暴力、威胁方法阻碍军人依法执行职务的行为}；设 A3 为阻碍军人执行职务罪的主体的集合，则 A3 = {年满 16 周岁、具有刑事责任能力的人}；设 A4 为阻碍军人执行职务罪的主观方面的集合，则 A4 = {故意}；

则 $A = A1 \cup A2 \cup A3 \cup A4$，即阻碍军人执行职务罪 = {客体是军人依法执行职务的活动} ∪ {客观方面表现为行为人以暴力、威胁方法阻碍军人依法执行职务的行为} ∪ {主体是年满 16 周岁、具有刑事责任能力的人} ∪ {主观方面是故意} = {客体是军人依法执行职务的活动，客观方面表现为以暴力、威胁方法阻碍军人依法执行职务的行为，主体是年满 16 周岁、具有刑事责任能力的人，主观方面是故意}。

3. 阻碍军人执行职务罪的处罚

根据《刑法》第 368 条第 1 款规定，犯本罪的，处 3 年以下有期徒刑、拘役、管制或者罚金。

二、阻碍军事行动罪

1. 阻碍军事行动罪的概念

阻碍军事行动罪，是指以暴力、威胁手段，或者以躺卧、静坐、设障、阻拦及其他方式，妨害武装部队军事行动，造成严重后果的行为。

2. 阻碍军事行动罪的构成特征

关于阻碍军事行动罪的构成特征，根据现行刑法的规定，主要有以下几个方面，其集合表现为：

设 B 为阻碍军事行动罪的集合，则 B = {阻碍军事行动罪}；

设 B1 为阻碍军事行动罪的客体的集合，则 B1 = {武装部队的军事行动秩序}；设 B2 为阻碍军事行动罪的客观方面的集合，则 B2 = {行为人阻碍武装部队军事行动，造成严重后果的行为}；设 B3 为阻碍军事行动罪的主体的集合，则 B3 = {年满 16 周岁、具有刑事责任能力的人}；设 B4 为阻碍军事行动罪的主观方面的集合，则 B4 = {故意}；

则 $B = B1 \cup B2 \cup B3 \cup B4$，即阻碍军事行动罪 = {客体是武装部队的军事行动秩序} ∪ {客观方面表现为行为人阻碍武装部队军事行动，造成严重后果的行为} ∪ {主体是年满 16 周岁、具有刑事责任能力的人} ∪ {主观方面是故意} = {客体是武装部队的军事行动秩序，客观方面表现为阻碍武装部队军事行动，造成严重后果的行为，主体是年满 16 周岁、具有刑事责任能力的人，主观方面是故意}。

3. 阻碍军事行动罪的处罚

根据《刑法》第 368 条第 2 款规定，犯本罪的，处 5 年以下有期徒刑或者拘役。

三、破坏武器装备、军事设施、军事通信罪

1. 破坏武器装备、军事设施、军事通信罪的概念

破坏武器装备、军事设施、军事通信罪，是指故意破坏部队的武器装备、军事设施、军事通信的行为。

2. 破坏武器装备、军事设施、军事通信罪的构成特征

关于破坏武器装备、军事设施、军事通信罪的构成特征，根据现行刑法的规定，主要有以下几个方面，其集合表现为：

设C为破坏武器装备、军事设施、军事通信罪的集合，则C＝｛破坏武器装备、军事设施、军事通信罪｝；

设C1为破坏武器装备、军事设施、军事通信罪的客体的集合，则C1＝｛武装部队的军事行动秩序｝；设C2为破坏武器装备、军事设施、军事通信罪的客观方面的集合，则C2＝｛行为人破坏部队的武器装备、军事设施、军事通信的行为｝；设C3为破坏武器装备、军事设施、军事通信罪的主体的集合，则C3＝｛年满16周岁、具有刑事责任能力的人｝；设C4为破坏武器装备、军事设施、军事通信罪的主观方面的集合，则C4＝｛故意｝；

则C＝C1∪C2∪C3∪C4，即破坏武器装备、军事设施、军事通信罪＝｛客体是武装部队的军事行动秩序｝∪｛客观方面表现为行为人破坏部队的武器装备、军事设施、军事通信的行为｝∪｛主体是年满16周岁、具有刑事责任能力的人｝∪｛主观方面是故意｝＝｛客体是武装部队的军事行动秩序，客观方面表现为行为人破坏部队的武器装备、军事设施、军事通信的行为，主体是年满16周岁、具有刑事责任能力的人，主观方面是故意｝。

3. 破坏武器装备、军事设施、军事通信罪的处罚

根据《刑法》第369条第1款、第3款的规定，犯本罪的，处3年以下有期徒刑、拘役或者管制；破坏重要武器装备、军事设施、军事通信的，处3年以上10年以下有期徒刑；情节特别严重的，处10年以上有期徒刑、无期徒刑或者死刑。战时从重处罚。

四、过失损坏武器装备、军事设施、军事通信罪

1. 过失损坏武器装备、军事设施、军事通信罪的概念

过失损坏武器装备、军事设施、军事通信罪，是指过失损坏部队的武器装备、军事设施、军事通信，造成严重后果的行为。

2. 过失损坏武器装备、军事设施、军事通信罪的构成特征

关于过失损坏武器装备、军事设施、军事通信罪的构成特征，根据现行刑法的规定，主要有以下几个方面，其集合表现为：

设D为过失损坏武器装备、军事设施、军事通信罪的集合，则D＝｛过失损坏武器装备、军事设施、军事通信罪｝；

设D1为过失损坏武器装备、军事设施、军事通信罪的客体的集合，则D1＝｛武器装备、军事设施的使用效能｝∪｛军事通信保障秩序｝＝｛武器装备、军事设施的使用效能和军事通信保障秩序｝；设D2为过失损坏武

器装备、军事设施、军事通信罪的客观方面的集合，则 D2 = ｛行为人损坏部队的武器装备、军事设施、军事通信，造成严重后果的行为｝；设 D3 为过失损坏武器装备、军事设施、军事通信罪的主体的集合，则 D3 = ｛年满 16 周岁、具有刑事责任能力的人｝；设 D4 为过失损坏武器装备、军事设施、军事通信罪的主观方面的集合，则 D4 = ｛过失｝；

则 D = D1 ∪ D2 ∪ D3 ∪ D4，即过失损坏武器装备、军事设施、军事通信罪 = ｛客体是武器装备、军事设施的使用效能和军事通信保障秩序｝ ∪ ｛客观方面表现为行为人损坏部队的武器装备、军事设施、军事通信，造成严重后果的行为｝ ∪ ｛主体是年满 16 周岁、具有刑事责任能力的人｝ ∪ ｛主观方面是过失｝ = ｛客体是武器装备、军事设施的使用效能和军事通信保障秩序，客观方面表现为行为人损坏部队的武器装备、军事设施、军事通信，造成严重后果的行为，主体是年满 16 周岁、具有刑事责任能力的人，主观方面是过失｝。

3. 过失损坏武器装备、军事设施、军事通信罪的处罚

根据《刑法》第 369 条第 2 款、第 3 款的规定，犯本罪的，处 3 年以下有期徒刑或者拘役；造成特别严重后果的，处 3 年以上 7 年以下有期徒刑。战时从重处罚。

五、故意提供不合格武器装备、军事设施罪

1. 故意提供不合格武器装备、军事设施罪的概念

故意提供不合格武器装备、军事设施罪，是指明知是不合格的武器装备、军事设施而将其提供给武装部队的行为。

2. 故意提供不合格武器装备、军事设施罪的构成特征

关于故意提供不合格武器装备、军事设施罪的构成特征，根据现行刑法的规定，主要有以下几个方面，其集合表现为：

设 E 为故意提供不合格武器装备、军事设施罪的集合，则 E = ｛故意提供不合格武器装备、军事设施罪｝；

设 E1 为故意提供不合格武器装备、军事设施罪的客体的集合，则 E1 = ｛武装部队对武器装备、军事设施的正常使用｝ ∪ ｛武装部队的合法利益｝ = ｛武装部队对武器装备、军事设施的正常使用和武装部队的合法利益｝；设 E2 为故意提供不合格武器装备、军事设施罪的客观方面的集合，则 E2 = ｛行为人将不合格的武器装备、军事设施提供给武装部队的行为｝；设 E3 为

故意提供不合格武器装备、军事设施罪的主体的集合，则 E3 = ｛年满 16 周岁、具有刑事责任能力的人｝；设 E4 为故意提供不合格武器装备、军事设施罪的主观方面的集合，则 E4 = ｛故意｝；

则 E = E1∪E2∪E3∪E4，即故意提供不合格武器装备、军事设施罪 = ｛客体是武装部队对武器装备、军事设施的正常使用和武装部队的合法利益｝∪｛客观方面表现为行为人将不合格的武器装备、军事设施提供给武装部队的行为｝∪｛主体是年满 16 周岁、具有刑事责任能力的人｝∪｛主观方面是故意｝ = ｛客体是武装部队对武器装备、军事设施的正常使用和武装部队的合法利益，客观方面表现为行为人将不合格的武器装备、军事设施提供给武装部队的行为，主体是年满 16 周岁、具有刑事责任能力的人，主观方面是故意｝。

3. 故意提供不合格武器装备、军事设施罪的处罚

根据《刑法》第 370 条第 1 款、第 3 款的规定，犯本罪的，处 5 年以下有期徒刑或者拘役；情节严重的，处 5 年以上 10 年以下有期徒刑；情节特别严重的，处 10 年以上有期徒刑、无期徒刑或者死刑。单位犯本罪的，对单位判处罚金，并对其直接负责的主管人员和其他直接责任人员，依照上述法定刑处罚。

六、过失提供不合格武器装备、军事设施罪

1. 过失提供不合格武器装备、军事设施罪的概念

过失提供不合格武器装备、军事设施罪，是指行为人由于过失而提供不合格的武器装备、军事设施给武装部队，造成严重后果的行为。

2. 过失提供不合格武器装备、军事设施罪的构成特征

关于过失提供不合格武器装备、军事设施罪的构成特征，根据现行刑法的规定，主要有以下几个方面，其集合表现为：

设 F 为过失提供不合格武器装备、军事设施罪的集合，则 F = ｛过失提供不合格武器装备、军事设施罪｝；

设 F1 为过失提供不合格武器装备、军事设施罪的客体的集合，则 F1 = ｛武装部队对武器装备、军事设施的正常使用｝∪｛武装部队的合法利益｝ = ｛武装部队对武器装备、军事设施的正常使用和武装部队的合法利益｝；设 F2 为过失提供不合格武器装备、军事设施罪的客观方面的集合，则 F2 = ｛行为人将不合格的武器装备、军事设施提供给武装部队，造成严重后果的

行为}；设 F3 为过失提供不合格武器装备、军事设施罪的主体的集合，则 F3 = {年满 16 周岁、具有刑事责任能力的人}；设 F4 为过失提供不合格武器装备、军事设施罪的主观方面的集合，则 F4 = {过失}；

则 F = F1∪F2∪F3∪F4，即过失提供不合格武器装备、军事设施罪 = {客体是武装部队对武器装备、军事设施的正常使用和武装部队的合法利益} ∪ {客观方面表现为行为人将不合格的武器装备、军事设施提供给武装部队，造成严重后果的行为} ∪ {主体是年满 16 周岁、具有刑事责任能力的人} ∪ {主观方面是过失} = {客体是武装部队对武器装备、军事设施的正常使用和武装部队的合法利益，客观方面表现为行为人将不合格的武器装备、军事设施提供给武装部队，造成严重后果的行为，主体是年满 16 周岁、具有刑事责任能力的人，主观方面是过失}。

3. 过失提供不合格武器装备、军事设施罪的处罚

根据《刑法》第 370 条第 2 款的规定，犯本罪的，处 3 年以下有期徒刑或者拘役；造成特别严重后果的，处 3 年以上 7 年以下有期徒刑。

七、聚众冲击军事禁区罪

1. 聚众冲击军事禁区罪的概念

聚众冲击军事禁区罪，是指行为人违反国家对军事禁区的管理规定，聚众冲击军事禁区，严重扰乱军事禁区秩序的行为。

2. 聚众冲击军事禁区罪的构成特征

关于聚众冲击军事禁区罪的构成特征，根据现行刑法的规定，主要有以下几个方面，其集合表现为：

设 G 为聚众冲击军事禁区罪的集合，则 G = {聚众冲击军事禁区罪}；

设 G1 为聚众冲击军事禁区罪的客体的集合，则 G1 = {军事禁区的管理秩序}；设 G2 为聚众冲击军事禁区罪的客观方面的集合，则 G2 = {行为人聚众冲击军事禁区，严重扰乱军事禁区秩序的行为}；设 G3 为聚众冲击军事禁区罪的主体的集合，则 G3 = {聚众冲击军事禁区的首要分子和积极参加者}；设 G4 为聚众冲击军事禁区罪的主观方面的集合，则 G4 = {故意}；

则 G = G1∪G2∪G3∪G4，即聚众冲击军事禁区罪 = {客体是军事禁区的管理秩序} ∪ {客观方面表现为行为人聚众冲击军事禁区，严重扰乱军事禁区秩序的行为} ∪ {主体是聚众冲击军事禁区的首要分子和积极参加

者｝∪｛主观方面是故意｝＝｛客体是军事禁区的管理秩序，客观方面表现为行为人聚众冲击军事禁区，严重扰乱军事禁区秩序的行为，主体是聚众冲击军事禁区的首要分子和积极参加者，主观方面是故意｝。

3. 聚众冲击军事禁区罪的处罚

根据《刑法》第371条第1款的规定，犯本罪的，对首要分子，处5年以上10年以下有期徒刑；对其他积极参加的，处5年以下有期徒刑、拘役、管制或者剥夺政治权利。

八、聚众扰乱军事管理区秩序罪

1. 聚众扰乱军事管理区秩序罪的概念

聚众扰乱军事管理区秩序罪，是指行为人聚众扰乱军事管理区秩序，情节严重，致使军事管理区工作无法进行，造成严重损失的行为。

2. 聚众扰乱军事管理区秩序罪的构成特征

关于聚众扰乱军事管理区秩序罪的构成特征，根据现行刑法的规定，主要有以下几个方面，其集合表现为：

设H为聚众扰乱军事管理区秩序罪的集合，则H＝｛聚众扰乱军事管理区秩序罪｝；

设H1为聚众扰乱军事管理区秩序罪的客体的集合，则H1＝｛军事管理区的正常活动｝；设H2为聚众扰乱军事管理区秩序罪的客观方面的集合，则H2＝｛行为人聚众扰乱军事管理区秩序，情节严重，致使军事管理区工作无法进行，造成严重损失的行为｝；设H3为聚众扰乱军事管理区秩序罪的主体的集合，则H3＝｛聚众扰乱军事管理区的首要分子和积极参加者｝；设H4为聚众扰乱军事管理区秩序罪的主观方面的集合，则H4＝｛故意｝；

则$H = H1 \cup H2 \cup H3 \cup H4$，即聚众扰乱军事管理区秩序罪＝｛客体是军事管理区的正常活动｝∪｛客观方面表现为行为人聚众扰乱军事管理区秩序，情节严重，致使军事管理区工作无法进行，造成严重损失的行为｝∪｛主体是聚众扰乱军事管理区的首要分子和积极参加者｝∪｛主观方面是故意｝＝｛客体是军事管理区的正常活动，客观方面表现为行为人聚众扰乱军事管理区秩序，情节严重，致使军事管理区工作无法进行，造成严重损失的行为，主体是聚众扰乱军事管理区的首要分子和积极参加者，主观方面是故意｝。

3. 聚众扰乱军事管理区秩序罪的处罚

根据《刑法》第371条第2款的规定，犯本罪的，对首要分子，处3年以上7年以下有期徒刑；对其他积极参加的，处3年以下有期徒刑、拘役、管制或者剥夺政治权利。

九、冒充军人招摇撞骗罪

1. 冒充军人招摇撞骗罪的概念

冒充军人招摇撞骗罪，是指行为人为谋取非法利益，假冒军人身份进行招摇撞骗的行为。

2. 冒充军人招摇撞骗罪的构成特征

关于冒充军人招摇撞骗罪的构成特征，根据现行刑法的规定，主要有以下几个方面，其集合表现为：

设I为冒充军人招摇撞骗罪的集合，则I＝｛冒充军人招摇撞骗罪｝；

设I1为冒充军人招摇撞骗罪的客体的集合，则I1＝｛军队的良好威信及其正常活动｝；设I2为冒充军人招摇撞骗罪的客观方面的集合，则I2＝｛行为人假冒军人身份进行招摇撞骗的行为｝；设I3为冒充军人招摇撞骗罪的主体的集合，则I3＝｛年满16周岁、具有刑事责任能力的人｝；设I4为冒充军人招摇撞骗罪的主观方面的集合，则I4＝｛故意，并且以谋取非法利益为目的｝；

则I＝I1∪I2∪I3∪I4，即冒充军人招摇撞骗罪＝｛客体是军队的良好威信及其正常活动｝∪｛客观方面表现为行为人假冒军人身份进行招摇撞骗的行为｝∪｛主体是年满16周岁、具有刑事责任能力的人｝∪｛主观方面是故意，并且以谋取非法利益为目的｝＝｛客体是军队的良好威信及其正常活动，客观方面表现为行为人假冒军人身份进行招摇撞骗的行为，主体是年满16周岁、具有刑事责任能力的人，主观方面是故意，并且以谋取非法利益为目的｝。

3. 冒充军人招摇撞骗罪的处罚

根据《刑法》第372条的规定，犯本罪的，处3年以下有期徒刑、拘役、管制或者剥夺政治权利；情节严重的，处3年以上10年以下有期徒刑。

十、煽动军人逃离部队罪

1. 煽动军人逃离部队罪的概念

煽动军人逃离部队罪，是指行为人以鼓动、怂恿、劝导、利诱等手段煽动现役军人逃离部队，不履行军人职责，情节严重的行为。

2. 煽动军人逃离部队罪的构成特征

关于煽动军人逃离部队罪的构成特征，根据现行刑法的规定，主要有以下几个方面，其集合表现为：

设 J 为煽动军人逃离部队罪的集合，则 J = {煽动军人逃离部队罪}；

设 J1 为煽动军人逃离部队罪的客体的集合，则 J1 = {军队对军人的管理制度}；设 J2 为煽动军人逃离部队罪的客观方面的集合，则 J2 = {行为人以鼓动、怂恿、劝导、利诱等手段煽动现役军人逃离部队，不履行军人职责，情节严重的行为}；设 J3 为煽动军人逃离部队罪的主体的集合，则 J3 = {年满 16 周岁、具有刑事责任能力的人}；设 J4 为煽动军人逃离部队罪的主观方面的集合，则 J4 = {故意}；

则 J = J1∪J2∪J3∪J4，即煽动军人逃离部队罪 = {客体是军队对军人的管理制度} ∪ {客观方面表现为行为人以鼓动、怂恿、劝导、利诱等手段煽动现役军人逃离部队，不履行军人职责，情节严重的行为} ∪ {主体是年满 16 周岁、具有刑事责任能力的人} ∪ {主观方面是故意} = {客体是军队对军人的管理制度，客观方面表现为行为人以鼓动、怂恿、劝导、利诱等手段煽动现役军人逃离部队，不履行军人职责，情节严重的行为，主体是年满 16 周岁、具有刑事责任能力的人，主观方面是故意}。

3. 煽动军人逃离部队罪的处罚

根据《刑法》第 373 条的规定，犯本罪的，处 3 年以下有期徒刑、拘役或者管制。

十一、雇用逃离部队军人罪

1. 雇用逃离部队军人罪的概念

雇用逃离部队军人罪，是指明知是逃离部队的军人而予以雇用，情节严重的行为。

2. 雇用逃离部队军人罪的构成特征

关于雇用逃离部队军人罪的构成特征，根据现行刑法的规定，主要有以下几个方面，其集合表现为：

设 K 为雇用逃离部队军人罪的集合，则 K = {雇用逃离部队军人罪}；

设 K1 为雇用逃离部队军人罪的客体的集合，则 K1 = {军队对军人的管理制度}；设 K2 为雇用逃离部队军人罪的客观方面的集合，则 K2 = {行为人对逃离部队的军人而予以雇用，情节严重的行为}；设 K3 为雇用逃离部队军人罪的主体的集合，则 K3 = {年满 16 周岁、具有刑事责任能力的人}；设 K4 为雇用逃离部队军人罪的主观方面的集合，则 K4 = {故意}；

则 K = K1∪K2∪K3∪K4，即雇用逃离部队军人罪 = {客体是军队对军人的管理制度} ∪ {客观方面表现为行为人对逃离部队的军人而予以雇用，情节严重的行为} ∪ {主体是年满 16 周岁、具有刑事责任能力的人} ∪ {主观方面是故意} = {客体是军队对军人的管理制度，客观方面表现为行为人对逃离部队的军人而予以雇用，情节严重的行为，主体是年满 16 周岁、具有刑事责任能力的人，主观方面是故意}。

3. 雇用逃离部队军人罪的处罚

根据《刑法》第 373 条的规定，犯本罪的，处 3 年以下有期徒刑、拘役或者管制。

十二、接送不合格兵员罪

1. 接送不合格兵员罪的概念

接送不合格兵员罪，是指负责征兵工作的有关人员，在征兵工作中徇私舞弊，接收或者输送不合格兵员给武装部队，情节严重的行为。

2. 接送不合格兵员罪的构成特征

关于接送不合格兵员罪的构成特征，根据现行刑法的规定，主要有以下几个方面，其集合表现为：

设 L 为接送不合格兵员罪的集合，则 L = {接送不合格兵员罪}；

设 L1 为接送不合格兵员罪的客体的集合，则 L1 = {我国的征兵制度}；设 L2 为接送不合格兵员罪的客观方面的集合，则 L2 = {行为人在征兵工作中徇私舞弊，接收或者输送不合格兵员给武装部队，情节严重的行为}；设 L3 为接送不合格兵员罪的主体的集合，则。L3 = {从事征兵工作的人员}；设 L4 为接送不合格兵员罪的主观方面的集合，则 L4 = {故意}；

则 $L = L1 \cup L2 \cup L3 \cup L4$，即接送不合格兵员罪 = {客体是军队对军人的管理制度} ∪ {客观方面表现为行为人在征兵工作中徇私舞弊，接收或者输送不合格兵员给武装部队，情节严重的行为} ∪ {主体是从事征兵工作的人员} ∪ {主观方面是故意} = {客体是军队对军人的管理制度，客观方面表现为行为人在征兵工作中徇私舞弊，接收或者输送不合格兵员给武装部队，情节严重的行为，主体是从事征兵工作的人员，主观方面是故意}。

3. 接送不合格兵员罪的处罚

根据《刑法》第374条的规定，犯本罪的，处3年以下有期徒刑或者拘役；造成特别严重后果的，处3年以上7年以下有期徒刑。

十三、伪造、变造、买卖武装部队公文、证件、印章罪

1. 伪造、变造、买卖武装部队公文、证件、印章罪的概念

伪造、变造、买卖武装部队公文、证件、印章罪，是指行为人故意伪造、变造、买卖武装部队公文、证件、印章的行为。

2. 伪造、变造、买卖武装部队公文、证件、印章罪的构成特征

关于伪造、变造、买卖武装部队公文、证件、印章罪的构成特征，根据现行刑法的规定，主要有以下几个方面，其集合表现为：

设M为伪造、变造、买卖武装部队公文、证件、印章罪的集合，则M = {伪造、变造、买卖武装部队公文、证件、印章罪}；

设M1为伪造、变造、买卖武装部队公文、证件、印章罪的客体的集合，则M1 = {武装部队公文、证件、印章的管理制度}；设M2为伪造、变造、买卖武装部队公文、证件、印章罪的客观方面的集合，则M2 = {行为人伪造、变造、买卖武装部队公文、证件、印章的行为}；设M3为伪造、变造、买卖武装部队公文、证件、印章罪的主体的集合，则M3 = {年满16周岁、具有刑事责任能力的人}；设M4为伪造、变造、买卖武装部队公文、证件、印章罪的主观方面的集合，则M4 = {故意，并且具有非法获取公文、证件、印章的目的}；

则 $M = M1 \cup M2 \cup M3 \cup M4$，即伪造、变造、买卖武装部队公文、证件、印章罪 = {客体是武装部队公文、证件、印章的管理制度} ∪ {客观方面表现为行为人伪造、变造、买卖武装部队公文、证件、印章的行为} ∪ {主体是年满16周岁、具有刑事责任能力的人} ∪ {主观方面是故意，并且具有非法获取公文、证件、印章的目的} = {客体是武装部队公文、证

件、印章的管理制度，客观方面表现为行为人伪造、变造、买卖武装部队公文、证件、印章的行为，主体是年满16周岁、具有刑事责任能力的人，主观方面是故意，并且具有非法获取公文、证件、印章的目的｝。

3. 伪造、变造、买卖武装部队公文、证件、印章罪的处罚

根据《刑法》第375条第1款的规定，犯本罪的，处3年以下有期徒刑、拘役、管制或者剥夺政治权利；情节严重的，处3年以上10年以下有期徒刑。

十四、盗窃、抢夺武装部队公文、证件、印章罪

1. 盗窃、抢夺武装部队公文、证件、印章罪的概念

盗窃、抢夺武装部队公文、证件、印章罪，是指行为人秘密窃取、公然夺取武装部队公文、证件、印章的行为。

2. 盗窃、抢夺武装部队公文、证件、印章罪的构成特征

关于盗窃、抢夺武装部队公文、证件、印章罪的构成特征，根据现行刑法的规定，主要有以下几个方面，其集合表现为：

设N为盗窃、抢夺武装部队公文、证件、印章罪的集合，则N＝｛盗窃、抢夺武装部队公文、证件、印章罪｝；

设N1为盗窃、抢夺武装部队公文、证件、印章罪的客体的集合，则N1＝｛武装部队公文、证件、印章的管理制度｝；设N2为盗窃、抢夺武装部队公文、证件、印章罪的客观方面的集合，则N2＝｛行为人秘密窃取、公然夺取武装部队公文、证件、印章的行为｝；设N3为盗窃、抢夺武装部队公文、证件、印章罪的主体的集合，则N3＝｛年满16周岁、具有刑事责任能力的人｝；设N4为盗窃、抢夺武装部队公文、证件、印章罪的主观方面的集合，则N4＝｛故意，并且具有非法获取公文、证件、印章的目的｝；

则N＝N1∪N2∪N3∪N4，即盗窃、抢夺武装部队公文、证件、印章罪＝｛客体是武装部队公文、证件、印章的管理制度｝∪｛客观方面表现为行为人秘密窃取、公然夺取武装部队公文、证件、印章的行为｝∪｛主体是年满16周岁、具有刑事责任能力的人｝∪｛主观方面是故意，并且具有非法获取公文、证件、印章的目的｝＝｛客体是武装部队公文、证件、印章的管理制度，客观方面表现为行为人秘密窃取、公然夺取武装部队公文、证件、印章的行为，主体是年满16周岁、具有刑事责任能力的人，主观方面是故意，并且具有非法获取公文、证件、印章的目的｝。

3. 盗窃、抢夺武装部队公文、证件、印章罪的处罚

根据《刑法》第375条第1款的规定，犯本罪的，处3年以下有期徒刑、拘役、管制或者剥夺政治权利；情节严重的，处3年以上10年以下有期徒刑。

十五、非法生产、买卖武装部队制式服装罪

1. 非法生产、买卖武装部队制式服装罪的概念

非法生产、买卖武装部队制式服装罪，是指行为人非法生产、买卖武装部队制式服装，情节严重的行为。

2. 非法生产、买卖武装部队制式服装罪的构成特征

关于非法生产、买卖武装部队制式服装罪的构成特征，根据现行刑法的规定，主要有以下几个方面，其集合表现为：

设O为非法生产、买卖武装部队制式服装罪的集合，则O = {非法生产、买卖武装部队制式服装罪}；

设O1为非法生产、买卖武装部队制式服装罪的客体的集合，则O1 = {武装部队服装的管理制度}；设O2为非法生产、买卖武装部队制式服装罪的客观方面的集合，则O2 = {行为人非法生产、买卖武装部队制式服装，情节严重的行为}；设O3为非法生产、买卖武装部队制式服装罪的主体的集合，则O3 = {年满16周岁、具有刑事责任能力的人和单位}；设O4为非法生产、买卖武装部队制式服装罪的主观方面的集合，则O4 = {故意}；

则O = O1∪O2∪O3∪O4，即非法生产、买卖武装部队制式服装罪 = {客体是武装部队服装的管理制度} ∪ {客观方面表现为行为人非法生产、买卖武装部队制式服装，情节严重的行为} ∪ {主体是年满16周岁、具有刑事责任能力的人和单位} ∪ {主观方面是故意} = {客体是武装部队服装的管理制度，客观方面表现为行为人非法生产、买卖武装部队制式服装，情节严重的行为，主体是年满16周岁、具有刑事责任能力的人和单位，主观方面是故意}。

3. 非法生产、买卖武装部队制式服装罪的处罚

根据《刑法》第375条第2款、第4款的规定，犯本罪的，处3年以下有期徒刑、拘役或者管制，并处或者单处罚金。单位犯本罪的，对单位判处罚金，并对其直接负责的主管人员和其他直接责任人员，依照上述法定刑处罚。

十六、伪造、盗窃、买卖、非法提供、非法使用武装部队专用标志罪

1. 伪造、盗窃、买卖、非法提供、非法使用武装部队专用标志罪的概念

伪造、盗窃、买卖、非法提供、非法使用武装部队专用标志罪，是指行为人伪造、盗窃、买卖或者非法提供、使用武装部队车辆号牌等专用标志，情节严重的行为。

2. 伪造、盗窃、买卖、非法提供、非法使用武装部队专用标志罪的构成特征

关于伪造、盗窃、买卖、非法提供、非法使用武装部队专用标志罪的构成特征，根据现行刑法的规定，主要有以下几个方面，其集合表现为：

设 P 为伪造、盗窃、买卖、非法提供、非法使用武装部队专用标志罪的集合，则 P = {伪造、盗窃、买卖、非法提供、非法使用武装部队专用标志罪}；

设 P1 为伪造、盗窃、买卖、非法提供、非法使用武装部队专用标志罪的客体的集合，则 P1 = {武装部队专用标志的管理制度}；设 P2 为伪造、盗窃、买卖、非法提供、非法使用武装部队专用标志罪的客观方面的集合，则 P2 = {行为人伪造、盗窃、买卖或者非法提供、使用武装部队车辆号牌等专用标志，情节严重的行为}；设 P3 为伪造、盗窃、买卖、非法提供、非法使用武装部队专用标志罪的主体的集合，则 P3 = {年满 16 周岁、具有刑事责任能力的人和单位}；设 P4 为伪造、盗窃、买卖、非法提供、非法使用武装部队专用标志罪的主观方面的集合，则 P4 = {故意}；

则 P = P1∪P2∪P3∪P4，即伪造、盗窃、买卖、非法提供、非法使用武装部队专用标志罪 = {客体是武装部队专用标志的管理制度} ∪ {客观方面表现为行为人伪造、盗窃、买卖或者非法提供、使用武装部队车辆号牌等专用标志，情节严重的行为} ∪ {主体是年满 16 周岁、具有刑事责任能力的人和单位} ∪ {主观方面是故意} = {客体是武装部队专用标志的管理制度，客观方面表现为行为人伪造、盗窃、买卖或者非法提供、使用武装部队车辆号牌等专用标志，情节严重的行为，主体是年满 16 周岁、具有刑事责任能力的人和单位，主观方面是故意}。

3. 伪造、盗窃、买卖、非法提供、非法使用武装部队专用标志罪的处罚

根据《刑法》第 375 条第 3 款、第 4 款的规定，个人犯本罪的，处 3 年以下有期徒刑、拘役或者管制，并处或者单处罚金。情节特别严重的，处 3 年以上 7 年以下有期徒刑，并处罚金。单位犯本罪的，对单位判处罚金，并对其直接负责的主管人员和其他直接责任人员，依照上述法定刑处罚。

十七、战时拒绝、逃避征召、军事训练罪

1. 战时拒绝、逃避征召、军事训练罪的概念

战时拒绝、逃避征召、军事训练罪，是指预备役人员违反兵役法的规定，在战时拒绝、逃避征召或者军事训练，情节严重的行为。

2. 战时拒绝、逃避征召、军事训练罪的构成特征

关于战时拒绝、逃避征召、军事训练罪的构成特征，根据现行刑法的规定，主要有以下几个方面，其集合表现为：

设 Q 为战时拒绝、逃避征召、军事训练罪的集合，则 Q = {战时拒绝、逃避征召、军事训练罪}；

设 Q1 为战时拒绝、逃避征召、军事训练罪的客体的集合，则 Q1 = {我国战时征召、军事训练制度}；设 Q2 为战时拒绝、逃避征召、军事训练罪的客观方面的集合，则 Q2 = {行为人违反兵役法的规定，在战时拒绝、逃避征召或者军事训练，情节严重的行为}；设 Q3 为战时拒绝、逃避征召、军事训练罪的主体的集合，则 Q3 = {预备役人员}；设 Q4 为战时拒绝、逃避征召、军事训练罪的主观方面的集合，则 Q4 = {故意，并且具有逃避军事义务的目的}；

则 $Q = Q1 \cup Q2 \cup Q3 \cup Q4$，即战时拒绝、逃避征召、军事训练罪 = {客体是我国战时征召、军事训练制度} ∪ {客观方面表现为行为人违反兵役法的规定，在战时拒绝、逃避征召或者军事训练，情节严重的行为} ∪ {主体是预备役人员} ∪ {主观方面是故意，并且具有逃避军事义务的目的} = {客体是武装部队专用标志的管理制度，客观方面表现为行为人违反兵役法的规定，在战时拒绝、逃避征召或者军事训练，情节严重的行为，主体是预备役人员，主观方面是故意，并且具有逃避军事义务的目的}。

3. 战时拒绝、逃避征召、军事训练罪的处罚

根据《刑法》第 376 条第 1 款的规定，犯本罪的，处 3 年以下有期徒刑或者拘役。

十八、战时拒绝、逃避服役罪

1. 战时拒绝、逃避服役罪的概念

战时拒绝、逃避服役罪，是指公民违反兵役法规定，在战时拒绝、逃避服役，情节严重的行为。

2. 战时拒绝、逃避服役罪的构成特征

关于战时拒绝、逃避服役罪的构成特征，根据现行刑法的规定，主要有以下几个方面，其集合表现为：

设 R 为战时拒绝、逃避服役罪的集合，则 R = {战时拒绝、逃避服役罪}；

设 R1 为战时拒绝、逃避服役罪的客体的集合，则 R1 = {兵役管理制度}；设 R2 为战时拒绝、逃避服役罪的客观方面的集合，则 R2 = {行为人违反兵役法规定，在战时拒绝、逃避服役，情节严重的行为}；设 R3 为战时拒绝、逃避服役罪的主体的集合，则 R3 = {符合兵役法规定的应征公民}；设 R4 为战时拒绝、逃避服役罪的主观方面的集合，则 R4 = {故意}；

则 R = R1∪R2∪R3∪R4，即战时拒绝、逃避服役罪 = {客体是兵役管理制度} ∪ {客观方面表现为行为人违反兵役法规定，在战时拒绝、逃避服役，情节严重的行为} ∪ {主体是符合兵役法规定的应征公民} ∪ {主观方面是故意} = {客体是兵役管理制度，客观方面表现为行为人违反兵役法规定，在战时拒绝、逃避服役，情节严重的行为，主体是符合兵役法规定的应征公民，主观方面是故意}。

3. 战时拒绝、逃避服役罪的处罚

根据《刑法》第 376 条第 2 款的规定，犯本罪的，处 2 年以下有期徒刑或者拘役。

十九、战时故意提供虚假敌情罪

1. 战时故意提供虚假敌情罪的概念

战时故意提供虚假敌情罪，是指行为人战时故意向武装部队提供虚假敌情，造成严重后果的行为。

2. 战时故意提供虚假敌情罪的构成特征

关于战时故意提供虚假敌情罪的构成特征，根据现行刑法的规定，主要

有以下几个方面，其集合表现为：

设 S 为战时故意提供虚假敌情罪的集合，则 S = ｛战时故意提供虚假敌情罪｝；

设 S1 为战时故意提供虚假敌情罪的客体的集合，则 S1 = ｛武装部队的作战利益｝；设 S2 为战时故意提供虚假敌情罪的客观方面的集合，则 S2 = ｛行为人战时故意向武装部队提供虚假敌情，造成严重后果的行为｝；设 S3 为战时故意提供虚假敌情罪的主体的集合，则 S3 = ｛年满 16 周岁、具有刑事责任能力的人｝；设 S4 为战时故意提供虚假敌情罪的主观方面的集合，则 S4 = ｛故意｝；

则 $S = S1 \cup S2 \cup S3 \cup S4$，即战时故意提供虚假敌情罪 = ｛客体是武装部队的作战利益｝ ∪ ｛客观方面表现为行为人战时故意向武装部队提供虚假敌情，造成严重后果的行为｝ ∪ ｛主体是年满 16 周岁、具有刑事责任能力的人｝ ∪ ｛主观方面是故意｝ = ｛客体是武装部队的作战利益，客观方面表现为行为人战时故意向武装部队提供虚假敌情，造成严重后果的行为，主体是年满 16 周岁、具有刑事责任能力的人，主观方面是故意｝。

3. 战时故意提供虚假敌情罪的处罚

根据《刑法》第 377 条的规定，犯本罪的，处 3 年以上 10 年以下有期徒刑；造成特别严重后果的，处 10 年以上有期徒刑或者无期徒刑。

二十、战时造谣扰乱军心罪

1. 战时造谣扰乱军心罪的概念

战时造谣扰乱军心罪，是指行为人战时故意制造谣言，向武装部队散布，扰乱军心的行为。

2. 战时造谣扰乱军心罪的构成特征

关于战时造谣扰乱军心罪的构成特征，根据现行刑法的规定，主要有以下几个方面，其集合表现为：

设 T 为战时造谣扰乱军心罪的集合，则 T = ｛战时造谣扰乱军心罪｝；

设 T1 为战时造谣扰乱军心罪的客体的集合，则 T1 = ｛武装部队的作战利益｝；设 T2 为战时造谣扰乱军心罪的客观方面的集合，则 T2 = ｛行为人战时故意制造谣言，向武装部队散布，扰乱军心的行为｝；设 T3 为战时造谣扰乱军心罪的主体的集合，则 T3 = ｛年满 16 周岁、具有刑事责任能力的人｝；设 T4 为战时造谣扰乱军心罪的主观方面的集合，则 T4 = ｛故意｝；

则 T = T1∪T2∪T3∪T4，即战时造谣扰乱军心罪 = {客体是武装部队的作战利益} ∪ {客观方面表现为行为人战时故意制造谣言，向武装部队散布，扰乱军心的行为} ∪ {主体是年满 16 周岁、具有刑事责任能力的人} ∪ {主观方面是故意} = {客体是武装部队的作战利益，客观方面表现为行为人战时故意制造谣言，向武装部队散布，扰乱军心的行为，主体是年满 16 周岁、具有刑事责任能力的人，主观方面是故意}。

3. 战时造谣扰乱军心罪的处罚

根据《刑法》第 378 条的规定，犯本罪的，处 3 年以下有期徒刑、拘役或者管制；情节严重的，处 3 年以上 10 年以下有期徒刑。

二十一、战时窝藏逃离部队军人罪

1. 战时窝藏逃离部队军人罪的概念

战时窝藏逃离部队军人罪，是指战时明知是逃离部队的军人而为其提供隐藏处所、财物，情节严重的行为。

2. 战时窝藏逃离部队军人罪的构成特征

关于战时窝藏逃离部队军人罪的构成特征，根据现行刑法的规定，主要有以下几个方面，其集合表现为：

设 U 为战时窝藏逃离部队军人罪的集合，则 U = {战时窝藏逃离部队军人罪}；

设 U1 为战时窝藏逃离部队军人罪的客体的集合，则 U1 = {部队对军人的管理活动和部队的作战利益}；设 U2 为战时窝藏逃离部队军人罪的客观方面的集合，则 U2 = {行为人战时对逃离部队的军人为其提供隐藏处所、财物，情节严重的行为}；设 U3 为战时窝藏逃离部队军人罪的主体的集合，则 U3 = {年满 16 周岁、具有刑事责任能力的人}；设 U4 为战时窝藏逃离部队军人罪的主观方面的集合，则 U4 = {故意}；

则 U = U1∪U2∪U3∪U4，即战时窝藏逃离部队军人罪 = {客体是部队对军人的管理活动和部队的作战利益} ∪ {客观方面表现为行为人战时对逃离部队的军人为其提供隐藏处所、财物，情节严重的行为} ∪ {主体是年满 16 周岁、具有刑事责任能力的人} ∪ {主观方面是故意} = {客体是部队对军人的管理活动和部队的作战利益，客观方面表现为行为人战时对逃离部队的军人为其提供隐藏处所、财物，情节严重的行为，主体是年满 16 周岁、具有刑事责任能力的人，主观方面是故意}。

3. 战时窝藏逃离部队军人罪的处罚

根据《刑法》第379条的规定，犯本罪的，处3年以下有期徒刑或者拘役。

二十二、战时拒绝、故意延误军事订货罪

1. 战时拒绝、故意延误军事订货罪的概念

战时拒绝、故意延误军事订货罪，是指承担国防科研生产任务或者接受国家军事订货的企业，在战时拒绝或故意延误军事订货，情节严重的行为。

2. 战时拒绝、故意延误军事订货罪的构成特征

关于战时拒绝、故意延误军事订货罪的构成特征，根据现行刑法的规定，主要有以下几个方面，其集合表现为：

设V为战时拒绝、故意延误军事订货罪的集合，则V＝｛战时拒绝、故意延误军事订货罪｝；

设V1为战时拒绝、故意延误军事订货罪的客体的集合，则V1＝｛战时军需供应制度｝；设V2为战时拒绝、故意延误军事订货罪的客观方面的集合，则V2＝｛行为人在战时拒绝或延误军事订货，情节严重的行为｝；设V3为战时拒绝、故意延误军事订货罪的主体的集合，则V3＝｛承担国防科研生产任务或者接受国家军事订货的企业｝；设V4为战时拒绝、故意延误军事订货罪的主观方面的集合，则V4＝｛故意｝；

则$V = V1 \cup V2 \cup V3 \cup V4$，即战时拒绝、故意延误军事订货罪＝｛客体是战时军需供应制度｝∪｛客观方面表现为行为人在战时拒绝或延误军事订货，情节严重的行为｝∪｛主体是承担国防科研生产任务或者接受国家军事订货的企业｝∪｛主观方面是故意｝＝｛客体是战时军需供应制度，客观方面表现为行为人在战时拒绝或延误军事订货，情节严重的行为，主体是承担国防科研生产任务或者接受国家军事订货的企业，主观方面是故意｝。

3. 战时拒绝、故意延误军事订货罪的处罚

根据《刑法》第380条的规定，犯本罪的，对单位判处罚金，并对其直接负责的主管人员和其他直接责任人员，处5年以下有期徒刑或者拘役；造成严重后果的，处5年以上有期徒刑。

二十三、战时拒绝军事征收、征用罪

1. 战时拒绝军事征收、征用罪的概念

战时拒绝军事征收、征用罪，是指公民违反国防义务，战时拒绝军事征收、征用，情节严重的行为。

2. 战时拒绝军事征收、征用罪的构成特征

关于战时拒绝军事征收、征用罪的构成特征，根据现行刑法的规定，主要有以下几个方面，其集合表现为：

设 W 为战时拒绝军事征收、征用罪的集合，则 W = {战时拒绝军事征收、征用罪}；

设 W1 为战时拒绝军事征收、征用罪的客体的集合，则 W1 = {战时军需征收、征用制度}；设 W2 为战时拒绝军事征收、征用罪的客观方面的集合，则 W2 = {行为人违反国防义务，战时拒绝军事征收、征用，情节严重的行为}；设 W3 为战时拒绝军事征收、征用罪的主体的集合，则 W3 = {年满 16 周岁、具有刑事责任能力的人}；设 W4 为战时拒绝军事征收、征用罪的主观方面的集合，则 W4 = {故意}；

则 W = W1∪W2∪W3∪W4，即战时拒绝军事征收、征用罪 = {客体是战时军需征收、征用制度} ∪ {客观方面表现为行为人违反国防义务，战时拒绝军事征收、征用，情节严重的行为} ∪ {主体是年满 16 周岁、具有刑事责任能力的人} ∪ {主观方面是故意} = {客体是战时军需征收、征用制度，客观方面表现为行为人违反国防义务，战时拒绝军事征收、征用，情节严重的行为，主体是年满 16 周岁、具有刑事责任能力的人，主观方面是故意}。

3. 战时拒绝军事征收、征用罪的处罚

根据《刑法》第 381 条的规定，犯本罪的，处 3 年以下有期徒刑或者拘役。

第九章 贪污贿赂罪

第一节 贪污贿赂罪集合概述

一、贪污贿赂罪的概念

贪污贿赂罪，是指国家工作人员利用职务上的便利，非法占有、使用公私财物，损害国家工作人员职务行为廉洁性和公私财产所有权，依法应受刑罚处罚的行为。

二、贪污贿赂罪的共同特征

根据现行刑法对贪污贿赂罪所作的规定来看，构成该类犯罪必须具备以下几个方面的共同特征，其集合表现为：

设 A 为贪污贿赂罪集合，则 A = {贪污贿赂罪}；

设 B 为贪污贿赂罪同类客体的集合，则 B = {国家工作人员职务的廉洁性} ∪ {公私财产所有权} = {国家工作人员职务的廉洁性和公私财产所有权}；设 C 为贪污贿赂罪客观方面的集合，则 C = {行为人利用职务上的便利，非法占有、使用公私财物，损害国家工作人员职务行为廉洁性和公私财产所有权，依法应受刑罚处罚的行为}；设 D 为贪污贿赂罪主体的集合，则 D = {多数为自然人犯罪主体，少数为单位犯罪主体}；设 E 为贪污贿赂罪的主观方面的集合，则 E = {直接故意}；

则 A＝B∪C∪D∪E，即贪污贿赂罪＝｛犯罪同类客体为国家工作人员职务的廉洁性和公私财产所有权｝∪｛客观方面表现为行为人利用职务上的便利，非法占有、使用公私财物，损害国家工作人员职务行为廉洁性和公私财产所有权，依法应受刑罚处罚的行为｝∪｛犯罪主体多数为自然人犯罪主体，少数为单位犯罪主体｝∪｛主观方面是直接故意｝＝｛犯罪同类客体为国家工作人员职务的廉洁性和公私财产所有权，客观方面表现为行为人利用职务上的便利，非法占有、使用公私财物，损害国家工作人员职务行为廉洁性和公私财产所有权，依法应受刑罚处罚的行为，犯罪主体多数为自然人犯罪主体，少数为单位犯罪主体，主观方面是直接故意｝。

三、贪污贿赂罪的具体罪名

根据现行刑法对贪污贿赂罪所作的规定来看，本章的犯罪共有 14 种具体罪名，用子集的方式来表达，其构造表现为：

｛贪污贿赂罪｝

｛贪污罪｝

｛挪用公款罪｝

｛受贿罪｝

｛单位受贿罪｝

｛利用影响力受贿罪｝

｛行贿罪｝

｛对有影响力的人行贿罪｝

｛对单位行贿罪｝

｛单位行贿罪｝

｛介绍贿赂罪｝

｛巨额财产来源不明罪｝

｛隐瞒境外存款罪｝

｛私分国有资产罪｝

｛私分罚没财物罪｝

……

｛贪污罪

挪用公款罪

受贿罪

单位受贿罪
利用影响力受贿罪
行贿罪
对有影响力的人行贿罪
对单位行贿罪
单位行贿罪
介绍贿赂罪
巨额财产来源不明罪
隐瞒境外存款罪
私分国有资产罪
私分罚没财物罪｝

第二节　贪污贿赂罪集合分述

一、贪污罪

1. 贪污罪的概念

贪污罪，是指国家工作人员利用职务上的便利，侵吞、窃取、骗取或者以其他手段非法占有公共财物的行为。

2. 贪污罪的构成特征

关于贪污罪的构成特征，根据现行刑法的规定，主要有以下几个方面，其集合表现为：

设 A 为贪污罪的集合，则 A = ｛贪污罪｝；

设 A1 为贪污罪的客体的集合，则 A1 = ｛国家工作人员职务行为的廉洁性｝ ∪ ｛公共财产的所有权｝ = ｛国家工作人员职务行为的廉洁性和公共财产的所有权｝；设 A2 为贪污罪的客观方面的集合，则 A2 = ｛行为人利用职务上的便利，侵吞、窃取、骗取或者以其他手段非法占有公共财物的行为｝；设 A3 为贪污罪的主体的集合，则 A3 = ｛国家工作人员｝；设 A4 为贪污罪的主观方面的集合，则 A4 = ｛故意，并且以非法占有公共财物为目的｝；

则 A = A1 ∪ A2 ∪ A3 ∪ A4，即贪污罪 = {客体是国家工作人员职务行为的廉洁性和公共财产的所有权} ∪ {客观方面表现为行为人利用职务上的便利，侵吞、窃取、骗取或者以其他手段非法占有公共财物的行为} ∪ {主体是国家工作人员} ∪ {主观方面是故意，并且以非法占有公共财物为目的} = {客体是国家工作人员职务行为的廉洁性和公共财产的所有权，客观方面表现为行为人利用职务上的便利，侵吞、窃取、骗取或者以其他手段非法占有公共财物的行为，主体是国家工作人员，主观方面是故意，并且以非法占有公共财物为目的}。

3. 贪污罪的处罚

依照《刑法》第 383 条的规定，犯本罪的，根据情节轻重，分别根据下列规定处罚：（1）贪污数额较大或者有其他较重情节的，处 3 年以下有期徒刑或者拘役，并处罚金。（2）贪污数额巨大或者有其他严重情节的，处 3 年以上 10 年以下有期徒刑，并处罚金或者没收财产。（3）贪污数额特别巨大或者有其他特别严重情节的，处 10 年以上有期徒刑或者无期徒刑，并处罚金或者没收财产；数额特别巨大，并使国家和人民利益遭受特别重大损失的，处无期徒刑或者死刑，并处没收财产。如果是被判处死刑缓期执行的，人民法院根据犯罪情节等情况可以同时决定在其死刑缓期执行二年期满依法减为无期徒刑后，终身监禁，不得减刑、假释。

根据《刑法》第 383 条第 2 款规定，对多次贪污未经处理的，按照累计贪污数额处罚。

《刑法》第 383 条还规定，犯贪污罪，在提起公诉前如实供述自己罪行、真诚悔罪、积极退赃，避免、减少损害结果的发生，属于贪污数额较大或者有其他较重情节的情形的，可以从轻、减轻或者免除处罚；属于贪污数额巨大或者有其他严重情节的或者贪污数额特别巨大或者有其他特别严重情节的情形的，可以从轻处罚。

二、挪用公款罪

1. 挪用公款罪的概念

挪用公款罪，是指国家工作人员利用职务上的便利，挪用公款归个人使用，进行非法活动的，或者挪用公款数额较大、进行营利活动的，或者挪用公款数额较大、超过三个月未还的行为。

2. 挪用公款罪的构成特征

关于挪用公款罪的构成特征，根据现行刑法的规定，主要有以下几个方面，其集合表现为：

设 B 为挪用公款罪的集合，则 B = ｛挪用公款罪｝；

设 B1 为挪用公款罪的客体的集合，则 B1 = ｛公款的使用、收益权｝ ∪ ｛国家工作人员职务行为的廉洁性｝ = ｛公款的使用、收益权和国家工作人员职务行为的廉洁性｝；设 B2 为挪用公款罪的客观方面的集合，则 B2 = ｛行为人利用职务上的便利，挪用公款归个人使用，进行非法活动的，或者挪用公款数额较大、进行营利活动的，或者挪用公款数额较大、超过三个月未还的行为｝；设 B3 为挪用公款罪的主体的集合，则 B3 = ｛国家工作人员｝；设 B4 为挪用公款罪的主观方面的集合，则 B4 = ｛故意｝；

则 B = B1 ∪ B2 ∪ B3 ∪ B4，即挪用公款罪 = ｛客体是公款的使用、收益权和国家工作人员职务行为的廉洁性｝ ∪ ｛客观方面表现为行为人利用职务上的便利，挪用公款归个人使用，进行非法活动的，或者挪用公款数额较大、进行营利活动的，或者挪用公款数额较大、超过三个月未还的行为｝ ∪ ｛主体是国家工作人员｝ ∪ ｛主观方面是故意｝ = ｛客体是公款的使用、收益权和国家工作人员职务行为的廉洁性，客观方面表现为利用职务上的便利，挪用公款归个人使用，进行非法活动的，或者挪用公款数额较大、进行营利活动的，或者挪用公款数额较大、超过三个月未还的行为，主体是国家工作人员，主观方面是故意｝。

3. 挪用公款罪的处罚

根据《刑法》第 384 条的规定，犯本罪的，处 5 年以下有期徒刑或者拘役；情节严重的，处 5 年以上有期徒刑。挪用公款数额巨大不退还的，处 10 年以上有期徒刑或者无期徒刑。挪用用于救灾、抢险、防汛、优抚、扶贫、移民、救济款物归个人使用的，从重处罚。

三、受贿罪

1. 受贿罪的概念

受贿罪，是指国家工作人员利用职务上的便利，索取他人财物的，或者非法收受他人财物，为他人谋取利益的行为。

2. 受贿罪的构成特征

关于受贿罪的构成特征，根据现行刑法的规定，主要有以下几个方面，

其集合表现为：

设 C 为受贿罪的集合，则 C = ｛受贿罪｝；

设 C1 为受贿罪的客体的集合，则 C1 = ｛国家工作人员职务行为的廉洁性｝ ∪ ｛国家机关的正常活动和声誉｝ = ｛国家工作人员职务行为的廉洁性和国家机关的正常活动和声誉｝；设 C2 为受贿罪的客观方面的集合，则 C2 = ｛行为人利用职务上的便利，索取他人财物的，或者非法收受他人财物，为他人谋取利益的行为｝；设 C3 为受贿罪的主体的集合，则 C3 = ｛国家工作人员｝；设 C4 为受贿罪的主观方面的集合，则 C4 = ｛故意，并且具有获取贿赂的目的｝；

则 C = C1 ∪ C2 ∪ C3 ∪ C4，即受贿罪 = ｛客体是国家工作人员职务行为的廉洁性和国家机关的正常活动和声誉｝ ∪ ｛客观方面表现为行为人利用职务上的便利，索取他人财物的，或者非法收受他人财物，为他人谋取利益的行为｝ ∪ ｛主体是国家工作人员｝ ∪ ｛主观方面是故意，并且具有获取贿赂的目的｝ = ｛客体是国家工作人员职务行为的廉洁性和国家机关的正常活动和声誉，客观方面表现为行为人利用职务上的便利，索取他人财物的，或者非法收受他人财物，为他人谋取利益的行为，主体是国家工作人员，主观方面是故意，并且具有获取贿赂的目的｝。

3. 受贿罪的处罚

依照《刑法》第 386 条的规定，犯本罪的，根据受贿所得数额及情节，依照修正后的《刑法》第 383 条的规定处罚。索贿的从重处罚。即：（1）受贿数额较大或者有其他较重情节的，处 3 年以下有期徒刑或者拘役，并处罚金。（2）受贿数额巨大或者有其他严重情节的，处 3 年以上 10 年以下有期徒刑，并处罚金或者没收财产。（3）受贿数额特别巨大或者有其他特别严重情节的，处 10 年以上有期徒刑或者无期徒刑，并处罚金或者没收财产；数额特别巨大，并使国家和人民利益遭受特别重大损失的，处无期徒刑或者死刑，并处没收财产。如果是被判处死刑缓期执行的，人民法院根据犯罪情节等情况可以同时决定在其死刑缓期执行二年期满依法减为无期徒刑后，终身监禁，不得减刑、假释。

根据《刑法》第 383 条第 2 款规定，对多次受贿未经处理的，按照累计受贿数额处罚。

根据《刑法》第 383 条规定，犯受贿罪，在提起公诉前如实供述自己罪行、真诚悔罪、积极退赃，避免、减少损害结果的发生，属于受贿数额较大或者有其他较重情节的情形的，可以从轻、减轻或者免除处罚；属于受贿数额巨大或者有其他严重情节的或者受贿数额特别巨大或者有其他特别严重情节的情形的，可以从轻处罚。

四、单位受贿罪

1. 单位受贿罪的概念

单位受贿罪，是指国家机关、国有公司、企业、事业单位、人民团体，索取、非法收受他人财物，为他人谋取利益，情节严重的行为。

2. 单位受贿罪的构成特征

关于单位受贿罪的构成特征，根据现行刑法的规定，主要有以下几个方面，其集合表现为：

设 D 为单位受贿罪的集合，则 D = {单位受贿罪}；

设 D1 为单位受贿罪的客体的集合，则 D1 = {国家机关、国有公司、企业、事业单位、人民团体的正常活动与威信}；设 D2 为单位受贿罪的客观方面的集合，则 D2 = {单位索取、非法收受他人财物，为他人谋取利益，情节严重的行为}；设 D3 为单位受贿罪的主体的集合，则 D3 = {国家机关、国有公司、企业、事业单位、人民团体}；设 D4 为单位受贿罪的主观方面的集合，则 D4 = {故意，并且具有获取贿赂的目的}；

则 $D = D1 \cup D2 \cup D3 \cup D4$，即单位受贿罪 = {客体是国家机关、国有公司、企业、事业单位、人民团体的正常活动与威信} ∪ {客观方面表现为单位索取、非法收受他人财物，为他人谋取利益，情节严重的行为} ∪ {主体是国家机关、国有公司、企业、事业单位、人民团体} ∪ {主观方面是故意，并且具有获取贿赂的目的} = {客体是国家机关、国有公司、企业、事业单位、人民团体的正常活动与威信，客观方面表现为单位索取、非法收受他人财物，为他人谋取利益，情节严重的行为，主体是国家机关、国有公司、企业、事业单位、人民团体，主观方面是故意，并且具有获取贿赂的目的}。

3. 单位受贿罪的处罚

根据《刑法》第 387 条的规定，犯本罪的，对单位判处罚金；并对其直接负责的主管人员和其他直接责任人员，处 5 年以下有期徒刑或者拘役。

五、利用影响力受贿罪

1. 利用影响力受贿罪的概念

利用影响力受贿罪，是指国家工作人员的近亲属或者其他与该国家工作人员关系密切的人，通过该国家工作人员职务上的行为，或者利用该国家工作人员职权或者地位形成的便利条件，通过其他国家工作人员职务上的行为，为请托人谋取不正当利益，索取请托人财物或者收受请托人财物，数额较大或者有其他较重情节的行为。

2. 利用影响力受贿罪的构成特征

关于利用影响力受贿罪的构成特征，根据现行刑法的规定，主要有以下几个方面，其集合表现为：

设 E 为利用影响力受贿罪的集合，则 E = {利用影响力受贿罪}；

设 E1 为利用影响力受贿罪的客体的集合，则 E1 = {国家工作人员职务行为的廉洁性} ∪ {国家机关的正常活动和声誉} = {国家工作人员职务行为的廉洁性和国家机关的正常活动和声誉}；设 E2 为利用影响力受贿罪的客观方面的集合，则 E2 = {行为人通过该国家工作人员职务上的行为，或者利用该国家工作人员职权或者地位形成的便利条件，通过其他国家工作人员职务上的行为，为请托人谋取不正当利益，索取请托人财物或者收受请托人财物，数额较大或者有其他较重情节的行为}；设 E3 为利用影响力受贿罪的主体的集合，则 E3 = {国家工作人员的近亲属或者其他与该国家工作人员关系密切的人}；设 E4 为利用影响力受贿罪的主观方面的集合，则 E4 = {故意，并且具有获取贿赂的目的}；

则 E = E1 ∪ E2 ∪ E3 ∪ E4，即利用影响力受贿罪 = {客体是国家工作人员职务行为的廉洁性和国家机关的正常活动和声誉} ∪ {客观方面表现为行为人通过该国家工作人员职务上的行为，或者利用该国家工作人员职权或者地位形成的便利条件，通过其他国家工作人员职务上的行为，为请托人谋取不正当利益，索取请托人财物或者收受请托人财物，数额较大或者有其他较重情节的行为} ∪ {主体是国家工作人员的近亲属或者其他与该国家工作人员关系密切的人} ∪ {主观方面是故意，并且具有获取贿赂的目的} = {客体是国家工作人员职务行为的廉洁性和国家机关的正常活动和声誉，客观方面表现为行为人通过该国家工作人员职务上的行为，或者利用该国家工作人员职权或者地位形成的便利条件，通过其他国家工作人员职务上的行为，为请托人谋取不正当利益，索取请托人财物或者收受请托人财物，数额较大或者有其他较重情节的行为，主体是国家工作人员的近亲属或者其他与该国家工作人员关系密切的人，主观方面是故意，并且具有获取贿赂的目的}。

3. 利用影响力受贿罪的处罚

根据《刑法》第388条之一的规定，犯本罪的，处3年以下有期徒刑或者拘役，并处罚金；数额巨大或者有其他严重情节的，处3年以上7年以下有期徒刑，并处罚金；数额特别巨大或者有其他特别严重情节的，处7年以上有期徒刑，并处罚金或者没收财产。离职的国家工作人员或者其近亲属以及其他与其关系密切的人，利用该离职的国家工作人员原职权或者地位形成的便利条件实施前款行为的，依照前款的规定定罪处罚。

六、行贿罪

1. 行贿罪的概念

行贿罪，是指行为人为谋取不正当利益，给予国家工作人员以财物的行为。

2. 行贿罪的构成特征

关于行贿罪的构成特征，根据现行刑法的规定，主要有以下几个方面，其集合表现为：

设F为行贿罪的集合，则F＝{行贿罪}；

设F1为行贿罪的客体的集合，则F1＝{国家工作人员职务行为的不可收买性}∪{国家机关的正常活动}＝{国家工作人员职务行为的不可收买性和国家机关的正常活动}；设F2为行贿罪的客观方面的集合，则F2＝{行为人给予国家工作人员以财物的行为}；设F3为行贿罪的主体的集合，则F3＝{年满16周岁、具有刑事责任能力的人}；设F4为行贿罪的主观方面的集合，则F4＝{故意，并且具有为谋取不正当利益而收买国家工作人员的目的}；

则F＝F1∪F2∪F3∪F4，即行贿罪＝{客体是国家工作人员职务行为的不可收买性和国家机关的正常活动}∪{客观方面表现为行为人给予国家工作人员以财物的行为}∪{主体是年满16周岁、具有刑事责任能力的人}∪{主观方面是故意，并且具有为谋取不正当利益而收买国家工作人员的目的}＝{客体是国家工作人员职务行为的不可收买性和国家机关的正常活动，客观方面表现为行为人给予国家工作人员以财物的行为，主体是年满 16 周岁、具有刑事责任能力的人，主观方面是故意，并且具有为谋取不正当利益而收买国家工作人员的目的｝。

3. 行贿罪的处罚

根据《刑法》第 390 条的规定，犯本罪的，处 5 年以下有期徒刑或者拘役，并处罚金；因行贿谋取不正当利益，情节严重的，或者使国家利益遭受重大损失的，处 5 年以上 10 年以下有期徒刑，并处罚金；情节特别严重的，或者使国家利益遭受特别重大损失的，处 10 年以上有期徒刑或者无期徒刑，并处罚金或者没收财产。行贿人在被追诉前主动交待行贿行为的，可以从轻处罚或者减轻处罚。

七、对有影响力的人行贿罪

1. 对有影响力的人行贿罪的概念

对有影响力的人行贿罪，是指行为人为谋取不正当利益，向国家工作人员的近亲属或者其他与该国家工作人员关系密切的人，或者向离职的国家工作人员或者其近亲属以及其他与其关系密切的人行贿的行为。

2. 对有影响力的人行贿罪的构成特征

关于对有影响力的人行贿罪的构成特征，根据现行刑法的规定，主要有以下几个方面，其集合表现为：

设 G 为对有影响力的人行贿罪的集合，则 G = ｛对有影响力的人行贿罪｝；

设 G1 为对有影响力的人行贿罪的客体的集合，则 G1 = ｛国家工作人员职务行为的公正性与不可收买性｝；设 G2 为对有影响力的人行贿罪的客观方面的集合，则 G2 = ｛行为人为谋取不正当利益，向国家工作人员的近亲属或者其他与该国家工作人员关系密切的人，或者向离职的国家工作人员或者其近亲属以及其他与其关系密切的人行贿的行为｝；设 G3 为对有影响力的人行贿罪的主体的集合，则 G3 = ｛年满 16 周岁、具有刑事责任能力的人｝ ∪ ｛单位｝ = ｛年满 16 周岁、具有刑事责任能力的人和单位｝；设 G4 为对有影响力的人行贿罪的主观方面的集合，则 G4 = ｛直接故意，并且具有为了谋取不正当利益而收买对国家工作人员有影响力的人员的目的｝；

则 G = G1 ∪ G2 ∪ G3 ∪ G4，即对有影响力的人行贿罪 = ｛客体是国家工作人员职务行为的公正性与不可收买性｝∪｛客观方面表现为行为人为谋取不正当利益，向国家工作人员的近亲属或者其他与该国家工作人员关系密切的人，或者向离职的国家工作人员或者其近亲属以及其他与其关系密切的人行贿的行为｝∪｛主体是年满16周岁、具有刑事责任能力的人和单位｝∪｛直接故意，并且具有为了谋取不正当利益而收买对国家工作人员有影响力的人员的目的｝=｛客体是国家工作人员职务行为的公正性与不可收买性，客观方面表现为行为人为谋取不正当利益，向国家工作人员的近亲属或者其他与该国家工作人员关系密切的人，或者向离职的国家工作人员或者其近亲属以及其他与其关系密切的人行贿的行为，主体是年满16周岁、具有刑事责任能力的人和单位，直接故意，并且具有为了谋取不正当利益而收买对国家工作人员有影响力的人员的目的｝。

3. 对有影响力的人行贿罪的处罚

根据《刑法》第390条之一的规定，犯本罪的，处3年以下有期徒刑或者拘役，并处罚金；情节严重的，或者使国家利益遭受重大损失的，处3年以上7年以下有期徒刑，并处罚金；情节特别严重的，或者使国家利益遭受特别重大损失的，处7年以上10年以下有期徒刑，并处罚金。单位犯本罪的，对单位判处罚金，并对其直接负责的主管人员和其他直接责任人员，处3年以下有期徒刑或者拘役，并处罚金。

八、对单位行贿罪

1. 对单位行贿罪的概念

对单位行贿罪，是指个人或者单位为谋取不正当利益，给予国家机关、国有公司、企业、事业单位、人民团体以财物的，或者在经济往来中，违反国家规定，给予各种名义的回扣、手续费的行为。

2. 对单位行贿罪的构成特征

关于对单位行贿罪的构成特征，根据现行刑法的规定，主要有以下几个方面，其集合表现为：

设H为对单位行贿罪的集合，则H=｛对单位行贿罪｝；

设H1为对单位行贿罪的客体的集合，则H1=｛国家机关、国有公司、企业、事业单位、人民团体的正常活动和声誉｝；设H2为对单位行贿罪的客观方面的集合，则H2=｛行为人给予国家机关、国有公司、企业、事业单位、人民团体以财物的，或者在经济往来中，违反国家规定，给予各种名义的回扣、手续费的行为}；设 H3 为对单位行贿罪的主体的集合，则 H3 = {年满 16 周岁、具有刑事责任能力的人} ∪ {单位} = {年满 16 周岁、具有刑事责任能力的人和单位}；设 H4 为对单位行贿罪的主观方面的集合，则 H4 = {故意，并且具有为谋取不正当利益而收买特定单位的目的}；

则 H = H1 ∪ H2 ∪ H3 ∪ H4，即对单位行贿罪 = {客体是国家机关、国有公司、企业、事业单位、人民团体的正常活动和声誉} ∪ {客观方面表现为行为人给予国家机关、国有公司、企业、事业单位、人民团体以财物的，或者在经济往来中，违反国家规定，给予各种名义的回扣、手续费的行为} ∪ {主体是年满 16 周岁、具有刑事责任能力的人和单位} ∪ {主观方面是故意，并且具有为谋取不正当利益而收买特定单位的目的} = {客体是国家机关、国有公司、企业、事业单位、人民团体的正常活动和声誉，客观方面表现为行为人给予国家机关、国有公司、企业、事业单位、人民团体以财物的，或者在经济往来中，违反国家规定，给予各种名义的回扣、手续费的行为，主体是年满 16 周岁、具有刑事责任能力的人和单位，主观方面是故意，并且具有为谋取不正当利益而收买特定单位的目的}。

3. 对单位行贿罪的处罚

根据《刑法》第 391 条的规定，犯本罪的，处 3 年以下有期限徒刑或者拘役，并处罚金。单位犯本罪的，对单位判处罚金，并对其直接负责的主管人员和其他直接责任人员，依照自然人犯本罪的法定刑处罚。

九、介绍贿赂罪

1. 介绍贿赂罪的概念

介绍贿赂罪，是指行为人在行贿人和国家工作人员之间实施了沟通、撮合，促使行贿与受贿得以实现，情节严重的行为。

2. 介绍贿赂罪的构成特征

关于介绍贿赂罪的构成特征，根据现行刑法的规定，主要有以下几个方面，其集合表现为：

设 I 为介绍贿赂罪的集合，则 I = {介绍贿赂罪}；

设 I1 为介绍贿赂罪的客体的集合，则 I1 = {国家工作人员职务行为的廉洁性} ∪ {国家机关的正常活动和声誉} = {国家工作人员职务行为的廉洁性和国家机关的正常活动和声誉}；设 I2 为介绍贿赂罪的客观方面的集合，则 I2 = {行为人在行贿人和国家工作人员之间实施了沟通、撮合，促使行贿与受贿得以实现，情节严重的行为}；设I3为介绍贿赂罪的主体的集合，则I3 = {年满16周岁、具有刑事责任能力的人}；设I4为介绍贿赂罪的主观方面的集合，则I4 = {故意}；

则I = I1∪I2∪I3∪I4，即介绍贿赂罪 = {客体是国家工作人员职务行为的廉洁性以及国家机关的正常活动和声誉} ∪ {客观方面表现为行为人在行贿人和国家工作人员之间实施了沟通、撮合，促使行贿与受贿得以实现，情节严重的行为} ∪ {主体是年满16周岁、具有刑事责任能力的人} ∪ {主观方面是故意} = {客体是国家工作人员职务行为的廉洁性以及国家机关的正常活动和声誉，客观方面表现为行为人在行贿人和国家工作人员之间实施了沟通、撮合，促使行贿与受贿得以实现，情节严重的行为，主体是年满16周岁、具有刑事责任能力的人，主观方面是故意}。

3. 介绍贿赂罪的处罚

根据《刑法》第392条的规定，犯本罪的，处3年以下有期限徒刑或者拘役，并处罚金。介绍贿赂人在被追诉前主动交待介绍贿赂行为的，可以减轻处罚或者免除处罚。

十、单位行贿罪

1. 单位行贿罪的概念

单位行贿罪，是指单位为谋取不正当利益而行贿，或者违反国家规定，给予国家工作人员以回扣、手续费，情节严重的行为。

2. 单位行贿罪的构成特征

关于单位行贿罪的构成特征，根据现行刑法的规定，主要有以下几个方面，其集合表现为：

设J为单位行贿罪的集合，则J = {单位行贿罪}；

设J1为单位行贿罪的客体的集合，则J1 = {公司、企业、事业、机关、团体的正常活动和声誉}；设J2为单位行贿罪的客观方面的集合，则J2 = {单位为谋取不正当利益而行贿，或者违反国家规定，给予国家工作人员以回扣、手续费，情节严重的行为}；设J3为单位行贿罪的主体的集合，则J3 = {公司、企业、事业单位、机关、团体}；设J4为单位行贿罪的主观方面的集合，则J4 = {故意，并且具有谋取不正当利益的目的}；

则J = J1∪J2∪J3∪J4，即单位行贿罪 = {客体是公司、企业、事业、机关、团体的正常活动和声誉} ∪ {客观方面表现为单位为谋取不正当利益而行贿，或者违反国家规定，给予国家工作人员以回扣、手续费，情节严重的行为｝∪｛主体是公司、企业、事业单位、机关、团体｝∪｛主观方面是故意，并且具有谋取不正当利益的目的｝=｛客体是公司、企业、事业、机关、团体的正常活动和声誉，客观方面表现为单位为谋取不正当利益而行贿，或者违反国家规定，给予国家工作人员以回扣、手续费，情节严重的行为，主体是公司、企业、事业单位、机关、团体，主观方面是故意，并且具有谋取不正当利益的目的｝。

3. 单位行贿罪的处罚

根据《刑法》第 393 条的规定，犯本罪的，对单位判处罚金；并对其直接负责的主管人员和其他直接责任人员，处 5 年以下有期徒刑或者拘役，并处罚金。因行贿取得的违反所得归个人所有的，以行贿罪定罪处罚。

十一、巨额财产来源不明罪

1. 巨额财产来源不明罪的概念

巨额财产来源不明罪，是指国家工作人员的财产或者支出明显超过合法收入，差额巨大，而本人不能说明其来源是合法的行为。

2. 巨额财产来源不明罪的构成特征

关于巨额财产来源不明罪的构成特征，根据现行刑法的规定，主要有以下几个方面，其集合表现为：

设 K 为巨额财产来源不明罪的集合，则 K =｛巨额财产来源不明罪｝；

设 K1 为巨额财产来源不明罪的客体的集合，则 K1 =｛国家工作人员职务行为的廉洁性｝∪｛国家机关的正常活动｝∪｛公私财产的所有权｝=｛国家工作人员职务行为的廉洁性和国家机关的正常活动以及公私财产的所有权｝；设 K2 为巨额财产来源不明罪的客观方面的集合，则 K2 =｛行为人的财产或者支出明显超过合法收入，差额巨大，而本人不能说明其来源是合法的行为｝；设 K3 为巨额财产来源不明罪的主体的集合，则 K3 =｛国家工作人员｝；设 K4 为巨额财产来源不明罪的主观方面的集合，则 K4 =｛故意，并且具有非法占有公私财物的目的｝；

则 K = K1 ∪ K2 ∪ K3 ∪ K4，即巨额财产来源不明罪 =｛客体是国家工作人员职务行为的廉洁性和国家机关的正常活动以及公私财产的所有权｝∪｛客观方面表现为行为人的财产或者支出明显超过合法收入，差额巨大，而本人不能说明其来源是合法的行为｝∪｛主体是国家工作人员｝∪｛主观方面是故意，并且具有非法占有公私财物的目的｝ ＝ ｛客体是国家工作人员职务行为的廉洁性和国家机关的正常活动以及公私财产的所有权，客观方面表现为行为人的财产或者支出明显超过合法收入，差额巨大，而本人不能说明其来源是合法的行为，主体是国家工作人员，主观方面是故意，并且具有非法占有公私财物的目的｝。

3. 巨额财产来源不明罪的处罚

根据《刑法》第395条第1款的规定，犯本罪的，处5年以下有期徒刑或者拘役；差额特别巨大的，处5年以上10年以下有期徒刑。财产的差额部分予以追缴。

十二、隐瞒境外存款罪

1. 隐瞒境外存款罪的概念

隐瞒境外存款罪，是指国家工作人员在境外存款，应当依照国家规定申报而隐瞒不报，数额较大的行为。

2. 隐瞒境外存款罪的构成特征

关于隐瞒境外存款罪的构成特征，根据现行刑法的规定，主要有以下几个方面，其集合表现为：

设L为隐瞒境外存款罪的集合，则L＝｛隐瞒境外存款罪｝；

设L1为隐瞒境外存款罪的客体的集合，则L1＝｛国家工作人员职务行为的廉洁性｝；设L2为隐瞒境外存款罪的客观方面的集合，则L2＝｛行为人在境外存款，应当依照国家规定申报而隐瞒不报，数额较大的行为｝；设L3为隐瞒境外存款罪的主体的集合，则L3＝｛国家工作人员｝；设L4为隐瞒境外存款罪的主观方面的集合，则L4＝｛故意，并且具有隐瞒境外存款的目的｝；

则$L = L1 \cup L2 \cup L3 \cup L4$，即隐瞒境外存款罪＝｛客体是国家工作人员职务行为的廉洁性｝∪｛客观方面表现为行为人在境外存款，应当依照国家规定申报而隐瞒不报，数额较大的行为｝∪｛主体是国家工作人员｝∪｛主观方面是故意，并且具有隐瞒境外存款的目的｝＝｛客体是国家工作人员职务行为的廉洁性，客观方面表现为行为人在境外存款，应当依照国家规定申报而隐瞒不报，数额较大的行为，主体是国家工作人员，主观方面是故意，并且具有隐瞒境外存款的目的｝。

3. 隐瞒境外存款罪的处罚

根据《刑法》第395条第2款的规定，犯本罪的，处2年以下有期徒刑或者拘役。如果隐瞒境外存款，情节较轻的，由其所在单位或者上级主管机关酌情给予行政处分。

十三、私分国有资产罪

1. 私分国有资产罪的概念

私分国有资产罪，是指国家机关、国有公司、企业、事业单位、人民团体，违反国家规定，以单位名义将国有资产集体私分给个人，数额较大的行为。

2. 私分国有资产罪的构成特征

关于私分国有资产罪的构成特征，根据现行刑法的规定，主要有以下几个方面，其集合表现为：

设M为私分国有资产罪的集合，则M＝{私分国有资产罪}；

设M1为私分国有资产罪的客体的集合，则M1＝{国家机关、国有公司、企业、事业单位、人民团体的正常活动}∪{国有资产的所有权}＝{国家机关、国有公司、企业、事业单位、人民团体的正常活动和国有资产的所有权}；设M2为私分国有资产罪的客观方面的集合，则M2＝{国家机关、国有公司、企业、事业单位、人民团体，违反国家规定，以单位名义将国有资产集体私分给个人，数额较大的行为}；设M3为私分国有资产罪的主体的集合，则M3＝{国家机关、国有公司、企业、事业单位、人民团体}；设M4为私分国有资产罪的主观方面的集合，则M4＝{故意，并且具有非法集体私分国有资产的目的}；

则M＝M1∪M2∪M3∪M4，即私分国有资产罪＝{客体是国家机关、国有公司、企业、事业单位、人民团体的正常活动和国有资产的所有权}∪{客观方面表现为国家机关、国有公司、企业、事业单位、人民团体，违反国家规定，以单位名义将国有资产集体私分给个人，数额较大的行为}∪{主体是国家机关、国有公司、企业、事业单位、人民团体}∪{主观方面是故意，并且具有非法集体私分国有资产的目的}＝{客体是国家机关、国有公司、企业、事业单位、人民团体的正常活动和国有资产的所有权，客观方面表现为国家机关、国有公司、企业、事业单位、人民团体，违反国家规定，以单位名义将国有资产集体私分给个人，数额较大的行为，主体是国家机关、国有公司、企业、事业单位、人民团体，主观方面是故意，并且具有非法集体私分国有资产的目的}。

3. 私分国有资产罪的处罚

根据《刑法》第 396 条第 1 款的规定，犯本罪的，对其直接负责的主管人员和其他直接责任人员，处 3 年以下有期徒刑或者拘役，并处或者单处罚金；数额巨大的，处 3 年以上 7 年以下有期徒刑，并处罚金。

十四、私分罚没财物罪

1. 私分罚没财物罪的概念

私分罚没财物罪，是指司法机关、行政执法机关报违反国家规定，将应上缴国家的罚没财物，以单位名义集体私分给个人的行为。

2. 私分罚没财物罪的构成特征

关于私分罚没财物罪的构成特征，根据现行刑法的规定，主要有以下几个方面，其集合表现为：

设 N 为私分罚没财物罪的集合，则 N = {私分罚没财物罪}；

设 N1 为私分罚没财物罪的客体的集合，则 N1 = {国家机关、国有公司、企业、事业单位、人民团体的正常活动} ∪ {国有资产的所有权} = {国家机关、国有公司、企业、事业单位、人民团体的正常活动和国有资产的所有权}；设 N2 为私分罚没财物罪的客观方面的集合，则 N2 = {行为人违反国家规定，将应上缴国家的罚没财物，以单位名义集体私分给个人的行为}；设 N3 为私分罚没财物罪的主体的集合，则 N3 = {司法机关和行政执法机关}；设 N4 为私分罚没财物罪的主观方面的集合，则 N4 = {故意，并且具有非法私分罚没财物的目的}；

则 N = N1 ∪ N2 ∪ N3 ∪ N4，即私分罚没财物罪 = {客体是国家机关、国有公司、企业、事业单位、人民团体的正常活动和国有资产的所有权} ∪ {客观方面表现为行为人违反国家规定，将应上缴国家的罚没财物，以单位名义集体私分给个人的行为} ∪ {主体是司法机关和行政执法机关} ∪ {主观方面是故意，并且具有非法私分罚没财物的目的} = {客体是国家机关、国有公司、企业、事业单位、人民团体的正常活动和国有资产的所有权，客观方面表现为行为人违反国家规定，将应上缴国家的罚没财物，以单位名义集体私分给个人的行为，主体是司法机关和行政执法机关，主观方面是故意，并且具有非法私分罚没财物的目的}。

3. 私分罚没财物罪的处罚

根据《刑法》第396条的规定，犯本罪的，对其直接负责的主管人员和其他直接责任人员，处3年以下有期徒刑或者拘役，并处或者单处罚金；数额巨大的，处3年以上7年以下有期徒刑，并处罚金。

第十章 渎职罪

第一节 渎职罪集合概述

一、渎职罪的概念

渎职罪，是指国家机关工作人员滥用职权、玩忽职守、妨害国家机关正常工作程序，损害国家机关的公信力，致使国家和社会利益遭受重大损失的行为。

二、渎职罪的共同特征

根据现行刑法对渎职罪所作的规定来看，构成该类犯罪必须具备以下几个方面的共同特征，其集合表现为：

设 A 为渎职罪集合，则 A = {渎职罪}；

设 B 为渎职罪同类客体的集合，则 B = {国家机关工作的公信力}；设 C 为渎职罪客观方面的集合，则 C = {行为人滥用职权、玩忽职守、妨害国家机关正常工作程序，损害国家机关的公信力，致使国家和社会利益遭受重大损失的行为}；设 D 为渎职罪主体的集合，则 D = {国家机关工作人员}；设 E 为渎职罪的主观方面的集合，则 E = {故意} ∪ {过失}；

则 A = B∪C∪D∪E，即渎职罪 = {犯罪同类客体为国家机关工作的公信力} ∪ {客观方面表现为行为人滥用职权、玩忽职守、妨害国家机关正常工作程序，损害国家机关的公信力，致使国家和社会利益遭受重大损失的行为｝∪｛犯罪主体是国家机关工作人员｝∪｛主观方面既有故意，也有过失｝=｛犯罪同类客体为国家机关工作的公信力，客观方面表现为滥用职权、玩忽职守、妨害国家机关正常工作程序，损害国家机关的公信力，致使国家和社会利益遭受重大损失的行为，犯罪主体是国家机关工作人员，主观方面既有故意，也有过失｝。

三、渎职罪的具体罪名

根据现行刑法对渎职罪所作的规定来看，本章的犯罪共有37种具体罪名，用子集的方式来表达，其构造表现为：

｛渎职罪｝

｛滥用职权罪｝

｛玩忽职守罪｝

｛故意泄露国家秘密罪｝

｛过失泄露国家秘密罪｝

｛徇私枉法罪｝

｛民事、行政枉法裁判罪｝

｛执行判决、裁定失职罪｝

｛执行判决、裁定滥用职权罪｝

｛枉法仲裁罪｝

｛私放在押人员罪｝

｛失职致使在押人员脱逃罪｝

｛徇私舞弊减刑、假释、暂予监外执行罪｝

｛徇私舞弊不移交刑事案件罪｝

｛滥用管理公司、证券职权罪｝

｛徇私舞弊不征、少征税款罪｝

｛徇私舞弊发售发票、抵扣税款、出口退税罪｝

｛违法提供出口退税凭证罪｝

｛国家机关工作人员签订、履行合同失职被骗罪｝

｛违法发放林木采伐许可证罪｝

｛环境监管失职罪｝

｛食品监管渎职罪｝

{传染病防治失职罪}
{非法批准征收、征用、占用土地罪}
{非法低价出让国有土地使用权罪}
{放纵走私罪}
{商检徇私舞弊罪}
{商检失职罪}
{动植物检疫徇私舞弊罪}
{动植物检疫失职罪}
{放纵制售伪劣商品犯罪行为罪}
{办理偷越国（边）境人员出入境证件罪}
{放行偷越国（边）境人员罪}
{不解救被拐卖、绑架妇女、儿童罪}
{阻碍解救被拐卖、绑架妇女、儿童罪}
{帮助犯罪分子逃避处罚罪}
{招收公务员、学生徇私舞弊罪}
{失职造成珍贵文物损毁、流失罪}
……
{滥用职权罪
玩忽职守罪
故意泄露国家秘密罪
过失泄露国家秘密罪
徇私枉法罪
民事、行政枉法裁判罪
执行判决、裁定失职罪
执行判决、裁定滥用职权罪
枉法仲裁罪
私放在押人员罪
失职致使在押人员脱逃罪
徇私舞弊减刑、假释、暂予监外执行罪
徇私舞弊不移交刑事案件罪
滥用管理公司、证券职权罪
徇私舞弊不征、少征税款罪

徇私舞弊发售发票、抵扣税款、出口退税罪
违法提供出口退税凭证罪
国家机关工作人员签订、履行合同失职被骗罪
违法发放林木采伐许可证罪
环境监管失职罪
食品监管渎职罪
传染病防治失职罪
非法批准征收、征用、占用土地罪
非法低价出让国有土地使用权罪
放纵走私罪
商检徇私舞弊罪
商检失职罪
动植物检疫徇私舞弊罪
动植物检疫失职罪
放纵制售伪劣商品犯罪行为罪
办理偷越国（边）境人员出入境证件罪
放行偷越国（边）境人员罪
不解救被拐卖、绑架妇女、儿童罪
阻碍解救被拐卖、绑架妇女、儿童罪
帮助犯罪分子逃避处罚罪
招收公务员、学生徇私舞弊罪
失职造成珍贵文物损毁、流失罪}

第二节　渎职罪集合分述

一、滥用职权罪

1. 滥用职权罪的概念

滥用职权罪，是指国家机关工作人员超越职权，违法决定、处理其无权决定、处理的事项，或者违反规定处理公务，致使公共财产、国家和人民利

益遭受重大损失的行为。

2. 滥用职权罪的构成特征

关于滥用职权罪的构成特征，根据现行刑法的规定，主要有以下几个方面，其集合表现为：

设 A 为滥用职权罪的集合，则 A = {滥用职权罪}；

设 A1 为滥用职权罪的客体的集合，则 A1 = {国家机关的正常职能}；设 A2 为滥用职权罪的客观方面的集合，则 A2 = {行为人超越职权，违法决定、处理其无权决定、处理的事项，或者违反规定处理公务，致使公共财产、国家和人民利益遭受重大损失的行为}；设 A3 为滥用职权罪的主体的集合，则 A3 = {国家机关工作人员}；设 A4 为滥用职权罪的主观方面的集合，则 A4 = {故意}；

则 A = A1∪A2∪A3∪A4，即滥用职权罪 = {客体是国家机关的正常职能} ∪ {客观方面表现为行为人超越职权，违法决定、处理其无权决定、处理的事项，或者违反规定处理公务，致使公共财产、国家和人民利益遭受重大损失的行为} ∪ {主体是国家机关工作人员} ∪ {主观方面是故意} = {客体是国家机关的正常职能，客观方面表现为行为人超越职权，违法决定、处理其无权决定、处理的事项，或者违反规定处理公务，致使公共财产、国家和人民利益遭受重大损失的行为，主体是国家机关工作人员，主观方面是故意}。

3. 滥用职权罪的处罚

根据《刑法》第 397 条规定，犯本罪的，处 3 年以下有期徒刑或者拘役；情节特别严重的，处 3 年以上 7 年以下有期徒刑。国家机关工作人员徇私舞弊，犯前款罪的，处 5 年以下有期徒刑或者拘役；情节特别严重的，处 5 年以上 10 年以下有期徒刑。本法另有规定的，依照规定。

二、玩忽职守罪

1. 玩忽职守罪的概念

玩忽职守罪，是指国家机关工作人员严重不负责任，不履行或者不正确履行职责，致使公共财产、国家和人民利益遭受重大损失的行为。

2. 玩忽职守罪的构成特征

关于玩忽职守罪的构成特征，根据现行刑法的规定，主要有以下几个方面，其集合表现为：

设 B 为玩忽职守罪的集合，则 B = ｛玩忽职守罪｝；

设 B1 为玩忽职守罪的客体的集合，则 B1 = ｛国家机关的正常职能｝；设 B2 为玩忽职守罪的客观方面的集合，则 B2 = ｛行为人严重不负责任，不履行或者不正确履行职责，致使公共财产、国家和人民利益遭受重大损失的行为｝；设 B3 为玩忽职守罪的主体的集合，则 B3 = ｛国家机关工作人员｝；设 B4 为玩忽职守罪的主观方面的集合，则 B4 = ｛过失｝；

则 B = B1 ∪ B2 ∪ B3 ∪ B4，即玩忽职守罪 = ｛客体是国家机关的正常职能｝ ∪ ｛客观方面表现为行为人严重不负责任，不履行或者不正确履行职责，致使公共财产、国家和人民利益遭受重大损失的行为｝ ∪ ｛主体是国家机关工作人员｝ ∪ ｛主观方面是过失｝ = ｛客体是国家机关的正常职能，客观方面表现为行为人严重不负责任，不履行或者不正确履行职责，致使公共财产、国家和人民利益遭受重大损失的行为，主体是国家机关工作人员，主观方面是过失｝。

3. 玩忽职守罪的处罚

根据《刑法》第 397 条规定，犯本罪的，处 3 年以下有期徒刑或者拘役；情节特别严重的，处 3 年以上 7 年以下有期徒刑。国家机关工作人员徇私舞弊，犯前款罪的，处 5 年以下有期徒刑或者拘役；情节特别严重的，处 5 年以上 10 年以下有期徒刑。本法另有规定的，依照规定。

三、故意泄露国家秘密罪

1. 故意泄露国家秘密罪的概念

故意泄露国家秘密罪，是指国家机关工作人员或者非国家机关工作人员违反保守国家秘密法的规定，故意泄露国家秘密，情节严重的行为。

2. 故意泄露国家秘密罪的构成特征

关于故意泄露国家秘密罪的构成特征，根据现行刑法的规定，主要有以下几个方面，其集合表现为：

设 C 为故意泄露国家秘密罪的集合，则 C = ｛故意泄露国家秘密罪｝；

设 C1 为故意泄露国家秘密罪的客体的集合，则 C1 = ｛国家的保密制度｝；设 C2 为故意泄露国家秘密罪的客观方面的集合，则 C2 = ｛行为人违反保守国家秘密法的规定，泄露国家秘密，情节严重的行为｝；设 C3 为故意泄露国家秘密罪的主体的集合，则 C3 = ｛国家机关工作人员｝ ∪ ｛非国家机关工作人员｝ = ｛国家机关工作人员和非国家机关工作人员｝；设 C4

为故意泄露国家秘密罪的主观方面的集合，则 C4 = {故意}；

则 $C = C1 \cup C2 \cup C3 \cup C4$，即故意泄露国家秘密罪 = {客体是国家的保密制度} ∪ {客观方面表现为行为人违反保守国家秘密法的规定，泄露国家秘密，情节严重的行为} ∪ {主体是国家机关工作人员和非国家机关工作人员} ∪ {主观方面是故意} = {客体是国家的保密制度，客观方面表现为行为人违反保守国家秘密法的规定，泄露国家秘密，情节严重的行为，主体是国家机关工作人员和非国家机关工作人员，主观方面是故意}。

3. 故意泄露国家秘密罪的处罚

根据《刑法》第 398 条规定，犯本罪的，处 3 年以下有期徒刑或者拘役；情节特别严重的，处 3 年以上 7 年以下有期徒刑。非国家机关工作人员犯前款罪的，依照前款的规定酌情处罚。

四、过失泄露国家秘密罪

1. 过失泄露国家秘密罪的概念

过失泄露国家秘密罪，国家机关工作人员违反保守国家秘密法的规定，过失泄露国家秘密，情节严重的行为。

2. 过失泄露国家秘密罪的构成特征

关于过失泄露国家秘密罪的构成特征，根据现行刑法的规定，主要有以下几个方面，其集合表现为：

设 D 为过失泄露国家秘密罪的集合，则 D = {过失泄露国家秘密罪}；

设 D1 为过失泄露国家秘密罪的客体的集合，则 D1 = {国家的保密制度}；设 D2 为过失泄露国家秘密罪的客观方面的集合，则 D2 = {行为人违反保守国家秘密法的规定，泄露国家秘密，情节严重的行为}；设 D3 为过失泄露国家秘密罪的主体的集合，则 D3 = {国家机关工作人员} ∪ {非国家机关工作人员} = {国家机关工作人员和非国家机关工作人员}；设 D4 为过失泄露国家秘密罪的主观方面的集合，则 D4 = {过失}；

则 $D = D1 \cup D2 \cup D3 \cup D4$，即过失泄露国家秘密罪 = {客体是国家的保密制度} ∪ {客观方面表现为行为人违反保守国家秘密法的规定，泄露国家秘密，情节严重的行为} ∪ {主体是国家机关工作人员和非国家机关工作人员} ∪ {主观方面是过失} = {客体是国家的保密制度，客观方面表现为行为人违反保守国家秘密法的规定，泄露国家秘密，情节严重的行为，主体是国家机关工作人员和非国家机关工作人员，主观方面是过失}。

3. 过失泄露国家秘密罪的处罚

根据《刑法》第398条规定，犯本罪的，处3年以下有期徒刑或者拘役；情节特别严重的，处3年以上7年以下有期徒刑。非国家机关工作人员犯前款罪的，依照前款的规定酌情处罚。

五、徇私枉法罪

1. 徇私枉法罪的概念

徇私枉法罪，是指司法工作人员徇私枉法、徇情枉法，对明知是无罪的人而使他受追诉、对明知是有罪的人而故意包庇不使他受追诉，或者在刑事审判活动中故意违背事实和法律作枉法裁判的行为。

2. 徇私枉法罪的构成特征

关于徇私枉法罪的构成特征，根据现行刑法的规定，主要有以下几个方面，其集合表现为：

设E为徇私枉法罪的集合，则E＝{徇私枉法罪}；

设E1为徇私枉法罪的客体的集合，则E1＝{国家司法机关的刑事追诉和裁判职能}；设E2为徇私枉法罪的客观方面的集合，则E2＝{行为人徇私枉法、徇情枉法，对明知是无罪的人而使他受追诉、对明知是有罪的人而故意包庇不使他受追诉，或者在刑事审判活动中故意违背事实和法律作枉法裁判的行为}；设E3为徇私枉法罪的主体的集合，则E3＝{司法工作人员}；设E4为徇私枉法罪的主观方面的集合，则E4＝{直接故意}；

则E＝E1∪E2∪E3∪E4，即徇私枉法罪＝{客体是国家司法机关的刑事追诉和裁判职能}∪{客观方面表现为行为人徇私枉法、徇情枉法，对明知是无罪的人而使他受追诉、对明知是有罪的人而故意包庇不使他受追诉，或者在刑事审判活动中故意违背事实和法律作枉法裁判的行为}∪{主体是司法工作人员}∪{主观方面是直接故意}＝{客体是国家司法机关的刑事追诉和裁判职能，客观方面表现为行为人徇私枉法、徇情枉法，对明知是无罪的人而使他受追诉、对明知是有罪的人而故意包庇不使他受追诉，或者在刑事审判活动中故意违背事实和法律作枉法裁判的行为，主体是司法工作人员，主观方面是直接故意}。

3. 徇私枉法罪的处罚

根据《刑法》第399条规定，犯本罪的，处5年以下有期徒刑或者拘役；情节严重的，处5年以上10年以下有期徒刑；情节特别严重的，处10

年以上有期徒刑。司法工作人员收受贿赂，有前款行为的，同时又构成本法第 385 条规定之罪的，依照处罚较重的规定定罪处罚。

六、民事、行政枉法裁判罪

1. 民事、行政枉法裁判罪的概念

民事、行政枉法裁判罪，审判人员在民事、行政审判活动中故意违背事实和法律作枉法裁判，情节严重的行为。

2. 民事、行政枉法裁判罪的构成特征

关于民事、行政枉法裁判罪的构成特征，根据现行刑法的规定，主要有以下几个方面，其集合表现为：

设 F 为民事、行政枉法裁判罪的集合，则 F = {民事、行政枉法裁判罪}；

设 F1 为民事、行政枉法裁判罪的客体的集合，则 F1 = {人民法院的正常民事、行政审判职能}；设 F2 为民事、行政枉法裁判罪的客观方面的集合，则 F2 = {行为人在民事、行政审判活动中故意违背事实和法律作枉法裁判，情节严重的行为}；设 F3 为民事、行政枉法裁判罪的主体的集合，则 F3 = {行使民事、行政审判职能的审判人员}；设 F4 为民事、行政枉法裁判罪的主观方面的集合，则 F4 = {故意}；

则 F = F1 ∪ F2 ∪ F3 ∪ F4，即民事、行政枉法裁判罪 = {客体是人民法院的正常民事、行政审判职能} ∪ {客观方面表现为行为人在民事、行政审判活动中故意违背事实和法律作枉法裁判，情节严重的行为} ∪ {主体是行使民事、行政审判职能的审判人员} ∪ {主观方面是故意} = {客体是人民法院的正常民事、行政审判职能，客观方面表现为行为人在民事、行政审判活动中故意违背事实和法律作枉法裁判，情节严重的行为，主体是行使民事、行政审判职能的审判人员，主观方面是故意}。

3. 民事、行政枉法裁判罪的处罚

根据《刑法》第 399 条规定，犯本罪的，处 5 年以下有期徒刑或者拘役；情节特别严重的，处 5 年以上 10 年以下有期徒刑。司法工作人员收受贿赂，有前款行为的，同时又构成本法第 385 条规定之罪的，依照处罚较重的规定定罪处罚。

七、执行判决、裁定失职罪

1. 执行判决、裁定失职罪的概念

执行判决、裁定失职罪，是指行为人在执行判决、裁定活动中，严重不负责任，不依法采取诉讼保全措施、不履行法定执行职责，或者违法采取诉讼保全措施、强制执行措施，致使当事人或者其他人的利益遭受重大损失的的行为。

2. 执行判决、裁定失职罪的构成特征

关于执行判决、裁定失职罪的构成特征，根据现行刑法的规定，主要有以下几个方面，其集合表现为：

设G为执行判决、裁定失职罪的集合，则G＝｛执行判决、裁定失职罪｝；

设G1为执行判决、裁定失职罪的客体的集合，则G1＝｛司法机关执行判决、裁定的正常秩序｝；设G2为执行判决、裁定失职罪的客观方面的集合，则G2＝｛行为人在执行判决、裁定活动中，严重不负责任，不依法采取诉讼保全措施、不履行法定执行职责，或者违法采取诉讼保全措施、强制执行措施，致使当事人或者其他人的利益遭受重大损失的行为｝；设G3为执行判决、裁定失职罪的主体的集合，则G3＝｛法院中担负执行职能的工作人员｝；设G4为执行判决、裁定失职罪的主观方面的集合，则G4＝｛过失｝；

则G＝G1∪G2∪G3∪G4，即执行判决、裁定失职罪＝｛客体是司法机关执行判决、裁定的正常秩序｝∪｛客观方面表现为行为人在执行判决、裁定活动中，严重不负责任，不依法采取诉讼保全措施、不履行法定执行职责，或者违法采取诉讼保全措施、强制执行措施，致使当事人或者其他人的利益遭受重大损失的行为｝∪｛主体是法院中担负执行职能的工作人员｝∪｛主观方面是过失｝＝｛客体是司法机关执行判决、裁定的正常秩序，客观方面表现为行为人在执行判决、裁定活动中，严重不负责任，不依法采取诉讼保全措施、不履行法定执行职责，或者违法采取诉讼保全措施、强制执行措施，致使当事人或者其他人的利益遭受重大损失的行为，主体是法院中担负执行职能的工作人员，主观方面是过失｝。

3. 执行判决、裁定失职罪的处罚

根据《刑法》第399条规定，犯本罪的，处5年以下有期徒刑或者拘役；致使当事人或者其他人的利益遭受特别重大损失的，处5年以上10年以下有期徒刑。司法工作人员收受贿赂，有前款行为的，同时又构成本法第385条规定之罪的，依照处罚较重的规定定罪处罚。

八、执行判决、裁定滥用职权罪

1. 执行判决、裁定滥用职权罪的概念

执行判决、裁定滥用职权罪，是指行为人在执行判决、裁定活动中，滥用职权，不依法采取诉讼保全措施、不履行法定执行职责，或者违法采取诉讼保全措施、强制执行措施，致使当事人或者其他人的利益遭受重大损失的行为。

2. 执行判决、裁定滥用职权罪的构成特征

关于执行判决、裁定滥用职权罪的构成特征，根据现行刑法的规定，主要有以下几个方面，其集合表现为：

设H为执行判决、裁定滥用职权罪的集合，则H = {执行判决、裁定滥用职权罪}；

设H1为执行判决、裁定滥用职权罪的客体的集合，则H1 = {司法机关执行判决、裁定的正常秩序}；设H2为执行判决、裁定滥用职权罪的客观方面的集合，则H2 = {行为人在执行判决、裁定活动中，滥用职权，不依法采取诉讼保全措施、不履行法定执行职责，或者违法采取诉讼保全措施、强制执行措施，致使当事人或者其他人的利益遭受重大损失的的行为}；设H3为执行判决、裁定滥用职权罪的主体的集合，则H3 = {法院中担负执行职能的工作人员}；设H4为执行判决、裁定滥用职权罪的主观方面的集合，则H4 = {故意}；

则$H = H1 \cup H2 \cup H3 \cup H4$，即执行判决、裁定滥用职权罪 = {客体是司法机关执行判决、裁定的正常秩序} ∪ {客观方面表现为行为人在执行判决、裁定活动中，滥用职权，不依法采取诉讼保全措施、不履行法定执行职责，或者违法采取诉讼保全措施、强制执行措施，致使当事人或者其他人的利益遭受重大损失的的行为} ∪ {主体是法院中担负执行职能的工作人员} ∪ {主观方面是故意} = {客体是司法机关执行判决、裁定的正常秩序，客观方面表现为行为人在执行判决、裁定活动中，滥用职权，不依法采取诉讼保全措施、不履行法定执行职责，或者违法采取诉讼保全措施、强制执行措施，致使当事人或者其他人的利益遭受重大损失的的行为，主体是法院中担负执行职能的工作人员，主观方面是故意}。

3. 执行判决、裁定滥用职权罪的处罚

根据《刑法》第399条规定，犯本罪的，处5年以下有期徒刑或者拘役；致使当事人或者其他人的利益遭受特别重大损失的，处5年以上10年以下有期徒刑。司法工作人员收受贿赂，有前款行为的，同时又构成本法第385条规定之罪的，依照处罚较重的规定定罪处罚。

九、枉法仲裁罪

1. 枉法仲裁罪的概念

枉法仲裁罪，是指依法承担仲裁职责的人员，在仲裁活动中故意违背事实和法律作枉法裁决，情节严重的行为。

2. 枉法仲裁罪的构成特征

关于枉法仲裁罪的构成特征，根据现行刑法的规定，主要有以下几个方面，其集合表现为：

设I为枉法仲裁罪的集合，则I＝｛枉法仲裁罪｝；

设I1为枉法仲裁罪的客体的集合，则I1＝｛仲裁机关仲裁活动的正常秩序｝；设I2为枉法仲裁罪的客观方面的集合，则I2＝｛行为人在仲裁活动中故意违背事实和法律作枉法裁决，情节严重的行为｝；设I3为枉法仲裁罪的主体的集合，则I3＝｛依法承担仲裁职责的人员｝；设I4为枉法仲裁罪的主观方面的集合，则I4＝｛故意｝；

则I＝I1∪I2∪I3∪I4，即枉法仲裁罪＝｛客体是仲裁机关仲裁活动的正常秩序｝∪｛客观方面表现为行为人在仲裁活动中故意违背事实和法律作枉法裁决，情节严重的行为｝∪｛主体是依法承担仲裁职责的人员｝∪｛主观方面是故意｝＝｛客体是仲裁机关仲裁活动的正常秩序，客观方面表现为行为人在仲裁活动中故意违背事实和法律作枉法裁决，情节严重的行为，主体是依法承担仲裁职责的人员，主观方面是故意｝。

3. 枉法仲裁罪的处罚

根据《刑法》第399条之一规定，犯本罪的，处3年以下有期徒刑或者拘役；情节特别严重的，处3年以上7年以下有期徒刑。

十、私放在押人员罪

1. 私放在押人员罪的概念

私放在押人员罪，是指司法工作人员私放在押的犯罪嫌疑人、被告人或者罪犯的行为。

2. 私放在押人员罪的构成特征

关于私放在押人员罪的构成特征，根据现行刑法的规定，主要有以下几个方面，其集合表现为：

设J为私放在押人员罪的集合，则J＝｛私放在押人员罪｝；

设J1为私放在押人员罪的客体的集合，则J1＝｛国家制裁犯罪的职能｝；设J2为私放在押人员罪的客观方面的集合，则J2＝｛行为人私放在押的犯罪嫌疑人、被告人或者罪犯的行为｝；设J3为私放在押人员罪的主体的集合，则J3＝｛司法工作人员｝；设J4为私放在押人员罪的主观方面的集合，则J4＝｛故意｝；

则J＝J1∪J2∪J3∪J4，即私放在押人员罪＝｛客体是国家制裁犯罪的职能｝∪｛客观方面表现为行为人私放在押的犯罪嫌疑人、被告人或者罪犯的行为｝∪｛主体是司法工作人员｝∪｛主观方面是故意｝＝｛客体是国家制裁犯罪的职能，客观方面表现为行为人私放在押的犯罪嫌疑人、被告人或者罪犯的行为，主体是司法工作人员，主观方面是故意｝。

3. 私放在押人员罪的处罚

根据《刑法》第400条第1款规定，犯本罪的，处5年以下有期徒刑或者拘役；情节严重的，处5年以上10年以下有期徒刑；情节特别严重的，处10年以上有期徒刑。

十一、失职致使在押人员脱逃罪

1. 失职致使在押人员脱逃罪的概念

失职致使在押人员脱逃罪，是指司法工作人员由于严重不负责任，致使在押的犯罪嫌疑人、被告人或者罪犯脱逃，造成严重后果的行为。

2. 失职致使在押人员脱逃罪的构成特征

关于失职致使在押人员脱逃罪的构成特征，根据现行刑法的规定，主要有以下几个方面，其集合表现为：

设 K 为失职致使在押人员脱逃罪的集合，则 K = {失职致使在押人员脱逃罪}；

设 K1 为失职致使在押人员脱逃罪的客体的集合，则 K1 = {国家制裁犯罪的职能}；设 K2 为失职致使在押人员脱逃罪的客观方面的集合，则 K2 = {行为人由于严重不负责任，致使在押的犯罪嫌疑人、被告人或者罪犯脱逃，造成严重后果的行为}；设 K3 为失职致使在押人员脱逃罪的主体的集合，则 K3 = {司法工作人员}；设 K4 为失职致使在押人员脱逃罪的主观方面的集合，则 K4 = {过失}；

则 K = K1∪K2∪K3∪K4，即失职致使在押人员脱逃罪 = {客体是国家制裁犯罪的职能} ∪ {客观方面表现为行为人由于严重不负责任，致使在押的犯罪嫌疑人、被告人或者罪犯脱逃，造成严重后果的行为} ∪ {主体是司法工作人员} ∪ {主观方面是过失} = {客体是国家制裁犯罪的职能，客观方面表现为行为人由于严重不负责任，致使在押的犯罪嫌疑人、被告人或者罪犯脱逃，造成严重后果的行为，主体是司法工作人员，主观方面是过失}。

3. 失职致使在押人员脱逃罪的处罚

根据《刑法》第400条第2款规定，犯本罪的，处3年以下有期徒刑或者拘役；造成特别严重后果的，处3年以上10年以下有期徒刑。

十二、徇私舞弊减刑、假释、暂予监外执行罪

1. 徇私舞弊减刑、假释、暂予监外执行罪的概念

徇私舞弊减刑、假释、暂予监外执行罪，司法工作人员徇私舞弊，对不符合减刑、假释、暂予监外执行条件的罪犯，予以减刑、假释或者暂予监外执行的行为。

2. 徇私舞弊减刑、假释、暂予监外执行罪的构成特征

关于徇私舞弊减刑、假释、暂予监外执行罪的构成特征，根据现行刑法的规定，主要有以下几个方面，其集合表现为：

设 L 为徇私舞弊减刑、假释、暂予监外执行罪的集合，则 L = {徇私舞弊减刑、假释、暂予监外执行罪}；

设 L1 为徇私舞弊减刑、假释、暂予监外执行罪的客体的集合，则 L1 = {国家的行刑职能}；设 L2 为徇私舞弊减刑、假释、暂予监外执行罪的客观方面的集合，则 L2 = {行为人徇私舞弊，对不符合减刑、假释、暂予监外

执行条件的罪犯，予以减刑、假释或者暂予监外执行的行为｝；设 L3 为徇私舞弊减刑、假释、暂予监外执行罪的主体的集合，则 L3 = ｛司法工作人员｝；设 L4 为徇私舞弊减刑、假释、暂予监外执行罪的主观方面的集合，则 L4 = ｛故意｝；

则 L = L1 ∪ L2 ∪ L3 ∪ L4，即徇私舞弊减刑、假释、暂予监外执行罪 = ｛客体是国家的行刑职能｝ ∪ ｛客观方面表现为行为人徇私舞弊，对不符合减刑、假释、暂予监外执行条件的罪犯，予以减刑、假释或者暂予监外执行的行为｝ ∪ ｛主体是司法工作人员｝ ∪ ｛主观方面是故意｝ = ｛客体是国家的行刑职能，客观方面表现为行为人徇私舞弊，对不符合减刑、假释、暂予监外执行条件的罪犯，予以减刑、假释或者暂予监外执行的行为，主体是司法工作人员，主观方面是故意｝。

3. 徇私舞弊减刑、假释、暂予监外执行罪的处罚

根据《刑法》第 401 条规定，犯本罪的，处 3 年以下有期徒刑或者拘役；情节严重的，处 3 年以上 7 年以下有期徒刑。

十三、徇私舞弊不移交刑事案件罪

1. 徇私舞弊不移交刑事案件罪的概念

徇私舞弊不移交刑事案件罪，行政执法人员徇私舞弊，对依法应当移交司法机关追究刑事责任的刑事案件不移交，情节严重的行为。

2. 徇私舞弊不移交刑事案件罪的构成特征

关于徇私舞弊不移交刑事案件罪的构成特征，根据现行刑法的规定，主要有以下几个方面，其集合表现为：

设 M 为徇私舞弊不移交刑事案件罪的集合，则 M = ｛徇私舞弊不移交刑事案件罪｝；

设 M1 为徇私舞弊不移交刑事案件罪的客体的集合，则 M1 = ｛国家的刑罚权｝；设 M2 为徇私舞弊不移交刑事案件罪的客观方面的集合，则 M2 = ｛行为人徇私舞弊，对依法应当移交司法机关追究刑事责任的刑事案件不移交，情节严重的行为｝；设 M3 为徇私舞弊不移交刑事案件罪的主体的集合，则 M3 = ｛行政执法人员｝；设 M4 为徇私舞弊不移交刑事案件罪的主观方面的集合，则 M4 = ｛故意｝；

则 M = M1 ∪ M2 ∪ M3 ∪ M4，即徇私舞弊不移交刑事案件罪 = ｛客体是国家的刑罚权｝ ∪ ｛客观方面表现为行为人徇私舞弊，对依法应当移交司

法机关追究刑事责任的刑事案件不移交，情节严重的行为｝ ∪ ｛主体是行政执法人员｝ ∪ ｛主观方面是故意｝ = ｛客体是国家的刑罚权，客观方面表现为行为人徇私舞弊，对依法应当移交司法机关追究刑事责任的刑事案件不移交，情节严重的行为，主体是行政执法人员，主观方面是故意｝。

3. 徇私舞弊不移交刑事案件罪的处罚

根据《刑法》第402条规定，犯本罪的，处3年以下有期徒刑或者拘役；造成严重后果的，处3年以上7年以下有期徒刑。

十四、滥用管理公司、证券职权罪

1. 滥用管理公司、证券职权罪的概念

滥用管理公司、证券职权罪，是指国家有关主管部门的国家机关工作人员，徇私舞弊，滥用职权，对不符合法律规定条件的公司设立、登记申请或者股票、债券发行、上市申请，予以批准或者登记，致使公共财产、国家和人民利益遭受重大损失的行为。

2. 滥用管理公司、证券职权罪的构成特征

关于滥用管理公司、证券职权罪的构成特征，根据现行刑法的规定，主要有以下几个方面，其集合表现为：

设N为滥用管理公司、证券职权罪的集合，则N = ｛滥用管理公司、证券职权罪｝；

设N1为滥用管理公司、证券职权罪的客体的集合，则N1 = ｛国家对公司、证券的正常管理职能｝；设N2为滥用管理公司、证券职权罪的客观方面的集合，则N2 = ｛行为人徇私舞弊，滥用职权，对不符合法律规定条件的公司设立、登记申请或者股票、债券发行、上市申请，予以批准或者登记，致使公共财产、国家和人民利益遭受重大损失的行为｝；设N3为滥用管理公司、证券职权罪的主体的集合，则N3 = ｛国家有关主管部门的国家机关工作人员和登记机关的上级部门｝；设N4为滥用管理公司、证券职权罪的主观方面的集合，则N4 = ｛故意｝；

则N = N1∪N2∪N3∪N4，即滥用管理公司、证券职权罪 = ｛客体是国家对公司、证券的正常管理职能｝ ∪ ｛客观方面表现为行为人徇私舞弊，滥用职权，对不符合法律规定条件的公司设立、登记申请或者股票、债券发行、上市申请，予以批准或者登记，致使公共财产、国家和人民利益遭受重大损失的行为｝ ∪ ｛主体是国家有关主管部门的国家机关工作人员和登记

机关的上级部门} ∪ {主观方面是故意} = {客体是国家对公司、证券的正常管理职能，客观方面表现为行为人徇私舞弊，滥用职权，对不符合法律规定条件的公司设立、登记申请或者股票、债券发行、上市申请，予以批准或者登记，致使公共财产、国家和人民利益遭受重大损失的行为，主体是国家有关主管部门的国家机关工作人员和登记机关的上级部门，主观方面是故意}。

3. 滥用管理公司、证券职权罪的处罚

根据《刑法》第403条第1款规定，犯本罪的，处5年以下有期徒刑或者拘役。根据本条第2款规定，上级部门强令登记机关及其工作人员实施前款行为的，对其直接负责的主管人员，依照前款的规定处罚。

十五、徇私舞弊不征、少征税款罪

1. 徇私舞弊不征、少征税款罪的概念

徇私舞弊不征、少征税款罪，是指税务机关的工作人员徇私舞弊，不征或者少征应征税款，致使国家税收遭受重大损失的行为。

2. 徇私舞弊不征、少征税款罪的构成特征

关于徇私舞弊不征、少征税款罪的构成特征，根据现行刑法的规定，主要有以下几个方面，其集合表现为：

设O为徇私舞弊不征、少征税款罪的集合，则O = {徇私舞弊不征、少征税款罪}；

设O1为徇私舞弊不征、少征税款罪的客体的集合，则O1 = {国家的征税权}；设O2为徇私舞弊不征、少征税款罪的客观方面的集合，则O2 = {行为人徇私舞弊，不征或者少征应征税款，致使国家税收遭受重大损失的行为}；设O3为徇私舞弊不征、少征税款罪的主体的集合，则O3 = {税务机关的工作人员}；设O4为徇私舞弊不征、少征税款罪的主观方面的集合，则O4 = {故意}；

则O = O1∪O2∪O3∪O4，即徇私舞弊不征、少征税款罪 = {客体是国家的征税权} ∪ {客观方面表现为行为人徇私舞弊，不征或者少征应征税款，致使国家税收遭受重大损失的行为} ∪ {主体是税务机关的工作人员} ∪ {主观方面是故意} = {客体是国家的征税权，客观方面表现为行为人徇私舞弊，不征或者少征应征税款，致使国家税收遭受重大损失的行为，主体是税务机关的工作人员，主观方面是故意}。

3. 徇私舞弊不征、少征税款罪的处罚

根据《刑法》第404条规定，犯本罪的，处5年以下有期徒刑或者拘役；造成特别重大损失的，处5年以上有期徒刑。

十六、徇私舞弊发售发票、抵扣税款、出口退税罪

1. 徇私舞弊发售发票、抵扣税款、出口退税罪的概念

徇私舞弊发售发票、抵扣税款、出口退税罪，是指税务机关的工作人员违反法律、行政法规的规定，在办理发售发票、抵扣税款、出口退税工作中，徇私舞弊，致使国家利益遭受重大损失的行为。

2. 徇私舞弊发售发票、抵扣税款、出口退税罪的构成特征

关于徇私舞弊发售发票、抵扣税款、出口退税罪的构成特征，根据现行刑法的规定，主要有以下几个方面，其集合表现为：

设P为徇私舞弊发售发票、抵扣税款、出口退税罪的集合，则P＝｛徇私舞弊发售发票、抵扣税款、出口退税罪｝；

设P1为徇私舞弊发售发票、抵扣税款、出口退税罪的客体的集合，则P1＝｛国家的征税权｝；设P2为徇私舞弊发售发票、抵扣税款、出口退税罪的客观方面的集合，则P2＝｛行为人违反法律、行政法规的规定，在办理发售发票、抵扣税款、出口退税工作中，徇私舞弊，致使国家利益遭受重大损失的行为｝；设P3为徇私舞弊发售发票、抵扣税款、出口退税罪的主体的集合，则P3＝｛税务机关的工作人员｝；设P4为徇私舞弊发售发票、抵扣税款、出口退税罪的主观方面的集合，则P4＝｛故意｝；

则P＝P1∪P2∪P3∪P4，即徇私舞弊发售发票、抵扣税款、出口退税罪＝｛客体是国家的征税权｝∪｛客观方面表现为行为人违反法律、行政法规的规定，在办理发售发票、抵扣税款、出口退税工作中，徇私舞弊，致使国家利益遭受重大损失的行为｝∪｛主体是税务机关的工作人员｝∪｛主观方面是故意｝＝｛客体是国家的征税权，客观方面表现为行为人违反法律、行政法规的规定，在办理发售发票、抵扣税款、出口退税工作中，徇私舞弊，致使国家利益遭受重大损失的行为，主体是税务机关的工作人员，主观方面是故意｝。

3. 徇私舞弊发售发票、抵扣税款、出口退税罪的处罚

根据《刑法》第405条第1款规定，犯本罪的，处5年以下有期徒刑或者拘役；致使国家利益遭受特别重大损失的，处5年以上有期徒刑。

十七、违法提供出口退税凭证罪

1. 违法提供出口退税凭证罪的概念

违法提供出口退税凭证罪，税务机关工作人员以外的其他国家机关工作人员违反国家规定，在提供出口货物报关单、出口收汇核销单等出口退税凭证的工作中，徇私舞弊，致使国家利益遭受重大损失的行为。

2. 违法提供出口退税凭证罪的构成特征

关于违法提供出口退税凭证罪的构成特征，根据现行刑法的规定，主要有以下几个方面，其集合表现为：

设Q为违法提供出口退税凭证罪的集合，则Q＝｛违法提供出口退税凭证罪｝；

设Q1为违法提供出口退税凭证罪的客体的集合，则Q1＝｛国家机关的正常职能｝；设Q2为违法提供出口退税凭证罪的客观方面的集合，则Q2＝｛行为人违反国家规定，在提供出口货物报关单、出口收汇核销单等出口退税凭证的工作中，徇私舞弊，致使国家利益遭受重大损失的行为｝；设Q3为违法提供出口退税凭证罪的主体的集合，则Q3＝｛税务机关工作人员以外的其他国家机关工作人员｝；设Q4为违法提供出口退税凭证罪的主观方面的集合，则Q4＝｛故意｝；

则$Q=Q1\cup Q2\cup Q3\cup Q4$，即违法提供出口退税凭证罪＝｛客体是国家机关的正常职能｝∪｛客观方面表现为行为人违反国家规定，在提供出口货物报关单、出口收汇核销单等出口退税凭证的工作中，徇私舞弊，致使国家利益遭受重大损失的行为｝∪｛主体是税务机关工作人员以外的其他国家机关工作人员｝∪｛主观方面是故意｝＝｛客体是国家机关的正常职能，客观方面表现为行为人违反国家规定，在提供出口货物报关单、出口收汇核销单等出口退税凭证的工作中，徇私舞弊，致使国家利益遭受重大损失的行为，主体是税务机关工作人员以外的其他国家机关工作人员，主观方面是故意｝。

3. 违法提供出口退税凭证罪的处罚

根据《刑法》第405条第2款规定，犯本罪的，处5年以下有期徒刑或者拘役；致使国家利益遭受特别重大损失的，处5年以上有期徒刑。

十八、国家机关工作人员签订、履行合同失职被骗罪

1. 国家机关工作人员签订、履行合同失职被骗罪的概念

国家机关工作人员签订、履行合同失职被骗罪，国家机关工作人员在签订、履行合同过程中，因严重不负责任被诈骗，致使国家利益遭受重大损失的行为。

2. 国家机关工作人员签订、履行合同失职被骗罪的构成特征

关于国家机关工作人员签订、履行合同失职被骗罪的构成特征，根据现行刑法的规定，主要有以下几个方面，其集合表现为：

设R为国家机关工作人员签订、履行合同失职被骗罪的集合，则R={国家机关工作人员签订、履行合同失职被骗罪}；

设R1为国家机关工作人员签订、履行合同失职被骗罪的客体的集合，则R1={国家机关的正常职能和国有财产的安全}；设R2为国家机关工作人员签订、履行合同失职被骗罪的客观方面的集合，则R2={行为人在签订、履行合同过程中，因严重不负责任被诈骗，致使国家利益遭受重大损失的行为}；设R3为国家机关工作人员签订、履行合同失职被骗罪的主体的集合，则R3={国家机关工作人员}；设R4为国家机关工作人员签订、履行合同失职被骗罪的主观方面的集合，则R4={过失}；

则R=R1∪R2∪R3∪R4，即国家机关工作人员签订、履行合同失职被骗罪={客体是国家机关的正常职能和国有财产的安全}∪{客观方面表现为行为人在签订、履行合同过程中，因严重不负责任被诈骗，致使国家利益遭受重大损失的行为}∪{主体是国家机关工作人员}∪{主观方面是过失}={客体是国家机关的正常职能和国有财产的安全，客观方面表现为行为人在签订、履行合同过程中，因严重不负责任被诈骗，致使国家利益遭受重大损失的行为，主体是国家机关工作人员，主观方面是过失}。

3. 国家机关工作人员签订、履行合同失职被骗罪的处罚

根据《刑法》第406条规定，犯本罪的，处3年以下有期徒刑或者拘役；致使国家利益遭受特别重大损失的，处3年以上7年以下有期徒刑。

十九、违法发放林木采伐许可证罪

1. 违法发放林木采伐许可证罪的概念

违法发放林木采伐许可证罪，是指林业主管部门的工作人员违反森林法的规定，超过批准的年采伐限额发放林木采伐许可证或者违反规定滥发林木采伐许可证，情节严重，致使森林遭受严重破坏的行为。

2. 违法发放林木采伐许可证罪的构成特征

关于违法发放林木采伐许可证罪的构成特征，根据现行刑法的规定，主要有以下几个方面，其集合表现为：

设 S 为违法发放林木采伐许可证罪的集合，则 S = {违法发放林木采伐许可证罪}；

设 S1 为违法发放林木采伐许可证罪的客体的集合，则 S1 = {国家的林木采伐管理职能}；设 S2 为违法发放林木采伐许可证罪的客观方面的集合，则 S2 = {行为人违反森林法的规定，超过批准的年采伐限额发放林木采伐许可证或者违反规定滥发林木采伐许可证，情节严重，致使森林遭受严重破坏的行为}；设 S3 为违法发放林木采伐许可证罪的主体的集合，则 S3 = {林业主管部门的工作人员}；设 S4 为违法发放林木采伐许可证罪的主观方面的集合，则 S4 = {故意}；

则 $S = S1 \cup S2 \cup S3 \cup S4$，即违法发放林木采伐许可证罪 = {客体是国家的林木采伐管理职能} ∪ {客观方面表现为行为人违反森林法的规定，超过批准的年采伐限额发放林木采伐许可证或者违反规定滥发林木采伐许可证，情节严重，致使森林遭受严重破坏的行为} ∪ {主体是林业主管部门的工作人员} ∪ {主观方面是故意} = {客体是国家的林木采伐管理职能，客观方面表现为行为人违反森林法的规定，超过批准的年采伐限额发放林木采伐许可证或者违反规定滥发林木采伐许可证，情节严重，致使森林遭受严重破坏的行为，主体是林业主管部门的工作人员，主观方面是故意}。

3. 违法发放林木采伐许可证罪的处罚

根据《刑法》第 407 条规定，犯本罪的，处 3 年以下有期徒刑或者拘役。

二十、环境监管失职罪

1. 环境监管失职罪的概念

环境监管失职罪，是指负有环境保护监督管理职责的国家机关工作人员严重不负责任，导致发生重大环境污染事故，致使公私财产遭受重大损失或者造成人身伤亡的严重后果的行为。

2. 环境监管失职罪的构成特征

关于环境监管失职罪的构成特征，根据现行刑法的规定，主要有以下几个方面，其集合表现为：

设 T 为环境监管失职罪的集合，则 T = ｛环境监管失职罪｝；

设 T1 为环境监管失职罪的客体的集合，则 T1 = ｛国家的环境监管职能｝；设 T2 为环境监管失职罪的客观方面的集合，则 T2 = ｛行为人严重不负责任，导致发生重大环境污染事故，致使公私财产遭受重大损失或者造成人身伤亡的严重后果的行为｝；设 T3 为环境监管失职罪的主体的集合，则 T3 = ｛负有环境保护监督管理职责的国家机关工作人员｝；设 T4 为环境监管失职罪的主观方面的集合，则 T4 = ｛过失｝；

则 $T = T1 \cup T2 \cup T3 \cup T4$，即环境监管失职罪 = ｛客体是国家的环境监管职能｝ ∪ ｛客观方面表现为行为人严重不负责任，导致发生重大环境污染事故，致使公私财产遭受重大损失或者造成人身伤亡的严重后果的行为｝ ∪ ｛主体是负有环境保护监督管理职责的国家机关工作人员｝ ∪ ｛主观方面是过失｝ = ｛客体是国家的环境监管职能，客观方面表现为行为人严重不负责任，导致发生重大环境污染事故，致使公私财产遭受重大损失或者造成人身伤亡的严重后果的行为，主体是负有环境保护监督管理职责的国家机关工作人员，主观方面是过失｝。

3. 环境监管失职罪的处罚

根据《刑法》第 408 条规定，犯本罪的，处 3 年以下有期徒刑或者拘役。

二十一、食品监管渎职罪

1. 食品监管渎职罪的概念

食品监管渎职罪，是指负有食品安全监督管理职责的国家机关工作人员，滥用职权或者玩忽职守，导致发生重大食品安全事故或者造成其他严重后果的行为。

2. 食品监管渎职罪的构成特征

关于食品监管渎职罪的构成特征，根据现行刑法的规定，主要有以下几个方面，其集合表现为：

设 U 为食品监管渎职罪的集合，则 U = {食品监管渎职罪}；

设 U1 为食品监管渎职罪的客体的集合，则 U1 = {食品安全监督管理秩序}；设 U2 为食品监管渎职罪的客观方面的集合，则 U2 = {行为人滥用职权或者玩忽职守，导致发生重大食品安全事故或者造成其他严重后果的行为}；设 U3 为食品监管渎职罪的主体的集合，则 U3 = {负有食品安全监督管理职责的国家机关工作人员}；设 U4 为食品监管渎职罪的主观方面的集合，则 U4 = {过失}；

则 U = U1∪U2∪U3∪U4，即食品监管渎职罪 = {客体是食品安全监督管理秩序} ∪ {客观方面表现为行为人滥用职权或者玩忽职守，导致发生重大食品安全事故或者造成其他严重后果的行为} ∪ {主体是负有食品安全监督管理职责的国家机关工作人员} ∪ {主观方面是过失} = {客体食品安全监督管理秩序，客观方面表现为行为人严重不负责任，导致发生重大环境污染事故，致使公私财产遭受重大损失或者造成人身伤亡的严重后果的行为，客观方面表现为行为人滥用职权或者玩忽职守，导致发生重大食品安全事故或者造成其他严重后果的行为，主观方面是过失}。

3. 食品监管渎职罪的处罚

根据《刑法》第 408 条之一的规定，犯本罪的，处 5 年以下有期徒刑或者拘役；造成特别严重后果的，处 5 年以上 10 年以下有期徒刑。因徇私舞弊犯本罪的，从重处罚。

二十二、传染病防治失职罪

1. 传染病防治失职罪的概念

传染病防治失职罪，是指从事传染病防治的政府卫生行政部门的工作人员严重不负责任，导致传染病传播或者流行，情节严重的行为。

2. 传染病防治失职罪的构成特征

关于传染病防治失职罪的构成特征，根据现行刑法的规定，主要有以下几个方面，其集合表现为：

设 V 为传染病防治失职罪的集合，则 V = {传染病防治失职罪}；

设 V1 为传染病防治失职罪的客体的集合，则 V1 = {国家防治传染病的职能}；设 V2 为传染病防治失职罪的客观方面的集合，则 V2 = {行为人严重不负责任，导致传染病传播或者流行，情节严重的行为}；设 V3 为传染病防治失职罪的主体的集合，则 V3 = {从事传染病防治的政府卫生行政部门的工作人员}；设 V4 为传染病防治失职罪的主观方面的集合，则 V4 = {过失}；

则 V = V1 ∪ V2 ∪ V3 ∪ V4，即传染病防治失职罪 = {客体是国家防治传染病的职能} ∪ {客观方面表现为行为人严重不负责任，导致传染病传播或者流行，情节严重的行为} ∪ {主体是从事传染病防治的政府卫生行政部门的工作人员} ∪ {主观方面是过失} = {客体是国家防治传染病的职能，客观方面表现为行为人严重不负责任，导致传染病传播或者流行，情节严重的行为，主体是从事传染病防治的政府卫生行政部门的工作人员，主观方面是过失}。

3. 传染病防治失职罪的处罚

根据《刑法》第 409 条规定，犯本罪的，处 3 年以下有期徒刑或者拘役。

二十三、非法批准征收、征用、占用土地罪

1. 非法批准征收、征用、占用土地罪的概念

非法批准征收、征用、占用土地罪，是指国家机关工作人员违反土地管理法规，徇私舞弊，非法批准征收、征用、占用土地，情节严重的行为。

2. 非法批准征收、征用、占用土地罪的构成特征

关于非法批准征收、征用、占用土地罪的构成特征，根据现行刑法的规定，主要有以下几个方面，其集合表现为：

设 W 为非法批准征收、征用、占用土地罪的集合，则 W = {非法批准征收、征用、占用土地罪}；

设 W1 为非法批准征收、征用、占用土地罪的客体的集合，则 W1 = {国家的土地管理制度}；设 W2 为非法批准征收、征用、占用土地罪的客观方面的集合，则 W2 = {行为人违反土地管理法规，徇私舞弊，非法批准征收、征用、占用土地，情节严重的行为}；设 W3 为非法批准征收、征用、占用土地罪的主体的集合，则 W3 = {国家机关工作人员}；设 W4 为非法批准征收、征用、占用土地罪的主观方面的集合，则 W4 = {故意}；

则 W = W1 ∪ W2 ∪ W3 ∪ W4，即非法批准征收、征用、占用土地罪 =

{客体是国家的土地管理制度} ∪ {客观方面表现为行为人违反土地管理法规，徇私舞弊，非法批准征收、征用、占用土地，情节严重的行为} ∪ {主体是国家机关工作人员} ∪ {主观方面是故意} = {客体是国家的土地管理制度，客观方面表现为行为人违反土地管理法规，徇私舞弊，非法批准征收、征用、占用土地，情节严重的行为，主体是国家机关工作人员，主观方面是故意}。

3. 非法批准征收、征用、占用土地罪的处罚

根据《刑法》第410条规定，犯本罪的，处3年以下有期徒刑或者拘役；致使国家或者集体利益遭受特别重大损失的，处3年以上7年以下有期徒刑。

二十四、非法低价出让国有土地使用权罪

1. 非法低价出让国有土地使用权罪的概念

非法低价出让国有土地使用权罪，是指国家机关工作人员徇私舞弊，违反土地管理法规，滥用职权，非法低价出让国有土地使用权，情节严重的行为。

2. 非法低价出让国有土地使用权罪的构成特征

关于非法低价出让国有土地使用权罪的构成特征，根据现行刑法的规定，主要有以下几个方面，其集合表现为：

设X为非法低价出让国有土地使用权罪的集合，则X = {非法低价出让国有土地使用权罪}；

设X1为非法低价出让国有土地使用权罪的客体的集合，则X1 = {国家的土地管理职能}；设X2为非法低价出让国有土地使用权罪的客观方面的集合，则X2 = {行为人徇私舞弊，违反土地管理法规，滥用职权，非法低价出让国有土地使用权，情节严重的行为}；设X3为非法低价出让国有土地使用权罪的主体的集合，则X3 = {国家机关工作人员}；设X4为非法低价出让国有土地使用权罪的主观方面的集合，则X4 = {故意}；

则X = X1∪X2∪X3∪X4，即非法低价出让国有土地使用权罪 = {客体是国家的土地管理职能} ∪ {客观方面表现为行为人徇私舞弊，违反土地管理法规，滥用职权，非法低价出让国有土地使用权，情节严重的行为} ∪ {主体是国家机关工作人员} ∪ {主观方面是故意} = {客体是国家的土地管理职能，客观方面表现为行为人徇私舞弊，违反土地管理法规，滥用职

权，非法低价出让国有土地使用权，情节严重的行为，主体是国家机关工作人员，主观方面是故意}。

3. 非法低价出让国有土地使用权罪的处罚

根据《刑法》第410条规定，犯本罪的，处3年以下有期徒刑或者拘役；致使国家或者集体利益遭受特别重大损失的，处3年以上7年以下有期徒刑。

二十五、放纵走私罪

1. 放纵走私罪的概念

放纵走私罪，是指海关工作人员徇私舞弊，放纵走私，情节严重的行为。

2. 放纵走私罪的构成特征

关于放纵走私罪的构成特征，根据现行刑法的规定，主要有以下几个方面，其集合表现为：

设Y为放纵走私罪的集合，则Y＝{放纵走私罪}；

设Y1为放纵走私罪的客体的集合，则Y1＝{海关的监管职能}；设Y2为放纵走私罪的客观方面的集合，则Y2＝{行为人徇私舞弊，放纵走私，情节严重的行为}；设Y3为放纵走私罪的主体的集合，则Y3＝{海关工作人员}；设Y4为放纵走私罪的主观方面的集合，则Y4＝{故意}；

则Y＝Y1∪Y2∪Y3∪Y4，即放纵走私罪＝{客体是海关的监管职能}∪{客观方面表现为行为人徇私舞弊，放纵走私，情节严重的行为}∪{主体是海关工作人员}∪{主观方面是故意}＝{客体是海关的监管职能，客观方面表现为行为人徇私舞弊，放纵走私，情节严重的行为，主体是海关工作人员，主观方面是故意}。

3. 放纵走私罪的处罚

根据《刑法》第411条规定，犯本罪的，处5年以下有期徒刑或者拘役；情节特别严重的，处5年以上有期徒刑。

二十六、商检徇私舞弊罪

1. 商检徇私舞弊罪的概念

商检徇私舞弊罪，是指国家商检部门、商检机构的工作人员徇私舞弊，伪造检验结果的行为。

2. 商检徇私舞弊罪的构成特征

关于商检徇私舞弊罪的构成特征，根据现行刑法的规定，主要有以下几个方面，其集合表现为：

设 Z 为商检徇私舞弊罪的集合，则 Z = {商检徇私舞弊罪}；

设 Z1 为商检徇私舞弊罪的客体的集合，则 Z1 = {国家的进出口商品检验职能}；设 Z2 为商检徇私舞弊罪的客观方面的集合，则 Z2 = {行为人徇私舞弊，伪造检验结果的行为}；设 Z3 为商检徇私舞弊罪的主体的集合，则 Z3 = {国家商检部门、商检机构的工作人员}；设 Z4 为商检徇私舞弊罪的主观方面的集合，则 Z4 = {故意}；

则 Z = Z1 ∪ Z2 ∪ Z3 ∪ Z4，即商检徇私舞弊罪 = {客体是国家的进出口商品检验职能} ∪ {客观方面表现为行为人徇私舞弊，伪造检验结果的行为} ∪ {主体是国家商检部门、商检机构的工作人员} ∪ {主观方面是故意} = {客体是国家的进出口商品检验职能，客观方面表现为行为人徇私舞弊，伪造检验结果的行为，主体是国家商检部门、商检机构的工作人员，主观方面是故意}。

3. 商检徇私舞弊罪的处罚

根据《刑法》第 412 条第 1 款规定，犯本罪的，处 5 年以下有期徒刑或者拘役；造成严重后果的，处 5 年以上 10 年以下有期徒刑。

二十七、商检失职罪

1. 商检失职罪的概念

商检失职罪，是指国家商检部门、商检机构的工作人员严重不负责任，对应当检验的物品不检验，或者延误检验出证、错误出证，致使国家利益遭受重大损失的行为。

2. 商检失职罪的构成特征

关于商检失职罪的构成特征，根据现行刑法的规定，主要有以下几个方面，其集合表现为：

设 A1 为商检失职罪的集合，则 A1 = {商检失职罪}；

设 A11 为商检失职罪的客体的集合，则 A11 = {国家的进出口商品检验职能}；设 A12 为商检失职罪的客观方面的集合，则 A12 = {行为人严重不负责任，对应当检验的物品不检验，或者延误检验出证、错误出证，致使国家利益遭受重大损失的行为}；设 A13 为商检失职罪的主体的集合，则

A13 = {国家商检部门、商检机构的工作人员}；设 A14 为商检失职罪的主观方面的集合，则 A14 = {过失}；

则 $A1 = A11 \cup A12 \cup A13 \cup A14$，即商检失职罪 = {客体是国家的进出口商品检验职能} ∪ {客观方面表现为行为人严重不负责任，对应当检验的物品不检验，或者延误检验出证、错误出证，致使国家利益遭受重大损失的行为} ∪ {主体是国家商检部门、商检机构的工作人员} ∪ {主观方面是过失} = {客体是国家的进出口商品检验职能，客观方面表现为行为人严重不负责任，对应当检验的物品不检验，或者延误检验出证、错误出证，致使国家利益遭受重大损失的行为，主体是国家商检部门、商检机构的工作人员，主观方面是过失}。

3. 商检失职罪的处罚

根据《刑法》第412条第2款规定，犯本罪的，处3年以下有期徒刑或者拘役。

二十八、动植物检疫徇私舞弊罪

1. 动植物检疫徇私舞弊罪的概念

动植物检疫徇私舞弊罪，是指动植物检疫机关的检疫人员徇私舞弊，伪造检疫结果的行为。

2. 动植物检疫徇私舞弊罪的构成特征

关于动植物检疫徇私舞弊罪的构成特征，根据现行刑法的规定，主要有以下几个方面，其集合表现为：

设 B1 为动植物检疫徇私舞弊罪的集合，则 B1 = {动植物检疫徇私舞弊罪}；

设 B11 为动植物检疫徇私舞弊罪的客体的集合，则 B11 = {国家的进出境动植物检疫职能}；设 B12 为动植物检疫徇私舞弊罪的客观方面的集合，则 B12 = {行为人徇私舞弊，伪造检疫结果的行为}；设 B13 为动植物检疫徇私舞弊罪的主体的集合，则 B13 = {动植物检疫机关的检疫人员}；设 B14 为动植物检疫徇私舞弊罪的主观方面的集合，则 B14 = {故意}；

则 $B1 = B11 \cup B12 \cup B13 \cup B14$，即动植物检疫徇私舞弊罪 = {客体是国家的进出境动植物检疫职能} ∪ {客观方面表现为行为人徇私舞弊，伪造检疫结果的行为} ∪ {主体是动植物检疫机关的检疫人员} ∪ {主观方面是故意} = {客体是国家的进出境动植物检疫职能，客观方面表现为行为人徇私舞弊，伪造检疫结果的行为，主体是动植物检疫机关的检疫人员，主观方面是故意｝。

3. 动植物检疫徇私舞弊罪的处罚

根据《刑法》第413条第1款规定，犯本罪的，处5年以下有期徒刑或者拘役；造成严重后果的，处5年以上10年以下有期徒刑。

二十九、动植物检疫失职罪

1. 动植物检疫失职罪的概念

动植物检疫失职罪，是指动植物检疫机关的检疫人员严重不负责任，对应当检疫的检疫物不检疫，或者延误检疫出证、错误出证，致使国家利益遭受重大损失的行为。

2. 动植物检疫失职罪的构成特征

关于动植物检疫失职罪的构成特征，根据现行刑法的规定，主要有以下几个方面，其集合表现为：

设C1为动植物检疫失职罪的集合，则C1＝｛动植物检疫失职罪｝；

设C11为动植物检疫失职罪的客体的集合，则C11＝｛国家的进出境动植物检疫职能｝；设C12为动植物检疫失职罪的客观方面的集合，则C12＝｛行为人严重不负责任，对应当检疫的检疫物不检疫，或者延误检疫出证、错误出证，致使国家利益遭受重大损失的行为｝；设C13为动植物检疫失职罪的主体的集合，则C13＝｛动植物检疫机关的检疫人员｝；设C14为动植物检疫失职罪的主观方面的集合，则C14＝｛过失｝；

则C1＝C11∪C12∪C13∪C14，即动植物检疫失职罪＝｛客体是国家的进出境动植物检疫职能｝∪｛客观方面表现为行为人严重不负责任，对应当检疫的检疫物不检疫，或者延误检疫出证、错误出证，致使国家利益遭受重大损失的行为｝∪｛主体是动植物检疫机关的检疫人员｝∪｛主观方面是过失｝＝｛客体是国家的进出境动植物检疫职能，客观方面表现为行为人严重不负责任，对应当检疫的检疫物不检疫，或者延误检疫出证、错误出证，致使国家利益遭受重大损失的行为，主体是动植物检疫机关的检疫人员，主观方面是过失｝。

3. 动植物检疫失职罪的处罚

根据《刑法》第413条第2款规定，犯本罪的，处3年以下有期徒刑或者拘役。

三十、放纵制售伪劣商品犯罪行为罪

1. 放纵制售伪劣商品犯罪行为罪的概念

放纵制售伪劣商品犯罪行为罪，是指对生产、销售伪劣商品犯罪行为负有追究责任的国家机关工作人员，徇私舞弊，不履行法律规定的追究职责，情节严重的行为。

2. 放纵制售伪劣商品犯罪行为罪的构成特征

关于放纵制售伪劣商品犯罪行为罪的构成特征，根据现行刑法的规定，主要有以下几个方面，其集合表现为：

设D1为放纵制售伪劣商品犯罪行为罪的集合，则D1 = {放纵制售伪劣商品犯罪行为罪}；

设D11为放纵制售伪劣商品犯罪行为罪的客体的集合，则D11 = {国家对生产、销售伪劣商品犯罪行为的追究职能}；设D12为放纵制售伪劣商品犯罪行为罪的客观方面的集合，则D12 = {行为人徇私舞弊，不履行法律规定的追究职责，情节严重的行为}；D13为放纵制售伪劣商品犯罪行为罪的主体的集合，则D13 = {对生产、销售伪劣商品犯罪行为负有追究责任的国家机关工作人员}；设D14为放纵制售伪劣商品犯罪行为罪的主观方面的集合，则D14 = {故意}；

则D1 = D11 ∪ D12 ∪ D13 ∪ D14，即放纵制售伪劣商品犯罪行为罪 = {客体是国家对生产、销售伪劣商品犯罪行为的追究职能} ∪ {客观方面表现为行为人徇私舞弊，不履行法律规定的追究职责，情节严重的行为} ∪ {主体是对生产、销售伪劣商品犯罪行为负有追究责任的国家机关工作人员} ∪ {主观方面是故意} = {客体是国家对生产、销售伪劣商品犯罪行为的追究职能，客观方面表现为行为人徇私舞弊，不履行法律规定的追究职责，情节严重的行为，主体是对生产、销售伪劣商品犯罪行为负有追究责任的国家机关工作人员，主观方面是故意}。

3. 放纵制售伪劣商品犯罪行为罪的处罚

根据《刑法》第414条规定，犯本罪的，处5年以下有期徒刑或者拘役。

三十一、办理偷越国（边）境人员出入境证件罪

1. 办理偷越国（边）境人员出入境证件罪的概念

办理偷越国（边）境人员出入境证件罪，是指负责办理护照、签证以及其他出入境证件的国家机关工作人员，对明知是企图偷越国（边）境的人员，予以办理出入境证件的行为。

2. 办理偷越国（边）境人员出入境证件罪的构成特征

关于办理偷越国（边）境人员出入境证件罪的构成特征，根据现行刑法的规定，主要有以下几个方面，其集合表现为：

设 E1 为办理偷越国（边）境人员出入境证件罪的集合，则 E1 = {办理偷越国（边）境人员出入境证件罪}；

设 E11 为办理偷越国（边）境人员出入境证件罪的客体的集合，则 E11 = {国家的出入境管理职能}；设 E12 为办理偷越国（边）境人员出入境证件罪的客观方面的集合，则 E12 = {行为人对明知是企图偷越国（边）境的人员，予以办理出入境证件的行为}；设 E13 为办理偷越国（边）境人员出入境证件罪的主体的集合，则 E13 = {负责办理护照、签证以及其他出入境证件的国家机关工作人员}；设 E14 为办理偷越国（边）境人员出入境证件罪的主观方面的集合，则 E14 = {故意}；

则 E1 = E11 ∪ E12 ∪ E13 ∪ E14，即办理偷越国（边）境人员出入境证件罪 = {客体是国家的出入境管理职能} ∪ {客观方面表现为行为人对明知是企图偷越国（边）境的人员，予以办理出入境证件的行为} ∪ {主体是负责办理护照、签证以及其他出入境证件的国家机关工作人员} ∪ {主观方面是故意} = {客体是国家的出入境管理职能，客观方面表现为行为人对明知是企图偷越国（边）境的人员，予以办理出入境证件的行为，主体是负责办理护照、签证以及其他出入境证件的国家机关工作人员，主观方面是故意}。

3. 办理偷越国（边）境人员出入境证件罪的处罚

根据《刑法》第 415 条规定，犯本罪的，处 3 年以下有期徒刑或者拘役；情节严重的，处 3 年以上 7 年以下有期徒刑。

三十二、放行偷越国（边）境人员罪

1. 放行偷越国（边）境人员罪的概念

放行偷越国（边）境人员罪，是指边防、海关等国家机关工作人员，对明知是偷越国（边）境的人员，予以放行的行为。

2. 放行偷越国（边）境人员罪的构成特征

关于放行偷越国（边）境人员罪的构成特征，根据现行刑法的规定，主要有以下几个方面，其集合表现为：

设F1为放行偷越国（边）境人员罪的集合，则F1 = {放行偷越国（边）境人员罪}；

设F11为放行偷越国（边）境人员罪的客体的集合，则F11 = {国家的出入境管理职能}；设F12为放行偷越国（边）境人员罪的客观方面的集合，则F12 = {行为人对明知是偷越国（边）境的人员，予以放行的行为}；设F13为放行偷越国（边）境人员罪的主体的集合，则F13 = {边防、海关等国家机关工作人员}；设F14为放行偷越国（边）境人员罪的主观方面的集合，则F14 = {故意}；

则F1 = F11∪F12∪F13∪F14，即放行偷越国（边）境人员罪 = {客体是国家的出入境管理职能} ∪ {客观方面表现为行为人对明知是偷越国（边）境的人员，予以放行的行为} ∪ {主体是边防、海关等国家机关工作人员} ∪ {主观方面是故意} = {客体是国家的出入境管理职能，客观方面表现为行为人对明知是偷越国（边）境的人员，予以放行的行为，主体是边防、海关等国家机关工作人员，主观方面是故意}。

3. 放行偷越国（边）境人员罪的处罚

根据《刑法》第415条规定，犯本罪的，处3年以下有期徒刑或者拘役；情节严重的，处3年以上7年以下有期徒刑。

三十三、不解救被拐卖、绑架妇女、儿童罪

1. 不解救被拐卖、绑架妇女、儿童罪的概念

不解救被拐卖、绑架妇女、儿童罪，是指对被拐卖、绑架的妇女、儿童负有解救职责的国家机关工作人员，接到被拐卖、绑架的妇女、儿童及其家属的解救要求或者接到其他人的举报，而对被拐卖、绑架的妇女、儿童不进

行解救，造成严重后果的行为。

2. 不解救被拐卖、绑架妇女、儿童罪的构成特征

关于不解救被拐卖、绑架妇女、儿童罪的构成特征，根据现行刑法的规定，主要有以下几个方面，其集合表现为：

设 G1 为不解救被拐卖、绑架妇女、儿童罪的集合，则 G1 = ｛不解救被拐卖、绑架妇女、儿童罪｝；

设 G11 为不解救被拐卖、绑架妇女、儿童罪的客体的集合，则 G11 = ｛国家机关的正常职能｝；设 G12 为不解救被拐卖、绑架妇女、儿童罪的客观方面的集合，则 G12 = ｛行为人接到被拐卖、绑架的妇女、儿童及其家属的解救要求或者接到其他人的举报，而对被拐卖、绑架的妇女、儿童不进行解救，造成严重后果的行为｝；设 G13 为不解救被拐卖、绑架妇女、儿童罪的主体的集合，则 G13 = ｛对被拐卖、绑架的妇女、儿童负有解救职责的国家机关工作人员｝；设 G14 为不解救被拐卖、绑架妇女、儿童罪的主观方面的集合，则 G14 = ｛故意｝；

则 G1 = G11 ∪ G12 ∪ G13 ∪ G14，即不解救被拐卖、绑架妇女、儿童罪 = ｛客体是国家机关的正常职能｝ ∪ ｛客观方面表现为行为人接到被拐卖、绑架的妇女、儿童及其家属的解救要求或者接到其他人的举报，而对被拐卖、绑架的妇女、儿童不进行解救，造成严重后果的行为｝ ∪ ｛主体是对被拐卖、绑架的妇女、儿童负有解救职责的国家机关工作人员｝ ∪ ｛主观方面是故意｝ = ｛客体是国家机关的正常职能，客观方面表现为行为人接到被拐卖、绑架的妇女、儿童及其家属的解救要求或者接到其他人的举报，而对被拐卖、绑架的妇女、儿童不进行解救，造成严重后果的行为，主体是对被拐卖、绑架的妇女、儿童负有解救职责的国家机关工作人员，主观方面是故意｝。

3. 不解救被拐卖、绑架妇女、儿童罪的处罚

根据《刑法》第 416 条第 1 款规定，犯本罪的，处 5 年以下有期徒刑或者拘役。

三十四、阻碍解救被拐卖、绑架妇女、儿童罪

1. 阻碍解救被拐卖、绑架妇女、儿童罪的概念

阻碍解救被拐卖、绑架妇女、儿童罪，是指负有解救职责的国家机关工作人员利用职务阻碍解救被拐卖、绑架妇女、儿童的行为。

2. 阻碍解救被拐卖、绑架妇女、儿童罪的构成特征

关于阻碍解救被拐卖、绑架妇女、儿童罪的构成特征，根据现行刑法的规定，主要有以下几个方面，其集合表现为：

设 H1 为阻碍解救被拐卖、绑架妇女、儿童罪的集合，则 H1 = {阻碍解救被拐卖、绑架妇女、儿童罪}；

设 H11 为阻碍解救被拐卖、绑架妇女、儿童罪的客体的集合，则 H11 = {国家机关的正常职能}；设 H12 为阻碍解救被拐卖、绑架妇女、儿童罪的客观方面的集合，则 H12 = {行为人利用职务阻碍解救被拐卖、绑架妇女、儿童的行为}；设 H13 为阻碍解救被拐卖、绑架妇女、儿童罪的主体的集合，则 H13 = {对被拐卖、绑架的妇女、儿童负有解救职责的国家机关工作人员}；设 H14 为阻碍解救被拐卖、绑架妇女、儿童罪的主观方面的集合，则 H14 = {故意}；

则 H1 = H11 ∪ H12 ∪ H13 ∪ H14，即阻碍解救被拐卖、绑架妇女、儿童罪 = {客体是国家机关的正常职能} ∪ {客观方面表现为行为人利用职务阻碍解救被拐卖、绑架妇女、儿童的行为} ∪ {主体是对被拐卖、绑架的妇女、儿童负有解救职责的国家机关工作人员} ∪ {主观方面是故意} = {客体是国家机关的正常职能，客观方面表现为行为人利用职务阻碍解救被拐卖、绑架妇女、儿童的行为，主体是对被拐卖、绑架的妇女、儿童负有解救职责的国家机关工作人员，主观方面是故意}。

3. 阻碍解救被拐卖、绑架妇女、儿童罪的处罚

根据《刑法》第 416 条第 2 款规定，犯本罪的，处 2 年以上 7 年以下有期徒刑；情节较轻的，处 2 年以下有期徒刑或者拘役。

三十五、帮助犯罪分子逃避处罚罪

1. 帮助犯罪分子逃避处罚罪的概念

帮助犯罪分子逃避处罚罪，是指有查禁犯罪活动职责的国家机关工作人员，向犯罪分子通风报信、提供便利，帮助犯罪分子逃避处罚的行为。

2. 帮助犯罪分子逃避处罚罪的构成特征

关于帮助犯罪分子逃避处罚罪的构成特征，根据现行刑法的规定，主要有以下几个方面，其集合表现为：

设 I1 为帮助犯罪分子逃避处罚罪的集合，则 I1 = {帮助犯罪分子逃避处罚罪}；

设 I11 为帮助犯罪分子逃避处罚罪的客体的集合，则 I11 = {国家机关的正常职能}；设 I12 为帮助犯罪分子逃避处罚罪的客观方面的集合，则 I12 = {行为人向犯罪分子通风报信、提供便利，帮助犯罪分子逃避处罚的行为}；设 I13 为帮助犯罪分子逃避处罚罪的主体的集合，则 I13 = {有查禁犯罪活动职责的国家机关工作人员}；设 I14 为帮助犯罪分子逃避处罚罪的主观方面的集合，则 I14 = {故意}；

则 I1 = I11 ∪ I12 ∪ I13 ∪ I14，即帮助犯罪分子逃避处罚罪 = {客体是国家机关的正常职能} ∪ {客观方面表现为行为人向犯罪分子通风报信、提供便利，帮助犯罪分子逃避处罚的行为} ∪ {主体是有查禁犯罪活动职责的国家机关工作人员} ∪ {主观方面是故意} = {客体是国家机关的正常职能，客观方面表现为行为人向犯罪分子通风报信、提供便利，帮助犯罪分子逃避处罚的行为，主体是对有查禁犯罪活动职责的国家机关工作人员，主观方面是故意}。

3. 帮助犯罪分子逃避处罚罪的处罚

根据《刑法》第 417 条规定，犯本罪的，处 3 年以下有期徒刑或者拘役；情节严重的，处 3 年以上 10 年以下有期徒刑。

三十六、招收公务员、学生徇私舞弊罪

1. 招收公务员、学生徇私舞弊罪的概念

招收公务员、学生徇私舞弊罪，是指国家机关工作人员在招收公务员、学生工作中徇私舞弊，情节严重的行为。

2. 招收公务员、学生徇私舞弊罪的构成特征

关于招收公务员、学生徇私舞弊罪的构成特征，根据现行刑法的规定，主要有以下几个方面，其集合表现为：

设 J1 为招收公务员、学生徇私舞弊罪的集合，则 J1 = {招收公务员、学生徇私舞弊罪}；

设 J11 为招收公务员、学生徇私舞弊罪的客体的集合，则 J11 = {国家招收公务员、学生的正常职能}；设 J12 为招收公务员、学生徇私舞弊罪的客观方面的集合，则 J12 = {行为人在招收公务员、学生工作中徇私舞弊，情节严重的行为}；设 J13 为招收公务员、学生徇私舞弊罪的主体的集合，则 J13 = {国家机关工作人员}；设 J14 为招收公务员、学生徇私舞弊罪的主观方面的集合，则 J14 = {故意}；

则 J1 = J11∪J12∪J13∪J14，即招收公务员、学生徇私舞弊罪 = {客体是国家招收公务员、学生的正常职能} ∪ {客观方面表现为行为人在招收公务员、学生工作中徇私舞弊，情节严重的行为} ∪ {主体是国家机关工作人员} ∪ {主观方面是故意} = {客体是国家招收公务员、学生的正常职能，客观方面表现为行为人在招收公务员、学生工作中徇私舞弊，情节严重的行为，主体是国家机关工作人员，主观方面是故意}。

3. 招收公务员、学生徇私舞弊罪的处罚

根据《刑法》第 418 条规定，犯本罪的，处 3 年以下有期徒刑或者拘役。

三十七、失职造成珍贵文物损毁、流失罪

1. 失职造成珍贵文物损毁、流失罪的概念

失职造成珍贵文物损毁、流失罪，国家机关工作人员严重不负责任，造成珍贵文物损毁或者流失，后果严重的行为。

2. 失职造成珍贵文物损毁、流失罪的构成特征

关于失职造成珍贵文物损毁、流失罪的构成特征，根据现行刑法的规定，主要有以下几个方面，其集合表现为：

设 K1 为失职造成珍贵文物损毁、流失罪的集合，则 K1 = {失职造成珍贵文物损毁、流失罪}；

设 K11 为失职造成珍贵文物损毁、流失罪的客体的集合，则 K11 = {国家的文物保护、管理职能}；设 K12 为失职造成珍贵文物损毁、流失罪的客观方面的集合，则 K12 = {行为人严重不负责任，造成珍贵文物损毁或者流失，后果严重的行为}；设 K13 为失职造成珍贵文物损毁、流失罪的主体的集合，则 K13 = {国家机关工作人员}；设 K14 为失职造成珍贵文物损毁、流失罪的主观方面的集合，则 K14 = {过失}；

则 K1 = K11∪K12∪K13∪K14，即失职造成珍贵文物损毁、流失罪 = {客体是国家的文物保护、管理职能} ∪ {客观方面表现为行为人严重不负责任，造成珍贵文物损毁或者流失，后果严重的行为} ∪ {主体是国家机关工作人员} ∪ {主观方面是过失} = {客体是国家的文物保护、管理职能，客观方面表现为行为人严重不负责任，造成珍贵文物损毁或者流失，后果严重的行为，主体是国家机关工作人员，主观方面是过失}。

3. 失职造成珍贵文物损毁、流失罪的处罚

根据《刑法》第 419 条规定，犯本罪的，处 3 年以下有期徒刑或者拘役。

第十一章
军人违反职责罪

第一节　军人违反职责罪集合概述

一、军人违反职责罪的概念

所谓军人违反职责罪，是指军人违反职责，危害国家军事利益，依照法律应当受刑罚处罚的行为。

二、军人违反职责罪的共同特征

根据现行刑法对军人违反职责罪所作的规定来看，构成该类犯罪必须具备以下几个方面的共同特征，其集合表现为：

设 A 为军人违反职责罪集合，则 A = {军人违反职责罪}；

设 B 为军人违反职责罪同类客体的集合，则 B = {国家的军事利益}；设 C 为军人违反职责罪客观方面的集合，则 C = {行为人实施了违反军人职责的行为}；设 D 为军人违反职责罪主体的集合，则 D = {军人}；设 E 为军人违反职责罪的主观方面的集合，则 E = {多数犯罪出于故意，少数犯罪出于过失}；

则 $A = B \cup C \cup D \cup E$，即军人违反职责罪 = {犯罪同类客体为国家的军事利益} ∪ {客观方面表现为行为人实施了违反军人职责的行为} ∪ {犯罪主体是军人} ∪ {主观方面是多数犯罪出于故意，少数犯罪出于过失} =

{犯罪同类客体为国家的军事利益，客观方面表现为行为人实施了违反军人职责的行为，犯罪主体是军人，主观方面是多数犯罪出于故意，少数犯罪出于过失}。

三、军人违反职责罪的具体罪名

根据现行刑法对贪污贿赂罪所作的规定来看，本章的犯罪共有 31 种具体罪名，用子集的方式来表达，其构造表现为：

{军人违反职责罪}

{战时违抗命令罪}

{隐瞒、谎报军情罪}

{拒传、假传军令罪}

{投降罪}

{战时临阵脱逃罪}

{擅离、玩忽军事职守罪}

{阻碍执行军事职务罪}

{指使部属违反职责罪}

{违令作战消极罪}

{拒不救援友邻部队罪}

{军人叛逃罪}

{非法获取军事秘密罪}

{为境外窃取、刺探、收买、非法提供军事秘密罪}

{故意泄露军事秘密罪}

{过失泄露军事秘密罪}

{战时造谣惑众罪}

{战时自伤罪}

{逃离部队罪}

{武器装备肇事罪}

{擅自改变武器装备编配用途罪}

{盗窃、抢夺武器装备、军用物资罪}

{非法出卖、转让武器装备罪}

{遗弃武器装备罪}

{遗失武器装备罪}

｛擅自出卖、转让军队房地产罪｝
｛虐待部属罪｝
｛遗弃伤病军人罪｝
｛战时拒不救治伤病军人罪｝
｛战时残害居民、掠夺居民财物罪｝
｛私放俘虏罪｝
｛虐待俘虏罪｝
……
｛战时违抗命令罪
隐瞒、谎报军情罪
拒传、假传军令罪
投降罪
战时临阵脱逃罪
擅离、玩忽军事职守罪
阻碍执行军事职务罪
指使部属违反职责罪
违令作战消极罪
拒不救援友邻部队罪
军人叛逃罪
非法获取军事秘密罪
为境外窃取、刺探、收买、非法提供军事秘密罪
故意泄露军事秘密罪
过失泄露军事秘密罪
战时造谣惑众罪
战时自伤罪
逃离部队罪
武器装备肇事罪
擅自改变武器装备编配用途罪
盗窃、抢夺武器装备、军用物资罪
非法出卖、转让武器装备罪
遗弃武器装备罪
遗失武器装备罪

擅自出卖、转让军队房地产罪
虐待部属罪
遗弃伤病军人罪
战时拒不救治伤病军人罪
战时残害居民、掠夺居民财物罪
私放俘虏罪
虐待俘虏罪}

第二节　军人违反职责罪集合分述

一、战时违抗命令罪

1. 战时违抗命令罪的概念

战时违抗命令罪，是指战时故意违背并抗拒执行上级的命令，对作战造成危害的行为。

2. 战时违抗命令罪的构成特征

关于战时违抗命令罪的构成特征，根据现行刑法的规定，主要有以下几个方面，其集合表现为：

设 A 为战时违抗命令罪的集合，则 A = {战时违抗命令罪}；

设 A1 为战时违抗命令罪的客体的集合，则 A1 = {作战指挥秩序}；设 A2 为战时违抗命令罪的客观方面的集合，则 A2 = {行为人在战时违背并抗拒执行命令，对作战造成危害的行为}；设 A3 为战时违抗命令罪的主体的集合，则 A3 = {接受作战命令的部属人员}；设 A4 为战时违抗命令罪的主观方面的集合，则 A4 = {故意}；

则 A = A1 ∪ A2 ∪ A3 ∪ A4，即战时违抗命令罪 = {客体是作战指挥秩序} ∪ {客观方面表现为行为人在战时违背并抗拒执行命令，对作战造成危害的行为} ∪ {主体是接受作战命令的部属人员} ∪ {主观方面是故意} = {客体是作战指挥秩序，客观方面表现为行为人在战时违背并抗拒执行命令，对作战造成危害的行为，主体是接受作战命令的部属人员，主观方面是故意}。

3. 战时违抗命令罪的处罚

根据《刑法》第 421 条的规定，犯本罪的，处 3 年以上 10 年以下有期徒刑；致使战斗、战役遭受重大损失的，处 10 年以上有期徒刑、无期徒刑或者死刑。

二、隐瞒、谎报军情罪

1. 隐瞒、谎报军情罪的概念

隐瞒、谎报军情罪，是指行为人故意将应该向上级报告的军情隐而不报，或者将编造、篡改的军情向上级报告，对作战造成危害的行为。

2. 隐瞒、谎报军情罪的构成特征

关于隐瞒、谎报军情罪的构成特征，根据现行刑法的规定，主要有以下几个方面，其集合表现为：

设 B 为隐瞒、谎报军情罪的集合，则 B = {隐瞒、谎报军情罪}；

设 B1 为隐瞒、谎报军情罪的客体的集合，则 B1 = {作战指挥秩序}；设 B2 为隐瞒、谎报军情罪的客观方面的集合，则 B2 = {行为人将按规定应该向上级报告的军情隐而不报，掩盖事实真象，或者违背客观事实，将编造或者篡改的军情向上级报告，欺骗上级，对作战造成危害的行为}；设 B3 为隐瞒、谎报军情罪的主体的集合，则 B3 = {军人}；设 B4 为隐瞒、谎报军情罪的主观方面的集合，则 B4 = {故意}；

则 B = B1∪B2∪B3∪B4，即隐瞒、谎报军情罪 = {客体是作战指挥秩序} ∪ {客观方面表现为行为人将按规定应该向上级报告的军情隐而不报，掩盖事实真象，或者违背客观事实，将编造或者篡改的军情向上级报告，欺骗上级，对作战造成危害的行为} ∪ {主体是军人} ∪ {主观方面是故意} = {客体是作战指挥秩序，客观方面表现为行为人将按规定应该向上级报告的军情隐而不报，掩盖事实真象，或者违背客观事实，将编造或者篡改的军情向上级报告，欺骗上级，对作战造成危害的行为，主体是军人，主观方面是故意}。

3. 隐瞒、谎报军情罪的处罚

根据《刑法》第 422 条的规定，犯本罪的，处 3 年以上 10 年以下有期徒刑；致使战斗、战役遭受重大损失的，处 10 年以上有期徒刑、无期徒刑或者死刑。

三、拒传、假传军令罪

1. 拒传、假传军令罪的概念

拒传、假传军令罪，是指拒绝传递军令，或者假传军令，对作战造成危害的行为。

2. 拒传、假传军令罪的构成特征

关于拒传、假传军令罪的构成特征，根据现行刑法的规定，主要有以下几个方面，其集合表现为：

设 C 为拒传、假传军令罪的集合，则 C = {拒传、假传军令罪}；

设 C1 为拒传、假传军令罪的客体的集合，则 C1 = {作战指挥秩序}；设 C2 为拒传、假传军令罪的客观方面的集合，则 C2 = {行为人有条件传递军令而拒绝传递，或者传递虚假的军令，对作战造成危害的行为}；设 C3 为拒传、假传军令罪的主体的集合，则 C3 = {军人}；设 C4 为拒传、假传军令罪的主观方面的集合，则 C4 = {故意}；

则 C = C1∪C2∪C3∪C4，即拒传、假传军令罪 = {客体是作战指挥秩序} ∪ {客观方面表现为行为人有条件传递军令而拒绝传递，或者传递虚假的军令，对作战造成危害的行为} ∪ {主体是军人} ∪ {主观方面是故意} = {客体是作战指挥秩序，客观方面表现为行为人有条件传递军令而拒绝传递，或者传递虚假的军令，对作战造成危害的行为，主体是军人，主观方面是故意}。

3. 拒传、假传军令罪的处罚

根据《刑法》第 422 条的规定，犯本罪的，处 3 年以上 10 年以下有期徒刑；致使战斗、战役遭受重大损失的，处 10 年以上有期徒刑、无期徒刑或死刑。

四、投降罪

1. 投降罪的概念

投降罪，是指行为人在战场上因贪生怕死，自动放下武器，向敌人投降的行为。

2. 投降罪的构成特征

关于投降罪的构成特征，根据现行刑法的规定，主要有以下几个方面，

其集合表现为：

设 D 为投降罪的集合，则 D = ｛投降罪｝；

设 D1 为投降罪的客体的集合，则 D1 = ｛军人参战秩序｝ ∪ ｛国防安全秩序｝ =｛军人参战秩序和国防安全秩序｝；设 D2 为投降罪的客观方面的集合，则 D2 = ｛行为人在战场上因贪生怕死，自动放下武器，向敌人投降的行为｝；设 D3 为投降罪的主体的集合，则 D3 = ｛直接参战的军人｝；设 D4 为投降罪的主观方面的集合，则 D4 = ｛故意｝；

则 D = D1 ∪ D2 ∪ D3 ∪ D4，即投降罪 = ｛客体是军人参战秩序和国防安全秩序｝ ∪ ｛客观方面表现为行为人在战场上因贪生怕死，自动放下武器，向敌人投降的行为｝ ∪ ｛主体是直接参战的军人｝ ∪ ｛主观方面是故意｝ = ｛客体是军人参战秩序和国防安全秩序，客观方面表现为行为人在战场上因贪生怕死，自动放下武器，向敌人投降的行为，主体是直接参战的军人，主观方面是故意｝。

3. 投降罪的处罚

根据《刑法》第 423 条第 1 款的规定，犯本罪的，处 3 年以上 10 年以下有期徒刑；情节严重的，处 10 年以上有期徒刑或者无期徒刑。本条第 2 款规定，投降后为敌人效劳的，处 10 年以上有期徒刑、无期徒刑或者死刑。

五、战时临阵脱逃罪

1. 战时临阵脱逃罪的概念

战时临阵脱逃罪，是指行为人面临战斗任务而脱离岗位，逃避参加战斗的行为。

2. 战时临阵脱逃罪的构成特征

关于战时临阵脱逃罪的构成特征，根据现行刑法的规定，主要有以下几个方面，其集合表现为：

设 E 为战时临阵脱逃罪的集合，则 E = ｛战时临阵脱逃罪｝；

设 E1 为战时临阵脱逃罪的客体的集合，则 E1 = ｛军人参战秩序｝；设 E2 为战时临阵脱逃罪的客观方面的集合，则 E2 = ｛行为人战时面临战斗任务而脱离战斗岗位，逃避参加战斗的行为｝；设 E3 为战时临阵脱逃罪的主体的集合，则 E3 = ｛直接参战的军人｝；设 E4 为战时临阵脱逃罪的主观方面的集合，则 E4 = ｛故意｝；

则 E = E1 ∪ E2 ∪ E3 ∪ E4，即战时临阵脱逃罪 = ｛客体是军人参战秩序｝ ∪

{客观方面表现为行为人战时面临战斗任务而脱离战斗岗位，逃避参加战斗的行为} ∪ {主体是直接参战的军人} ∪ {主观方面是故意} = {客体是军人参战秩序，客观方面表现为行为人战时面临战斗任务而脱离战斗岗位，逃避参加战斗的行为，主体是直接参战的军人，主观方面是故意}。

3. 战时临阵脱逃罪的处罚

根据《刑法》第424条的规定，犯本罪的，处3年以下有期徒刑；情节严重的，处3年以上10年以下有期徒刑；致使战斗、战役遭受重大损失的，处10年以上有期徒刑、无期徒刑或者死刑。

六、擅离、玩忽军事职守罪

1. 擅离、玩忽军事职守罪的概念

擅离、玩忽军事职守罪，是指指挥人员或者值班、值勤人员，擅离职守或者玩忽职守，造成严重后果的行为。

2. 擅离、玩忽军事职守罪的构成特征

关于擅离、玩忽军事职守罪的构成特征，根据现行刑法的规定，主要有以下几个方面，其集合表现为：

设F为擅离、玩忽军事职守罪的集合，则F＝{擅离、玩忽军事职守罪}；

设F1为擅离、玩忽军事职守罪的客体的集合，则F1＝{指挥和值班、值勤秩序}；设F2为擅离、玩忽军事职守罪的客观方面的集合，则F2＝{行为人擅离职守或者玩忽职守，造成严重后果的行为}；设F3为擅离、玩忽军事职守罪的主体的集合，则F3＝{军队中的指挥人员和值班、值勤人员}；设F4为擅离、玩忽军事职守罪的主观方面的集合，则F4＝{过失}；

则F＝F1∪F2∪F3∪F4，即擅离、玩忽军事职守罪＝{客体是指挥和值班、值勤秩序} ∪ {客观方面表现为行为人擅离职守或者玩忽职守，造成严重后果的行为} ∪ {主体是军队中的指挥人员和值班、值勤人员} ∪ {主观方面是过失} = {客体是指挥和值班、值勤秩序，客观方面表现为行为人擅离职守或者玩忽职守，造成严重后果的行为，主体是军队中的指挥人员和值班、值勤人员，主观方面是过失}。

3. 擅离、玩忽军事职守罪的处罚

根据《刑法》第425条第1款的规定，犯本罪的，处3年以下有期徒刑或者拘役；造成特别严重后果的，处3年以上7年以下有期徒刑。本条第2款规定，战时犯本罪的，处5年以上有期徒刑。

七、阻碍执行军事职务罪

1. 阻碍执行军事职务罪的概念

阻碍执行军事职务罪，是指以暴力、威胁方法阻碍指挥人员或者值班、值勤人员执行职务的行为。

2. 阻碍执行军事职务罪的构成特征

关于阻碍执行军事职务罪的构成特征，根据现行刑法的规定，主要有以下几个方面，其集合表现为：

设 G 为阻碍执行军事职务罪的集合，则 G = {阻碍执行军事职务罪}；

设 G1 为阻碍执行军事职务罪的客体的集合，则 G1 = {指挥和值班、值勤秩序}；设 G2 为阻碍执行军事职务罪的客观方面的集合，则 G2 = {行为人对指挥人员或者值班、值勤人员施以暴力、威胁，阻碍其执行职务的行为}；设 G3 为阻碍执行军事职务罪的主体的集合，则 G3 = {军人}；设 G4 为阻碍执行军事职务罪的主观方面的集合，则 G4 = {故意}；

则 $G = G1 \cup G2 \cup G3 \cup G4$，即阻碍执行军事职务罪 = {客体是指挥和值班、值勤秩序} ∪ {客观方面表现为行为人对指挥人员或者值班、值勤人员施以暴力、威胁，阻碍其执行职务的行为} ∪ {主体是军人} ∪ {主观方面是故意} = {客体是指挥和值班、值勤秩序，客观方面表现为行为人对指挥人员或者值班、值勤人员施以暴力、威胁，阻碍其执行职务的行为，主体是军人，主观方面是故意}。

3. 阻碍执行军事职务罪的处罚

根据《刑法》第 426 条的规定，犯本罪的，处 5 年以下有期徒刑或者拘役；情节严重的，处 5 年以上 10 年以下有期徒刑；情节特别严重的，处 10 年以上有期徒刑或者无期徒刑。战时犯本罪的，从重处罚。

八、指使部属违反职责罪

1. 指使部属违反职责罪的概念

指使部属违反职责罪，是指行为人滥用职权，指使部属进行违反职责的活动，造成严重后果的行为。

2. 指使部属违反职责罪的构成特征

关于指使部属违反职责罪的构成特征，根据现行刑法的规定，主要有以下几个方面，其集合表现为：

设 H 为指使部属违反职责罪的集合，则 H = ｛指使部属违反职责罪｝；

设 H1 为指使部属违反职责罪的客体的集合，则 H1 = ｛正当行使指挥权的秩序｝；设 H2 为指使部属违反职责罪的客观方面的集合，则 H2 = ｛行为人滥用职权，指使部属进行违反职责的活动，造成严重后果的行为｝；设 H3 为指使部属违反职责罪的主体的集合，则 H3 = ｛军队中的各级首长和其他有权指挥他人的人员｝；设 H4 为指使部属违反职责罪的主观方面的集合，则 H4 = ｛故意｝；

则 H = H1 ∪ H2 ∪ H3 ∪ H4，即指使部属违反职责罪 = ｛客体是正当行使指挥权的秩序｝ ∪ ｛客观方面表现为行为人滥用职权，指使部属进行违反职责的活动，造成严重后果的行为｝ ∪ ｛主体是军队中的各级首长和其他有权指挥他人的人员｝ ∪ ｛主观方面是故意｝ = ｛客体是正当行使指挥权的秩序，客观方面表现为行为人滥用职权，指使部属进行违反职责的活动，造成严重后果的行为，主体是军队中的各级首长和其他有权指挥他人的人员，主观方面是故意｝。

3. 指使部属违反职责罪的处罚

根据《刑法》第 427 条的规定，犯本罪的，处 5 年以下有期徒刑或者拘役；情节特别严重的，处 5 年以上 10 年以下有期徒刑。

九、违令作战消极罪

1. 违令作战消极罪的概念

违令作战消极罪，是指指挥人员违抗命令，临阵畏缩，作战消极，造成严重后果的行为。

2. 违令作战消极罪的构成特征

关于违令作战消极罪的构成特征，根据现行刑法的规定，主要有以下几个方面，其集合表现为：

设 I 为违令作战消极罪的集合，则 I = ｛违令作战消极罪｝；

设 I1 为违令作战消极罪的客体的集合，则 I1 = ｛军人参战秩序｝；设 I2 为违令作战消极罪的客观方面的集合，则 I2 = ｛行为人违抗命令，临阵畏缩，作战消极，造成严重后果的行为｝；设 I3 为违令作战消极罪的主体的集合，则 I3 = ｛对部队和部属负有领导、管理职责的军人｝；设 I4 为违令作战消极罪的主观方面的集合，则 I4 = ｛故意｝；

则 I = I1∪I2∪I3∪I4，即违令作战消极罪 = {客体是军人参战秩序} ∪ {客观方面表现为行为人违抗命令，临阵畏缩，作战消极，造成严重后果的行为} ∪ {主体是对部队和部属负有领导、管理职责的军人} ∪ {主观方面是故意} = {客体是军人参战秩序，客观方面表现为行为人违抗命令，临阵畏缩，作战消极，造成严重后果的行为，主体是对部队和部属负有领导、管理职责的军人，主观方面是故意}。

3. 违令作战消极罪的处罚

根据《刑法》第 428 条的规定，犯本罪的，处 5 年以下有期徒刑；致使战斗、战役遭受重大损失或者有其他特别严重情节的，处 5 年以上有期徒刑。

十、拒不救援友邻部队罪

1. 拒不救援友邻部队罪的概念

拒不救援友邻部队罪，是指指挥人员在战场上明知友邻部队处境危急请求救援，能救援而不救援，致使友邻部队遭受重大损失的行为。

2. 拒不救援友邻部队罪的构成特征

关于拒不救援友邻部队罪的构成特征，根据现行刑法的规定，主要有以下几个方面，其集合表现为：

设 J 为拒不救援友邻部队罪的集合，则 J = {拒不救援友邻部队罪}；

设 J1 为拒不救援友邻部队罪的客体的集合，则 J1 = {我军的作战利益和作战部队在战场上的友邻关系}；设 J2 为拒不救援友邻部队罪的客观方面的集合，则 J2 = {行为人明知友邻部队处境危急请求救援，自己有条件组织部队前去救援而没有救援，致使友邻部队遭受重大损失的行为}；设 J3 为拒不救援友邻部队罪的主体的集合，则 J3 = {对部队和部属负有领导、管理职责的军人}；设 J4 为拒不救援友邻部队罪的主观方面的集合，则 J4 = {故意}；

则 J = J1∪J2∪J3∪J4，即拒不救援友邻部队罪 = {客体是我军的作战利益和作战部队在战场上的友邻关系} ∪ {客观方面表现为行为人明知友邻部队处境危急请求救援，自己有条件组织部队前去救援而没有救援，致使友邻部队遭受重大损失的行为} ∪ {主体是对部队和部属负有领导、管理职责的军人} ∪ {主观方面是故意} = {客体是我军的作战利益和作战部队在战场上的友邻关系，客观方面表现为行为人明知友邻部队处境危急请求救援，自己有条件组织部队前去救援而没有救援，致使友邻部队遭受重大损失的行为，主体是对部队和部属负有领导、管理职责的军人，主观方面是故意｝。

3. 拒不救援友邻部队罪的处罚

根据《刑法》第429条的规定，犯本罪的，处5年以下有期徒刑。

十一、军人叛逃罪

1. 军人叛逃罪的概念

军人叛逃罪，是指军人在履行公务期间，擅离岗位，叛逃境外或者在境外叛逃，危害国家军事利益的行为。

2. 军人叛逃罪的构成特征

关于军人叛逃罪的构成特征，根据现行刑法的规定，主要有以下几个方面，其集合表现为：

设K为军人叛逃罪的集合，则K = ｛军人叛逃罪｝；

设K1为军人叛逃罪的客体的集合，则K1 = ｛国防安全秩序｝；设K2为军人叛逃罪的客观方面的集合，则K2 = ｛行为人在履行公务期间，擅离岗位，叛逃境外或者在境外叛逃，危害国家军事利益的行为｝；设K3为军人叛逃罪的主体的集合，则K3 = ｛军人｝；设K4为军人叛逃罪的主观方面的集合，则K4 = ｛故意｝；

则K = K1∪K2∪K3∪K4，即军人叛逃罪 = ｛客体是国防安全秩序｝∪｛客观方面表现为行为人在履行公务期间，擅离岗位，叛逃境外或者在境外叛逃，危害国家军事利益的行为｝∪｛主体是军人｝∪｛主观方面是故意｝ = ｛客体是国防安全秩序，客观方面表现为行为人在履行公务期间，擅离岗位，叛逃境外或者在境外叛逃，危害国家军事利益的行为，主体是军人，主观方面是故意｝。

3. 军人叛逃罪的处罚

根据《刑法》第430条第1款的规定，犯本罪的，处5年以下有期徒刑或者拘役；情节严重的，处5年以上有期徒刑。第430条第2款规定，驾驶航空器、舰艇叛逃的，或者有其他特别严重情节的，处10年以上有期徒刑、无期徒刑或者死刑。

十二、非法获取军事秘密罪

1. 非法获取军事秘密罪的概念

非法获取军事秘密罪，是指以窃取、刺探、收买方法，非法获取军事秘密的行为。

2. 非法获取军事秘密罪的构成特征

关于非法获取军事秘密罪的构成特征，根据现行刑法的规定，主要有以下几个方面，其集合表现为：

设 L 为非法获取军事秘密罪的集合，则 L = {非法获取军事秘密罪}；

设 L1 为非法获取军事秘密罪的客体的集合，则 L1 = {军事秘密的安全}；设 L2 为非法获取军事秘密罪的客观方面的集合，则 L2 = {行为人以窃取、刺探、收买的方法非法获取军事秘密的行为}；设 L3 为非法获取军事秘密罪的主体的集合，则 L3 = {军人}；设 L4 为非法获取军事秘密罪的主观方面的集合，则 L4 = {故意}；

则 L = L1 ∪ L2 ∪ L3 ∪ L4，即非法获取军事秘密罪 = {客体是军事秘密的安全} ∪ {客观方面表现为行为人以窃取、刺探、收买的方法非法获取军事秘密的行为} ∪ {主体是军人} ∪ {主观方面是故意} = {客体是军事秘密的安全，客观方面表现为行为人以窃取、刺探、收买的方法非法获取军事秘密的行为，主体是军人，主观方面是故意}。

3. 非法获取军事秘密罪的处罚

根据《刑法》第 431 条第 1 款的规定，犯本罪的，处 5 年以下有期徒刑；情节严重的，处 5 年以上 10 年以下有期徒刑；情节特别严重的，处 10 年以上有期徒刑。

十三、为境外窃取、刺探、收买、非法提供军事秘密罪

1. 为境外窃取、刺探、收买、非法提供军事秘密罪的概念

为境外窃取、刺探、收买、非法提供军事秘密罪，是指为境外的机构、组织、人员窃取、刺探、收买、非法提供军事秘密的行为。

2. 为境外窃取、刺探、收买、非法提供军事秘密罪的构成特征

关于为境外窃取、刺探、收买、非法提供军事秘密罪的构成特征，根据现行刑法的规定，主要有以下几个方面，其集合表现为：

设M为为境外窃取、刺探、收买、非法提供军事秘密罪的集合，则M=｛为境外窃取、刺探、收买、非法提供军事秘密罪｝；

设M1为为境外窃取、刺探、收买、非法提供军事秘密罪的客体的集合，则M1=｛军事秘密的安全｝∪｛国防安全｝=｛军事秘密的安全和国防安全｝；设M2为为境外窃取、刺探、收买、非法提供军事秘密罪的客观方面的集合，则M2=｛行为人为境外的机构、组织、人员窃取、刺探、收买、非法提供军事秘密的行为｝；设M3为为境外窃取、刺探、收买、非法提供军事秘密罪的主体的集合，则M3=｛军人｝；设M4为为境外窃取、刺探、收买、非法提供军事秘密罪的主观方面的集合，则M4=｛故意｝；

则M=M1∪M2∪M3∪M4，即为境外窃取、刺探、收买、非法提供军事秘密罪=｛客体是军事秘密的安全和国防安全｝∪｛客观方面表现为行为人为境外的机构、组织、人员窃取、刺探、收买、非法提供军事秘密的行为｝∪｛主体是军人｝∪｛主观方面是故意｝=｛客体是军事秘密的安全和国防安全，客观方面表现为行为人为境外的机构、组织、人员窃取、刺探、收买、非法提供军事秘密的行为，主体是军人，主观方面是故意｝。

3. 为境外窃取、刺探、收买、非法提供军事秘密罪的处罚

根据《刑法》第431条第2款的规定，犯本罪的，处10年以上有期徒刑、无期徒刑或者死刑。

十四、故意泄露军事秘密罪

1. 故意泄露军事秘密罪的概念

故意泄露军事秘密罪，是指行为人违反保守国家秘密法规，故意泄露军事秘密，情节严重的行为。

2. 故意泄露军事秘密罪的构成特征

关于故意泄露军事秘密罪的构成特征，根据现行刑法的规定，主要有以下几个方面，其集合表现为：

设N为故意泄露军事秘密罪的集合，则N=｛故意泄露军事秘密罪｝；

设N1为故意泄露军事秘密罪的客体的集合，则N1=｛军事秘密的安全｝∪｛国防安全｝=｛军事秘密的安全和国防安全｝；设N2为故意泄露军事秘密罪的客观方面的集合，则N2=｛行为人违反保守国家秘密法规，故意泄露军事秘密，情节严重的行为｝；设N3为故意泄露军事秘密罪的主体的集合，则N3=｛军人｝；设N4为故意泄露军事秘密罪的主观方面的集

合，则 N4 = ｛故意｝；

则 N = N1∪N2∪N3∪N4，即故意泄露军事秘密罪 = ｛客体是军事秘密的安全和国防安全｝∪｛客观方面表现为行为人违反保守国家秘密法规，故意泄露军事秘密，情节严重的行为｝∪｛主体是军人｝∪｛主观方面是故意｝=｛客体是军事秘密的安全和国防安全，客观方面表现为行为人违反保守国家秘密法规，故意泄露军事秘密，情节严重的行为，主体是军人，主观方面是故意｝。

3. 故意泄露军事秘密罪的处罚

根据《刑法》第 432 条第 1 款的规定，平时犯本罪的，处 5 年以下有期徒刑或者拘役；情节特别严重的，处 5 年以上 10 年以下有期徒刑。本条第 2 款规定，战时犯本罪的，处 5 年以上 10 年以下有期徒刑；情节特别严重的，处 10 年以上有期徒刑或者无期徒刑。

十五、过失泄露军事秘密罪

1. 过失泄露军事秘密罪的概念

过失泄露军事秘密罪，是指行为人违反保守国家秘密法规，过失泄露军事秘密，情节严重的行为。

2. 过失泄露军事秘密罪的构成特征

关于过失泄露军事秘密罪的构成特征，根据现行刑法的规定，主要有以下几个方面，其集合表现为：

设 O 为过失泄露军事秘密罪的集合，则 O = ｛过失泄露军事秘密罪｝；

设 O1 为过失泄露军事秘密罪的客体的集合，则 O1 = ｛军事秘密的安全｝∪｛国防安全｝=｛军事秘密的安全和国防安全｝；设 O2 为过失泄露军事秘密罪的客观方面的集合，则 O2 = ｛行为人违反保守国家秘密法规，过失泄露军事秘密，情节严重的行为｝；设 O3 为过失泄露军事秘密罪的主体的集合，则 O3 = ｛军人｝；设 O4 为过失泄露军事秘密罪的主观方面的集合，则 O4 = ｛过失｝；

则 O = O1∪O2∪O3∪O4，即过失泄露军事秘密罪 = ｛客体是军事秘密的安全和国防安全｝∪｛客观方面表现为行为人违反保守国家秘密法规，过失泄露军事秘密，情节严重的行为｝∪｛主体是军人｝∪｛主观方面是过失｝=｛客体是军事秘密的安全和国防安全，客观方面表现为行为人违反保守国家秘密法规，过失泄露军事秘密，情节严重的行为，主体是军人，主观方面是过失}。

3. 过失泄露军事秘密罪的处罚

《刑法》第432条第1款规定，平时犯本罪的，处5年以下有期徒刑或者拘役；情节特别严重的，处5年以上10年以下有期徒刑。该条第2款规定，战时犯本罪的，处5年以上10年以下有期徒刑；情节特别严重的，处10年以上有期徒刑或者无期徒刑。

十六、战时造谣惑众罪

1. 战时造谣惑众罪的概念

战时造谣惑众罪，是指行为人战时造遥惑众，动摇军心的行为。

2. 战时造谣惑众罪的构成特征

关于战时造谣惑众罪的构成特征，根据现行刑法的规定，主要有以下几个方面，其集合表现为：

设P为战时造谣惑众罪的集合，则P＝{战时造谣惑众罪}；

设P1为战时造谣惑众罪的客体的集合，则P1＝{战时宣传舆论秩序}；设P2为战时造谣惑众罪的客观方面的集合，则P2＝{行为人战时造遥惑众，动摇军心的行为}；设P3为战时造谣惑众罪的主体的集合，则P3＝{军人}；设P4为战时造谣惑众罪的主观方面的集合，则P4＝{故意}；

则P＝P1∪P2∪P3∪P4，即战时造谣惑众罪＝{客体是战时宣传舆论秩序}∪{客观方面表现为行为人战时造遥惑众，动摇军心的行为}∪{主体是军人}∪{主观方面是故意}＝{客体是战时宣传舆论秩序，客观方面表现为行为人战时造遥惑众，动摇军心的行为，主体是军人，主观方面是故意}。

3. 战时造谣惑众罪的处罚

根据《刑法》第433条的规定，犯本罪的，处3年以下有期徒刑；情节严重的，处3年以上10年以下有期徒刑；情节特别严重的，处10年以上有期徒刑或者无期徒刑。

十七、战时自伤罪

1. 战时自伤罪的概念

战时自伤罪，是指行为人战时自伤身体，逃避军事义务的行为。

2. 战时自伤罪的构成特征

关于战时自伤罪的构成特征，根据现行刑法的规定，主要有以下几个方面，其集合表现为：

设 Q 为战时自伤罪的集合，则 Q = {战时自伤罪}；

设 Q1 为战时自伤罪的客体的集合，则 Q1 = {军人参战秩序}；设 Q2 为战时自伤罪的客观方面的集合，则 Q2 = {行为人战时自伤身体的行为}；设 Q3 为战时自伤罪的主体的集合，则 Q3 = {军人}；设 Q4 为战时自伤罪的主观方面的集合，则 Q4 = {直接故意}；

则 Q = Q1 ∪ Q2 ∪ Q3 ∪ Q4，即战时自伤罪 = {客体是军人参战秩序} ∪ {客观方面表现为行为人战时自伤身体的行为} ∪ {主体是军人} ∪ {主观方面是直接故意} = {客体是军人参战秩序，客观方面表现为行为人战时自伤身体的行为，主体是军人，主观方面是直接故意}。

3. 战时自伤罪的处罚

根据《刑法》第 434 条的规定，犯本罪的，处 3 年以下有期徒刑；情节严重的，处 3 年以上 7 年以下有期徒刑。

十八、逃离部队罪

1. 逃离部队罪的概念

逃离部队罪，是指行为人违反兵役法规，逃离部队，情节严重的行为。

2. 逃离部队罪的构成特征

关于逃离部队罪的构成特征，根据现行刑法的规定，主要有以下几个方面，其集合表现为：

设 R 为逃离部队罪的集合，则 R = {逃离部队罪}；

设 R1 为逃离部队罪的客体的集合，则 R1 = {兵役秩序}；设 R2 为逃离部队罪的客观方面的集合，则 R2 = {行为人违反兵役法规，逃离部队，情节严重的行为}；设 R3 为逃离部队罪的主体的集合，则 R3 = {具有服兵役义务的现役军人}；设 R4 为逃离部队罪的主观方面的集合，则 R4 = {故意}；

则 R = R1 ∪ R2 ∪ R3 ∪ R4，即逃离部队罪 = {客体是兵役秩序} ∪ {客观方面表现为行为人违反兵役法规，逃离部队，情节严重的行为} ∪ {主体是具有服兵役义务的现役军人} ∪ {主观方面是故意} = {客体是兵役秩序，客观方面表现为行为人违反兵役法规，逃离部队，情节严重的行为，主体是具有服兵役义务的现役军人，主观方面是故意｝。

3. 逃离部队罪的处罚

根据《刑法》第435条的规定，犯本罪的，处3年以下有期徒刑或者拘役；战时犯本罪的，处3年以上7年以下有期徒刑。

十九、武器装备肇事罪

1. 武器装备肇事罪的概念

武器装备肇事罪，是指行为人违反武器装备使用规定，情节严重，因而发生责任事故，致人重伤、死亡或者造成其他严重后果的行为。

2. 武器装备肇事罪的构成特征

关于武器装备肇事罪的构成特征，根据现行刑法的规定，主要有以下几个方面，其集合表现为：

设S为武器装备肇事罪的集合，则S＝｛武器装备肇事罪｝；

设S1为武器装备肇事罪的客体的集合，则S1＝｛部队武器装备的使用秩序｝；设S2为武器装备肇事罪的客观方面的集合，则S2＝｛行为人违反武器装备使用规定，情节严重，因而发生责任事故，致人重伤、死亡或者造成其他严重后果的行为｝；设S3为武器装备肇事罪的主体的集合，则S3＝｛军人｝；设S4为武器装备肇事罪的主观方面的集合，则S4＝｛过失｝；

则S＝S1∪S2∪S3∪S4，即武器装备肇事罪＝｛客体是部队武器装备的使用秩序｝∪｛客观方面表现为行为人违反武器装备使用规定，情节严重，因而发生责任事故，致人重伤、死亡或者造成其他严重后果的行为｝∪｛主体是军人｝∪｛主观方面是过失｝＝｛客体是部队武器装备的使用秩序，客观方面表现为违反武器装备使用规定，情节严重，因而发生责任事故，致人重伤、死亡或者造成其他严重后果的行为，主体是军人，主观方面是过失｝。

3. 武器装备肇事罪的处罚

根据《刑法》第436条的规定，犯本罪的，处3年以下有期徒刑或者拘役；后果特别严重的，处3年以上7年以下有期徒刑。

二十、擅自改变武器装备编配用途罪

1. 擅自改变武器装备编配用途罪的概念

擅自改变武器装备编配用途罪，是指行为人违反武器装备管理规定，擅自改变武器装备编配用途，造成严重后果的行为。

2. 擅自改变武器装备编配用途罪的构成特征

关于擅自改变武器装备编配用途罪的构成特征，根据现行刑法的规定，主要有以下几个方面，其集合表现为：

设 T 为擅自改变武器装备编配用途罪的集合，则 T = ｛擅自改变武器装备编配用途罪｝；

设 T1 为擅自改变武器装备编配用途罪的客体的集合，则 T1 = ｛部队武器装备的管理秩序｝；设 T2 为擅自改变武器装备编配用途罪的客观方面的集合，则 T2 = ｛行为人违反武器装备管理规定，擅自改变武器装备编配用途，造成严重后果的行为｝；设 T3 为擅自改变武器装备编配用途罪的主体的集合，则 T3 = ｛军人｝；设 T4 为擅自改变武器装备编配用途罪的主观方面的集合，则 T4 = ｛过失｝；

则 $T = T1 \cup T2 \cup T3 \cup T4$，即擅自改变武器装备编配用途罪 = ｛客体是部队武器装备的管理秩序｝ ∪ ｛客观方面表现为行为人违反武器装备管理规定，擅自改变武器装备编配用途，造成严重后果的行为｝ ∪ ｛主体是军人｝ ∪ ｛主观方面是过失｝ = ｛客体是部队武器装备的管理秩序，客观方面表现为行为人违反武器装备管理规定，擅自改变武器装备编配用途，造成严重后果的行为，主体是军人，主观方面是过失｝。

3. 擅自改变武器装备编配用途罪的处罚

根据《刑法》第 437 条的规定，犯本罪的，处 3 年以下有期徒刑或者拘役；造成特别严重后果的，处 3 年以上 7 年以下有期徒刑。

二十一、盗窃、抢夺武器装备、军用物资罪

1. 盗窃、抢夺武器装备、军用物资罪的概念

盗窃、抢夺武器装备、军用物资罪，是指采取秘密窃取或者乘人不备公然夺取的方法，非法占有部队武器装备或者军用物资的行为。

2. 盗窃、抢夺武器装备、军用物资罪的构成特征

关于盗窃、抢夺武器装备、军用物资罪的构成特征，根据现行刑法的规定，主要有以下几个方面，其集合表现为：

设U为盗窃、抢夺武器装备、军用物资罪的集合，则U=｛盗窃、抢夺武器装备、军用物资罪｝；

设U1为盗窃、抢夺武器装备、军用物资罪的客体的集合，则U1=｛部队武器装备、军用物资的所有权｝；设U2为盗窃、抢夺武器装备、军用物资罪的客观方面的集合，则U2=｛行为人采取秘密窃取或者乘人不备公然夺取的方法，非法占有部队武器装备或者军用物资的行为｝；设U3为盗窃、抢夺武器装备、军用物资罪的主体的集合，则U3=｛军人｝；设U4为盗窃、抢夺武器装备、军用物资罪的主观方面的集合，则U4=｛故意｝；

则U=U1∪U2∪U3∪U4，即盗窃、抢夺武器装备、军用物资罪=｛客体是部队武器装备、军用物资的所有权｝∪｛客观方面表现为行为人采取秘密窃取或者乘人不备公然夺取的方法，非法占有部队武器装备或者军用物资的行为｝∪｛主体是军人｝∪｛主观方面是故意｝=｛客体是部队武器装备、军用物资的所有权，客观方面表现为行为人采取秘密窃取或者乘人不备公然夺取的方法，非法占有部队武器装备或者军用物资的行为，主体是军人，主观方面是故意｝。

3. 盗窃、抢夺武器装备、军用物资罪的处罚

根据《刑法》第438条第1款的规定，犯本罪的，处5年以下有期徒刑或者拘役；情节严重的，处5年以上10年以下有期徒刑；情节特别严重的，处10年以上有期徒刑、无期徒刑或者死刑。本条第2款规定，盗窃、抢夺枪支弹药、爆炸物的，依照《刑法》第127条的规定处罚。

二十二、非法出卖、转让武器装备罪

1. 非法出卖、转让武器装备罪的概念

非法出卖、转让武器装备罪，是指行为人非法将部队的武器装备出卖或者转让他人的行为。

2. 非法出卖、转让武器装备罪的构成特征

关于非法出卖、转让武器装备罪的构成特征，根据现行刑法的规定，主要有以下几个方面，其集合表现为：

设V为非法出卖、转让武器装备罪的集合，则V=｛非法出卖、转让

武器装备罪｝；

设 V1 为非法出卖、转让武器装备罪的客体的集合，则 V1 = ｛部队武器装备的管理秩序｝；设 V2 为非法出卖、转让武器装备罪的客观方面的集合，则 V2 = ｛行为人非法将部队的武器装备出卖或者转让他人的行为｝；设 V3 为非法出卖、转让武器装备罪的主体的集合，则 V3 = ｛军人｝；设 V4 为非法出卖、转让武器装备罪的主观方面的集合，则 V4 = ｛故意｝；

则 V = V1 ∪ V2 ∪ V3 ∪ V4，即非法出卖、转让武器装备罪 = ｛客体是部队武器装备的管理秩序｝ ∪ ｛客观方面表现为行为人非法将部队的武器装备出卖或者转让他人的行为｝ ∪ ｛主体是军人｝ ∪ ｛主观方面是故意｝ = ｛客体是部队武器装备的管理秩序，客观方面表现为行为人非法将部队的武器装备出卖或者转让他人的行为，主体是军人，主观方面是故意｝。

3. 非法出卖、转让武器装备罪的处罚

根据《刑法》第 439 条的规定，犯本罪的，处 3 年以上 10 年以下有期徒刑；出卖、转让大量武器装备的，或者有其他特别严重情节的，处 10 年以上有期徒刑、无期徒刑或者死刑。

二十三、遗弃武器装备罪

1. 遗弃武器装备罪的概念

遗弃武器装备罪，是指行为人违抗命令，遗弃武器装备的行为。

2. 遗弃武器装备罪的构成特征

关于遗弃武器装备罪的构成特征，根据现行刑法的规定，主要有以下几个方面，其集合表现为：

设 W 为遗弃武器装备罪的集合，则 W = ｛遗弃武器装备罪｝；

设 W1 为遗弃武器装备罪的客体的集合，则 W1 = ｛部队武器装备的管理秩序｝；设 W2 为遗弃武器装备罪的客观方面的集合，则 W2 = ｛行为人违抗命令，遗弃武器装备的行为｝；设 W3 为遗弃武器装备罪的主体的集合，则 W3 = ｛军人｝；设 W4 为遗弃武器装备罪的主观方面的集合，则 W4 = ｛故意｝；

则 W = W1 ∪ W2 ∪ W3 ∪ W4，即遗弃武器装备罪 = ｛客体是部队武器装备的管理秩序｝ ∪ ｛客观方面表现为行为人违抗命令，遗弃武器装备的行为｝ ∪ ｛主体是军人｝ ∪ ｛主观方面是故意｝ = ｛客体是部队武器装备的管理秩序，客观方面表现为行为人违抗命令，遗弃武器装备的行为，主体是军人，主观方面是故意｝。

3. 遗弃武器装备罪的处罚

根据《刑法》第440条的规定，犯本罪的，处5年以下有期徒刑或者拘役；遗弃重要或者大量武器装备的，或者有其他严重情节的，处5年以上有期徒刑。

二十四、遗失武器装备罪

1. 遗失武器装备罪的概念

遗失武器装备罪，是指行为人遗失武器装备，不及时报告或者有其他严重情节的行为。

2. 遗失武器装备罪的构成特征

关于遗失武器装备罪的构成特征，根据现行刑法的规定，主要有以下几个方面，其集合表现为：

设X为遗失武器装备罪的集合，则X＝｛遗失武器装备罪｝；

设X1为遗失武器装备罪的客体的集合，则X1＝｛部队武器装备的管理秩序｝；设X2为遗失武器装备罪的客观方面的集合，则X2＝｛行为人遗失武器装备，不及时报告或者有其他严重情节的行为｝；设X3为遗失武器装备罪的主体的集合，则X3＝｛军人｝；设X4为遗失武器装备罪的主观方面的集合，则X4＝｛过失｝；

则$X=X1\cup X2\cup X3\cup X4$，即遗失武器装备罪＝｛客体是部队武器装备的管理秩序｝∪｛客观方面表现为行为人遗失武器装备，不及时报告或者有其他严重情节的行为｝∪｛主体是军人｝∪｛主观方面是过失｝＝｛客体是部队武器装备的管理秩序，客观方面表现为行为人遗失武器装备，不及时报告或者有其他严重情节的行为，主体是军人，主观方面是过失｝。

3. 遗失武器装备罪的处罚

根据《刑法》第441条的规定，犯本罪的，处3年以下期徒刑或者拘役。

二十五、擅自出卖、转让军队房地产罪

1. 擅自出卖、转让军队房地产罪的概念

擅自出卖、转让军队房地产罪，是指行为人违反军队房地产管理规定，擅自出卖、转让军队房地产，情节严重的行为。

2. 擅自出卖、转让军队房地产罪的构成特征

关于擅自出卖、转让军队房地产罪的构成特征，根据现行刑法的规定，主要有以下几个方面，其集合表现为：

设 Y 为擅自出卖、转让军队房地产罪的集合，则 Y = {擅自出卖、转让军队房地产罪}；

设 Y1 为擅自出卖、转让军队房地产罪的客体的集合，则 Y1 = {军队房地产的管理秩序}；设 Y2 为擅自出卖、转让军队房地产罪的客观方面的集合，则 Y2 = {行为人违反军队房地产管理规定，擅自出卖、转让军队房地产，情节严重的行为}；设 Y3 为擅自出卖、转让军队房地产罪的主体的集合，则 Y3 = {军队各单位的主管人员和有房地产管理职责的人员}；设 Y4 为擅自出卖、转让军队房地产罪的主观方面的集合，则 Y4 = {故意}；

则 Y = Y1 ∪ Y2 ∪ Y3 ∪ Y4，即擅自出卖、转让军队房地产罪 = {客体是军队房地产的管理秩序} ∪ {客观方面表现为行为人违反军队房地产管理规定，擅自出卖、转让军队房地产，情节严重的行为} ∪ {主体是军队各单位的主管人员和有房地产管理职责的人员} ∪ {主观方面是故意} = {客体是军队房地产的管理秩序，客观方面表现为行为人违反军队房地产管理规定，擅自出卖、转让军队房地产，情节严重的行为，主体是军队各单位的主管人员和有房地产管理职责的人员，主观方面是故意}。

3. 擅自出卖、转让军队房地产罪的处罚

根据《刑法》第 442 条的规定，犯本罪的，对直接责任人员，处 3 年以下有期徒刑或者拘役；情节特别严重的，处 3 年以上 10 年以下有期徒刑。

二十六、虐待部属罪

1. 虐待部属罪的概念

虐待部属罪，是指行为人滥用职权，虐待部属，情节恶劣，因致人重伤或者造成其他严重后果的行为。

2. 虐待部属罪的构成特征

关于虐待部属罪的构成特征，根据现行刑法的规定，主要有以下几个方面，其集合表现为：

设 Z 为虐待部属罪的集合，则 Z = {虐待部属罪}；

设 Z1 为虐待部属罪的客体的集合，则 Z1 = {我军官兵一致的上下级关系和部属的人身权利}；设 Z2 为虐待部属罪的客观方面的集合，则 Z2 =

｛行为人滥用职权，虐待部属，情节恶劣，因致人重伤或者造成其他严重后果的行为｝；设 Z3 为虐待部属罪的主体的集合，则 Z3 = ｛部队中的各级首长和其他有权指挥他人的人员｝；设 Z4 为虐待部属罪的主观方面的集合，则 Z4 = ｛故意｝；

则 Z = Z1 ∪ Z2 ∪ Z3 ∪ Z4，即虐待部属罪 = ｛客体是我军官兵一致的上下级关系和部属的人身权利｝ ∪ ｛客观方面表现为行为人滥用职权，虐待部属，情节恶劣，因致人重伤或者造成其他严重后果的行为｝ ∪ ｛主体是部队中的各级首长和其他有权指挥他人的人员｝ ∪ ｛主观方面是故意｝ = ｛客体是我军官兵一致的上下级关系和部属的人身权利，客观方面表现为行为人滥用职权，虐待部属，情节恶劣，因致人重伤或者造成其他严重后果的行为，主体是部队中的各级首长和其他有权指挥他人的人员，主观方面是故意｝。

3. 虐待部属罪的处罚

根据《刑法》第 443 条的规定，犯本罪的，处 5 年以下有期徒刑或者拘役；致人死亡的，处 5 年以上有期徒刑。

二十七、遗弃伤病军人罪

1. 遗弃伤病军人罪的概念

遗弃伤病军人罪，是指直接责任人员在战场上故意将军人遗弃，情节恶劣的行为。

2. 遗弃伤病军人罪的构成特征

关于遗弃伤病军人罪的构成特征，根据现行刑法的规定，主要有以下几个方面，其集合表现为：

设 A1 为遗弃伤病军人罪的集合，则 A1 = ｛遗弃伤病军人罪｝；

设 A11 为遗弃伤病军人罪的客体的集合，则 A11 = ｛战场救护秩序｝；设 A22 为遗弃伤病军人罪的客观方面的集合，则 A22 = ｛行为人在战场上故意将军人遗弃，情节恶劣的行为｝；设 A33 为遗弃伤病军人罪的主体的集合，则 A33 = ｛军人｝；设 A44 为遗弃伤病军人罪的主观方面的集合，则 A44 = ｛故意｝；

则 A1 = A11 ∪ A22 ∪ A33 ∪ A44，即遗弃伤病军人罪 = ｛客体是战场救护秩序｝ ∪ ｛客观方面表现为行为人在战场上故意将军人遗弃，情节恶劣的行为｝ ∪ ｛主体是军人｝ ∪ ｛主观方面是故意｝ = ｛客体是战场救护秩序，客观方面表现为行为人在战场上故意将军人遗弃，情节恶劣的行为，主体是军人，主观方面是故意｝。

3. 遗弃伤病军人罪的处罚

根据《刑法》第444条的规定，犯本罪的，对直接责任人员，处5年以下有期徒刑。

二十八、战时拒不救治伤病军人罪

1. 战时拒不救治伤病军人罪的概念

战时拒不救治伤病军人罪，是指战时在救护治疗职位上，有条件救治而拒不救治危重伤病军人的行为。

2. 战时拒不救治伤病军人罪的构成特征

关于战时拒不救治伤病军人罪的构成特征，根据现行刑法的规定，主要有以下几个方面，其集合表现为：

设B1为战时拒不救治伤病军人罪的集合，则B1 = ｛战时拒不救治伤病军人罪｝；

设B11为战时拒不救治伤病军人罪的客体的集合，则B11 = ｛战时救护秩序｝；设B22为战时拒不救治伤病军人罪的客观方面的集合，则B22 = ｛行为人战时在救护治疗职位上，有条件救治而拒不救治危重伤病军人的行为｝；设B33为战时拒不救治伤病军人罪的主体的集合，则B33 = ｛正在履行救护治疗职责的医务工作人员｝；设B44为战时拒不救治伤病军人罪的主观方面的集合，则B44 = ｛故意｝；

则 $B1 = B11 \cup B22 \cup B33 \cup B44$，即战时拒不救治伤病军人罪 = ｛客体是战时救护秩序｝ ∪ ｛客观方面表现为行为人战时在救护治疗职位上，有条件救治而拒不救治危重伤病军人的行为｝ ∪ ｛主体是正在履行救护治疗职责的医务工作人员｝ ∪ ｛主观方面是故意｝ = ｛客体是战时救护秩序，客观方面表现为行为人战时在救护治疗职位上，有条件救治而拒不救治危重伤病军人的行为，主体是正在履行救护治疗职责的医务工作人员，主观方面是故意｝。

3. 战时拒不救治伤病军人罪的处罚

根据《刑法》第445条规定，犯本罪的，处5年以下有期徒刑或者拘役；造成伤病军人重残、死亡的，或者有其他严重情节的，处5年以上10年以下有期徒刑。

二十九、战时残害居民、掠夺居民财物罪

1. 战时残害居民、掠夺居民财物罪的概念

战时残害居民、掠夺居民财物罪，是指行为人战时在军事行动地区，残害无辜居民，或者掠夺无辜居民财物的行为。

2. 战时残害居民、掠夺居民财物罪的构成特征

关于战时残害居民、掠夺居民财物罪的构成特征，根据现行刑法的规定，主要有以下几个方面，其集合表现为：

设 C1 为战时残害居民、掠夺居民财物罪的集合，则 C1 = {战时残害居民、掠夺居民财物罪}；

设 C11 为战时残害居民、掠夺居民财物罪的客体的集合，则 C11 = {战时群众工作秩序}；设 C22 为战时残害居民、掠夺居民财物罪的客观方面的集合，则 C22 = {行为人战时在军事行动地区，残害无辜居民，或者掠夺无辜居民财物的行为}；设 C33 为战时残害居民、掠夺居民财物罪的主体的集合，则 C33 = {参战的军人}；设 C44 为战时残害居民、掠夺居民财物罪的主观方面的集合，则 C44 = {故意}；

则 C1 = C11 ∪ C22 ∪ C33 ∪ C44，即战时残害居民、掠夺居民财物罪 = {客体是战时群众工作秩序} ∪ {客观方面表现为行为人战时在军事行动地区，残害无辜居民，或者掠夺无辜居民财物的行为} ∪ {主体是参战的军人} ∪ {主观方面是故意} = {客体是战时群众工作秩序，客观方面表现为行为人战时在军事行动地区，残害无辜居民，或者掠夺无辜居民财物的行为，主体是参战的军人，主观方面是故意}。

3. 战时残害居民、掠夺居民财物罪的处罚

根据《刑法》第 446 条的规定，犯本罪的，处 5 年以下有期徒刑；情节严重的，处 5 年以上 10 年以下有期徒刑；情节特别严重的，处 10 年以上有期徒刑、无期徒刑或者死刑。

三十、私放俘虏罪

1. 私放俘虏罪的概念

私放俘虏罪，是指行为人私自将俘虏放走的行为。

2. 私放俘虏罪的构成特征

关于私放俘虏罪的构成特征，根据现行刑法的规定，主要有以下几个方面，其集合表现为：

设 D1 为私放俘虏罪的集合，则 D1 = {私放俘虏罪}；

设 D11 为私放俘虏罪的客体的集合，则 D11 = {我军对俘虏的管理秩序}；设 D22 为私放俘虏罪的客观方面的集合，则 D22 = {行为人私自将俘虏放走的行为}；设 D33 为私放俘虏罪的主体的集合，则 D33 = {军人}；设 D44 为私放俘虏罪的主观方面的集合，则 D44 = {故意}；

则 D1 = D11 ∪ D22 ∪ D33 ∪ D44，即私放俘虏罪 = {客体是我军对俘虏的管理秩序} ∪ {客观方面表现为行为人私自将俘虏放走的行为} ∪ {主体是军人} ∪ {主观方面是故意} = {客体是我军对俘虏的管理秩序，客观方面表现为行为人私自将俘虏放走的行为，主体是军人，主观方面是故意}。

3. 私放俘虏罪的处罚

根据《刑法》第 447 条的规定，犯本罪的，处 5 年以下有期徒刑；私放重要俘虏、私放俘虏多人的或者有其他严重情节的，处 5 年以上有期徒刑。

三十一、虐待俘虏罪

1. 虐待俘虏罪的概念

虐待俘虏罪，是指行为人虐待俘虏，情节恶劣的行为。

2. 虐待俘虏罪的构成特征

关于虐待俘虏罪的构成特征，根据现行刑法的规定，主要有以下几个方面，其集合表现为：

设 E1 为虐待俘虏罪的集合，则 E1 = {虐待俘虏罪}；

设 E11 为虐待俘虏罪的客体的集合，则 E11 = {我军对俘虏的管理秩序}；设 E22 为虐待俘虏罪的客观方面的集合，则 E22 = {行为人虐待俘虏，情节恶劣的行为}；设 E33 为虐待俘虏罪的主体的集合，则 E33 = {军人}；设 E44 为虐待俘虏罪的主观方面的集合，则 E44 = {故意}；

则 E1 = E11 ∪ E22 ∪ E33 ∪ E44，即虐待俘虏罪 = {客体是我军对俘虏的管理秩序} ∪ {客观方面表现为行为人虐待俘虏，情节恶劣的行为} ∪ {主体是军人} ∪ {主观方面是故意} = {客体是我军对俘虏的管理秩序，客观方面表现为行为人虐待俘虏，情节恶劣的行为，主体是军人，主观方面是故意}。

3. 虐待俘虏罪的处罚

根据《刑法》第448条的规定，犯本罪的，处3年以下有期徒刑。

主要参考文献

1. 高铭暄：《新中国刑法学研究综述 1949—1985》，河南人民出版社 1986 年版。

2. 高铭暄：《刑法学》，法律出版社 1983 年版。

3. 高铭暄、马克昌、赵秉志：《刑法学》，中国法制出版社 1999 年版。

4. 杨春洗等：《刑法总论》，北京大学出版社 1985 年版。

5. 王作富：《中国刑法研究》，中国人民大学出版社 1988 年版。

6. 高格：《刑法教程》，吉林大学出版社 1987 年版。

7. 何秉松：《犯罪构成系统论》，中国法制出版社 1995 年版。

8. 马克昌：《犯罪通论》，武汉大学出版社 1999 年版。

9. 赵长青：《刑法学》，法律出版社 2000 年版。

10. 陈忠林：《刑法（分论）》，中国人民大学出版社 2003 年版。

11. 陈忠林：《刑法学》（下），法律出版社 2006 年版。

12. 陈忠林：《刑法分论》，高等教育出版社 2007 年版。

13. 王作富：《刑法》（第六版），中国人民大学出版社 2012 年版。

14. 李永升：《刑法总论》（第二版），法律出版社 2012 年版。

15. 朱建华：《刑法分论》（第二版），法律出版社 2012 年版。

16. ［苏］A. H. 特拉伊宁：《犯罪构成的一般学说》，薛秉忠等译，中国人民大学出版社 1958 年版。

17. ［苏］H. A. 别利亚耶夫、M. N. 科瓦廖夫：《苏维埃刑法总论》，马改秀、张广贤译，群众出版社 1987 年版。

18. [苏]《苏维埃刑法论文选译》（第 1 辑），原载《苏维埃国家和法权》，宋金波译，卢优先校，1955 年第 4 期，法律出版社 1956 年版。

后 记

本人撰写的这本《犯罪构成集合论》一书的修订版即将面世，值此书付梓之际，略述数语，权作后记。

本人之所以在今年推出这部专著，其主要原因是今年是本人研究生毕业暨任教30周年。任教30年来，虽然在科研方面不敢妄称成绩斐然，但自感没有落伍于时代，这也是出版本书之一大动机。自任教30年以来，本人在董鑫教授、邓又天教授、高绍先教授、赵长青教授等老一辈刑法学家的亲切关怀、教研室各位同仁的鼎力协助以及各位研究生的共同努力下，撰写专著、教材、论文集达100余部，学术论文200余篇，其中被中国人民大学复印资料《法学》《刑事法学》和中国社科院法学研究所《中国法学研究年鉴》全文转载和摘登的论文有十余篇。以上成果有十多项荣获司法部、四川省、重庆市和西南政法大学社会科学优秀成果一、二、三等奖和优秀成果奖。这些成就的取得，除了前述原因之外，作为一个中华学人，与自身与生俱来的历史使命感和对学术无止境的追求精神亦有着千丝万缕的联系。因此，出版此书，以作30年学海求索之印记。

需要特别说明的是，本书除绪论部分的内容引用了有关专著、教材的论述外，其他内容均系本人独立完成的成果。另外，借此书出版之际，特向西南政法大学校长、全国十大杰出青年法学家、著名法理学家、博士生导师付子堂教授，西南政法大学法学院院长、全国知名刑法学家、博士生导师梅传强教授，全国知名刑法学家、西南政法大学刑法教研室博士生导师朱建华教授、王利荣教授、石经海教授、袁林教授、高维俭教授等人表示衷心感谢。本人30年来在科研方面所取得的每一点进步，都与他们的亲切教诲与耳提面命有着十分重要的关系。此外，本人还要向全国刑法学泰斗高铭暄教授、王作富教授、储槐植教授、中国法学会刑法学研究会会长赵秉志教授、中国犯罪学会原会长王牧教授以及全国著名刑法学家陈兴良教授、张明楷教授、胡云腾教授、冯军教授、黄京平教授、莫洪宪教授、康均心教授、曾粤兴教授、谢望原教授、唐大森教授等人表示衷心感谢，正因为有了他们的大力鼓励、支持和帮助，才使得本人的治学之路没有那样的艰辛和孤寂。为此，我要感谢西南政法大学能够赐予本人这么好的学术环境和学术氛围。最后，我还要特别感谢中国检察出版社的安斌副总编，如果没有他的无私帮助和鼎力支持，恐怕此书就不可能得以如此顺利地出版，在本书出版之际，对他所倾注的心血和劳动表示衷心的感谢！

李永升

2019年10月于西南政法大学